Código Civil del Estado de Querétaro

Código Nacional de Procedimientos Civiles y Familiares

***ACCESO GRATIS** a la Lectura en la Nube + Actualizaciones*

Para visualizar el libro electrónico en la nube de lectura envíe junto a su nombre y apellidos una fotografía del código de barras situado en la contraportada del libro y otra del ticket de compra a la dirección:

ebooktirant@tirant.com

En un máximo de 72 horas laborables le enviaremos el código de acceso con sus instrucciones.

La visualización del libro en **NUBE DE LECTURA** excluye los usos bibliotecarios y públicos que puedan poner el archivo electrónico a disposición de una comunidad de lectores. Se permite tan solo un uso individual y privado.

Código Civil del Estado de Querétaro
Código Nacional de Procedimientos Civiles y Familiares

Edición y prólogo de

MIGUEL CARBONELL

tirant lo blanch
Ciudad de México, 2024

© EDITA: TIRANT LO BLANCH
DISTRIBUYE: TIRANT LO BLANCH MÉXICO
Av. Tamaulipas 150, Oficina 502
Hipódromo, Cuauhtémoc, 06100, Ciudad de México
Telf: +52 1 55 65502317
infomex@tirant.com
www.tirant.com/mex/
www.tirant.es
ISBN: 978-84-1197-594-0

Si tiene alguna queja o sugerencia, envíenos un mail a: *atencioncliente@tirant.com*. En caso de no ser atendida su sugerencia, por favor, lea en *www.tirant.net/index.php/empresa/politicas-de-empresa* nuestro Procedimiento de quejas.

Responsabilidad Social Corporativa: http://www.tirant.net/Docs/RSCTirant.pdf

ÍNDICE

CÓDIGO NACIONAL DE PROCEDIMIENTOS CIVILES Y FAMILIARES

Prólogo

Miguel Carbonell
Director del Centro de Estudios Jurídicos Carbonell AC

Introducción

En el Diario Oficial de la Federación del 15 de septiembre de 2017 se incorpora una fracción XXX al artículo 73 constitucional para facultar al Congreso de la Unión: "XXX. Para expedir la legislación única en materia procesal civil y familiar". Esta disposición es la que permite unificar los ordenamientos procesales en materia civil y familiar, tal como sucedió en su momento con la legislación relativa al procedimiento penal (regido desde 2014 por el Código Nacional de Procedimientos Penales, cuya expedición y progresiva entrada en vigor fue teniendo como efecto la abrogación de los códigos de procedimientos penales de las entidades federativas).

La expedición de un código único aplicable a todo el país para regular los procedimientos civiles y familiares, nos da una magnífica oportunidad para poner al día nuestra normativa y nuestra doctrina procesales, las cuales se habían quedado bastante rezagadas en las décadas recientes.

En efecto, si bien se habían dado cambios importantes a las reglas y principios que rigen la tramitación de los procesos civiles y familiares, se trataba de avances poco homogéneos y realizados sin un diagnóstico adecuado de lo que se tenía que mejorar y la forma de llevarlos a cabo. Además, el desarrollo doctrinal en tales materias fue muy escaso como consecuencia de la dispersión normativa existente, lo que tampoco ayudaba demasiado.

La expedición del Código Nacional de Procedimientos Civiles y Familiares debe servir también como un poderoso recordatorio de que el procesalismo científico mexicano ha tenido a lo largo de la historia muy destacados exponentes y de que la cabal aplicación de la nueva normativa en tan relevantes materias va a necesitar del surgimiento de nuevos exponentes académicos. Recordemos que a partir del impulso que le da a los estudios procesales el eminente jurista Niceto Alcalá Zamora y Castillo (exiliado español, se incorpora a la UNAM en 1945 y empieza a formar a una brillante escuela de discípulos, hasta su regreso a España en 1975), van surgiendo muchos nombres brillantes que traen a México las más modernas doctrinas procesales.

A partir de la expedición del Código Nacional se abren una serie de oportunidades que conviene aquilatar y que ya habían vislumbrado desde hace años nuestros más preclaros procesalistas.

Así por ejemplo, en un artículo que ha sido citado en infinidad de ocasiones, el propio Niceto Alcalá-Zamora y Castillo había señalado desde 1960 que lograr la unificación procesal en materia civil y penal tendría la ventaja de permitir una práctica forense y jurisdiccional uniforme, contar con una legislación depurada y lograr un mejoramiento de la dogmática jurídica en la materia[1].

La expedición en 2014 del Código Nacional de Procedimientos Penales parece haberle dado la razón a Alcalá-Zamora en cada uno de los tres aspectos que señalaba hace tanto tiempo. Y seguramente lo mismo sucederá en lo que tiene que ver con el procedimiento civil y familiar.

El texto del Código Nacional de Procedimientos Civiles y Familiares, por ser de aplicabilidad a lo largo y ancho de la República, permitirá una uniformidad en su interpretación y (esperemos) en su aplicación.

Pero además hay que reconocer que, sin ser ni de lejos una norma perfecta, mejora en varios aspectos la existente a nivel federal y local en las materias que regula.

Y finalmente, va a permitir el surgimiento de una doctrina procesal moderna, que sea capaz de servir a todos los estudiantes de derecho del país y a todos los profesionales jurídicos, sin importante el lugar de la República en el que ejerzan.

---

1 "Unificación de los códigos procesales mexicanos, tanto civiles como penales", *Revista de la Facultad de Derecho de México*, tomo X, números 37-40, México, enero-diciembre de 1960, páginas 265 y siguientes.

Para la doctrina procesalista se avizora una edad de oro que dará como resultado un "progreso extraordinario", como también lo había anticipado Alcalá-Zamora en el artículo que ya hemos citado. Tiene razón el jurista Rubén Sánchez Gil cuando afirma que la expedición del Código Nacional de Procedimientos Civiles y Familiares "será una gran revolución en la práctica jurídica, en nuestras concepciones jurídicas y en la manera en la que vamos a operar y practicar el derecho, sea desde la judicatura, desde la abogacía o desde la academia"[2].

Algunos antecedentes históricos

El nuevo Código Nacional de Procedimientos Civiles y Familiares es resultado de un largo periplo histórico. Tiene como antecedente remoto, bajo el manto de la entonces recientemente expedida Constitución mexicana de 1857, el llamado "Código Zuloaga" de 1858, cuyo nombre oficial fue "Ley para el Arreglo de la Administración de Justicia en los Tribunales y Juzgados del Fuero Común". A nivel local cabe destacar el antecedente de la "Ley de Procedimientos Civiles del Estado de Jalisco" de 1868, que es considerado el primer código propiamente procesal en la historia del derecho mexicano.

Fueron también muy influyentes los códigos de procedimientos civiles aplicables al territorio de la capital de la República y al de los entonces todavía existentes (aunque hoy ya desparecidos) territorios federales —como Baja California, por ejemplo— de los años 1872, 1880 y 1884. También fueron importantes los códigos federales en la materia, de los años 1896 y 1908.

El antecedente inmediato del Código Nacional se encuentra en las dos grandes referencias normativas en materia procesal civil del siglo XX mexicano. Por un lado el Código de Procedimientos Civiles para el Distrito Federal, cuya vigencia inició el 1 de octubre de 1932. Por otra parte el Código Federal de Procedimientos Civiles que fue publicado en el *Diario Ofi-*

---

2 "Código Nacional de Procedimientos Civiles: federalismo, retos y oportunidades", *Tohil. Revista de la Universidad Autónoma de Yucatán*, año, 21, número 46, Mérida, enero-diciembre de 2021, páginas 53-54.

cial de la Federación el 24 de febrero de 1942 y cuyo texto no tuvo ninguna reforma durante sus primeros 45 años, hasta que en 1988 se le adicionó un conjunto de cuestiones relativas a la cooperación procesal internacional.

De esos antecedentes, de la doctrina que los analizó y de la jurisprudencia que buscó su correcta aplicación, es de donde abreva el Código Nacional, que esperemos pueda estar en vigor (con las reformas que el paso del tiempo vaya sugiriendo, desde luego) durante mucho tiempo.

Supletoriedad

No cabe duda que las materias civil y familiar son de una relevancia imposible de exagerar. Tocan la vida de millones de personas cada año, incluso a miles y miles de niñas, niños y adolescentes. De ahí la relevancia de conocer y aplicar debidamente las normas del Código Nacional de Procedimientos Civiles y Familiares.

Pero esa importancia se ve reforzada si consideramos que se trata de la norma que se va a aplicar de manera supletoria, cuando en otras materias no se cuente con una regulación completa (o con una regulación, a secas) de determinada institución jurídica.

Respecto a la figura de la supletoriedad la Suprema Corte de Justicia de la Nación ha dicho lo siguiente:

> **Registro digital:** 2003161
>
> SUPLETORIEDAD DE LAS LEYES. REQUISITOS PARA QUE OPERE.
>
> La aplicación supletoria de una ley respecto de otra procede para integrar una omisión en la ley o para interpretar sus disposiciones y que se integren con otras normas o principios generales contenidos en otras leyes. Así, para que opere la supletoriedad es necesario que: a) El ordenamiento legal a suplir establezca expresamente esa posibilidad, indicando la ley o normas que pueden aplicarse supletoriamente, o que un ordenamiento establezca que aplica, total o parcialmente, de manera supletoria a otros ordenamientos; b) La ley a suplir no contemple la institución o las cuestiones jurídicas que pretenden aplicarse supletoriamente o, aun estableciéndolas, no las desarrolle o las regule deficientemente; c) Esa omisión o vacío legislativo haga necesaria la aplicación supletoria de normas para solucionar la controversia o el problema jurídico planteado, sin que sea válido atender a cuestiones jurídicas que el legislador no tuvo intención de establecer en la

> ley a suplir; y, d) Las normas aplicables supletoriamente no contraríen el ordenamiento legal a suplir, sino que sean congruentes con sus principios y con las bases que rigen específicamente la institución de que se trate.

El Código Nacional será supletorio de un buen número de normas que, hasta antes de su expedición y entrada en vigor, eran de carácter solamente federal, pero que ahora —al tener un alcance nacional y por tanto al incidir también en los ámbitos competenciales de las entidades federativas— serán también de carácter local.

Las normas que prevén supletoriedad de la legislación procesal civil (antes federal, ahora nacional), son entre otras las siguientes:

- Código de Comercio.
- Ley de Seguridad Nacional.
- Ley Federal de Competencia Económica.
- Ley Federal de Procedimiento Contencioso Administrativo.
- Código Nacional de Procedimientos Penales.
- Ley Agraria.
- Ley de Amparo.
- Ley de adquisiciones, arrendamientos y servicios del sector público.
- Ley Federal de Derechos de Autor.
- Ley de navegación y comercio marítimo.
- Ley Federal de Turismo.
- Ley de Concursos Mercantiles.
- Ley de Obras Públicas y servicios relacionados con las mismas.
- Ley Federal de Protección de Datos Personales en Posesión de Particulares.
- Ley Federal de Procedimiento Administrativo.
- Ley para Regular las Instituciones de Tecnología Financiera.
- Ley del Sistema de Pagos.
- Ley Federal de Protección a la Propiedad Industrial.

– Ley Reglamentaria de las Fracciones I y II del artículo 105 de la Constitución Política de los Estados Unidos Mexicanos.

– Código Fiscal de la Federación.

– Ley General del Equilibrio Ecológico y Protección al Ambiente.

– Ley del Mercado de Calores.

– Ley Federal de Protección al Consumidor.

– Ley de Instituciones de Crédito.

– Ley de Instituciones de Seguros y Fianzas.

– Ley de los Sistemas de Ahorro para el Retiro.

– Ley General de Bienes Nacionales.

Además, como se apuntaba, los códigos de procedimientos civiles son, en el ámbito local, supletorios de un número importante de normas estatales. Todas las referencias a esos códigos deberán entenderse hechas ahora al Código Nacional de Procedimientos Civiles y Familiares, de acuerdo a lo establecido en el artículo 13 transitorio del propio Código que señala lo siguiente: "Toda referencia a la legislación procesal civil y familiar Federal y de las Entidades Federativas, en ordenamientos diversos, se entenderá a partir de la vigencia en las mismas, al Código Nacional de Procedimientos Civiles y Familiares".

Este efecto normativo es consecuencia también de la "abrogación" del Código Federal de Procedimientos Civiles y de las legislaciones procesales civiles y familiares de las entidades federativas, que está previstas en el artículo Tercero transitorio del Código Nacional.

La importancia del derecho civil

Si bien es cierto que el derecho civil se cuenta entre las ramas más tradicionales de los ordenamientos jurídicos de nuestro tiempo, también es verdad que se ha venido actualizando y transformando en su contenido en los años recientes por diversas causas.

Algunas de esas modificaciones han sido producto de reformas legislativas que han ido aconteciendo, con el objeto de poner al día los textos legales. Otros cambios han tenido como fuente las resoluciones judiciales, las cuales han suministrado significados y puntos de vista igualmente novedosos respecto al contenido de la normatividad civil.

También ha habido una influencia importante del llamado proceso de "constitucionalización" del derecho privado, a partir del cual las normas del derecho civil y mercantil se deben interpretar y aplicar a la luz del derecho constitucional, respetando en todo momento los derechos humanos.

La constitucionalización del derecho civil es una tendencia muy consolidada en el derecho comparado que también ha llegado a México. La idea fundamental de este proceso es que las normas constitucionales puedan servir como criterios de orientación interpretativa para que en las relaciones jurídicas de derecho privado se hagan valer también, en aquellos casos que así lo requieran, los derechos humanos.

En todo caso, lo que resulta evidente es que el derecho civil sigue siendo un área de estudio de la mayor relevancia, que supone grandes retos para la formación de los juristas. No se puede ser un buen profesional del derecho sin tener muy firmes las bases y el conocimiento del derecho civil. Por eso es que cada esfuerzo que se haga para ayudar en su difusión es algo que vale la pena y en lo cual todos debemos sentirnos comprometidos.

CÓDIGO CIVIL DEL ESTADO DE QUERÉTARO

ÚLTIMA REFORMA PUBLICADA EN EL PERIÓDICO OFICIAL: 18 DE AGOSTO DE 2023.

Código publicado en el Periódico Oficial del Estado de Querétaro, el miércoles 21 de octubre de 2009.

LIC. JOSÉ EDUARDO CALZADA ROVIROSA,

Gobernador Constitucional del Estado de Querétaro, a los habitantes del mismo, sabed que:

LA QUINCUAGÉSIMA QUINTA LEGISLATURA DEL ESTADO DE QUERÉTARO, EN EJERCICIO DE LAS FACULTADES QUE LE CONFIEREN LOS ARTÍCULOS 17 FRACCIÓN II DE LA CONSTITUCIÓN POLÍTICA DEL ESTADO DE QUERÉTARO Y 81 DE LA LEY ORGÁNICA DEL PODER LEGISLATIVO DEL ESTADO DE QUERÉTARO, Y

CONSIDERANDO

[...]

Por lo anteriormente expuesto, la Quincuagésima Quinta Legislatura del Estado de Querétaro, expide el siguiente:

CÓDIGO CIVIL DEL ESTADO DE QUERÉTARO

DISPOSICIONES PRELIMINARES

Artículo 1. Las disposiciones de este Código regirán en el Estado de Querétaro en asuntos del orden común.

Artículo 2. La capacidad jurídica es igual para el hombre y para la mujer; en consecuencia, la mujer no queda sometida, por razón de su sexo, a restricción alguna en la adquisición y ejercicio de sus derechos civiles.

Artículo 3. Las leyes, reglamentos, circulares o cualesquiera otras disposiciones de observancia general, obligan y surten sus efectos, tres días después de su publicación en el Periódico Oficial del Gobierno del Estado "La Sombra de Arteaga", salvo disposición expresa diferente.

Artículo 4. Si la ley, reglamento, circular o disposición de observancia general fija el día en que debe comenzar a regir, obliga desde ese día, con tal de que su publicación haya sido anterior. En caso contrario, se estará a lo dispuesto en el artículo anterior.

Artículo 5. A ninguna ley, ni disposición gubernativa, se dará efecto retroactivo en perjuicio de persona alguna.

Artículo 6. La voluntad de los particulares no los exime de la observancia de la ley, ni alterarla o modificarla. Sólo pueden renunciarse los derechos privados que no afecten directamente al interés público, cuando la renuncia no perjudique derechos de terceros.

Artículo 7. La renuncia referida en el artículo anterior, no produce efecto alguno si no se hace en términos claros y precisos, de tal suerte que no quede duda del derecho al que se renuncia.

Artículo 8. Los actos ejecutados contra el tenor de las leyes prohibitivas o de interés público serán nulos, excepto en los casos en que la ley disponga lo contrario.

Artículo 9. La ley sólo queda abrogada o derogada por otra posterior que así lo declare expresamente o que contenga disposiciones total o parcialmente incompatibles con la ley anterior.

Artículo 10. Contra la observancia de la ley no puede alegarse desuso, costumbre o práctica en contrario.

Artículo 11. Las leyes que establezcan excepción a las reglas generales, no serán aplicables a caso alguno que no esté expresamente especificado en las mismas.

Artículo 12. Las leyes del Estado rigen a todas las personas que se encuentren en la Entidad, así como los actos y hechos ocurridos en su territorio y aquellos que se sometan a dichas leyes, salvo cuando éstas prevean la aplicación de un derecho extranjero o de otra entidad federativa o algún ordenamiento federal o lo previsto en los tratados y convenciones en que México sea parte, siempre que se encuentren debidamente ratificados en los términos de ley.

Artículo 13. La determinación del derecho aplicable, se hará conforme a las siguientes reglas:

I. Las situaciones jurídicamente válidas, creadas conforme a derecho, en el Estado de Querétaro, en las entidades de la República Mexicana o en un país extranjero, deberán ser reconocidas;

II. El estado y capacidad de las personas físicas, se rige por el derecho del lugar de su domicilio;

III. La constitución, régimen y extinción de los derechos reales sobre inmuebles, así como los contratos de arrendamiento y de uso temporal de tales bienes, y los bienes muebles, se regirán por el derecho del lugar de su ubicación, aunque sus titulares sean extranjeros;

IV. La forma de los actos jurídicos se rige por las leyes del lugar en que se celebren; sin embargo, podrán sujetarse a las formas prescritas en este Código, cuando el acto tenga efectos en la Entidad; y

V. Salvo lo previsto en las fracciones anteriores, los efectos jurídicos de los actos y contratos, se regirán por el derecho del lugar en donde deban ejecutarse, a menos que las partes hubieren designado válidamente la aplicabilidad de otro derecho.

Artículo 14. En la aplicación del derecho extranjero se observará lo siguiente:

I. Se aplicará como lo haría el juez extranjero respectivo, para lo cual, el juez podrá allegarse la información necesaria acerca del texto, vigencia, sentido y alcance legal de dicho derecho;

II. Se aplicará el derecho sustantivo extranjero, salvo cuando, dadas las circunstancias del caso, deban tomarse en cuenta, con carácter excepcional, las normas conflictuales de ese derecho, que hagan aplicables las normas sustantivas del Estado o de un tercer Estado;

III. No será impedimento para la aplicación del derecho extranjero, que el derecho del Estado no prevea instituciones o procedimientos esenciales a la institución extranjera aplicable, si existen instituciones o procedimientos análogos;

IV. Las cuestiones previas, preliminares o incidentales que puedan surgir con motivo de una cuestión principal, no deberán resolverse necesariamente de acuerdo con el derecho que regule a esta última; y

V. Cuando diversos aspectos de una misma relación jurídica estén regulados por distintos derechos, éstos serán aplicados armónicamente, procurando realizar las finalidades perseguidas por cada uno de ellos.

Las dificultades causadas por la aplicación simultánea de tales derechos, se resolverán tomando en cuenta las exigencias de la equidad en el caso concreto.

Lo dispuesto en el presente artículo, se observará cuando resultare aplicable el derecho de otra entidad federativa.

Artículo 15. No se aplicará el derecho extranjero:

I. Cuando artificiosamente se hayan evadido principios fundamentales del derecho mexicano, debiendo el juez determinar la intención fraudulenta de tal evasión; y

II. Cuando las disposiciones del derecho extranjero o el resultado de su aplicación sean contrarios a principios o instituciones fundamentales del orden público mexicano.

Lo dispuesto en el presente artículo también se observará cuando pretenda ser aplicado el derecho de otra entidad federativa.

Artículo 16. Los habitantes del Estado tienen la obligación de ejercer sus actividades y de usar y disponer de sus bienes en forma tal que no perjudique a la colectividad, bajo las sanciones establecidas en este Código y en las leyes relativas.

Artículo 17. El silencio, obscuridad o insuficiencia de la ley, no autoriza a los jueces o tribunales para dejar de resolver una controversia.

Artículo 18. Las controversias judiciales del orden civil deberán resolverse conforme a la letra de la ley o a su interpretación jurídica. A falta de ley se resolverán conforme a los principios generales de derecho.

Artículo 19. Cuando haya conflicto de derechos, a falta de ley expresa que sea aplicable, la controversia se decidirá a favor del que trate de evitarse perjuicios y no a favor del que pretenda obtener lucro.

Artículo 20. Si el conflicto fuere entre derechos iguales o de la misma especie, se decidirá observando la mayor igualdad posible entre los interesados.

Artículo 21. La ignorancia de las leyes no excusa su cumplimiento, pero los jueces, teniendo en cuenta el notorio atraso intelectual de algunos individuos, su apartamiento de las vías de comunicación o su precaria situación económica, podrán, oyendo al Ministerio Público, eximirlos de las sanciones en que hubieren incurrido o concederles un plazo para que la cumplan, siempre que no se afecte el interés público.

LIBRO PRIMERO
DE LAS PERSONAS

TÍTULO PRIMERO
DE LAS PERSONAS FÍSICAS Y MORALES

CAPÍTULO PRIMERO
DE LAS PERSONAS FÍSICAS

Artículo 22. La capacidad jurídica de las personas físicas se adquiere por el nacimiento y se pierde por la muerte, pero desde el momento que un individuo es concebido, de manera natural o por medio de las técnicas de reproducción asistida, queda bajo la protección de la ley y se le tiene por nacido para los efectos declarados en el presente Código.

La persona que haya sido producto de una inseminación artificial o procreación asistida, con contribución de donante o donantes, tendrá el derecho, cuando adquiera la mayoría de edad, de conocer la identidad de sus padres biológicos. En los casos de adopción se estará a lo dispuesto por este Código.

La revelación de la identidad del donante, en los supuestos en que proceda con arreglo a la ley de la materia, no implicará determinación legal de la filiación.

Artículo 23. La minoría de edad, el estado de interdicción y demás incapacidades establecidas por la ley, son restricciones a la personalidad jurídica que no deben menoscabar la dignidad de la persona ni atentar contra la integridad de la familia; pero los incapaces pueden ejercitar sus derechos o contraer obligaciones por medio de sus representantes.

La autoridad buscará y protegerá en todo momento el interés superior de los menores.

Para los efectos del presente Código, se entenderá como interés superior la prioridad que ha de otorgarse a los derechos de los menores, respecto de los de cualquier otra persona, con el fin de garantizar, entre otros, los siguientes aspectos:

I. El acceso a la salud física y mental, alimentación y educación que fomente su desarrollo personal;

II. El establecimiento de un ambiente de respeto, aceptación y afecto, libre de cualquier tipo de violencia;

III. El desarrollo de la estructura de personalidad, con una adecuada autoestima, libre de sobreprotección y excesos punitivos;

IV. El fomento de la responsabilidad personal y social, así como la toma de decisiones del menor de acuerdo a su edad y madurez psicoemocional; y

V. Los demás derechos que a favor de las niñas, niños y adolescentes reconozcan otras leyes y tratados aplicables.

Artículo 24. El mayor de edad tiene la facultad de disponer libremente de su persona y de sus bienes, salvo las limitaciones que establece la ley.

CAPÍTULO SEGUNDO
DE LAS PERSONAS MORALES

Artículo 25. Son personas morales:

I. La nación, los estados y los municipios;

II. Las demás entendidas de carácter público reconocidas por la ley;

III. Las sociedades civiles y mercantiles;

IV. Los sindicatos, las asociaciones profesionales y las demás a que se refiere el Apartado A de la fracción XVI del artículo 123, de la Constitución Política de los Estados Unidos Mexicanos;

V. Las sociedades cooperativas y mutualistas;

VI. Las asociaciones distintas de las enumeradas, que se propongan fines políticos, científicos, artísticos, de recreo o cualquier otro fin lícito, siempre que no fueren desconocidas por la ley;

VII. Las personas morales extranjeras de naturaleza privada;

VIII. Los condominios, en términos del Código Urbano del Estado de Querétaro; y

IX. Todas las demás a las que las leyes les conceda tal carácter.

Artículo 26. Las personas morales pueden ejercitar todos los derechos que sean necesarios para realizar el objeto de su institución.

Artículo 27. Las personas morales obran y se obligan por medio de los órganos que las representan, sea por disposición de la ley o conforme a las disposiciones relativas de sus escrituras constitutivas y de sus estatutos.

Artículo 28. Las personas morales se regirán por las leyes correspondientes, por su escritura constitutiva y por sus estatutos.

Las personas morales extranjeras de naturaleza privada se regirán por las leyes correspondientes, observándose lo dispuesto por este Código; si dichas personas no se encuentran reguladas por otras leyes, solamente podrán establecerse en la Entidad cumpliendo con las disposiciones legales aplicables, previa autorización de la Secretaría de Relaciones Exteriores.

TÍTULO SEGUNDO
DEL DOMICILIO

Artículo 29. El domicilio de las personas físicas es el lugar donde residen habitualmente, a falta de éste, el lugar del principal asiento de sus negocios; en ausencia de éstos, el lugar donde simplemente residan y, en su defecto, el lugar donde se encuentren.

Se presume que una persona reside habitualmente en un lugar, cuando permanezca en él por más de seis meses.

Artículo 30. Se presume el propósito de establecerse en un lugar, cuando se habita por más de seis meses en él. Transcurrido el mencionado tiempo, el que no quiera que nazca la presunción de que se acaba de hablar, declarará, dentro del plazo de quince días, tanto a la autoridad municipal de su anterior domicilio como a la autoridad municipal de su nueva residencia, que no desea perder su antiguo domicilio y adquirir uno nuevo. La declaración no producirá efectos si se hace en perjuicio de tercero.

Artículo 31. El domicilio legal de una persona, es el lugar donde la ley le fija su residencia para el ejercicio de sus derechos y el cumplimiento de sus obligaciones, aunque de hecho no esté allí presente.

Artículo 32. Se reputa domicilio legal:

I. Del menor de edad no emancipado, el de la persona a cuya patria potestad está sujeto;

II. Del menor de edad que no esté bajo la patria potestad de persona alguna y del mayor de edad incapacitado, el de su tutor;

III. En el caso de menores o incapaces abandonados, el que resulte conforme a las reglas previstas en este Capítulo, siempre y cuando no estén sujetos a tutela;

IV. De los cónyuges, aquel en el cual éstos vivan conjuntamente, sin perjuicio del derecho de cada cónyuge de fijar su domicilio;

V. De los militares en servicio activo, el lugar en que están destinados;

VI. De los servidores públicos, el lugar donde desempeñan sus funciones por más de seis meses; y

VII. De los sentenciados a sufrir una pena privativa de libertad por más de seis meses, la población en que la extingan, por lo que toca a las relaciones jurídicas posteriores a la condena; en cuanto a las relaciones anteriores, los sentenciados conservarán el último domicilio que hayan tenido.

Artículo 33. El domicilio de las personas morales se determina:

I. Por la ley que las haya creado o reconocido o que las rija directamente;

II. Por su escritura constitutiva, sus estatutos o reglas de su fundación; y

III. En defecto de lo anterior, por el lugar en que se ejerzan las principales funciones de su estatuto o se haya establecido su representación legal.

Las personas morales que tengan su administración fuera del Estado, pero que ejecuten actos jurídicos dentro del mismo, se considerarán domiciliadas en el lugar donde los hayan ejecutado, en todo lo que a esos actos se refiera.

Las sucursales que operen en lugares distintos de donde radica la casa matriz, tendrán su domicilio en esos lugares para el cumplimiento de las obligaciones contraídas por las mismas sucursales.

Artículo 34. Cuando una persona física tenga dos o más domicilios, se le considerará domiciliada en el lugar en que simplemente resida y si viviere en varios, aquel en que se encontrare.

Tanto las personas físicas como morales, tienen derecho de designar un domicilio convencional para el cumplimento de determinadas obligaciones.

TÍTULO TERCERO
DEL NOMBRE

Artículo 35. El nombre es el vocativo con el cual se designa a una persona y se compondrá del nombre propio y los apellidos, cuando se trate de personas físicas

Artículo 36. El nombre propio podrá constar de uno o varios vocativos, con los que se designe individualmente a una persona. Desde luego, en el caso de las personas físicas, se indicará por quienes los presenten ante el Oficial del Registro Civil, quién cuidará que no se contengan frases o palabras ininteligibles o que pudieran producir futura mofa o desprecio.

Los apellidos son los vocativos con los cuales se designa a todos y cada uno de los miembros de una familia. El uso de los apellidos se adquiere por filiación del padre y la madre o, en su caso, del que hubiere reconocido al hijo. En su defecto, se adquiere por resolución de autoridad judicial.

Artículo 37. Cuando la filiación se establezca por ser hijo nacido del matrimonio, la persona llevará el primer apellido del padre, seguido del primer apellido de la madre. Si se tratare de hijo nacido fuera de matrimonio y la filiación se ha establecido en el mismo acto por ambos padres, llevará igualmente el primer apellido de los progenitores. Y si la filiación se ha establecido por uno solo de los padres, el hijo llevará los apellidos de éste.

El hijo adoptivo, tomará los apellidos de los adoptantes con las mismas reglas del artículo anterior.

Artículo 38. El matrimonio no modifica los apellidos de los contrayentes.

Artículo 39. El nombre de las personas físicas es inmutable, inalienable e imprescriptible y sólo podrá ser modificado por resolución administrativa o judicial.

Artículo 40. El seudónimo, mote o sobrenombre, no es elemento constitutivo del nombre de las personas físicas, pero tendrá, desde luego, la protección legal que le concedan las leyes sobre derechos de autor.

Artículo 41. El nombre de las personas morales, será aquel que, con sujeción a las leyes de la materia, les asignen los fundadores al momento de su constitución y se podrá modificar en los términos que establezcan sus estatutos.

Cuando se trate de razones comerciales, derechos de marca, de tecnología, de autor o similares, podrá transmitirse el derecho a utilizar el nombre.

Artículo 42. La usurpación del nombre por terceros, así como su utilización indebida, originan el pago de los daños y perjuicios que se causen por culpa o negligencia.

TÍTULO CUARTO
DE LOS DERECHOS DE LA PERSONALIDAD

Artículo 43. Los derechos de la personalidad son inalienables, imprescriptibles, irrenunciables, no sujetos de gravamen y pueden oponerse a las autoridades y a los particulares, sin más límite que el derecho similar de estos últimos.

Artículo 44. Con relación a las personas físicas son ilícitos los hechos o actos que:

I. Dañen o puedan dañar su vida;

II. Lesionen o puedan lesionar su integridad física;

III. Restrinjan o puedan restringir su libertad;

IV. Lastimen su afecto, creencias o consideración de sí mismas;

V. Menoscaben su honor, reputación, prestigio o estima que de ellas tengan los demás; y

VI. Afecten su vida privada, su intimidad o sus secretos.

Artículo 45. La protección del derecho a la individualidad o identidad personal por medio del nombre, se rige por lo dispuesto en este Código.

Artículo 46. Toda persona capaz, tiene derecho a disponer parcialmente de su cuerpo en beneficio terapéutico de otra y puede, igualmente, disponer de su cuerpo para después de su muerte con fines terapéuticos, de enseñanza o de investigación.

Artículo 47. Salvo lo que dispongan las leyes sobre imprenta, la exhibición o reproducción de la imagen de una persona, sin consentimiento de ésta y sin un fin lícito, es violatoria de los derechos de la personalidad.

TÍTULO QUINTO
DEL REGISTRO CIVIL

CAPÍTULO PRIMERO
DISPOSICIONES GENERALES

Artículo 48. El Registro Civil, es la institución por medio de la cual, el Estado inscribe y da publicidad a los actos constitutivos o modificativos del estado civil de las personas, por cuya razón, sus asientos e inscripciones hacen prueba plena.

Para garantizar el Derecho a la Identidad, todos los registros de nacimiento llevados a cabo en las Oficialías del Registro Civil serán gratuitos. El Oficial del Registro Civil expedirá sin costo la primera copia certificada del acta de registro de nacimiento.

En la Entidad, estará a cargo de la Dirección Estatal del Registro Civil y los Oficiales del Registro Civil, autorizar los actos del estado civil de las personas y extender las actas relativas al nacimiento, reconocimiento de hijos, adopción, matrimonio, divorcio administrativo y defunción, así como inscribir las ejecutorias de discernimiento de tutela, las de pérdida de la capacidad o limitación de ésta para administrar bienes, la declaración de ausencia, la presunción de muerte y el divorcio judicial.

Para inscribir los actos a que se refiere el párrafo anterior, se utilizarán los formatos que autorice la Dirección Estatal del Registro Civil, los que deben llenarse en forma mecanográfica y mediante los sistemas electrónicos e informáticos que ésta establezca.

Artículo 49. El Registro Civil del Estado, se coordinará con la Dirección General del Registro Nacional de Población de la Secretaría de Gobernación del Gobierno Federal, para llevar a cabo la asignación de la Clave Única del Registro Nacional de Población y deberá remitir un tanto de las actas que se inscriban en las Oficialías del Registro Civil, a fin de integrar el Archivo Nacional y establecer, de manera conjunta, los procedimientos registrales.

Artículo 50. El Registro Civil se integra por:

I. La Dirección Estatal del Registro Civil;

II. El Archivo Estatal del Registro Civil, que contendrá tanto la base de datos de los registros electrónicos, como los documentos que conforman las actas del Registro Civil y sus apéndices; y

III. Las Oficialías del Registro Civil, las cuales se ubicarán y crearán en los términos que establezca el Reglamento Estatal del Registro Civil, de acuerdo con los requerimientos del servicio a la población.

Las Oficialías del Registro Civil estarán a cargo de los funcionarios denominados Oficiales del Registro Civil, quienes tendrán fe pública en el desempeño de sus funciones. El nombramiento de estos funcionarios estará a cargo del Director Estatal del Registro Civil, de acuerdo a lo que establezca el Reglamento Estatal del Registro Civil.

Artículo 51. En las actas del Registro Civil intervendrán: el Oficial del Registro Civil que autoriza, los particulares que soliciten el servicio público, sus representantes legales, en su caso, y los testigos que corroboren el dicho de los particulares, quienes atestiguarán el acto. Todos deberán firmar las actas, mismas que llevarán el sello de la Oficialía. Si alguna persona de las mencionadas no supiese firmar o no pudiese hacerlo, se asentará la razón por la cual no lo hace e imprimirá la huella digital de su pulgar derecho, salvo imposibilidad material, en cuyo caso el Oficial, discrecionalmente, autorizará se imprima la huella de otro de los dedos, señalando de cuál se trata y por qué razón se eligió.

Artículo 52. Las actas del Registro Civil se referirán exclusivamente a los hechos relativos a los actos según su naturaleza, mismos que no podrán ser sino aquéllos que se mencionan en el presente Código.

Artículo 53. Una vez inscritas, firmadas y autorizadas las actas, el Oficial del Registro Civil conservará el primer ejemplar para formar los volúmenes que se concentrarán en la Oficialía, entregará el correspondiente al interesado y remitirá a la Dirección Estatal del Registro Civil los restantes, incluyendo el registro electrónico del acta de que se trate; la Dirección se encargará de efectuar su distribución a las dependencias o instituciones que ésta determine.

Artículo 54. Los Oficiales del Registro Civil, bajo su más estricta responsabilidad, cuidarán que, con los tantos correspondientes a la Oficialía, se formen los volúmenes de actas y se generen los registros electrónicos correspondientes para integrar debidamente los archivos.

Artículo 55. Si se perdiera o destruyera alguna de las actas o volúmenes que integran el Archivo Estatal del Registro Civil, se repondrán con copia certificada del duplicado que se conserve o, en su defecto, imprimiendo el registro electrónico correspondiente, asentando que se trata de una reposición y la causa de ello.

En estos casos se dará aviso al Ministerio Público para que proceda a efectuar la investigación correspondiente y cuando corresponda ejercite la acción penal.

Artículo 56. En relación a cada una de las actas del Registro Civil que se levanten, deberá integrarse un apéndice con los documentos que le sirvan de antecedentes, haciéndose mención de ellos en las propias actas.

Artículo 57. Toda persona puede solicitar copia certificada de las actas del Registro Civil; los Oficiales y el Director Estatal del Registro Civil estarán obligados a extenderlas.

La certificación se podrá realizar a partir del registro electrónico del acta o del documento que obra en el Archivo Estatal del Registro Civil.

Asimismo, se podrán expedir certificaciones automáticas, mediante sistemas informáticos, a partir del registro electrónico del acta del Registro Civil; certificaciones que deberán contar con elementos de seguridad que acrediten su autenticidad y validez legal e impidan su falsificación.

La Dirección Estatal del Registro Civil, podrá convenir con autoridades, preferentemente del Registro Civil, de otras entidades de la República Mexicana y del Servicio Exterior Mexicano, a efecto de que éstas puedan generar certificaciones automáticas.

Para obtener copia de los documentos del apéndice, se requiere mandamiento de autoridad judicial competente.

Artículo 58. Cuando ocurra la pérdida o destrucción de actas o libros, así como de sus registros electrónicos, independientemente de su fecha o forma de asiento y no existan ejemplares que permitan su reposición, podrá solicitarse a la Dirección Estatal del Registro Civil, la generación de un nuevo registro que substituya al anterior.

La Dirección Estatal recibirá la solicitud de reposición acompañada de las pruebas de la existencia de los documentos perdidos o destruidos y recabará, en su caso, las pruebas que considere necesarias; desahogadas las mismas, resolverá en un plazo no mayor a cinco días hábiles y, de resultar procedente, autorizará un nuevo registro en el que se consignará esta circunstancia y dará aviso a la Oficialía del Registro Civil que corresponda. Cuando se niegue el nuevo registro, el interesado podrá acudir a la autoridad judicial, en los términos establecidos por el Código de Procedimientos Civiles del Estado de Querétaro.

Artículo 59. No podrá asentarse en las actas, ni por vía de nota o advertencia, algo que no debe ser declarado para el acto mismo a que las actas se refieren y lo que esté expresamente prevenido por la ley. Cualquier anotación extraña se tendrá por no puesta y será sancionada con multa equivalente a sesenta veces el salario mínimo general diario vigente en la zona. En casos graves, se solicitará a la autoridad correspondiente la destitución del Oficial responsable, sin perjuicio de las sanciones a que se hubiere hecho acreedor de acuerdo con las leyes y reglamentos aplicables.

Artículo 60. Los actos del Registro Civil son estrictamente formales, por lo que para su validez es necesaria la presencia del Oficial del Registro Civil y el uso de las formas y sistemas electrónicos e informáticos referidos con anterioridad, pero la asistencia personal de los interesados puede suplirse con un mandatario, cuyo nombramiento conste en escritura pública.

Artículo 61. El Oficial del Registro Civil podrá acordar, a petición de parte interesada, trasladarse a otro lugar dentro de su jurisdicción, fuera de su oficina, para levantar un acta.

Artículo 62. En la formación de las actas del estado civil, se observarán las reglas generales siguientes:

I. En todos los ejemplares de las actas, se adherirá la Clave Única del Registro Nacional de Población, salvo en los actos jurídicos que por su naturaleza no lo requieran y así lo determine la Dirección Estatal del Registro Civil;

II. En todas las demás actas y en los registros electrónicos, se transcribirá la Clave Única del Registro Nacional de Población, siempre y cuando el registro de nacimiento se haya realizado durante o después de 1982 y éste cuente con la clave correspondiente. Igualmente se deberá transcribir la clave en las copias certificadas de las actas que se expidan;

III. Los testigos que intervengan en la inscripción de las actas del Registro Civil, deberán ser mayores de edad, prefiriéndose los que designen los interesados, aún cuando sean sus parientes; declararán bajo protesta de decir verdad luego de escuchar las advertencias sobre las penas en que incurren quienes declaran falsamente ante una autoridad;

IV. Elaborado el registro electrónico, se imprimirá una copia de prueba que será leída por el Oficial del Registro Civil o empleado registrador, para conocimiento de los interesados y testigos. Verificado por los interesados que los datos se asentaron correctamente, se imprimirán los originales y se firmarán por quienes deban hacerlo; si alguien no pudiera o se encontrara impedido para ello, se procederá en los términos del presente Capítulo;

V. Los interesados, tienen derecho a imponerse por sí mismos del tenor del acta o de designar persona que a su nombre la lea;

VI. Si comenzado algún acto, éste se entorpeciere porque las partes se nieguen a continuarlo o por cualquier otro motivo, se suspenderá la elaboración del registro electrónico y, en su caso, se inutilizará el acta, glosándose los ejemplares en el volumen correspondiente, con la anotación de las causas por las cuales no se concluyó el acto. Esta razón será suscrita por el Oficial;

VII. Los ejemplares de que consta el formato para la inscripción de actas, una vez asentada, se glosarán de inmediato en sus respectivos volúmenes, entregando a los interesados el que les corresponda; asimismo, se encriptará el registro electrónico, pasando a formar parte de la base de datos del archivo electrónico del Registro Civil;

VIII. Los registros electrónicos y formatos deberán llenarse con números arábigos y con letras, de acuerdo con los datos que requieran los espacios que los mismos contengan. Por ningún motivo se anotarán en ellos abreviaturas o siglas;

IX. No se harán raspaduras, ni enmendaduras, ni se borrará lo escrito. Cuando se hagan anotaciones equivocadas, se cancelará el acta y se elaborará una nueva;

X. Al efectuar la inscripción y generarse el registro electrónico de las actas, no deberán dejarse espacios en blanco; si por algún motivo no pudiera anotarse cualquier dato, los espacios que deban ocupar se cerrarán con guiones;

XI. Generados los registros electrónicos, únicamente podrán modificarse cuando previamente se agoten los procedimientos administrativos que prevé el presente Código o por mandato judicial de la autoridad competente; y

XII. A los documentos presentados por los interesados, que formen parte de los requisitos para la celebración del acto, se les anotará la Clave Única de Registro Nacional de Población de los solicitantes, siempre y cuando ésta ya les haya sido asignada con anterioridad, se sellarán y archivarán en legajos con sus respectivos índices.

Artículo 63. La nulidad de un acta inscrita, la falsedad de las actas del Registro Civil, su rectificación, modificación y la inscripción de actos que, ocurridos, no hubieren sido registrados en tiempo, sólo podrán declararse en sentencia judicial.

En tratándose de actos no registrados en tiempo, deberá observarse lo dispuesto en el Capítulo Noveno de este mismo Título.

Artículo 64. La inscripción de actas decretada por la autoridad judicial, respecto de aquéllas no registradas en tiempo, retrotrae los efectos del registro a la fecha en que ocurrieron realmente y para los efectos legales se entenderá que se efectúo su registro en tiempo.

Artículo 65. Las declaraciones falsas para obtener el registro de un acto del estado civil que no fue real o para simular que pasó al amparo de las leyes nacionales, provoca la nulidad del acta. La resolución judicial que la declare ordenará la consignación de los responsables, para que el ministerio Público proceda en los términos del Código Penal del Estado de Querétaro, sin perjuicio de las sanciones que para estos casos fija la Ley General de Población.

Artículo 66. Para acreditar el estado civil adquirido por los mexicanos fuera del territorio nacional, bastarán las constancias que para su prueba se requieran, según las leyes del lugar donde se haya registrado el acto. Los interesados deberán presentar las constancias al Registro Civil de su domicilio, observando lo dispuesto en el Código Federal de Procedimientos Civiles, por cuanto a su legalización. Asimismo, podrán presentarse las constancias u otros medios de prueba que resulten necesarios para cumplimentar los datos que señala el presente Código y que deben tener las actas del estado civil correspondiente. Satisfechos estos extremos, se hará la inscripción y la generación de los registros electrónicos que correspondan, debiendo formularse las actas conducentes.

Artículo 67. Si el registro de los actos a que se refiere el artículo anterior, se lleva a cabo dentro de los ciento ochenta días siguientes a la fecha en la cual los interesados reingresan al país, los efectos de su registro se retrotraerán a la fecha del registro en el extranjero. Pasado ese lapso, los actos sólo tendrán efectos en el Estado a partir del momento de su inscripción en la Oficialía respectiva.

Artículo 68. Para la inscripción de los actos del Registro Civil, los interesados dispondrán del plazo que este Código señale en forma específica para cada uno de ellos; su prórroga estará sujeta a las leyes y reglamentos aplicables.

Artículo 69. En las actas del Registro Civil, se harán las anotaciones que establece la ley y las que se relacionen con otros actos que respecto de la misma persona estén inscritos. Cuando las anotaciones deban ser hechas fuera del Estado, la Dirección girará los exhortos correspondientes, por los conductos legales.

Artículo 70. Los actos y actas del estado civil, relativos al Oficial, a su consorte y a los ascendientes y descendientes de cualquiera de ellos, no podrán ser autorizados por el mismo Oficial.

Artículo 71. Derogado.

Artículo 72. Tratándose de la celebración de actos del estado civil en que intervengan extranjeros, deberá exigirse:

I. Que el extranjero acredite su legal estancia en el país; y

II. Tratándose de matrimonio o divorcio entre un nacional y un extranjero o entre extranjeros, deberá exhibirse el permiso expedido por la Secretaría de Gobernación en que se autorice la celebración del acto.

CAPÍTULO SEGUNDO
DE LAS ACTAS DE NACIMIENTO

Artículo 73. Las declaraciones del nacimiento, se harán presentando al infante ante el Oficial del Registro Civil en su oficina y en los casos en que circunstancialmente sea necesario, el Oficial acudirá al lugar en que se encuentre.

Artículo 74. Tienen obligación de declarar el nacimiento, dentro de los sesenta días siguientes a la fecha en que hubiere ocurrido, los padres del menor, de manera conjunta o separada, aún cuando se trate de padre o madre menor de edad; a falta de éstos, los abuelos paternos o maternos o quienes tengan a su cargo el cuidado o custodia del menor.

Para que el Oficial del Registro Civil realice la inscripción, deberá proceder en los siguientes términos:

I. Tener presente a la persona de cuyo nacimiento se trate, con excepción de que la persona ya hubiere fallecido;

II. Tener a la vista la constancia de alumbramiento y otra prueba suficiente para el efecto;

III. Que se le exhiba, en su caso, el acta de matrimonio de los padres para que se asiente el nombre de éstos como los progenitores;

IV. Identificar a quienes presentan al menor y a los testigos; y

V. Requerir, preferentemente, copia del acta de nacimiento de los padres.

Tratándose de menores de hasta cuatro años de edad, el Oficial del Registro Civil procederá a la inscripción, siempre y cuando se presenten, además de lo previsto en el párrafo que antecede:

I. Constancia de no haber sido registrado con anterioridad; y

II. Que quien lo presente, tenga residencia en el lugar en donde actúa el Oficial del Registro Civil que corresponda.

Transcurrido el lapso a que se refieren los párrafos anteriores, se procederá a la inscripción de quien no esté registrado, en los términos del Capítulo Noveno de este mismo Título.

Artículo 75. El acta de nacimiento deberá contener:

Del registrado: el día, la hora, el lugar de nacimiento, el sexo, el nombre que se le imponga por la persona que lo presente, registrándolo con estricto apego a las formas orales, funcionales y simbólicas de comunicación pertenecientes a las lenguas indígenas; además contendrá los dos apellidos que le correspondan, la mención de si se presenta vivo y la impresión de su huella digital.

De los padres, abuelos y testigos se anotarán los nombres, edades, domicilios y nacionalidad, incluso cuando la presentación se haga por persona distinta, salvo cuando se trate de recién nacidos que sean encontrados abandonados o cuya filiación se desconozca.

En cuanto a los testigos; se anotará el nombre y, en su caso, el parentesco de éstos con el registrado. Si algún dato de los exigidos no pudiese ser aportado, el Oficial mencionará la causa de su omisión.

Artículo 76. Cuando al presentar al menor se exhiba copia certificada del acta de matrimonio de sus padres, se asentará el nombre de éstos como el de sus progenitores, salvo sentencia judicial en contrario.

Artículo 77. Cuando no se presente la copia certificada a que se refiere el artículo anterior, sólo se asentará el nombre del padre o de la madre, cuando lo soliciten por sí mismos o por apoderado cuyo mandato se ajuste a las prevenciones de este Código.

En caso de que sólo se presente a registrar uno de los padres y no acredite el vínculo matrimonial y, por consecuencia, la filiación, se registrará al niño poniéndole el nombre que se le asigne y los dos apellidos del progenitor que lo presenta.

Artículo 78. En las actas de nacimiento, por ningún motivo se pondrán palabras que califiquen en alguna forma a la persona registrada. Al Oficial que incurra en esta situación se le aplicarán las sanciones dispuestas en este ordenamiento legal.

Artículo 79. Los recién nacidos que sean encontrados en situación de desamparo, deberán ser dotados de una acta de nacimiento, con los elementos necesarios para acreditar su personalidad.

Para tal efecto, se procederá de la siguiente manera:

I. Toda persona que encuentre a un menor desamparado, denunciará este hecho ante el Ministerio Público que corresponda, manifestando dónde y cuándo lo encontró, así como las circunstancias en que ello ocurrió, debiendo presentar los vestidos, documentos, valores y cualquier otro objeto hallado con el menor, que pudiera conducir a su posterior reconocimiento;

II. El Ministerio Público iniciará averiguación al respecto, dará aviso a la Procuraduría de la Defensa del Menor y a la Familia del Estado emitiendo una constancia, expedida por perito médico, en la cual señale el estado físico en que el menor se encuentre y su edad aparente;

III. La Procuraduría de la Defensa del Menor y la Familia del Estado designará la persona o institución que se encargará del menor y comparecerá ante el Oficial del Registro Civil a solicitar su inscripción; y

IV. El Oficial del Registro Civil procederá a la inscripción correspondiente, anotando en el acta el número de averiguación iniciada por el Ministerio Público. Se asignará al expósito un nombre y dos apellidos, que deberán ser de uso común en la región donde halla sido encontrado; se asentará como fecha probable de nacimiento, la determinada en la constancia expedida por el Ministerio Público que tuvo conocimiento de los hechos y se señalará como lugar de nacimiento, aquel donde el menor fue encontrado.

El acta de registro de un expósito sólo podrá anularse o modificarse en el caso de que, con posterioridad a su expedición, se conozca la filiación del menor y que ésta sea declarada por la autoridad judicial competente.

Artículo 80. La obligación que señala el artículo anterior la tienen también los jefes, directores o administradores de los establecimientos penitenciarios y de cualquier casa de maternidad y de cuna, respecto a los niños expuestos en ellas.

Artículo 81. Queda prohibido al Oficial del Registro Civil y a los testigos que deban asistir al acto, hacer inquisición sobre la paternidad o la maternidad. En el acta, sólo se expresará lo que deben declarar las personas que presenten al niño aunque aparezcan sospechosas de falsedad, sin perjuicio de que ésta sea castigada conforme a las prescripciones del Código Penal del Estado de Querétaro, para cuyo efecto, en este caso el Oficial dará aviso al Ministerio Público.

Artículo 82. Las constancias de nacimiento de los hijos de ciudadanos mexicanos levantadas en el extranjero, en buques o naves nacionales o extranjeras y, en general, las que se tomen en cualquier sitio donde no se encontrase un Oficial del Registro Civil, deberán presentarse al Oficial del domicilio de los padres, dentro del plazo a que se refiere el artículo 74 de este Código, quien procederá a su inscripción de acuerdo con lo establecido por el presente ordenamiento, teniendo cuidado en complementar los datos relativos a la filiación para lo cual podrá solicitar los documentos probatorios que se consideren pertinentes.

Artículo 83. Los Oficiales del Registro Civil inscribirán las actas de nacimiento de los hijos de extranjeros, cuando los hijos hayan nacido en territorio nacional, independientemente de la condición migratoria de los padres o de la persona que presenta al menor.

Artículo 84. Si al dar aviso de un nacimiento, se comunica también la muerte del recién nacido, se extenderán dos actas, una de nacimiento y otra de fallecimiento, en las formas respectivas.

Artículo 85. Cuando se presentaren al Oficial, para su registro, hermanos de un mismo parto se levantará un acta para cada uno de ellos y se asentarán en las actas las particularidades que los distingan, así como la indicación del orden en que nacieron.

CAPÍTULO TERCERO
DE LAS ACTAS DE RECONOCIMIENTO DE HIJOS

Artículo 86. El acto de presentar ante el Oficial del Registro Civil a un hijo nacido fuera del matrimonio, para que se inscriba su nacimiento, surte efectos de reconocimiento en relación a los progenitores que lo presentaren.

Artículo 87. Para el reconocimiento de un hijo nacido fuera de matrimonio, hecho con posterioridad a su registro de nacimiento, es necesario recabar su consentimiento, si es mayor de edad. Si es menor de edad, pero mayor de catorce años, su consentimiento y el de la persona que lo tenga bajo su custodia. Si es menor de catorce años, el consentimiento de quien lo tenga bajo su custodia.

Artículo 88. El acta de reconocimiento deberá contener:
I. Del reconocido:
a) Nombre.
b) Primer apellido del padre.
c) Primer apellido de la madre.
d) Fecha y lugar de nacimiento.
e) Edad.
f) Sexo.
g) Domicilio.
h) Impresión digital, salvo imposibilidad material;
II. Del reconocedor:
a) Nombre.
b) Apellidos.
c) Nacionalidad.
d) Edad.
e) Domicilio;
III. De los padres del reconocedor:
a) Nombres.
b) Apellidos.
c) Nacionalidades.
d) Domicilio;

IV. De la persona o personas que otorgan su consentimiento:
a) Nombres.
b) Apellidos.
c) Nacionalidades.
d) Edades.
e) Estado civil.
f) Domicilio.
g) Parentesco con el reconocido; y
V. De los testigos:
a) Nombres.
b) Apellidos.
c) Nacionalidades.
d) Edades.
e) Domicilios.

Artículo 89. Para levantar un acta de reconocimiento de hijos, es requisito indispensable que la persona que se pretende reconocer, tenga registrado su nacimiento, el Oficial del Registro Civil deberá hacer la anotación del reconocimiento en el acta de nacimiento del reconocido.

Artículo 90. Si el reconocimiento se hace por alguno de los otros medios establecidos por este código se presentará copia certificada del documento ante el Oficial del Registro Civil, para que inserte en el acta la parte relativa.

Artículo 91. Si el reconocimiento se hiciere en Oficialía diferente a aquella en donde se levantó el acta de nacimiento se enviará copia certificada del acta de reconocimiento al Oficial correspondiente, para que se haga la anotación respectiva.

CAPÍTULO CUARTO
DE LAS ACTAS DE ADOPCIÓN

Artículo 92. Dictada la resolución judicial que autorice la adopción, el juez enviará al Director del Registro Civil, copia certificada de la sentencia y del auto en que causa ejecutoria, éste, a su vez, ordenará se levante el acta como si fuera de nacimiento, en los mismos términos que la que se expide para los hijos consanguíneos y se harán las anotaciones en el acta de nacimiento original, la cual quedará reservada. No se publicará ni se expedirá constancia alguna que revele el origen del adoptado, ni su condición de tal, salvo providencia dictada en juicio.

Artículo 93. Derogado.

Artículo 94. El Juez o Tribunal que resuelva la nulidad de una adopción, remitirá de inmediato copia de la sentencia y del auto de ejecutoria al Director del Registro Civil, quien ordenará se haga la anotación correspondiente, tanto en el acta de adopción como en la de nacimiento.

CAPÍTULO QUINTO
DE LAS ACTAS DE MATRIMONIO

Artículo 95. Las personas que pretendan contraer matrimonio presentarán al Oficial del Registro Civil del domicilio de cualquiera de ellas, una solicitud en la que se exprese:

I. Nombres y apellidos, fecha y lugar de nacimiento, nacionalidad, ocupación y domicilio de ambos contrayentes; nombres y apellidos, nacionalidad, domicilio y parentesco con los contrayentes de dos testigos por cada persona que desee contraer matrimonio;

II. Que no tienen impedimento legal para casarse;

III. El régimen patrimonial a que se sujetará el matrimonio; y

IV. Que es su voluntad unirse en matrimonio. Esta solicitud deberá ir firmada por ambos contrayentes, salvo que no supieran o no pudieran hacerlo, caso en el que imprimirán sus huellas digitales, asentándose razón de ello.

Artículo 96. Al escrito a que se refiere el artículo anterior se acompañará:

I. Copia certificada del acta de nacimiento de ambos pretendientes;

II. La constancia mediante la cual otorguen el consentimiento para que el matrimonio se celebre, de acuerdo a los supuestos previstos en este ordenamiento;

III. La declaración de dos testigos mayores de edad, por cada uno de los pretendientes que los conozcan y les conste que no tienen impedimento legal para casarse;

IV. En su caso, copia certificada del acta de divorcio o de defunción;

V. Un certificado suscrito por un médico legalmente autorizado para ejercer la profesión, que asegure que los pretendientes no padecen enfermedad venérea, infecto-contagiosa, crónica o incurable que sean hereditarias;

VI. El convenio que los pretendientes celebren en relación a los bienes y que deba expresar con toda claridad, si el matrimonio se pretende contraer bajo régimen de sociedad conyugal o de separación de bienes. No podrá dejar de presentarse este convenio bajo ningún pretexto y el Oficial del Registro Civil está obligado a asesorar a los pretendientes, para su redacción;

VII. Copia de la dispensa de impedimento, si los hubo.

VIII. Constancia expedida por el Director del Registro Civil del Estado de Querétaro, donde se acredite haber asistido a las asesorías en materia de violencia familiar, derechos y obligaciones del matrimonio y de los hijos, impartida por dicha institución.

Artículo 97. El Oficial del Registro Civil a quien se presenten una solicitud de matrimonio que satisfaga los requisitos anteriores, hará que los pretendientes, reconozcan ante él y por separado, sus firmas y que los testigos a que se refiere el artículo anterior ratifiquen sus dichos bajo protesta de decir verdad. Cuando lo considere necesario, se cerciorará de la autenticidad de la firma que calce el certificado médico presentado, solicitando su ratificación, en su presencia.

Artículo 98. Cubiertos los requisitos para contraer matrimonio y previo a la celebración del mismo, la Oficialía del Registro Civil en la que habrá de llevarse a cabo, orientará a los contrayentes sobre los fines del matrimonio, los derechos y obligaciones que nacen de él y las cuestiones patrimoniales que lo rigen, conforme al presente Código.

La orientación aludida, se otorgará en la forma que para ello establezca la Dirección Estatal del Registro Civil en su Reglamento.

Artículo 99. El matrimonio se celebrará dentro de los ocho días siguientes en el local de la Oficialía, en el día y hora que se señale, a excepción de lo dispuesto por el artículo 61.

Artículo 100. En el lugar, día y hora designados para la celebración del matrimonio, deberán estar presentes ante el Oficial del Registro Civil, los pretendientes o sus apoderados y dos testigos por cada uno de ellos, para que acrediten su identidad.

Acto seguido, el Oficial del Registro Civil leerá en voz alta la solicitud de matrimonio, los documentos que junto con ella se hubiesen presentado y las diligencias practicadas e interrogará a los testigos acerca de si los pretendientes son las mismas personas a que se refiere la solicitud. En caso afirmativo preguntará a cada uno de los pretendientes si es su voluntad unirse en matrimonio y si están conformes, los declarará unidos en nombre de la ley y de la sociedad, dirigiéndoles una exhortación sobre las finalidades del matrimonio.

Artículo 101. Se levantará luego el acta de matrimonio en la cual se hará constar:

I. Los nombres, apellidos, edad, ocupación, domicilio y lugar de nacimiento de los contrayentes;

II. Derogada;

III. Los nombres, apellidos, ocupación y domicilio de los padres;

IV. Derogada;

V. Que no hubo impedimento para el matrimonio o que este se dispensó;

VI. La declaración de los pretendientes de ser su voluntad unirse en matrimonio y la de haber quedado unidos, que hará el juez en nombre de la ley y de la sociedad;

VII. La manifestación de los cónyuges de que contraen matrimonio bajo el régimen de sociedad conyugal o de separación de bienes;

VIII. Los nombres, apellidos, edad, estado civil, ocupación y domicilio de los testigos, su declaración sobre si son o no parientes de los contrayentes y si lo son, en qué grado y en qué línea; y

IX. Que se cumplieron las formalidades exigidas por el artículo anterior.

El acta será firmada por el Oficial del Registro Civil, los contrayentes, los testigos y las demás personas que hubieren intervenido si supieren y pudieren hacerlo.

En el acta se imprimirán las huellas digitales de los contrayentes.

Artículo 102. La celebración conjunta de matrimonios no exime al Oficial, del cumplimiento estricto de las solemnidades a que se refieren los artículos anteriores.

Artículo 103. Los pretendientes que declaren maliciosamente un hecho falso, los testigos que dolosamente afirmen la exactitud de las declaraciones de aquéllos o su identidad y los médicos que se conduzcan falsamente al expedir el certificado requerido para contraer matrimonio, serán consignados al Ministerio Público para que ejercite la acción penal correspondiente. Lo mismo se hará con las personas que falsamente se hiciesen pasar por padres o tutores de los pretendientes.

Artículo 104. El Oficial del Registro Civil que tenga conocimiento de que los pretendientes tienen impedimentos para contraer matrimonio, levantará un acta ante dos testigos, en la que hará constar los datos que le hagan suponer que existe el impedimento. Cuando haya denuncia, se expresará en el acta el nombre, edad, ocupación, estado civil y domicilio del denunciante, insertándose al pie de la letra la denuncia.

El acta, luego de firmada por los que en ella intervengan, será remitida al Juez de Primera Instancia que corresponda, para que haga la calificación del impedimento.

Artículo 105. Antes de remitir el acta al Juez de Primera Instancia, el Oficial del Registro Civil hará saber a los pretendientes el impedimento denunciado, aunque sea relativo solamente a uno de ellos absteniéndose de todo procedimiento ulterior, hasta que la sentencia decida sobre el impedimento en forma ejecutoria.

Artículo 106. Las denuncias de impedimento pueden ser hechas por cualquier persona. Las que sean falsas, sujetan al denunciante a las penas establecidas para el falso testimonio en materia civil. Siempre que se declare no haber impedimento, el denunciante será condenado al pago de las costas, daños y perjuicios.

Artículo 107. Las denuncias anónimas o hechas por cualquier otro medio, si no se presentare personalmente el denunciante, sólo podrán ser admitidas cuando se presenten acompañadas de pruebas de cuya observación inmediata, el Oficial pueda presumir que son ciertas. En tal caso, dará cuenta a la autoridad judicial de primera instancia que corresponda, suspendiéndose todo procedimiento o acto ante el Registro Civil.

Artículo 108. Denunciado un impedimento, el matrimonio no podrá celebrarse aun cuando el denunciante se desista mientras no recaiga sentencia judicial que declare su inexistencia o se obtenga dispensa de él.

Artículo 109. El desistimiento de la denuncia no exime de las responsabilidades que correspondan. El Oficial del Registro Civil que autorice un matrimonio teniendo conocimiento de que hay impedimento legal o de que éste se ha denunciado, será separado de su cargo, sin perjuicio de la responsabilidad penal en que pueda haber incurrido.

Artículo 110. Los Oficiales del Registro Civil, sólo podrán negarse a autorizar un matrimonio, cuando por los términos de la solicitud, por el conocimiento que tengan de los interesados o por denuncia en forma, tuvieren noticia de que alguno o ambos, carecen de aptitud legal para contraer matrimonio. Los interesados podrán ocurrir ante el Director del Registro Civil, quien luego de oírlos, resolverá en definitiva.

Artículo 111. El Oficial del Registro Civil que, sin motivo justificado, retarde la celebración de un matrimonio, será castigado, la primera vez con multa equivalente a sesenta veces el salario mínimo general diario vigente en la zona; en caso de reincidencia, con la destitución de su cargo, lo cual se solicitará a la autoridad municipal de la cual dependa.

CAPÍTULO SEXTO
DE LAS ACTAS DE DIVORCIO

Artículo 112. Dictada la sentencia de divorcio, el juez a instancia de parte, remitirá copia certificada de ésta y del auto en que cause ejecutoria a la Dirección del Registro Civil, quien ordenará al Oficial correspondiente, que levante el acta respectiva.

No obstante lo anterior, el juez de forma oficiosa remitirá a la brevedad, oficio donde se incluya por lo menos un extracto de los resolutivos de la sentencia, la fecha de su dictado y la fecha en que causó ejecutoria la misma, a la Dirección Estatal del Registro Civil, a efecto de que se realicen las anotaciones marginales correspondientes, al acta de matrimonio respectiva.

Cuando el juez reciba exhorto donde se informe de la tramitación de divorcio fuera de esta Entidad Federativa, el oficio a que se refiere el párrafo anterior deberá generarse y remitirse para los mismos efectos señalados, a la Dirección Estatal del Registro Civil.

Artículo 113. El acta de divorcio deberá contener: los nombres, apellidos, edades, domicilios y nacionalidades de los divorciados, los datos de la ubicación de las actas de nacimiento y matrimonio y la parte resolutiva de la resolución administrativa que lo decretó o la parte conducente de la sentencia judicial, la autoridad que la pronuncio y la fecha en que dicha sentencia causó ejecutoria.

Levantada el acta de divorcio, se hará la anotación correspondiente en la diversa en que conste el matrimonio.

CAPÍTULO SÉPTIMO
DE LAS ACTAS DE DEFUNCIÓN

Artículo 114. Ninguna inhumación o cremación se hará sin acta de defunción expedida por el Oficial del Registro Civil, quien se asegurará de la existencia del certificado médico de defunción correspondiente.

Los cadáveres deberán inhumarse, incinerarse o embalsamarse, dentro de las cuarenta y ocho horas siguientes al fallecimiento, salvo autorización específica de la autoridad sanitaria competente o por disposición del Ministerio Público o de la autoridad judicial competente.

Artículo 115. En el acta de defunción, se asentarán los datos que el Oficial del Registro Civil reciba en la declaración que se le haga y será firmada por dos testigos, prefiriéndose para el caso, al cónyuge supérstite o a los parientes si los hay. Si no hubiere ni uno ni otro se preferirá a los vecinos.

Artículo 116. El acta de defunción deberá contener:

I. El nombre, apellidos, edad, nacionalidad, sexo, domicilio que tuvo el difunto; su estado civil y si era casado o viudo, el nombre, apellido y nacionalidad de su cónyuge;

II. Los nombres y apellidos de los padres del difunto;

III. La causa que determinó la muerte, el destino del cadáver, nombre y ubicación del panteón o crematorio;

IV. La hora, día, mes, año y lugar de la muerte y todos los informes que se obtengan en caso de muerte violenta; y

V. Nombre, apellidos, número de cédula profesional y domicilio del médico que certifique la defunción.

Artículo 117. Quienes habiten la casa en que ocurra un fallecimiento, los directores, administradores de los establecimientos de reclusión, hospitales, colegios o cualquier otra casa de comunidad, los encargados de los hoteles, mesones o casas de vecindad, tienen obligación de dar aviso del fallecimiento, al Oficial del Registro Civil, dentro de las veinticuatro horas siguientes a aquélla en que tuvieron conocimiento de la muerte.

Artículo 118. Cuando el Oficial del Registro Civil sospeche que el fallecimiento de una persona no se debió a causas naturales, lo hará saber al Ministerio Público, comunicándole todos los indicios e informes en que apoya su sospecha, para que proceda a la averiguación conforme a derecho. A su vez, el Misterio Público hará saber al Oficial, los fallecimientos de que tenga conocimiento, para que levante el acta respectiva.

Si el difunto fuese persona desconocida se asentará la descripción de éste, la de los vestidos y objetos que con él se hubieran encontrado y en general, todos los datos que puedan conducir a su identificación, datos que el Oficial podrá tomar de la copia de la averiguación que le remita el Ministerio Público.

Si con posterioridad se realiza la identificación de persona, el Oficial hará una ampliación del acta con objeto de que ésta quede integrada plenamente.

Artículo 119. En caso de muerte en el mar, a bordo de un buque nacional o en el espacio aéreo internacional, el acta se formará de la manera prescrita en este Capítulo en cuanto fuese posible y la autorizará el jefe o capitán de la nave, estándose a lo que dispone el Código Civil del Distrito Federal, aplicable en toda la República en materia federal.

Artículo 120. Cuando alguna persona falleciere en lugar que no sea su domicilio, se remitirá al Oficial del Registro Civil del que le corresponda, copia certificada del acta de defunción para que haga la anotación relativa en el acta de nacimiento y en las demás que estén relacionadas con la misma.

Artículo 121. El jefe de cualquier puesto a destacamento militar, tiene obligación de dar parte al Oficial del Registro Civil, de los muertos habidos en campaña o en otro acto de servicio especificándose la afiliación de los mismos.

Artículo 122. En todos los casos de muerte, en los establecimientos de reclusión, no se hará mención de esta circunstancia en los registros y las actas contendrán solamente los requisitos señalados con anterioridad.

CAPÍTULO OCTAVO
DE LAS ACTAS DE INSCRIPCIÓN DE EJECUTORIAS

Artículo 123. Las autoridades judiciales que declaren la ausencia, la presunción de muerte de personas, la pérdida o limitación de la capacidad legal para administrar bienes o disciernan la tutela de los incapacitados, remitirán al Director del Registro Civil, copia certificada de la ejecutoria respectiva de auto de discernimiento, para que se levante el acta correspondiente, en la Oficialía respectiva.

Artículo 124. Las actas a que se refiere el artículo anterior, deberán contener: el nombre, edad, estado civil y nacionalidad de la persona de quien traten, los puntos resolutivos de la sentencia, fecha de la misma y la designación del tribunal que la dictó.

Artículo 125. El Director del Registro Civil ordenará también que se anote el acta de nacimiento de la persona de quien se trate, aún cuando no estuviese ordenado por el tribunal que la dictó.

Artículo 126. Cuando se recobre la capacidad legal para administrar bienes, se revoque la tutela o se presente la persona declarada ausente o cuya muerte se presumía, se dará aviso al Director del Registro Civil, para que cancele la inscripción relativa y la anotación del acta de nacimiento.

CAPÍTULO NOVENO
DE LA NULIDAD, RECTIFICACIÓN, MODIFICACIÓN Y ACLARACIÓN DE LAS ACTAS DEL REGISTRO CIVIL Y DE LAS INSCRIPCIONES EXTEMPORÁNEAS

Artículo 127. La nulidad de las actas del Registro Civil, sólo podrá ser decretada por la autoridad judicial, cuando se compruebe que el acto registrado no pasó o se está en los casos que señala el Capítulo Noveno del Título Sexto y cualquier otro previsto en este Código.

Artículo 128. Declarada la nulidad, el juez remitirá copia de la resolución al Director del Registro Civil a efecto de que proceda a ordenar la anotación en el acta correspondiente, cuidando que la misma anotación se haga en los tantos que obran en los archivos de las dependencias a quienes originalmente se les envió.

Artículo 129. Las actas del Registro Civil podrán ser aclaradas o rectificadas en los términos del presente artículo.

La aclaración procede, cuando en ellas existan errores de escritura, mecanográficos, ortográficos, numéricos y otros meramente accidentales, siempre y cuando resulten obvios y no se afecte con su modificación los datos esenciales de las mismas. Se tramitará y resolverá en un plazo no mayor a tres días ante el Oficial del Registro Civil del domicilio de que se trate, quien informará de su resolución a la Dirección Estatal del Registro Civil.

La rectificación procede cuando se solicite variar el nombre o nombres de las personas que intervinieron en el acto o alguna otra característica esencial del mismo. Se tramitará y resolverá por la Dirección Estatal del Registro Civil, excepto cuando dicha corrección implique cambio a derechos y obligaciones relacionadas con la filiación y el parentesco o cuando éstas tengan su origen en sentencias judiciales, pues en estos casos, dichos cambios deberán solicitarse ante la autoridad jurisdiccional que corresponda.

Una vez resuelta y asentada la aclaración o rectificación, el dato que corresponda no podrá ser objeto de modificación posterior. Tampoco podrá modificarse si la misma tuvo su origen en sentencia judicial.

Artículo 130. Pueden pedir la nulidad, la rectificación o aclaración de las actas del Registro Civil:

I. Las personas de cuyo estado se trate;

II. Las que se mencionan en el acta, como relacionadas con el estado civil de alguno de los que intervinieron con cualquier carácter en el acto registrado;

III. Los herederos de las personas comprendidas en las fracciones anteriores;

IV. Quienes pueden continuar o intentar de acuerdo con la ley, las acciones relativas a la sucesión a bienes de las personas que se mencionan en las fracciones anteriores o quienes pueden apersonarse en los juicios incoados con motivo de las mismas;

V. Los que ejerzan la patria potestad o tutela sobre la persona respecto de la que haya de pedirse la nulidad, rectificación o aclaración del acta;

VI. El apoderado legal de la persona respecto de quien deba solicitarse la nulidad, rectificación o aclaración del acta, con cláusula especial para ello; y

VII. El Ministerio Público.

Artículo 131. El trámite para la rectificación de actas, se verificará de la siguiente forma:

I. Presentar solicitud por escrito, de manera personal por el interesado o su representante legal, ante la Dirección Estatal del Registro Civil:

a) Cuando se trate de la rectificación de un acta de nacimiento, que implique cambio en el nombre del interesado, deberá presentarse:

1. El acta que se pretenda corregir.

2. Las pruebas documentales que acrediten que el interesado se ostenta con el nombre que pretende.

3. La presentación de dos testigos que lo identifiquen y acrediten que la comunidad reconoce al interesado con el trato y la fama derivados del nombre pretendido y no con el asentado en el acta de nacimiento.

b) Cuando se trate de rectificaciones en actas diferentes a las que se refiere el inciso anterior, el solicitante deberá acompañar u ofrecer pruebas idóneas para probar su pretensión, pero en todo caso deberá acreditarse en forma indubitable la identidad del solicitante; y

II. Integrado el expediente respectivo y desahogadas las probanzas de referencia, la Dirección Estatal del Registro Civil resolverá de plano en un plazo no mayor de treinta días hábiles, ordenando en su caso la rectificación respectiva, misma que se comunicará a la Oficialía del Registro Civil correspondiente y a la Dirección General del Registro Nacional de Población, para que se anote en sus archivos.

En caso de negarse la rectificación, el solicitante podrá acudir ante el juez competente en los términos que prescribe el Código de Procedimientos Civiles del Estado.

Si el interesado radica en un municipio distinto al de la sede de la Dirección Estatal del Registro Civil, la solicitud de rectificación podrá presentarse ante el Oficial del Registro Civil correspondiente a su domicilio, quien deberá remitirla a la Dirección en un plazo no mayor de diez días hábiles.

Artículo 132. El trámite para la inscripción de personas mayores de cuatro años se realizará ante la Dirección Estatal del Registro Civil, en la forma siguiente:

I. La solicitud será presentada por escrito y de manera personal por el interesado o sus representantes legales y acompañada por lo menos de:

a) Constancia de nacimiento del interesado o, en su defecto, prueba suficiente del mismo.

b) Constancia expedida por autoridad municipal que acredite la residencia del interesado.

c) Dos testigos mayores de edad a quienes les consten los hechos.

d) Constancia expedida por la autoridad del Registro Civil del lugar de nacimiento, de no existir inscripción del interesado.

e) Documentos públicos o privados mediante los cuales se acredite el uso del nombre que se pondrá al registrado;

II. Cuando se trate de menores de edad, los requisitos señalados como a), c) y e) de la fracción que antecede, podrán ser sustituidos por un dictamen, resultado del estudio e investigación que para el efecto emita la Procuraduría de la Defensa del Menor y la Familia del Estado;

III. Cuando se trate de una persona que radique en un municipio distinto de la sede de la Dirección Estatal del Registro Civil, la solicitud de inscripción podrá presentarse ante el Oficial del Registro Civil correspondiente a su domicilio, quien deberá remitirla en un plazo no mayor a diez días; y

IV. La Dirección Estatal del Registro Civil, resolverá de plano en un plazo no mayor a treinta días hábiles, realizando la inscripción respectiva y notificando a la Oficialía del Registro Civil correspondiente, enviándole un ejemplar para ser integrado en su Archivo Documental del Registro Civil.

En caso de que la resolución sea negativa, el interesado podrá plantear su pretensión ante el juez competente.

Artículo 133. La tramitación o rectificación de actas del Registro Civil, realizadas de manera fraudulenta, provocará su nulidad absoluta, independientemente de la responsabilidad penal de quienes hayan intervenido dolosamente en el acto; también resultarán nulas las actas, cuando se acredite que existe otra de fecha anterior.

Cualquier persona que tenga interés legítimo o, en su caso, el Agente del Ministerio Público, podrá interponer la acción de nulidad a que se refiere este artículo.

TÍTULO SEXTO
DE LA FAMILIA

CAPÍTULO PRIMERO
DISPOSICIONES GENERALES

Artículo 134. Las leyes civiles del Estado son protectoras de la familia y del estado civil de las personas.

Artículo 135. La familia es una institución social, compuesta por un conjunto de personas unidas por el vínculo del matrimonio, el concubinato o por el parentesco de consanguinidad, civil o afinidad.

Artículo 136. Son fines de la familia garantizar la convivencia armónica, el respeto, la protección, la superación, la ayuda mutua, la procuración del sustento material y afectivo, la preservación de los valores humanos, la vinculación, el respeto y la protección recíproca de sus miembros.

CAPÍTULO SEGUNDO
DEL MATRIMONIO, SUS FINES Y REQUISITOS

Artículo 137. El matrimonio es una institución en la que se establece un vínculo jurídico por la unión entre dos personas, que, con igualdad de derechos y obligaciones, son la base del nacimiento y estabilidad de una familia, así como la realización de una comunidad de vida plena y responsable.

Artículo 138. El matrimonio debe celebrarse ante los funcionarios que establece la ley con las formalidades que ella exige.

Artículo 139. El matrimonio tiene como fin la creación de una comunidad íntima de vida entre los cónyuges y constituye la forma ideal para la protección de los intereses superiores de la familia.

Artículo 139 Bis. Las personas que pretendan contraer matrimonio deberán acudir ante el Oficial del Registro Civil del domicilio correspondiente, para que les sean impartidas asesorías en materia de violencia familiar, derechos y obligaciones del matrimonio y de los hijos, mismas que deberán ser proporcionadas antes de que los pretendientes contraigan matrimonio.

Artículo 140. Para contraer matrimonio, ambos contrayentes deberán tener 18 años cumplidos.

Artículo 141. Derogado.

Artículo 142. Derogado.

Artículo 143. Derogado.

Artículo 144. Si el juez se niega a otorgar la autorización para que se celebre un matrimonio, los interesados ocurrirán al Tribunal Superior de Justicia, en los términos que disponga el Código de Procedimientos Civiles del Estado de Querétaro.

Artículo 145. Derogado.

Artículo 146. Derogado.

Artículo 147. Derogado.

Artículo 148. Impedimento es todo hecho que legalmente imposibilita la celebración del matrimonio civil.

Son impedimentos para celebrar matrimonio:

I. La falta de edad requerida por la ley;

II. La falta de consentimiento del juez;

III. El parentesco de consanguinidad sin limitación de grado en la línea recta, ascendente o descendente. En la línea colateral igual, el impedimento se extiende a los hermanos y medios hermanos. En la colateral desigual, el impedimento se extiende solamente a los tíos y sobrinos, siempre que estén en el tercer grado y no hayan obtenido dispensa;

IV. El parentesco de afinidad en línea recta, sin limitación alguna;

V. Derogada;

VI. El atentado contra la vida de los casados para contraer matrimonio con el que quede libre;

VII. La embriaguez habitual, el uso indebido y persistente de cualquier tipo de drogas enervantes o padecer una enfermedad incurable que sea contagiosa o hereditaria;

VIII. Que se haya ejercido en cualquier momento violencia para obtener el consentimiento para la celebración del matrimonio, o cualquier circunstancia que impida la libre manifestación de la voluntad;

IX. Padecer una enfermedad mental que imposibilite a la persona a hacer uso de su voluntad; y

X. El matrimonio subsistente con persona distinta de aquélla con quien se pretenda contraer.

De estos impedimentos sólo es dispensable el parentesco de consanguinidad en línea colateral desigual.

Artículo 149. El adoptante no puede contraer matrimonio con el adoptado o sus descendientes, en tanto que dure el lazo jurídico resultante de la adopción.

Artículo 150. Los cónyuges están en aptitud de contraer nuevo matrimonio, al día siguiente de que quede legalmente disuelto el anterior.

Artículo 151. El tutor no puede contraer matrimonio con la persona que ha estado o está bajo su guarda, a no ser que obtenga dispensa, la que no se le concederá por el juez competente, sino cuando hayan sido aprobadas las cuentas de la tutela.

Esta prohibición comprende también al curador y a los descendientes de éste y del tutor.

Artículo 152. Si el matrimonio se celebrare en contravención de lo dispuesto en el artículo anterior, el juez nombrará inmediatamente un tutor interino que reciba los bienes y los administre mientras se obtiene la dispensa.

Artículo 153. Tratándose de queretanos que se casen en el extranjero, dentro de tres meses de su llegada al Estado se transcribirá el acta de celebración del matrimonio en el Registro Civil del lugar en que se domicilien los consortes.

Si la transcripción se hace dentro de esos tres meses, sus efectos contra terceros se retrotraerán a la fecha en que se celebró el matrimonio; si se hace después solo producirá efectos desde el día en que se hizo la transcripción, excepto si tuvieren hijos, en cuyo caso el matrimonio producirá sus efectos desde el nacimiento del primero de ellos.

CAPÍTULO TERCERO
DE LOS DERECHOS Y OBLIGACIONES QUE NACEN DEL MATRIMONIO

Artículo 154. Los derechos y obligaciones que nacen del matrimonio son iguales para los cónyuges, por lo que de común acuerdo y de manera libre, responsable e informada, decidirán sobre el número y espaciamiento de sus hijos.

Artículo 155. Los cónyuges deberán vivir juntos en el domicilio conyugal. Se considera domicilio conyugal, el lugar establecido de común acuerdo por los cónyuges, en el cual ambos disfrutan de autoridad propia y consideración iguales.

Artículo 156. Los cónyuges contribuirán económicamente al sostenimiento del hogar, a su alimentación y a la de sus hijos, así como a la educación de éstos en los términos que la ley establece, sin perjuicio de distribuirse la carga en la forma y proporción que acuerden para este efecto, según sus posibilidades.

No estará obligado a contribuir económicamente el que se encuentre imposibilitado para trabajar y careciere de bienes propios, así como el que por convenio tácito o expreso se ocupe exclusivamente del cuidado del hogar o de la atención de los hijos, casos en los que el otro cónyuge responderá íntegramente de los gastos familiares. Para este efecto, el trabajo doméstico realizado en el domicilio conyugal, se considerará como aportación al sostenimiento de la familia.

Cuando ambos cónyuges trabajen, la aportación económica al sostenimiento del hogar, las labores domesticas y las de crianza de los hijos, constituirán una responsabilidad compartida, en los términos que fijen de común acuerdo.

Artículo 157. Los cónyuges y los hijos, en materia de alimentos, tendrán derecho preferente sobre los ingresos y bienes de quien tenga a su cargo el sostenimiento económico de la familia y podrán demandar el aseguramiento de los bienes para hacer efectivos estos derechos.

Artículo 158. Los cónyuges tendrán en el hogar autoridad y consideraciones iguales; por lo tanto, resolverán de común acuerdo todo lo conducente al manejo del hogar, a la formación y educación de los hijos y a la administración de los bienes que a éstos pertenezcan. En caso de desacuerdo, el juez competente resolverá lo conducente.

Artículo 159. Los cónyuges podrán desempeñar cualquier actividad excepto las que dañen la moral de familia o la estructura de ésta. Cualquiera de ellos podrá oponerse a que el otro desempeñe la actividad de que se trate y el juez competente resolverá sobre la oposición.

Artículo 160. Los cónyuges, mayores de edad, tienen capacidad para administrar, contratar o disponer de sus bienes propios y ejercitar las acciones u oponer las excepciones que a ellos corresponden, sin que para tal objeto uno de los cónyuges necesite el consentimiento del otro; salvo lo que se estipule en las capitulaciones matrimoniales, sobre administración de los bienes.

Artículo 161. Derogado.

Artículo 162. El contrato de compraventa sólo puede celebrarse entre los cónyuges cuando el matrimonio esté sujeto al régimen de separación de bienes.

Artículo 163. Los cónyuges, durante el matrimonio, podrán ejercitar los derechos y las acciones que tengan el uno en contra del otro, pero la prescripción entre ellos no corre mientras dure el matrimonio.

CAPÍTULO CUARTO
DEL CONTRATO DE MATRIMONIO CON RELACIÓN A LOS BIENES

Artículo 164. El matrimonio se celebrará bajo los siguientes regímenes de:

I. Separación de bienes;

II. Sociedad conyugal; y

III. Comunidad de bienes.

Antes o durante la celebración del matrimonio, los cónyuges manifestarán expresamente su voluntad para contraerlo bajo régimen de separación de bienes o el de sociedad conyugal; en el último caso, deberán otorgarse capitulaciones matrimoniales. Si no se expresa tal voluntad o se omitieran requisitos esenciales para su formalización, se aplicará como régimen supletorio el de Comunidad de Bienes para los adquiridos durante el matrimonio, mismo que se regirá por las reglas aplicables a la copropiedad. Únicamente quedarán excluidos de la Comunidad de Bienes, los que los cónyuges reciban individualmente por donación o por herencia.

Artículo 165. Todos los bienes que se adquieran a partir de la celebración del matrimonio contraído bajo el régimen de sociedad conyugal o durante el régimen supletorio, se presumen gananciales mientras no se pruebe lo contrario.

La división de los bienes gananciales por partes iguales entre los cónyuges o sus herederos, tendrá lugar, sea cual fuere el importe de los bienes adquiridos durante el matrimonio, aunque alguno o los dos hayan carecido de bienes al momento de celebrarlo, a menos que se demuestre que alguno no aportó de tal manera en la formación, consolidación o crecimiento del núcleo económico familiar durante el matrimonio, que su participación no haya sido equitativa en relación con el otro cónyuge; en este caso, quien tendrá la carga de la prueba será el opositor.

No pueden renunciarse los gananciales durante el matrimonio, pero disuelto éste o decretada la separación de bienes, pueden renunciarse los adquiridos y la renuncia surtirá sus efectos si se hace en escritura pública.

Artículo 166. Los cónyuges podrán en todo tiempo variar el régimen patrimonial sujetándose a las disposiciones de este Código.

Para modificar el régimen patrimonial del matrimonio, los cónyuges deberán solicitarlo al juez de lo familiar de su domicilio. La sentencia correspondiente deberá inscribirse en el Registro Civil del lugar donde se celebró el matrimonio y en su caso, también en la del domicilio conyugal.

Si se trata de disolución de sociedad conyugal o del régimen de comunidad de bienes, cuando éstos requieran escritura pública, la aplicación de bienes se realizará ante el notario público que los cónyuges designen o en su defecto el juez.

Artículo 167. Las capitulaciones matrimoniales pueden comprender bienes determinados que sean propiedad de los esposos al momento de realizar el pacto y todos los que adquieran a partir del mismo.

Artículo 168. Derogado.

Artículo 169. Son nulos los pactos que los esposos hicieren contra las leyes o los naturales fines del matrimonio.

CAPÍTULO QUINTO
DE LA SOCIEDAD CONYUGAL

Artículo 170. La sociedad conyugal se regirá por las capitulaciones matrimoniales que la constituyan y en lo que no estuviere expresamente estipulado, por las disposiciones relativas al contrato de sociedad.

Artículo 171. La sociedad conyugal nace al celebrarse el matrimonio o durante él. Puede comprender no sólo los bienes de que sean dueños los esposos al formarla, sino también los bienes futuros que adquieran los consortes.

No forman parte de la sociedad conyugal el salario de los esposos, pero sí los bienes adquiridos con él.

Artículo 172. Las capitulaciones matrimoniales en que se constituya la sociedad conyugal, constarán en escritura pública cuando los esposos pacten hacerse copartícipes o transferirse la propiedad de bienes que ameriten tal requisito para que la traslación sea válida.

Artículo 173. En este caso, la modificación que se haga de las capitulaciones deberá también otorgarse en escritura pública, haciendo la respectiva anotación en el protocolo en que se otorgaron las primitivas capitulaciones y en el Registro Público de la Propiedad y del Comercio. Sin llenar estos requisitos, las alteraciones no producirán efectos contra tercero.

Artículo 174. La sociedad conyugal puede terminar antes de que se disuelva el matrimonio si así lo convienen los esposos.

Artículo 175. Puede terminar la sociedad conyugal durante el matrimonio, a petición de alguno de los cónyuges, por los siguientes motivos.

I. Si el socio administrador, por su notoria negligencia o torpe administración, amenaza arruinar a su consocio o disminuir considerablemente los bienes comunes;

II. Cuando el socio administrador, sin el consentimiento expreso de su cónyuge hace cesión de bienes pertenecientes a la sociedad conyugal, a sus acreedores;

III. Si el socio administrador es declarado en quiebra o concurso; y

IV. Por cualquiera otra razón que lo justifique a juicio del órgano jurisdiccional competente.

Artículo 176. Las capitulaciones matrimoniales en que se establezca la sociedad conyugal, deben contener:

I. La lista detallada de los bienes inmuebles que cada consorte lleve a la sociedad, con expresión de su valor y de los gravámenes que reporten;

II. La lista especificada de los bienes muebles que cada consorte introduzca a la sociedad;

III. Nota pormenorizada de las deudas que tenga cada esposo al celebrar el matrimonio, con expresión de si la sociedad ha de responder de ellas o únicamente de las que se contraigan durante el matrimonio, ya sea por ambos consortes o por cualquiera de ellos;

IV. La declaración expresa de si la sociedad conyugal ha de comprender todos los bienes de cada consorte o sólo parte de ellos, precisando en este último caso cuáles de los bienes que hayan de entrar en la sociedad;

V. La declaración explícita de si la sociedad conyugal ha de comprender los bienes todos de los consortes o solamente sus productos. En uno o en otro caso se determinará con toda claridad la parte de los bienes o en sus productos corresponda a cada cónyuge;

VI. La declaración terminante acerca de quién debe ser el administrador de la sociedad, expresándose con claridad las facultades que se le conceden;

VII. La declaración acerca de si los bienes futuros que adquieran los cónyuges durante el matrimonio, pertenecen exclusivamente al adquirente o si deben repartirse entre ellos y en que proporción; y

VIII. Las bases para liquidar la sociedad.

Artículo 177. Es nula la capitulación en cuya virtud uno de los consortes haya de percibir todas las utilidades, así como la que establezca que alguno de ellos sea responsable por las Pérdidas y deudas comunes en una parte que exceda a la que proporcionalmente corresponda a su capital o utilidades.

Artículo 178. Cuando se establezca que uno de los consortes sólo debe recibir una cantidad fija, el otro consorte o sus herederos deben pagar la suma convenida, haya o no utilidad en la sociedad.

Artículo 179. Todo pacto que importe cesión de una parte de los bienes propios de cada cónyuge, será considerado como donación y quedará sujeto a lo prevenido en el Capítulo Octavo de este Título.

Artículo 180. No pueden renunciarse anticipadamente las ganancias que resulten de la sociedad conyugal; pero, disuelto el matrimonio o establecida a la separación de bienes, pueden los cónyuges renunciar a las ganancias que les correspondan.

Artículo 181. El dominio de los bienes comunes reside en ambos cónyuges mientras subsista la sociedad.

El socio administrador está obligado a solicitar la manifestación de voluntad de la otra parte, para ejecutar actos de dominio y constituir garantías reales sobre los bienes de la sociedad. En caso de controversia, el juez familiar resolverá oyendo a ambas partes.

Artículo 182. La suspensión de la sociedad conyugal procede:

I. Por el abandono del domicilio conyugal de uno de los cónyuges por más de seis meses sin causa justificada; haciendo cesar para este, los efectos de la sociedad conyugal desde el día del abandono;

II. La declaración de ausencia interrumpe la sociedad conyugal, y hace cesar para él, a partir de que cause ejecutoria la sentencia que así lo haya declarado y ésta quedará restaurada si el cónyuge ausente regresa o se probare su existencia.

En el caso de ausencia declarada judicialmente o de incapacidad sobrevenida, sólo podrá comprometerse el fondo social mediante autorización judicial;

III. Cuando la separación de los cónyuges sea por más de dos años, independientemente de la causa, los derechos de la sociedad conyugal se suspenderán a partir de la separación de los cónyuges y respecto de los bienes que se adquieran con posterioridad a la misma; y

IV. Por el incumplimiento injustificado de las obligaciones alimentarias entre los cónyuges; en este supuesto la suspensión procede a partir de que dejaron de proporcionarse.

Artículo 183. En los casos de violencia familiar la suspensión de la sociedad conyugal y la cesación de derechos respecto a la misma, aplicará a partir del hecho generador de violencia.

Artículo 184. La sociedad conyugal termina por disolución del matrimonio, por voluntad de uno o ambos cónyuges y por la sentencia que declare la presunción de muerte del cónyuge ausente, pero en todos estos casos se requiere resolución judicial.

La autorización para el cambio de régimen y para que se proceda a la liquidación de los bienes comunes, debe solicitarse al Juez del domicilio de los cónyuges.

La declaración que modifica el régimen patrimonial se mandará inscribir oficiosamente en el Registro Público de la Propiedad y del Comercio para que surta efectos contra tercero. Así como ante el Registro Civil que corresponda.

Artículo 185. En los casos de nulidad, la sociedad se considera subsistente hasta que se pronuncie sentencia ejecutoria, si los dos cónyuges procedieron de buena fe.

Artículo 186. Cuando uno solo de los cónyuges tuvo buena fe, la sociedad subsistirá también hasta que cause ejecutoria la sentencia, si la continuación es favorable el cónyuge inocente, en caso contrario se considerará nula desde un principio.

Artículo 187. Si los dos cónyuges procedieron de mala fe, la sociedad se considera nula desde la celebración del matrimonio quedando en todo caso a salvo los derechos que un tercero tuviere contra el fondo social.

Artículo 188. Si la disolución de la sociedad procede de nulidad del matrimonio, el consorte que hubiere obrado de mala fe no tendrá parte en las utilidades. Estas se aplicarán a los hijos y si no los hubiere, al cónyuge inocente.

Artículo 189. Si los dos procedieron de mala fe, las utilidades se aplicarán a los hijos y si no los hubiere, se repartirán en proporción de lo que cada consorte llevó al matrimonio.

Artículo 190. Para disolver la sociedad se procederá a formar inventario, en el cual no se incluirán el lecho, los vestidos ordinarios y los objetos de uso personal de los cónyuges, que serán de éstos o de sus herederos.

Artículo 191. Terminando el inventario, se pagarán los créditos que hubiere contra el fondo social y el sobrante, si lo hubiere, se dividirá entre los dos cónyuges en la forma convenida.

Son cargas de la sociedad no sólo las que reclamen legítimamente los terceros, sino también los cónyuges, cuando existan deudas originadas por gastos de alimentos o necesidades inminentes o graves a criterio del juzgador, que hubieren sido cubiertas con los bienes de uno de los cónyuges.

Artículo 192. En caso de que hubiere pérdidas, el importe de éstas se deducirá del haber de cada cónyuge, en proporción a las utilidades que debían corresponderles.

Artículo 193. Muerto uno de los cónyuges, continuará el que sobreviva en la posesión y administración del fondo social, con intervención del representante de la sucesión, mientras no se verifique la partición.

Artículo 194. Todo lo relativo a la formación de inventarios y solemnidades de la partición y adjudicación de los bienes, se regirá por lo que disponga el Código de Procedimientos Civiles del Estado de Querétaro.

CAPÍTULO SEXTO
DE LA SEPARACIÓN DE BIENES

Artículo 195. En el régimen de separación de bienes los cónyuges conservarán la propiedad y administración de los bienes que respectivamente les pertenezcan y, por consiguiente, todos los frutos y accesiones de dichos bienes no serán comunes, sino del dominio exclusivo de dueño de ellos.

Artículo 196. Serán también propios de cada uno de los consortes los salarios, sueldos, emolumentos y ganancias que obtuvieren por servicios personales, por el desempeño de un empleo o el ejercicio de una profesión, comercio o industria.

Artículo 197. Los bienes que los cónyuges adquieran en común por donación, herencia, legado, por cualquier otro título gratuito o por don de la fortuna, entre tanto se hace la división, serán administrados por ambos o por uno de ellos con acuerdo del otro; pero en este caso, el que administre será considerado como mandatario.

Artículo 198. Los cónyuges no podrán cobrarse entre sí, retribución u honorario alguno por los servicios personales que le prestare o por los consejos y asistencia que le diere; pero si uno de los consortes, por causa de ausencia o impedimento del otro, no originado por enfermedad, se encargare temporalmente de la administración de sus bienes, tendrá derecho a que se le retribuya por este servicio, en proporción a su importancia y al resultado que produjere.

Artículo 199. El marido y la mujer que ejerzan la patria potestad de los hijos, se dividirán entre sí, por partes iguales, la mitad del usufructo a que se refiere el artículo 426 del presente Código.

Artículo 200. Los cónyuges responderán entre sí por los daños y perjuicios que se causen por dolo, culpa o negligencia.

CAPÍTULO SÉPTIMO
DE LAS DONACIONES ANTENUPCIALES

Artículo 201. Se llaman antenupciales las donaciones que antes del matrimonio hace uno de los futuros consortes al otro, cualquiera que sea el nombre que la costumbre les haya dado.

Artículo 202. Son también donaciones antenupciales las que un extraño hace a alguno de los futuros esposos o a ambos, en consideración al matrimonio.

Artículo 203. Las donaciones antenupciales entre futuros esposos, aunque fueren varias, no podrán exceder reunidas de la sexta parte de los bienes del donante. En el exceso la donación será inoficiosa.

Artículo 204. Las donaciones antenupciales hechas por un extraño, serán inoficiosas en los términos en que lo fueren las comunes.

Artículo 205. Para determinar si es inoficiosa una donación antenupcial, el cónyuge donatario y sus herederos tienen la facultad de elegir entre la época en que se hizo la donación o la del fallecimientos del donador.

Artículo 206. Si al hacerse la donación no se formó inventario de los bienes del donador, no podrá elegirse la época en que aquella se otorgó y deberá estarse al caudal existente al momento de su muerte.

Artículo 207. Las donaciones antenupciales no necesitan para su validez de aceptación expresa.

Artículo 208. Las donaciones antenupciales no se revocan por sobrevenir hijos del donante.

Artículo 209. Tampoco se revocarán por ingratitud, a no ser que el donante fuere un extraño, que la donación haya sido hecha a los futuros esposos y que los dos sean ingratos.

Artículo 210. Las donaciones antenupciales son revocables y se entienden revocadas por el adulterio o el abandono injustificado del domicilio conyugal por parte del donatario, cuando el donante fuere el otro cónyuge.

Artículo 211. Derogado.

Artículo 212. Las donaciones antenupciales quedarán sin efecto si el matrimonio dejare de efectuarse.

Artículo 213. Son aplicables a las donaciones antenupciales las reglas de las donaciones comunes, en todo lo que no fueren contrarias a este Capítulo

CAPÍTULO OCTAVO
DE LAS DONACIONES ENTRE CONSORTES

Artículo 214. Los cónyuges pueden hacerse donaciones, con tal de que no sean contrarias a las capitulaciones matrimoniales, ni perjudiquen el derecho de los acreedores alimentarios.

Las donaciones entre cónyuges sólo serán revocadas por el donante, en el caso de divorcio necesario por culpa del donatario o cuando se decrete la nulidad del matrimonio por mala fe de éste.

Artículo 215. Estas donaciones no se anularán por la superveniencia de hijos, pero se reducirán cuando sean inoficiosas, en los mismos términos que las comunes.

CAPÍTULO NOVENO
DE LOS MATRIMONIOS NULOS O ILÍCITOS

Artículo 216. Son causas de nulidad de un matrimonio:

I. El error acerca de la persona con quien se contrae, cuando entendiendo un cónyuge celebrar matrimonio con persona determinada, lo contrae con otra;

II. Que el matrimonio se haya celebrado concurriendo algunos de los impedimentos señalados este Código; y

III. Que se haya celebrado en contravención a lo dispuesto en el presente ordenamiento legal.

Artículo 217. La acción de nulidad que nace del error, sólo puede deducirse por el cónyuge engañado; pero si éste no denuncia el error inmediatamente que lo advierte, se tendrá por ratificado el consentimiento, quedando subsistente el matrimonio, a no ser que exista algún otro impedimento que lo anule.

Artículo 218. Derogado.

Artículo 219. Derogado.

Artículo 220. Derogado.

Artículo 221. La nulidad por falta de consentimiento del juez, podrá pedirse dentro del plazo de treinta días por cualquiera de los cónyuges; pero dicha causa de nulidad cesará si antes de presentarse demanda en forma sobre ella se obtiene la autorización judicial, confirmando el matrimonio.

Artículo 222. El parentesco de consanguinidad no dispensado anula el matrimonio; pero si después se obtuviere dispensa y ambos cónyuges, reconocida la nulidad, quisieren espontáneamente reiterar su consentimiento por medio de un acta ante el Juez del Registro Civil, quedará revalidado el matrimonio y surtirá todos sus efectos legales desde el día en que primeramente se contrajo.

Artículo 223. La acción que nace de esta clase de nulidad, puede ejercitarse por cualquiera de los cónyuges y por el Ministerio Público.

La acción de nulidad que nace del adulterio, podrá deducirse por el cónyuge ofendido o por el Ministerio Público en el caso de disolución del matrimonio anterior por causa de divorcio y sólo por el Ministerio Público si este matrimonio se ha disuelto por muerte del cónyuge ofendido.

En uno y en otro caso, la acción debe intentarse dentro de los seis meses siguientes a la celebración del matrimonio de los adúlteros.

Artículo 224. La acción de nulidad proveniente del atentado contra la vida de alguno de los cónyuges para casarse con el que quede libre, puede ser deducida por los hijos del cónyuge víctima del atentado o por el Ministerio Público, dentro del plazo de seis meses, contados desde que se celebró el nuevo matrimonio.

Artículo 225. El miedo y la violencia serán causa de nulidad del matrimonio si concurren las circunstancias siguientes:

I. Que uno u otra importen peligro de perder la vida, la honra, la libertad, la salud o una parte considerable de los bienes;

II. Que el miedo haya sido causado o la violencia hecha al cónyuge a la persona o personas que le tienen bajo su patria potestad o tutela al celebrarse el matrimonio; y

III. Que uno u otra haya subsistido al tiempo de celebrarse el matrimonio.

La acción que nace de estas causas de nulidad, sólo puede deducirse por el cónyuge agraviado dentro de sesenta días contados desde la fecha en que cesó la violencia o intimidación.

Artículo 226. La nulidad que se funde en alguna de las causas previstas en el Capítulo Segundo de este mismo Título, sólo puede ser pedida por los cónyuges, dentro del plazo de sesenta días contados desde que se celebró el matrimonio. Si se trata de impotencia incurable para la cópula, sífilis, síndrome de inmunodeficiencia adquirida, locura o de otra enfermedad crónica incurable que sea además, contagiosa o hereditaria, la acción de nulidad deberá ejercerse dentro de los ciento veinte días contados desde que se tuvo el diagnóstico médico que califica a cada una de estas enfermedades como incurables.

Artículo 227. Tienen derecho de pedir la nulidad por embriaguez habitual, uso indebido y persistente de cualquier tipo de drogas enervantes o por padecer una enfermedad incurable que sea contagiosa, el cónyuge que no se encuentre en ese supuesto o el tutor del incapacitado.

Artículo 228. El vínculo de un matrimonio anterior, existente al tiempo de contraerse el segundo, anula éste aunque se contraiga de buena fe, creyéndose fundadamente que el consorte anterior había muerto. La acción que nace de esta causa de nulidad puede deducirse por el cónyuge del primer matrimonio, por sus hijos o herederos y por los cónyuges que contrajeron el segundo. No deduciéndola ninguna de las personas mencionadas, la deducirá el Ministerio Público.

Artículo 229. La nulidad que se funde en la falta de formalidades esenciales para la validez del matrimonio, puede alegarse por los cónyuges y por cualquiera que tenga interés en probar que no hay matrimonio. También podrá declararse esa nulidad a instancia del Ministerio Público.

Artículo 230. No se admitirá demanda de nulidad por falta de solemnidades en el acta de matrimonio celebrado ante el oficial del Registro Civil, cuando a la existencia del acta se una la posesión de estado matrimonial.

Artículo 231. El derecho para demandar la nulidad del matrimonio corresponde a quienes la ley lo concede expresamente y no es transmisible por herencia ni de cualquier otra manera. Sin embargo, los herederos podrán continuar la demanda de nulidad entablada por aquél a quién heredan.

Artículo 232. Ejecutoriada la sentencia que declare la nulidad, el tribunal, de oficio, enviará una copia certificada de ella al Oficial del Registro Civil ante quien pasó el matrimonio para que al margen del acta ponga nota circunstanciada en que conste: la parte resolutiva de la sentencia, su fecha, el tribunal que la pronunció y el número con que se marcó la copia, la cual será depositada en el archivo.

Artículo 233. El matrimonio tiene a su favor la presunción de ser válido; sólo se considerará nulo cuando así lo declare una sentencia que cause ejecutoria.

Artículo 234. Los cónyuges no pueden celebrar transacción ni compromiso en árbitros, acerca de la nulidad del matrimonio.

Artículo 235. El matrimonio contraído de buena fe, aunque sea declarado nulo, produce todos los efectos civiles en favor de los cónyuges mientras dure y en todo tiempo en favor de los hijos nacidos antes de la celebración del matrimonio, durante él y trescientos días después de la declaración de nulidad, si no se hubieren separado los consortes o desde su separación en caso contrario.

Artículo 236. Si ha habido buena fe de parte de uno solo de los cónyuges, el matrimonio produce efectos civiles únicamente respecto de él y de los hijos.

Si ha habido mala fe de parte de ambos cónyuges, el matrimonio produce efectos civiles solamente respecto de los hijos.

Artículo 237. La buena fe se presume; para destruir esta presunción se requiere prueba plena.

Artículo 238. Si la demanda de nulidad fuere entablada por uno solo de los cónyuges, desde luego se dictarán las medidas provisionales que correspondan, contempladas en el Capítulo Décimo de este Título.

Artículo 239. Luego que la sentencia sobre nulidad cause ejecutoria, el padre y la madre, deberán presentar ante el Juez un convenio en el que se fijen los siguientes puntos:

I. Designación de la persona a quien sean confiados los hijos, para su cuidado y custodia;

II. Garantizarán la convivencia de los hijos con sus padres;

III. El modo de subvenir las necesidades de los hijos; y

IV. La forma en que deberá garantizarse el pago por concepto de pensión alimenticia para los hijos.

En caso de no ponerse de acuerdo ambos padres o no se garantice el interés de los hijos en dicho convenio, el Juez, tomando en cuenta las circunstancias del caso, garantizará el cuidado de los menores dejándolos bajo la custodia del progenitor que conforme al interés superior de los hijos sea más conveniente para éstos y resolverá todo lo relativo en cuanto a los puntos enumerados en este artículo, con la obligación del que tiene la custodia, de permitir la convivencia con el otro progenitor o progenitores, si es el caso.

Artículo 240. El juez, en todo tiempo, podrá modificar la determinación a que se refiere el artículo anterior, atento a las nuevas circunstancias y a lo dispuesto en los Capítulos Primero y Segundo del Título Noveno del Libro Primero.

Artículo 241. Declarada la nulidad del matrimonio se procederá a la división de los bienes comunes. Los productos repartibles, si los dos cónyuges hubieren procedido de buena fe, se dividirán entre ellos en la forma convenida en las capitulaciones matrimoniales; si sólo hubiere habido buena fe por parte de uno de los cónyuges, a éste se aplicarán íntegramente esos productos. Si ha habido mala fe de parte de ambos cónyuges, los productos se aplicarán a favor de los hijos.

Artículo 242. Declarada la nulidad del matrimonio, se observarán respecto de las donaciones antenupciales las reglas siguientes:

I. Las hechas por un tercero a los cónyuges podrán ser revocadas;

II. Las que hizo el cónyuge inocente al culpable quedarán sin efecto y las cosas que fueron objeto de ellas se devolverán al donante con todos sus productos;

III. Las hechas al inocente por el cónyuge que obró de mala fe quedarán subsistentes; y

IV. Si los dos cónyuges procedieron de mala fe, las donaciones que se hayan hecho quedarán en favor de sus hijos. Si no se tienen, no podrán hacer los donantes reclamación alguna con motivo de la liberalidad.

Artículo 243. Si al declararse la nulidad del matrimonio la mujer estuviera encinta, se tomarán las precauciones a que se refiere el Capítulo Primero del Título Quinto del Libro Tercero.

Artículo 244. Es ilícito, pero no nulo el matrimonio:

I. Cuando se ha contraído, estando pendiente la decisión de un impedimentos que sea susceptible de dispensa; y

II. Cuando no se ha otorgado la previa dispensa para que el tutor pueda contraerlo con quien está o ha estado bajo su guarda o cuando no se observen los casos de excepción.

CAPÍTULO DÉCIMO
DEL DIVORCIO

Artículo 245. El divorcio disuelve el vínculo del matrimonio y deja a los cónyuges en aptitud de contraer otro.

Artículo 246. El divorcio podrá solicitarse por uno o ambos cónyuges cuando cualquiera de ellos lo solicite ante la autoridad judicial, manifestando su voluntad de no querer continuar con el matrimonio, sin que se requiera señalar la causa por la cual se solicita.

Artículo 247. Verificada la legalidad del emplazamiento, los presupuestos procesales, y transcurrido el plazo para contestar la demanda, el juez decretará, mediante la resolución correspondiente, la disolución del vínculo matrimonial, y se continuará el proceso únicamente respecto de las demás cuestiones controvertidas por las partes.

La resolución que decrete el divorcio a que se refiere el párrafo anterior, es inapelable.

Artículo 248. Derogado.

Artículo 249. Cuando ambos consortes convengan en divorciarse y sean mayores de edad, no tengan hijos, ni la mujer esté encinta y de común acuerdo hubieren liquidado la comunidad de bienes, si bajo ese régimen se casaron, se presentarán personalmente ante el oficial del Registro Civil del lugar de su domicilio; comprobarán con las copias certificadas respectivas que son casados y mayores de edad y manifestarán de una manera determinante y explícita su voluntad de divorciarse.

Artículo 250. El oficial del Registro Civil, previa identificación de los consortes, levantará el acta en que se hará constar la solicitud de divorcio y citará a los cónyuges para que se presenten a ratificarla a los quince días. Si los consortes hacen la ratificación, el oficial del Registro Civil los declarará divorciados, levantando el acta respectiva y haciendo la anotación correspondiente en la del matrimonio anterior.

Artículo 251. Derogado.

Artículo 252. Los consortes que no puedan divorciarse de manera administrativa podrán hacerlo voluntariamente, ocurriendo al juez competente en los términos del Título Décimo Segundo del Código de Procedimientos Civiles del Estado, en cuyo caso están obligados a presentar al juzgado un convenio en que se fijen los siguientes puntos:

I. Designación de persona a quien sean confiados los hijos menores del matrimonio o incapaces, tanto durante el procedimiento como después de ejecutoriado el divorcio;

II. El modo de subvenir a las necesidades de los hijos y, en su caso, del cónyuge a quien debe darse alimentos, especificando la forma, lugar y fecha de pago de la obligación alimentaria, así como la garantía para asegurar su debido cumplimiento tanto durante el procedimiento como después de ejecutoriado el divorcio;

III. El domicilio de habitación de cada uno de los cónyuges durante el procedimiento;

IV. Las modalidades bajo las cuales el progenitor que no tenga la guarda y custodia, ejercerá el derecho de visitas, respetando los horarios de comidas, descansos y estudio de los hijos;

V. La manera de administrar los bienes de la comunidad durante el procedimiento y de liquidarla después de ejecutoriado el divorcio y, en caso de estimarlo necesario, hacer la designación de liquidadores. A ese efecto, se acompañará, en su caso, las capitulaciones matrimoniales, un inventario y avalúo de todos los bienes muebles o inmuebles de la sociedad, así como el proyecto de partición; y

VI. Cuando por convenio tácito o expreso, uno de los cónyuges se hubiere dedicado íntegramente la mayor parte de su vida matrimonial al cuidado del hogar o, en su caso, a la atención de los hijos, si los bienes que tengan no sean proporcionales a aquellos obtenidos por el otro cónyuge durante la vigencia del matrimonio, los solicitantes deberán convenir lo relativo a la compensación a que se refiere el artículo 268 de este Código, misma que no podrá ser superior al 50% ni inferior al 10% del valor de la masa patrimonial formada o incrementada durante el matrimonio.

Artículo 253. Derogado.

Artículo 254. Mientras que se decreta el divorcio, el juez procederá a la separación de los cónyuges de manera provisional y dictará las medidas necesarias para asegurar la subsistencia de los hijos, a quienes haya obligación de dar alimentos.

Artículo 255. Derogado.

Artículo 256. Derogado.

Artículo 257. Derogado.

Artículo 258. Derogado.

Artículo 259. La reconciliación de los cónyuges pone término a la petición de divorcio en cualquier estado en que se encuentre si aún no hubiere resolución firme.

Artículo 260. Derogado.

Artículo 261. Al admitirse la solicitud de divorcio o antes si hubiere urgencia, el juez proveerá provisionalmente y sólo mientras dure el juicio, lo siguiente:

I. Proceder a la separación de los cónyuges, teniendo en cuenta el interés superior del menor y el interés familiar, determinando cuál de los cónyuges continuará en el uso del domicilio familiar.

Cuando alguno de los cónyuges deba abandonar el domicilio conyugal, deberá ordenar la elaboración de una relación de los bienes y enseres que continuarán en la vivienda y los que se ha de llevar el cónyuge que saldrá del domicilio, entre los que se incluirán los necesarios para el ejercicio de la profesión, arte u oficio a que esté dedicado, debiendo este cónyuge informar el lugar de su residencia.

Cuando el cónyuge que deba salir del domicilio familiar tenga su despacho, taller, negocio o cualquier otro centro de trabajo en éste, se le permitirá continuar en el ejercicio de su actividad, apercibiéndolo de que deberá abstenerse de molestar al otro cónyuge. Tratándose de violencia familiar, el juez determinará lo conducente, acorde a las circunstancias el caso.

II. Señalar y asegurar los alimentos que debe dar el deudor alimentario al cónyuge acreedor y a los hijos, en los términos del artículo 206 del Código de Procedimientos Civiles del Estado de Querétaro;

III. Las que se estimen convenientes para que los cónyuges no se puedan causar perjuicios en sus respectivos bienes, ni en los de la sociedad conyugal;

IV. Dictar, en su caso, las medidas precautorias que la ley establece, respecto a la mujer que quede encinta;

V. Poner a los hijos bajo la custodia de la persona que de común acuerdo hubieren designado los cónyuges, pudiendo ser uno de ellos o ambos. Si existe peligro para el normal desarrollo de los hijos deberán quedar provisionalmente al cuidado del cónyuge que no represente riesgo para el infante, debiendo el juez resolver al respecto, considerando y ponderando el deseo que al efecto exprese el menor y la opinión del Ministerio Público, de acuerdo a su grado de madurez, previa valoración.

VI. Decretar las medidas necesarias para evitar que los hijos sean retenidos de manera ilícita o trasladados a otra ciudad, sin el consentimiento de la persona a cuyo favor se haya decretado la custodia. Las mismas medidas se dictarán a efecto de que no se impida el derecho de convivencia;

VII. Determinar lo que proceda para salvaguardar el derecho de los menores a convivir con sus hermanos y demás familiares, atendiendo en todo momento a la integridad física y emocional de los mismos;

VIII. En los casos en que el juez lo considere pertinente, de conformidad con los hechos expuestos y las pruebas hasta ese momento exhibidas, y con el fin de salvaguardar la integridad y seguridad de los interesados, tratándose de violencia familiar, podrán decretarse las siguientes medidas:

a) Ordenar inmediatamente, sin audiencia, la salida del cónyuge agresor de la vivienda donde habita el grupo familiar.

b) En caso de que la parte interesada se haya visto obligada a retirarse de su domicilio, ordenar su reintegración al mismo, así como la restitución de sus bienes personales que se encontraban en él.

c) Prohibir al cónyuge agresor acudir a lugares determinados, tal como el domicilio, el lugar donde trabajen o estudien los agraviados, entre otros.

d) Restringir al cónyuge agresor para que no se acerque o realice cualquier acto de molestia, por cualquier medio, a los agraviados, a la distancia que el propio juez considere pertinente.

e) Informar a la autoridad competente sobre las medidas tomadas, a fin de que preste atención inmediata a las personas afectadas, en caso de que lo soliciten.

f) Las demás que el juez considere necesarias.

El cónyuge afectado podrá inconformarse contra las medidas que se hubieren decretado, en los términos del Capítulo Tercero, Título Quinto, del Código de Procedimientos Civiles del Estado de Querétaro.

Artículo 262. En el procedimiento donde se haya decretado el divorcio, la sentencia que resuelva las demás cuestiones controvertidas planteadas por las partes fijará, en su caso, la situación de los hijos menores de edad, para lo cual deberá contener:

I. Todo lo relativo a los derechos y obligaciones inherentes al ejercicio de la patria potestad, su pérdida, suspensión o limitación; a la guarda y custodia, así como a las obligaciones de crianza y el derecho de los hijos a convivir con ambos progenitores. Las convivencias sólo se limitarán cuando exista peligro para los menores;

II. Todas las medidas necesarias para proteger a los hijos de actos de violencia familiar o cualquier otra circunstancia que lastime u obstaculice su desarrollo armónico y pleno;

III. Las medidas necesarias para garantizar la convivencia de los hijos con sus padres, estableciendo las sanciones correspondientes para el caso de incumplimiento y resistencia;

IV. Las medidas de seguridad, seguimiento y las psicoterapias necesarias para corregir los actos de violencia familiar;

V. Para el caso de mayores incapaces sujetos a la tutela de algunos de los ex cónyuges, en la sentencia deberán establecerse las medidas a que se refiere este artículo, para su protección;

VI. Las demás que sean necesarias para garantizar el bienestar, el desarrollo, la protección y el interés superior de los hijos menores de edad.

Todas las medidas adoptadas en la sentencia podrán modificarse en los términos previstos por el Capítulo Segundo, Título Segundo del Código de Procedimientos Civiles del Estado de Querétaro.

Artículo 263. Antes de que se provea definitivamente sobre el ejercicio de la patria potestad, custodia o tutela de los hijos, el juez podrá acordar, de oficio o a petición de éstos, de sus abuelos, hermanos, tíos o del Ministerio Público, cualquier medida que se considere benéfica para el desarrollo de los hijos menores o incapaces.

El juez podrá modificar esta decisión, atento a lo dispuesto en los Capítulos Primero y Tercero del Título Noveno de este Código.

Artículo 264. El padre y la madre, aunque pierdan el ejercicio de la patria potestad, quedan sujetos a todas las obligaciones que tienen para con sus hijos.

Artículo 265. Derogado.

Artículo 266. En el procedimiento donde se haya decretado el divorcio, una vez ejecutoriada la sentencia donde se hayan resuelto las demás cuestiones controvertidas planteadas por las partes, se procederá desde luego a la división de los bienes comunes y se tomarán las precauciones necesarias para asegurar las obligaciones que queden pendientes entre los cónyuges y con relación a los hijos. Los consortes divorciados tendrán obligación de contribuir, en proporción a sus bienes e ingresos, a la satisfacción de las necesidades de los hijos, a la subsistencia y a la educación de éstos.

Artículo 267. En caso de divorcio, el juez resolverá sobre el pago de alimentos a favor del cónyuge que, teniendo la necesidad de recibirlos, durante el matrimonio se haya dedicado preponderantemente a las labores del hogar, o al cuidado de los hijos, o esté imposibilitado para trabajar o carezca de bienes; para ello, tomará en cuenta las circunstancias siguientes:

I. La edad y el estado de salud de los cónyuges;

II. Su calificación profesional y posibilidad de acceso a un empleo;

III. Duración del matrimonio y dedicación, pasada y futura, a la familia;

IV. Colaboración con su trabajo en las actividades del cónyuge;

V. Medios económicos de uno y otro cónyuge, así como de sus necesidades; y

VI. Las demás obligaciones que tenga el cónyuge deudor.

En la resolución se fijarán las bases para actualizar la pensión y las garantías para su efectividad. El derecho a los alimentos se extingue cuando el acreedor contraiga nuevas nupcias o se una en concubinato o haya transcurrido un término igual a la duración del matrimonio.

Artículo 268. En el caso de divorcio, cuando por convenio tácito o expreso, uno de los cónyuges se hubiere dedicado íntegramente la mayor parte de su vida matrimonial al cuidado del hogar o, en su caso, a la atención de los hijos, si los bienes que tenga no sean proporcionales a aquellos obtenidos por el otro cónyuge durante la vigencia del matrimonio, tendrá derecho a recibir de este una compensación.

El monto de la compensación será determinado por el juez dentro del procedimiento donde se haya decretado el divorcio y al momento de dictar la sentencia que resuelva las demás cuestiones controvertidas planteadas por las partes, tomando en cuenta la masa patrimonial formada o incrementada durante el matrimonio, así como las circunstancias especiales del caso, sin que ésta pueda ser inferior al 10% o exceder del 50 % de la misma.

Se presume que el cónyuge que solicite la compensación, contribuyó a la formación o incremento de la masa patrimonial, salvo prueba en contrario.

Artículo 269. Derogado.

Artículo 270. Derogado.

Artículo 271. La muerte de uno de los cónyuges pone fin al juicio de divorcio, conservando el cónyuge supérstite y los herederos del fallecido, los mismos derechos y obligaciones que tendrían si no hubiere existido dicho juicio.

Artículo 272. Ejecutoriada la sentencia de divorcio voluntario o dictada la resolución que decreta el divorcio según lo dispuesto por el artículo 247 del presente Código, el juez competente, a instancia de parte, remitirá copia certificada de ella a la Dirección Estatal del Registro Civil, quien ordenará al Oficial correspondiente, que levante el acta respectiva y publique un extracto de la resolución, durante quince días, en los lugares destinados al efecto.

No obstante lo anterior, el juez de forma oficiosa remitirá a la brevedad, oficio donde se incluya por lo menos un extracto de los resolutivos de la sentencia, la fecha de su dictado y la fecha en que causó ejecutoria la misma, a la Dirección Estatal del Registro Civil, a efecto de que se realicen las anotaciones marginales correspondientes, al acta de matrimonio respectiva.

CAPÍTULO DECIMOPRIMERO
DEL CONCUBINATO

Artículo 273. El concubinato es la unión entre dos personas, libres de matrimonio, con el propósito de integrar una familia y realizar una comunidad de vida con igualdad de derechos y obligaciones.

Se presume su existencia, cuando los concubinos vivieron juntos durante tres años o si antes de ese lapso de tiempo procrearon hijos en común.

Los bienes adquiridos durante el concubinato, se regirán por las reglas relativas a la comunidad de bienes.

Artículo 274. Los concubinarios tendrán los derechos y obligaciones que se especifican en este Código.

En lo referente a los derechos y obligaciones de los concubinarios, son aplicables las disposiciones previstas para el matrimonio.

Artículo 275. Los hijos nacidos de una relación de concubinato, tendrán los mismos derechos y obligaciones como si lo fueran de matrimonio.

TÍTULO SÉPTIMO
DEL PARENTESCO, LOS ALIMENTOS Y LA VIOLENCIA FAMILIAR

CAPÍTULO PRIMERO
DEL PARENTESCO

Artículo 276. La ley no reconoce más parentescos que los de consanguinidad, afinidad y el civil.

Artículo 277. El parentesco de consanguinidad es el que existe entre personas que descienden de un mismo progenitor.

Artículo 278. El parentesco por afinidad es el que surge por el matrimonio, entre un cónyuge y los parientes del otro.

Artículo 279. El parentesco que nazca de la adopción surtirá los mismos efectos jurídicos que los existentes entre familiares consanguíneos.

Artículo 280. Cada generación forma un grado y la serie de grados constituye lo que se llama línea de parentesco.

Artículo 281. La línea es recta o transversal: la recta se compone de la serie de grados entre personas que descienden unas de otras; la transversal se compone de la serie de grados entre personas que, sin descender unas de otras, proceden de un progenitor o tronco común.

Artículo 282. La línea recta es ascendente o descendente: ascendente es la que liga a una persona con su progenitor o tronco del que procede; descendente es la que liga al progenitor con los que de él proceden. La misma línea es pues, ascendente o descendiente según el punto de partida y la relación a que se atiende.

Artículo 283. En la línea recta los grados se cuentan por el número de generaciones o por el de las personas, excluyendo al progenitor.

Artículo 284. En la línea transversal los grados se cuentan por el número de generaciones, subiendo por una de las líneas y descendiendo por la otra o por el número de personas que hay de uno a otro de los extremos que se consideran, excluyendo la del progenitor o tronco común.

CAPÍTULO SEGUNDO
DE LOS ALIMENTOS

Artículo 285. El derecho a alimentos es una prerrogativa derivada de la pertenencia a una familia, del parentesco y, en los casos previstos por la ley, del matrimonio o del concubinato.

La obligación de dar alimentos es recíproca. El que los da, tiene, a su vez, el derecho de pedirlos.

Artículo 286. Los cónyuges deben darse alimentos. La ley determinará cuándo queda subsistente esta obligación en los casos de divorcio; así como los demás en que deban otorgarse.

Artículo 287. Los concubinarios están obligados a otorgarse alimentos, en igual forma que los cónyuges, mientras subsista la situación de hecho que da origen al concubinato.

De haberse terminado la relación, la obligación alimentaria se prologará por un tiempo igual al de la duración de la misma, siempre que el acreedor no contraiga nupcias ni establezca un nuevo concubinato y viva honestamente.

Artículo 288. Los padres están obligados a dar alimentos a sus hijos. A falta o por imposibilidad de los padres, la obligación recae en los demás ascendientes, por ambas líneas, que estuvieren más próximos en grado.

Artículo 289. Los hijos están obligados a dar alimentos a los padres. A falta o por imposibilidad de los hijos, lo están los descendientes más próximos en grado.

Artículo 290. A falta o por imposibilidad de los ascendientes o descendientes, la obligación recae en los hermanos de padre y madre; en defecto de éstos, en los que fueren de madre solamente y en defecto de ellos, en los que fueren sólo de padre.

Faltando los parientes a que se refieren las disposiciones anteriores, tienen la obligación de ministrar alimentos los parientes colaterales dentro del cuarto grado.

Artículo 291. Los hermanos y demás parientes colaterales a que se refiere el artículo anterior, tienen obligación de dar alimentos a los menores, mientras éstos llegan a la edad de dieciocho años. También deben alimentar a sus parientes, dentro del grado mencionado, que fueren incapaces.

Artículo 292. El adoptante y el adoptado tienen el deber de darse alimentos, en los casos en que lo tienen el padre y los hijos biológicos, transmitiéndose esta obligación al adoptado y a la familia del adoptante.

Artículo 293. Los alimentos comprenden la comida, el vestido, la habitación, el esparcimiento y la salud.

Respecto de los hijos, los alimentos comprenden, además, los gastos necesarios para su educación básica y para proporcionarle algún oficio, arte o profesión adecuados a sus circunstancias personales. Para el caso de los mayores de edad, la obligación de proporcionar alimentos al acreedor alimentario, subsistirá siempre y cuando éste se encuentre estudiando una carrera técnica o superior, hasta el término normal necesario para concluirla sin interrupción, siempre y cuando no sea mayor de 25 años de edad.

Respecto de las personas con discapacidad, de los adultos mayores o las declaradas en estado de interdicción, los alimentos también comprenderán los gastos necesarios para el tratamiento especial que requieran.

Artículo 294. El obligado a dar alimentos cumple la obligación asignando una pensión al acreedor alimentario o incorporándolo a la familia. Si el acreedor se opone a ser incorporado, compete al juez, según las circunstancias del caso, fijar la manera de ministrar alimentos.

Artículo 295. El deudor alimentario no podrá pedir que se incorpore a su familia el que debe recibir los alimentos, cuando se trata de un cónyuge divorciado que reciba alimentos del otro y cuando haya inconveniente legal para hacer esa incorporación.

Artículo 296. Los alimentos han de ser proporcionados de acuerdo a las posibilidades del que debe darlos y a las necesidades de quien debe recibirlos. En el caso de los menores de edad, la obligación de proporcionar alimentos, deberá privilegiar el interés superior del menor.

Determinados por convenio o sentencia, los alimentos tendrán el incremento que acuerden las partes, o bien, un incremento automático mínimo equivalente al aumento porcentual del salario mínimo diario general vigente en la zona, salvo que el deudor alimentario demuestre que sus ingresos no aumentaron en igual proporción. En este caso, el incremento se ajustará al que realmente hubiese obtenido el deudor. Estas prevenciones deberán expresarse siempre en la sentencia o convenio correspondiente.

Cuando no sean comprobables los ingresos del deudor alimentario, el juez resolverá con base en la capacidad económica y el nivel de vida que el deudor y sus acreedores alimentarios hayan llevado en los últimos dos años.

Artículo 297. Si fueren varios los que deben dar los alimentos y todos tuvieren posibilidad para hacerlo, el juez repartirá el importe entre ellos en proporción a sus haberes.

Artículo 298. Si sólo algunos tuvieren posibilidad, entre ellos se repartirá el importe de los alimentos y si uno sólo la tuviere, él cumplirá únicamente la obligación.

Artículo 299. La obligación de dar alimentos no comprende la de proveer de capital a los hijos para ejercer el oficio, arte o profesión a que quieran dedicarse.

Artículo 300. Tienen acción para pedir el aseguramiento de los alimentos:

I. El acreedor alimentario;

II. El ascendiente que tenga a un menor bajo su patria potestad;

III. El tutor;

IV. Los hermanos y demás parientes colaterales dentro del cuarto grado;

V. El Ministerio Público; y

VI. La Procuraduría de defensa del menor y la familia.

Artículo 301. Si las personas a que se refieren las fracciones II, III y IV del artículo anterior no pueden representar al acreedor alimentario en el juicio en que se pida el aseguramiento de alimentos, se nombrará por el juez un tutor interino.

Artículo 302. El aseguramiento podrá consistir en hipoteca, prenda, fianza, depósito de cantidad bastante a cubrir los alimentos o cualquier otra forma de garantía suficiente a juicio del juez.

Artículo 303. El tutor interino dará garantía por el importe anual de los alimentos. Si administrare algún fondo destinado a ese objeto, por él dará garantía legal.

Artículo 304. Cuando los que ejerzan la patria potestad gocen de la mitad del usufructo de los bienes del hijo, el importe de los alimentos se deducirá de dicha mitad y si ésta no alcanza a cubrirlos, el exceso será por cuenta de aquellos.

Artículo 305. Cesa la obligación de dar alimentos:

I. Cuando el que la tiene carece de medios para cumplirla;

II. Cuando el alimentista deja de necesitar los alimentos;

III. En caso de injuria, falta o daños graves inferidos por el alimentista contra el que debe prestarlos, salvo que se trate de menores cuyo deudor alimentario sea el padre o la madre o quien ejerza la patria potestad;

IV. Cuando la necesidad de los alimentos dependa de la conducta viciosa o de la falta de aplicación al trabajo del alimentista, mientras subsistan esas causas, salvo que se trate de menores cuyo deudor alimentario sea el padre o la madre o quien ejerza la patria potestad; y

V. Si el alimentista, sin consentimiento del que debe dar los alimentos, abandona la casa de éste por causas injustificadas.

Cuando el alimentista cumpla la mayoría de edad y no se encuentre en los supuestos del párrafo segundo del artículo 293 de este Código.

Artículo 306. El derecho de recibir alimentos no es renunciable ni puede ser objeto de transacción.

Artículo 307. Cuando el deudor alimentario no estuviere presente o estándolo rehusare entregar lo necesario para los alimentos de los miembros de su familia con derecho a recibirlos, se hará responsable de las deudas que éstos contraigan para cubrir esa exigencia, pero sólo en la cuantía estrictamente necesaria para ese objeto, siempre que no se trate de gastos de lujo.

El acreedor alimentario solo podrá exigir las pensiones que se hubieren generado en un plazo de cinco años inmediato anterior a la presentación de la demanda.

Artículo 308. El cónyuge que se haya separado del otro, sigue obligado a cumplir con los gastos necesarios para el sostenimiento del hogar, los alimentos y educación de los hijos, en los términos de ley. En tal virtud, el que no haya dado lugar a ese hecho, podrá pedir que le ministre los gastos por el tiempo que dure la separación, en la misma proporción en que lo venía haciendo hasta antes de aquélla, así como que satisfaga los adeudos contraídos para la manutención, en los términos del artículo anterior. Si dicha proporción no se pudiera determinar, el juez, según las circunstancias del caso, fijará la suma mensual correspondiente y dictará las medidas necesarias para asegurar la entrega de lo que ha dejado de cubrir desde que se separó.

CAPÍTULO TERCERO
DE LA VIOLENCIA FAMILIAR

Artículo 309. Los integrantes de la familia tienen derecho a desarrollarse en un ambiente de respeto a su integridad física y psíquica, así como la obligación de evitar conductas que generen violencia familiar.

Para tal efecto, contarán con la asistencia y protección de las instituciones públicas que correspondan, de acuerdo a las leyes, para combatir y prevenir conductas de violencia familiar.

Artículo 310. Por violencia familiar se considera todo acto de poder u omisión intencional, único, recurrente o cíclico, dirigido a dominar, someter, controlar o agredir física, verbal, psicoemocional, patrimonial o sexualmente, si tiene por efecto causar daño a cualquier integrante de la familia, dentro o fuera del domicilio familiar, por parte de quienes tengan parentesco o lo hayan tenido o mantengan una relación de hecho.

Artículo 311. Quien incurra en violencia familiar, deberá reparar los daños y perjuicios que ocasione con dicha conducta, con independencia de la aplicación de cualquier sanción que éste y otros ordenamientos legales establezcan.

En todas las controversias derivadas de la violencia familiar, el juez deberá dictar las medidas provisionales que correspondan, sin que pueda omitirse la atención psicológica para las víctimas.

TÍTULO OCTAVO
DE LA FILIACIÓN

CAPÍTULO PRIMERO
DE LOS HIJOS DEL MATRIMONIO

Artículo 312. Se presumen hijos de los cónyuges:

I. Los nacidos después de la celebración del matrimonio;

II. Los hijos nacidos dentro de los trescientos días siguientes a la disolución del matrimonio, ya provenga ésta de nulidad del contrato, de muerte del marido o de divorcio. Este plazo se contará en los casos de divorcio o nulidad, desde que de hecho quedaron separados los cónyuges por orden judicial; y

III. Los hijos nacidos como producto de la aplicación de las técnicas de reproducción asistida, siempre y cuando no haya sido revocado el consentimiento para ello.

Se presume revocado el consentimiento, por la simple disolución del vínculo matrimonial, salvo que se ratifique el consentimiento, por ambas partes, de que se reconozca como hijo de matrimonio el producto derivado de la aplicación de dichas técnicas.

Ni el marido ni la mujer, cuando previa y expresamente hayan prestado su consentimiento a determinada fecundación con contribución de donante o donantes, podrá impugnar la filiación del hijo nacido por consecuencia de tal fecundación.

Artículo 313. Contra esta presunción, se admite cualquier prueba excluyente o determinante de la paternidad.

Artículo 314. El marido no podrá desconocer a los hijos alegando adulterio de la madre, aunque ésta declare que no son hijos de su esposo, a no ser que el nacimiento se le haya ocultado o demuestre que durante los diez meses que precedieron al nacimiento no tuvo relaciones sexuales con su esposa.

Artículo 315. El marido podrá desconocer al hijo nacido después de trescientos días contados desde que judicialmente y de hecho tuvo lugar la separación provisional prescrita para los casos de divorcio y nulidad; pero la mujer y el hijo o el tutor de éste, pueden sostener en tales casos que el marido es el padre.

Artículo 316. El marido no podrá desconocer que es padre del hijo nacido dentro de los ciento ochenta días siguientes a la celebración del matrimonio:

I. Si se probara que antes de casarse supo del embarazo de su futura consorte;

II. Si concurrió al levantamiento del acta de nacimiento y está fue firmada por él o contiene su declaración de no saber firmar;

III. Si ha reconocido expresamente por suyo al hijo de su mujer; y

IV. Si el hijo no nació viable.

Artículo 317. Las cuestiones relativas a la paternidad del hijo nacido después de trescientos días de la disolución del matrimonio, podrán promoverse en cualquier tiempo por la persona a quien perjudique la filiación.

Artículo 318. En todos los casos en que el marido tenga derecho de contradecir que el nacido es hijo de su matrimonio, deberá deducir su acción dentro de sesenta días, contados desde el nacimiento, si está presente; desde el día en que llegó al lugar, si estuvo ausente o desde el día en que descubrió el fraude si se le ocultó el nacimiento.

Artículo 319. Si el marido está bajo tutela por cualquier causa, la impugnación puede ser ejercitada por su tutor. Si éste no la ejercita, podrá hacerlo el marido después de haber salido de la tutela, pero siempre en el plazo antes señalado, mismo que se contará desde el día en que legalmente termine la incapacidad.

Artículo 320. Cuando el marido, teniendo o no tutor, haya muerto sin recobrar la razón, los herederos pueden contradecir la paternidad en los casos en que podría hacerlo el padre, pero únicamente dentro de los seis meses siguientes a la declaración de herederos.

Artículo 321. Los herederos del marido, excepto en el caso del artículo anterior, no podrán contradecir la paternidad de un hijo nacido dentro del matrimonio, cuando el esposo no haya interpuesto la demanda.

Artículo 322. Si la viuda, la divorciada o aquella cuyo matrimonio fuere declarado nulo, contrajera nuevas nupcias dentro del período prohibido por este ordenamiento legal, la filiación del hijo que naciere después de celebrado el nuevo matrimonio se establecerá conforme a las reglas siguientes:

I. Se presume que el hijo es del primer matrimonio si nace dentro de los trescientos días siguientes a la disolución del primer matrimonio y antes de ciento ochenta días de la celebración del segundo;

II. Se presume que el hijo es del segundo marido si nace después de ciento ochenta días de la celebración del segundo matrimonio, aunque el nacimiento tenga lugar dentro de los trescientos días posteriores a la disolución del primer matrimonio.

El que negare las presunciones establecidas en las fracciones que preceden, deberán probar plenamente la imposibilidad física de que el hijo sea del marido a quien se atribuye; y

III. El hijo se presume nacido fuera del matrimonio si nace antes de ciento ochenta días de la celebración del segundo matrimonio y después de trescientos días de la disolución del primero.

Artículo 323. El desconocimiento de un hijo, de parte del marido o de los herederos, se hará mediante demanda en forma ante el juez competente. Todo desconocimiento practicado de otra manera es nulo.

Artículo 324. En el juicio de contradicción de la paternidad serán oídos la madre y el hijo, a quien, si fuere menor, se proveerá de un tutor interino.

Artículo 325. Para los efectos legales, sólo se reputa nacido el feto que, desprendido enteramente del seno materno, vive veinticuatro horas o es presentado vivo al Registro Civil. Faltando alguna de estas circunstancias, nunca nadie podrá entablar demanda sobre la paternidad.

Artículo 326. No puede haber sobre la filiación, ni transacción ni compromiso en árbitros.

Artículo 327. Puede haber transacción o arbitramento sobre los derechos pecuniarios que de la filiación legalmente adquirida pudieran deducirse, sin que las concesiones que se hagan al que se dice hijo, importen la adquisición de estado de hijo de matrimonio.

CAPÍTULO SEGUNDO
DE LAS PRUEBAS DE LA FILIACIÓN DE LOS HIJOS NACIDOS DE MATRIMONIO

Artículo 328. La filiación de los hijos nacidos de matrimonio se prueba con la partida de su nacimiento y con el acta de matrimonio de sus padres

Artículo 329. A falta de actas o si éstas fueren defectuosas, incompletas o falsas, se probará con la posesión constante de estado de hijo nacido de matrimonio. En defecto de esta posesión, son admisibles para demostrar la filiación todos los medios de prueba que la ley autoriza, excepto la testimonial, si no hubiere un principio de prueba por escrito o indicios o presunciones resultantes de hechos ciertos que se consideren bastante graves para determinar su admisión.

Si uno solo de los registros faltare o estuviere inutilizado y existe el duplicado, de éste deberá tomarse la prueba, sin admitir medio probatorio de otra clase.

Artículo 330. Si hubiere hijos nacidos de dos personas que han vivido públicamente como marido y mujer, y ambos hubieren fallecido o por ausencia o enfermedad les fuere imposible manifestar el lugar en que se casaron, no podrá disputarse a esos hijos haber nacido de matrimonio por sólo la falta de presentación del acta del enlace de sus padres, siempre que se pruebe que tienen la posesión de estado de hijos de ellos o que, por los medios de prueba que autoriza el artículo anterior, se demuestre la filiación y no esté contradicha por el acta de nacimiento.

Artículo 331. Si un individuo ha sido reconocido constantemente como hijo de matrimonio por la familia del marido y en la sociedad, quedará probada la posesión de estado de hijo de matrimonio, si además concurre alguna de las circunstancias siguientes:

I. Que el hijo haya usado constantemente el apellido del que pretende que es su padre, con anuencia de éste;

II. Que el padre lo haya tratado como a hijo nacido en su matrimonio, proveyendo a su subsistencia, educación y establecimiento; y

III. Que el presunto padre tenga la edad exigida para contraer matrimonio, más la edad del hijo.

Artículo 332. Declarado nulo un matrimonio, haya habido buena o mala fe en los cónyuges al celebrarlo, los hijos tenidos durante él se consideran como hijos de matrimonio.

Artículo 333. No basta el dicho de la madre para excluir de la paternidad al marido. Mientras que éste viva, únicamente él podrá hacer la reclamación contra la filiación del hijo concebido durante el matrimonio.

Artículo 334. Las acciones civiles que se intenten contra el hijo por los bienes que ha adquirido durante su estado de hijo nacido de matrimonio, aunque después resulte no serlo, se sujetará a las reglas comunes para la prescripción.

Artículo 335. La acción que compete al hijo para reclamar su estado, es imprescriptible para él y sus descendientes.

Artículo 336. Los demás herederos del hijo podrán intentar la acción de que trata el artículo anterior:

I. Si el hijo ha muerto antes de cumplir veintidós años; y

II. Si el hijo cayó en demencia antes de cumplir los veintidós años y murió después en el mismo estado.

Artículo 337. Los herederos podrán continuar la acción intentada por el hijo, a no ser que éste se hubiere desistido formalmente de ella o nada hubiere promovido judicialmente durante un año, contado desde la última diligencia.

También podrán contestar toda demanda que tenga por objeto disputarle la condición de hijo nacido de matrimonio.

Artículo 338. Los acreedores legatarios y donatarios tendrán los mismos derechos que los herederos del hijo, si éste no dejó bienes suficientes para pagarles.

Artículo 339. Las acciones de que hablan los tres artículos precedentes, prescriben a los cuatro años, contados desde el fallecimiento del hijo.

Artículo 340. La posesión de hijo nacido de matrimonio no puede perderse sino por sentencia ejecutoriada, la cual admitirá los recursos que den las leyes, en los juicios de mayor interés.

Artículo 341. Si el que está en posesión de los derechos de padre o de hijo fuere despojado de ellos o perturbado en su ejercicio, sin que preceda sentencia por la cual deba perderlos, podrá usar las acciones que establecen las leyes para que se le ampare o restituya en la posesión.

CAPÍTULO TERCERO
DE LA LEGITIMACIÓN

Artículo 342. El matrimonio subsecuente de los padres hace que se tengan como nacidos de matrimonio a los hijos habidos antes de su celebración.

Artículo 343. Para que el hijo goce del derecho que le concede el artículo que precede, los padres deben reconocerlo expresamente antes de la celebración del matrimonio, en el acto mismo de celebrarlo o durante él, haciendo, en todo caso, el reconocimiento ambos padres, conjunta o separadamente.

Artículo 344. Si el hijo fue reconocido por el padre y en su acta de nacimiento consta el nombre de la madre, no se necesita reconocimiento expreso de ésta para que la legitimación surta sus efectos legales. Tampoco se necesita reconocimiento del padre, si ya se expresó el nombre de éste en el acta de nacimiento.

Artículo 345. Aunque el reconocimiento sea posterior, los hijos adquieren todos sus derechos desde el día en que se celebró el matrimonio de sus padres.

Artículo 346. Pueden gozar también del derecho que les concede el artículo 343, los hijos que hayan fallecido al celebrarse el matrimonio de sus padres, si dejaron descendientes.

Artículo 347. Pueden gozar también de ese derecho los hijos no nacidos, si el padre al casarse declara que reconoce al hijo de quien la mujer está encinta o que lo reconoce si aquélla estuviere encinta.

CAPÍTULO CUARTO
DEL RECONOCIMIENTO DE LOS HIJOS NACIDOS FUERA DEL MATRIMONIO

Artículo 348. La filiación de los hijos nacidos fuera de matrimonio resulta, con relación a la madre, del sólo hecho del nacimiento. Respecto del padre, sólo se establece por el reconocimiento voluntario de éste o por sentencia que declare la paternidad.

La paternidad o la maternidad pueden probarse por cualquiera de los medios ordinarios, para cuyo efecto la prueba pericial en genética molecular del ácido desoxirribonucleico realizada por instituciones certificadas para ello, tendrá valor pleno.

Si el presunto progenitor se negase o no se presentare a la práctica de dicha prueba, se presumirá la filiación, salvo prueba en contrario.

Artículo 349. Pueden reconocer a sus hijos los que tengan la edad exigida para contraer matrimonio.

Artículo 350. Las personas menores de edad no emancipadas, podrán reconocer a sus hijos con autorización de quien ejerza la patria potestad o tutela, o a falta de ésta, con autorización judicial.

La mujer menor de edad, no emancipada, podrá reconocer a sus hijos con autorización de quien ejerza la patria potestad o tutela.

Artículo 351. No obstante, el reconocimiento hecho por un menor es revocable si se prueba que sufrió engaño al hacerlo, pudiendo intentar la revocación hasta cuatro años después de la mayoría de edad.

Artículo 352. Puede reconocerse al hijo que no ha nacido y al que ha muerto, si ha dejado descendencia.

Artículo 353. Los padres pueden reconocer a su hijo conjunta o separadamente.

Artículo 354. El reconocimiento hecho por uno de los padres produce efectos respecto de él y no respecto del otro progenitor.

Artículo 355. El reconocimiento no es revocable por el que lo hizo y si se ha hecho en testamento, cuando éste se revoque, no se tiene por revocado el reconocimiento.

Artículo 356. El reconocimiento puede ser contradicho por un tercero interesado. El heredero que resulte perjudicado puede contradecir el reconocimiento dentro del año siguiente a la muerte del que lo hizo.

Artículo 357. El reconocimiento de un hijo nacido fuera de matrimonio deberá hacerse de alguno de los modos siguientes:

I. En la partida de nacimiento ante el oficial del Registro Civil;

II. Por acta especial ante el mismo oficial;

III. Por escritura pública;

IV. Por testamento; y

V. Por confesión judicial directa y expresa.

Artículo 358. Cuando el padre o la madre reconozcan separadamente a un hijo, no podrán revelar en el acto del reconocimiento el nombre de la persona con quien fue habido, ni exponer ninguna circunstancia por donde aquélla pueda ser identificada. Las palabras que contengan la revelación se testarán de oficio, de modo que queden absolutamente ilegibles.

Artículo 359. El oficial del Registro Civil, el juez competente y, en su caso, el notario que consientan en la violación del artículo que precede, serán castigados con la pena de destitución de empleo e inhabilitación para desempeñar otro similar, por un plazo que no baje de dos ni exceda de cinco años.

Artículo 360. El Cónyuge podrá reconocer al hijo habido antes de su matrimonio sin el consentimiento del otro cónyuge, pero no tendrá derecho a llevarlo a vivir a la habitación conyugal, si no es con la anuencia expresa de éste.

Artículo 361. El hijo de una mujer casada no podrá ser reconocido como hijo por otro hombre distinto del marido, sino cuando éste lo haya desconocido y, por sentencia ejecutoria, se haya declarado que no es hijo suyo.

Artículo 362. EL hijo mayor de edad no puede ser reconocido sin su consentimiento, ni el menor sin el de su tutor si lo tiene o el del tutor que el juez le nombrará especialmente para el caso.

Artículo 363. Si el hijo reconocido es menor, puede reclamar contra el reconocimiento cuando llegue a la mayoría de edad.

Artículo 364. El plazo para deducir esta acción será de dos años, que comenzarán a correr desde que el hijo sea mayor de edad, si antes de serlo tuvo noticia del reconocimiento o, si no la tenía, desde la fecha en que la adquirió.

Artículo 365. La mujer que cuida o ha cuidado de la lactancia de un niño, a quien le ha dado su nombre o permitido que lo lleve, que públicamente lo ha presentado como hijo suyo y ha proveído a su educación y subsistencia, podrá contradecir el reconocimiento que un hombre haya hecho o pretenda hacer de ese niño. En este caso no se le podrá separar de su lado, a menos que consienta en entregarlo o que fuere obligada a hacer la entrega, por sentencia ejecutoriada. El plazo para contradecir el reconocimiento será de sesenta días, contados desde que tuvo conocimiento de él.

Artículo 366. Cuando la madre contradiga el reconocimiento hecho sin su consentimiento, quedará aquél sin efecto y la cuestión relativa a la paternidad se resolverá en el juicio contradictorio correspondiente.

Artículo 367. Cuando el padre y la madre que no vivan juntos reconozcan al hijo en el mismo acto, convendrán cuál de los dos ejercerá sobre él la custodia, pudiendo ejercerla de manera compartida; y en caso de que no lo hicieren, el juez competente, oyendo a los padres, al menor y al Ministerio Público, resolverá lo que creyere más conveniente a los intereses del menor.

El Juez podrá ordenar, la práctica de estudios psicológicos, de entorno socioeconómico y demás estudios que considere convenientes para determinar sobre la custodia del menor.

Artículo 368. En caso de que el reconocimiento se efectúe sucesivamente por los padres que no vivan juntos, ejercerá la patria potestad el que primero hubiere reconocido, salvo que se conviniere otra cosa entre los padres, siempre que el juez competente no creyere necesario modificar el convenio por causa grave, con audiencia de los interesados y del Ministerio Público.

Artículo 369. La investigación de la paternidad de los hijos nacidos fuera de matrimonio está permitida:

I. En los casos de rapto, estupro o violación, cuando la época del delito coincida con la de la concepción;

II. Cuando el hijo se encuentre en posesión de estado de hijo del presunto padre;

III. Cuando el hijo haya sido concebido durante el tiempo en que la madre habitaba bajo el mismo techo con el pretendido padre, viviendo maritalmente; y

IV. Cuando el hijo tenga a su favor un principio de prueba contra el pretendido padre.

Artículo 370. Se presumen hijos de los concubinarios:

I. Los nacidos después de ciento ochenta días, contados desde que comenzó el concubinato; y

II. Los nacidos dentro de los trescientos días siguientes al en que cesó la vida en común entre los concubinarios.

Artículo 371. La posesión de estado, para los efectos de la fracción II del artículo 370, se justificará demostrando por los medios ordinarios de prueba, que el hijo ha sido tratado por el presunto padre o por su familia como hijo del primero y que éste ha proveído a su subsistencia, educación y establecimiento.

Artículo 372. Está permitido al hijo nacido fuera de matrimonio y a sus descendientes investigar la maternidad, la cual puede probarse por cualquiera de los medios ordinarios, pero la indagación no será permitida cuando tenga por objeto atribuir el hijo a una mujer casada.

Artículo 373. No obstante lo dispuesto en la parte final del artículo anterior, el hijo podrá investigar la maternidad, si ésta se deduce de una sentencia civil o criminal.

Artículo 374. El hecho de dar alimentos no constituye por si sólo prueba, ni aún presunción, de paternidad o maternidad. Tampoco puede alegarse como razón para investigar éstas.

Artículo 375. Las acciones de investigación de paternidad o maternidad sólo pueden intentarse en vida de los padres.

Si los padres hubieren fallecido durante la minoría de edad de los hijos, tienen éstos derecho de intentar la acción antes de que se cumplan cuatro años de su mayoría de edad.

Artículo 376. El hijo reconocido por el padre, por la madre o por ambos, tiene derecho:

I. A llevar el apellido del que lo reconoce;

II. A ser alimentado por éste; y

III. A percibir la porción hereditaria y los alimentos que fije la ley.

CAPÍTULO QUINTO
DE LA ADOPCIÓN

Artículo 377. La adopción es un acto jurídico por el cual se establece un vínculo de filiación entre el adoptado y el adoptante, los parientes de éste y los descendientes de aquél, mediante una resolución judicial.

El que pretenda adoptar a uno o más menores o incapaces, aún cuando éstos sean mayores de edad, deberá acreditar:

I. Ser mayor de veinticinco años pero no de sesenta y que tiene, por lo menos quince años más de edad que la persona que trata de adoptar;

II. Tener medios bastantes para proveer a la subsistencia, la educación y el cuidado de la persona que trate de adoptarse, como si se tratara de hijo propio, según las circunstancias de la persona que trata de adoptar;

III. Ser persona de buenas costumbres;

IV. Contar con el Certificado de Idoneidad que expida en su favor el Consejo Técnico de Adopciones; y

V. Contar con certificado de buena salud.

A criterio y previa motivación del juez se puede dispensar el requisito de la edad y lo relativo a la diferencia de edad, especialmente cuando se atienda al interés superior del menor o incapaz.

Solo se concederá la adopción cuando sea benéfica para la persona que trata de adoptarse, atendiendo al interés superior del menor o incapaz.

Artículo 378. La adopción crea entre los adoptantes y el adoptado, los mismos vínculos jurídicos que ligan a los padres con su hijos biológicos, con todos los efectos legales, al tiempo que extingue parentesco con la familia de origen, salvo para los impedimentos de matrimonio.

La autoridad judicial que otorgue la adopción, se asegurará de la reserva de la adopción, por lo que cualquier autoridad se abstendrá de proporcionar información al respecto, excepto cuando por mandato de autoridad competente se requiera para:

I. Efectos de impedimentos matrimoniales; o

II. Cuando el adoptado lo solicite ejerciendo su derecho imprescriptible de conocer la identidad de sus padres biológicos, siempre y cuando sea mayor de edad; si fuere menor de edad, se requerirá el consentimiento de los adoptantes.

Artículo 379. La adopción internacional es la promovida personalmente por ciudadanos de otro país, con residencia habitual fuera del territorio nacional y tiene como objeto incorporar, en una familia, a un menor que no puede encontrarla en su país de origen. Esta adopción se regirá por los tratados internacionales suscritos y ratificados por los Estados Unidos Mexicanos y, en lo conducente, por las disposiciones de este Código.

La adopción por extranjeros es la promovida y otorgada en los términos de este Código, a los extranjeros que tengan su residencia habitual en territorio nacional.

El que promueva la adopción internacional deberá acreditar ante el juez, mediante constancia expedida por el Sistema Estatal para el Desarrollo Integral de la Familia, a través del Consejo Técnico de Adopciones, que cumple con los requisitos establecidos por los tratados internacionales suscritos y ratificados por los Estados Unidos Mexicanos.

I. Derogada.

II. Derogada.

III. Derogada.

IV. Derogada.

V. Derogada.

El juez aprobará la adopción internacional, sólo cuando el adoptante tenga su residencia habitual en un país que también haya suscrito y ratificado los mismos tratados internacionales que los Estados Unidos Mexicanos, en la materia.

El juez que conozca del asunto, verificará minuciosamente que se cumpla con lo establecido por los tratados internacionales suscritos y ratificados por Estados Unidos Mexicanos, así como lo establecido en el presente Código.

En toda adopción internacional el menor, en tanto no se resuelva sobre la adopción, no podrá ser trasladado al extranjero.

En igualdad de circunstancias, se dará preferencia en la adopción a mexicanos sobre extranjeros.

Artículo 380. Los menores o incapaces podrán ser adoptados por cónyuges o concubinos unidos en los términos de este Código, siempre y cuando ambos estén conformes en considerar al adoptado como hijo, aunque sólo uno de ellos cumpla con el requisito de la edad para poder adoptar, quienes tendrán preferencia con relación a aquellas personas solteras que cumplan con los requisitos legales para adoptar.

Artículo 381. Cuando se presente conflicto de leyes entre la legislación del lugar de residencia del adoptante, por encontrarse en otra entidad federativa o en el extranjero y la legislación aplicable en el Estado de Querétaro, se aplicará la que constituya mayor beneficio al adoptado, salvo en los casos de anulación, en los cuales se aplicará el presente Código.

Artículo 382. El tutor no puede adoptar al pupilo, sino hasta después de que hayan sido definitivamente aprobadas las cuentas de tutela.

Artículo 383. Derogado.

Artículo 384. El que adopta tendrá, respecto de la persona y bienes del adoptado, los mismos derechos y obligaciones que tienen los padres respecto de la persona y bienes de los hijos.

El adoptante deberá dar sus apellidos al adoptado. También podrá cambiarle el nombre propio, cuando a criterio del juez familiar sea oportuno, atendiendo al interés superior del menor.

Artículo 385. El adoptado tendrá, para con la persona o personas que lo adopten, los mismos derechos y obligaciones que tiene un hijo.

Artículo 386. Para que la adopción pueda tener lugar, deberán consentir en ella, en sus respectivos casos:

I. Quienes ejercen patria potestad sobre el menor que se trata de adoptar.

Si desean entregarlo en adopción a través de la Procuraduría de la Defensa del Menor y la Familia del Estado, lo entregarán al titular de ésta en los términos previstos por el artículo 439 fracción V de este Código, conforme al procedimiento establecido en el Código de Procedimientos Civiles del Estado de Querétaro, para que dicha autoridad determine, acorde a sus procedimientos administrativos, los adoptantes idóneos a los que se asignará al menor para iniciar el procedimiento judicial de adopción.

Si desean darlo en adopción a un particular, este último deberá contar previamente con el certificado de idoneidad que expida el Consejo Técnico de Adopciones; satisfecho lo anterior, podrá otorgarse el consentimiento mediante comparecencia ante el Juez competente, con la intervención del Ministerio Público adscrito, ya sea como medio preparatorio de juicio o en cualquier etapa del procedimiento de adopción. Ambas autoridades instruirán a quienes otorguen el consentimiento referido sobre los efectos de la adopción, debiendo constar en la comparecencia que es otorgado libremente, sin remuneración, presión o coacción alguna.

En todos los casos, la Procuraduría de la Defensa del Menor y la Familia del Estado, intervendrá en los juicios de adopción en los términos del presente Código;

II. El tutor del que se va a adoptar;

III. Derogada.

IV. El Ministerio Público de la jurisdicción del lugar del domicilio del adoptado, cuando éste no tenga padres conocidos, ni tutor, previo informe de la Procuraduría de la Defensa del Menor y la Familia. Dicho informe deberá rendirse dentro del término de cinco días, contados a partir de la petición hecha por el Ministerio Público; y

V. Si el menor que se va adoptar tiene más de doce años, también se necesita su consentimiento para la adopción.

En todos los juicios de adopción, el juez familiar escuchará al menor atendiendo a su edad y grado de madurez.

La persona que haya acogido al menor o incapaz dentro de los seis meses anteriores a la solicitud de su adopción y lo trate como a un hijo, podrá oponerse a la adopción, debiendo exponer los motivos en que se funde su oposición, los que el juez calificará considerando el interés superior del menor o incapaz. Este derecho de oposición en ningún momento le corresponderá a representante alguno o directivo de casas hogar o instituciones de asistencia privada, así como asociaciones civiles que tengan a un menor puesto a disposición de la Procuraduría de la Defensa del Menor y la Familia del Estado.

Artículo 387. Si el tutor o el Ministerio Público no consienten la adopción, deberán expresar la causa en que se funden, la que el juez calificará tomando en cuenta el interés superior del menor o incapaz.

En el supuesto de la fracción I del artículo anterior, si los que ejercen la patria potestad están a su vez sujetos a ésta, quienes deberán consentir en la adopción serán sus progenitores si están presentes, en caso contrario, el juez suplirá el consentimiento.

Artículo 388. El procedimiento para hacer la adopción será fijado en el Código de Procedimientos Civiles del Estado de Querétaro y se seguirá ante el juez competente.

Artículo 389. Tan luego como cause ejecutoria la resolución judicial que se dicte autorizando una adopción, quedará ésta consumada.

Artículo 390. El juez que apruebe la adopción remitirá copia de las diligencias respectivas, al oficial del Registro Civil del lugar para que se levante el acta correspondiente.

Artículo 391. Las adopciones serán irrevocables, pero pueden ser anuladas cuando no se haya cumplido con los requisitos establecidos para su otorgamiento.

Artículo 392. En las adopciones, los derechos y obligaciones que resultan del parentesco por consanguinidad con los padres biológicos, se extinguen. En el supuesto de que el adoptante esté casado con alguno de los progenitores del adoptado, no se extinguirán los derechos, obligaciones y demás consecuencias jurídicas que resulten de la filiación consanguínea y se ejercerán por ambos cónyuges.

Artículo 393. La adopción producirá sus efectos aunque sobrevengan hijos al adoptante.

Artículo 394. Para obtener el Certificado de Idoneidad expedido por el Consejo Técnico de Adopciones, deberán realizarse los estudios socioeconómicos, psicológicos, médicos y de trabajo social correspondientes, así como acreditar las capacitaciones necesarias para concientizar respecto de los efectos, derechos y obligaciones de la adopción.

Los procedimientos y plazos para la obtención del Certificado serán previstos en el Reglamento del Consejo Técnico de Adopciones.

Artículo 395. Para determinar la vinculación entre adoptante y adoptado, en los casos en que el proceso de adopción sea realizado a través de la Procuraduría de la Defensa del Menor y la Familia del Estado, el reglamento del Consejo Técnico de Adopciones establecerá los procedimientos, plazos y estudios necesarios para ello, fundándose siempre en el interés superior del menor.

Artículo 396. Derogado.

Artículo 397. Derogado.

Artículo 398. Derogado.

CAPÍTULO SEXTO
DE LA ADOPCIÓN DE EMBRIONES

Artículo 399. La adopción de embriones es el procedimiento mediante el cual, un embrión, fruto del óvulo de una mujer y del espermatozoide de un hombre, es transferido al útero de otra mujer para completar el ciclo necesario de su gestación y posterior nacimiento, con el fin de ser considerado hijo de ella, de ella y de su cónyuge o de ella y de su concubino.

Artículo 400. Las parejas adoptantes de embriones no podrán procurar la maternidad asistida o subrogada, ni contratar el vientre de una tercera mujer para la gestación del embrión.

En la adopción de embriones queda prohibido seleccionar el sexo del niño a adoptar, ni se podrá rechazar el producto si éste nace con alguna enfermedad o defecto físico.

Artículo 401. La adopción de embriones sólo procederá respecto de los supernumerarios crioconservados preexistentes, que fueren fruto de la fertilización in vitro homóloga, en los siguientes casos:

I. Cuando los padres biológicos hayan manifestado su libre voluntad de dar en adopción los embriones supernumerarios;

II. Cuando hayan fallecido los padres biológicos de los embriones o que se les declare como ausentes; y

III. Cuando los padres biológicos no hayan reclamado los embriones en el plazo señalado para ello en la ley que regule lo relativo a la crioconservación de embriones.

Artículo 402. Podrán llevar a cabo la adopción de embriones, las parejas casadas o en concubinato que sean mayores de edad, así como la mujer soltera mayor de edad; para tal efecto, la mujer no deberá ser mayor de treinta y cinco años ni el hombre de cincuenta.

Artículo 403. Para los casos anteriores, sólo procederá la adopción cuando los solicitantes:

I. Tengan posibilidades razonables de éxito en el embarazo y no supongan un riesgo grave para la salud de la mujer o la posible descendencia;

II. Comprueben, mediante estudios realizados ante las instituciones de salud, que alguno de ellos o ambos, no pueden tener descendencia directa por deficiencia fisiológica o patológica irremediable; y

III. Estén informados y asesorados de los alcances de su acto, los riesgos y posibilidades de éxito de las técnicas médicas aplicadas, además de las consideraciones éticas y psicológicas que se derivan de este procedimiento, por el personal médico de los bancos de crioconservación, centros de fertilización o personal que al efecto determine la Secretaría de Salud.

Artículo 404. Una vez alcanzada la mayoría de edad por la persona que haya sido producto de una inseminación artificial o procreación asistida y posteriormente adoptada, tendrá el derecho imprescriptible de conocer la identidad de sus padres biológicos.

Artículo 405. El procedimiento de adopción de embriones crioconservados preexistentes, se desarrollará de la siguiente manera:

I. Los padres biológicos, previamente al inicio de la fecundación in vitro, podrán manifestar mediante escrito, ante testigos:

a) Que es su voluntad dar en adopción los embriones sobrantes que no hayan sido transferidos al útero de la madre biológica.

b) Nombre completo de cada uno de ellos, acompañando las actas de nacimiento respectivas.

c) Constancia médica mediante la cuál se acredite que no son portadores de alguna enfermedad infecciosa.

d) Aquellos datos que como parte de la identificación considere la Secretaría de Salud, quien deberá integrar un expediente con la información y documentos mencionados, que resguardará con carácter de confidencial.

En todos los casos, el banco de crioconservación respectivo deberá remitir copia certificada de la manifestación de voluntad mencionada en la fracción I, a la Secretaría de Salud, quien deberá resguardar en sus registros las listas de personas que han decidido dar en adopción los embriones supernumerarios, respetando la privacidad de la información.

Una vez firmado el consentimiento por los progenitores, se entiende que éstos renuncian a cualquier acción para demostrar su paternidad, así como la aceptación del carácter no lucrativo de su decisión;

II. El matrimonio, los concubinos o la mujer soltera, podrán acudir a la Secretaría de Salud para verificar si dentro de sus registros existen embriones crioconservados en disponibilidad de adopción. La solicitud de verificación se hará por escrito, acompañada de la constancia médica en la que se haga constar la infertilidad de los solicitantes;

III. De considerarlo procedente, la Secretaría de Salud, incluirá la solicitud en una lista de espera, que tendrá un orden de prelación, para que, en el momento en que se cuente con embriones susceptibles de adopción, lo comunique por escrito a los solicitantes, a fin de que éstos, en un plazo no mayor a quince días, manifiesten su aceptación;

Dentro de la notificación antes señalada, deberán señalarse los datos de identificación de los padres biológicos, a efecto de que el o los adoptantes puedan establecer contacto con aquéllos;

IV. Una vez que ambas partes han manifestado se decisión de dar en adopción y de adoptar los embriones, deberán presentarlo por escrito ante el juez de lo familiar que corresponda, dentro de los quince días siguientes para que declare la adopción provisional; y

V. De lograrse el embarazo de la receptora y el consecuente nacimiento del producto, aquélla deberá notificarlo al juez de lo familiar, mediante jurisdicción voluntaria, dentro de los treinta días siguientes al parto, quien acordará, en un plazo no mayor de quince días, el carácter de adopción con los efectos que para ésta establece el presente Código.

Se exceptúan del procedimiento establecido en este artículo, los casos de las fracciones II y III del artículo 386.

En la sentencia judicial que declare la adopción, se impedirá una acción futura de impugnación de maternidad o paternidad.

TÍTULO NOVENO
DEL EJERCICIO DE LA PATRIA POTESTAD, CUSTODIA Y CONVIVENCIAS

CAPÍTULO PRIMERO
DE LOS EFECTOS DEL EJERCICIO DE LA PATRIA POTESTAD, RESPECTO DE LA PERSONA DE LOS HIJOS

Artículo 406. La patria potestad es el conjunto de derechos y obligaciones reconocidos por la ley a la madre y al padre en relación a sus hijos, para cuidarlos, protegerlos, educarlos y representarlos legalmente.

Artículo 407. Los hijos menores de edad no emancipados están bajo la patria potestad, mientras exista alguno de los ascendientes que la ejerza conforme a la ley.

Artículo 408. La patria potestad se ejerce sobre la persona y los bienes de los hijos. Su ejercicio queda sujeto a las modalidades que le impriman las resoluciones que se dicten, de acuerdo con las leyes aplicables.

Artículo 409. La patria potestad sobre los hijos se ejerce:

I. Por el padre y la madre;

II. A falta de los padres, ejercerán la patria potestad sobre el hijo menor o incapaz, los abuelos paternos o maternos que mejor garanticen la protección y desarrollo de sus descendientes, a criterio de la autoridad competente, tomando en cuenta las circunstancias del caso y la opinión del menor, si éste ya hubiese cumplido los doce años.

III. Tratándose de menores puestos a disposición de la Procuraduría de la Defensa del Menor y la Familia del Estado, ejercerá la patria potestad únicamente el padre y la madre y, a falta de padres, los abuelos tendrán una expectativa de derecho que deberán hacer valer conforme a lo siguiente:

Para que los abuelos de menores que hayan sido puestos a disposición de la Procuraduría de la Defensa del Menor y la Familia del Estado, puedan adquirir el derecho y la obligación de ejercer la patria potestad, en términos de la presente fracción, deberán manifestar su interés para ello ante juez familiar que corresponda, dentro de los primeros 90 días naturales contados a partir del día siguiente de la publicación del edicto que contempla el artículo 494 Bis de este Código.

En caso de que alguno de los abuelos manifieste el interés que establece el párrafo anterior, se aplicará lo establecido en la fracción II de este artículo y demás normas establecidas para el ejercicio de la patria potestad de los abuelos.

Artículo 410. Cuando los dos progenitores han reconocido al hijo nacido fuera de matrimonio, ejercerán ambos la patria potestad.

Artículo 411. Cuando por cualquier circunstancia deje de ejercer la patria potestad alguno de los padres, entrará a ejercerla el otro.

Artículo 412. Cuando los padres del hijo nacido fuera de matrimonio que vivían juntos se separen, si no se ponen de acuerdo respecto a la custodia, el juez competente la determinará en los términos de ley.

Artículo 413. A falta de padres, ejercerán la patria potestad sobre los hijos, los ascendientes a que se refiere este Código, en el orden que determine el juez competente, tomando en cuenta las circunstancias del caso.

Artículo 414. La patria potestad sobre el hijo adoptivo se ejercerá conforme a lo dispuesto en el Capítulo Quinto del Título Octavo del Libro Primero de este Código.

Artículo 415. Solamente por falta o impedimento de todos los llamados preferentemente, entrarán al ejercicio de la patria potestad los que sigan en el orden establecido en los artículos anteriores. Si sólo faltare alguna de las dos personas a quienes corresponde ejercer la patria potestad, la que quede continuará en el ejercicio de ese derecho.

Artículo 416. Mientras estuviere el hijo bajo la patria potestad, no podrá dejar la casa de los que la ejercen, sin permiso de ellos o decreto de la autoridad competente.

Asimismo, para el correcto cumplimiento de las funciones paterno filiales, los menores o incapacitados deben habitar en el domicilio de quienes ejerzan la patria potestad, a menos de que exista resolución judicial o en otro sentido en los casos de divorcio o nulidad de matrimonio, en los que ese derecho corresponda a otra persona.

Las autoridades están obligadas a prestar auxilio al ascendiente que lo solicite, para ubicar y restituir a los menores o incapacitados bajo su custodia.

Artículo 417. Los que ejercen la patria potestad, aun cuando no tengan la custodia del menor, tienen el derecho de convivir con éste, salvo que exista peligro para él.

Artículo 418. A las personas que tienen un menor bajo su custodia o ejercen patria potestad sobre él, corresponde la obligación de protegerlo y educarlo para su adecuado desarrollo integral. Tienen la facultad de amonestarlo y corregirlo, respetando siempre su dignidad humana.

Quedan prohibidos los castigos corporales, crueles e innecesarios que arriesguen la integridad física y emocional del menor.

Cuando llegue a conocimiento de la Fiscalía General del Estado o de la Procuraduría de Protección de Niñas, Niños y Adolescentes del Estado de Querétaro, que las personas a que se refiere el primer párrafo de este artículo no cumplen con su obligación o abusan de su derecho a corregir, promoverán la suspensión o pérdida de la patria potestad o de la custodia en su caso.

Artículo 419. Los que ejerzan la patria potestad o tengan menores bajo su custodia, tienen la obligación de observar una conducta que sirva de buen ejemplo a los hijos.

Las autoridades, en caso necesario, auxiliarán a esas personas, dándoles el apoyo que requieran para proteger y educar a sus descendientes.

Artículo 420. El que está sujeto a la patria potestad no puede comparecer en juicio, ni contraer obligación alguna, sin expreso consentimiento del que o de los que ejerzan aquel derecho. En caso de irracional disenso, resolverá el juez.

CAPÍTULO SEGUNDO
DE LOS EFECTOS DEL EJERCICIO DE LA PATRIA POTESTAD, RESPECTO DE LOS BIENES DE LOS HIJOS

Artículo 421. Los que ejercen la patria potestad son legítimos representantes de los que están bajo de ella y tienen la administración legal de los bienes que les pertenecen, conforme a las prescripciones de este Código.

Artículo 422. Cuando la patria potestad se ejerza a la vez por el padre y por la madre o por el abuelo y la abuela o por los adoptantes, el administrador de los bienes será nombrado por mutuo acuerdo; pero el designado consultará en todos los negocios a su consorte y requerirá su consentimiento expreso para los actos más importantes de la administración.

Artículo 423. Las personas que ejerzan la patria potestad representarán indistintamente a los hijos en juicio, pero no podrán celebrar ningún arreglo para terminarlo, si no es con el consentimiento expreso de quien conjuntamente la ejerza y con autorización judicial, cuando la Ley lo requiera expresamente.

Artículo 424. Los bienes del hijo, mientras esté bajo la patria potestad, se dividen en dos clases:

I. Bienes que adquiera por su trabajo; y

II. Bienes que adquiera por cualquier otro título.

Artículo 425. Los bienes de la primera clase pertenecen en propiedad, administración y usufructo al hijo.

Artículo 426. En los bienes de la segunda clase, la propiedad y la mitad del usufructo pertenecen al hijo; la administración y la otra mitad del usufructo corresponden a las personas que ejerzan la patria potestad. Sin embargo, si los hijos adquieren bienes por herencia, legado o donación y el testador o donante ha dispuesto que el usufructo pertenezca al hijo o que se destine a un fin determinado, se estará a tal disposición.

Artículo 427. Los padres pueden renunciar a su derecho de usufructo, haciendo constar su renuncia por escrito o de cualquier otro modo que no deje lugar a duda.

Artículo 428. La renuncia del usufructo hecha en favor del hijo, se considera como donación.

Artículo 429. Los réditos y rentas que se hayan vencido antes de que los padres, abuelos o adoptantes entren en posesión de los bienes cuya propiedad corresponda al hijo, pertenecen a éste y en ningún caso serán frutos de que deba gozar la persona que ejerza la patria potestad.

Artículo 430. El usufructo de los bienes concedidos a las personas que ejerzan la patria potestad, se aplicará al pago de los alimentos para los hijos. Para el cumplimiento de esta obligación, se estará a lo dispuesto en el capítulo de alimentos de este Código.

También llevan consigo las obligaciones impuestas a los usufructuarios, con excepción de la obligación de dar fianza, fuera de los casos siguientes:

I. Cuando los que ejerzan la patria potestad han sido declarados en quiebra o estén concursados;

II. Cuando contraigan nupcias; y

III. Cuando su administración sea notoriamente ruinosa para los hijos.

Artículo 431. Cuando por la ley o por voluntad de quienes ejercen la patria potestad, el hijo tenga la administración de los bienes, se le considerará, respecto de la administración, como emancipado, con la restricción que establece la ley para enajenar, gravar o hipotecar bienes inmuebles.

Artículo 432. Los que ejercen la patria potestad no pueden enajenar ni gravar de ningún modo los bienes inmuebles y los muebles preciosos que correspondan al hijo, ni contraer deudas que obliguen a éste, sino por causa de absoluta necesidad o de evidente beneficio, previa la autorización del juez competente.

Tampoco podrán celebrar contratos de arrendamiento por más de dos años, ni recibir la renta anticipada por más de un año; vender valores comerciales, industriales, títulos de renta, acciones, frutos o ganado, por menor valor del que se cotice en plaza el día de la venta; hacer donación de los bienes de los hijos o remisión voluntaria de los derechos de éstos, ni dar fianza en representación de los hijos.

En estos casos, el que ejerza la patria potestad será responsable de los daños y perjuicios causados a sus descendientes, pero la prescripción no empezará a correr sino hasta que éstos lleguen a su mayoría de edad.

Artículo 433. Siempre que el juez conceda licencia a los que ejercen la patria potestad para enajenar un bien inmueble o un mueble precioso perteneciente al menor, tomará la medidas necesarias para hacer que el producto de la venta se dedique al objeto a que se destinó y para que el resto se invierta en la adquisición de un inmueble o se coloque en segura inversión a favor del menor.

Artículo 434. El derecho de usufructo concedido a las personas que ejercen la patria potestad, se extingue:

I. Por la mayoría de edad de los hijos;

II. Por la pérdida del ejercicio de la patria potestad;

III. Por renuncia; y

IV. Por incumplimiento injustificado a sus obligaciones de proporcionar alimentos, declarada judicialmente por sentencia firme.

Artículo 435. Las personas que ejercen la patria potestad, tienen la obligación de dar cuenta de la administración de los bienes de los hijos, cuando éstos lleguen a la mayoría de edad o cuando el cónyuge que no administra lo exija o por incumplimiento injustificado a sus obligaciones de proporcionar alimentos, declarada judicialmente por sentencia firme.

Artículo 436. En todos los casos en que las personas que ejercen la patria potestad tienen un interés opuesto al de los hijos, serán éstos representados, en juicio y fuera de él, por un tutor nombrado por el juez para cada caso.

Artículo 437. Los jueces tienen facultad de tomar las medidas necesarias para impedir que, por la mala administración de quienes ejercen la patria potestad, los bienes del hijo se derrochen o disminuyan.

Estas medidas se tomarán a instancias de los parientes del menor y de éste, cuando hubiere cumplido catorce años, del Ministerio Público o del Procurador de la Defensa del Menor y la Familia.

Artículo 438. Las personas que ejerzan la patria potestad deben entregar a sus hijos, luego que estos se emancipen o lleguen a la mayoría de edad, todos los bienes y frutos que les pertenecen.

CAPÍTULO TERCERO
DE LOS MODOS DE ACABARSE Y SUSPENDERSE EL EJERCICIO DE LA PATRIA POTESTAD

Artículo 439. La patria potestad se a acaba:

I. Con la muerte del que la ejerce y no hay otra persona en quien recaiga;

II. Derogada;

III. Por la mayoría edad del hijo; y

IV. Cuando los padres biológicos hayan dado sus hijos en adopción.

V. Cuando quien ejerza la patria potestad acepte libremente, ante la autoridad judicial, la entrega del menor a la Procuraduría de la Defensa del Menor y la Familia del Estado para ser dado en adopción, en los términos previstos por el Código de Procedimientos Civiles del Estado de Querétaro.

Artículo 440. La patria potestad se pierde:

I. Cuando el que la ejerza es condenado expresamente a la pérdida de ese derecho o cuando es condenado dos o más veces por delitos graves;

II. En los casos de divorcio, si así se decretó en la sentencia;

III. Por las costumbres depravadas, malos tratamientos o abandono de deberes, de quien ejerce la patria potestad, aun cuando esos hechos no cayeren bajo la sanción de la ley penal;

IV. Por la exposición del menor durante más de tres días;

V. Por incumplimiento de los deberes alimentarios del padre o la madre o de quien ejerza la patria potestad sobre el menor, siempre que se prolongue por más de tres meses;

VI. Por incumplimiento de los deberes alimentarios del padre o la madre o de quien ejerza la patria potestad sobre el menor, siempre que se prolongue por más de tres meses, tratándose de menores que se encuentren puestos a disposición de la Procuraduría de la Defensa del Menor y la Familia del Estado, o bien, en instituciones de asistencia pública o privada;

VII. Por nulidad de la adopción.

VIII. En el caso de violencia familiar ejercida contra del menor, siempre que ésta constituya una causa suficiente para su pérdida.

IX. Cuando el que ejerza la patria potestad hubiera cometido contra la persona o sus bienes, un delito doloso, por el cual haya sido condenado por sentencia ejecutoriada;

X. Cuando él o la menor de edad hayan sido producto de una violación;

XI. Por el abandono del menor, por parte de quien ejerza la patria potestad, por más de 60 días naturales, sin causa justificada, independientemente de que el menor haya sido acogido o no durante ese lapso;

XII. Cuando quien ejerza la patria potestad deje de asistir y convivir en forma injustificada con el menor de edad, por más de 20 días naturales, cuando éste se encuentre acogido por una institución de asistencia pública o privada;

XIII. En el caso de violencia sexual cometida por quien ejerce la patria potestad contra la niña, niño o adolescente, o por tolerar que un tercero cometa dicha violencia; y

XIV. Cuando quien ejerza la patria potestad obligue o permita reiteradamente que la niña, niño o adolescente practique actos de mendicidad forzada, trabajo infantil o cualquier otra actividad que ponga en riesgo su salud, le prive de la educación o afecte sus derechos y desarrollo, con el fin de obtener un beneficio o retribución económica.

La pérdida de la patria potestad solo se dará cuando la medida resulte necesaria, idónea y razonable para la protección de los derechos de las niñas, niños o adolescentes conforme a su interés superior.

Artículo 441. La patria potestad podrá ser limitada en los casos de divorcio o separación, tomando en cuenta lo que dispone este Código.

Artículo 442. Los padres, abuelos o adoptantes que contraigan segundas nupcias no pierden por este hecho la patria potestad.

El nuevo cónyuge no ejercerá la patria potestad sobre los hijos del matrimonio anterior, excepto en los casos de adopción.

Artículo 443. La patria potestad se suspende:

I. Por incapacidad declarada judicialmente;

II. Por la ausencia declarada en forma; y

III. Por sentencia condenatoria que imponga como pena esta suspensión.

Artículo 444. La patria potestad no es renunciable, pero aquellos a quienes corresponde ejercerla, pueden excusarse:

I. Cuando tengan sesenta años cumplidos;

II. Cuando por su mal estado habitual de salud, no pueden atender debidamente a su desempeño; y

III. Derogada.

Artículo 445. El ejercicio de la patria potestad podrá ser recuperado, aún cuando exista sentencia ejecutoriada que hayan decretado su pérdida o suspensión, cuando el juez considere que es benéfico para el menor.

Quien pretenda recuperar este derecho, deberá acreditar ante el juez competente en el domicilio del menor, que las circunstancias que originaron dicha pérdida o suspensión han cambiado radicalmente en beneficio de éste. Si el menor tiene catorce años o más, deberá tomarse en cuenta su opinión al respecto.

Si la recuperación de la patria potestad se declara procedente, ésta no se extenderá al derecho de administración sobre el patrimonio del menor.

No procederá la recuperación de la patria potestad, cuando el menor o incapaz se haya dado en adopción o cuando el motivo por el que se decretó la pérdida del derecho, se hubiera fundado en la corrupción de menores, abuso sexual, violencia familiar u otra causa similar.

La acción a que se refiere este artículo, sólo podrá iniciarse después de transcurridos dos años a partir de que quedó firme la sentencia que decreto la pérdida o suspensión de la patria potestad.

Si la acción no procede, no podrá volver a intentarse con posterioridad.

CAPÍTULO CUARTO
DE LA CUSTODIA Y CONVIVENCIAS

Artículo 446. La suspensión o pérdida del ejercicio de la patria potestad no afecta la convivencia de los menores con sus progenitores, salvo en los casos en que el menor sea objeto de descuido reiterado, violencia familiar, perversión o abuso sexual por parte de quien ejerza la patria potestad o hayan cometido en contra del menor delito grave o cuando las convivencias representen peligro para el sano desarrollo integral del menor o sean contrarias a su interés superior.

El juez, en todos los juicios de pérdida de patria potestad, deberá valorar y resolver respecto las convivencias, fundamentando siempre su medida en el interés superior del menor.

En caso de incumplimiento injustificado a sus obligaciones de proporcionar alimentos, declarada judicialmente por sentencia firme, el juez, valorando el interés superior del menor, podrá reducir las convivencias con éste.

Artículo 447. Todo menor tiene derecho a vivir con ambos padres, pero cuando no cohabiten entre sí o estén divorciados, éstos establecerán las bases de la custodia, que será preferentemente compartida, conservando el derecho de mantener el contacto y visita regular con aquéllos. En caso de que alguno de los progenitores represente peligro para el sano desarrollo del menor, decidirá la autoridad judicial y sólo cuando el menor sea objeto de maltrato, descuido, perversión, violencia familiar o abuso por parte de sus padres o tutores, el juez podrá ordenar la custodia provisional en los lugares donde el interés superior del menor reporte mayor garantía.

En lo referente a la custodia de los menores, se observará lo dispuesto en la fracción V del artículo 261 de este Código.

Cuando quien tenga decretada judicialmente la custodia provisional o definitiva sobre niñas, niños o adolescentes, y realice conductas para evitar la convivencia de éstos con la persona o personas que tengan derecho a las mismas, por más de una ocasión y sin causa debidamente justificada a juicio del juez, éste aplicará las medidas previstas en el Código de Procedimientos Civiles del Estado de Querétaro, sin demérito del ejercicio de la acción penal que de su conducta resultara, pudiendo incluso decretar el cambio de custodia, escuchando al menor y dando vista a la Procuraduría de Protección de Niñas, Niños y Adolescentes del Estado de Querétaro y al Fiscal que corresponda.

Si alguno de los progenitores detectara que su hijo está siendo manipulado por el otro progenitor, pariente, o por quien tenga una situación similar al parentesco, de tal manera que infundan en la niña, niño o adolescente rechazo, rencor, odio, o desprecio hacía éste, podrá solicitar ante el juez, el cambio de custodia. Para tomar una determinación, el juez, atendiendo a las circunstancias del proceso, resolverá sobre la pertinencia de practicar exámenes psicológicos a ambos padres y a las respectivas parejas de éstos en el caso de que las hubiere, en la institución que considere adecuada, escuchando además al menor y dando la intervención legal correspondiente.

Artículo 448. Los padres, aunque no tengan la custodia del menor, tienen derecho a convivir con él, salvo que exista alguna de las causas establecidas en el artículo 446 de este Código.

No podrán impedirse las relaciones personales entre el menor y sus parientes, salvo que exista alguna de las causas previstas en el artículo 446 de este Código, establecida en resolución judicial. En caso de oposición, a petición de cualquiera de ellos, el juez resolverá lo conducente, en atención al interés superior del menor.

Sólo por mandato judicial podrá limitarse, suspenderse o perderse el derecho de convivencia.

En los juicios de pérdida de patria potestad, en materia de convivencias, el juez observará lo establecido por el artículo 446 de este Código.

Artículo 449. Los jueces, negarán o limitarán las convivencias por falta de ministración de alimentos, pudiendo autorizarlas de manera supervisada únicamente en caso que exista causa justificada para el deudor alimentario solicitante.

CAPÍTULO QUINTO
DE LA CUSTODIA Y CONVIVENCIAS DE LOS MENORES PUESTOS A DISPOSICIÓN DE LA PROCURADURÍA DE LA DEFENSA DEL MENOR Y LA FAMILIA DEL ESTADO

Artículo 449 Bis. Los menores puestos a disposición de la Procuraduría de la Defensa del menor y la Familia del Estado, tendrán como prerrogativa fundamental el derecho de ser protegido en su integridad física y psicológica, por ello, no podrán convivir con sus progenitores, así como familiares, hasta en tanto la autoridad judicial competente cuente con valoraciones psicológicas y de trabajo social, para verificar el entorno de éstos y demás que considere convenientes, a efecto de que se encuentre plenamente acreditado que las convivencias son idóneas al desarrollo integral de los infantes y no vulneran el entorno en el que se encuentran en ese momento, por habitar en una institución de asistencia pública o privada.

TÍTULO DÉCIMO
DE LA TUTELA Y LA CURADURÍA

CAPÍTULO PRIMERO
DISPOSICIONES GENERALES

Artículo 450. El objeto de la tutela es la guarda de la persona y bienes de los que, no estando sujetos a patria potestad, tienen incapacidad natural y legal o solamente la segunda, para gobernarse por sí mismos. La tutela puede también tener por objeto la representación interina del incapaz, en los casos especiales que señale la ley.

En la tutela se cuidará preferentemente de la persona de los incapacitados. Su ejercicio queda sujeto, en cuanto a la guarda y educación de los menores, a las modalidades de que se señalen en las resoluciones correspondientes.

Artículo 451. Tienen incapacidad natural y legal:

I. Los menores de edad;

II. Los mayores de edad disminuidos o perturbados en su inteligencia, aunque tengan intervalos lúcidos y aquellos que padezcan alguna afección originada por enfermedad o deficiencia persistente, de carácter físico, psicológico o sensorial o por la adicción a sustancias tóxicas como el alcohol, los psicotrópicos o los estupefacientes, siempre que, debido a la limitación o a la alteración en la inteligencia que esto les provoque, no puedan gobernarse y obligarse por sí mismos o manifestar su voluntad por algún medio.

III. Derogado.

IV. Derogado.

Artículo 452. Derogado.

Artículo 453. La tutela es un cargo de interés público, que sólo podrá eximirse ante causa legítima; el que rehusare su desempeño sin causa legal, será responsable de los daños y perjuicios que se ocasionen al incapacitado.

La tutela se desempeñará por el tutor con la intervención del juez competente, del Ministerio Público y del curador, en los términos establecidos. Todos los individuos sujetos a tutela, excepto en los casos de los menores expósitos o bajo tutela dativa, tendrán un curador.

Artículo 454. Ningún incapaz puede tener a un mismo tiempo, más de un tutor y de un curador definitivo, pero estos últimos podrán desempeñar, respectivamente, la tutela o curatela hasta de tres incapaces. Igualmente, se nombrará curador interno en los casos de impedimentos, separación o excusa del nombrado en tanto se designa a uno definitivo.

Artículo 455. Los que tienen derecho a nombrar tutor, lo tienen también de nombrar curador. Lo designarán por sí mismos, tratándose de menores de edad que hayan cumplido dieciséis años o de emancipados para realizar negocios judiciales.

El curador, en los demás casos, será nombrado por el juez.

Artículo 456. El curador está obligado a:

I. Defender los derechos del incapacitado dentro o fuera de juicio, cuando estén en oposición con los del tutor;

II. Vigilar la conducta del tutor y poner en conocimiento del juez, todo aquello que pueda ser en perjuicio del incapacitado;

III. Dar aviso al juez para nombrar nuevo tutor, cuando éste faltare o abandonare la tutela; y

IV. Las demás que la ley señale.

Artículo 457. Las funciones del curador terminarán cuando el incapacitado salga de la tutela; el cambio de tutor no implica la sustitución de curador.

El curador tiene derecho a ser relevado, pasados diez años desde que le fue conferido su nombramiento, pero será responsable de los daños y perjuicios cuando no cumpla con los deberes prescritos por este Código. En los casos en que deba cobrar honorarios el curador, se estará al arancel de los procuradores, sin que por otro motivo pueda pretender mayor retribución. Si hiciera algunos gastos con motivo del desempeño de su cargo, se le pagarán.

Artículo 458. Cuando los intereses de alguno o algunos de los incapaces sujetos a una misma tutela fueren opuestos, el tutor lo pondrá en conocimiento del juez, quien nombrará un tutor especial que defienda los intereses de los incapaces que él mismo designe, mientras se decide el punto de oposición.

Artículo 459. Los cargos de tutor y de curador de un incapaz no pueden ser desempeñados al mismo tiempo por una sola persona. Tampoco pueden desempeñarse por personas que tengan entre sí parentesco, en cualquier grado de línea recta o dentro del cuarto grado de la colateral.

Artículo 460. No pueden ser nombrados tutores o curadores las personas que desempeñan los cargos de juez de primera instancia o agente del Ministerio Público, ni los que estén ligados con parentesco de consanguinidad con las mencionadas personas, en la línea recta, sin limitación de grados y en la colateral dentro del cuarto grado inclusive.

Artículo 461. Cuando fallezca una persona que ejerza la patria potestad sobre un incapacitado a quien deba nombrarse tutor, su ejecutor testamentario y, en caso de intestado, los parientes y personas con quienes haya vivido, están obligados a dar parte del fallecimiento al juez competente, dentro de los ocho días siguientes a que ocurra, a fin de que se le provea de tutela, bajo la pena de una multa de cinco a veinte veces el salario mínimo general diario vigente en la zona.

Los oficiales del Registro Civil, las autoridades administrativas y los funcionarios del Ministerio Público, tienen obligación de dar aviso a los jueces competentes de los casos en que sea necesario nombrar tutor y que lleguen a su conocimiento en el ejercicio de sus funciones.

Artículo 462. La tutela es testamentaria, legítima o dativa.

Artículo 463. Ninguna tutela puede conferirse sin que previamente se declare, en los términos que disponga el Código de Procedimientos Civiles del Estado de Querétaro, el estado de incapacidad de la persona que va a quedar sujeta a ella.

Artículo 464. Los tutores y los curadores no pueden ser removidos de su cargo sin que previamente hayan sido oídos y vencidos en juicio.

Artículo 465. El menor de edad que se encuentre en cualquiera de los casos a que se refiere la fracción II del artículo 451, estará sujeto a la tutela de menores, mientras no llegue a la mayoría de edad.

Si al cumplirse ésta continuare el impedimento, el incapaz se sujetará a nueva tutela, previo juicio de interdicción, en el cual serán oídos el tutor y el curador anteriores.

Artículo 466. El cargo de tutor, respecto de las personas comprendidas en los casos a que se refiere la fracción II del artículo 451, durará el tiempo que subsista la interdicción, cuando sea ejercitado por los descendientes o por los ascendientes. El cónyuge tendrá obligación de desempeñar ese cargo mientras conserve su carácter de cónyuge. Los extraños que desempeñen la tutela de que se trata, tienen derecho de que se les releve de ella a los diez años de ejercerla.

Artículo 467. La interdicción de que habla el artículo anterior, no cesará sino por la muerte del incapacitado o por sentencia definitiva que se pronunciará en juicio seguido conforme a las mismas reglas establecidas para el de interdicción.

Artículo 468. El juez competente del domicilio del incapacitado, cuidará provisionalmente de la persona y bienes del incapacitado, hasta que se le nombre tutor.

Artículo 469. El juez que no cumpla las prescripciones relativas a la tutela, además de las penas en que incurra conforme a las leyes, será responsable de los daños y perjuicios que sufran los incapaces.

CAPÍTULO SEGUNDO
DE LA TUTELA TESTAMENTARIA

Artículo 470. El ascendiente que sobreviva, de los dos que en cada grado deben ejercer la patria potestad, tiene derecho de nombrar tutor en su testamento a aquellos sobre quienes la ejerza, con inclusión del hijo póstumo.

Artículo 471. El nombramiento de tutor testamentario, hecho en los términos del artículo anterior, excluye del ejercicio de la patria potestad a los ascendientes de ulteriores grados.

Artículo 472. Si los ascendientes excluidos estuvieren incapacitados o ausentes, la tutela cesará cuando cese el impedimento o se presenten los ascendientes, a no ser que el testador haya dispuesto expresamente que continúe la tutela.

Artículo 473. El que en su testamento, aunque sea un menor no emancipado, deje bienes, ya sea por legado o por herencia, a un incapaz que no este bajo su patria potestad, ni bajo la de otro, puede nombrarle tutor solamente para la administración de los bienes que le deje.

Artículo 474. Si fueren varios los menores, podrá nombrárseles un tutor común o conferirse a persona diferente la tutela de cada uno de ellos.

Artículo 475. El padre que ejerza la tutela de un hijo sujeto a interdicción por incapacidad intelectual, puede nombrarle tutor testamentario si la madre ha fallecido o no puede legalmente ejercer la tutela.

La madre, en su caso, podrá hacer el nombramiento de que trata este artículo.

Artículo 476. En ningún otro caso hay lugar a la tutela testamentaria del incapacitado.

Artículo 477. Siempre que se nombren varios tutores, desempeñará la tutela el primero nombrado, a quien substituirán los demás, en el orden de su nombramiento, en los casos de muerte, incapacidad, excusa o remoción.

Artículo 478. Lo dispuesto en el artículo anterior, no regirá cuando el testador haya establecido el orden en que los tutores deben sucederse en el desempeño de la tutela.

Artículo 479. Deben observarse todas las reglas, limitaciones y condiciones puestas por el testador para la administración de la tutela, que no sean contrarias a las leyes, a no ser que el juez, oyendo al tutor y al curador, lo estime inconveniente a los menores, en cuyo caso podrá dispensarlas o modificarlas.

Artículo 480. Si por un nombramiento condicional de tutor o por algún otro motivo faltare temporalmente el tutor testamentario, el juez proveerá de tutor interino al menor, conforme a las reglas generadas sobre nombramientos de tutores.

Artículo 481. El adoptante que ejerza la patria potestad tiene derecho de nombrar tutor testamentario a un hijo adoptivo; aplicándose en esta tutela lo dispuesto en los artículos anteriores.

CAPÍTULO TERCERO
DE LA TUTELA LEGÍTIMA DE LOS MENORES

Artículo 482. Ha lugar a tutela legítima:

I. Cuando no hay quien ejerza la patria potestad, ni tutor testamentario; y

II. Cuando deba nombrarse tutor por causa de divorcio.

Artículo 483. La tutela legítima corresponde:

I. A los hermanos, prefiriéndose a los que lo sean por ambas líneas; y

II. Por falta o incapacidad de los hermanos, a los demás colaterales dentro del cuarto grado inclusive.

Artículo 484. Si hubiere varios parientes del mismo grado, el juez elegirá entre ellos al que le parezca más apto para el cargo, pero si el menor hubiere cumplido dieciséis años, el hará la elección.

Artículo 485. La falta temporal del tutor legítimo se suplirá en los términos establecidos en los dos artículos anteriores.

CAPÍTULO CUARTO
DE LA TUTELA LEGÍTIMA DE LOS MAYORES DE EDAD INCAPACITADOS

Artículo 486. Los cónyuges serán tutores legítimos entre ellos.

Artículo 487. Los hijos mayores de edad son tutores de su padre o madre libres de matrimonio.

Artículo 488. Cuando haya dos o más hijos, será preferido el que viva en compañía del padre o de la madre; siendo varios los que estén en el mismo caso, el juez elegirá al que le parezca más apto.

Artículo 489. Los padres son por derecho tutores de sus hijos solteros, cuando éstos no tengan hijos que puedan desempeñar la tutela, debiendo ponerse de acuerdo respecto a quién de los dos ejercerá el cargo.

Artículo 490. A falta de tutor testamentario y de persona que con arreglo a los artículos anteriores deba desempeñar la tutela, serán llamados a ella, sucesivamente, los abuelos, los hermanos del incapacitado y los demás parientes colaterales dentro del cuarto grado.

Artículo 491. El tutor del incapacitado que tenga hijos menores bajo su patria potestad, será también tutor de ellos, si no hay otro ascendiente a quien la ley llame al ejercicio de aquel derecho.

CAPÍTULO QUINTO
DE LA TUTELA LEGÍTIMA DE LOS MENORES DESAMPARADOS Y DE LOS ACOGIDOS POR ALGUNA PERSONA O DEPOSITADOS EN INSTITUCIONES DE ASISTENCIA PÚBLICA O PRIVADA

Artículo 492. La ley coloca a los menores en situación de desamparo bajo la tutela de la persona que los haya acogido, quien tendrá las obligaciones, facultades y restricciones establecidas para los demás tutores.

Se considera expósito, al menor que es colocado en una situación de desamparo por quienes conforme a la ley estén obligados a su custodia, protección y cuidado y no pueda determinarse su origen. Cuando la situación de desamparo se refiera a un menor cuyo origen se conoce, se considerará abandonado.

Se considera como situación de desamparo, la que se produce de un hecho a causa de la imposibilidad, del incumplimiento o inapropiado ejercicio de los deberes de protección establecidos por las leyes para la patria potestad, tutela o custodia de los menores, cuando éstos queden privados de la necesaria asistencia material o moral, ya sea en carácter de expósitos o abandonados.

El acogimiento tiene por objeto la protección inmediata del menor; si éste tiene bienes, el juez decidirá sobre la administración de los mismos, conforme a lo que señala este Código.

En todos los casos, quien haya acogido a un menor, deberá dar aviso de ello al Ministerio Público, dentro de las cuarenta y ocho horas siguientes.

Artículo 493. Los directores de instituciones de asistencia pública o privada legalmente constituidos, donde se reciban menores en situación de desamparo, desempeñarán la tutela de éstos, con arreglo a las leyes y a lo que prevengan los estatutos de la institución. En este caso, no es necesario el discernimiento del cargo.

Artículo 494. Los responsables de las instituciones de asistencia pública o privada donde se reciban menores que hayan sido objeto de la violencia familiar a que se refiere este ordenamiento, tendrán la custodia de éstos en los términos que prevengan las leyes y los estatutos de la institución. En todos los casos, darán aviso al Ministerio Público y a quien corresponda el ejercicio de la patria potestad que no se encuentre señalado como responsable del evento de violencia familiar.

Artículo 494 Bis. Toda persona o institución de asistencia pública o privada que acoja a un menor, deberá notificarlo a la Procuraduría de la Defensa del Menor y la Familia del Estado, dentro de las cuarenta y ocho horas siguientes al acogimiento.

Cuando un menor sea puesto a disposición de la Procuraduría de la Defensa del Menor y la Familia del Estado, ésta, dentro de los cuarenta y cinco días naturales siguientes al momento en que el menor sea puesto a su disposición, publicará un edicto, por única ocasión, en un periódico de mayor circulación en la Entidad, haciéndolo saber a posibles interesados, incluyendo los datos personales del menor si son conocidos, en caso de desconocerlos, se hará su descripción física y se publicarán los datos que se conozcan y que pudieran identificarlo.

CAPÍTULO SEXTO
DE LA TUTELA DATIVA

Artículo 495. La tutela dativa tiene lugar:

I. Cuando no hay tutor testamentario, ni persona a quien conforme a la ley corresponda la tutela legítima;

II. Cuando el tutor testamentario esté impedido temporalmente de ejercer su cargo y no hay ningún pariente de los designados en el artículo 484; y

III. En los demás casos establecidos por la ley.

Artículo 496. El tutor dativo será designado por el menor, si hubiere cumplido dieciséis años. El juez competente confirmará la designación si no tiene justa causa para reprobarla. Para reprobar las ulteriores designaciones que haga el menor, el juez oirá el parecer del Ministerio Público.

Si no se aprueba el nombramiento hecho por el menor, el juez nombrará tutor, conforme a lo dispuesto en el artículo siguiente.

Artículo 497. Si el menor no ha cumplido dieciséis años, el nombramiento de tutor lo hará el juez competente de entre las personas que figuren en la lista formada cada año por los presidentes municipales, dentro de su respectiva jurisdicción territorial; el juez oirá al Ministerio Público, quien debe cuidar de que quede comprobada la honorabilidad de la persona elegida para tutor.

Artículo 498. Si el juez no hace oportunamente el nombramiento de tutor, será responsable de los daños y perjuicios que se sigan al menor por esa omisión.

Artículo 499. Siempre será dativa la tutela para asuntos judiciales del menor de edad emancipado.

Artículo 500. A los menores de edad que no estén sujetos a patria potestad ni a tutela testamentaria o legítima, aunque no tengan bienes se les nombrará tutor dativo. La tutela, en ese caso, tendrá por objeto el cuidado de la persona del menor, a efecto de que reciba la educación que corresponda a su posibilidad económica y a sus aptitudes. El tutor será nombrado a petición del Ministerio Público, del mismo menor y aun, de oficio, por el juez competente.

Artículo 501. En el caso del artículo anterior, tienen obligación de desempeñar la tutela, mientras duren en los cargos que a continuación se enumeran:

I. El presidente municipal del domicilio del menor;

II. Los regidores del ayuntamiento que corresponda;

III. Las personas que desempeñen la autoridad administrativa a los lugares en donde no hubiere ayuntamiento;

IV. Los profesores oficiales de instrucción primaria, secundaria o profesional, del lugar donde vive el menor;

V. Los miembros de las juntas de beneficencia pública o privada que disfruten sueldos del erario; y

VI. Los directores de instituciones de beneficencia pública.

Artículo 502. Si un menor que no se encuentre sujeto a patria potestad, ni tutela testamentaria o legítima, adquiere bienes, se le nombrará tutor dativo de acuerdo con lo que disponen las reglas generales para hacer esos nombramientos.

CAPÍTULO SÉPTIMO
DE LAS PERSONAS INHÁBILES PARA EL DESEMPEÑO DE LA TUTELA Y DE LAS QUE DEBEN SER SEPARADAS DE ELLA

Artículo 503. No pueden ser tutores, aunque estén anuentes a recibir el cargo:

I. Los menores de edad;

II. Los mayores de edad que se encuentren bajo tutela;

III. Los que hayan sido removidos de otra tutela por haberse conducido mal, ya respecto de la persona, ya respecto de la administración de los bienes del incapacitado;

IV. Los que por sentencia que cause ejecutoria hayan sido condenados a la privación de este cargo o a la inhabilitación para obtenerlo;

V. El que haya sido condenado por robo, abuso de confianza, fraude o por delito contra la honestidad;

VI. Los que no tengan oficio o modo honesto y conocido de vivir o sean notoriamente de mala conducta;

VII. Los que al conferírseles el cargo, tengan pleito pendiente con el incapacitado;

VIII. Los deudores del incapacitado en cantidad considerable, a juicio del juez, a no ser que el que nombre tutor testamentario lo haya hecho con conocimiento de la deuda, declarándolo así expresamente al hacer el nombramiento;

IX. Los jueces, magistrados y demás funcionarios o empleados de la administración de justicia;

X. El que no esté domiciliado en el lugar en que deba ejercer la tutela;

XI. Los empleados públicos dependientes de las oficinas de hacienda o finanzas, federales, estatales o municipales, que por razón de su cargo tengan responsabilidad pecuniaria actual o la hayan tenido y no la hubieran cubierto;

XII. El que padezca enfermedad crónica contagiosa; y

XIII. Los demás a quienes lo prohíba la ley.

Artículo 504. Serán separados de la tutela:

I. Los que sin haber caucionado su manejo conforme a la ley, ejerzan la administración de la tutela;

II. Los que se conduzcan mal en el desempeño de la tutela, ya sea respecto de la persona, ya respecto de la administración de los bienes del incapacitado;

III. Los tutores que no rindan sus cuentas dentro del plazo de ley;

IV. Los comprendidos en el artículo anterior, desde que sobrevenga o se averigüe su incapacidad;

V. El tutor que contraiga matrimonio con la persona que se encuentra bajo su tutela, sin obtener la dispensa de ley; y

VI. El tutor que permanezca ausente por más de seis meses del lugar en que debe desempeñar la tutela.

Artículo 505. Derogado.

Artículo 506. No pueden ser tutores ni curadores de las personas comprendidas en la fracción II del artículo 451, quienes hayan sido causa o fomentado directa o indirectamente tales enfermedades o padecimientos.

Artículo 507. El Ministerio Público y los parientes del pupilo, tienen derecho de promover la separación de los tutores cuando exista causa para ello.

Artículo 508. El tutor que fuere procesado por cualquier delito, quedará suspendido del ejercicio de su encargo desde que se provea el auto motivado de prisión, hasta que se pronuncie sentencia absolutoria irrevocable.

Artículo 509. En el caso de que trata el artículo anterior, se proveerá a la tutela conforme a la ley.

Artículo 510. Absuelto el tutor, volverá al ejercicio de su cargo. Si es condenado a una pena que no lleve consigo la inhabilitación para desempeñar la tutela, volverá a ésta al extinguirse su condena, siempre que la pena impuesta no exceda de un año de prisión.

CAPÍTULO OCTAVO
DE LAS EXCUSAS PARA EL DESEMPEÑO DE LA TUTELA

Artículo 511. Pueden excusarse de ser tutores:

I. Los empleados y funcionarios públicos, salvo que el juez competente los hubiera designado;

II. Los militares en servicio activo;

III. Los que tengan bajo su patria potestad tres o más descendientes;

IV. Los que fueren tan pobres que no puedan atender a la tutela sin menoscabo de su subsistencia;

V. Los que por el mal estado habitual de su salud o por su ignorancia, no pueden atender debidamente a la tutela;

VI. Los que tengan sesenta años cumplidos;

VII. Los que tengan a su a cargo otra tutela o curaduría; y

VIII. Las personas que por su falta de ilustración, inexperiencia en los negocios, timidez o cualquier otra causa grave, a juicio del juez, no estén en aptitud de desempeñar convenientemente la tutela.

Artículo 512. Si el que teniendo una excusa legítima para ser tutor acepta el cargo, se entiende que renuncia por el mismo hecho a la excusa que le concede la ley.

Artículo 513. El tutor debe proponer sus impedimentos o excusas dentro del plazo de cinco días y cuando transcurra dicho plazo sin ejercitar el derecho, se entiende renunciada la excusa.

Artículo 514. Si el tutor tuviere dos o más excusas las propondrá simultáneamente, dentro del plazo respectivo; si propone una sola, se entenderán renunciadas las demás.

Artículo 515. Mientras que se califica el impedimento o la excusa, el juez nombrará un tutor interino.

Artículo 516. El tutor testamentario que se excuse de ejercer la tutela, perderá todo derecho a lo que hubiere dejado el testador por este concepto.

Artículo 517. El tutor que sin excusa o desechada la que hubiere propuesto no desempeñe la tutela, pierde el derecho que tenga para heredar al incapacitado que muera intestado y es responsable de los daños y perjuicios que por su renuncia hayan sobrevenido al mismo incapacitado. En igual pena incurre la persona a quien corresponda la tutela legítima, si habiendo sido legalmente aceptada, no se presentara al juez manifestando su parentesco con el incapaz.

Artículo 518. Muerto el tutor que está desempeñando la tutela, sus herederos o ejecutores testamentarios están obligados a dar aviso al juez, quien proveerá inmediatamente al incapacitado del tutor que corresponda, según la ley.

CAPÍTULO NOVENO
DE LA GARANTÍA QUE DEBEN PRESTAR LOS TUTORES PARA ASEGURAR SU MANEJO

Artículo 519. El tutor, antes de que se le discierna el cargo, prestará caución para asegurar su manejo. Esta caución consistirá:

I. En hipoteca o prenda; y

II. En fianza.

La garantía prendaria que preste el tutor se constituirá depositando las cosas dadas en prenda en una institución de crédito autorizada para recibir depósitos; a falta de ella, se depositarán en poder de persona de notoria solvencia y honorabilidad.

Artículo 520. Están exceptuados de la obligación de dar garantía:

I. Los tutores testamentarios, cuando expresamente los haya relevado de esta obligación el testador;

II. El tutor que no administre bienes;

III. El padre, la madre y los abuelos, en los casos en que conforme a la ley son llamados a desempeñar la tutela de sus descendientes, salvo cuando el juez lo crea conveniente; y

IV. Los que acojan a un expósito, lo alimenten y eduquen convenientemente por más de diez años, a no ser que hayan recibido pensión para cuidar de él.

Artículo 521. Los comprendidos en la fracción I del artículo anterior, sólo estarán obligados a dar garantía cuando con posterioridad a su nombramiento haya sobrevenido causa ignorada por el testador que, a juicio del juez y previa audiencia del curador, haga necesaria aquélla.

Artículo 522. La garantía que presten los tutores no impedirá que el juez, a moción del Ministerio Público, de los parientes próximos del incapacitado o de éste si ha cumplido dieciséis años, dicte las providencias que se estimen útiles para la conservación de los bienes del pupilo.

Artículo 523. Cuando la tutela del incapacitado recaiga en el cónyuge, en los ascendientes o en los hijos, no se dará garantía, salvo el caso de que el juez, con audiencia del curador y del Ministerio Público, lo crea conveniente.

Artículo 524. Siempre que el tutor sea también coheredero del incapaz y éste no tenga más bienes que los hereditarios, no se podrá exigir al tutor otra garantía que la de su misma porción hereditaria, a no ser que esta porción no iguale a la mitad de la porción del incapaz, pues en tal caso se integrará la garantía con bienes propios del tutor o con fianza.

Artículo 525. Siendo varios los incapacitados cuyo haber consista en bienes procedentes de una herencia indivisa, si son varios los tutores, sólo se exigirá a cada uno de ellos garantía por la parte que le corresponda a su representado.

Artículo 526. El tutor no podrá dar fianza para caucionar su manejo sino cuando no tenga bienes en qué constituir hipoteca o prenda.

Artículo 527. Cuando los bienes que tenga no alcancen a cubrir la cantidad que ha de asegurar conforme al artículo siguiente, la garantía podrá consistir: parte en hipoteca o prenda, parte en fianza o solamente en fianza, a juicio del juez y previa audiencia del curador y del Ministerio Público.

Artículo 528. La hipoteca o prenda y, en su caso, la fianza, se darán:

I. Por el importe de las rentas de los bienes inmuebles en los dos últimos años y por los réditos de los capitales impuestos durante ese mismo tiempo;

II. Por el valor de los bienes muebles;

III. Por el de los productos de las fincas rústicas en dos años calculados por peritos o por el término medio en un quinquenio, a elección del juez; y

IV. En las negociaciones mercantiles e industriales, por el veinte por ciento del importe de las mercancías y demás efectos muebles, calculado por los libros si están llevados en debida forma o a juicio de peritos

Artículo 529. Si los bienes del incapacitado, conforme al artículo que precede, aumentan o disminuyen durante la tutela, podrá aumentarse o disminuirse proporcionalmente la hipoteca, prenda o la fianza, a pedimento del tutor, del curador o del Ministerio Público.

Artículo 530. El juez responde subsidiariamente con el tutor de los daños y perjuicios que sufra el incapacitado por no haber exigido que se caucione el manejo de la tutela.

Artículo 531. Si el tutor, dentro de tres meses después de aceptado su nombramiento, no pudiere dar la garantía por los montos señalados con anterioridad, se procederá al nombramiento de nuevo tutor.

Artículo 532. Durante los tres meses señalados en el artículo precedente, desempeñará la administración de los bienes un tutor interino, quien los recibirá por inventario solamente y no podrá ejecutar otros actos que los indispensables para la conservación de los bienes y percepción de los productos. Para cualquier otro acto de administración requerirá la autorización judicial, la que se concederá, si procede, oyendo al curador.

Artículo 533. Al presentar el tutor su cuenta anual, el curador debe promover información de supervivencia e idoneidad de los fiadores dados por aquél. Esta información también podrá promoverla en cualquier tiempo que lo estime conveniente. El Ministerio Público tiene igual facultad y hasta de oficio el juez puede exigir esa información.

Artículo 534. Es también obligación del curador y del Ministerio Público, vigilar el estado de las fincas hipotecadas por el tutor o de los bienes entregados en prenda, dando aviso al juez de los deterioros y menoscabo que en ellos hubiere, para que, si es notable la disminución del precio, se exija al tutor que asegure con otros bienes los intereses que administra.

CAPÍTULO DÉCIMO
DEL DESEMPEÑO DE LA TUTELA

Artículo 535. Cuando el tutor tenga que administrar bienes no podrá entrar a la administración sin que antes se nombre curador, excepto en el caso del artículo 492.

Artículo 536. El tutor que entre a la administración de los bienes sin que se haya nombrado curador, será responsable de los daños y perjuicios que cause al incapacitado y, además, separado de la tutela; mas ningún extraño puede rehusarse a tratar con él judicial o extrajudicialmente, alegando la falta de curador.

Artículo 537. El tutor está obligado:

I. A alimentar y educar al incapacitado;

II. A destinar, de preferencia, los recursos del incapacitado a la curación de sus enfermedades o a su regeneración si es un alcohólico o abusa habitualmente de las drogas enervantes;

III. A formar inventario solemne y circunstanciado de cuanto constituya el patrimonio del incapacitado, dentro del plazo que el juez designe, con intervención del curador y del mismo incapacitado, si goza de discernimiento y ha cumplido dieciséis años de edad.

El plazo para formar el inventario no podrá ser mayor de seis meses;

IV. A administrar el caudal de los incapacitados. El pupilo será consultado para los actos importantes de la administración cuando es capaz de discernimiento y mayor de dieciséis años.

La administración de los bienes que el pupilo ha adquirido con su trabajo le corresponde a él y no al tutor;

V. A representar al incapacitado en juicio y fuera de él en todos los actos civiles, con excepción del matrimonio, el reconocimiento de hijos, de testamento y de otros estrictamente personales; y

VI. A solicitar oportunamente la autorización judicial para todo lo que legalmente no pueda hacer sin ella.

Artículo 538. Los gastos de alimentación y educación del menor deben regularse de manera que nada necesario le falte, según su condición y posibilidad económica

Artículo 539. Cuando el tutor entre en el ejercicio de su cargo, el juez fijará, con audiencia de aquél, la cantidad que haya de invertirse en los alimentos y educación del menor, sin perjuicio de alterarla, según el aumento o disminución del patrimonio y otras circunstancias. Por las mismas razones, podrá el juez alterar la cantidad que el que nombró tutor hubiere señalado para dicho objeto.

Artículo 540. El tutor destinará al menor a la carrera u oficio que éste elija, según sus circunstancias. Si el tutor infringe esta disposición, puede el menor, por conducto del curador, del Ministerio Público o por sí mismo, ponerlo en conocimiento del juez, para que dicte las medidas convenientes.

Artículo 541. Si el que tenía la patria potestad sobre el menor lo había dedicado a alguna carrera, el tutor no variará ésta, sin la aprobación del juez, quien decidirá este punto prudentemente, oyendo en todo caso al mismo menor, al curador y al Ministerio Público.

Artículo 542. Si las rentas del menor no alcanzan a cubrir los gastos de su alimentación y educación, el juez decidirá si ha de ponérsele a aprender un oficio o adoptarse otro medio para evitar la enajenación de los bienes y, si fuere posible, sujetará a las rentas de éstos, los gastos de alimentación.

Artículo 543. Si los pupilos fuesen indigentes o careciesen de suficientes medios para los gastos que demanden su alimentación y educación, el tutor exigirá judicialmente la prestación de esos gastos a los parientes que tienen obligación legal de alimentar a los incapacitados.

Las expensas que esto origine, serán cubiertas por el deudor alimentario. Cuando el mismo tutor sea el obligado a dar alimentos por razón de su parentesco con el pupilo, el curador ejercitará la acción a que este artículo se refiere.

Artículo 544. Si los pupilos indigentes no tienen personas que estén obligadas a alimentarlos o si teniéndolas no pudieran hacerlo, el tutor, con autorización del juez, quien oirá el parecer del curador y del Ministerio Público, pondrá al pupilo en un establecimiento de beneficencia pública o privada en donde pueda educarse. Si ni esto fuere posible, el tutor procurará que los particulares suministren trabajo al incapacitado, compatible con su edad y circunstancias personales, con la obligación de alimentarlo y educarlo. No por esto el tutor queda eximido de su cargo, pues continuará vigilando al menor, a fin de que no sufra daño por lo excesivo del trabajo, lo insuficiente de la alimentación o lo defectuoso de la educación que se le imparta.

Artículo 545. Los incapacitados indigentes que no puedan ser alimentados y educados por los medios previstos en los dos artículos anteriores, lo serán a costa de las rentas públicas del Estado, pero si se llega a tener conocimiento de que existen parientes del incapacitado que estén legalmente obligados a proporcionarle alimentos, el Ministerio Público deducirá la acción correspondiente para que se reembolse al Poder Ejecutivo del Estado de los gastos que hubiere hecho en cumplimiento de lo dispuesto por este artículo.

Artículo 546. El tutor de los incapacitados a que se refiere la fracción II del artículo 537, está obligado a presentar al juez en el mes de enero de cada año, un certificado de dos facultativos que declaren acerca del estado del individuo sujeto a interdicción, a quien, para este efecto, reconocerán en presencia del curador. El juez se cerciorará del estado que guarda el incapacitado y tomará todas las medidas que estime convenientes para mejorar su condición.

Artículo 547. Para la seguridad, alivio y mejoría de las personas a que se refiere el artículo anterior, el tutor adoptará las medidas que juzgue oportunas, previa la autorización judicial que se otorgará con audiencia del curador. Las medidas que fueren muy urgentes podrán ser ejecutadas por el tutor, quien dará cuenta inmediatamente al juez para obtener la debida aprobación.

Artículo 548. La obligación de hacer inventario no puede ser dispensada ni aún por los que tienen derecho de nombrar tutor testamentario.

Artículo 549. Mientras que el inventario no estuviere formado, la tutela debe limitarse a los actos de mera protección de la persona y conservación de los bienes del incapacitado.

Artículo 550. El tutor está obligado a inscribir en el inventario, el crédito que tenga con el incapacitado; si no lo hace, pierde el derecho de cobrarlo.

Artículo 551. Los bienes que el incapacitado adquiera después de la formación del inventario, se incluirán inmediatamente en él, con las mismas formalidades prescritas para su formación.

Artículo 552. Hecho el inventario no se admite al tutor rendir prueba contra de él en perjuicio del incapacitado, ni antes ni después de la mayoría de edad de éste, ya sea que litigue en nombre propio o con la representación del incapacitado.

Se exceptúan de lo dispuesto en el párrafo anterior, los casos en que el error del inventario sea evidente o cuando se trate de un derecho claramente establecido.

Artículo 553. Si se hubiere omitido listar algunos bienes en el inventario, el menor mismo, antes o después de la mayoría de edad y el curador o cualquier pariente, pueden ocurrir al juez, pidiendo que los bienes omitidos se listen; el juez, oído el parecer del tutor, determinará en justicia.

Artículo 554. El tutor, dentro del primer mes de ejercer su cargo, fijará, con aprobación del juez, la cantidad que haya de invertirse en gastos de alimentación y el número y sueldos de los dependientes necesarios. Ni el número, ni el sueldo de los empleados podrán aumentarse después, sino con aprobación judicial.

Artículo 555. Lo dispuesto en el artículo anterior no libera al tutor de justificar, al rendir sus cuentas, que efectivamente han sido gastadas dichas sumas en sus respectivos objetos.

Artículo 556. Si el padre o la madre del menor ejercían algún comercio o industria, el juez, con informe de dos peritos, decidirá si ha de continuar o no la negociación, a no ser que los padres hubieren dispuesto algo sobre este punto, en cuyo caso se respetará su voluntad, en cuanto no ofrezca grave inconveniente a juicio del juez.

Artículo 557. El dinero que resulte sobrante después de cubiertas las cargas y atenciones de la tutela, el que proceda de las redenciones de capitales y el que se adquiera de cualquier otro modo, será impuesto por el tutor, dentro de tres meses contados desde que se hubieren reunido el equivalente a noventa veces el salario mínimo general diario vigente en la zona, en inversión bancaria a plazo sobre segura hipoteca, calificado bajo su responsabilidad, teniendo en cuenta el precio de la finca, sus productos y la depreciación que puede sobrevenir al realizarla.

Artículo 558. Si para hacer la imposición dentro del plazo señalado en el artículo anterior, hubiere algún inconveniente grave, el tutor lo manifestará al juez, quién podrá ampliar el plazo por otros tres meses.

Artículo 559. El tutor que no haga las imposiciones dentro de los plazos señalados en los dos artículos anteriores, pagará los réditos legales mientras que los capitales no sean impuestos.

Artículo 560. Mientras que se hacen las imposiciones del dinero que corresponda de la tutela, el tutor depositará las cantidades que perciba en una institución de crédito; si no las hay en el lugar, en el establecimiento comercial que designe el juez; pero en uno u otro caso, no podrá disponer de ellas sin orden judicial.

Artículo 561. Los bienes inmuebles, los derechos anexos a ellos y los muebles preciosos no pueden ser enajenados ni gravados por el tutor, sino por causa de absoluta necesidad o evidente utilidad del menor, debidamente justificada, previa conformidad del curador y autorización judicial.

Artículo 562. Cuando la enajenación se haya permitido para cubrir con su producto algún objeto determinado, el juez señalará al tutor un plazo dentro del cual deberá acreditar que el producto de la enajenación se ha invertido en su objeto.

Artículo 563. La venta de bienes inmuebles del menor es nula si no se hace judicialmente en subasta pública. En la enajenación de alhajas y muebles preciosos, el juez decidirá si conviene o no la almoneda, pudiendo dispensarla, acreditada la utilidad que resulte al menor.

Los tutores no podrán vender valores comerciales, industriales, títulos de rentas, acciones, frutos y ganados pertenecientes al incapacitado, por menor valor del que se cotice en la plaza el día de la venta; ni dar fianza a nombre de su pupilo.

Artículo 564. Cuando se trate de enajenar, gravar o hipotecar, a título oneroso, bienes que pertenezcan al incapacitado como copropietario, se comenzará por mandar justipreciar dichos bienes para fijar con toda precisión su valor y la parte que en ellos represente el incapacitado, a fin de que el juez resuelva si conviene o no que se dividan materialmente dichos bienes para que aquél reciba en plena propiedad su porción o si por el contrario, es conveniente la enajenación, gravamen o hipoteca, fijando en este caso las condiciones y seguridades con que deben hacerse, pudiendo, si lo estimare conveniente, dispensar la almoneda, siempre que consientan en ello el tutor y el curador.

Artículo 565. Para todos los gastos extraordinarios que no sean de conservación ni de reparación, necesita el tutor ser autorizado por el juez.

Artículo 566. Se requiere licencia judicial para que el tutor pueda transigir o comprometer en árbitros los negocios del incapacitado.

Artículo 567. El nombramiento de árbitros hecho por el tutor deberá sujetarse a la aprobación del juez.

Artículo 568. Para que el tutor transija, cuando el objeto de la reclamación consista en bienes inmuebles, muebles preciosos o en valores mercantiles o industriales, cuya cuantía exceda de noventa veces el salario mínimo general diario vigente en la zona, necesita de aprobación judicial otorgada con audiencia del curador.

Artículo 569. Ni con licencia judicial, ni en almoneda o fuera de ella, puede el tutor comprar o arrendar los bienes del incapacitado, ni hacer contrato alguno respecto de ellos, para sí, sus ascendientes, su mujer o marido, hijos o hermanos por consanguinidad o afinidad. Si lo hiciere, además de la nulidad del contrato, el acto será causa suficiente para que se le remueva.

Artículo 570. Cesa la prohibición del artículo anterior, respecto de la venta de bienes, en el caso de que el tutor o sus parientes allí mencionados sean coherederos, partícipes o socios del incapacitado.

Artículo 571. El tutor no podrá hacerse pago de sus créditos contra el incapacitado, sin la conformidad del curador y la aprobación judicial.

Artículo 572. El tutor no puede aceptar para sí, a título gratuito u oneroso, la cesión de algún derecho o crédito contra el incapacitado. Sólo puede adquirir esos derechos por herencia.

Artículo 573. El tutor no puede dar en arrendamiento los bienes del incapacitado por más de dos años, sino en caso de necesidad o utilidad, previa audiencia del curador, autorización judicial y justipreciación de los bienes.

Artículo 574. El arrendamiento hecho de conformidad con el artículo anterior subsistirá por el tiempo convenido, aun cuando se acabe la tutela, pero será nula toda anticipación de renta o alquileres por más de un año.

Artículo 575. Sin autorización judicial no puede el tutor recibir dinero prestado en nombre del incapacitado, ya sea que se constituya o no hipoteca en el contrato.

Artículo 576. El tutor no puede hacer donaciones a nombre del incapacitado.

Artículo 577. El tutor tiene, respecto del menor, la obligación de observar una conducta que sirva de buen ejemplo para éste.

Artículo 578. Durante la tutela no corre la prescripción entre el tutor y el incapacitado.

Artículo 579. El tutor tiene obligación de admitir las donaciones simples, legados y herencias que se dejen al incapacitado.

Artículo 580. La expropiación por causa de utilidad pública de bienes de incapacitados, no se sujetará a las reglas antes establecidas, sino a lo que dispongan las leyes de la materia.

Artículo 581. Cuando el tutor de un incapaz sea el cónyuge de éste, continuará ejerciendo los derechos conyugales con las siguientes modificaciones:

I. En los casos en que, conforme a derecho, se requiere el consentimiento del cónyuge, se suplirá éste por el juez, con audiencia del curador; y

II. En los casos en que el cónyuge incapaz pueda querellarse del otro, denunciarlo o demandarlo para asegurar sus derechos violados o amenazados, será representado por un tutor interino que el juez le nombrará. Es obligación del curador promover este nombramiento y si no lo cumple, será responsable de los perjuicios que se causen al incapacitado. También podrá promover este nombramiento el Ministerio Público.

Artículo 582. Cuando la tutela del incapaz recaiga en el cónyuge, solo podrá gravar o enajenar los bienes mencionados en el artículo 568, previa audiencia del curador y autorización judicial que se concederá de acuerdo con lo dispuesto en el artículo 561.

Artículo 583. Cuando la tutela recaiga en cualquiera otra persona, se ejercerá conforme a las reglas establecidas para la tutela de los menores.

Artículo 584. En casos de maltrato, negligencia en los cuidados debidos al incapacitado o de mala administración de sus bienes, podrá el tutor ser removido de la tutela a petición del curador, de los parientes del incapacitado o del Ministerio Público.

Artículo 585. El tutor tiene derecho a una retribución sobre los bienes del incapacitado, que podrá fijar el ascendiente o extraño que conforme a derecho lo nombre en su testamento y para los tutores legítimos y dativos los fijará el juez.

Artículo 586. En ningún caso bajará la retribución del cinco ni excederá del diez por ciento de las rentas líquidas de dichos bienes.

Artículo 587. Si los bienes del incapacitado tuvieren un aumento en sus productos, debido exclusivamente a la industria y diligencia del tutor, tendrá derecho a que se le aumente la remuneración hasta un veinte por ciento de los productos líquidos. La calificación del aumento se hará por el juez, con audiencia del curador.

Artículo 588. Para que pueda hacerse en la retribución de los tutores el aumento extraordinario que permite el artículo anterior, será requisito indispensable que por lo menos en dos años consecutivos haya obtenido el tutor la aprobación absoluta de sus cuentas.

Artículo 589. El tutor no tendrá derecho a remuneración alguna y restituirá lo que por ese título hubiese recibido, si contraviniese lo dispuesto en el Capítulo Segundo del Título Sexto del Libro Primero.

CAPÍTULO DECIMOPRIMERO
DE LAS CUENTAS DE LA TUTELA

Artículo 590. El tutor está obligado a rendir al juez cuenta detallada de su administración, en el mes de enero de cada año, sea cual fuere la fecha en que se le hubiere discernido el cargo. La falta de presentación de la cuenta, en los tres meses siguientes al de enero, motivará la remoción del tutor.

Artículo 591. También tiene obligación de rendir cuenta cuando, por causas graves que calificará el juez, la exijan al curador, el Ministerio Público o el mismo menor que haya cumplido dieciséis años de edad.

Artículo 592. La cuenta de administración comprenderá no sólo las cantidades en numerario que hubiere recibido el tutor por producto de los bienes y la aplicación que les haya dado, sino, en general, de todas las operaciones que se hubieren practicado e irá acompañada de los documentos justificativos y de un balance del estado de los bienes.

Artículo 593. El tutor es responsable del valor de los créditos activos si dentro de sesenta días, contados desde el vencimiento de un plazo, no ha obtenido su pago o garantía que asegure éste o no ha pedido judicialmente el uno o la otra.

Artículo 594. Si el incapacitado no está en posesión de algunos bienes a que tiene derecho, será responsable el tutor de la pérdida de ellos, si dentro de dos meses contados desde que tuvo noticia del derecho del incapacitado, no entabla, a nombre de éste, judicialmente las acciones conducentes para recobrarlos.

Artículo 595. Lo dispuesto en el artículo anterior, se entiende sin perjuicio de la responsabilidad que, después de intentadas las acciones, puede resultar al tutor por culpa o negligencia en el desempeño de su encargo.

Artículo 596. Las cuentas deben rendirse en el lugar en que se desempeña la tutela.

Artículo 597. Deben abonarse al tutor todos los gastos hechos debida y legalmente, ya sea que los haya anticipado o no de su propio caudal, aunque de ellos no haya resultado utilidad al menor, si esto ha sido sin culpa del primero.

Artículo 598. El tutor será igualmente indemnizado, según el prudente arbitrio del juez, del daño que haya sufrido por el desempeño necesario de la tutela, cuando no haya intervenido de su parte culpa o negligencia

Artículo 599. Ninguna anticipación ni crédito contra el incapacitado se abonará al tutor, si excede de la mitad de la renta anual de los bienes de aquél, a menos que al efecto haya sido autorizado por el juez con audiencia del curador.

Artículo 600. La obligación de dar cuenta no puede ser dispensada en contrato o última voluntad, ni aun por el mismo menor; si la dispensa se pusiere como condición en cualquier acto, se tendrá por no puesta.

Artículo 601. El tutor que sea reemplazado por otro, estará obligado y lo mismo sus herederos, a rendir cuenta general de la tutela al que lo reemplace. El nuevo tutor responderá al incapacitado por los daños y perjuicios si no pidiere y tomare las cuentas de su antecesor.

Artículo 602. El tutor o, en su falta, quien lo representa, rendirá las cuentas generales de la tutela en el plazo de tres meses, contando desde el día en que fenezca la tutela. El juez podrá prorrogar este plazo hasta por tres meses más, en circunstancias extraordinarias, si así lo exigieren.

Artículo 603. La obligación de dar cuenta pasa a los herederos del tutor; si alguno de ellos sigue administrando los bienes de la tutela, su responsabilidad será la misma que la de aquél.

Artículo 604. La garantía dada por el tutor no se cancelará, sino cuando las cuentas hayan sido aprobadas.

Artículo 605. Hasta pasado un mes de la rendición de cuentas, será nulo todo convenio entre el tutor y el pupilo, ya mayor de edad o emancipado, relativo a la administración de la tutela o a las cuentas mismas.

CAPÍTULO DECIMOSEGUNDO
DE LA EXTINCIÓN DE LA TUTELA

Artículo 606. La tutela se extingue:

I. Por la muerte del pupilo o porque desaparezca su incapacidad; y

II. Cuando el incapacitado sujeto a tutela, entre a la patria potestad, ya sea por reconocimiento o por adopción.

CAPÍTULO DECIMOTERCERO
DE LA ENTREGA DE LOS BIENES

Artículo 607. El tutor, concluida la tutela, está obligado a entregar todos los bienes del incapacitado y todos los documentos que le pertenezcan, conforme al balance que se hubiere presentado en la última cuenta aprobada.

Artículo 608. La obligación de entregar los bienes no se suspende por estar pendiente la rendición de cuentas. La entrega debe ser hecha durante el mes siguiente a la terminación de la tutela; cuando los bienes sean muy cuantiosos o estuvieren ubicados en diversos lugares, el juez puede fijar un plazo prudente para su conclusión, pero en todo caso, deberá comenzarse en el plazo antes señalado.

Artículo 609. El tutor que entre al cargo sucediendo a otro, está obligado a exigir la entrega de bienes y cuentas al que le ha procedido; si no lo exige, es responsable de todos los daños y perjuicios que por su omisión se siguieren al incapacitado.

Artículo 610. La entrega de los bienes y la cuenta de la tutela se efectuarán a expensas del incapacitado. Si para realizarse no hubiere fondos disponibles, el juez podrá autorizar al tutor a fin de que se proporcionen los necesarios para la entrega y éste adelantará los relativos a la rendición de cuentas, los cuales le serán reembolsados con los primeros fondos de que se pueda disponer.

Artículo 611. Cuando intervenga dolo o culpa de parte del tutor, serán por su cuenta todos los gastos.

Artículo 612. El saldo que resulte a favor o en contra del tutor, producirá interés legal. En el primer caso correrá desde que, previa entrega de los bienes, se haga el requerimiento legal para el pago y en el segundo, desde la rendición de cuentas, si hubiesen sido dadas dentro del plazo designado por la ley; si no, desde que expire el mismo plazo.

Artículo 613. Cuando en la cuenta resulte alcance contra el tutor, aunque por un arreglo con el menor o sus representantes se otorguen plazos al responsable o a sus herederos para satisfacerlo, quedarán vivas las hipotecas u otras garantías dadas para la administración, hasta que se verifique el pago, a menos que se haya pactado expresamente lo contrario en el arreglo.

Artículo 614. Si la caución hubiere consistido en fianza, el convenio que concede nuevos plazos al tutor se hará saber al fiador, si éste consiente, permanecerá obligado hasta la solución; si no consiente, no habrá espera y se podrá exigir el pago inmediato o la subrogación del fiador por otro igualmente idóneo que acepte el convenio.

Artículo 615. Si no se hiciere saber el convenio al fiador, éste no permanecerá obligado.

Artículo 616. Todas las acciones por hechos relativos a la administración de la tutela que el incapacitado pueda ejercitar contra su tutor o contra los fiadores y garantes de éste, quedan extinguidas por el lapso de cuatro años, contados desde el día en que se hayan recibido los bienes y la cuenta de tutela o desde que haya cesado la incapacidad en los demás casos previstos por la ley.

Artículo 617. Si la tutela hubiere fenecido durante la minoridad, el menor podrá ejercitar las acciones correspondientes contra el primer tutor y los que le hubieren sucedido en el cargo, computándose entonces los plazos desde el día en que llegue a la mayoría de edad. Tratándose de los demás incapacitados, los plazos se computarán desde que cese la incapacidad.

CAPÍTULO DECIMOCUARTO
DE LA RESTITUCIÓN DE MENORES

Artículo 618. Cuando se traslade o retenga a un menor de manera ilícita, la persona o institución que ejerza individual o conjuntamente la custodia o guarda legal de éste, podrá solicitar a las autoridades judiciales o administrativas su restitución.

Se entiende traslado o retención ilícita, cuando se afecten, sin consentimiento alguno, los derechos de custodia o de visita del menor y de la persona o institución a cuyo cargo se encuentra, o bien, que se realicen a través de la violencia física o moral o de cualquier maquinación dolosa o fraudulenta.

Artículo 619. La restitución sólo podrá operar cuando la persona que sea retenida o trasladada ilegalmente sea menor de dieciséis años.

Son competentes para conocer de la solicitud de restitución de menores, las autoridades judiciales, el Procurador de la Defensa del Menor y la Familia y la Secretaría de Relaciones Exteriores; ésta última en los casos de traslado o retención de menores que se encuentren en el extranjero, o bien, cuando éstos se encuentren en esta Entidad, habiendo sido trasladados ilegalmente de su residencia habitual en otro país.

Artículo 620. La persona, institución u organismo que ejerza una custodia respecto de un menor que haya sido trasladado o retenido de modo ilícito en cualquier parte del Estado, en otra entidad federativa o en el extranjero y con infracción a sus derechos de custodia, podrá solicitar su restitución. La solicitud incluirá:

I. Nombre y fecha de nacimiento del menor;

II. Información relativa a la identidad del solicitante, del menor y de la persona que lo ha sustraído o retenido;

III. Los motivos para reclamar la restitución y la información disponible para localizarlo;

IV. El documento que acredite el derecho de custodia; y

V. La certificación expedida por autoridad competente en donde el menor tenga su residencia habitual, tomando en cuenta si la sustracción es nacional o internacional.

La autoridad judicial competente será la de la residencia habitual del menor que ha sido trasladado o retenido ilegalmente y, en los casos de urgencia, la del lugar en donde aquel se encuentre.

Artículo 621. Las autoridades judiciales y administrativas competentes en la restitución de menores actuarán con eficacia y adoptarán las medidas adecuadas para conseguir la pronta restitución, lo que incluye la custodia provisional, si fuere procedente. Se procurará en todo momento la devolución voluntaria. Cuando exista oposición o resistencia, se hará a través de los medios coactivos que la ley previene.

En los casos de oposición de la persona que retenga al menor, ésta tendrá el término de tres días hábiles contados a partir del momento de la notificación, por parte de la autoridad competente requerida, para hacer valer sus intereses, para lo cual, las autoridades dictarán la resolución dentro de los ocho días siguientes. Las mismas, procurarán que el menor no sea trasladado a otro lugar de donde se le hubiere localizado y asegurado.

Artículo 622. Cuando el traslado o retención hayan ocurrido en un período menor a un año, la autoridad competente ordenará la restitución inmediata y automática, sin sujetarse a mayores formalidades. Transcurrido dicho plazo, la restitución será mediante mandato de la autoridad competente requerida, tomando en cuenta el interés superior del menor y sin perjuicio del artículo anterior.

No obstante, no procederá la restitución cuando:

I. Las personas, instituciones u organismos encargados del cuidado del menor, no ejercieren efectivamente su derecho de custodia en el momento del desplazamiento o hubieren consentido con posterioridad la retención; o

II. Que existiere un grave riesgo de que la restitución pudiere exponerle a un peligro físico o psicológico o que de cualquier manera ponga al menor en una situación intolerable.

Artículo 623. La autoridad requerida en los casos de restitución, tomará en cuenta la opinión del menor cuando, a su juicio, la edad y madurez de aquél, lo justifiquen, dejando constancia de la misma en las respectivas actuaciones.

Artículo 624. Las disposiciones del presente Capítulo no limitarán las facultades de las autoridades judiciales o administrativas para diligenciar la restitución del menor en cualquier momento. Las decisiones que éstas adopten, no afectarán la cuestión de fondo del derecho de custodia.

Artículo 625. Para los efectos de la presente Ley:

I. El derecho de custodia comprenderá el derecho relativo al cuidado del menor y, en particular, el de decidir sobre su lugar de residencia, sin perjuicio de los demás establecido para esta institución; y

II. El derecho de visita comprenderá el derecho de llevar al menor, por un periodo de tiempo limitado, a otro lugar diferente a aquél en que tiene su residencia habitual.

Artículo 626. La restitución podrá ser tramitada por los titulares de los derechos de custodia afectados, por conducto de la autoridad judicial, por la vía diplomática o consular o directamente por la Secretaría de Relaciones Exteriores, según sea la naturaleza y el lugar de la retención o traslado ilegítimo de un menor.

Artículo 627. Las autoridades que intervengan en estos procedimientos, no exigirán fianzas, garantía ni depósito alguno a la parte que alegue la perturbación de sus derechos de custodia o de visita, en los casos de traslado o retención de un menor de manera ilegal.

Los exhortos o cartas rogatorias que se tramiten oficialmente, a través de las autoridades competentes, no requerirán de legalizaciones; en los casos de requerir a autoridades extranjeras, éstas se enviarán en el idioma del país correspondiente y cuando sean las autoridades locales requeridas, aquellas deberán constar en idioma castellano.

Artículo 628. La restitución por la autoridad judicial podrá ser negada cuando sea manifiestamente violatoria del orden público del Estado requerido y, sobe todo, cuando se afecten garantías constitucionales.

Artículo 629. Cuando una persona que ejerce el derecho de visita hacia un menor y es perturbado en el mismo, se aplicarán las disposiciones anteriores.

Artículo 630. La persona que haya retenido o trasladado indebidamente a un menor de su residencia habitual, perturbado los derechos de custodia o visita, será responsable de los daños y perjuicios ocasionados tanto al menor como a las personas, instituciones u organismos que ejercen dichos derechos.

En el caso de conflicto de leyes, cuando el menor se encontrare en otra entidad federativa o en el extranjero, se le aplicará la ley más favorable, teniendo en cuenta el interés superior del menor.

CAPÍTULO DECIMOQUINTO
DE LOS JUECES COMPETENTES EN MATERIA FAMILIAR, DEL MINISTERIO PÚBLICO Y DE LA PROCURADURÍA DE LA DEFENSA DEL MENOR Y LA FAMILIA

Artículo 631. Los jueces competentes, gozarán de facultades discrecionales en todo lo referente a la familia y a los menores, garantizando el interés superior de éstos, con el objeto que los padres o tutores cumplan con sus deberes familiares, pero siempre fundarán y motivarán las resoluciones y medidas que adopten. Además podrán coadyuvar con ellos, la Procuraduría de la Defensa del Menor y la Familia y el Ministerio Público, dentro de sus respectivas competencias.

En cualquier momento del procedimiento, el juez podrá exhortar a los interesados a avenirse, resolviendo sus diferencias mediante convenio, haciéndoles saber que los pueden auxiliar en el Centro de Mediación del Poder Judicial.

Artículo 632. Los menores de edad serán protegidos en su vida privada, en su intimidad y en la integridad de su persona y la autoridad judicial podrá decretar en cualquier momento del procedimiento, las medidas que aseguren que ellos y la familia no sean objeto de injerencias arbitrarias o ilegales, ni ataques a su honra, reputación y patrimonio.

En todos los asuntos donde se vean involucrados intereses de menores o de incapaces, los juzgadores deberán suplir la deficiencia de las partes en sus planteamientos y tomar todas las medidas necesarias para que no se vulneren sus derechos.

Artículo 633. El menor, podrá ser escuchado por sí o a través de su representante. La Procuraduría de la Defensa del Menor y de la Familia o el Ministerio Público, estarán legitimados, respecto del menor o la familia, en aquellas situaciones en que se afecten sus intereses legales y podrá ejercer las acciones pertinentes para asegurarlos, en los siguientes casos:

I. Representación de menores o incapaces, en cuestiones relativas a alimentos, divorcio, restitución de menores, tutela, custodia, patria potestad y sucesiones testamentarias;

II. Fungir como tutor en los casos de ausencia de éste o cuando no se hubiere designado; y

III. En los procedimientos de adopción, en tanto no se autoriza la misma, será representante del menor o incapaz.

Asimismo, estarán facultados para supervisar el funcionamiento de las adopciones que judicialmente se hayan otorgado en la Entidad, por lo que, en su caso, podrá interponer las acciones legales que resulten cuando aquellas se desempeñen de manera irregular y causen o puedan causar un daño al adoptado.

En el caso de adopciones otorgadas a personas que residan en el extranjero, se podrán auxiliar a través de la vía diplomática o consular mexicana.

La Procuraduría de la Defensa del Menor y la Familia del Estado, tendrá la representación legítima del Consejo Técnico de Adopciones ante autoridad judicial, así como personalidad para comparecer en juicio en todos aquéllos asuntos en donde la ley le otorgue legitimación al Consejo.

El Ministerio Público, investigará y dará aviso a la autoridad judicial, cuando conozca de acontecimientos que pongan en peligro al menor o a la familia, para que la autoridad actúe conforme a la ley.

El Ministerio Público se encargará de:

I. Velar por que los tutores cumplan sus deberes, especialmente en lo que se refiere a la educación de los menores, dando aviso al juez competente de las faltas u omisiones que notaren;

II. Avisar al juez competente cuando tenga conocimiento de que los bienes de un incapaz están en peligro, a fin de que dicte las medidas correspondientes;

III. Investigar y poner en conocimiento del juez competente, qué incapaces carecen de tutor, con el objeto de que se hagan los respectivos nombramientos; y

IV. Cuidar, con especialidad, que los tutores cumplan la obligación de procurar la curación de las enfermedades del incapaz, así como su rehabilitación en caso de ser un alcohólico o haga uso de drogas enervantes.

CAPÍTULO DECIMOSEXTO
DEL ESTADO DE INTERDICCIÓN

Artículo 634. Son nulos todos los actos de administración ejecutados y los contratos celebrados por los incapacitados, sin la autorización del tutor, salvo cuando sea capaz de discernir y mayores de dieciséis años de edad.

Artículo 635. Son también nulos los actos de administración y los contratos celebrados por los menores emancipados, si son contrarios a las restricciones establecidas en este Código.

Artículo 636. La nulidad a que se refieren los artículos anteriores, sólo puede ser alegada, sea como acción, sea como excepción, por el mismo incapacitado o por sus legítimos representantes, pero no por las personas con quienes contrató, ni por los fiadores que se hayan dado al constituirse la obligación, ni por los mancomunados en ellas.

Artículo 637. La acción para pedir la nulidad, prescribe en los plazos en que prescriben las acciones personales o reales, según la naturaleza del acto cuya nulidad se pretende.

Artículo 638. Los menores de edad no pueden alegar la nulidad de que habla este Capítulo, en las obligaciones que hubieren contraído sobre materias propias de la profesión o arte en que sean peritos.

Artículo 639. Tampoco pueden alegarla los menores, si han presentado certificados falsos del Registro Civil para hacerse pasar como mayores o han manifestado dolosamente que lo eran.

TÍTULO DECIMOPRIMERO
DE LA EMANCIPACIÓN Y DE LA MAYORÍA DE EDAD

CAPÍTULO PRIMERO
DE LA EMANCIPACIÓN

Artículo 640. Derogado.

Artículo 641. El emancipado tiene la libre administración de sus bienes, pero siempre necesita, durante su menor edad:

I. De la autorización judicial para la enajenación, gravamen o hipoteca de bienes inmuebles; y

II. De un tutor para negocios judiciales.

Artículo 642. Hecha la emancipación, no puede ser revocada.

CAPÍTULO SEGUNDO
DE LA MAYORÍA DE EDAD

Artículo 643. La mayoría de edad comienza a los dieciocho años cumplidos.

Artículo 644. El mayor de edad dispone libremente de su persona y de sus bienes.

TÍTULO DECIMOSEGUNDO
DE LOS AUSENTES E IGNORADOS

CAPÍTULO PRIMERO
DE LAS MEDIDAS PROVISIONALES EN CASO DE AUSENCIA

Artículo 645. El que se hubiese ausentado del lugar de su residencia ordinaria y tuviere apoderado constituido antes o después de su partida, se tendrá como presente para todos los efectos civiles y sus negocios se podrán tratar con el apoderado hasta donde alcance el poder.

Artículo 646. Cuando una persona haya desaparecido y se ignore el lugar donde se halle y quién lo represente, el juez, a petición de parte o de oficio, nombrará un depositario de sus bienes, la citará por edictos publicados en los principales periódicos de su último domicilio, señalándose, para que se presente, un plazo que no bajará de tres meses ni pasará de seis y dictará las providencias necesarias para asegurar los bienes.

Artículo 647. Al publicarse los edictos remitirá copia a los cónsules mexicanos de aquellos lugares del extranjero en que se puede presumir que se encuentra el ausente o que se tenga noticias de él.

Artículo 648. Si el ausente tiene hijos menores que estén bajo su patria potestad y no hay ascendiente que debe ejercerla conforme a la ley, ni tutor testamentario ni legítimo, el Ministerio Público pedirá que se nombre tutor dativo.

Artículo 649. Las obligaciones y facultades del depositario, serán las que la ley asigne a los depositarios judiciales.

Artículo 650. Se nombrará depositario:

I. Al cónyuge del ausente;

II. A uno de los hijos mayores de edad que resida en el lugar. Si hubiere varios, el juez elegirá al más apto;

III. Al ascendiente más próximo en grado al ausente; y

IV. A falta de los anteriores o cuando sea inconveniente que éstos, por su notoria mala conducta o por su ineptitud, sean nombrados depositarios, el juez nombrará al heredero presuntivo y si hubiere varios, entre ellos se pondrán de acuerdo en la elección.

Artículo 651. Si cumplido el plazo del llamamiento el citado no compareciere por sí, ni por apoderado legítimo, ni por medio de tutor o de pariente que pueda representarlo, se procederá al nombramiento de representante.

Artículo 652. Lo mismo se hará cuando, en iguales circunstancias, caduque el poder conferido por el ausente o sea insuficiente para el caso.

Artículo 653. Tienen acción para pedir el nombramiento de depositario o de representante, el Ministerio Público o cualquiera a quien interese tratar o litigar con el ausente o defender los intereses de éste.

Artículo 654. En el nombramiento de representante se seguirá el orden antes establecido.

Artículo 655. Si el cónyuge ausente fuere casado en segundas o ulteriores nupcias y hubiere hijos del matrimonio o matrimonios anteriores, el juez dispondrá que el cónyuge presente y los hijos del matrimonio o matrimonios anteriores o sus legítimos representantes, en su caso, nombren de acuerdo el depositario representante; mas, si no estuvieren conformes, el juez lo nombrará libremente, de entre las personas señaladas por el artículo anterior.

Artículo 656. A falta de cónyuge, de descendientes y de ascendientes, será representante el heredero presuntivo. Si hubiere varios con igual derecho, ellos mismos elegirán el que debe representarlo. Si no se ponen de acuerdo en la elección, la hará el juez, prefiriendo el que tenga más interés en la conservación de los bienes del ausente.

Artículo 657. El representante del ausente es el legítimo administrador de los bienes de éste y tiene, respecto de ellos, las mismas obligaciones, facultades y restricciones que los tutores.

No entrará a la administración de los bienes sin que previamente forme inventario y avalúo de ellos; si dentro del plazo de un mes no presta la caución correspondiente, se nombrará otro representante.

Artículo 658. El representante del ausente disfrutará la misma retribución que a los tutores señala el presente ordenamiento legal.

Artículo 659. No pueden ser representantes de un ausente, los que no pueden ser tutores.

Artículo 660. Pueden excusarse, los que pueden hacerlo de la tutela

Artículo 661. Será removido del cargo de representante, el que deba serlo del de tutor.

Artículo 662. El cargo de representante acaba:

I. Con el regreso del ausente;

II. Con la presentación del apoderado legítimo;

III. Con la muerte del ausente; y

IV. Con la posesión provisional.

Artículo 663. Cada año, en el día que corresponda a aquel en que hubiera sido nombrado el representante, se publicarán nuevos edictos llamando al ausente. En ellos constarán el nombre y domicilio del representante y el tiempo que falta para que se cumpla el plazo requerido para pedir la declaración de ausencia.

Artículo 664. Los edictos se publicarán por dos meses, con intervalo de quince días, en los periódicos de mayor circulación del último domicilio del ausente y se remitirán a los cónsules mexicanos de los lugares donde se pueda presumir se encuentre el ausente.

Artículo 665. El representante está obligado a promover la publicación de los edictos. La falta de cumplimiento de esa obligación, hace responsable al representante de los daños y perjuicios que se sigan al ausente y es causa legítima de remoción.

CAPÍTULO SEGUNDO
DE LA DECLARACIÓN DE AUSENCIA

Artículo 666. Pasados dos años desde el día en que haya sido nombrado el representante, habrá acción para pedir la declaración de ausencia

Artículo 667. En caso de que el ausente haya dejado o nombrado apoderado general para la administración de sus bienes, no podrá pedirse la declaración de ausencia sino pasados tres años, que se contarán desde la desaparición del ausente si en este período no se tuviere ninguna noticia suya o desde la fecha en que se hayan tenido las últimas.

Artículo 668. Lo dispuesto en el artículo anterior se observará aun cuando el poder se haya conferido por más de tres años.

Artículo 669. Pasados dos años, que se contarán del modo establecido con anterioridad, el Ministerio Público y las personas que designe el artículo siguiente, pueden pedir que el apoderado garantice su manejo, en los mismos términos en que debe hacerlo el representante. Si no lo hiciere, se nombrará representante de acuerdo con lo dispuesto en el Capítulo Primero de este mismo Título.

Artículo 670. Pueden pedir la declaración de ausencia:

I. Los presuntos herederos legítimos del ausente;

II. Los herederos instituidos en testamento abierto;

III. Los que tengan algún derecho u obligación que dependa de la vida, muerte o presencia del ausente; y

IV. El Ministerio Público.

Artículo 671. Si el juez encuentra fundada la demanda, dispondrá que se publique durante tres meses, con intervalos de quince días, en el Periódico Oficial del Gobierno del Estado y en los de mayor circulación del último domicilio del ausente y la remitirá a los cónsules que corresponda.

Artículo 672. Pasados cuatro meses desde la fecha de la última publicación, si no hubiere noticias del ausente ni oposición de algún interesado, el juez declarará en forma la ausencia.

Artículo 673. Si hubiere algunas noticias u oposición, el juez no declarará la ausencia sin repetir las publicaciones de ley y hacer la averiguación por los medios que el oponente proponga y por los que el mismo juez crea oportunos.

Artículo 674. La declaración de ausencia se publicará tres veces en los periódicos mencionados, con intervalo de quince días, remitiéndose a los cónsules como está prevenido respecto de los edictos. Ambas publicaciones se repetirán cada dos años, hasta que se declare la presunción de muerte.

Artículo 675. El fallo que se pronuncie en el juicio de declaración de ausencia, tendrá los recursos que el Código de Procedimientos Civiles del Estado de Querétaro asigne para los negocios de mayor interés.

CAPÍTULO TERCERO
DE LOS EFECTOS DE LA DECLARACIÓN DE AUSENCIA

Artículo 676. Declarada la ausencia, si hubiere testamento público u ológrafo, la persona en cuyo poder se encuentre lo presentará al juez, dentro de quince días contados de la última publicación de la declaración.

Artículo 677. El juez, de oficio o a instancia de cualquiera que se crea interesado en el testamento ológrafo, abrirá éste en presencia del representante del ausente, con citación de los que promovieron la declaración de ausencia y con las demás solemnidades prescritas para la apertura de esta clase de testamento.

Artículo 678. Los herederos testamentarios y, en su defecto, los que fueren legítimos al tiempo de la desaparición de un ausente o al tiempo en que se hayan recibido las últimas noticias, si tienen capacidad legal para administrar serán puestos en la posesión provisional de los bienes, dando fianza que asegure las resultas de la administración. Si estuvieren bajo la patria potestad o tutela, se procederá conforme a derecho.

Artículo 679. Si son varios los herederos y los bienes admiten cómoda división, cada uno administrará la parte que le corresponda.

Artículo 680. Si los bienes no admiten cómoda división, los herederos elegirán de entre ellos mismos un administrador general; si no se pusieren de acuerdo, el juez lo nombrará escogiéndole de entre los mismos herederos

Artículo 681. Si una parte de los bienes fuere cómodamente divisible y otra no, respecto de ésta se nombrará el administrador general.

Artículo 682. Los herederos que no administren podrán nombrar un interventor, que tendrá las facultades y obligaciones señaladas a los curadores. Su honorario será el que le fijen los que le nombren y se pagará por éstos.

Artículo 683. El que entre en la posesión provisional tendrá, respecto de los bienes, las mismas obligaciones, facultades y restricciones que los tutores.

Artículo 684. Cuando sean varios herederos, cada uno dará la garantía que corresponda a la parte de los bienes que administre.

Artículo 685. Cuando los bienes no admitan cómoda división, el administrador general, será quien de la garantía legal.

Artículo 686. Los legatarios, los donatarios y todos los que tengan sobre los bienes del ausente derechos que dependan de la muerte o presencia de éste, podrán ejercitarlos, dando la garantía que corresponda.

Artículo 687. Los que tengan con relación al ausente, obligaciones que deban cesar a la muerte de éste, podrán también suspender su cumplimiento bajo la misma clase de garantía.

Artículo 688. Si no se pudiere dar la garantía prevenida en los cinco artículos anteriores, el juez, según las circunstancias de las personas y de los bienes, y concediendo un plazo de tres meses, podrá disminuir el importe de aquella, pero de modo que no baje de la tercera parte de los valores señalados para su otorgamiento.

Artículo 689. Mientras no se de la expresada garantía, no cesará la administración del representante.

Artículo 690. No están obligados a dar garantía:

I. El cónyuge, los descendientes y los ascendientes que como herederos entren en la posesión de los bienes del ausente, por la parte que de ellos les corresponda; y

II. El ascendiente que en ejercicio de la patria potestad administre bienes que, como herederos del ausente, correspondan a sus descendientes.

Si hubiere legatarios, el cónyuge, los descendientes y ascendientes darán la garantía legal por la parte de bienes que corresponda a los legatarios, si no hubiere división, ni administrador general.

Artículo 691. Los que entren en la posesión provisional, tienen derecho de pedir cuentas al representante del ausente y éste entregará los bienes y dará las cuentas en los términos prevenidos en los Capítulos Decimoprimero y Decimosegundo del Título Décimo de este Libro. El plazo señalado para rendir las cuentas generales, se contará desde el día en que el heredero haya sido declarado con derecho a la referida posesión.

Artículo 692. Si hecha la declaración de ausencia no se presentaren herederos del ausente, el Ministerio Público pedirá la continuación del representante o la elección de otro que, en nombre de la Universidad Autónoma de Querétaro y las instituciones de asistencia social, entre en la posesión provisional conforme a los artículos que anteceden.

Artículo 693. Muerto el que haya obtenido la posesión provisional, lo sucederán sus herederos en la parte que les haya correspondido, bajo las mismas condiciones y con iguales garantías.

Artículo 694. Si el ausente se presenta o se prueba su existencia antes de que sea declarada la presunción de muerte, recobrará sus bienes. Los que han tenido la posesión provisional, hacen suyos todos los frutos industriales que hayan hecho producir a esos bienes y la mitad de los frutos naturales y civiles.

CAPÍTULO CUARTO
DE LA ADMINISTRACIÓN DE LOS BIENES DEL AUSENTE CASADO

Artículo 695. La declaración de ausencia interrumpe la sociedad conyugal, a menos de que en las capitulaciones matrimoniales se haya estipulado que continúe.

Artículo 696. Declarada la ausencia, se procederá, con citación de los herederos presuntivos, al inventario de los bienes y a la separación de los que deben corresponder al cónyuge ausente.

Artículo 697. El cónyuge presente recibirá desde luego los bienes que le correspondan, hasta el día en que la declaración de ausencia haya causado ejecutoria. De esos bienes podrá disponer libremente.

Artículo 698. Los bienes del ausente se entregarán a sus herederos en los términos prevenidos en el Capítulo anterior.

Artículo 699. Si regresara el ausente o se probara su existencia y el cónyuge presente entrare como heredero en la posesión provisional, se observará lo que ese artículo dispone.

Artículo 700. Si el cónyuge presente no fuere heredero, ni tuviere bienes propios tendrá derecho a alimentos.

Artículo 701. Si el cónyuge ausente regresa o se probare su existencia, quedará restaurada la sociedad conyugal.

CAPÍTULO QUINTO
DE LA PRESUNCIÓN DE MUERTE DEL AUSENTE

Artículo 702. Cuando hayan transcurrido seis años desde la declaración de ausencia, el juez, a instancia de parte interesada, declarará la presunción de muerte.

Respecto a los individuos que hayan desaparecido al tomar parte en una guerra, encontrándose a bordo de un buque que naufrague o al verificarse una explosión, incendio terremoto o inundación u otro siniestro semejante, bastará que hayan transcurrido dos años contados desde su desaparición, para que pueda hacerse la declaración de presunción de muerte, sin que en esos casos sea necesario que previamente se declare la ausencia, pero sí se tomarán las medidas provisionales autorizadas por el Capítulo Primero de este Título.

Artículo 703. Declarada la presunción de muerte se abrirá el testamento del ausente, si no estuviere ya publicado, con las formalidades y solemnidades de ley; los poseedores provisionales darán cuenta de la administración que hubieren realizado y los herederos y demás interesados entrarán en la posesión definitiva de los bienes, sin garantía alguna; la que según la ley se hubiere dado, quedará cancelada.

Artículo 704. Si se llega a probar la muerte del ausente, la herencia se defiere a los que debieran heredar al tiempo de ella, pero el poseedor o poseedores de los bienes hereditarios, al restituirlos, se reservarán los frutos correspondientes a la época de la posesión provisional y todos ellos desde que obtuvieron la posesión definitiva.

Artículo 705. Si el ausente se presentare o se probare su existencia después de otorgada la posesión definitiva, recobrará sus bienes en el estado en que se hallen, el precio de los enajenados o los que se hubieren adquirido con el mismo precio, pero no podrá reclamar frutos ni rentas.

Artículo 706. Cuando hecha la declaración de ausencia o la presunción de muerte de una persona, se hubieren aplicado sus bienes a los que por testamento o sin él se tuvieren por herederos y después se presentaren otros pretendiendo que ellos deben ser preferidos en la herencia y así se declara por sentencia que cause ejecutoria, la entrega de los bienes se hará a éstos en los mismos términos en que debiera hacerse al ausente si se presentara.

Artículo 707. Los poseedores definitivos darán cuenta al ausente y a sus herederos. El plazo legal correrá desde el día en que el primero se presente por sí o por apoderado legítimo o desde aquél en que por sentencia que cause ejecutoria se haya deferido la herencia

Artículo 708. La posesión definitiva termina:

I. Con el regreso del ausente;

II. Con la noticia cierta de su existencia;

III. Con la certidumbre de su muerte; y

IV. Con la sentencia que cause ejecutoria, declarando herederos preferentes.

Artículo 709. En el segundo caso del artículo anterior, los poseedores definitivos serán considerados como provisionales desde el día en que se tenga noticia cierta de la existencia del ausente.

Artículo 710. La sentencia que declare la presunción de muerte de un ausente casado, pone término a la sociedad conyugal.

Artículo 711. En el caso previsto por el artículo 700, el cónyuge sólo tendrá derecho a los alimentos.

CAPÍTULO SEXTO
DE LOS EFECTOS DE LA AUSENCIA RESPECTO DE LOS DERECHOS EVENTUALES DEL AUSENTE

Artículo 712. Cualquiera que reclame un derecho referente a una persona cuya existencia no esté reconocida, deberá probar que esta persona vivía en el tiempo en que era necesaria su existencia para adquirir aquel derecho.

Artículo 713. Si se defiere una herencia a la que sea llamado un individuo declarado ausente o respecto del cual se haya hecho la declaración de presunción de muerte, entrarán sólo en ella los que debían ser coherederos de aquél o suceder por su falta, pero deberán hacer inventario en forma de los bienes que reciban.

Artículo 714. En este caso, los coherederos o sucesores se considerarán como poseedores provisionales o definitivos de los bienes que por herencia debían corresponder al ausente, según la época en que la herencia se defiera.

Artículo 715. Lo dispuesto en los dos artículos anteriores, debe entenderse sin perjuicio de las acciones de petición de herencia y de otros derechos que podrán ejercitar el ausente, sus representantes, acreedores o legatarios y que no se extinguirán sino por el transcurso del tiempo fijado para la prescripción.

Artículo 716. Los que hayan entrado en la herencia, harán suyos los frutos percibidos de buena fe mientras el ausente no comparezca, sus acciones no sean ejercitadas por sus representantes o por los que, por contrato o cualquiera otra causa, tengan con él relaciones jurídicas.

CAPÍTULO SÉPTIMO
DISPOSICIONES GENERALES

Artículo 717. El representante y los poseedores provisionales y definitivos, en sus respectivos casos, tienen la legítima procuración del ausente en juicio y fuera de él.

Artículo 718. Por causa de ausencia no se suspenden los plazos que fija la ley para la prescripción.

Artículo 719. El Ministerio Público velará por los intereses del ausente; será oído en todos los juicios que tengan relación con él y en las declaraciones de ausencia y presunción de muerte.

TÍTULO DECIMOTERCERO
DEL PATRIMONIO DE LA FAMILIA

CAPÍTULO ÚNICO

Artículo 720. Son objeto de patrimonio de la familia:

I. La casa habitación de la familia, adquirida en propiedad por cualquiera de sus miembros;

II. En el caso de pequeños propietarios, una parcela cultivable;

III. El mobiliario de uso doméstico indispensable para la convivencia familiar, que no tenga la característica de suntuoso;

IV. Tratándose de familias campesinas, el equipo agrícola, considerándose como tal, los semovientes, las semillas, los útiles, implementos y aperos de labranza;

V. Tratándose de familias obreras o trabajadores en general, el equipo de trabajo, considerándose como tal, la maquinaria, los útiles, las herramientas y, en general, toda clase de utensilios propios para el ejercicio del arte, oficio o actividad a que la familia se dedique; y

VI. Los lotes destinados a la construcción de casa habitación y los derechos derivados del acto jurídico que transmita la propiedad sobre el terreno objeto de este fin, siempre que la familia no cuente con casa habitación o, contando con ella, ésta no sea acorde con las necesidades o circunstancias particulares de la familia y no rebase el máximo fijado para la constitución del patrimonio de familia.

El valor catastral de dichos lotes, al ser incluidos en el patrimonio, deberá ajustarse al máximo legal señalado por el precepto antes indicado.

Artículo 721. La formación del patrimonio familiar se podrá efectuar de forma independiente a los demás bienes de quien lo constituya o de los bienes del cónyuge, los hijos que no sean mayores de edad, familiares que dependan económicamente de aquéllos o estén bajo su custodia, tutela o curatela, así como de las capitulaciones matrimoniales a que se refieren los Capítulos Cuarto y Quinto del Título Sexto, del Libro Primero de este Código.

Artículo 722. Tienen derecho de habitar la casa y de aprovechar los frutos de la parcela afectada al patrimonio de la familia, el cónyuge del que lo constituye y las personas a quienes tienen obligación de dar alimentos. Este derecho es intransmisible, pero el juez competente puede autorizar que se dé en arrendamiento o aparcería.

Artículo 723. Los beneficiarios de los bienes afectos al patrimonio de la familia, serán representados en sus relaciones con terceros, en todo lo que al patrimonio se refiere, por el que lo constituyó y, en su defecto, por el que nombre la mayoría.

El representante tendrá también la administración de dichos bienes.

Artículo 724. Los bienes afectos al patrimonio de la familia son inalienables y no estarán sujetos a embargo ni a gravamen, salvo en caso de interés público o cuando por resolución judicial y en el porcentaje que en esta se señale, que nunca será superior al sesenta por ciento, se deban suministrar alimentos.

Artículo 725. Se podrá constituir el patrimonio de la familia con bienes sitos en municipios conurbados o colindantes, escogiendo como domicilio de constitución aquél en el que se ubique la cada habitación.

Artículo 726. Cada familia sólo puede constituir un patrimonio. Los que posteriormente se constituyan, subsistiendo el primero, no producirán efecto legal alguno.

Artículo 727. El monto máximo que debe corresponder a los bienes con los que habrá de constituirse el patrimonio de familia, será el equivalente a cuarenta mil veces el salario mínimo general diario vigente en la zona.

Artículo 728. El patrimonio de la familia podrá establecerse:

I. Por el padre, por la madre y por cualquier ascendiente en línea recta paterna o materna;

II. Por los cónyuges sobre sus bienes respectivos, sin que se necesite la autorización del otro cónyuge;

III. Por el pariente de cualquier grado que suministre alimentos a sus ascendientes, descendientes o colaterales, siempre que vivan formando una familia; y

IV. Por el tutor, cuando administre bienes pertenecientes a menores o personas incapaces, física o mentalmente.

Artículo 729. Cuando alguna de las personas antes mencionadas quiera constituir el patrimonio de la familia, podrá optar por hacerlo judicialmente o ante Notario Público.

En vía judicial, lo manifestará por escrito al juez de su domicilio, designando con toda precisión y de manera que puedan ser inscritos en el Registro Público de la Propiedad y del Comercio, los bienes que van a quedar afectados.

Además, comprobará lo siguiente:

I. Que es mayor de edad o que está emancipado;

II. Que está domiciliado en el lugar donde quiere constituir el patrimonio o que en razón de la conurbación, es posible hacer el correspondiente trámite;

III. La existencia de la familia a cuyo favor se va a constituir el patrimonio. La comprobación de los vínculos familiares se hará con las copias certificadas de las actas del Registro Civil;

IV. Que son propiedad del constituyente, los bienes destinados al patrimonio y que no reportan gravamen fuera de las servidumbres; y

V. Que el valor de los bienes que van a constituir el patrimonio no exceda del fijado para tal efecto. Este valor se comprobará por certificación de la Dirección de Catastro, por factura de casa comercial, juicio de peritos o por avalúo de perito autorizado en el Estado.

Artículo 729 Bis. Cuando se opte por la constitución del patrimonio de la familia ante Notario Público, el interesado acudirá con el fedatario público de su elección, dentro de la demarcación notarial en la que se ubique la casa habitación que formará parte de dicho patrimonio, haciéndole saber con toda precisión y de manera que puedan ser inscritos en el Registro Público de la Propiedad y del Comercio, los bienes que van a quedar afectados.

Además, entregará al Notario los documentos que comprueben lo dispuesto en el artículo anterior.

Artículo 729 Ter. Si se acreditan las condiciones exigidas en el artículo 729, el Notario Público dará trámite a la constitución del patrimonio de la familia y efectuará, por cuenta y a cargo del constituyente, la publicación por una sola vez en dos periódicos locales de mayor circulación en la Entidad, en donde se dé aviso de la constitución del patrimonio de la familia. Realizado lo anterior y pasados diez días hábiles de la publicación, expedirá el testimonio para que con su inscripción se hagan las anotaciones correspondientes en el Registro Público de la Propiedad y del Comercio.

Si de las publicaciones realizadas apareciere algún acreedor del solicitante o tercero jurídicamente interesado que se opusiere a la constitución del patrimonio de la familia, el Notario suspenderá el trámite.

De ocurrir lo anterior, la constitución deberá realizarse necesariamente en la vía judicial.

Artículo 730. Satisfechas las condiciones exigidas en el artículo 729, el juez, previos los trámites que fije la ley de la materia, aprobará la constitución del patrimonio de la familia y mandará que se hagan las inscripciones correspondientes en el Registro Público de la Propiedad y del Comercio, así como la publicación, a cargo de quien lo constituya, por una sola vez en dos de los periódicos locales de mayor circulación, del aviso de la aprobación de la constitución referida.

Artículo 731. Cuando el valor de los bienes afectos al patrimonio de la familia sea inferior al máximo fijado para su constitución, podrá ampliarse el patrimonio hasta llegar a este valor. La ampliación se sujetará al mismo procedimiento que para la constitución fije el Código.

Artículo 732. Cuando haya peligro de que quien tiene obligación de dar alimentos pierda sus bienes por mala administración o porque los esté dilapidando, los acreedores alimentistas y, si éstos son incapaces, sus tutores o el Ministerio Público, tienen derecho de exigir judicialmente que se constituya el patrimonio de la familia hasta por el valor y con las condiciones de ley.

Artículo 733. La constitución del patrimonio de la familia no puede hacerse en fraude de los derechos de los acreedores.

Artículo 734. Constituido el patrimonio de la familia, ésta tiene obligación de habitar la casa y de cultivar la parcela. El juez de primera instancia que corresponda puede, por justa causa, autorizar para que se dé en arrendamiento o aparcería, hasta por dos años.

Artículo 735. El patrimonio de la familia se extingue:

I. Cuando todos los beneficiarios cesan de tener derecho de percibir alimentos;

II. Cuando, sin causa justificada, la familia deje de habitar por dos años la casa que debe servirle de morada o de cultivar por su cuenta, por dos años consecutivos, la parcela que le esté anexa;

III. Cuando se demuestre que hay gran necesidad o notoria utilidad para la familia, de que el patrimonio quede extinguido; y

IV. Cuando por causa de utilidad pública se expropien los bienes que lo forman.

Artículo 736. La declaración de que queda extinguido el patrimonio la hará el juez competente, mediante el procedimiento fijado en la ley aplicable y la comunicará al Registro Público de la Propiedad y del Comercio para que se hagan las cancelaciones correspondientes.

Cuando el patrimonio se extinga por la causa prevista en la fracción IV del artículo que precede, hecha la expropiación, el patrimonio queda extinguido sin necesidad de declaración judicial, debiendo hacerse en el mencionado Registro la cancelación que proceda.

La declaratoria de disolución del vínculo matrimonial y terminación de la sociedad conyugal, no implica por sí misma la extinción del patrimonio de familia.

Previamente a cualquier declaratoria de divorcio, el juez de la causa debe cerciorarse si existe o no constituido el patrimonio de familia, dando cuenta de ello al Ministerio Público.

Artículo 737. El precio del patrimonio expropiado y la indemnización proveniente del pago del seguro a consecuencia del siniestro sufrido por los bienes afectados al patrimonio familiar, se depositarán en una institución de crédito y no habiéndola en la localidad, en una casa de comercio de notoria solvencia, a fin de dedicarlos a la constitución de un nuevo patrimonio de la familia. Durante un año son inembargables tales cantidades.

Si el dueño de los bienes vendidos no lo constituye dentro del plazo de seis meses, los miembros de la familia tienen derecho de exigir judicialmente la constitución del patrimonio familiar.

Transcurrido un año desde que se hizo el depósito, sin que se hubiere promovido la constitución del patrimonio, la cantidad depositada se entregará al dueño de los bienes.

En los casos de suma necesidad o de evidente utilidad, puede el juez autorizar al dueño del depósito para disponer de él antes de que transcurra el año.

Artículo 738. Puede disminuirse el patrimonio de la familia:

I. Cuando se demuestre que su disminución es de gran necesidad o de notoria utilidad para la familia; y

II. Cuando el patrimonio familiar, por causas posteriores a su constitución, ha rebasado en más de un ciento por ciento el valor máximo que puede tener.

Artículo 739. El Ministerio Público será oído en la extinción y en la reducción del patrimonio de la familia.

Artículo 740. Extinguido el patrimonio de la familia, los bienes que lo formaban vuelven al pleno dominio del que lo constituyó o pasan a sus herederos si aquel ha muerto.

Artículo 741. Las certificaciones de autoridades administrativas, así como las anotaciones y el registro que haga la oficina del Registro Público de la Propiedad y del Comercio con motivo de la constitución, incremento, disminución o extinción del patrimonio de la familia, serán hechas sin costo alguno para el interesado.

LIBRO SEGUNDO
DE LOS BIENES

TÍTULO PRIMERO
DISPOSICIONES PRELIMINARES

Artículo 742. Pueden ser objeto de apropiación todas las cosas que no estén excluidas del comercio.

Artículo 743. Las cosas pueden estar fuera del comercio por su naturaleza o por disposición de la ley.

Artículo 744. Están fuera del comercio, por su naturaleza, las que no pueden ser poseídas por algún individuo exclusivamente y, por disposición de la ley, las que ella declare irreductibles a propiedad particular.

TÍTULO SEGUNDO
CLASIFICACIÓN DE LOS BIENES

CAPÍTULO PRIMERO
DE LOS BIENES INMUEBLES

Artículo 745. Son bienes inmuebles:

I. El suelo y las construcciones adheridas a él;

II. Las plantas y árboles, mientras estuvieren unidos a la tierra y los frutos pendientes de los mismos árboles y plantas mientras no sean separados de ellos por cosecha o cortes regulares;

III. Todo lo que este unido a un inmueble de una manera fija, de modo que no pueda separarse sin deterioro del mismo inmueble o del objeto a él adherido;

IV. Las estatuas, relieves, pinturas u otros objetos de ornamentación colocados en edificios o heredades por el dueño del inmueble, en tal forma que revele el propósito de unirlos de un modo permanente al fundo;

V. Los palomares, colmenas, estanques de peces o criaderos análogos cuando el propietario los conserve con el propósito de mantenerlos unidos a la finca y formando parte de ella de un modo permanente;

VI. Las máquinas, vasos, instrumentos o utensilios destinados por el propietario de la finca directa y exclusivamente a la industria o explotación de la misma;

VII. Los abonos destinados al cultivo de una heredad, que estén en las tierras donde hayan de utilizarse y las semillas necesarias para el cultivo de la finca;

VIII. Los aparatos eléctricos y accesorios adheridos al suelo o a los edificios por el dueño de éstos, salvo convenio en contrario;

IX. Los manantiales, estanques, aljibes y corrientes de agua, así como los acueductos y las cañerías de cualquier especie que sirvan para conducir los líquidos o gases a una finca o para extraerlos de ella;

X. Los animales que formen el pie de cría en los predios rústicos destinados total o parcialmente al ramo de ganadería, así como las bestias de trabajo indispensables para el cultivo de la finca, mientras están destinadas a ese objeto;

XI. Los diques y construcciones que, aún cuando sean flotantes, estén destinados por su objeto y condiciones a permanecer en punto fijo de un río o presa;

XII. Los derechos reales sobre inmuebles; y

XIII. El material rodante de los ferrocarriles, las líneas telefónicas y telegráficas las estaciones radiotelegráficas fijas.

Artículo 746. Los bienes muebles, que por su naturaleza, se hayan considerado como inmuebles, conforme a lo dispuesto en varias fracciones del artículo anterior, recobrarán su calidad de muebles cuando el mismo dueño los separe del edificio, salvo el caso de que en el valor de este se haya computado el de aquellos, para constituir algún derecho real a favor de un tercero.

CAPÍTULO SEGUNDO
DE LOS BIENES MUEBLES

Artículo 747. Los bienes son muebles por su naturaleza o por disposición de la ley.

Artículo 748. Son muebles por su naturaleza, los cuerpos que pueden trasladarse de un lugar a otro, ya se muevan por sí mismos, ya por efecto de una fuerza exterior.

Artículo 749. Son bienes muebles por determinación de la ley, las obligaciones y los derechos o acciones que tienen por objeto cosas muebles o cantidades exigibles en virtud de acción personal.

Artículo 750. Por igual razón, se reputan muebles las acciones que cada socio tiene en las asociaciones o sociedades, aún cuando a éstas pertenezcan algunos inmuebles.

Artículo 751. Las embarcaciones de todo género son bienes muebles.

Artículo 752. Los materiales procedentes de la demolición de un edificio y los que se hubieren acopiado para repararlo o para construir uno nuevo, serán muebles mientras no se hayan empleado en la fabricación.

Artículo 753. Los derechos de autor se consideran bienes muebles.

Artículo 754. En general, son bienes muebles todos los demás no considerados por la ley como inmuebles.

Artículo 755. Cuando en una disposición de ley o en los actos y contratos se use de las palabras bienes muebles, se comprenderán bajo esta denominación los enumerados en los artículos anteriores.

Artículo 756. Cuando se use de las palabras muebles o bienes muebles de una casa, se comprenderán los que formen el ajuar y utensilios de ésta que sirven exclusiva y propiamente para el uso y trato ordinario de una familia, según las circunstancias de las personas que la integren. En consecuencia, no se comprenderán: el dinero, los documentos y papeles, las colecciones científicas y artísticas, los libros y los estantes, las medallas, las armas, los instrumentos de artes y oficios, las joyas, ninguna clase de ropa de uso, los granos, caldos, mercancías y demás cosas similares.

Artículo 757. Cuando por la redacción de un testamento o de un convenio se descubra que el testador o las partes contratantes han dado a las palabras muebles o bienes muebles una significación diversa que la fijada en los artículos anteriores, se estará a lo dispuesto en el testamento o convenio.

Artículo 758. Los bienes muebles son fungibles o no fungibles.

Artículo 759. Los bienes fungibles son los que pueden ser reemplazados por otros de la misma especie, calidad y cantidad.

Artículo 760. Los no fungibles son los que no pueden ser sustituidos por otros de la misma especie, calidad y cantidad.

CAPÍTULO TERCERO
DE LOS BIENES CONSIDERADOS SEGÚN LAS PERSONAS A QUIENES PERTENECEN

Artículo 761. Los bienes son del dominio del poder público o de propiedad de los particulares.

Artículo 762. Son bienes de dominio del poder público los que pertenecen a la Federación, al Estado o a los municipios.

Artículo 763. Los bienes de dominio del poder público se regirán por las disposiciones este Código, en cuanto no esté determinado por leyes especiales.

Artículo 764. Los bienes de dominio del poder público se dividen en bienes de uso común, bienes destinados a un servicio público y bienes propios.

Artículo 765. Los bienes de uso común son inalienables e imprescriptibles. Pueden aprovecharse de ellos todos los habitantes, con las restricciones establecidas por la ley, pero para aprovechamientos especiales se necesita concesión otorgada con los requisitos que prevengan las leyes respectivas.

Artículo 766. Los que estorben el aprovechamiento de los bienes de uso común, quedan sujetos a las penas correspondientes, a pagar los daños y perjuicios causados y a la pérdida de las obras que hubieren ejecutado.

Artículo 767. Los bienes destinados a un servicio público y los bienes propios, pertenecen en pleno dominio al Estado o a los municipios; pero los primeros son inalienables e imprescriptibles, mientras no se les desafecte del servicio público a que se hallen destinados.

Artículo 768. Cuando conforme a la ley pueda enajenarse y se enajene una vía pública, los propietarios de los predios colindantes gozarán del derecho del tanto en la parte que les corresponda, a cuyo efecto se les dará aviso de la enajenación. El derecho que este artículo concede, deberá ejercitarse precisamente dentro de los ocho días siguientes al aviso. Cuando éste no se haya dado, los colindantes, podrán pedir la rescisión del contrato dentro de seis meses contados desde su celebración.

Lo mismo se observará respecto de los inmuebles propiedad del Estado o de los municipios.

Artículo 769. Son bienes de propiedad de los particulares todas las cosas cuyo dominio les pertenece legalmente y de las que no puede aprovecharse nadie sin consentimiento del dueño o autorización de la ley.

Artículo 770. Los extranjeros y las personas morales, para adquirir la propiedad de bienes inmuebles ubicados dentro del Estado, observarán lo previsto en las disposiciones legales que resulten aplicables.

CAPÍTULO CUARTO
DE LOS BIENES MOSTRENCOS

Artículo 771. Son bienes mostrencos los muebles abandonados.

Artículo 772. El que hallare una cosa pérdida o abandonada, deberá entregarla dentro de tres días a la autoridad municipal del lugar o a la más cercana, si el hallazgo se verifica en despoblado.

Artículo 773. La autoridad dispondrá que la cosa hallada se tase por peritos y la depositará, exigiendo formal y circunstanciado recibo.

Artículo 774. Cualquiera que sea el valor de la cosa, se fijarán avisos durante un mes, de diez en diez días, en los lugares públicos de la cabecera del municipio, anunciándose que al vencimiento del plazo, se rematará la cosa si no se presentara reclamante.

Artículo 775. Si la cosa hallada fuere de las que no pueden conservarse, la autoridad dispondrá su venta y mandará depositar el precio. Lo mismo se hará cuando la conservación de la cosa pueda ocasionar gastos que no estén en relación con su valor.

Artículo 776. Si durante el plazo designado se presentare alguno reclamando la cosa, la autoridad municipal remitirá todos los datos al juez competente, ante quien el reclamante probará su propiedad con intervención del Ministerio Público.

Artículo 777. Si el reclamante es reconocido como propietario se le entregará la cosa o su precio, con deducción de los gastos realizados para su conservación.

Artículo 778. Si el reclamante no es reconocido propietario o si pasado el plazo de un mes contado desde la primera publicación de los avisos, nadie reclama la propiedad de la cosa, ésta se venderá, dándose una mitad del precio al que la halló y destinándose la otra al establecimiento de asistencia social que designe el Poder Ejecutivo del Estado. Los gastos se repartirán entre los adjudicatarios, en proporción a la parte que reciban.

Artículo 779. Cuando por alguna circunstancia especial fuere necesaria, a juicio de la autoridad, la conservación de la cosa, el que la halló recibirá la cuarta parte del precio.

Artículo 780. La venta se hará siempre en almoneda pública.

CAPÍTULO QUINTO
DE LOS BIENES VACANTES

Artículo 781. Son bienes vacantes los inmuebles que no tienen dueño cierto.

Artículo 782. El que tuviere noticia de la existencia de bienes vacantes en el Estado y quisiere adquirir la parte que la ley da al descubridor, hará la denuncia de ellos ante el Ministerio Público del lugar de la ubicación de los bienes.

Artículo 783. El Ministerio Público, si estima que procede, deducirá ante el juez competente, según el valor de los bienes, la acción que corresponda, a fin de que, declarados vacantes, los bienes se adjudiquen al fisco del Estado. Se tendrá al que hizo la denuncia como tercero coadyuvante.

Artículo 784. El denunciante recibirá la mitad del valor comercial de los bienes que denuncie y la otra la institución de asistencia social que conforme a derecho se designe.

Artículo 785. El que se apodere de un bien vacante sin cumplir lo prevenido en este Capítulo, pagará una multa de diez a cincuenta veces el salario mínimo general diario vigente en la zona, sin perjuicio de las penas que señale el respectivo código.

TÍTULO TERCERO
DE LA POSESIÓN

CAPÍTULO ÚNICO

Artículo 786. Es poseedor de una cosa el que ejerce sobre ella un poder de hecho, salvo que lo haga en cumplimiento de las instrucciones de su propietario. Posee un derecho el que goza de él.

Artículo 787. Cuando en virtud de un acto jurídico el propietario entrega a otro una cosa, concediéndole el derecho de retenerla temporalmente en su poder en calidad de usufructuario, arrendatario, acreedor pignoraticio, depositario u otro título análogo, los dos son poseedores de la cosa. El que la posee a título de propietario tiene una posesión originaria; el otro, una posesión derivada.

Igual regla se aplicará para el caso de que persona diferente del propietario adquiera temporalmente la tenencia de la cosa en virtud de precepto legal o mandamiento de autoridad que así lo disponga.

Artículo 788. En caso de despojo, tanto el poseedor originario como el derivado gozan del derecho de pedir que sea restituido el que tenía la posesión derivada y si éste no puede o no quiere recobrarla, el poseedor originario puede pedir que se le dé la posesión a él mismo.

Artículo 789. Cuando se demuestre que una persona tiene en su poder una cosa en virtud de la situación de dependencia en que se encuentra respecto del propietario de esa cosa y que la retiene en provecho de éste, en cumplimiento de las órdenes o instrucciones que de él ha recibido, no se le considera poseedor.

Artículo 790. Sólo pueden ser objeto de posesión, las cosas y derechos que sean susceptibles de apropiación.

Artículo 791. Puede adquirirse la posesión por la misma persona que va a disfrutarla, por su representante legal, por su mandatario y por tercero sin mandato alguno; en este último caso, no se entenderá adquirida la posesión hasta que la persona a cuyo nombre se haya verificado el acto posesorio la ratifique.

Artículo 792. Cuando varias personas poseen una cosa indivisa, podrá cada una de ellas ejercer actos posesorios sobre la cosa común, con tal que no excluya los actos posesorios de los otros coposeedores.

Artículo 793. Se entiende que cada uno de los partícipes de una cosa que se posee en común, ha poseído exclusivamente, por todo el tiempo que dure la indivisión, la parte que al dividirse le tocare.

Artículo 794. La posesión da al que la tiene, la presunción de propietario para todos los efectos legales. El que posee en virtud de un derecho personal o de un derecho real distinto de la propiedad, no se presume propietario; pero si es poseedor de buena fe, tiene a su favor la presunción de haber obtenido la posesión del dueño de la cosa o derecho poseído.

Artículo 795. El poseedor de una cosa mueble perdida o robada no podrá recuperarla de un tercero de buena fe que la haya adquirido en almoneda o de un comerciante que, en mercado público, se dedique a la venta de objetos de la misma especie, sin reembolsar al poseedor el precio que hubiere pagado por la cosa. Recuperado el bien, el poseedor tiene derecho de repetir contra el vendedor.

Artículo 796. La moneda y los títulos al portador no pueden ser reivindicados del adquirente de buena fe, aunque el poseedor haya sido desposeído de ellos contra su voluntad.

Artículo 797. El poseedor actual que pruebe haber poseído en tiempo anterior, tiene a su favor la presunción de haber poseído en el intermedio.

Artículo 798. La posesión de un inmueble hace presumir la de los bienes muebles que se hallen en él.

Artículo 799. Todo poseedor debe ser mantenido o restituido en la posesión contra aquellos que no tengan mejor derecho para poseer.

Es mejor la posesión que se funda en el título y, cuando se trata de inmuebles, la que está inscrita.

A falta de título o siendo iguales los títulos, la más antigua.

Si las posesiones fueren dudosas, se pondrá en depósito la cosa hasta que se resuelva a quién pertenece la posesión.

Se entiende por título, la causa generadora de la posesión.

Artículo 800. Para que el poseedor tenga derecho al interdicto de recuperar la posesión, se necesita que no haya pasado un año desde que se verificó el despojo.

Artículo 801. Se reputa como nunca perturbado o despojado, el que judicialmente fue mantenido o restituido en la posesión.

Artículo 802. Es poseedor de buena fe, el que entra en la posesión en virtud de un título suficiente para darle derecho de poseer. También lo es el que ignora los vicios de su título, que le impiden poseer con derecho.

Es poseedor de mala fe, el que entra a la posesión sin título alguno para poseer; lo mismo que el que conoce los vicios de su título que le impiden poseer con derecho.

Artículo 803. La buena fe se presume siempre; al que afirme la mala fe del poseedor le corresponde probarla.

Artículo 804. La posesión adquirida de buena fe no pierde ese carácter sino en el caso y desde el momento en que existan actos que acrediten que el poseedor no ignora que posee la cosa indebidamente.

Artículo 805. Los poseedores originarios y los derivados se regirán por las disposiciones que norman los actos jurídicos en virtud de las cuales son poseedores, en todo lo relativo a frutos, pagos de gastos y responsabilidad por pérdida o menoscabo de la cosa poseída.

Artículo 806. El poseedor de buena fe que haya adquirido la posesión por título traslativo de dominio, tiene los derechos siguientes:

I. El de hacer suyos los frutos percibidos, mientras su buena fe no es interrumpida;

II. El de que se le abonen todos los gastos necesarios, lo mismo que los útiles, teniendo derecho de retener la cosa poseída hasta que se haga el pago;

III. El de retirar las mejoras voluntarias, si no se causa daño en la cosa mejorada o reparando el que se cause al retirarla; y

IV. El de que se abonen los gastos hechos por él para la producción de los frutos naturales e industriales que no hace suyos por estar pendientes al tiempo de interrumpirse la posesión, teniendo derecho al interés legal sobre el importe de esos gastos desde el día en que los haya hecho.

Artículo 807. El poseedor de buena fe a que se refiere el artículo anterior, no responde del deterioro o pérdida de la cosa poseída, aunque haya ocurrido por hecho propio, pero sí responde de la utilidad que el mismo haya obtenido de la pérdida o deterioro.

Artículo 808. El que posee por menos de un año, a título traslativo de dominio y con mala fe, siempre que no haya obtenido la posesión por un medio delictuoso, está obligado:

I. A restituir los frutos percibidos; y

II. A responder de la pérdida o deterioro de la cosa sobrevenidos por la culpa o por caso fortuito o fuerza mayor, a no ser que pruebe que éstos se habrían causado aunque la cosa hubiere estado poseída por su dueño. No responde de la pérdida sobrevenida natural e inevitablemente por el sólo transcurso del tiempo.

Tiene derecho a que se le reembolsen los gastos necesarios.

Artículo 809. El que posee en concepto de dueño por más de un año, pacífica, continúa y públicamente, aunque su posesión sea de mala fe, con tal que no sea delictuosa, tiene derecho:

I. A las dos terceras partes de los frutos industriales que haga producir a la cosa poseída, perteneciendo la otra tercera parte al propietario, si reivindica la cosa antes de que se prescriba; y

II. A que se le abonen los gastos necesarios y a retirar las mejoras útiles, si es dable separarlas sin detrimento de la cosa mejorada.

Artículo 810. El poseedor que haya adquirido la posesión por algún hecho delictuoso, está obligado a restituir todos los frutos que haya producido la cosa y los que haya dejado de producir por omisión culpable, así como a responder de la pérdida o deterioro de la misma.

Artículo 811. Las mejoras voluntarias no son abonables a ningún poseedor, pero el de buena fe puede retirar esas mejoras, si no se causan daños a la cosa o reparando los que se ocasionen al retirarlas.

Artículo 812. Se entiende percibidos los frutos naturales o industriales desde que se alzan o separan. Los frutos civiles se producen por día y pertenecen al poseedor en esta proporción, luego que son debidos, aunque no los haya recibido.

Artículo 813. Son gastos necesarios los que están prescritos por la ley y aquellos sin los que la cosa se pierde o desmejore.

Artículo 814. Son gastos útiles aquéllos que, sin ser necesarios, aumentan el precio o producto de la cosa.

Artículo 815. Son gastos voluntarios los que sirven sólo de ornato de la cosa o al placer o comodidad del poseedor

Artículo 816. El poseedor debe justificar el importe de los gastos a que tenga derecho; en caso de duda se tasarán por peritos.

Artículo 817. Cuando el poseedor hubiere de ser indemnizado por gastos y haya percibido algunos frutos a que no tenía derecho, habrá lugar a la compensación.

Artículo 818. Las mejoras provenientes de la naturaleza o del tiempo, ceden siempre en beneficio del que haya vencido en la posesión.

Artículo 819. Posesión pacífica es la que se adquiere sin violencia.

Artículo 820. Posesión continua es la que no se ha interrumpido por alguno de los medios enumerados en el Capítulo Quinto del Título Séptimo de este Libro.

Artículo 821. Posesión pública es la que se disfruta de manera que pueda ser conocida de todos. También lo es la que esta inscrita en el Registro Público de la Propiedad y del Comercio.

Artículo 822. Sólo la posesión que se adquiere y disfruta en concepto de dueño de la cosa poseída, puede producir la prescripción de la misma en los términos de ley.

La posesión que no se adquiera en dicho concepto se presumirá despojada y se atenderá, en su caso, a las reglas de la prescripción considerada como de mala fe.

Artículo 823. Se presume que la posesión se sigue disfrutando en el mismo concepto en que se adquirió, a menos que se pruebe que ha cambiado la causa generadora de la posesión.

Artículo 824. La posesión se pierde:

I. Por abandono;

II. Por cesión a título oneroso o gratuito;

III. Por la destrucción o pérdida de la cosa o por quedar ésta fuera del comercio;

IV. Por resolución judicial;

V. Por despojo, si la desposesión dura más de un año;

VI. Por reivindicación del propietario;

VII. Por expropiación, por causa de utilidad pública; y

VIII. Por resolución judicial dictada en un procedimiento de extinción de dominio.

Artículo 825. Se pierde la posesión de los derechos cuando es imposible ejercitarlos o cuando no se ejercen por el tiempo que baste para que queden prescritos.

TÍTULO CUARTO
DE LA PROPIEDAD

CAPÍTULO PRIMERO
DISPOSICIONES GENERALES

Artículo 826. El propietario de una cosa puede gozar y disponer de ella con las limitaciones y modalidades que fijen las leyes.

La propiedad se pierde, en razón de la sentencia ejecutoriada que se emita en un procedimiento de extinción de dominio, en los términos que al efecto prevea la ley de la materia.

Artículo 827. La propiedad no puede ser ocupada contra la voluntad de su dueño, sino por causa de utilidad pública y mediante indemnización de acuerdo al valor comercial del inmueble.

Artículo 828. La autoridad puede, mediante indemnización, ocupar la propiedad particular, deteriorarla y aún destruirla, si eso es indispensable para prevenir o remediar una calamidad pública, para salvar de un riesgo inminente a una población o para ejecutar obras de beneficio colectivo, esto último en los términos de la ley de la materia.

Artículo 829. El propietario o el inquilino de un predio, tienen derecho de ejercer las acciones que procedan para impedir que, por el mal uso de la propiedad del vecino, se perjudique la seguridad, el sosiego o la salud de los que habiten el predio.

Artículo 830. No pertenecen al dueño del predio, los minerales o substancias mencionadas en el párrafo cuarto del artículo 27 de la Constitución Política de los Estados Unidos Mexicanos, ni las aguas que el párrafo quinto del mismo artículo dispone sean de propiedad de la Nación.

Artículo 831. En un predio no pueden hacerse excavaciones o construcciones que hagan perder el sostén necesario al suelo de la propiedad vecina, a menos que se hagan las obras de consolidación indispensables para evitar todo daño a este predio.

Artículo 832. No es lícito ejercitar el derecho de propiedad de manera que su ejercicio no dé otro resultado que causar perjuicios a un tercero, sin utilidad para el propietario.

Artículo 833. Todo propietario tiene derecho de deslindar su propiedad y hacer o exigir el amojonamiento de la misma.

Artículo 834. También tiene derecho y, en su caso, obligación de cerrar o de cercar su propiedad, en todo o en parte, del modo que lo estime conveniente o lo dispongan las leyes o reglamentos, sin perjuicio de las servidumbres que reporte la propiedad.

Artículo 835. Nadie puede edificar ni plantar cerca de las plazas fuertes, fortalezas o edificios públicos, sino sujetándose a las condiciones exigidas en los reglamentos especiales de la materia.

Artículo 836. Las servidumbres establecidas por utilidad pública o comunal, para la construcción o reparación de las vías públicas y para las demás obras comunales de esta clase, se fijarán por las leyes y reglamentos especiales; a falta de éstos, por las disposiciones de este Código.

Artículo 837. Nadie puede construir cerca de una pared ajena o de copropiedad, fosos, cloacas, acueductos, hornos, fraguas, chimeneas, establos, ni instalar depósitos de materias corrosivas, máquinas de vapor o fábricas destinadas a usos que puedan ser peligrosos o nocivos, sin guardar las distancias prescritas por los reglamentos o sin construir las obras de resguardo necesarias con sujeción a lo que prevengan los mismos reglamentos o, a falta de ellos, a los que se determine por juicio pericial.

Artículo 838. Nadie puede plantar árboles cerca de una heredad ajena, sino a la distancia de dos metros de la línea divisoria, si la plantación se hace de árboles grandes y de un metro, si la plantación se hace de arbustos o árboles pequeños.

Artículo 839. El propietario puede pedir que se arranquen los árboles plantados a menor distancia de su predio de la señalada en el artículo que precede y hasta cuando sea mayor, si es evidente el daño que los árboles le causan.

Artículo 840. Si las ramas de los árboles se extienden sobre heredades, jardines o patios vecinos, el dueño de estos tendrá derecho de que se corten en cuanto se extiendan sobre su propiedad; si fueren las raíces de los árboles las que se extendieren en el suelo de otro, éste podrá hacerlas cortar por sí mismo dentro de su heredad, pero con previo aviso al vecino.

Artículo 841. El dueño de una pared que no sea de copropiedad contigua a finca ajena, puede abrir en ella ventanas o huecos para recibir luces a una altura tal que la parte inferior de la ventana diste del suelo de la vivienda a que dé luz, tres metros a lo menos y, en todo caso, con reja de hierro remetida en la pared y con red de alambre, cuyas mallas sean de tres centímetros a lo sumo.

Artículo 842. No obstante lo dispuesto en el artículo anterior, el dueño de la finca o propiedad contigua a la pared en que estuvieren abiertas las ventanas o huecos, podrá construir pared contigua a ella o si adquiere la copropiedad, apoyarse en la misma pared, aunque de uno u otro modo cubra los huecos o ventanas.

Artículo 843. No se pueden tener ventanas para asomarse, ni balcones u otros voladizos semejantes, sobre la propiedad del vecino, prolongándose más allá del límite que separa las heredades. Tampoco pueden tenerse vistas de costado u oblicuas sobre la misma propiedad, si no hay un metro de distancia.

Artículo 844. La distancia de que habla el artículo anterior se mide desde la línea de separación de las dos propiedades.

Artículo 845. El propietario de un edificio está obligado a construir sus tejados y azoteas de tal manera que las aguas pluviales no caigan sobre el suelo o edificio vecino.

CAPÍTULO SEGUNDO
DE LA APROPIACIÓN DE LOS ANIMALES

Artículo 846. Los animales sin marca alguna que se encuentren en la propiedad, se presumen que son del dueño de éstas mientras no se pruebe lo contrario, a no ser que el propietario no tenga cría de la raza a que los animales pertenezcan.

Artículo 847. Los animales sin marca que se encuentren en tierras de propiedad particular que exploten en común varias personas, se presumen del dueño de la cría de la misma especie y de la misma raza en ella establecidas, mientras no se pruebe lo contrario. Si dos o más fueren dueños de la misma especie o raza, mientras no haya prueba de que los animales pertenecen a alguno de ellos, se reputarán de propiedad común.

Artículo 848. El derecho de caza y el de apropiarse los productos de está en terrenos públicos, se sujetará a las leyes y reglamentos respectivos.

Artículo 849. En terrenos de propiedad particular no puede ejercitarse el derecho a que se refiere el artículo anterior, ya sea comenzando en él la caza, ya continuando la comenzada en terreno público, sin permiso del dueño. Los campesinos asalariados y los aparceros, gozan del derecho de caza en las fincas donde trabajen, en cuanto se aplique a satisfacer sus necesidades y las de sus familias.

Artículo 850. El ejercicio del derecho de cazar se regirá por las leyes aplicables y los reglamentos administrativos correspondientes, además de las siguientes bases.

Artículo 851. El cazador se hace dueño del animal que caza, por el acto de apoderarse de él.

Artículo 852. Se considera capturado el animal que ha sido muerto por el cazador durante el acto venatorio y también el que está preso en redes.

Artículo 853. Si la pieza herida muriese en terrenos ajenos, el propietario de éstos o quien lo represente, deberá entregarla al cazador o permitir que entre a buscarla.

Artículo 854. El propietario que infrinja el artículo anterior, pagará el valor de la pieza y el cazador perderá ésta si entra a buscarla sin permiso de aquel.

Artículo 855. El hecho de entrar los perros de caza en terreno ajeno, sin la voluntad del cazador, sólo obliga a éste a la reparación de los daños causados.

Artículo 856. La acción para pedir la reparación prescribe a los treinta días, contados desde la fecha en que se causó el daño.

Artículo 857. Derogado.

Artículo 858. Derogado.

Artículo 859. Se prohíbe absolutamente destruir en predios ajenos los nidos, huevos y crías de aves de cualquier especie.

Artículo 860. El derecho de pesca en aguas particulares pertenece a los dueños de los predios en que aquellas se encuentren, con sujeción a las leyes y reglamentos de la materia.

Artículo 861. Derogado.

Artículo 862. Es lícito a cualquier persona apropiarse los enjambres que no hayan sido encerrados en colmena o cuando la han abandonado, respetando en todo momento las disposiciones relativas a la preservación de estas.

Artículo 863. No se entiende que las abejas han abandonado la colmena cuando se han posado en predio propio del dueño o éste las persigue llevándolas a la vista.

Artículo 864. Derogado.

Artículo 865. La apropiación de los animales domésticos se rige por las disposiciones contenidas en el título de los bienes mostrencos.

CAPÍTULO TERCERO
DE LOS TESOROS

Artículo 866. Para los efectos de los artículos que siguen, se entiende por tesoro el depósito oculto de dinero, alhajas u otros objetos preciosos cuya legítima procedencia se ignoren. Nunca un tesoro se considera como fruto de una finca.

Artículo 867. El tesoro oculto pertenece al que lo descubre en sitio de su propiedad.

Artículo 868. Si el sitio fuere de dominio del poder público o perteneciere a alguna persona particular que no sea el mismo descubridor, se aplicará a éste una mitad del tesoro y la otra mitad al propietario del sitio.

Artículo 869. Cuando los objetos descubiertos fueren interesantes para las ciencias o para las artes, se aplicarán al Poder Ejecutivo del Estado por su justo precio, el cual se distribuirá en los términos de los artículos que anteceden.

Artículo 870. Para que el que descubra un tesoro en suelo ajeno del derecho ya declarado, es necesario que el descubrimiento sea casual.

Artículo 871. De propia autoridad, nadie puede, en terreno o edificio ajeno, hacer excavación, horadación u obra alguna para buscar un tesoro.

Artículo 872. El tesoro descubierto en terreno ajeno, por obras practicadas sin consentimiento de su dueño, pertenece íntegramente a éste.

Artículo 873. El que sin consentimiento del dueño hiciere en terreno ajeno obras para descubrir un tesoro, estará obligado en todo caso a pagar los daños y perjuicios y, además, a costear la reposición de las cosas a su primer estado; perderá también el derecho de inquilinato si lo tuviere en el fundo, aunque no esté fenecido el plazo del arrendamiento, cuando así lo pidiere el dueño.

Artículo 874. Si el tesoro se buscare con consentimiento del dueño del fundo, se observarán las estipulaciones que se hubieren hecho para la distribución; si no las hubiere, los gastos y lo descubierto se distribuirán por mitad.

Artículo 875. Cuando uno tuviere la propiedad y otro el usufructo de una finca en que se haya encontrado el tesoro, si el que lo encontró fue el mismo usufructuario, la parte que le corresponde se determinará según las reglas que quedan establecidas para el descubridor extraño. Si el descubridor no es el dueño ni el usufructuario, el tesoro se repartirá entre el dueño y el descubridor, con exclusión del usufructuario, observándose lo dispuesto en este Capítulo.

Artículo 876. Si el propietario encuentra el tesoro en la finca o terreno cuyo usufructo pertenece a otra persona, ésta no tendrá parte alguna en el tesoro, pero sí derecho de exigir del propietario una indemnización por los daños y perjuicios que origine la interrupción del usufructo, en la parte ocupada o demolida para buscar el tesoro. La indemnización se pagará aún cuando no se encuentre el tesoro.

CAPÍTULO CUARTO
DEL DERECHO DE ACCESIÓN

Artículo 877. La propiedad de los bienes da derecho a todo lo que ellos producen o se les une o incorpora natural o artificialmente. Este derecho se llama de accesión.

Artículo 878. En virtud de él, pertenecen al propietario:
I. Los frutos naturales;
II. Los frutos industriales; y
III. Los frutos civiles.

Artículo 879. Son frutos naturales las producciones espontáneas de la tierra, las crías y demás productos de los animales.

Artículo 880. Las crías de los animales pertenecen al dueño de la madre y no al del padre, salvo convenio anterior en contrario.

Artículo 881. Son frutos industriales los que producen las heredades o fincas de cualquiera especie, mediante el cultivo o trabajo.

Artículo 882. No se reputan frutos naturales o industriales sino desde que estén manifiestos o nacidos.

Artículo 883. Para que los animales se consideren frutos, basta que estén en el vientre de la madre, aunque no hayan nacido.

Artículo 884. Son frutos civiles, los alquileres de los bienes muebles, las rentas de los inmuebles, los réditos de los capitales y todos aquellos que, no siendo producidos por la misma cosa directamente, vienen de ella por contrato, por última voluntad o por la ley.

Artículo 885. El que perciba los frutos tiene la obligación de abonar los gastos hechos por un tercero para su producción, recolección y conservación.

Artículo 886. Todo lo que se une o se incorpora a una cosa, lo edificado, lo plantado, lo sembrado y lo reparado o mejorado en terreno o finca de propiedad ajena, pertenece al dueño del terreno o finca, con sujeción a lo que se dispone en los artículos siguientes.

Artículo 887. Todas las obras, siembras y plantaciones, así como las mejoras y reparaciones ejecutadas en un terreno, se presumen hechas por el propietario y a su costa, mientras no se pruebe lo contrario.

Artículo 888. El que siembre, plante o edifique en finca propia, con semillas plantas o materiales ajenos, adquiere la propiedad de unas y otros, pero con la obligación de pagarlo en todo caso y de resarcir daños y perjuicios, si ha procedido de mala fe.

Artículo 889. El dueño de las semillas, plantas o materiales, nunca tendrá derecho de pedir que se le devuelvan destruyéndose la obra o plantación, pero si las plantas no han echado raíces y pueden sacarse, el dueño de ellas tiene derecho de pedir que así se haga.

Artículo 890. Cuando las semillas o los materiales no estén aún aplicados a su objeto ni confundidos con otros, pueden reivindicarse por el dueño.

Artículo 891. El dueño de terreno en que se edifique, siembre o plante de buena fe, tendrá derecho de hacer suya la obra, siembra o plantación, previa indemnización o de obligar al que edificó o plantó a pagar el precio del terreno y al que sembró solamente su renta. Si el dueño del terreno ha procedido de mala fe, sólo tendrá derecho de que se le pague el valor de la renta o el precio del terreno, en sus respectivos casos.

Artículo 892. El que edifica, planta o siembra de mala fe en terreno ajeno, pierde lo edificado, plantado o sembrado, sin que tenga derecho de reclamar indemnización alguna del dueño del suelo, ni de retener la cosa.

Artículo 893. El dueño del terreno en que se haya edificado con mala fe, podrá pedir la demolición de la obra y la reposición de las cosas a su estado primitivo, a costa del edificador.

Artículo 894. Cuando haya mala fe, no sólo por parte del que edificare, sino por parte del dueño, se entenderá compensada esta circunstancia y se arreglarán los derechos de uno y otro, conforme a lo resuelto para el caso de haberse procedido de buena fe.

Artículo 895. Se entiende que hay mala fe de parte del edificador, plantador o sembrador, cuando hace la edificación, plantación o siembra o permite, sin reclamar, que con material suyo las haga otro en terreno que sabe que es ajeno, no pidiendo previamente al dueño su consentimiento por escrito.

Artículo 896. Se entiende haber mala fe por parte del dueño del terreno, siempre que a su vista, ciencia y paciencia se hiciere el edificio, la siembra o la plantación.

Artículo 897. Si los materiales, plantas o semillas pertenecen a un tercero que no ha procedido de mala fe, el dueño del terreno es responsable subsidiariamente del valor de aquellos objetos, siempre que concurran las dos circunstancias siguientes:

I. Que el que de mala fe empleó materiales, plantas o semillas, no tenga bienes con qué responder de su valor; y

II. Que lo edificado, plantado o sembrado aproveche al dueño.

Artículo 898. No tendrá lugar lo dispuesto en el artículo anterior, si el propietario del terreno pide la demolición de la obra y la reposición de las cosas a su estado original.

Artículo 899. El acrecentamiento que por aluvión reciben las heredades confinantes con corriente de agua, pertenece a los dueños de las riberas en que el aluvión se deposite.

Artículo 900. Los dueños de las heredades confinantes con las lagunas o estanques no adquieren el terreno descubierto por la disminución natural de las aguas, ni pierden el que éstas inunden con las crecidas extraordinarias.

Artículo 901. Cuando la fuerza del río arranca una porción considerable y reconocible de un campo ribereño y la lleva a otro inferior o a la ribera opuesta, el propietario de la porción arrancada puede reclamar su propiedad, haciéndolo dentro de dos años contados desde el acaecimiento; pasado este plazo perderá su derecho de propiedad, a menos que el propietario del campo a que se unió la porción arrancada, no haya aún tomado posesión de ella.

Artículo 902. Los árboles arrancados y transportados por la corriente de las aguas pertenecen al propietario del terreno a donde vayan a parar, si no los reclaman dentro de dos meses los antiguos dueños. Si éstos los reclaman, deberán abonar los gastos ocasionados en recogerlos o ponerlos en lugar seguro.

Artículo 903. La ley sobre aguas, de jurisdicción federal, determinará a quién pertenecen los cauces abandonados de los ríos federales que varían de curso.

Artículo 904. Los cauces abandonados por corrientes de agua que no sean de la Federación, pertenecen a los dueños de los terrenos por donde corran esas aguas. Si la corriente era limítrofe de varios predios, el cauce abandonado pertenece a los propietarios de ambas riberas proporcionalmente a la extensión del frente de cada heredad, a lo largo de la corriente, tirando una línea divisoria por en medio del álveo.

Artículo 905. Cuando la corriente del río se divide en dos brazos o ramales, dejando aislada una heredad o parte de ella, el dueño no pierde su propiedad sino en la parte ocupada por las aguas, salvo lo que sobre el particular disponga la ley de la materia, acerca de las aguas de jurisdicción federal.

Artículo 906. Cuando dos cosas muebles que pertenecen a dos dueños distintos, se unen de tal manera que vienen a formar una sola, sin que intervenga mala fe, el propietario de la principal adquiere la accesoria, pagando su valor.

Artículo 907. Se reputa principal, entre dos cosas incorporadas, la de mayor valor.

Artículo 908. Si no pudiere hacerse la calificación conforme a la regla establecida en el artículo que precede, se reputará principal el objeto cuyo uso, perfección o adorno se haya conseguido por la unión del otro.

Artículo 909. En la pintura, escultura y bordado en los escritos impresos, grabados, litografías, fotograbados, oleografías, cromolitografías y en las demás obtenidas por otros procedimientos análogos a los anteriores, se estima accesorio la tabla, el metal, la piedra, el lienzo, el papel o el pergamino.

Artículo 910. Cuando las cosas unidas puedan separarse sin detrimento y subsistir independientemente, los dueños respectivos pueden exigir la separación.

Artículo 911. Cuando las cosas unidas no pueden separarse sin que la que se reputa accesoria sufra deterioro, el dueño de la principal tendrá también derecho de pedir la separación; pero quedará obligado a indemnizar al dueño de la accesoria, siempre que éste haya procedido de buena fe.

Artículo 912. Cuando el dueño de la cosa accesoria es el que ha hecho la incorporación, la pierde si ha obrado de mala fe; además, está obligado a indemnizar al propietario de los perjuicios que se le hayan seguido a causa de la incorporación.

Artículo 913. Si el dueño de la cosa principal es el que ha procedido de mala fe, el que lo sea de la accesoria tendrá derecho a que aquél le pague su valor y le indemnice de los daños y perjuicios o a que la cosa de su pertenencia se separe, aunque para ello haya de destituirse la principal.

Artículo 914. Si la incorporación se hace por cualquiera de los dueños a vista o ciencia y paciencia del otro, sin que éste se oponga, los derechos respectivos se arreglarán conforme a lo dispuesto en los artículos 902 a 905.

Artículo 915. Siempre que el dueño de la materia empleada sin su consentimiento, tenga derecho a indemnización, podrá exigir que ésta consista en la entrega de una cosa igual en especie, en valor y en todas sus circunstancias a la empleada, o bien, en el precio de ella fijado por peritos.

Artículo 916. Si se mezclan dos cosas de igual o diferente especie, por voluntad de sus dueños o por casualidad y en este último caso las cosas no son separables sin detrimento, cada propietario adquirirá un derecho proporcional a la parte que le corresponda, atendido el valor de la cosas mezcladas o confundidas.

Artículo 917. Si por voluntad de uno solo, pero con buena fe se mezclan o confunden dos cosas de igual o diferente especie, los derechos de los propietarios se arreglarán por lo dispuesto en el artículo anterior, a no ser que el dueño de la cosa mezclada sin su consentimiento, prefiera la indemnización de daños y perjuicios.

Artículo 918. El que de mala fe hace la mezcla o confusión, pierde la cosa mezclada o confundida que fuere de su propiedad y queda, además, obligado a la indemnización de los perjuicios causados al dueño de la cosa o cosas con que se hizo la mezcla.

Artículo 919. El que de buena fe empleó materia ajena en todo o en parte, para formar una cosa de nueva especie, hará suya la obra, siempre que el mérito artístico de ésta exceda en precio a la materia, cuyo valor indemnizará al dueño.

Artículo 920. Cuando el mérito artístico de la obra sea inferior en precio a la materia, el dueño de ésta hará suya la nueva especie y tendrá derecho, además, para reclamar indemnización de daños y perjuicios, descontándose el monto de éstos del valor de la obra, a tasación de peritos.

Artículo 921. Si la especificación se hizo de mala fe, el dueño de la materia empleada tiene derecho de quedarse con la obra sin pagar nada al que la hizo o exigir de éste que le pague el valor de la materia y le indemnice de los perjuicios que se le hayan seguido.

Artículo 922. La mala fe en los casos de mezcla o confusión, se calificará conforme a lo dispuesto en el presente Capítulo.

CAPÍTULO QUINTO
DEL DOMINIO DE LAS AGUAS

Artículo 923. El dueño del predio en que exista una fuente natural o que haya perforado un pozo brotante, hecho obras de captación de aguas subterráneas o construido aljibe o presas para captar las aguas fluviales, tiene derecho de disponer de esas aguas, pero si éstas pasan de una finca a otra, su aprovechamiento se considerará de utilidad pública y quedará sujeto a las disposiciones especiales que sobre el particular se dicten.

El dominio del dueño de un predio sobre las aguas de que trata este artículo, no perjudica los derechos que legítimamente hayan podido adquirir a su aprovechamiento los de los predios inferiores.

Artículo 924. Si alguno perforase pozo o hiciere obras de captación de aguas subterráneas en su propiedad, aunque por esto disminuya el agua del abierto en fundo ajeno, no está obligado a indemnizar, pero debe tener en cuenta lo dispuesto en el artículo 832.

Artículo 925. El propietario de las aguas no podrá desviar su curso de modo que cause daño a un tercero.

Artículo 926. El uso y aprovechamiento de las aguas de dominio público se regirá por la ley especial respectiva.

Artículo 927. El propietario de un predio que sólo con muy costosos trabajos pueda proveerse del agua que necesita para utilizar convenientemente su predio, tiene derecho de exigir de los dueños de los predios vecinos que tengan aguas sobrantes, que le proporcionen la necesaria, mediante el pago de una indemnización fijada por peritos.

CAPÍTULO SEXTO
DE LA COPROPIEDAD

Artículo 928. Hay copropiedad cuando una cosa o un derecho pertenece pro indiviso a varias personas.

Artículo 929. Los que por cualquier título tienen el dominio legal de una cosa, no pueden ser obligados a conservarla indiviso, sino en los casos en que por la misma naturaleza de las cosas o por determinación de la ley, el domino es indivisible.

Artículo 930. Si el dominio no es divisible o la cosa no admite cómoda división y los partícipes no convienen en que sea adjudicada a alguno de ellos, se procederá a su venta y a la repartición de su precio entre los interesados.

Artículo 931. A falta de contrato o disposición especial, se regirá la copropiedad por las disposiciones siguientes.

Artículo 932. El concurso de los partícipes tanto en los beneficios como en las cargas, será proporcional a sus respectivas porciones.

Se presumirán iguales, mientras no se pruebe lo contrario, las porciones correspondientes a los partícipes en la comunidad.

Artículo 933. Cada partícipe podrá servirse de las cosas comunes, siempre que disponga de ellas conforme a su destino y de manera que no perjudique el interés de la comunidad, ni impida a los copropietarios usarla según su derecho.

Artículo 934. Todo copropietario tiene derecho para obligar a los partícipes a contribuir a los gastos de conservación de la cosa o derecho común. Sólo puede eximirse de esta obligación al que renuncie a la parte que le pertenece en el dominio.

Artículo 935. Ninguno de los condueños podrá, sin el consentimiento de los demás, hacer alteraciones en la cosa común aunque de ellas pudieran resultar ventajas para todos.

Artículo 936. Para los actos de administración, goce y disposición de la cosa común, serán obligatorios los acuerdos de la mayoría de los copropietarios, considerando la suma de sus partes alícuotas.

Artículo 937. Los condueños podrán nombrar un representante común para todas sus relaciones con terceros, quién tendrá las facultades de un mandatario para pleitos, cobranza y actos de administración.

Artículo 938. Si las porciones de los participantes fueren o debieren presumirse iguales, cualquiera de ellos podrá actuar como representante común.

Artículo 939. Los copropietarios que formen mayoría, son responsables de los daños y perjuicios que causen a la minoría con la ejecución de sus acuerdos. La acción para exigir tales daños y perjuicios, prescribe a los seis meses contados a partir de la fecha en que se hubieren producido.

Artículo 940. Cuando parte de la cosa perteneciere exclusivamente a un copropietario o a algunos de ellos y otra fuere común, sólo a ésta será aplicable la disposición anterior.

Artículo 941. Todo condueño tiene la plena propiedad de la parte alícuota que le corresponda y la de sus frutos y utilidades, pudiendo, en consecuencia, enajenarla, cederla o hipotecarla y aun sustituir otro en su aprovechamiento, salvo si se tratare de derecho personal. Pero el efecto de la enajenación o de la hipoteca con relación a los condueños, estará limitado a la porción que se le adjudique en la división al cesar la comunidad. Los condueños gozan del derecho del tanto.

Artículo 942. Cuando los diferentes pisos de una casa pertenecieren a distintos propietarios y los títulos de propiedad no arreglan los términos en que deben contribuir a las obras necesarias, se observarán las reglas siguientes:

I. Las paredes maestras, el tejado o azotea y las demás cosas de uso común, estarán a cargo de todos los propietarios en proporción al valor de su piso;

II. Cada propietario costeará el suelo de su piso;

III. El pavimento del portal, puerta de entrada, patio común y obras de policía comunes a todos, se costearán a prorrata por todos los propietarios; y

IV. La escalera que conduce al piso primero se costeará a prorrata entre todos, excepto el dueño del piso bajo; la que desde el primer piso conduce al segundo, se costeará por todos, excepto por los dueños del piso bajo y del primero, y así sucesivamente.

Artículo 943. Cuando haya constancia que demuestre quién fabricó la pared que divide los predios, el que la costeó es dueño exclusivo de ella; si consta que se fabricó por los colindantes o no consta quién la fabricó, es de propiedad común.

Artículo 944. Se presume la copropiedad, mientras no haya signo exterior que demuestre lo contrario:

I. En las paredes divisorias de los edificios contiguos hasta el punto común de elevación;

II. En las paredes divisorias de los jardines o corrales situados en poblado o en el campo; y

III. En las cercas, vallados y setos vivos que dividan los predios rústicos. Si las construcciones no tienen una misma altura, sólo hay presunción de copropiedad hasta la altura de la construcción menos elevada.

Artículo 945. Hay signo contrario a la copropiedad:

I. Cuando hay ventanas o huecos abiertos en la pared divisoria de los edificios;

II. Cuando conocidamente toda la pared, vallado, cerca o seto están construidos sobre el terreno de una de las fincas y no por mitad entre una y otra de las dos contiguas;

III. Cuando la pared soporte las cargas y carreras, pasos y armaduras de una de las posesiones y no de la contigua;

IV. Cuando la pared divisoria entre patios, jardines y otras heredades, esté construida de modo que la albardilla caiga hacia una sola de las propiedades;

V. Cuando la pared divisoria construida de mampostería presente piedras llamadas pasaderas, que de distancia en distancia salen fuera de la superficie sólo por un lado de la pared y no por el otro;

VI. Cuando la pared fuere divisoria entre un edificio del cual forme parte y un jardín, campo, corral o sitio sin edificio;

VII. Cuando una heredad se halle cerrada o definida por vallados, cercas o setos vivos y las contiguas no lo estén; y

VIII. Cuando la cerca que encierra completamente una heredad es de distinta especie de la que tiene la vecina en sus lados contiguos a la primera.

Artículo 946. En general, se presume que en los casos señalados en el artículo anterior, la propiedad de las paredes, cercas, vallados o setos, pertenece exclusivamente al dueño de la finca o heredad que tiene a su favor estos signos exteriores.

Artículo 947. Las zanjas o acequias abiertas entre las heredades, se presumen también de copropiedad si no hay título o signo que demuestre lo contrario.

Artículo 948. Hay signo contrario a la copropiedad, cuando la tierra o broza sacada de la zanja o acequia para abrirla o limpiarla se halla sólo de un lado; en este caso, se presume que la propiedad de la zanja o acequia es exclusivamente del dueño de la heredad que tiene a su favor este signo exterior.

Artículo 949. La presunción que establece el artículo anterior, cesa cuando la inclinación del terreno obliga a echar la tierra de un solo lado.

Artículo 950. Los dueños de los predios están obligados a cuidar de que no se deteriore la pared, zanja o seto de propiedad común; si por el hecho de alguno de sus dependientes o animales o por cualquiera otra causa que dependa de ellos se deterioraren, deben reponerlos, pagando los daños y perjuicios que se hubieren causado.

Artículo 951. La reparación y reconstrucción de las paredes de propiedad común y el mantenimiento de los vallados, setos vivos, zanjas y acequias, también comunes, se costearán proporcionalmente por todos los dueños que tengan a su favor la copropiedad.

Artículo 952. El propietario que quiera librarse de las obligaciones que impone el artículo anterior, puede hacerlo renunciando a la copropiedad, salvo el caso en que la pared común sostenga un edificio suyo.

Artículo 953. El propietario de un edificio que se apoya en una pared común, puede, al derribarlo, renunciar o no a la copropiedad. En el primer caso serán de su cuenta todos los gastos necesarios para evitar o reparar los daños que causa la demolición. En el segundo, además de esta obligación, debe cuidar que se no deteriore, así como a su reparación o reconstrucción, en su caso.

Artículo 954. El propietario de una fina contigua a una pared divisoria que no sea común, sólo puede darle ese carácter, en todo o en parte, por contrato con el dueño de ella.

Artículo 955. Todo propietario puede alzar la pared de propiedad común, haciéndolo a sus expensas e indemnizando de los perjuicios que se ocasionaren por la obra, aunque sean temporales.

Artículo 956. Serán igualmente de su cuenta todas las obras de conservación de la pared en la parte en que ésta haya aumentado su altura y espesor y las que en la parte común sean necesarias, siempre que el deterioro provenga de la mayor altura o espesor que se haya dado a la pared.

Artículo 957. Si la pared de propiedad común no puede resistir a la elevación, el propietario que quiera levantarla tendrá la obligación de reconstruirla a su costo; si fuere necesario darle mayor espesor, deberá darlo de su suelo.

Artículo 958. La pared de propiedad común que ha sido aumentada en altura o espesor, continúa siendo de propiedad común hasta la altura en que lo era antiguamente aun cuando haya sido edificada de nuevo a expensas de uno sólo y desde el punto donde comenzó la mayor altura, es propiedad del que la edificó.

Artículo 959. Los demás propietarios que no hayan, contribuido a dar más elevación o espesor a la pared, podrán sin embargo, adquirir en la parte nuevamente elevada los derechos de copropiedad, pagando proporcionalmente el valor de la obra y la mitad del valor del terreno sobre que se hubiere dado mayor espesor.

Artículo 960. Cada propietario de una pared común podrá usar de ella en proporción al derecho que tenga en la comunidad; podrá, por tanto, edificar, apoyando su obra en la pared común o introduciendo vigas hasta la mitad de su espesor, pero sin impedir el uso común y respectivo de los demás copropietarios En caso de resistencia de los otros propietarios, se arreglarán por medio de peritos las condiciones necesarias para que la nueva obra no perjudique los derechos de aquéllos.

Artículo 961. Los árboles existentes en cerca de copropiedad o que señalen lindero, son también de copropiedad y no pueden ser cortados ni substituidos con otros, sin el consentimiento de ambos propietarios o por decisión judicial pronunciada en juicio contradictorio en caso de desacuerdo de los propietarios.

Artículo 962. Los frutos del árbol o del arbusto común y los gastos de cultivos, serán repartidos por partes iguales entre los copropietarios.

Artículo 963. Ningún copropietario puede, sin consentimiento del otro, abrir ventana ni hueco alguno en pared común.

Artículo 964. Los propietarios de cosa indivisa no pueden enajenar a extraños su parte alícuota respectiva, si el partícipe quiere hacer uso del derecho del tanto. A ese efecto, el copropietario notificará a los demás, por medio de notario o judicialmente, la venta que tuviere convenida, para que dentro de los ocho días siguientes hagan uso del derecho del tanto. Transcurridos los ocho días, por el sólo lapso del plazo se pierde el derecho. Mientras no se haya hecho la notificación, la venta no producirá efecto legal alguno.

Artículo 965. Si varios propietarios de cosa indivisa hicieren uso del derecho del tanto, será preferido el que represente mayor parte y siendo iguales, el designado por la suerte, salvo convenio en contrario.

Artículo 966. Las enajenaciones hechas por herederos o legatarios de la parte de herencia que les corresponda, se regirán por lo dispuesto en los artículos relativos.

Artículo 967. La copropiedad cesa: por la división de la cosa común; por la destrucción o pérdida de ella; por su enajenación y por la consolidación o reunión de todas las partes alícuotas en un solo copropietario.

Artículo 968. La división de una cosa común no perjudica a tercero, el cual conserva los derechos reales que le pertenecen desde antes de hacerse la partición, observándose, en su caso, lo dispuesto para hipotecas que graven fincas susceptibles de ser fraccionadas y lo prevenido para el adquirente de buena fe que inscribe su título en el Registro Público de la Propiedad y del Comercio.

Artículo 969. La división de bienes inmuebles es nula si no se hace con las mismas formalidades que la ley exige para su venta.

Artículo 970. Son aplicables a la división entre partícipes, las reglas concernientes a la división de herencias.

TÍTULO QUINTO
DEL USUFRUCTO, DEL USO Y DE LA HABITACIÓN

CAPÍTULO PRIMERO
DEL USUFRUCTO EN GENERAL

Artículo 971. El usufructo es el derecho real y temporal de disfrutar de los bienes ajenos.

Artículo 972. El usufructo puede constituirse por la ley, por la voluntad del hombre o por prescripción.

Artículo 973. Puede constituirse el usufructo a favor de una o de varias personas, simultánea o sucesivamente.

Artículo 974. Si se constituye a favor de varias personas simultáneamente, sea por herencia, sea por contrato, cesando el derecho de una de las personas pasará al propietario, salvo que al constituirse el usufructo se hubiere dispuesto que acrezca a los otros usufructuarios.

Artículo 975. Si se constituye sucesivamente, el usufructo no tendrá lugar sino en favor de las personas que existan al tiempo de comenzar el derecho del primer usufructuario.

Artículo 976. El usufructo puede constituirse desde o hasta cierto día, puramente o bajo condición.

Artículo 977. Es vitalicio el usufructo si en el título constitutivo no se expresa lo contrario.

Artículo 978. Los derechos y obligaciones del usufructuario y del propietario se arreglan, en todo caso, por el título constitutivo del usufructo.

Artículo 979. Las personas morales que no pueden adquirir, poseer o administrar bienes raíces, tampoco pueden tener usufructo constituido sobre bienes de esta clase.

CAPÍTULO SEGUNDO
DE LOS DERECHOS DEL USUFRUCTUARIO

Artículo 980. El usufructuario tiene derecho de ejercitar todas las acciones y excepciones reales, personales y posesorias, y de ser considerado como parte en todo litigio, aunque sea seguido por el propietario, siempre que en él se interese el usufructo.

Artículo 981. El usufructuario tiene derecho de percibir todos los frutos, sean naturales, industriales o civiles.

Artículo 982. Los frutos naturales o industriales pendientes al tiempo de comenzar el usufructo, pertenecerán al usufructuario. Los pendientes al tiempo de extinguirse el usufructo, pertenecen al propietario. Ni éste ni el usufructuario tienen que hacerse abono alguno por razón de labores, semillas u otros gastos semejantes. Lo dispuesto en este artículo no perjudica a los aparceros o arrendatarios que tengan derecho de percibir alguna porción de frutos, al tiempo de comenzar o extinguirse el usufructo.

Artículo 983. Los frutos civiles pertenecen al usufructuario en proporción del tiempo que dure el usufructo, aun cuando no estén cobrados.

Artículo 984. Si el usufructo comprendiera cosas que se deteriorasen por el uso, el usufructuario tendrá derecho a servirse de ella empleándolas según su destino y no está obligado a restituirlas al concluir el usufructo, sino en el estado en que se encuentren, pero tiene obligación de indemnizar al propietario del deterioro que hubieren sufrido por dolo o negligencia.

Artículo 985. Si el usufructo comprende cosas que no pueden usarse sin consumirse, el usufructuario tendrá el derecho de consumirlas, pero está obligado a restituirlas al terminar el usufructo, en igual género, cantidad y calidad. No siendo posible hacer la restitución, está obligado a pagar su valor si se hubiesen dado estimadas o su precio corriente al tiempo de cesar el usufructo si no fueron estimadas.

Artículo 986. Si el usufructo se constituye sobre capitales impuestos a réditos, el usufructuario sólo hace suyos éstos y no aquéllos, pero para que el capital se redima anticipadamente para que se haga novación de la obligación primitiva, para que a substituya la persona del deudor si no se trata de derechos garantizados con gravamen real, así como para que el capital redimido vuelva a imponerse, se necesita el consentimiento del usufructuario.

Artículo 987. El usufructuario de un monte disfruta de todos los productos que provengan de éste según su naturaleza.

Artículo 988. Si el monte fuere talar o de maderas de construcción, podrá el usufructuario hacer en él las talas y cortes ordinarios que haría el dueño; acomodándose en el modo, porción o época, a las leyes especiales o a las costumbres del lugar, debiendo replantar las áreas taladas en la misma cantidad y especie.

Artículo 989. En los demás casos, el usufructuario no podrá cortar árboles por el pie, como no sea para reponer o reparar algunas de las cosas usufructuadas; en este caso, acreditará previamente al propietario la necesidad de la obra.

Artículo 990. El usufructuario podrá utilizar los viveros sin perjuicio de su conservación, según las costumbres del lugar y lo dispuesto en las leyes respectivas.

Artículo 991. Corresponde al usufructuario el fruto de los aumentos que reciban las cosas por accesión y el goce de la servidumbre que tenga a su favor.

Artículo 992. No corresponden al usufructuario los productos de las minas que se exploten en el terreno dado en usufructo, a no ser que expresamente se le concedan en el título constitutivo del usufructo o que éste sea universal, pero debe indemnizarse al usufructuario de los daños y perjuicios que se le originen por la interrupción del usufructo a consecuencia de las obras que se practiquen para el laboreo de las minas.

Artículo 993. El usufructuario puede gozar por sí mismo de la cosa usufructuada. Puede enajenar, arrendar y gravar su derecho de usufructo, pero todos los contratos que celebre como usufructuario terminarán con el usufructo.

Artículo 994. El usufructuario puede hacer mejoras útiles y puramente voluntarias; pero no tiene derecho de reclamar su pago, aunque sí puede retirarlas, siempre que sea posible hacerlo sin detrimento de la cosa en que esté constituido el usufructo.

Artículo 995. El usufructuario goza del derecho del tanto. Es aplicable lo dispuesto en el artículo 964, en lo que se refiere a la forma para dar el aviso de enajenación y al tiempo para hacer uso del derecho del tanto.

CAPÍTULO TERCERO
DE LAS OBLIGACIONES DEL USUFRUCTUARIO

Artículo 996. El usufructuario, antes de entrar en el goce de los bienes, está obligado:

I. A formar a sus expensas con citación del dueño, un inventario de todos ellos, haciendo tasar los muebles y constar el estado en que se hallen los inmuebles; y

II. A dar la correspondiente fianza de que disfrutará de las cosas con moderación y las restituirá al propietario con sus accesiones, al extinguirse el usufructo, no empeoradas ni deterioradas por su negligencia, salvo lo dispuesto en el presente Código.

Artículo 997. El donador que se reserve el usufructo de los bienes donados está dispensado de dar la fianza referida, si no se ha obligado expresamente a ello.

Artículo 998. El que se reserva la propiedad, puede dispensar al usufructuario de la obligación de afianzar.

Artículo 999. Si el usufructo fuere constituido por contrato y el que contrató quedare de propietario y no exigiese en el contrato la fianza, no estará obligado el usufructuario a darla, pero si quedare de propietario un tercero, podrá pedirla aunque no se haya estipulado en el contrato.

Artículo 1000. Si el usufructo se constituye por título oneroso y el usufructuario no presta la correspondiente fianza, el propietario tiene derecho de intervenir la administración de los bienes, para procurar su conservación, sujetándose a las condiciones prescritas en el Capítulo Cuarto de este Título, percibiendo la retribución que en él se concede.

Cuando el usufructo es a título gratuito y el usufructuario no otorga la fianza, si el dueño no lo exime de ello, el usufructo se extingue.

Artículo 1001. El usufructuario, dada la fianza, tendrá derecho a todos los frutos de la cosa, desde el día en que conforme al título constitutivo del usufructo debió comenzar a percibirlos.

Artículo 1002. En los casos en que el usufructuario enajene, arrende o grave el derecho de usufructo, es responsable del menoscabo que tengan los bienes por culpa o negligencia de la persona que lo substituya.

Artículo 1003. Si el usufructo se constituye sobre ganados, el usufructuario está obligado a reemplazar con las crías las cabezas que falten por cualquier causa.

Artículo 1004. Si el ganado en que se constituyó el usufructo perece sin culpa del usufructuario, por efecto de una epizootia o de algún otro acontecimiento no común, el usufructuario cumple con entregar al dueño el despojo que se haya salvado de esa calamidad.

Artículo 1005. Si el rebaño perece en parte, sin culpa del usufructuario, continúa el usufructo en la parte que queda.

Artículo 1006. El usufructuario de árboles frutales está obligado a la replantación de los pies muertos naturalmente.

Artículo 1007. Si el usufructo se ha constituido a título gratuito, el usufructuario está obligado a hacer las reparaciones indispensables para mantener la cosa en el estado en que se encontraba cuando la recibió.

Artículo 1008. El usufructuario no está obligado a hacer dichas reparaciones, si la necesidad de éstas proviene de vejez, vicio intrínseco o deterioro grave de la cosa, anterior a la constitución del usufructo.

Artículo 1009. En el caso anterior, el propietario tampoco está obligado a hacer las reparaciones y si las hace no tiene derecho de exigir indemnización.

Artículo 1010. Si el usufructuario quiere hacer las reparaciones referidas, debe obtener antes el consentimiento del dueño y en ningún caso tiene derecho de exigir indemnización de ninguna especie.

Artículo 1011. Si el usufructo se ha constituido a título oneroso, el propietario tiene obligación de hacer todas las reparaciones convenientes para que la cosa, durante el tiempo estipulado en el convenio, pueda producir los frutos que ordinariamente se obtenían de ella al tiempo de la entrega.

Artículo 1012. Si el usufructuario quiere hacer en este caso las reparaciones, deberá dar aviso al propietario; previo este requisito, tendrá derecho para cobrar su importe al fin del usufructo.

Artículo 1013. La omisión del aviso al propietario hace responsable al usufructuario de la destrucción, pérdida o menoscabo de la cosa por falta de las reparaciones y le priva del derecho de pedir indemnización si él las hace.

Artículo 1014. Toda disminución de los frutos que provenga de imposición de contribuciones o cargas ordinarias sobre la finca o cosa usufructuada, es por cuenta del usufructuario.

Artículo 1015. La disminución que por las propias causas se verifique, no en los frutos, sino en la misma finca o cosa usufructuada, será por cuenta del propietario; y si éste, para conservar íntegra la cosa, hace el pago, tiene derecho de que se le abonen los intereses de la suma pagada, por todo el tiempo que el usufructuario continúe gozando de la cosa.

Artículo 1016. Si el usufructuario hace el pago de la cantidad, no tiene derecho de cobrar intereses quedando compensados éstos con los frutos que reciba.

Artículo 1017. El que por sucesión adquiera el usufructo universal, está obligado a pagar por entero el legado de renta vitalicia o pensión de alimentos.

Artículo 1018. El que por el mismo título adquiera una parte del usufructo universal, pagará el legado o la pensión, en proporción a su cuota.

Artículo 1019. El usufructuario particular de una finca hipotecada no está obligado a pagar las deudas para cuya seguridad se constituyó la hipoteca.

Artículo 1020. Si la finca se embarga o se vende judicialmente para el pago de la deuda, el propietario responde al usufructuario de lo que pierda por este motivo, si no se ha dispuesto otra cosa al constituir el usufructo.

Artículo 1021. Si el usufructo es de todos los bienes de una herencia o de una parte de ellos, el usufructuario podrá anticipar las sumas que para el pago de las deudas hereditarias correspondan a los bienes usufructuados y tendrá derecho de exigir del propietario su restitución, sin intereses, al extinguirse el usufructo.

Artículo 1022. Si el usufructuario se negare a hacer la anticipación de que habla el artículo que precede, el propietario podrá hacer que se venda la parte de bienes que baste para el pago de la cantidad que aquel debía satisfacer, según la regla establecida en dicho artículo, extinguiéndose el usufructo sobre los bienes vendidos.

Artículo 1023. Si el propietario hiciere la anticipación por su cuenta, el usufructuario pagará el interés del dinero, según lo establecido en este Capítulo.

Artículo 1024. Si los derechos del propietario son perturbados por un tercero, sea del modo y por el motivo que fuere, el usufructuario está obligado a ponerlo en conocimiento de aquél; si no lo hace, es responsable de los daños que resulten, como si hubiesen sido ocasionados por su culpa.

Artículo 1025. Los gastos, costas y condenas de los pleitos sostenidos sobre el usufructo son por cuenta del propietario, si el usufructo se ha constituido por título oneroso y del usufructuario, si se ha constituido por título gratuito.

Artículo 1026. Si el pleito interesa al mismo tiempo al dueño y al usufructuario, contribuirán a los gastos en proporción de sus derechos respectivos si el usufructo se constituyó a título gratuito, pero el usufructuario en ningún caso estará obligado a responder por más de lo que produce el usufructo.

Artículo 1027. Si el usufructuario sin citación del propietario o éste sin la de aquél, ha seguido un pleito, la sentencia favorable aprovecha al no citado y la adversa no le perjudica.

CAPÍTULO CUARTO
DE LOS MODOS DE EXTINGUIRSE EL USUFRUCTO

Artículo 1028. El usufructo se extingue:

I. Por muerte del usufructuario;

II. Por vencimiento del plazo por el cual se constituyó;

III. Por cumplirse la condición impuesta en el título constitutivo para la cesación de este derecho;

IV. Por la reunión del usufructo y de la propiedad en una misma persona; mas si la reunión se verifica en una sola cosa o parte de lo usufructuado, en lo demás subsistirá el usufructo;

V. Por prescripción, conforme a lo previsto respecto de los derechos reales;

VI. Por la renuncia expresa del usufructuario, salvo lo dispuesto respecto de la renuncias hechas en fraude de los acreedores;

VII. Por la pérdida total de la cosa que era objeto del usufructo. Si la destrucción no es total, el derecho continúa sobre lo que de la cosa haya quedado;

VIII. Por la cesación del derecho del que constituyó el usufructo, cuando teniendo un dominio revocable, llega al caso de la revocación; y

IX. Por no dar fianza el usufructuario por título gratuito, si el dueño no le ha eximido de esa obligación.

Artículo 1029. La muerte del usufructuario no extingue el usufructo, cuando éste se ha constituido a favor de varias personas sucesivamente, pues en tal caso entra al goce del mismo la persona que corresponda.

Artículo 1030. El usufructo constituido a favor de personas morales que puedan adquirir y administrar bienes raíces, sólo durará veinte años, cesando antes en el caso de que dichas personas dejen de existir.

Artículo 1031. El usufructo concedido por el tiempo que tarde un tercero en llegar a cierta edad, dura el número de años prefijado, aunque el tercero muera antes.

Artículo 1032. Si el usufructo está constituido sobre un edificio y éste se arruina en un incendio, por vetustez o por algún otro accidente, el usufructuario no tiene derecho a gozar del solar ni de los materiales; mas si estuviere constituido sobre una hacienda, quinta o rancho de que sólo forme parte el edificio arruinado, el usufructuario podrá continuar usufructuando el solar y los materiales.

Artículo 1033. Si la cosa usufructuada fuere expropiada por causa de utilidad pública, el propietario está obligado, bien a substituirla con otra de igual valor y análogas condiciones, o bien, a abonar al usufructuario el interés legal del importe de la indemnización por todo el tiempo que debía durar el usufructo. Si el propietario optare por lo último, deberá afianzar el pago de los réditos.

Artículo 1034. Si el edificio es reconstruido por el dueño o por el usufructuario, se estará a lo dispuesto en Capítulo Tercero de este Título.

Artículo 1035. El impedimento temporal por caso fortuito o fuerza mayor, no extingue el usufructo, ni da derecho a exigir indemnización al propietario.

Artículo 1036. El tiempo del impedimento se tendrá por corrido para el usufructuario, de quién serán los frutos que durante él pueda producir la cosa.

Artículo 1037. El usufructo no se extingue por el mal uso que haga el usufructuario de la cosa usufructuada, pero si el abuso es grave, el propietario puede pedir que se le ponga en posesión de los bienes, obligándose, bajo de fianza, a pagar anualmente al usufructuario el producto líquido de los mismos por el tiempo que dure el usufructo, deducido el premio de administración que el juez le acuerde.

Artículo 1038. Terminado el usufructo, los contratos que respecto de él haya celebrado el usufructuario no obligan al propietario y éste entrará en posesión de la cosa, sin que contra él tengan derecho los que contrataron con el usufructuario, para pedirle indemnización por la disolución de sus contratos, ni por las estipulaciones de éstos, que sólo pueden hacer valer contra el usufructuario y sus herederos, salvo el caso de los aparceros o arrendatarios que tengan derecho de percibir alguna porción de frutos al tiempo de extinguirse el usufructo.

CAPÍTULO QUINTO
DEL USO Y DE LA HABITACIÓN

Artículo 1039. El uso da derecho para recibir de los frutos de una cosa ajena, los que basten a las necesidades del usuario y de su familia, aunque ésta aumente.

Artículo 1040. La habitación da, a quien tiene este derecho, la facultad de ocupar gratuitamente en casa ajena, las piezas necesarias para sí y para las personas de su familia.

Artículo 1041. El usuario y el que tiene derecho de habitación en un edificio, no puede enajenar, gravar ni arrendar, en todo ni en parte, su derecho a otro, ni estos derechos pueden ser embargados por sus acreedores.

Artículo 1042. Los derechos y obligaciones del usuario y del que tiene el goce de habitación se arreglarán por los títulos respectivos y, en su defecto, por las disposiciones siguientes.

Artículo 1043. Las disposiciones establecidas para el usufructo son aplicables a los derechos de uso y de habitación, en cuanto no se opongan a lo ordenado en el presente Capítulo.

Artículo 1044. El que tiene derecho de uso sobre un ganado, puede aprovechar las crías, la leche y la lana, en cuanto basten para su consumo y el de su familia.

Artículo 1045. Si el usuario consume todos los frutos de los bienes o el que tiene derecho de habitación ocupa todas las piezas de la casa, quedan obligados a todos los gastos de cultivo, reparaciones y pago de contribuciones, lo mismo que el usufructuario; pero si el primero sólo consume parte de los frutos o el segundo sólo ocupa parte de la casa, no deben contribuir en nada, siempre que al propietario le quede una parte de frutos o aprovechamientos bastantes para cubrir los gastos y cargas.

Artículo 1046. Si los frutos que quedan al propietario no alcanzan a cubrir los gastos y cargas, la parte que falte será cubierta por el usuario o por el que tiene derecho a la habitación.

TÍTULO SEXTO
DE LAS SERVIDUMBRES

CAPÍTULO PRIMERO
DISPOSICIONES GENERALES

Artículo 1047. La servidumbre es un gravamen real impuesto sobre un inmueble en beneficio de otro perteneciente a distinto dueño.

El inmueble a cuyo favor está constituida la servidumbre se llama predio dominante, el que la sufre, predio sirviente.

Artículo 1048. La servidumbre consiste en no hacer o en tolerar. Para que al dueño del predio sirviente pueda exigirse la ejecución de un hecho, es necesario que esté expresamente determinado por la ley o en el acto en que se constituyó la servidumbre.

Artículo 1049. Las servidumbres son continuas o discontinuas; aparentes o no aparentes.

Artículo 1050. Son continuas, aquéllas cuyo uso es o puede ser incesante sin la intervención de ningún hecho del hombre.

Artículo 1051. Son discontinuas, aquéllas cuyo uso necesita de algún hecho actual del hombre.

Artículo 1052. Son aparentes, las que se anuncian por obras o signos exteriores dispuestos para su uso y aprovechamiento.

Artículo 1053. Son no aparentes, las que no presentan signo exterior de su existencia.

Artículo 1054. Las servidumbres son inseparables del inmueble a que activa o pasivamente pertenecen.

Artículo 1055. Si los inmuebles mudan de dueño, la servidumbre continúa, ya activa, ya pasivamente en el predio u objeto en que estaba constituida, hasta que legalmente se extinga.

Artículo 1056. Las servidumbres son indivisibles. Si el predio sirviente se divide entre muchos dueños, la servidumbre no se modifica y cada uno de ellos tiene que tolerarla en la parte que le corresponda.

Artículo 1057. Si es el predio dominante el que se divide entre muchos, cada porcionero puede usar por entero de la servidumbre, no variando el lugar de su uso ni agravándolo de otra manera.

Artículo 1058. Si la servidumbre se hubiere establecido en favor de una sola de las partes del predio dominante, sólo el dueño de ésta podrá continuar disfrutándola.

Artículo 1059. Las servidumbres traen su origen de la voluntad del hombre o de la ley; las primeras se llaman voluntarias y las segundas legales

CAPÍTULO SEGUNDO
DE LAS SERVIDUMBRES LEGALES

Artículo 1060. Servidumbre legal es la establecida por la ley, teniendo en cuenta la situación de los predios y en vista de la utilidad pública y privada conjuntamente.

Artículo 1061. Es aplicable a las servidumbres legales lo dispuesto en el Capítulo Séptimo de este Título.

Artículo 1062. Todo lo concerniente a las servidumbres establecidas para la utilidad pública o comunal, se regirá por las leyes y reglamentos especiales y, en su defecto, por las disposiciones de este Título.

CAPÍTULO TERCERO
DE LA SERVIDUMBRE LEGAL DE DESAGÜE

Artículo 1063. Los predios inferiores están sujetos a recibir las aguas que naturalmente o como consecuencia de las mejoras agrícolas o industriales que se hagan caigan de los superiores, así como la piedra o tierra que arrastren en su curso.

Artículo 1064. Cuando los predios inferiores reciban las aguas de los superiores a consecuencia de las mejoras agrícolas o industriales hechas a éstos, los dueños de los predios sirvientes tienen derecho de ser indemnizados.

Artículo 1065. Cuando un predio rústico o urbano se encuentre enclavado entre otros, estarán obligados los dueños de los predios circunvecinos a permitir el desagüe del central. Las dimensiones y dirección del conducto del desagüe, si no se ponen de acuerdo los interesados se fijarán por el juez, previo informe de peritos y audiencia de los interesados, observándose, en cuanto fuere posible, las reglas dadas para la servidumbre de paso.

Artículo 1066. El dueño de un predio en que existan obras defensivas para contener el agua o en que por la variación del curso de ésta sea necesario constituir nuevas, está obligado, a su elección, a hacer las reparaciones o construcciones o a tolerar que, sin perjuicios suyo, las hagan los dueños de los predios que experimenten o estén inminentemente expuestos a experimentar el daño, a menos que las leyes especiales aplicables le impongan la obligación de hacer las obras.

Artículo 1067. Lo dispuesto en el artículo anterior, es aplicable al caso en que sea necesario desembarazar algún predio de las materias cuya acumulación o caída impida el curso de las aguas con daño o peligro de tercero.

Artículo 1068. Todos los propietarios que participen del beneficio proveniente de las obras de que tratan los artículos anteriores, están obligados a contribuir al gasto de su ejecución en proporción a su interés a juicio de peritos. Los que por su culpa hubieren ocasionado el daño, serán responsables de los gastos.

Artículo 1069. Si las aguas que pasan al predio sirviente se han vuelto insalubres por los usos domésticos o industriales que de ellas se hayan hecho, deberán volverse inofensivas a costa del dueño del predio dominante.

CAPÍTULO CUARTO
DE LA SERVIDUMBRE LEGAL DE ACUEDUCTO

Artículo 1070. El que quiera usar agua de que pueda disponer, tiene derecho de hacerla pasar por los fundos intermedios, con obligaciones de indemnizar a sus dueños, así como a los de los predios inferiores sobre los que se filtren o caigan las aguas.

Artículo 1071. Se exceptúan de las servidumbres que establece el artículo anterior, los edificios, sus patios, jardines y demás dependencias.

Artículo 1072. El que ejercite el derecho de hacer pasar las aguas por fundos intermedios, está obligado a construir el canal necesario en los predios intermedios, aunque haya en ellos canales para el uso de otras aguas.

Artículo 1073. El que tiene en su predio un canal para el curso de aguas que le pertenecen, puede impedir la apertura de otro nuevo, ofreciendo dar paso por aquél, con tal de que no cause perjuicio al dueño del predio dominante.

Artículo 1074. También se deberá conceder el paso de las aguas a través de los canales y acueductos del modo más conveniente, con tal de que el curso de las aguas que se conducen por éstos y su volumen, no sufra alteración, ni las de ambos acueductos se mezclen.

Artículo 1075. Para el caso de aguas que atraviesen por fundos intermedios, si fuere necesario hacer pasar el acueducto por un camino, río o torrente público, deberá, indispensable y previamente, obtenerse el permiso de la autoridad bajo cuya inspección esté el camino, río o torrente.

Artículo 1076. La autoridad sólo concederá el permiso con entera sujeción a los reglamentos respectivos y obligando al dueño del agua, que la haga pasar sin que el acueducto impida, estreche ni deteriore el camino ni embarace o estorbe el curso del río o torrente.

Artículo 1077. El que sin dicho permiso previo pasare el agua o la derramare sobre el camino, quedará obligado a reponer las cosas a su estado antiguo y a indemnizar el daño que a cualquiera se cause, sin perjuicio de las penas impuestas por los reglamentos correspondientes.

Artículo 1078. El que pretenda usar el derecho en cuestión, debe, previamente:

I. Justificar que puede disponer del agua que pretende conducir;

II. Acreditar que el paso que solicita es el más conveniente para el uso a que destina el agua;

III. Acreditar que dicho paso es el menos oneroso para los predios por donde debe pasar el agua;

IV. Pagar el valor del terreno que ha de ocupar el canal, según estimación de peritos y un diez por ciento más; y

V. Resarcir los daños inmediatos, con inclusión del que resulte por dividirse en dos o más partes el predio sirviente y cualquier otro deterioro.

Artículo 1079. Respecto de quien tiene en su predio un canal para el curso de las aguas que le pertenecen, ofreciendo dar paso por éste para otros predios, el que pretenda el paso de agua deberá pagar, en proporción a la cantidad de ésta, el valor del terreno ocupado por el canal en que se introducen y los gastos necesarios para su conservación, sin perjuicio de la indemnización debida por el terreno que sea necesario ocupar de nuevo y por los otros gastos que ocasione el paso que se le concede.

Artículo 1080. La cantidad de agua que pueda hacerse pasar por un acueducto establecido en predio ajeno, no tendrá otra limitación que la que resulte de la capacidad que por las dimensiones convenidas se haya fijado al mismo acueducto.

Artículo 1081. Si el que disfrute del acueducto necesitare ampliarlo, deberá costear las obras necesarias y pagar el terreno que nuevamente ocupe y los daños que cause, conforme a lo dispuesto en este Capítulo.

Artículo 1082. La servidumbre legal establecida por el primer artículo de este Capítulo, trae consigo el derecho de tránsito para las personas y animales y el de conducción de los materiales necesarios para uso y reparación del acueducto, así como para el cuidado del agua que por él se conduce, observándose lo dispuesto en el Capítulo Quinto de este Título.

Artículo 1083. Las disposiciones concernientes al paso de las aguas, son aplicables al caso en que el poseedor de un terreno pantanoso quiera desecarlo o dar salida por medio de cauces a las aguas estancadas.

Artículo 1084. Todo el que aproveche de un acueducto, ya pase por terreno propio, ya por ajeno, debe construir y conservar los puentes, canales, acueductos, subterráneos y demás obras necesarias para que no se perjudique el derecho de otro.

Artículo 1085. Si los que aprovecharen fueren varios, la obligación recaerá sobre todos, en proporción de su aprovechamiento si no hubiere prescripción o convenio en contrario.

Artículo 1086. Lo dispuesto en los dos artículos anteriores comprende la limpia, construcciones y reparaciones para que el curso del agua no se interrumpa.

Artículo 1087. La servidumbre de acueducto no obsta para que el predio sirviente pueda cerrarlo y cercarlo, así como edificar sobre el mismo acueducto de manera que éste no experimente perjuicio, ni se imposibiliten las reparaciones y limpias necesarias.

Artículo 1088. Cuando para el mejor aprovechamiento del agua de que se tiene derecho de disponer, fuere necesario construir una presa y el que haya de hacerla no sea dueño del terreno en que se necesite apoyarla, puede pedir que se establezca la servidumbre de un estribo de presa, previa la indemnización correspondiente.

CAPÍTULO QUINTO
DE LA SERVIDUMBRE LEGAL DE PASO

Artículo 1089. El propietario de una finca o heredad enclavada entre otras ajenas, sin salida a la vía pública, tiene derecho de exigir paso para el aprovechamiento de aquélla, por las heredadas vecinas, sin que sus respectivos dueños puedan reclamarle otra cosa que una indemnización equivalente al perjuicio que les ocasiona este gravamen.

Artículo 1090. La acción para reclamar esta indemnización es prescriptible, pero aunque prescriba, no cesa por este motivo el paso obtenido.

Artículo 1091. El dueño del predio sirviente tiene derecho de señalar el lugar donde haya de constituirse la servidumbre de paso.

Artículo 1092. Si el juez califica el lugar señalado de impracticable o de muy gravoso para el predio dominante, el dueño del sirviente debe señalar otro.

Artículo 1093. Si este lugar es calificado de la misma manera que el primero, el juez señalará el que crea más conveniente, procurando conciliar los intereses de los dos predios.

Artículo 1094. Si hubiere varios predios por donde pueda darse el paso a la vía pública, el obligado a la servidumbre será aquel por donde fuere más corta la distancia, siempre que no resulte muy incómodo y costoso el paso por ese lugar. Si la distancia fuere igual, el juez designará cuál de los predios ha de dar el paso.

Artículo 1095. En la servidumbre de paso, el ancho de éste será el que baste a las necesidades del predio dominante, a juicio del juez.

Artículo 1096. En caso de que hubiere habido antes comunicación entre la finca o heredad y alguna vía pública, el paso sólo se podrá exigir a la heredad o finca por donde últimamente lo hubo.

Artículo 1097. El dueño de un predio rústico tiene derecho, mediante la indemnización correspondiente, de exigir que se le permita el paso de sus ganados por los predios vecinos para conducirlos a un abrevadero de que pueda disponer.

Artículo 1098. El propietario de árbol o arbusto contiguo al predio de otro, tiene derecho de exigir de este que le permita hacer la recolección de los frutos que no se pueden recoger de su lado, siempre que no se haya usado o no se use del derecho que conceden los artículos 835 y 836, pero el dueño del árbol o arbusto es responsable de cualquier daño que cause con motivo de la recolección.

Artículo 1099. Si fuera indispensable para construir o reparar algún edificio, pasar materiales por predio ajeno o colocar en él andamios u otros objetos para la obra, el dueño de este predio estará obligado a consentirlo, recibiendo la indemnización correspondiente al perjuicio que se le origine.

Artículo 1100. Cuando para establecer comunicaciones telefónicas particulares entre dos o más fincas o para conducir energía eléctrica a una finca, sea necesario colocar postes y tender alambres en terrenos de una finca ajena, el dueño de ésta tiene obligación de permitirlo, mediante la indemnización correspondiente. Esta servidumbre trae consigo el derecho de tránsito de las personas y el de conducción de los materiales necesarios para la construcción y vigilancia de la línea.

CAPÍTULO SEXTO
DE LAS SERVIDUMBRES VOLUNTARIAS

Artículo 1101. El propietario de una finca o heredad, puede establecer en ella cuantas servidumbres tenga por conveniente y en el modo y forma que mejor le parezca, siempre que no contravenga las leyes, ni perjudique derechos de tercero.

Artículo 1102. Sólo pueden constituir servidumbre las personas que tienen derecho de enajenar; los que no pueden enajenar inmuebles sino con ciertas formalidades o condiciones, no pueden, sin ellas, imponer servidumbres sobre los mismos.

Artículo 1103. Si fueren varios los propietarios de un predio, no se podrán imponer servidumbres sino con consentimiento de todos.

Artículo 1104. Si siendo varios los propietarios, uno solo de ellos adquiere una servidumbre sobre otro predio, a favor del común, de ella podrán aprovechar todos los propietarios, quedando obligados a los gravámenes naturales que traiga consigo y a los pactos con que se haya adquirido.

CAPÍTULO SÉPTIMO
DE LAS FORMAS DE ADQUIRIR LAS SERVIDUMBRES VOLUNTARIAS

Artículo 1105. Las servidumbres continuas y aparentes se adquieren por cualquier título legal, incluso la prescripción.

Artículo 1106. Las servidumbres continuas no aparentes y las discontinuas, sean o no aparentes, no podrán adquirirse por prescripción.

Artículo 1107. Al que pretenda tener derecho a una servidumbre, toca probar, aunque esté en posesión de ella, el título en virtud del cual la goza.

Artículo 1108. La existencia de un signo aparente de servidumbre entre dos fincas, establecido o conservado por el propietario de ambas, se considera, si se enajenaren, como título para que la servidumbre continúe, a no ser que al tiempo de dividirse la propiedad de las dos fincas, se exprese lo contrario en el título de enajenación de cualquiera de ellas.

Artículo 1109. Al constituirse una servidumbre, se entienden concedidos todos los medios necesarios para su uso; extinguida aquella, cesan también estos derechos accesorios.

CAPÍTULO OCTAVO
DERECHOS Y OBLIGACIONES DE LOS PROPIETARIOS DE LOS PREDIOS, ENTRE LOS QUE ESTÁ CONSTITUIDA ALGUNA SERVIDUMBRE VOLUNTARIA

Artículo 1110. El uso y la extensión de las servidumbres establecidas por la voluntad del propietario, se arreglarán por los términos del título en que tengan su origen y, en su defecto, por las disposiciones siguientes.

Artículo 1111. Corresponde al dueño del predio dominante hacer a su costa todas las obras necesarias para el uso y conservación de la servidumbre.

Artículo 1112. El mismo, tiene la obligación de hacer a su costa las obras que fueren necesarias para que al dueño del predio sirviente no se le causen, por la servidumbre, más gravámenes que los consiguientes a ella y si por su descuido u omisión, se causare otro daño, estará obligado a la indemnización.

Artículo 1113. Si el dueño del predio sirviente se hubiere obligado en el título constitutivo de la servidumbre a hacer alguna cosa o a costear alguna obra, se librará de esta obligación abandonando su predio al dueño del dominante.

Artículo 1114. El dueño del predio sirviente no podrá menoscabar de modo alguno la servidumbre constituida sobre éste.

Artículo 1115. El dueño del predio sirviente, si el lugar primitivamente designado para el uso de la servidumbre llegase a presentarle graves inconvenientes, podrá ofrecer otro que sea cómodo al dueño del predio dominante, quién no podrá rehusarlo si no se perjudica.

Artículo 1116. El dueño del predio sirviente puede ejecutar las obras que hagan menos gravosa la servidumbre, si de ellas no resulta perjuicio alguno al predio dominante.

Artículo 1117. Si de la conservación de dichas obras se sigue algún perjuicio al predio dominante, el dueño del sirviente está obligado a restablecer las cosas a su antiguo estado y a indemnizar de los daños y perjuicios.

Artículo 1118. Si el dueño del predio dominante se opone a las obras que pretenda realizar el dueño del predio sirviente, el juez decidirá, previo informe de los peritos.

Artículo 1119. Cualquier duda sobre el uso y extensión de la servidumbre se decidirá en el sentido menos gravoso para el predio sirviente, sin imposibilitar o hacer difícil el uso de la servidumbre.

CAPÍTULO NOVENO
DE LA EXTINCIÓN DE LAS SERVIDUMBRES

Artículo 1120. Las servidumbres voluntarias se extinguen:

I. Por reunirse en una misma persona la propiedad de ambos predios, dominante y sirviente, y no reviven por una nueva separación, salvo lo dispuesto en el artículo 1108; pero si el acto de reunión era resoluble por su naturaleza y llega el caso de resolución, renacen las servidumbres como estaban antes de la reunión;

II. Por el no uso.

Cuando la servidumbre fuere continua y aparente, por el no uso durante tres años, contados desde el día en que dejó de existir el signo aparente de la servidumbre.

Cuando fuere discontinua o no aparente, por el no uso durante cinco años, contados desde el día en que dejó de usarse por haber ejecutado el dueño del fundo sirviente acto contrario a la servidumbre o por haber prohibido que se usare de ella. Si no hubo acto contrario o prohibición, aunque no se haya usado la servidumbre o si hubo tales actos, pero continúa el uso, no corre el tiempo de la prescripción;

III. Cuando los predios llegaren, sin culpa del dueño del predio sirviente, a tal estado que no pueda usarse la servidumbre. Si en lo sucesivo los predios se establecen de manera que pueda usarse la servidumbre, revivirá ésta, a no ser que desde el día en que pudo volverse a usar haya transcurrido el tiempo suficiente para la prescripción;

IV. Por la remisión gratuita u onerosa hecha por el dueño del predio dominante; y

V. Cuando constituida en virtud de un derecho revocable, se vence el plazo, se cumple la condición o sobreviene la circunstancia que debe poner término a aquél.

Artículo 1121. Si los predios entre los que esté constituida una servidumbre legal pasan a poder de un mismo dueño, deja de existir la servidumbre; pero separadas nuevamente las propiedades, revive aquélla, aún cuando no se haya conservado ningún signo aparente.

Artículo 1122. Las servidumbres legales establecidas como de utilidad pública o comunal se pierden por el no uso durante cinco años, si se prueba que durante este tiempo se ha adquirido, por el que disfrutaban aquellas, otra servidumbre de la misma naturaleza por distinto lugar.

Artículo 1123. El dueño de un predio sujeto a una servidumbre legal, puede, por medio de convenio, librarse de ella, con las restricciones siguientes:

I. Si la servidumbre está constituida en favor de un municipio o población, no surtirá el convenio efecto alguno respecto de toda la comunidad, si no se ha celebrado interviniendo el Ayuntamiento en representación de ella, pero sí producirá acción contra cada uno de los particulares que hayan renunciado a dicha servidumbre;

II. Si la servidumbre es de uso público, el convenio es nulo en todo caso;

III. Si la servidumbre es de paso o de desagüe, el convenio se entenderá celebrado con la condición de que lo aprueben los dueños de los predios circunvecinos o, por lo menos, el dueño del predio por donde nuevamente se constituya la servidumbre; y

IV. La renuncia de la servidumbre legal de desagüe, sólo será válida cuando no se oponga a los reglamentos respectivos.

Artículo 1124. Si el predio dominante pertenece a varios dueños pro indiviso, el uso que haga uno de ellos aprovecha a los demás para impedir la prescripción.

Artículo 1125. Si entre los propietarios hubiere algunos contra quien, por leyes especiales, no pueda correr la prescripción, ésta no correrá contra los demás.

Artículo 1126. El modo de usar la servidumbre puede prescribirse en el tiempo y de la manera que la servidumbre misma.

TÍTULO SÉPTIMO
DE LA PRESCRIPCIÓN

CAPÍTULO PRIMERO
DISPOSICIONES GENERALES

Artículo 1127. La prescripción es un medio de adquirir bienes o de librarse de obligaciones, mediante el transcurso de cierto tiempo y bajo las condiciones establecidas por la ley.

Artículo 1128. La adquisición de bienes en virtud de la posesión, se llama prescripción positiva; la liberación de obligaciones, por no exigirse su cumplimiento, se llama prescripción negativa.

Artículo 1129. Sólo pueden prescribirse los bienes y obligaciones que están en el comercio, salvo las excepciones establecidas por la ley.

Artículo 1130. Pueden adquirir por prescripción positiva todos los que son capaces de adquirir por cualquier otro título; los menores y demás incapacitados pueden hacerlo por medio de sus legítimos representantes.

Artículo 1131. Para los efectos de los artículos 822 y 823, se dice legalmente cambiada la causa de la posesión, cuando el poseedor que no poseía a título de dueño, comienza a poseer con este carácter y, en tal caso, la prescripción no corre sino desde el día en que se haya cambiado la causa de la posesión.

Artículo 1132. La prescripción negativa aprovecha a todos, aún a los que por sí mismos no pueden obligarse.

Artículo 1133. Las personas con capacidad para enajenar pueden renunciar la prescripción ganada, pero no el derecho de prescribir para lo sucesivo.

Artículo 1134. La renuncia de la prescripción es expresa o tácita, siendo esta última la que resulta de un hecho que importa el abandono del derecho adquirido.

Artículo 1135. Los acreedores y todos los que tuvieren legítimo interés en que la prescripción subsista, pueden hacerla valer aunque el deudor o el propietario hayan renunciado los derechos en esa virtud adquiridos.

Artículo 1136. Si varias personas poseen en común alguna cosa, no puede ninguna de ellas prescribir contra sus copropietarios o coposeedores; pero sí puede prescribir contra un extraño, en este caso la prescripción aprovecha a todos los partícipes.

Artículo 1137. La excepción que por prescripción adquiera un codeudor solidario, no aprovechará a los demás sino cuando el tiempo exigido haya debido correr del mismo modo para todos ellos.

Artículo 1138. En el caso previsto por el artículo que precede, el acreedor sólo podrá exigir a los deudores que no prescribieren, el valor de la obligación deducida la parte que corresponde al deudor que prescribió.

Artículo 1139. La prescripción adquirida por el deudor principal aprovecha siempre a sus fiadores.

Artículo 1140. El Estado, así como los municipios y las otras personas morales, se considerarán como particulares para la prescripción de sus bienes, derechos y acciones que sean susceptibles de propiedad privada.

Artículo 1141. El que prescriba puede completar el plazo necesario para su prescripción, reuniendo al tiempo que haya poseído el que poseyó la persona que le transmitió la cosa, con tal de que ambas posesiones tengan los requisitos legales.

Artículo 1142. Las disposiciones de este Título, relativas al tiempo y demás requisitos necesarios para la prescripción, sólo dejarán de observarse en los casos en que la ley prevenga expresamente otra cosa.

CAPÍTULO SEGUNDO
DE LA PRESCRIPCIÓN POSITIVA

Artículo 1143. La posesión necesaria para prescribir, debe ser:

I. En concepto de propietario;

II. Pacífica;

III. Continua; y

IV. Pública.

Artículo 1144. Los bienes inmuebles se prescriben:

I. En cinco, años cuando se poseen en concepto de propietario con buena fe, pacífica, continua y públicamente;

II. En cinco años, cuando los inmuebles hayan sido objeto de una inscripción de posesión;

III. En diez años, cuando se posean de mala fe, si la posesión es en concepto de propietario, pacífica, continua y pública; y

IV. Se aumentará en una tercera parte el tiempo señalado en las fracciones I y III, si se demuestra, por quien tenga interés jurídico en ello, que el poseedor de finca rústica no la ha cultivado durante la mayor parte del tiempo que la ha poseído o que por no haber hecho el poseedor de finca urbana las reparaciones necesarias, ésta ha permanecido deshabitada la mayor parte del tiempo que ha estado en poder de aquél.

Artículo 1145. Los bienes muebles se prescriben en tres años, cuando son poseídos con buena fe, pacífica y continuamente. Faltando la buena fe, se prescribirán en cinco años.

Artículo 1146. Cuando la posesión se adquiere por medio de violencia, aunque ésta cese y la posesión continúe pacíficamente, el plazo para la prescripción será de diez años para los inmuebles y de cinco para los muebles, contados desde que cese la violencia.

Artículo 1147. La posesión adquirida por medio de un delito se tendrá en cuenta para la prescripción, a partir de la fecha en que haya quedado extinguida la pena o prescrita la acción penal, considerándose la posesión como de mala fe.

Artículo 1148. El que hubiere poseído inmuebles por el tiempo y con las condiciones exigidas por este Código para adquirirlos por prescripción, puede promover juicio contra el que aparezca como propietario de estos bienes en el Registro Público de la Propiedad y del Comercio, a fin de que se declare que la prescripción se ha consumado y que ha adquirido, por ende, la propiedad.

Artículo 1149. La sentencia ejecutoria que declare procedente la acción de prescripción, se inscribirá en el Registro Público de la Propiedad y del Comercio, y servirá de título de propiedad al poseedor.

CAPÍTULO TERCERO
DE LA PRESCRIPCIÓN NEGATIVA

Artículo 1150. La prescripción negativa se verifica por el solo transcurso del tiempo fijado por la ley.

Artículo 1151. Fuera de los casos de excepción, se necesita el lapso de diez años, contados desde que una obligación pudo exigirse, para que se extinga el derecho de pedir su cumplimiento.

Artículo 1152. La obligación de dar alimentos es imprescriptible.

Artículo 1153. Prescriben en dos años:

I. Los honorarios, sueldos, salarios, jornales u otras retribuciones por la prestación de cualquier servicio, cuando no deban quedar sujetos a las prescripciones de las leyes aplicables en materia laboral. La prescripción comienza a correr desde la fecha en que dejaron de prestarse los servicios;

II. La acción de cualquier comerciante para cobrar el precio de objetos vendidos a personas que no fueren revendedoras.

La prescripción corre desde el día en que fueron entregados los objetos, si la venta no se hizo a plazo;

III. La acción de los dueños de hoteles y casas de huéspedes para cobrar el importe del hospedaje; así como la de éstos y la de los fondistas, para cobrar el precio de los alimentos que ministren.

La prescripción corre desde el día en que debió ser pagado el hospedaje o desde aquél en que se ministraron los alimentos;

IV. La responsabilidad civil que nace del daño causado por personas o animales y que la ley impone al representante de aquellas o al dueño de éstos;

La prescripción comienza a correr desde el día en que se recibió o fue conocida la injuria o desde aquel en que se causó el daño; y

V. La responsabilidad civil proveniente de actos ilícitos que no constituyan delitos.

La prescripción corre desde el día en que se verificaron los actos.

Artículo 1154. Las pensiones, las rentas, los alquileres y cualesquiera otras prestaciones periódicas no cobradas a su vencimiento, quedarán prescritas en cinco años, contados desde el vencimiento de cada una de ellas, ya se haga el cobro en virtud de acción real o de acción personal.

Artículo 1155. Respecto de las obligaciones con pensión o renta, el tiempo de la prescripción del capital comienza a correr desde el día del último pago, si no ha fijado plazo para la devolución; en caso contrario, desde el vencimiento del plazo.

Artículo 1156. Prescribe en cinco años la obligación de dar cuentas. En igual plazo se prescriben las obligaciones líquidas que resulten de la rendición de cuentas. En el primer caso, la prescripción comienza a correr desde el día en que el obligado termina su administración; en el segundo caso, desde el día en que la liquidación es aprobada por los interesados o por sentencia que cause ejecutoria.

CAPÍTULO CUARTO
DE LA SUSPENSIÓN DE LA PRESCRIPCIÓN

Artículo 1157. La prescripción puede comenzar y correr contra cualquiera persona, salvo las siguientes restricciones.

Artículo 1158. La prescripción no puede comenzar ni correr contra los incapacitados, sino cuando se haya discernido su tutela conforme a las leyes. Los incapacitados tendrán derecho de exigir responsabilidad a sus tutores cuando por culpa de éstos no se hubiere interrumpido la prescripción.

Artículo 1159. La prescripción no puede comenzar ni correr:

I. Entre ascendientes y descendientes, durante la patria potestad, respecto de los bienes a que los segundos tengan derecho conforme a la ley;

II. Entre los consortes;

III. Entre los incapacitados y sus tutores o curadores, mientras dura la tutela;

IV. Entre copropietarios o coposeedores, respecto del bien común;

V. Contra los ausentes del Estado, que se encuentren en servicio público; y

VI. Contra los militares en servicio activo en tiempo de guerra, tanto fuera como dentro del Estado.

CAPÍTULO QUINTO
DE LA INTERRUPCIÓN DE LA PRESCRIPCIÓN

Artículo 1160. La prescripción se interrumpe:

I. Si el poseedor es privado de la posesión de la cosa o del goce del derecho, por más de un año;

II. Por demanda u otro cualquier género de interpelación judicial notificada al poseedor o al deudor, en su caso, o por interposición de providencia precautoria.

Se considerará la prescripción como no interrumpida por la interpelación judicial, si el actor desistiese de ella o fuese desestimada su demanda; y

III. Porque la persona a cuyo favor corre la prescripción, reconozca expresamente de palabra o por escrito o tácitamente por hechos indudables, el derecho de la persona contra quien prescribe.

Empezará a contarse el nuevo plazo de la prescripción, en caso de reconocimiento de las obligaciones, desde el día en que se haga; si se renueva el documento, desde la fecha del nuevo título y si se hubiere prorrogado el plazo del cumplimiento de la obligación, desde que éste hubiere vencido.

Artículo 1161. Las causas que interrumpen la prescripción respecto de uno de los deudores solidarios, la interrumpen también respecto de los otros.

Artículo 1162. Si el acreedor, consintiendo en la división de la deuda respecto de uno de los deudores solidarios, sólo exigiere de él la parte que le corresponda, no se tendrá por interrumpida la prescripción respecto de los demás.

Artículo 1163. Lo dispuesto en los dos artículos anteriores es aplicable a los herederos del deudor.

Artículo 1164. La interrupción de la prescripción contra el deudor principal produce los mismos efectos contra su fiador.

Artículo 1165. Para que la prescripción de una obligación se interrumpa respecto de todos los deudores no solidarios, se requiere el reconocimiento o citación de todos.

Artículo 1166. La interrupción de la prescripción a favor de alguno de los acreedores solidarios, aprovecha a todos.

Artículo 1167. El efecto de la interrupción es inutilizar, para la prescripción, todo el tiempo corrido antes de ella.

CAPÍTULO SEXTO
DE LA MANERA DE CONTAR EL TIEMPO PARA LA PRESCRIPCIÓN

Artículo 1168. El tiempo para la prescripción se cuenta por años y no de momento a momento, excepto en los casos en que así lo determine la ley expresamente.

Artículo 1169. Los meses se regularán por el número de días que les correspondan.

Artículo 1170. Cuando la prescripción se cuente por días, se entenderán éstos de veinticuatro horas naturales, contadas de las cero a las veinticuatro.

Artículo 1171. El día en que comienza la prescripción se cuenta siempre entero, aunque no lo sea, pero aquél en que la prescripción termina, debe ser completo.

Artículo 1172. Cuando el último día sea feriado no se tendrá por completa la prescripción, sino cumplido el que siga, si fuere útil.

LIBRO TERCERO
DE LAS SUCESIONES

TÍTULO PRIMERO
DISPOSICIONES PRELIMINARES

Artículo 1173. Herencia es la sucesión en todos los bienes del difunto y en todos sus derechos y obligaciones que no se extinguen por la muerte.

Artículo 1174. La herencia se defiere por la voluntad del testador o por disposición de la ley. La primera se llama testamentaria y la segunda legítima.

También puede deferirse la herencia de un inmueble conceptuado como vivienda de interés social o popular, designando beneficiarios en el acto de adquisición y a título testamentario especial.

Artículo 1175. El testador puede disponer del todo o de parte de sus bienes. La parte de que no disponga quedará regida por los preceptos de la sucesión legítima.

Artículo 1176. El heredero adquiere a título universal y responde de las cargas de la herencia hasta donde alcance la cuantía de los bienes que hereda.

Artículo 1177. El legatario adquiere a título particular y no tiene más cargas que las que expresamente le imponga el testador, sin perjuicio de su responsabilidad subsidiaria con los herederos.

Artículo 1178. Cuando toda la herencia se distribuya en legados, los legatarios serán considerados como herederos.

Artículo 1179. Si el autor de la herencia y sus herederos o legatarios perecieren en el mismo desastre o en el mismo día, sin que se pueda averiguar quiénes murieron antes, no se transmitirá entre ellos la herencia o legado y se tendrán todos por muertos al mismo tiempo, salvo prueba en contrario.

Artículo 1180. La prueba de que una persona falleció antes que otra, corresponde a quién tenga interés en probar ese hecho.

Artículo 1181. A la muerte del autor de la sucesión, los herederos adquieren derecho a la masa hereditaria como a un patrimonio común, mientras que no se hace la división.

Artículo 1182. Cada heredero puede disponer del derecho que tiene en la masa hereditaria, pero no puede disponer de las cosas que forman la sucesión.

Artículo 1183. El legatario adquiere derecho al legado puro y simple, así como al de día cierto, desde el momento de la muerte del testador.

Artículo 1184. El heredero o legatario no puede enajenar su parte en la herencia sino después de la muerte de aquél a quien hereda.

Artículo 1185. El heredero de parte de los bienes que quiera vender a un extraño su derecho hereditario, debe notificar a sus coherederos por medio de notario, judicialmente o por medio de testigos, las bases y condiciones en que se ha concertado la venta, a fin de que aquellos, dentro del plazo de ocho días, hagan uso del derecho del tanto. Si los herederos hacen uso de este derecho el vendedor está obligado a consumar la venta a su favor, conforme a las bases concertadas. Por el solo lapso de los ocho días se pierde el derecho del tanto. Si la venta se hace omitiéndose la notificación prescrita en este artículo, será nula.

Esta acción prescribe en seis meses, contados a partir de que se tenga conocimiento de la venta.

Artículo 1186. Si dos o más coherederos quisieran hacer uso del derecho del tanto, quienes lo ejerciten adquirirán en proporción al porcentaje que representen en la herencia.

Artículo 1187. El derecho citado, cesa si la enajenación se hace a un coheredero.

TÍTULO SEGUNDO
DE LA SUCESIÓN POR TESTAMENTO

CAPÍTULO PRIMERO
DE LOS TESTAMENTOS EN GENERAL

Artículo 1188. Testamento es un acto personalísimo, revocable y libre, por el cual una persona capaz dispone de sus bienes y derechos, y declara o cumple deberes para después de su muerte.

Artículo 1189. No pueden testar en el mismo acto dos o más personas, ya en provecho recíproco, ya en favor de un tercero.

Artículo 1190. Ni la subsistencia del nombramiento del heredero o de los legatarios, ni la designación de las cantidades que a ellos correspondan pueden dejarse al arbitrio de un tercero.

Artículo 1191. Cuando el testador deje como herederos o legatarios a determinadas clases, formadas por número ilimitado de individuos, tales como los pobres, los huérfanos, los ciegos o expresiones similares, puede encomendar a un tercero la distribución de las cantidades que deje para ese objeto y la elección de las personas a quienes deban aplicarse, entendiendo como tales a instituciones de asistencia social.

Artículo 1192. El testador puede encomendar a un tercero que haga la elección de los actos de beneficencia o de los establecimientos públicos o privados a los cuales deban aplicarse los bienes que legue con ese objeto, así como la distribución de las cantidades que a cada uno correspondan.

Artículo 1193. La disposición hecha en términos vagos en favor de los parientes del testador, se entenderá que se refiere a los parientes más próximos, según el orden de la sucesión legítima.

Artículo 1194. Las disposiciones hechas a título universal o particular no tienen ningún efecto cuando se funden en una causa expresa, que resulte errónea si ha sido la única que determinó la voluntad del testador.

Artículo 1195. Toda disposición testamentaria deberá entenderse en el sentido literal de las palabras, a no ser que aparezca con manifiesta claridad que fue otra la voluntad del testador.

En caso de duda sobre la inteligencia o interpretación de una disposición testamentaria, se observará lo que parezca más conforme a la intención del testador, según el tenor del testamento y la prueba auxiliar que a este respecto pueda rendirse por los interesados.

Artículo 1196. Si un testamento se pierde por un evento ignorado por el testador o por haber sido ocultado por otra persona, pondrán los interesados exigir su cumplimiento si demuestran plenamente el hecho de la pérdida o de la ocultación; logran igualmente comprobar lo contenido en el mismo testamento y que en su otorgamiento si llenaron todas las formalidades legales.

Artículo 1197. La expresión de una causa contraria a derecho, aunque sea verdadera, se tendrá por no escrita

CAPÍTULO SEGUNDO
DE LA CAPACIDAD PARA TESTAR

Artículo 1198. Pueden testar todos aquellos a quienes la ley no prohíbe expresamente el ejercicio de este derecho.

Artículo 1199. Están incapacitados para testar:

I. Los menores que no han cumplido dieciséis años de edad, ya sean hombres o mujeres; y

II. Los que habitual o accidentalmente no disfrutan de su cabal juicio.

Artículo 1200. Es válido el testamento hecho por un demente en un intervalo de lucidez, con tal de que al efecto se observen las prescripciones siguientes.

Artículo 1201. Siempre que un demente pretenda hacer testamento en un intervalo de lucidez, el tutor y, en defecto de éste, la familia de aquél, presentará por escrito una solicitud al juez que corresponda. El juez nombrará dos médicos, de preferencia especialistas en la materia, para que examinen al enfermo y dictaminen acerca de su estado mental. El juez tiene obligación de asistir al examen del enfermo y podrá hacerle cuantas preguntas estime convenientes a fin de cerciorarse de su capacidad para testar.

Artículo 1202. Se hará constar en acta formal el resultado del reconocimiento.

Artículo 1203. Si éste fuere favorable, se procederá a la formación del testamento ante notario público, con todas las solemnidades que se requieren para los testamentos públicos abiertos.

Artículo 1204. Firmarán el acta, además del notario y de los testigos, el juez y los médicos que intervinieron para el reconocimiento, poniéndose al pie del testamento, razón expresa de que, durante todo el acto, conservó el paciente perfecta lucidez de juicio; sin este requisito y su constancia, será nulo el testamento.

Artículo 1205. Para juzgar de la capacidad del testador, se atenderá especialmente al estado en que se halle al hacer el testamento.

CAPÍTULO TERCERO
DE LA CAPACIDAD PARA HEREDAR

Artículo 1206. Todos los habitantes del Estado, de cualquier edad que sean, tienen capacidad para heredar y no pueden ser privados de ella de un modo absoluto; pero con relación a ciertas personas y a determinados bienes, pueden perderla por alguna de las causas siguientes:

I. Falta de personalidad, entendida en los términos del artículo siguiente;

II. Delito;

III. Presunción de influencia contraria a la libertad del testador o a la verdad o integridad del testamento;

IV. Falta de reciprocidad internacional;

V. Utilidad pública;

VI. Renuncia o remoción de algún cargo conferido en el testamento;

VII. Por incumplimiento injustificado a sus obligaciones de proporcionar alimentos, declarada judicialmente por sentencia firme; y

VIII. Por Violencia familiar declarada judicialmente por sentencia firme.

Artículo 1207. Son incapaces de adquirir por testamento o por intestado, a causa de falta de personalidad, los no concebidos al tiempo de la muerte del autor de la herencia o los concebidos cuando no sean viables conforme a lo dispuesto en este Código.

Artículo 1208. No obstante, será válida la disposición hecha en favor de los hijos que nacieren de ciertas y determinadas personas, durante la vida del testador.

Artículo 1209. Por razón de delito, son incapaces de adquirir por testamento o por intestado:

I. El que haya sido condenado por haber dado, mandado o intentado dar muerte a la persona de cuya sucesión se trate o a los padres, hijos, cónyuges o hermanos de ella;

II. El que haya hecho contra el autor de la sucesión, sus ascendientes, descendientes, hermanos o cónyuge, acusación de delito que merezca pena de prisión, aun cuando aquélla sea fundada, si fuere su descendiente, su ascendiente, su cónyuge o su hermano, a no ser que ese acto haya sido preciso para que el acusador salvara su vida, su honra o la de sus descendientes, ascendientes, hermanos o cónyuge;

III. El que haya sido condenado por un delito, que merezca pena de prisión, cometido contra el autor de la herencia, de sus hijos, de su cónyuge, de sus ascendientes o de sus hermanos;

IV. El padre y la madre, respecto del hijo expuesto por ellos;

V. Los ascendientes, tutores, parientes y demás personas que abandonaren, prostituyeren, traficaran o corrompieren a sus descendientes o menores de edad, respecto de la herencia de éstos;

VI. Los demás parientes del autor de la herencia que, teniendo obligación de darle alimentos, no la hubieren cumplido;

VII. Los parientes del autor de la herencia que, hallándose éste imposibilitado para trabajar y sin recursos, no cuidaren de recogerlo o de hacerlo recoger en establecimiento de asistencia;

VIII. El que usare de violencia, dolo o fraude con una persona para que haga, deje de hacer o revoque su testamento; y

IX. El que conforme al Código Penal del Estado de Querétaro fuere culpable de supresión, substitución o suposición de infante, siempre que se trate de la herencia que debió corresponder a éste o a las personas a quienes se haya perjudicado o intentado perjudicar con esos actos.

Artículo 1210. Se aplicará también lo dispuesto en la fracción II del artículo anterior, aunque el autor de la herencia no fuere descendiente, ascendiente, cónyuge o hermano del acusador, si la acusación es declarada calumniosa.

Artículo 1211. Cuando la parte agraviada perdonare al ofensor, recobrará éste el derecho de suceder al ofendido, por intestado, si el perdón consta por declaración auténtica o por hechos indubitables.

Artículo 1212. La capacidad para suceder por testamento, sólo se recobra si después de conocido el agravio, el ofendido instituye heredero al ofensor o revalida su institución anterior, con las mismas solemnidades que se exigen para testar.

Artículo 1213. En los casos de intestado, los descendientes del incapaz de heredar por razón de delito, heredarán al autor de la sucesión, no debiendo ser excluidos por la falta del progenitor que lo cometió; pero éste no puede, en ningún caso, tener en los bienes de la sucesión, el usufructo, ni la administración que la ley acuerda a los padres sobre los bienes de sus hijos.

Artículo 1214. Por presunción de influjo contrario a la libertad del autor de la herencia, son incapaces de adquirir por testamento del menor, los tutores y curadores, a no ser que sean instituidos antes de ser nombrados para el cargo o después de la mayor edad de aquél, estando ya aprobadas las cuentas de la tutela.

Artículo 1215. La incapacidad a que se refiere el artículo anterior, no comprende a los ascendientes ni hermanos del menor, salvo que usaran la violencia, dolo o fraude para que el autor de la sucesión hiciera, dejara de hacer o revocara su testamento.

Artículo 1216. Por presunción contraria a la libertad del testador, son incapaces de heredar por testamento, el médico que haya asistido a aquel durante su última enfermedad, si entonces hizo su disposición testamentaria; así como el cónyuge, ascendientes, descendientes y hermanos del facultativo, a no ser que los herederos instituidos sean también herederos legítimos.

Artículo 1217. Por presunción de influjo contrario a la verdad e integridad del testamento, son incapaces de heredar el notario y los testigos que intervinieron en él y sus cónyuges, descendientes, ascendientes o hermanos.

Artículo 1218. Los ministros de los cultos no pueden ser herederos por testamento de los ministros del mismo culto o de un particular con quien no tengan parentesco dentro del cuarto grado. La misma incapacidad tienen los ascendientes, descendientes, cónyuges y hermanos de los ministros, respecto de las personas a quienes éstos hayan prestado cualquier clase de auxilio espiritual, durante la enfermedad de que hubieren fallecido o de quienes hayan sido directores espirituales los mismos ministros.

Artículo 1219. El notario que, a sabiendas, autorice un testamento en que se contravenga lo dispuesto en los tres artículos anteriores, sufrirá la pena de privación de oficio.

Artículo 1220. Los extranjeros y las personas morales son capaces de adquirir bienes por testamento o por intestado; pero su capacidad tiene las limitaciones establecidas en la Constitución Política de los Estados Unidos Mexicanos y en las respectivas leyes reglamentarias de los artículos constitucionales. Tratándose de extranjeros, se observará también lo dispuesto en el artículo siguiente.

Artículo 1221. Por falta de reciprocidad internacional, son incapaces de heredar por testamento o por intestado, a los habitantes del Estado, los extranjeros que, según las leyes de su país, no puedan testar o dejar por intestado sus bienes a favor de los mexicanos.

Artículo 1222. La herencia o legado que se deje a un establecimiento público, imponiéndole algún gravamen o bajo alguna condición, sólo serán validos si el Poder Ejecutivo del Estado los aprueba.

Artículo 1223. Las disposiciones testamentarias hechas en favor de los pobres en general o del alma, se entenderán hechas en favor de las instituciones de asistencia social. Las hechas en favor de las iglesias, sectas o instituciones religiosas, se sujetarán a lo dispuesto en el artículo 27 de la Constitución Política de los Estados Unidos Mexicanos.

Artículo 1224. Por renuncia o remoción de un cargo, son incapaces de heredar por testamento los que, nombrados en él tutores, curadores o albaceas, hayan rehusado, sin justa causa, el cargo o por mala conducta hayan sido separados judicialmente de su ejercicio.

Artículo 1225. Lo dispuesto en la primera parte del artículo anterior, no comprende a los que, desechada por el juez la excusa, hayan servido de cargo.

Artículo 1226. Las personas llamadas por la ley para desempeñar la tutela legítima y que rehúsen, sin causa legítima, desempeñarla, no tienen derecho de heredar a los incapaces de quienes deben ser tutores.

Artículo 1227. Para que el heredero pueda suceder, basta que sea capaz al tiempo de la muerte del autor de la herencia.

Artículo 1228. Si la institución fuere condicional, se necesitará, además, que el heredero sea capaz al tiempo en que se cumpla la condición.

Artículo 1229. El heredero por testamento que muera antes que el testador o antes de que se cumpla la condición, el incapaz de heredar y el que renuncia a la sucesión, no transmiten ningún derecho a sus herederos.

Artículo 1230. En los casos del artículo anterior, la herencia pertenece a los herederos legítimos del testador, a no ser que éste haya dispuesto otra cosa.

Artículo 1231. El que hereda en lugar del excluido, tendrá las mismas cargas y condiciones que legalmente se habían puesto a aquél.

Artículo 1232. Los deudores hereditarios que fueren demandados y que no tengan el carácter de herederos, no podrán oponer, al que esté en posesión del derecho de heredero o legatario, la excepción de incapacidad.

Artículo 1233. La incapacidad para heredar no priva de los alimentos que por ley corresponden al afectado, salvo que la incapacidad se dé por razón de delito.

Artículo 1234. La incapacidad para heredar no produce el efecto de privar al incapaz de lo que hubiere de percibir, sino después de declarada en juicio, a petición de algún interesado, no pudiendo promoverla el juez de oficio.

Artículo 1235. No puede deducirse acción para declarar la incapacidad, pasados tres años desde que el incapaz esté en posesión de la herencia o legado, salvo que se trate de incapacidades establecidas en vista del interés público, las cuales en todo tiempo pueden hacerse valer.

Artículo 1236. Si el que entró en posesión de la herencia y la pierde después por incapacidad, hubiere enajenado o gravado todo o parte de los bienes antes de ser emplazado en el juicio en que se discuta su incapacidad y aquel con quien contrató hubiere tenido buena fe, el contrato subsistirá; mas el heredero incapaz estará obligado a indemnizar al legítimo, de todos los daños y perjuicios.

CAPÍTULO CUARTO
DE LAS CONDICIONES QUE PUEDEN PONERSE EN LOS TESTAMENTOS

Artículo 1237. El testador es libre para establecer condiciones al disponer de sus bienes.

Artículo 1238. Las condiciones impuestas a los herederos y legatarios, en lo que no esté prevenido en este Capítulo, se regirán por las reglas establecidas para las obligaciones condicionales.

Artículo 1239. La falta de cumplimiento de alguna condición impuesta al heredero o al legatario, no perjudicará a éstos, siempre que hayan empleado todos los medios necesarios para cumplir aquella.

Artículo 1240. La condición física o legalmente imposible de dar o de hacer, impuesta al heredero o legatario, anula su institución.

Artículo 1241. Si la condición que era imposible al tiempo de otorgar el testamento, dejare de serlo a la muerte del testador, será válida.

Artículo 1242. Es nula la institución hecha bajo la condición de que el heredero o legatario hagan en su testamento alguna disposición en favor del testador o de otra persona.

Artículo 1243. La condición que solamente suspende por cierto tiempo la ejecución del testamento, no impedirá que el heredero o legatario adquieran derecho a la herencia o legado o lo transmitan a sus herederos.

Artículo 1244. Cuando el testador no hubiere señalado plazo para el cumplimiento de la condición, la cosa legada permanecerá en poder del albacea y al hacerse la partición se asegurará, competentemente, el derecho del legatario, para el caso de cumplirse la condición, observándose, además, las disposiciones establecidas para hacer la partición cuando alguno de los herederos sea condicional.

Artículo 1245. Si la condición es simplemente potestativa de dar o hacer alguna cosa y el que ha sido gravado con ella ofrece cumplirla, la condición se tiene por cumplida, aunque aquel a cuyo favor se estableció rehúse aceptar la cosa o el hecho.

Artículo 1246. La condición potestativa se tendrá por cumplida aun cuando el heredero o legatario haya prestado la cosa o el hecho antes de que se otorgara el testamento, a no ser que pueda reiterarse la prestación, en cuyo caso no será ésta obligatoria sino cuando el testador haya tenido conocimiento de la primera.

Artículo 1247. En el caso final del artículo que precede, corresponde al que debe pagar el legado, la prueba de que el testador tuvo conocimiento de la primera prestación.

Artículo 1248. La condición de no dar o de no hacer, se tendrá por no puesta.

La condición de no impugnar el testamento o alguna de las disposiciones que contenga, so pena de perder el carácter de heredero o legatario, se tendrá por no puesta.

Artículo 1249. Cuando la condición fuere casual o mixta, bastará que se realice en cualquier tiempo, vivo o muerto el testador, si éste no hubiere dispuesto otra cosa.

Artículo 1250. Si la condición se hubiere cumplido al hacerse el testamento, ignorándolo el testador, se tendrá por cumplido, mas si lo sabía, sólo se tendrá por cumplida si ya no puede existir o cumplirse de nuevo.

Artículo 1251. La condición impuesta al heredero o legatario de tomar o dejar de tomar estado, se tendrá por no puesta.

Artículo 1252. Podrá, sin embargo, dejarse a alguno el uso o habitación, una pensión alimenticia periódica o el usufructo que equivalga a esta pensión, por el tiempo que permanezca soltero o viuda. La pensión alimenticia se fijará en los términos de ley.

Artículo 1253. La condición que se ha cumplido existiendo la persona a quién se impuso, se retrotrae al tiempo de la muerte del testador y desde entonces deben abonarse los frutos de la herencia o legado, a menos que el testador haya dispuesto expresamente otra cosa.

Artículo 1254. La carga de hacer alguna cosa se considera como condición resolutoria.

Artículo 1255. Si no se hubiere señalado tiempo para el cumplimiento de la carga, ni ésta por su propia naturaleza lo tuviere, la cosa permanecerá en poder del albacea y al hacerse la partición se asegurará el derecho del legatario para el caso de cumplirse la condición.

Artículo 1256. Si el legado fuere de prestación periódica, que debe concluir en un día que es inseguro si llegará o no, llegado el día, el legatario habrá hecho suyas todas las prestaciones que correspondan hasta aquél día.

Artículo 1257. Si el día en que debe comenzar el legado fuere seguro, sea que se sepa o no cuándo ha de llegar, el que ha de entregar la cosa legada tendrá, respecto de ella, los derechos y las obligaciones del usufructuario.

Artículo 1258. En el caso del artículo anterior, si el legado consiste en prestación periódica, el que debe pagarlo hace suyo todo lo correspondiente al intermedio y cumple con hacer la prestación, comenzado el día señalado.

Artículo 1259. Cuando el legado debe concluir en un día que es seguro que ha de llegar, se entregará la cosa o cantidad legada al legatario, quien se considerará como usufructuario de ella.

Artículo 1260. Si el legado consistiere en prestación periódica, el legatario hará suyas todas las cantidades vencidas hasta el día señalado.

CAPÍTULO QUINTO
DE LOS BIENES DE QUE SE PUEDE DISPONER POR TESTAMENTO Y DE LOS TESTAMENTOS INOFICIOSOS

Artículo 1261. El testador debe dejar alimentos a las personas que se mencionan en las fracciones siguientes:

I. A los descendientes respecto de los cuales tenga obligación legal de proporcionar alimentos al momento de la muerte;

II. A los descendientes que estén imposibilitados para trabajar, cualquiera que sea su edad, cuando exista la obligación a que se refiere la fracción anterior;

III. Al cónyuge supérstite, cuando no tenga ingresos o bienes suficientes. Salvo disposición expresa del testador, este derecho subsistirá en tanto no contraiga matrimonio o no viva en concubinato y viva honestamente;

IV. A los ascendientes;

V. Al concubinario, en los términos que señala la ley. Salvo disposición expresa del testador, este derecho subsistirá en tanto no contraiga matrimonio o no viva en concubinato y viva honestamente.

Si fueren varias las personas con las que el testador vivió, como si fuera su cónyuge, ninguna de ellas tendrá derecho a alimentos; y

VI. A los hermanos y demás parientes colaterales dentro del cuarto grado, si están incapacitados o mientras que no cumplan dieciocho años, si no tienen bienes para subvenir a sus necedades.

Artículo 1262. No hay obligación de dejar alimentos, sino por imposibilidad de los parientes más próximos en grado para trabajar.

Artículo 1263. No hay obligación de dejar alimentos a las personas que tengan bienes; pero si teniéndolos su producto no iguala a la pensión que debería corresponderles, la obligación se reducirá a lo que falte para completarla.

Artículo 1264. Para tener derecho de ser alimentado se necesita encontrarse, al tiempo de la muerte del testador, en alguno de los casos antes señalados y cesa ese derecho tan luego como del interesado deje de estar en las condiciones a que se refiere el mismo artículo, observe mala conducta o adquiera bienes, aplicándose en este caso lo dispuesto en el artículo anterior.

Artículo 1265. El derecho de percibir alimentos no es renunciable ni puede ser objeto de transacción. La pensión alimenticia se fijará y asegurará conforme a lo dispuesto en este Código y por ningún motivo excederá de los productos de la porción que en caso de sucesión intestada corresponderían al que tenga derecho a dicha pensión, ni bajará de la mitad de dichos productos. Si el testador hubiere fijado la pensión alimenticia, subsistirá su designación, cualquiera que sea, siempre que no baje del mínimum antes establecido. Con excepción de los artículos citados en el presente Capítulo, no son aplicables a los alimentos debidos por sucesión, las disposiciones del Capítulo Segundo, Título Séptimo del Libro Primero del presente ordenamiento legal.

Artículo 1266. Cuando el caudal hereditario no fuere suficiente para dar alimentos a todas las personas que tienen derecho a ello, se observarán las reglas siguientes:

I. Se ministrarán a los descendientes y al cónyuge o al concubinario supérstite, a prorrata;

II. Cubiertas las pensiones a que se refiere la fracción anterior, se ministrarán a prorrata a los ascendientes;

III. Después se ministrarán también a prorrata a los hermanos; y

IV. Por último, se ministrarán igualmente a prorrata a los demás parientes colaterales dentro del cuarto grado.

Artículo 1267. Es inoficioso el testamento en que no se deje la pensión alimenticia, según lo establecido en este Capítulo.

En este caso, los herederos deberán cubrir proporcionalmente de lo heredado las pensiones alimenticias correspondientes, observándose lo dispuesto en los artículos siguientes.

Artículo 1268. El preterido tendrá solamente derecho a que se le dé la pensión que corresponda, subsistiendo el testamento en todo lo que no perjudique ese derecho.

Artículo 1269. La pensión alimenticia es carga de la masa hereditaria, excepto cuando el testador haya gravado con ella a alguno o algunos de los partícipes de la sucesión.

Artículo 1270. El hijo póstumo tendrá derecho a percibir íntegra la porción que le correspondería como heredero legítimo si no hubiera testamento, a menos que el testador hubiere dispuesto expresamente otra cosa.

CAPÍTULO SEXTO
DE LA INSTITUCIÓN DE HEREDERO

Artículo 1271. El testamento otorgado legalmente será válido, aunque no contenga institución de heredero y aunque el nombrado no acepte la herencia o sea incapaz de heredar.

Artículo 1272. En los tres casos señalados en el artículo anterior, se cumplirán las demás disposiciones testamentarias que estuvieren hechas conforme a las leyes.

Artículo 1273. No obstante la libertad del testador para establecer condiciones, la designación de día en que deba comenzar o cesar la institución de herederos se tendrá por no puesta.

Artículo 1274. Los herederos instituidos sin designación de la parte que a cada uno corresponda, heredarán por partes iguales.

Artículo 1275. El heredero instituido en cosa cierta y determinada debe tenerse por legatario.

Artículo 1276. Aunque el testador nombre a algunos herederos individualmente y a otros colectivamente, como si dijera: "Instituyo por mis herederos a Pedro y a Pablo y a los hijos de Francisco", los colectivamente nombrados se considerarán como si fuesen individualmente, a no ser que se conozca de un modo claro que ha sido otra la voluntad del testador.

Artículo 1277. Si el testador instituye a sus hermanos y los tiene sólo de padre, sólo de madre o de padre y madre, se dividirán la herencia como en el caso de intestado.

Artículo 1278. Si el testador llama a la sucesión a cierta persona y a sus hijos, se entenderán todos instituidos simultánea y no sucesivamente.

Artículo 1279. El heredero debe ser instituido designándolo por su nombre y apellido; si hubiere varios que tuvieren el mismo nombre y apellido, deben agregarse otros nombres y circunstancias que distingan al que se quiere nombrar.

Artículo 1280. Aunque se haya omitido el nombre del heredero, si el testador le designare de otro modo que no pueda dudarse quién sea, valdrá la institución.

Artículo 1281. El error en el nombre, apellido o cualidades del heredero no vicia la institución, si de otro modo se supiere ciertamente cuál es la persona nombrada.

Artículo 1282. Si entre varios individuos del mismo nombre y circunstancias no pudiere saberse a quién quiso designar el testador ninguno será heredero.

Artículo 1283. Toda disposición en favor de persona incierta o sobre cosa que no pueda identificarse será nula, a menos que por algún evento puedan resultar ciertas.

CAPÍTULO SÉPTIMO
DE LOS LEGADOS

Artículo 1284. Cuando no haya disposiciones especiales, los legatarios se regirán por las mismas normas que los herederos.

Artículo 1285. El legado puede consistir en la prestación de la cosa o en la de algún hecho o servicio.

Artículo 1286. No produce efecto el legado, si por acto del testador pierde la cosa legada la forma y denominación que la determinaban.

Artículo 1287. El testador puede gravar con legados no sólo a los herederos, sino a los mismos legatarios.

Artículo 1288. La cosa legada deberá ser entregada con todos sus accesorios y en el estado en que se halle al morir el testador.

Artículo 1289. Los gastos necesarios para la entrega de la cosa legada serán a cargo del legatario, salvo disposición del testador en contrario.

Artículo 1290. El legatario no puede aceptar una parte del legado y repudiar la otra.

Artículo 1291. Si el legatario muere antes de aceptar un legado y deja varios herederos, puede uno de éstos aceptar y otro repudiar la parte que le corresponda en el legado.

Artículo 1292. Si se dejaren dos legados y uno fuere oneroso, el legatario no podrá renunciar a éste y aceptar el que no lo sea. Si los dos son onerosos o gratuitos, es libre para aceptarlos todos o repudiar el que quiera.

Artículo 1293. El heredero que sea al mismo tiempo legatario, puede renunciar la herencia y aceptar el legado o renunciar éste y aceptar aquélla.

Artículo 1294. El acreedor cuyo crédito no conste más que por testamento, se tendrá para los efectos legales como legatario preferente.

Artículo 1295. Cuando se legue una cosa con todo lo que comprenda, se entenderán legados los documentos justificantes de la propiedad y los créditos activos.

Artículo 1296. El legado del menaje de una casa, sólo comprende los bienes muebles que formen el ajuar y utensilios de ésta que sirvan exclusiva y propiamente para el uso y trato ordinario de la familia.

Artículo 1297. Si el que lega una propiedad le agrega después nuevas adquisiciones, no se comprenderán éstas en el legado, aunque sean contiguas, si no hay nueva declaración del testador.

Artículo 1298. La declaración a que se refiere el artículo precedente, no se requiere respecto de las mejoras necesarias, útiles o voluntarias hechas en el mismo predio.

Artículo 1299. El legatario puede exigir que el heredero otorgue fianza en todos los casos en que puede exigirla el acreedor.

Artículo 1300. Si sólo hubiere legatarios, podrán éstos exigirse entre sí la constitución de la hipoteca necesaria.

Artículo 1301. No puede el legatario ocupar por su propia autoridad la cosa legada, debiendo pedir su entrega y posesión al albacea o al ejecutor especial.

Artículo 1302. Si la cosa legada estuviese en poder del legatario, podrá éste retenerla, sin perjuicio de devolver, en caso de reducción, lo que corresponda conforme a derecho.

Artículo 1303. El importe de las contribuciones correspondientes al legado, se deducirá del valor de éste, a no ser que el testador disponga otra cosa.

Artículo 1304. Si toda la herencia se distribuye en legados, se prorratearán las deudas y gravámenes de ella entre todos los partícipes, en proporción de sus cuotas, a no ser que el testador hubiere dispuesto otra cosa.

Artículo 1305. El legado queda sin efecto si la cosa legada perece viviendo el testador, si se pierde por evicción, fuera del caso previsto en el artículo 1352 o si perece después de la muerte del testador, sin culpa del heredero.

Artículo 1306. Queda también sin efecto el legado, si el testador enajena la cosa legada, pero vale si la recobra por un título legal.

Artículo 1307. Si los bienes de la herencia no alcanzan para cubrir todos los legados, el pago se hará en el siguiente orden:

I. Legados remuneratorios;

II. Legados que el testador o la ley haya declarado preferentes;

III. Legados de cosa cierta y determinada;

IV. Legados de alimentos o de educación; y

V. Los demás a prorrata.

Artículo 1308. Los legatarios tienen derecho de reivindicar de tercero la cosa legada, ya sea mueble o raíz, con tal que sea cierta y determinada, observándose lo dispuesto para los actos y contratos que celebren, los que en el Registro Público de la Propiedad y del Comercio aparezcan con derecho para ello, con terceros de buena fe que los inscriban.

Artículo 1309. El legatario de un bien que perece incendiado después de la muerte del testador, tiene derecho de recibir la indemnización del seguro si la cosa estaba asegurada.

Artículo 1310. Si se declara nulo el testamento después de pagado el legado, la acción del verdadero heredero para recobrar la cosa legada procede contra el legatario y no contra el otro heredero, a no ser que éste haya hecho con dolo la partición.

Artículo 1311. Si el heredero o legatario renunciare a la sucesión, la carga que se les haya impuesto se pagará solamente con la cantidad a que tiene derecho el que renunció.

Artículo 1312. Si la carga consiste en la ejecución de un hecho, el heredero o legatario que acepte la sucesión queda obligado a prestarlo.

Artículo 1313. Si el legatario a quien se impuso algún gravamen no recibe todo el legado, se reducirá la carga proporcionalmente y si sufre evicción podrá repetir lo que haya pagado.

Artículo 1314. En los legados alternativos la elección corresponde al heredero, si el testador no la concede expresamente al legatario.

Artículo 1315. Si el heredero tiene la elección, puede entregar la cosa de menor valor; si la elección corresponde al legatario, puede exigir la cosa de mayor valor.

Artículo 1316. En los legados alternativos se observará, además, lo dispuesto para las obligaciones alternativas.

Artículo 1317. En todos los casos en que el que tenga derecho de hacer la elección no pudiere hacerla, la harán su representante legítimo o sus herederos.

Artículo 1318. El juez, a petición de parte legítima, hará la elección si en el plazo que le señale no la hiciere la persona que tenga derecho de hacerla.

Artículo 1319. La elección hecha legalmente es irrevocable.

Artículo 1320. Es nulo el legado que el testador hace de cosa propia individualmente determinada, que al tiempo de su muerte no se halle en su herencia.

Artículo 1321. Si la cosa mencionada en el artículo que precede existe en la herencia pero no en la cantidad y número designados, tendrá el legatario lo que hubiere.

Artículo 1322. Cuando el legado es de cosa específica y determinada, propia del testador, el legatario adquiere su propiedad desde que aquél muere y hace suyos los frutos pendientes y futuros, a no ser que el testador haya dispuesto otra cosa.

Artículo 1323. La cosa legada, en el caso del artículo anterior, quedará desde el mismo instante a riesgo del legatario y, en cuanto a su pérdida, aumento o deterioro posteriores, se observará lo dispuesto en las obligaciones de dar, para el caso de que se pierda, deteriore o aumente la cosa cierta que deben entregarse.

Artículo 1324. Cuando el testador, el heredero o el legatario, sólo tengan cierta parte o derecho en la cosa legada, se restringirá el legado a esa parte o derecho si el testador no declara de un modo expreso que sabía que la cosa era parcialmente de otro y que no obstante esto, la legaba por entero.

Artículo 1325. El legado de cosa ajena, si el testador sabía que lo era, es válido y el heredero está obligado a adquirirla para entregarla al legatario o a dar a éste su precio.

Artículo 1326. La prueba de que el testador sabía que la cosa era ajena, corresponde al legatario.

Artículo 1327. Si el testador ignoraba que la cosa legada era ajena, es nulo el legado.

Artículo 1328. Es válido el legado si el testador, después de otorgado el testamento, adquiere la cosa que al otorgarlo no era suya.

Artículo 1329. Es nulo el legado de cosa que al otorgarse el testamento pertenezca al mismo legatario.

Artículo 1330. Si en la cosa legada tiene alguna parte el testador o un tercero, sabiéndolo aquel en lo que a ellos corresponda, vale el legado.

Artículo 1331. Si el legatario adquiere la cosa legada después de otorgado el testamento, se entiende legado su precio.

Artículo 1332. Es válido el legado hecho a un tercero de cosa propia del heredero o de un legatario, quienes si aceptan la sucesión, deberán entregar la cosa legada o su precio.

Artículo 1333. Si el testador ignoraba que la cosa fuese propia del heredero o del legatario, será nulo el legado.

Artículo 1334. El legado que consiste en la devolución de la cosa recibida en prenda o en el título constitutivo de una hipoteca, sólo extingue el derecho de prenda o hipoteca pero no la deuda, a no ser que así se prevenga expresamente.

Artículo 1335. Lo dispuesto en el artículo que precede se observará también en el legado de una fianza, ya sea hecho al fiador, ya al deudor principal.

Artículo 1336. Si la cosa legada está dada en prenda o hipoteca o lo fuere después de otorgado el testamento, el desempeño o la redención serán a cargo de la herencia, a no ser que el testador haya dispuesto expresamente otra cosa.

Si por no pagar el obligado, conforme al párrafo anterior, lo hiciere el legatario, quedará éste subrogado en el lugar y derechos del acreedor para reclamar contra aquél.

Cualquiera otra carga, perpetua o temporal, a que se halle afecta la cosa legada, pasa con ésta al legatario, pero en ambos casos las rentas y los réditos devengados hasta la muerte del testador son carga de la herencia.

Artículo 1337. El legado de una deuda hecho al mismo deudor extingue la obligación y el que debe cumplir el legado está obligado, no solamente a dar al deudor la constancia del pago, sino también a desempeñar las prendas, a cancelar la hipoteca y las fianzas y a libertar al legatario de toda responsabilidad.

Artículo 1338. Legado el título, sea público o privado, de una deuda, se entiende legada ésta.

Artículo 1339. El legado hecho al acreedor no compensa el crédito, a no ser que el testador lo declare expresamente.

Artículo 1340. En caso de compensación, si los valores fueren diferentes, el acreedor tendrá derecho de cobrar el exceso del crédito o el del legado.

Artículo 1341. Por medio de un legado puede el deudor mejorar la condición de su acreedor, haciendo puro el crédito condicional, hipotecario el simple o exigible, desde luego, el que lo sea a plazo; pero esta mejora no perjudicará en manera alguna los privilegios de los demás acreedores.

Artículo 1342. El legado hecho a un tercero, de un crédito a favor del testador sólo produce efecto en la parte del crédito que esté insoluto al tiempo de abrirse la sucesión.

Artículo 1343. En el caso del artículo anterior, el que debe cumplir el legado entregará al legatario el título del crédito y le cederá todas las acciones que en virtud de él correspondan al testador.

Artículo 1344. Cumpliendo lo dispuesto en el artículo que precede, el que debe pagar el legado queda enteramente libre de la obligación de saneamiento y de cualquiera otra responsabilidad, ya provenga ésta del mismo título, ya de insolvencia del deudor o de sus fiadores, ya de otra causa.

Artículo 1345. Los legados de deuda hechos al mismo deudor o a un tercero, comprenden los intereses que por el crédito o deuda se deban a la muerte del testador.

Artículo 1346. Dichos legados subsistirán aunque el testador haya demandado judicialmente al deudor, si el pago no se ha realizado.

Artículo 1347. El legado genérico de liberación o perdón de las deudas, comprende sólo las existentes al tiempo de otorgar el testamento y no las posteriores.

Artículo 1348. El legado de cosa mueble indeterminada, pero comprendida en género determinado, será válido, aunque en la herencia no haya cosa alguna del género a que la cosa legada pertenezca.

Artículo 1349. En el caso del artículo anterior, la elección es del que debe pagar el legado, quien, si las cosas existen, cumple con entregar una de mediana calidad, pudiendo, en caso contrario, comprar una de esa misma calidad o abonar al legatario el precio correspondiente, previo convenio o a juicio de peritos.

Artículo 1350. Si el testador concede expresamente la elección al legatario, éste podrá, si hubiere varias cosas del género determinado, escoger la mejor, pero si no las hay, sólo podrá exigir una de mediana calidad o el precio que le corresponda.

Artículo 1351. Si la cosa indeterminada fuere inmueble, sólo valdrá el legado existiendo en la herencia varias del mismo género; para la elección, se observarán las reglas establecidas para los bienes muebles.

Artículo 1352. El obligado a la entrega del legado responderá en caso de evicción, si la cosa fuere indeterminada y se señalase solamente por género o especie.

Artículo 1353. En el legado de especie, el heredero debe entregar la misma cosa legada; en caso de pérdida, se observará lo dispuesto para las obligaciones de dar cosa determinada.

Artículo 1354. Los legados en dinero deben pagarse en esa especie; si no la hay en la herencia, con el producto de los bienes que al efecto se vendan.

Artículo 1355. El legado de cosa o cantidad depositada en lugar designado, sólo subsistirá en la parte que en él se encuentre.

Artículo 1356. El legado de alimentos dura mientras viva el legatario, a no ser que el testador haya dispuesto que dure menos.

Artículo 1357. Si el testador no señala la cantidad de alimentos, se observará lo dispuesto en el Capítulo Segundo, Título Séptimo del Libro Primero.

Artículo 1358. Si el testador acostumbró en vida dar al legatario cierta cantidad de dinero por vía de alimentos, se entenderá legada la misma cantidad, si no resultare en notable desproporción con la cuantía de la herencia.

Artículo 1359. El legado de educación dura hasta que el legatario sale de la menor edad.

Artículo 1360. Cesa también el legado de educación si el legatario, durante la menor edad, obtiene profesión u oficio con qué poder subsistir o si contrae matrimonio.

Artículo 1361. El legado de pensión, sean cuales fueren la cantidad, el objeto y los plazos, corre desde la muerte del testador; es exigible al principio de cada período y el legatario hace suya la que tuvo derecho de cobrar, aunque muera antes de que termine el periodo comenzado.

Artículo 1362. Los legados de usufructo, uso, habitación o servidumbre, subsistirán mientras viva el legatario, a no ser que el testador dispusiere que duren menos.

Artículo 1363. Sólo duran veinte años los legados de que trata el artículo anterior, si fueren dejados a alguna corporación que tuviere capacidad de adquirirlos.

Artículo 1364. Si la cosa legada estuviere sujeta a usufructo, uso o habitación, el legatario deberá prestarlos hasta que legalmente se extingan, sin que el heredero tenga obligación de ninguna clase.

CAPÍTULO OCTAVO
DE LAS SUBSTITUCIONES

Artículo 1365. Puede el testador substituir con una o más personas al heredero o herederos institutos para el caso de que mueran antes que él o de que no puedan o no quieran aceptar la herencia.

Artículo 1366. Quedan prohibidas las substituciones fideicomisarias y cualquier otra diversa de la contenida en el artículo anterior, sea cual fuere la forma de que se le revista.

Artículo 1367. Los substitutos pueden ser nombrados conjunta o sucesivamente.

Artículo 1368. El substituto del substituto, faltando éste, lo es del heredero substituido.

Artículo 1369. Los substitutos recibirán la herencia con los mismos gravámenes y condiciones con que debían recibirlos los herederos, a no ser que el testador haya dispuesto expresamente otra cosa o que los gravámenes o condiciones fueren meramente personales del heredero.

Artículo 1370. Si los herederos instituidos en partes desiguales fueren substituidos, recíprocamente en la substitución tendrán las mismas partes que en la institución, a no ser que claramente aparezca haber sido otra la voluntad del testador.

Artículo 1371. La nulidad de la substitución fideicomisaria no importa la de la institución, ni la del legado, teniéndose únicamente por no escrita la cláusula fideicomisaria.

Artículo 1372. No se reputa fideicomisaria la disposición en que el testador deja la propiedad del todo o de parte de sus bienes a una persona y el usufructo a otra; a no ser que el propietario o el usufructuario queden obligados a transferir a su muerte la propiedad o el usufructo a un tercero.

Artículo 1373. Puede el padre dejar una parte o la totalidad de sus bienes a su hijo, con la carga de transferirlos al hijo o hijos que tuviere hasta la muerte del testador, teniéndose en cuenta lo dispuesto en el artículo 1207, en cuyo caso el heredero se considerará como usufructuario.

Artículo 1374. La disposición que autoriza el artículo anterior, será nula cuando la transmisión de los bienes deba hacerse a descendientes de ulteriores grados.

Artículo 1375. Se consideran fideicomisarias y, en consecuencia, prohibidas, las disposiciones que contengan prohibiciones de enajenar o que llamen a un tercero a lo que quede de la herencia por la muerte del heredero o el encargo de prestar a más de una persona sucesivamente cierta renta o pensión.

Artículo 1376. La obligación que se impone al heredero de invertir ciertas cantidades en obras benéficas, como pensiones para estudiantes, para los pobres o para cualquier establecimiento de beneficencia no está comprendida en la prohibición del artículo anterior.

Si la carga se impusiere sobre bienes inmuebles y fuere temporal, el heredero o herederos podrán disponer de la finca gravada, sin que cese el gravamen mientras que la inscripción de éste no se cancele.

Si la carga fuere perpetua, el heredero podrá capitalizarla o imponer el capital a interés con primera y suficiente hipoteca.

La capitalización e imposición del capital se hará interviniendo la autoridad correspondiente, con audiencia de los interesados y del Ministerio Público.

CAPÍTULO NOVENO
DE LA NULIDAD, REVOCACIÓN Y CADUCIDAD DE LOS TESTAMENTOS

Artículo 1377. Es nula la institución de heredero o legatario hecha en memorias o comunicados secretos.

Artículo 1378. Es nulo el testamento que haga el testador bajo la influencia de amenazas contra su persona o sus bienes o contra la persona o bienes de su cónyuge o de sus parientes.

Artículo 1379. El testador que se encuentre en el caso del artículo que precede, podrá, luego que cese la violencia o disfrute de la libertad completa, revalidar su testamento con las mismas solemnidades que si lo otorgara de nuevo. De lo contrario será nula la revalidación.

Artículo 1380. Es nulo el testamento captado por dolo o fraude.

Artículo 1381. El juez que tuviere noticias de que alguno impide a otro testar, se presentará sin demora en la casa del segundo para asegurar el ejercicio de su derecho y levantará acta en que haga constar el hecho que ha motivado su presencia, la persona o personas que causen la violencia y los medios que al efecto hayan empleado o intentado emplear y si la persona cuya libertad ampara hace uso de su derecho.

Artículo 1382. Es nulo el testamento en que el testador no exprese cumplida y claramente su voluntad, sino sólo por señales o monosílabos en respuesta a las preguntas que se le hacen.

Artículo 1383. El testador no puede prohibir que se impugne el testamento en los casos en que este deba ser nulo conforme a la ley.

Artículo 1384. El testamento es nulo cuando se otorga en contravención a las formas prescritas por la ley.

Artículo 1385. Es nula la renuncia del derecho de testar y la cláusula en que alguno se obligue a no usar de ese derecho sino bajo ciertas condiciones, sean éstas de la clase que fueren.

Artículo 1386. La renuncia de la facultad de revocar el testamento es nula.

Artículo 1387. El testamento anterior queda revocado de pleno derecho por el posterior perfecto, si el testador no expresa en éste su voluntad de que aquél subsista en todo o en parte.

Artículo 1388. La revocación producirá su efecto aunque el segundo testamento caduque por la incapacidad o renuncia del heredero o de los legatarios nuevamente nombrados.

Artículo 1389. El testamento anterior recobrará, no obstante su fuerza, si el testador, revocando el posterior, declara ser su voluntad que el primero subsista. También lo recobrará si el testamento posterior es declarado nulo.

Artículo 1390. Las disposiciones testamentarias caducan y quedan sin efecto, en lo relativo a los herederos y legatarios:

I. Si el heredero o legatario muere antes que el testador o antes de que se cumpla la condición de que depende la herencia o el legado;

II. Si el heredero o legatario se hace incapaz de recibir la herencia o legado; y

III. Si renuncia a su derecho.

Artículo 1391. La disposición testamentaria que contenga condición de suceso pasado o presente desconocidos, no caduca aunque la noticia del hecho se adquiera después de la muerte del heredero o legatario, cuyos derechos se transmiten a sus respectivos herederos.

TÍTULO TERCERO
DE LA FORMA DE LOS TESTAMENTOS

CAPÍTULO PRIMERO
DISPOSICIONES GENERALES

Artículo 1392. El testamento, en cuanto a su forma, es ordinario o especial.

Artículo 1393. El ordinario puede ser:

I. Público abierto;

II. Público cerrado; y

III. Ológrafo.

Artículo 1394. El especial puede ser:

I. Privado;

II. Militar;

III. Marítimo;

IV. Hecho en país extranjero; y

V. De vivienda de interés social o popular; la disposición testamentaria que se haga respecto de un inmueble conceptuado como vivienda de interés social o popular, designando beneficiario en el acto de adquisición.

Artículo 1395. No pueden ser testigos del testamento:

I. Los empleados del notario que lo autorice;

II. Los menores de dieciséis años;

III. Los que no están en su sano juicio;

IV. Los ciegos, sordos o mudos;

V. Los que no entiendan el idioma que habla el testador;

VI. Los herederos o legatarios, sus descendientes, ascendientes, cónyuges o hermanos. El concurso, como testigo, de una de las personas a que se refiere esta fracción, sólo produce como efecto la nulidad de la disposición se beneficie a ella o a sus mencionados parientes; y

VII. Los que hayan sido condenados por el delito de falsedad.

Artículo 1396. Cuando el testador ignore el idioma del país, un intérprete nombrado por el mismo testador concurrirá al acto y firmará el testamento.

Artículo 1397. Tanto el notario como los testigos que intervengan en cualquier testamento deberán conocer al testador o cerciorarse de algún modo de su identidad y de que se halla en su cabal juicio y libre de cualquier coacción.

Artículo 1398. Si la identidad del testador no pudiere ser verificada, se declarará esta circunstancia por el notario o por los testigos, en su caso, agregando una u otros todas las señales que caractericen la persona de aquél.

Artículo 1399. En el caso del artículo que precede, no tendrá validez el testamento mientras no se justifique la identidad del testador.

Artículo 1400. En la redacción de las disposiciones de última voluntad queda prohibido:

I. Dejar hojas en blanco; y

II. Servirse de abreviaturas o cifras, sin expresarlos en sus letras.

La violación de lo dispuesto en la fracción I, será sancionada con multa de cincuenta a cien veces el salario mínimo general diario vigente en la zona.

Si la violación es de lo dispuesto en la fracción II, la multa será de cinco a diez veces el salario mínimo general diario vigente en la zona, misma que se duplicará si el infractor fuere notario o funcionario público.

Artículo 1401. Siempre que se otorgue un testamento ante notario público, éste deberá formular un aviso de testamento al Registro Público de la

Propiedad y del Comercio, quien, a su vez, remitirá tal aviso al Registro Nacional de Avisos de Testamento, por vía electrónica, con los datos conducentes.

Asimismo, el notario que hubiere autorizado el testamento, debe dar aviso a los interesados luego que sepa la muerte del testador. Si no lo hace, será responsable de los daños y perjuicios que la dilación ocasione.

Artículo 1402. Lo dispuesto en el artículo que precede, se observará también por cualquiera que tenga en su poder un testamento.

Artículo 1403. Si los interesados están ausentes o son desconocidos la noticia se dará al juez.

CAPÍTULO SEGUNDO
DEL TESTAMENTO PÚBLICO ABIERTO

Artículo 1404. Testamento público abierto, es el que se otorga ante notario, de conformidad con las disposiciones de este Capítulo.

Artículo 1405. El testador expresará de un modo claro y terminante su voluntad al notario. El notario redactará por escrito las cláusulas del testamento, sujetándose estrictamente a la voluntad del testador y las leerá en voz alta para que éste manifieste si está conforme. Si lo estuviere, firmarán la escritura el testador, el notario y, en su caso, los testigos y el intérprete, asentándose el lugar, año, mes, día y hora en que hubiere sido otorgado.

Artículo 1406. Cuando el testador no sepa o no pueda firmar el testamento, si fuera sordo, ciego, no sepa leer o cuando el notario lo solicite, dos testigos deberán concurrir al acto de otorgamiento y firmar el testamento.

Los testigos instrumentales a que se refiere este artículo, podrán intervenir, además, como testigos de conocimiento.

Artículo 1407. Cuando el testador declare que no sabe o no puede firmar el testamento, uno de los testigos firmará a ruego del testador y éste imprimirá su huella digital.

Artículo 1408. En el caso de extrema urgencia y no pudiendo ser llamado otro testigo, firmará por el testador uno de los instrumentales, haciéndose constar esta circunstancia.

Artículo 1409. El que fuere enteramente sordo, pero que sepa leer, deberá dar lectura a su testamento, si no supiere o no pudiere hacerlo, dispondrá una persona que lo lea a su nombre.

Artículo 1410. Cuando el testador sea ciego o no pueda o no sepa leer, se dará lectura al testamento dos veces: una por el notario, como está prescrito en el artículo 1405 y otra, en igual forma, por uno de los testigos u otra persona que el testador designe.

Artículo 1411. Cuando el testador ignore el idioma del país, si puede, escribirá su testamento, que será traducido al español por el intérprete que él mismo nombre. La traducción se transcribirá como testamento en el respectivo protocolo y el original, firmado por el testador, el intérprete y el notario, se archivará en el apéndice correspondiente del notario que intervenga en el acto.

Si el testador no puede o no sabe leer, dictará en su idioma el testamento al intérprete. Traducido éste, se procederá como dispone el párrafo primero de este artículo.

En este caso el intérprete podrá intervenir, además, como testigo de conocimiento.

Artículo 1412. Las formalidades expresadas en este Capítulo se practicarán en un sólo acto, que comenzará con la lectura del testamento y el notario dará fe de haberse llenado aquéllas.

Artículo 1413. Faltando alguna de las referidas solemnidades, quedará el testamento sin efecto y el notario será responsable de los daños y perjuicios. Además, se impondrán al notario las sanciones que establece la ley de la materia, previo trámite ante el titular del Poder Ejecutivo del Estado.

CAPÍTULO TERCERO
TESTAMENTO PÚBLICO CERRADO

Artículo 1414. El testamento público cerrado puede ser escrito por el testador o por otra persona a su ruego y en papel común.

Artículo 1415. El testador debe rubricar todas las hojas y firmar al calce del testamento, pero si no supiere o no pudiere hacerlo, podrá rubricar y firmar por él otra persona a su ruego.

Artículo 1416. En el caso del artículo que precede, la persona que haya rubricado y firmado por el testador, concurrirá con él a la presentación del pliego cerrado; en este acto, el testador declarará que aquella persona rubricó y firmó en su nombre y ésta firmará en la cubierta con los testigos y el notario.

Artículo 1417. El papel en que esté escrito el testamento o el que le sirve de cubierta, deberá estar cerrado y sellado o lo hará cerrar y sellar el testador en el acto del otorgamiento y lo exhibirá al notario en presencia de tres testigos.

Artículo 1418. El testador, al hacer la presentación, declarará que en aquel pliego está contenida su última voluntad.

Artículo 1419. El notario dará fe del otorgamiento, con expresión de las formalidades requeridas en los artículos anteriores; esa constancia deberá extenderse en la cubierta del testamento y deberá ser firmada por el testador, los testigos y el notario, quién, además, pondrá su sello.

Artículo 1420. Si alguno de los testigos no supiere firmar, se llamará a otra persona que lo haga en su nombre y en su presencia, de modo que siempre haya tres firmas.

Artículo 1421. Si al hacer la presentación del testamento no pudiera firmar el testador, lo hará otra persona en su nombre y en su presencia, no debiendo hacerlo ninguno de los testigos.

Artículo 1422. Sólo en los casos de suma urgencia podrá firmar uno de los testigos, ya sea por el que no sepa hacerlo, ya por el testador. El notario hará constar expresamente esta circunstancia, bajo la pena de suspensión de oficio por tres años.

Artículo 1423. Los que no saben o no pueden leer, son inhábiles para hacer testamento cerrado.

Artículo 1424. El sordomudo podrá hacer testamento cerrado, con tal que esté todo el escrito fechado y firmado de su propia mano, y que al presentarlo al notario ante cinco testigos, escriba en presencia de todos, sobre la cubierta, que en aquel pliego se contiene su última voluntad y va escrita y firmada por él. El notario declarará en el acta de la cubierta que el testador lo escribió así, observándose las disposiciones de este Código.

Artículo 1425. En el caso del artículo anterior, si el testador no puede firmar la cubierta se observará lo dispuesto en los artículos que preceden, dando fe el notario de la elección que el testador haga de uno de los testigos para que firme por él.

Artículo 1426. El que sea sólo mudo o sólo sordo, puede hacer testamento cerrado con tal que esté escrito de su puño y letra o si ha sido escrito por otro, lo anote así el testador y firme la nota de su puño y letra, sujetándose a las demás solemnidades precisas para esta clase de testamentos.

Artículo 1427. El testamento cerrado que carezca de alguna de las formalidades sobredichas, quedará sin efecto y el notario será responsable en los términos de ley.

Artículo 1428. Cerrado y autorizado el testamento se entregará al testador y el notario pondrá razón en el protocolo del lugar, hora, día, mes y año en que el testamento fue autorizado y entregado.

Artículo 1429. Por la infracción del artículo anterior, se anulará el testamento y al notario se le impondrá la sanción de suspensión de seis meses y el pago de daños y perjuicios a los herederos y legatarios instituidos en el testamento nulo.

Artículo 1430. El testador podrá conservar el testamento en su poder o darlo en guarda a persona de su confianza o depositarlo en el Archivo General de Notarías.

Artículo 1431. El testador que quiera depositar su testamento en el mencionado Archivo, se presentará con él ante el encargado de éste, quién hará asentar en el libro que con ese objeto debe llevarse, la razón del depósito o entrega, que será firmada por dicho funcionario y el testador, a quién se dará copia autorizada.

Artículo 1432. Pueden hacerse por procurador la presentación y depósito de que habla el artículo que precede y en este caso, el poder quedará unido al testamento.

Artículo 1433. El testador puede retirar, cuando le parezca, su testamento, pero la devolución se hará con las mismas solemnidades que la entrega.

Artículo 1434. El poder para la entrega y para la extracción del testamento, debe otorgarse en escritura pública y esta circunstancia se hará constar en la nota respectiva.

Artículo 1435. Luego que el juez reciba un testamento cerrado, hará comparecer al notario y a los testigos que concurrieron a su otorgamiento.

Artículo 1436. El testamento cerrado no podrá ser abierto sino después de que el notario y los testigos instrumentales hayan reconocido ante el juez sus firmas y la del testador o la de la persona que por éste hubiere firmado y hayan declarado si en su concepto está cerrado y sellado como lo estaba en el acto de la entrega.

Artículo 1437. Si no pudieren comparecer todos los testigos por muerte, enfermedad o ausencia, bastará el reconocimiento de la mayor parte y del notario.

Artículo 1438. Si por iguales causas no pudieren comparecer el notario, la mayor parte de los testigos o ninguno de ellos, el juez lo hará constar así por información, como también la legitimidad de las firmas y que en la fecha que lleva el testamento se encontraban aquellos en el lugar en que éste se otorgó.

Artículo 1439. En todo caso, los que comparecieren reconocerán sus firmas.

Artículo 1440. Cumplido lo prescrito en los cinco artículos anteriores, el juez decretará la publicación y protocolización del testamento.

Artículo 1441. El testamento cerrado quedará sin efecto siempre que se encuentre roto el pliego interior o abierto el que forma la cubierta o borradas, raspadas o enmendadas las firmas que lo autorizan, aunque el contenido no sea vicioso.

Artículo 1442. Toda persona que tuviere en su poder un testamento cerrado y no lo presente, como está prevenido en los artículos 1401 y 1402 o lo sustraiga dolosamente de los bienes del finado, incurrirá en la pena, si fuere heredero por intestado o testamento, de pérdida del derecho que pudiera tener, sin perjuicio de la que le corresponda conforme al Código Penal del Estado de Querétaro.

CAPÍTULO CUARTO
DEL TESTAMENTO OLÓGRAFO

Artículo 1443. Se llama testamento ológrafo, al escrito de puño y letra del testador.

Artículo 1444. Este testamento sólo podrá ser otorgado por las personas mayores de edad y para que sea válido, deberá estar totalmente escrito por el testador y firmado por él con expresión del día, mes y año en que se otorgue.

Artículo 1445. Si contuviere palabras, tachadas enmendadas o entre renglones, las salvará el testador bajo su firma.

La omisión de esta formalidad por el testador, sólo afecta a la validez de las palabras tachadas, enmendadas o entre renglones, pero no al testamento mismo.

Artículo 1446. El testador hará por duplicado su testamento e imprimirá en cada ejemplar su huella digital. El original, dentro de un sobre cerrado y lacrado, será depositado en la sección correspondiente del Registro Público de la Propiedad y del Comercio y el duplicado, también encerrado en un sobre lacrado y con la nota en la cubierta, de que se hablará después, será devuelto al testador. Éste, podrá poner en los sobres que contengan los testamentos los sellos, señales o marcas que estime necesarios para evitar violaciones.

Artículo 1447. El depósito en el Registro Público de referencia, se hará personalmente por el testador, quién, si no es conocido del encargado de la oficina, debe presentar dos testigos que lo identifiquen. En el sobre que contenga el testamento original, el testador, de su puño y letra, pondrá la siguiente constancia: "Dentro de este sobre se contiene mi testamento". A continuación se expresará el lugar y la fecha en que se hace el depósito. La constancia será firmada por el testador y por el encargado de la oficina. En caso de que intervengan testigos de identificación, también firmarán.

Artículo 1448. En el sobre cerrado que contenga el duplicado del testamento ológrafo se pondrá la siguiente constancia extendida por el encargado de la oficina: "Recibí el pliego cerrado que., afirma contiene el original de su testamento ológrafo y del cual, según afirmación de la misma persona, existe dentro de este sobre un duplicado". Se pondrá luego el lugar y la fecha en que se extiende la constancia, que será firmada por el encargado de la oficina, poniéndose también al calce la firma del testador y de los testigos de identificación, cuando intervengan.

Artículo 1449. Cuando el testador estuviere imposibilitado para hacer personalmente la entrega de su testamento en las oficinas del Registro Público de la Propiedad y del Comercio, el encargado de ellas deberá concurrir al lugar donde aquel se encontrare, para cumplir las formalidades del depósito.

Artículo 1450. Hecho el depósito, el encargado del Registro tomará razón de él en el libro respectivo y remitirá, vía electrónica, al Registro Nacional de Avisos de Testamento el aviso de su depósito, con los datos conducentes, a fin de que el testamento pueda ser identificado y conservará el original bajo su directa responsabilidad hasta que proceda hacer su entrega al mismo testador o al juez competente.

Los testamentos ológrafos no producirán efecto si no son depositados en el Registro Público de la Propiedad y del Comercio.

Artículo 1451. En cualquier tiempo el testador tendrá derecho de retirar del archivo, personalmente o por medio de mandatario con poder solemne y especial, el testamento depositado, haciéndose constar la entrega en un acta que firmará el interesado y el encargado de la oficina.

Artículo 1452. El juez ante quien se promueva en juicio sucesorio, pedirá informe al encargado del Registro Público de la Propiedad y del Comercio del lugar, acerca de si en su oficina se ha depositado algún testamento ológrafo del autor de la sucesión, para que en caso de que así sea, se le remita.

Artículo 1453. El que guarde en su poder el duplicado de un testamento o cualquiera que tenga noticia de que el autor de una sucesión ha depositado testamento ológrafo, lo comunicará al juez competente, quien pedirá al encargado de la oficina del Registro en que se encuentre el testamento, que se lo remita.

Artículo 1454. Recibido el testamento, el juez examinará la cubierta que lo contiene para cerciorarse de que no ha sido violada; hará que los testigos de identificación que residieren en el lugar reconozcan sus firmas y la del testador, y en presencia del Ministerio Público, de los que se hayan presentado como interesados y de los mencionados testigos, abrirá el sobre que contiene el testamento. Si éste llena los requisitos mencionados en el artículo 1440, quedará comprobado que es el mismo que depositó el testador y se declarará formal el testamento de éste.

Artículo 1455. Sólo cuando el original depositado haya sido destruido o robado, se tendrá como formal testamento el duplicado, procediéndose para su apertura como se dispone en el artículo que precede.

Artículo 1456. El testamento ológrafo quedará sin efecto cuando el original o el duplicado, en su caso, estuvieren rotos o el sobre que los cubre resultare abierto o las firmas que los autoricen aparecieren borradas, rapadas o con enmendaduras, aún cuando el contenido del testamento no sea vicioso.

Artículo 1457. El encargado del Registro Público de la Propiedad y del Comercio no proporcionará informes acerca del testamento ológrafo depositado en su oficina, sino al mismo testador o a los jueces competentes que oficialmente se los pidan.

CAPÍTULO QUINTO
DEL TESTAMENTO PRIVADO

Artículo 1458. El testamento privado está permitido en los casos siguientes:

I. Cuando el testador es atacado de una enfermedad tan violenta y grave que no de tiempo para que concurra notario a hacer el testamento;

II. Cuando no haya notario en la población o juez que actúe por receptoría; y

III. Cuando aunque haya notario o juez en la población, sea imposible o por lo menos muy difícil, que concurran al otorgamiento del testamento.

Artículo 1459. Para que en los casos enumerados en el artículo que precede pueda otorgarse testamento privado, es necesario que al testador no le sea posible hacer testamento ológrafo.

Artículo 1460. El testador que se encuentre en el caso de hacer testamento privado, declarará en presencia de cinco testigos idóneos su última voluntad, que uno de ellos redactará por escrito, si el testador no puede escribir.

Artículo 1461. No será necesario redactar por escrito el testamento, cuando ninguno de los testigos sepa escribir y en los casos de suma urgencia.

Artículo 1462. En los casos de suma urgencia bastarán tres testigos idóneos.

Artículo 1463. Al otorgarse el testamento privado se observarán, en su caso, las disposiciones aplicables al testamento público abierto.

Artículo 1464. El testamento privado sólo surtirá sus efectos si el testador fallece de la enfermedad o en el peligro en que se hallaba o dentro de un mes de desaparecida la causa que lo autorizó.

Artículo 1465. El testamento privado necesita, además, para su validez, que se haga la declaración de ley, teniendo en cuenta las declaraciones de los testigos que firmaron u oyeron, en su caso, la voluntad del testador.

Artículo 1466. La declaración a que se refiere el artículo anterior será pedida por los interesados, inmediatamente después que supieren la muerte del testador y la forma de su disposición.

Artículo 1467. Los testigos que concurren a un testamento privado deberán declarar circunstancialmente:

I. El lugar, la hora, el día, el mes y el año en que se otorgó el testamento;
II. Si reconocieron, vieron y oyeron claramente al testador;
III. El tenor de la disposición;
IV. Si el testador estaba en su cabal juicio y libre de cualquiera coacción;

V. El motivo por el que se otorgó el testamento privado; y

VI. Si saben que el testador falleció o no de la enfermedad o en el peligro en que se hallaba.

Artículo 1468. Si los testigos fueron idóneos y estuvieron conformes en todas y cada una de las circunstancias enumeradas en el artículo que precede, el juez declarará que sus dichos son el formal testamento de la persona de quien se trate.

Artículo 1469. Si después de la muerte del testador muriese alguno de los testigos se hará la declaración con los restantes, con tal de que no sean menos de tres, manifiestamente contestes y mayores de toda excepción.

Artículo 1470. Lo dispuesto en el artículo anterior se observará también en el caso de ausencia de alguno o algunos de los testigos siempre que en la falta de comparecencia del testigo no hubiere dolo.

Artículo 1471. Sabiéndose el lugar donde se hallan los testigos, serán examinados por exhorto.

CAPÍTULO SEXTO
DEL TESTAMENTO MILITAR

Artículo 1472. Testamento militar es la disposición que hace un miembro o asimilado del Ejercito Nacional, en el momento de entrar en acción de guerra o estando herido sobre el campo de batalla.

Este mismo carácter tendrá la disposición hecha por los prisioneros de guerra.

Artículo 1473. El testamento militar puede ser escrito o verbal.

Artículo 1474. El testamento militar será válido en el Estado, si se han seguido, en su otorgamiento, las disposiciones relativas del Código Civil para el Distrito Federal.

CAPÍTULO SÉPTIMO
DEL TESTAMENTO MARÍTIMO, DEL AÉREO Y DEL HECHO FUERA DEL ESTADO O EN PAÍS EXTRANJERO

Artículo 1475. El testamento hecho a bordo de un buque nacional tendrá validez en el Estado, si se ha otorgado de acuerdo con las disposiciones del Código Civil para el Distrito Federal.

El testamento otorgado a bordo de una nave aérea en tránsito, tendrá eficacia igualmente, si se ajusta a las disposiciones especiales que lo reglamenten y, de no estarlo, si se han observado las reglas que rigen el testamento marítimo en lo que fueren aplicables.

Artículo 1476. Los testamentos hechos en otra entidad federativa, en el Distrito Federal o en país extranjero, tendrán eficacia en el Estado si se han sujetado a las formalidades de la ley del lugar donde se otorgaron, teniendo en cuenta las disposiciones preliminares del presente Código.

Las disposiciones relativas del Código Civil para el Distrito Federal, de observancia en toda la República, como Código Civil Federal, serán aplicables a los testamentos hechos en país extranjero.

CAPÍTULO OCTAVO
DEL TESTAMENTO SOBRE LA VIVIENDA DE INTERÉS SOCIAL O POPULAR

Artículo 1477. En adquisición de vivienda conceptuada por las leyes como de interés social o popular, puede establecerse disposición del inmueble respectivo para después de la muerte del adquirente, sin que para el caso se requieran otras formalidades que la designación de los beneficiarios y las establecidas para el acto jurídico donde titule la propiedad. Para esta forma de transmisión hereditaria, se aplicarán las reglas de los legados.

TÍTULO CUARTO
DE LA SUCESIÓN LEGÍTIMA

CAPÍTULO PRIMERO
DISPOSICIONES GENERALES

Artículo 1478. La herencia legítima se abre:

I. Cuando no hay testamento o el que se otorgó es nulo o perdió su validez;

II. Cuando el testador no dispuso de todos los bienes;
III. Cuando no se cumpla la condición impuesta al heredero; y
IV. Cuando el heredero muere antes del testador, repudia la herencia o es incapaz de heredar, si no se ha nombrado substituto.

Artículo 1479. Cuando siendo válido el testamento no deba subsistir la institución de heredero, subsistirán, sin embargo, las demás disposiciones hechas en él y la sucesión legítima sólo comprenderá los bienes que debían corresponder al heredero instituido.

Artículo 1480. Si el testador dispone legalmente sólo de una parte de sus bienes, el resto de ellos forma la sucesión legítima.

Artículo 1481. Tienen derecho a heredar por sucesión legítima:
I. Los descendientes, cónyuges, ascendientes, parientes colaterales dentro del cuarto grado y el concubinario, siempre que haya vivido con el testador durante los tres años inmediatos que precedieron a la muerte de éste; y
II. A falta de los anteriores, la Universidad Autónoma de Querétaro y las instituciones de asistencia social, públicas y privadas.

Artículo 1482. El parentesco de afinidad no da derecho de heredar.

Artículo 1483. Los parientes más próximos excluyen a los más remotos.

Artículo 1484. Los parientes que se hallaren en el mismo grado, heredarán por partes iguales.

Artículo 1485. Las líneas y grados de parentesco se arreglarán por las disposiciones contenidas en el Capítulo Primero, Título Séptimo del Libro Primero.

CAPÍTULO SEGUNDO
DE LA SUCESIÓN DE LOS DESCENDIENTES

Artículo 1486. Si a la muerte de los padres quedaren sólo hijos, la herencia se dividirá entre todos por partes iguales, sean nacidos de matrimonio o reconocidos.

Artículo 1487. Cuando concurran descendientes con el cónyuge que sobreviva, a éste le corresponderá la porción de un hijo.

Artículo 1488. Si quedaren hijos y descendientes de ulterior grado, los primeros heredaran por cabeza y los segundos por estirpe. Lo mismo se observará tratándose de descendientes de hijos premuertos, incapaces de heredar o que hubieren renunciado a la herencia.

Artículo 1489. Si sólo quedaren descendientes de ulterior grado, la herencia se dividirá por estirpes y si en alguna de éstas hubiere varios herederos, la porción que a ella corresponda se dividirá por partes iguales.

Artículo 1490. Concurriendo hijos con ascendientes, éstos sólo tendrán derecho a alimentos, que en ningún caso pueden exceder de la porción de uno de los hijos.

Artículo 1491. El adoptado hereda como un hijo.

Artículo 1492. Derogado.

Artículo 1493. Si el intestado no fuere absoluto, se deducirá del total de la herencia la parte de que legalmente haya dispuesto el testador y el resto se dividirá de la manera que disponen los artículos que preceden.

CAPÍTULO TERCERO
DE LA SUCESIÓN DE LOS ASCENDIENTES

Artículo 1494. A falta de descendientes y de cónyuge, sucederán el padre y la madre por partes iguales.

Artículo 1495. Si sólo hubiere padre o madre, el que viva sucederá al hijo en toda la herencia.

Artículo 1496. Si sólo hubiere ascendientes de ulterior grado, por una línea, se dividirá la herencia por partes iguales.

Artículo 1497. Si hubiere ascendientes por ambas líneas, se dividirá la herencia en dos partes iguales y se aplicará una a los ascendientes de la línea paterna y otra a los de la materna.

Artículo 1498. Los miembros de cada línea dividirán entre sí, por partes iguales, la porción que les corresponda.

Artículo 1499. Los adoptantes, heredarán en los mismos términos establecidos en este Capítulo para el padre y la madre.

Artículo 1500. Derogado.

Artículo 1501. Los ascendientes tienen derecho a heredar a sus descendientes reconocidos.

Artículo 1502. Si el reconocimiento se hace después de que el descendiente haya adquirido bienes cuya cuantía haga suponer fundadamente que ello motivó el reconocimiento, ni el que reconoce, ni sus descendientes, tienen derecho a la herencia del reconocido. El que reconoce tiene derecho a alimentos, en el caso de que el reconocimiento lo haya hecho cuando el reconocido tuvo también derecho a percibirlos.

CAPÍTULO CUARTO
DE LA SUCESIÓN DEL CÓNYUGE

Artículo 1503. El cónyuge que sobrevive, concurriendo con descendientes, tendrá el derecho de un hijo, si carece de bienes o los que tiene al morir el autor de la sucesión, no igualan la porción que a cada hijo debe corresponder. Lo mismo se observará si concurre con hijos adoptivos del autor de la herencia.

Cuando exista un solo bien inmueble producto de la herencia, el cónyuge que sobrevive tendrá el derecho al usufructo vitalicio, siendo éste un derecho real que será intransferible.

Artículo 1504. En el primer caso del artículo anterior, el cónyuge recibirá íntegra la porción señalada; en el segundo, solo tendrá derecho de recibir lo que baste para igualar sus bienes con la porción mencionada.

Artículo 1505. Si el cónyuge que sobrevive concurre con ascendientes, la herencia se dividirá en dos partes iguales, de las cuales una se aplicará al cónyuge y la otra a los ascendientes. En caso de existir un solo bien inmueble, producto de la herencia, el cónyuge que sobrevive tendrá el derecho al usufructo vitalicio, siendo éste un derecho real que será intransferible.

Artículo 1506. Concurriendo el cónyuge con uno o más hermanos del autor de la sucesión, los segundos tendrán sólo derecho a alimentos, si los necesitaren.

Artículo 1507. El cónyuge recibirá las porciones que le correspondan conforme a los artículos 1500 y 1505, aunque tenga bienes propios.

Artículo 1508. A falta de descendientes, ascendientes y hermanos, el cónyuge sucederá en todos los bienes.

CAPÍTULO QUINTO
DE LA SUCESIÓN DE LOS COLATERALES

Artículo 1509. Si sólo hay hermanos por ambas líneas, sucederán por partes iguales.

Artículo 1510. Si concurren hermanos con medios hermanos, aquellos heredarán doble porción que éstos.

Artículo 1511. Si concurren hermanos con sobrinos, hijos de hermanos o de medios hermanos premuertos, que sean incapaces de heredar o que hayan renunciado la herencia, los primeros heredarán por cabeza y los segundos por estirpes, teniendo en cuenta lo dispuesto en el artículo anterior.

Artículo 1512. A falta de hermanos, sucederán sus hijos, dividiéndose la herencia por estirpes y la porción de cada estirpe por cabezas.

Artículo 1513. A falta de los llamados en los artículos anteriores, sucederán los parientes más próximos dentro del cuarto grado, sin distinción de línea ni consideración al doble vínculo y heredarán por partes iguales.

Al aplicar las disposiciones anteriores se tendrá en cuenta lo que ordena el Capítulo siguiente.

CAPÍTULO SEXTO
DE LA SUCESIÓN DEL CONCUBINARIO

Artículo 1514. Los concubinarios tienen derecho a heredarse recíprocamente, siempre que hayan vivido juntos durante los tres años que procedieron inmediatamente a su muerte o menos si procrearon hijos en común.

Si al morir el autor de la herencia le sobreviven varios concubinarios, ninguno de ellos heredará.

CAPÍTULO SÉPTIMO
DE LA SUCESIÓN DE LA UNIVERSIDAD AUTÓNOMA DE QUERÉTARO Y DE LAS INSTITUCIONES DE ASISTENCIA SOCIAL

Artículo 1515. A falta de todos los herederos llamados en los Capítulos Quinto y Sexto, sucederán, por partes iguales, la Universidad Autónoma de Querétaro y las instituciones de asistencia social, pública o privada, que designe el Gobernador del Estado.

TÍTULO QUINTO
DISPOSICIONES COMUNES A LAS SUCESIONES TESTAMENTARIAS Y LEGÍTIMAS

CAPÍTULO PRIMERO
DE LAS PRECAUCIONES QUE DEBEN ADOPTARSE CUANDO LA VIUDA QUEDE EN CINTA

Artículo 1516. Cuando a la muerte del marido la viuda crea haber quedado encinta, lo pondrá en conocimiento del juez que conozca de la sucesión dentro del plazo de cuarenta días para que lo notifique a los que tengan a la herencia un derecho de tal naturaleza que deba desaparecer o disminuir por el nacimiento del póstumo.

Artículo 1517. Los interesados a que se refiere el precedente artículo pueden pedir al juez que dicte las providencias convenientes para evitar la suposición del parto, la substitución del infante o que se haga pasar por viable la criatura que no lo es.

Cuidará el juez de que las medidas que dicte no ataquen al pudor ni a la libertad de la viuda.

Artículo 1518. Háyase o no dado el aviso de que habla el artículo 1516, al aproximarse la época del parto la viuda deberá ponerlo en conocimiento del juez, para que lo haga saber a los interesados. Estos tienen derecho de pedir que el juez nombre una persona que se cerciore de la realidad del alumbramiento; debiendo recaer el nombramiento precisamente en un médico o en una partera.

Artículo 1519. Si el marido reconoció en instrumento público o privado la certeza de la preñez de su consorte, estará dispensada ésta de dar el aviso a que se refiere el artículo 1516, pero quedará sujeta a cumplir lo dispuesto en el artículo 1518.

Artículo 1520. La omisión de la madre no perjudica a la legitimidad del hijo, si por otros medios legales puede acreditarse.

Artículo 1521. La viuda que quedare encinta, aún cuando tenga bienes, deberá ser alimentada con cargo a la masa hereditaria.

Artículo 1522. Si la viuda no cumple con lo dispuesto en los artículos 1516 y 1518, podrán los interesados negarle los alimentos cuando tenga bienes; pero si, por averiguaciones posteriores, resultare cierta la preñez, se deberán abonar los alimentos que dejaron de pagarse.

Artículo 1523. La viuda no está obligada a devolver los alimentos percibidos aun cuando haya habido aborto o no resulte cierta la preñez, salvo el caso en que ésta hubiere sido contradicha por el dictamen pericial.

Artículo 1524. El juez decidirá de plano todas las cuestiones relativas a alimentos, conforme a los artículos anteriores, resolviendo en cada caso dudoso en favor de la viuda.

Artículo 1525. Para cualquiera de las diligencias que se practiquen conforme a lo dispuesto en este Capítulo, deberá ser oída la viuda.

Artículo 1526. La división de la herencia se suspenderá hasta que se verifique el parto o hasta que transcurra el plazo máximo de la preñez, mas los acreedores podrán ser pagados por mandato judicial.

CAPÍTULO SEGUNDO
DE LA APERTURA Y TRANSMISIÓN DE LA HERENCIA

Artículo 1527. La sucesión se abre en el momento en que muera el autor de la herencia y cuando se declara la presunción de muerte de un ausente.

Artículo 1528. No habiendo albacea nombrado, cada uno de los herederos puede, si no ha sido instituido heredero de bienes determinados, reclamar la totalidad de la herencia que le corresponde conjuntamente con otros, sin que el demandado pueda oponer la excepción de que la herencia no le pertenece por entero.

Artículo 1529. Habiendo albacea nombrado, él deberá promover la reclamación a que se refiere el artículo precedente y siendo moroso en hacerlo, los herederos tienen derecho de pedir su remoción.

Artículo 1530. El derecho de reclamar la herencia prescribe en diez años y es transmisible a los herederos.

CAPÍTULO TERCERO
DE LA ACEPTACIÓN Y DE LA REPUDIACIÓN DE LA HERENCIA

Artículo 1531. Pueden aceptar o repudiar la herencia todos los que tienen la libre disposición de sus bienes.

Artículo 1532. La herencia dejada a los menores y demás incapacitados será aceptada por sus representantes legales, quienes podrán repudiarla con autorización judicial, previa audiencia del Ministerio Público.

Artículo 1533. Los cónyuges no necesitan autorizarse para aceptar o repudiar la herencia que le corresponda. Sólo la herencia común será aceptada o repudiada por los dos cónyuges y en caso de discrepancia, resolverá el juez.

Artículo 1534. La aceptación puede ser expresa o tácita. Es expresa la aceptación si el heredero acepta con palabras terminantes; es tácita, si ejecutan algunos hechos de los que se deduzca necesariamente la intención de aceptar o aquéllos que no podría ejecutar sino con su calidad de heredero.

Artículo 1535. Ninguno puede aceptar o repudiar la herencia en parte, con plazo o condicionalmente.

Artículo 1536. Si los herederos no convinieren sobre la aceptación o repudiación, podrán aceptar unos y repudiar otros.

Artículo 1537. Si el heredero fallece sin aceptar o repudiar la herencia el derecho de hacerlo se transmite a sus sucesores.

Artículo 1538. Los efectos de la aceptación o repudiación de la herencia se retrotraen siempre a la fecha de la muerte de la persona a quién se hereda.

Artículo 1539. La repudiación debe ser expresa y hacerse por escrito ante el juez o por medio de instrumentos públicos otorgados ante notario, cuando el heredero no se encuentre en el lugar del juicio.

Artículo 1540. La repudiación no priva al que la hace, si no es heredero ejecutor del derecho de reclamar los legados que se le hubieren dejado.

Artículo 1541. El que es llamado a una misma herencia por testamento y por intestado, si la repudia por el primer título, se entiende haberla repudiado por los dos.

Artículo 1542. El que repudia el derecho de suceder por intestado, sin tener noticia de su título testamentario, puede, en virtud de éste, aceptar la herencia.

Artículo 1543. Ninguno puede renunciar la sucesión de persona viva, ni enajenar los derechos que eventualmente pueda tener a su herencia.

Artículo 1544. Nadie puede aceptar ni repudiar, sin estar cierto de la muerte de aquél de cuya herencia se trate.

Artículo 1545. Conocida la muerte de aquél a quien se hereda, se puede renunciar la herencia dejada bajo condición, aunque ésta no se haya cumplido.

Artículo 1546. Las personas morales capaces de adquirir pueden, por conducto de sus representantes legítimos, aceptar o repudiar herencias, pero tratándose de instituciones de carácter oficial o de asistencia social, no pueden repudiar la herencia sin aprobación judicial, previa audiencia del Ministerio Público.

Las entidades públicas no pueden aceptar ni repudiar herencias, sin aprobación de la autoridad administrativa superior de quien dependan.

Artículo 1547. Cuando alguno tuviere interés en que el heredero declare si acepta o repudia la herencia, podrá pedir, pasados nueve días de la apertura de ésta, que el juez fije al heredero un plazo, que no excederá de un mes, para que dentro de él haga su declaración, apercibido de que, si no la hace, se tendrá la herencia por aceptada.

Artículo 1548. La aceptación y la repudiación una vez hechas son irrevocables y no pueden ser impugnadas sino en los casos de dolo o violencia.

Artículo 1549. El heredero puede revocar la aceptación o la repudiación, cuando por un testamento desconocido, al tiempo de hacerla se altera la cantidad o calidad de la herencia.

Artículo 1550. En el caso del artículo anterior, si el heredero revoca la aceptación, devolverá todo lo que hubiere percibido de la herencia, observándose respecto de los frutos, las reglas relativas a los poseedores.

Artículo 1551. Si el heredero repudia la herencia en perjuicio de sus acreedores pueden éstos pedir al juez que los autorice para aceptar en nombre de aquél.

Artículo 1552. En el caso del artículo anterior, la aceptación sólo aprovechará a los acreedores para el pago de sus créditos; pero si la herencia excediere del importe de éstos, el exceso pertenecerá a quién llame la ley y en ningún caso al que hizo la renuncia.

Artículo 1553. Los acreedores cuyos créditos fueren posteriores a la repudiación, no pueden ejercer el derecho que les concede el artículo 1551.

Artículo 1554. El que por la repudiación de la herencia debe entrar en ella, podrá impedir que la acepten los acreedores, pagando a éstos los créditos que tienen contra el que la repudió.

Artículo 1555. El que, a instancia de un legatario o acreedor hereditario, haya sido declarado heredero, será considerado como tal por los demás, sin necesidad de nuevo juicio.

Artículo 1556. La aceptación en ningún caso produce confusión de los bienes del autor de la herencia y de los herederos, porque toda herencia se entiende aceptada a beneficio de inventario, aunque no se exprese.

CAPÍTULO CUARTO
DE LOS ALBACEAS

Artículo 1557. No podrá ser albacea el que no tenga la libre disposición de sus bienes.

Artículo 1558. No pueden ser albaceas, excepto en el caso de ser herederos únicos:

I. Los magistrados y jueces que estén ejerciendo jurisdicción en el lugar en que se abre la sucesión;

II. Los que por sentencia hubieren sido removidos otra vez del cargo de albacea;

III. Los que hayan sido condenados por delitos contra la propiedad; y

IV. Los que no tengan un modo honesto de vivir.

Artículo 1559. El testador puede nombrar uno o más albaceas.

Artículo 1560. Cuando el testador no hubiere designado albacea o el nombrado no desempeñare el cargo, los herederos elegirán albacea por mayoría de votos. Por los herederos menores votarán sus legítimos representantes.

Artículo 1561. La mayoría, en todos los casos de que habla este Capitulo y los relativos a inventario y partición, se calculará por el importe de las porciones y no por el número de las personas.

Cuando la mayor porción esté representada por menos de la cuarta parte de los herederos, para que haya mayoría se necesita que con ellos voten los herederos que sean necesarios para formar, por lo menos, la cuarta parte del número total.

Artículo 1562. Si no hubiere mayoría, el albacea será nombrado por el juez, de entre los propuestos.

Artículo 1563. Lo dispuesto en los dos artículos que preceden, se observará también en los casos de intestado y cuando el albacea nombrado falte, sea por la causa que fuere.

Artículo 1564. El heredero que fuere único, será albacea, si no hubiere sido nombrado otro en el testamento. Si es incapaz, desempeñará el cargo su representante legal.

Artículo 1565. Cuando no haya heredero o el nombrado no entre en la herencia, el juez nombrará el albacea, si no hubiere legatarios.

Artículo 1566. En el caso del artículo anterior, si hay legatarios, el albacea será nombrado por éstos.

Artículo 1567. El albacea nombrado conforme a los dos artículos que preceden, durará en su encargo mientras que, declarados los herederos legítimos éstos hacen la elección de albacea.

Artículo 1568. Cuando toda la herencia se distribuye en legados, los legatarios nombrarán el albacea.

Artículo 1569. El albacea podrá ser universal o especial.

Artículo 1570. Cuando fueren varios los albaceas nombrados, el albaceazgo será ejercido por cada uno de ellos, en el orden en que hubiesen sido designados, a no ser que el testador hubiere dispuesto expresamente que se ejerza de común acuerdo por todos los nombrados, pues en este caso se considerarán mancomunados.

Artículo 1571. Cuando los albaceas fueren mancomunados, sólo valdrá lo que todos hagan de consuno; lo que haga uno de ellos, legal y expresamente autorizado por los demás o lo que, en caso de disidencia, acuerde el mayor número. Si no hubiere mayoría decidirá el juez.

Artículo 1572. En los casos de suma urgencia, puede uno de los albaceas mancomunados practicar, bajo su responsabilidad, los actos que fueren necesarios, dando cuenta inmediatamente a los demás.

Artículo 1573. El cargo de albacea es voluntario; pero el que lo acepte se constituye en la obligación de desempeñarlo.

Artículo 1574. El albacea que renuncie, sin justa causa, perderá lo que le hubiere dejado el testador. Lo mismo sucederá cuando la renuncia sea por justa causa, si lo que se deja al albacea es con el exclusivo objeto de remunerarlo por el desempeño del cargo.

Artículo 1575. El albacea que presentare excusas, deberá hacerlo dentro de los tres días siguientes a aquél en que tuvo noticia de su nombramiento; si éste le era ya conocido, dentro de los seis días siguientes a aquél en que tuvo noticia de la muerte del testador. Si presenta sus excusas fuera del plazo señalado, responderá de los daños y perjuicios que ocasione.

Artículo 1576. Pueden excusarse de ser albaceas:

I. Los empleados y funcionarios públicos;

II. Los militares en servicio activo;

III. Los que fueren tan pobres que no puedan atender el albaceazgo sin menoscabo de su subsistencia;

IV. Los que, por el mal estado habitual de salud o por no saber leer ni escribir, no pueden atender debidamente el albaceazgo;

V. Los que tengan sesenta años cumplidos; y

VI. Los que tengan a su cargo otro albaceazgo.

Artículo 1577. El albacea que estuviere presente mientras se decide sobre su excusa, debe desempeñar el cargo bajo la pena de perder lo que le hubiera dejado el testador.

Artículo 1578. El albacea no podrá delegar el cargo que ha recibido, ni por su muerte pasa a sus herederos, pero no está obligado a obrar personalmente; puede hacerlo por mandatarios que obren bajo sus órdenes, respondiendo de los actos de éstos.

Artículo 1579. El albacea general está obligado a entregar al ejecutor especial, las cantidades o cosas necesarias para que cumpla la parte del testamento que estuviere a su cargo.

Artículo 1580. Si el cumplimiento del legado dependiere de plazo o de alguna condición suspensiva, podrá el ejecutor general resistir la entrega de la cosa o cantidad, dando fianza a satisfacción del legatario o del ejecutor especial, de que la entrega se hará en su debido tiempo.

Artículo 1581. El ejecutor especial podrá también, a nombre del legatario, exigir la constitución de la hipoteca necesaria.

Artículo 1582. El derecho a la posesión de los bienes hereditarios se transmite por ministerio de la ley a los herederos y a los ejecutores universales, desde el momento de la muerte del autor de la herencia, salvo que sobreviva el cónyuge de éste.

Artículo 1583. El albacea debe deducir todas las acciones que pertenezcan a la herencia.

Artículo 1584. Son obligaciones del albacea general:

I. La presentación del testamento;

II. El aseguramiento de los bienes de la herencia;

III. La formación de inventarios;

IV. La administración de los bienes y la rendición de las cuentas del albaceazgo;

V. El pago de las deudas mortuorias, hereditarias y testamentarias;

VI. La partición y adjudicación de los bienes entre los herederos y legatarios;

VII. La defensa, en juicio y fuera de él, así de la herencia como de la validez del testamento;

VIII. La de representar a la sucesión en todos los juicios que hubieren de promoverse en su nombre o que se promovieron contra de ella; y

IX. Las demás que le imponga la ley.

Artículo 1585. Los albaceas, dentro de los quince días siguientes a la aprobación del inventario, propondrán al juez la distribución provisional de los productos de los bienes hereditarios, señalando la parte de ellos que cada bimestre deberá entregarse a los herederos o legatarios.

El juez, observando el procedimiento fijado por la ley de la materia, aprobará o modificará la proposición hecha, según corresponda.

Al albacea que no presente la proposición de que se trata o que durante dos bimestres consecutivos, sin justa causa, no cubra a los herederos o legatarios lo que les corresponda, será separado del cargo, a solicitud de cualquiera de los interesados.

Artículo 1586. El albacea también está obligado, dentro de los tres meses contados desde que acepte su nombramiento, a garantizar su manejo con fianza, hipoteca o prenda, a su elección, conforme a las bases siguientes:

I. Por el importe de la renta de los bienes raíces en el último año y por los réditos de los capitales impuestos, durante ese mismo tiempo;

II. Por el valor de los bienes muebles;

III. Por el de los productos de las fincas rústicas en un año, calculados por peritos o por el término medio en un quinquenio, a elección del juez; y

IV. En las negociaciones mercantiles e industriales, por el veinte por ciento del importe de las mercancías y demás efectos muebles, calculado por los libros si están llevados en debida forma o a juicio de peritos.

Artículo 1587. Cuando el albacea sea también coheredero y su porción baste para garantizar, conforme a lo dispuesto en el artículo que precede, no estará obligado a prestar garantía especial mientras que conserve sus derechos hereditarios. Si su porción no fuere suficiente para prestar la garantía de que se trata, estará obligado a dar fianza, hipoteca o prenda por lo que falte para completar esa garantía.

Artículo 1588. El testador no puede liberar al albacea de la obligación de garantizar su manejo, pero los herederos, sean testamentarios o legítimos, tienen derecho de dispensar al albacea del cumplimiento de esa obligación.

Artículo 1589. Si el albacea ha sido nombrado en testamento y lo tiene en su poder, debe presentarlo dentro de los ocho días siguientes a la muerte del testador.

Artículo 1590. El albacea debe formar el inventario dentro del plazo señalado por el Código de Procedimientos Civiles del Estado de Querétaro. Si no lo hace, será removido.

Artículo 1591. El albacea, antes de formar el inventario, no permitirá la extracción de cosa alguna, si no es que conste la propiedad ajena por el mismo testamento, por instrumento público o por los libros de la casa llevados en debida forma, si el autor de la herencia hubiere sido comerciante.

Artículo 1592. Cuando la propiedad de la cosa ajena conste por medios diversos de los enumerados en el artículo que precede, el albacea se limitará a poner al margen de las partidas respectivas, una nota que indique la pertenencia de la cosa para que la propiedad se discuta en el juicio correspondiente.

Artículo 1593. La infracción a los dos artículos anteriores, hará responsable al albacea de los daños y perjuicios.

Artículo 1594. El albacea, dentro del primer mes de ejercer su cargo, fijará, de acuerdo con los herederos, la cantidad que haya de emplearse en los gastos de administración y el número y sueldos de los dependientes.

Artículo 1595. Si para el pago de una deuda u otro gasto urgente fuere necesario vender algunos bienes, el albacea deberá hacerlo, de acuerdo con los herederos y si esto no fuere posible, con aprobación judicial.

Artículo 1596. Lo dispuesto en los artículos 566 y 567, respecto de los tutores, se observará también respecto de los albaceas.

Artículo 1597. El albacea no puede gravar ni hipotecar los bienes, sin consentimiento de los herederos o de los legatarios, en su caso.

Artículo 1598. El albacea no puede transigir ni comprometer en árbitros los negocios de la herencia sino con consentimiento de los herederos.

Artículo 1599. El albacea sólo puede dar en arrendamiento hasta por un año los bienes de la herencia. Para arrendarlos por mayor tiempo necesita del consentimiento de los herederos o de los legatarios, en su caso.

Artículo 1600. El albacea está obligado a rendir cuentas de su administración cada mes o antes si por cualquier motivo deja de ser albacea.

Está obligado también a rendir la cuenta general de albaceazgo, dentro de los quince días siguientes a la fecha en que concluyan las operaciones de liquidación o antes si fuere relevado del cargo, cualquiera que sea la causa.

No podrá ser nuevamente nombrado o prorrogado en su encargo, sin que antes hayan sido aprobadas, cuando menos, diez de las cuentas mensuales de su administración, correspondientes al año inmediato anterior.

La cuenta de albaceazgo, además de lo relativo a la mera administración del caudal hereditario, deberá referirse a los pagos que se hubieren hecho por concepto de créditos o legados y cuanto se refiera a la gestión del albacea y afecte los bienes y derechos correspondientes a la sucesión.

Artículo 1601. La obligación que de dar cuentas tiene el albacea, pasa a sus herederos.

Artículo 1602. Son nulas de pleno derecho las disposiciones por las que el testador dispensa al albacea de la obligación de hacer inventario o de rendir cuentas.

Artículo 1603. Las cuentas de administración y de albaceazgo deben ser aprobadas por todos los herederos; el que disienta, puede seguir a su costa el juicio respectivo, en los términos que establezca el Código de Procedimientos Civiles del Estado de Querétaro.

Artículo 1604. Cuando fueren herederos la Universidad Autónoma de Querétaro y las instituciones de asistencia social o los herederos fueren menores de edad, intervendrá el Ministerio Público en la aprobación de las cuentas.

Artículo 1605. Aprobadas las cuentas, los interesados pueden celebrar sobre su resultado, los convenios que quieran.

Artículo 1606. El heredero o herederos que no hubieren estado conformes con el nombramiento de albacea hecho por la mayoría, tienen derecho de nombrar un interventor que vigile al albacea.

Si la minoría inconforme la forman varios herederos, el nombramiento de interventor se hará por mayoría de votos y si no se obtiene mayoría, el nombramiento lo hará el juez, eligiendo el interventor de entre las personas propuestas por los herederos de la minoría.

Artículo 1607. Las funciones del interventor se limitarán a vigilar el exacto cumplimiento del cargo de albacea.

Artículo 1608. El interventor no puede tener la posesión, ni aún interina, de los bienes.

Artículo 1609. Debe nombrarse precisamente un interventor:

I. Siempre que el heredero esté ausente o no sea conocido;

II. Cuando la cuantía de los legados iguales o exceda a la porción del heredero albacea; y

III. Cuando se hagan legados con fines de asistencia social o para establecimientos que se dediquen a ella.

Artículo 1610. Los interventores deben ser mayores de edad y capaces de obligarse.

Artículo 1611. Los interventores durarán mientras no se revoque su nombramiento.

Artículo 1612. Los interventores tendrán la retribución que acuerden los herederos que los nombran y si los nombra el juez, cobrarán conforme a arancel, como si fueran apoderados.

Artículo 1613. Lo dispuesto en los artículos que preceden, no priva a cualquier heredero del derecho que tiene de examinar por sí o por representante designado para el efecto, los libros, papeles, cuentas y demás documentos pertenecientes a la sucesión.

Artículo 1614. Los acreedores y legatarios no podrán exigir el pago de sus créditos y legados, sino hasta que el inventario haya sido formado y aprobado, siempre que se forme y apruebe dentro de los plazos señalados por la ley; salvo las deudas mortuorias, los créditos alimentarios y los gastos de rigurosa conservación y administración de la herencia, así como aquellas deudas sobre las cuales hubiere juicio pendiente al abrirse la sucesión.

Artículo 1615. Los gastos hechos por el albacea en el cumplimiento de su cargo, incluso los honorarios de abogado y procurador que haya ocupado, se pagarán de la masa de la herencia.

Artículo 1616. El albacea debe cumplir su encargo dentro de un año, contado desde su aceptación o desde que terminen los litigios que se promovieren sobre la validez o nulidad del testamento.

Pero si tales litigios se prolongaren por más de un año, a solicitud de la mayoría de los herederos será removido el albacea y se procederá al nombramiento de otra persona que desempeñe su cargo.

Artículo 1617. Sólo por causa justificada pueden los herederos prorrogar al albacea el plazo señalado en el artículo anterior y la prórroga no excederá de un año.

Artículo 1618. Para prorrogar el plazo del albaceazgo, es indispensable que hayan sido aprobadas, cuando menos diez de sus cuentas mensuales de la administración correspondientes al año inmediato anterior y que la prórroga la acuerde una mayoría que represente las dos terceras partes de la herencia.

Artículo 1619. El testador puede señalar al albacea la retribución que quiera.

Artículo 1620. Si el testador no designare la retribución, el albacea cobrará el dos por ciento sobre el importe líquido y efectivo de la herencia y el cinco por ciento sobre los frutos industriales de los bienes hereditarios.

Artículo 1621. El albacea tiene derecho de elegir entre lo que le deje el testador por el desempeño del cargo y lo que la ley le concede por el mismo motivo.

Artículo 1622. Si fueren varios y mancomunados los albaceas, la retribución se repartirá entre todos ellos; si no fueren mancomunados, la repartición se hará en proporción al tiempo que cada uno haya administrado y el trabajo que hubiere tenido en la administración.

Artículo 1623. Si el testador legó conjuntamente a los albaceas alguna cosa por el desempeño de su cargo, la parte de los que no admitan ésta, acrecerá a los que lo ejerzan.

Artículo 1624. Los cargos de albacea e interventor acaban:

I. Por término natural del encargo;

II. Por muerte;

III. Por incapacidad legal, declarada en forma;

IV. Por excusa que el juez califique de legítima con audiencia de los interesados y del Ministerio Público, cuando se interesen menores o las instituciones de asistencia social;

V. Por terminar el plazo señalado por la ley y las prórrogas concedidas para desempeñar el cargo;

VI. Por revocación de sus nombramientos, hecha por los herederos; y

VII. Por remoción.

Artículo 1625. La revocación puede hacerse por los herederos en cualquier tiempo, pero en el mismo acto debe nombrarse al substituto.

Artículo 1626. Cuando el albacea haya recibido del testador algún encargo especial, además del de seguir el juicio sucesorio para hacer entrega de los bienes a los herederos, no quedará privado de aquel encargo por la revocación del nombramiento de albacea que hagan los herederos. En tal caso, se considerará como ejecutor especial y se aplicará lo dispuesto en el Capítulo Cuarto de este mismo Título.

Artículo 1627. Si la revocación se hace sin causa justificada, el albacea removido tiene derecho de percibir lo que el testador le haya dejado por el desempeño del cargo o el tanto por ciento que le corresponda conforme a las disposiciones que anteceden.

Artículo 1628. La remoción no tendrá lugar sino por sentencia pronunciada en el incidente respectivo, promovido por parte legítima.

El albacea será removido en los casos expresamente señalados por la ley; si no diere la garantía debida dentro de los plazos correspondientes o enajenare los bienes con que acreditó su solvencia, sin otorgar antes nueva garantía; cuando no rinda cuentas dentro del plazo señalado al período a que deben referirse; y siempre que falte gravemente al cumplimiento de sus obligaciones como albacea.

El albacea que haya ejercido el cargo y no concluyere la sucesión dentro del plazo señalado en la ley, no podrá ser designado nuevamente para el mismo efecto sino por unanimidad de votos o por mayoría, en virtud de exclusión del suyo, cuando fuere heredero.

CAPÍTULO QUINTO
DEL INVENTARIO Y DE LA LIQUIDACIÓN DE LA HERENCIA

Artículo 1629. El albacea definitivo, dentro del plazo que fije el Código de Procedimientos Civiles del Estado de Querétaro, promoverá la formación del inventario.

Artículo 1630. Si el albacea no cumpliere lo dispuesto en el artículo anterior o si promovida la formación de inventarios, no los presenta dentro del plazo respectivo, podrá hacer una u otra cosa, según el caso, cualquiera de los herederos o legatarios interesados en la sucesión.

Artículo 1631. El inventario se formará según lo disponga el Código de Procedimientos Civiles en cita. Si el albacea no lo presenta dentro del plazo legal, será removido.

Artículo 1632. Concluido y aprobado judicialmente el inventario, el albacea procederá a la liquidación de la herencia.

Artículo 1633. En primer lugar, serán pagadas las deudas mortuorias, si no lo estuvieren ya, pues pueden pagarse antes de la formación del inventario.

Artículo 1634. Se llaman deudas mortuorias, los gastos de funeral y las que se hayan causado en la última enfermedad del autor de la herencia.

Artículo 1635. Las deudas mortuorias se pagarán del cuerpo de la herencia.

Artículo 1636. En segundo lugar, se pagarán los gastos de rigurosa conservación y administración de la herencia así como los créditos alimenticios, que pueden también ser cubiertos antes de la formación del inventario.

Artículo 1637. Si para hacer los pagos de que hablan los artículos anteriores no hubiere dinero en la herencia, el albacea promoverá la venta de los bienes muebles y aún de los inmuebles, con las solemnidades que respectivamente se requieran.

Artículo 1638. En seguida, se pagarán las deudas hereditarias que fueren exigibles.

Artículo 1639. Se llaman deudas hereditarias las contraídas por el autor de la herencia, independientemente de su última disposición y de las que es responsable con sus bienes.

Artículo 1640. Si hubiere pendiente algún concurso, el albacea no deberá pagar sino conforme a la sentencia de graduación de acreedores.

Artículo 1641. Los acreedores, cuando no haya concurso, serán pagados en el orden en que se presenten; pero si entre los no presentados hubiere algunos preferentes, se exigirá a los que fueren pagados la caución de acreedor de mejor derecho.

Artículo 1642. El albacea, concluido el inventario, no podrá pagar los legados ni aplicar bien alguno a los herederos, sin haber cubierto o asignado bienes bastantes para pagar las deudas, conservando en los respectivos bienes los gravámenes especiales que tengan.

Artículo 1643. Los acreedores que se presenten después de pagados los legatarios, solamente tendrán acción contra éstos cuando en la herencia no hubiere bienes bastantes para cubrir sus créditos.

Artículo 1644. La venta de bienes hereditarios para el pago de deudas y legados, se hará en pública subasta, a no ser que la mayoría de los interesados acuerde otra cosa.

Artículo 1645. La mayoría de los interesados o la autorización judicial, en su caso, determinará la aplicación que haya de darse al precio de las cosas vendidas.

CAPÍTULO SEXTO
DE LA PARTICIÓN

Artículo 1646. Aprobados el inventario y la cuenta general del albaceazgo, el albacea debe hacer en seguida la partición de la herencia.

Artículo 1647. A ningún coheredero puede obligarse a permanecer en la indivisión de los bienes ni aún por prevención expresa del testador.

Artículo 1648. Puede suspenderse la partición en virtud de convenio expreso de los interesados. Habiendo menores de edad entre ellos, deberá oírse a su representante legal y al Ministerio Público; el auto en que se apruebe el convenio, determinará el tiempo que debe durar la indivisión.

Artículo 1649. Si el autor de la herencia dispone en su testamento que a algún heredero o legatario se le entreguen determinados bienes, el albacea, aprobado el inventario, les entregará esos bienes, siempre que garanticen suficientemente responder por los gastos y cargas generales de la herencia, en la proporción que les corresponda.

Artículo 1650. Si el autor de la herencia hiciere la partición de los bienes en su testamento, a ella deberá estarse, salvo derechos de tercero.

Artículo 1651. Si el autor de la sucesión no dispuso cómo debieran repartirse sus bienes y se trata de una negociación que forme una unidad agrícola, industrial o comercial, habiendo entre los herederos agricultores, industriales o comerciantes, a ellos se aplicará la negociación, siempre que puedan entregar en dinero a los otros herederos la parte que les corresponda.

El precio de la negociación se fijará por peritos.

Lo dispuesto en este artículo no impide que los coherederos celebren los convenios que estimen pertinentes.

Artículo 1652. Los coherederos deben abonarse recíprocamente las rentas y frutos que cada uno haya recibido de los bienes hereditarios, los gastos útiles y necesarios y los daños ocasionados por malicia o negligencia.

Artículo 1653. Si el testador hubiere legado alguna pensión o renta vitalicia, sin gravar con ella en particular a algún heredero o legatario, se capitalizará al interés legal y se separará un capital o fondo de igual valor, que se entregará a la persona que deba percibir la pensión ó renta, quien tendrá todas las obligaciones de mero usufructuario. Lo mismo se observará cuando se trate de las pensiones alimenticias que el testador esté obligado a dejar.

Artículo 1654. En el proyecto de partición se expresará la parte que del capital o fondo afecto a la pensión, corresponderá a cada uno de los herederos, luego que aquélla se extinga.

Artículo 1655. Cuando todos los herederos sean mayores de edad y el interés del fisco, si lo hubiere, esté cubierto, así como pagadas todas las deudas de la sucesión, podrán los interesados separarse de la prosecución del juicio y adoptar los acuerdos que estimen convenientes para el arreglo o terminación de la testamentaría o del intestado.

Cuando haya menores de edad, podrán separarse si están debidamente representados y el Ministerio Público da su conformidad. En este caso, los acuerdos que se tomen se denunciarán al juez y éste, oyendo al Ministerio Público, dará su aprobación si no se lesionan los derechos de los menores.

Artículo 1656. La partición constará en escritura pública, siempre que en la herencia haya bienes cuya enajenación debe hacerse con esa formalidad.

Artículo 1657. Los gastos de la partición se rebajarán del fondo común; los que se hagan por interés particular de alguno de los herederos o legatarios, se imputarán a su haber.

CAPÍTULO SÉPTIMO
DE LOS EFECTOS DE LA PARTICIÓN

Artículo 1658. La partición legalmente hecha, fija la porción de bienes hereditarios que corresponde a cada uno de los herederos.

Artículo 1659. Cuando por causas anteriores a la partición, alguno de los coherederos fuere privado del todo o de parte de su haber, los otros coherederos están obligados a indemnizarle de esa pérdida, en proporción a sus derechos hereditarios.

Artículo 1660. La porción que deberá pagarse al que pierda su parte, no será la que represente su haber primitivo, sino la que le corresponda, deduciendo del total de la herencia la parte perdida.

Artículo 1661. Si alguno de los coherederos estuviere insolvente, la cuota con que debía contribuir se repartirá entre los demás, incluso el que perdió su parte.

Artículo 1662. Los que pagaron por el insolvente, conservarán su acción contra él, para cuando mejore de fortuna.

Artículo 1663. La obligación de indemnizar al coheredero, señalada con anterioridad, sólo cesará en los casos siguientes:

I. Cuando se hubieren dejado al heredero bienes individuales determinados de los cuales es privado;

II. Cuando al hacerse la partición, los coherederos renuncien expresamente al derecho a ser indemnizados; y

III. Cuando la pérdida fuere ocasionada por culpa del heredero que la sufre.

Artículo 1664. Si se adjudica como cobrable un crédito, los coherederos no responden de la insolvencia posterior del deudor hereditario y sólo son responsables de su solvencia al tiempo de hacerse la partición.

Artículo 1665. Por los créditos incobrables no hay responsabilidad.

Artículo 1666. El heredero cuyos bienes hereditarios fueren embargados o contra quien se pronunciare sentencia en juicio por causa de ellos, tiene derecho de pedir que sus coherederos caucionen la responsabilidad que pueda resultarles y, en caso contrario, que se les prohíba enajenar los bienes que recibieron.

CAPÍTULO OCTAVO
DE LA RESCISIÓN Y NULIDAD DE LAS PARTICIONES

Artículo 1667. Las particiones pueden rescindirse o anularse por las mismas causas que las obligaciones.

Artículo 1668. El heredero preterido tiene derecho de pedir la nulidad de la partición. Decretada ésta, se hará una nueva partición para que perciba la parte que le corresponda.

Artículo 1669. La partición hecha con un heredero falso es nula en cuanto tenga relación con él y la parte que se le aplicó se distribuirá entre los herederos.

Artículo 1670. Si hecha la partición aparecieren algunos bienes omitidos en ella, se hará una división suplementaria, en la cual se observarán las disposiciones contenidas en este Título.

LIBRO CUARTO
DE LAS OBLIGACIONES

PRIMERA PARTE
DE LAS OBLIGACIONES EN GENERAL

TÍTULO PRIMERO
FUENTES DE LAS OBLIGACIONES

CAPÍTULO PRIMERO
DE LOS CONTRATOS

Artículo 1671. Convenio es el acuerdo de dos o más personas para crear, transferir, modificar o extinguir obligaciones.

Artículo 1672. Los convenios que crean o transfieren las obligaciones y derechos toman el nombre de contratos.

Artículo 1673. Para la existencia del contrato se requiere:
I. Consentimiento; y
II. Objeto que pueda ser materia del contrato.

Artículo 1674. El contrato puede ser invalidado:
I. Por incapacidad legal de las partes o de una de ellas;
II. Por vicios del consentimiento;
III. Porque su objeto o su motivo o fin sea ilícito; y
IV. Porque el consentimiento no se haya manifestado en la forma que la ley establece.

Artículo 1675. Los contratos se perfeccionan por el mero consentimiento, excepto aquéllos que deben revestir una forma establecida por la ley. Desde que se perfeccionan obligan a los contratantes, no sólo al cumplimiento de lo expresamente pactado, sino también a las consecuencias que, según su naturaleza, son conformes a la equidad, a la buena fe, a la costumbre, al uso o a la ley.

Artículo 1676. La validez y el cumplimiento de los contratos no pueden dejarse al arbitrio de uno de los contratantes.

SECCIÓN PRIMERA
DE LA CAPACIDAD

Artículo 1677. Son hábiles para contratar todas las personas no exceptuadas por la ley.

Artículo 1678. La incapacidad de una de las partes no puede ser invocada por la otra en provecho propio, salvo que sea indivisible el objeto del derecho o de la obligación común.

SECCIÓN SEGUNDA
DE LA REPRESENTACIÓN

Artículo 1679. El que es hábil para contratar, puede hacerlo por sí o por medio de otro legalmente autorizado.

Artículo 1680. Ninguno puede contratar a nombre de otro, sin estar autorizado por él o por la ley.

Artículo 1681. Los contratos celebrados a nombre de otro por quién no sea su legítimo representante, serán nulos, a no ser que la persona a cuyo nombre fueron celebrados, los ratifique antes de que se retracten por la otra parte. La ratificación debe ser hecha con las mismas formalidades que para el contrato exige la ley.

Si no se obtiene la ratificación, el otro contratante tendrá derecho de exigir daños y perjuicios a quién indebidamente contrató.

SECCIÓN TERCERA
DEL CONSENTIMIENTO

Artículo 1682. El consentimiento puede ser expreso o tácito. Es expreso cuando se manifiesta verbalmente, por escrito o por signos inequívocos. El tácito resultará de hechos o de actos que lo presupongan o que autoricen a presumirlo, excepto en los casos en que por ley o por convenio la voluntad deba manifestarse expresamente.

Artículo 1683. Toda persona que propone a otra la celebración de un contrato, fijándole un plazo para aceptar, queda ligada por su oferta hasta la expiración del plazo.

Artículo 1684. Cuando la oferta se haga a una persona presente, sin fijación de plazo para aceptarla, el autor de la oferta queda desligado si la aceptación no se hace inmediatamente. La misma regla se aplicará a la oferta hecha por teléfono.

Artículo 1685. Cuando la oferta se haga sin fijación de plazo a una persona no presente, el autor de la oferta quedará ligado durante tres días, además del tiempo necesario para la ida y vuelta regular del correo público o del que se juzgue bastante; no habiendo correo público, según las distancias y la facilidad o dificultad de las comunicaciones.

Artículo 1686. El contrato se forma en el momento en que el proponente recibe la aceptación, estando ligado por su oferta según los artículos precedentes.

Artículo 1687. La oferta se considerará como no hecha si la retira su autor y el destinatario recibe la retractación antes que la oferta. La misma regla se aplica al caso en que se retire la acepción.

Artículo 1688. Si al tiempo de la aceptación hubiere fallecido el proponente, sin que el aceptante fuere sabedor de su muerte, quedarán los herederos de aquél obligados a sostener el contrato.

Artículo 1689. El proponente quedará libre de su oferta cuando la respuesta que reciba no sea una aceptación lisa y llana, sino que importe modificación de la primera. En este caso, la respuesta se considerará como nueva proposición que se regirá por lo dispuesto en los artículos anteriores.

Artículo 1690. La propuesta y aceptación hecha por telégrafo producen efectos si los contratantes con anterioridad habían estipulado por escrito esta manera de contratar y si los originales de los respectivos telegramas contienen las firmas de los contratantes y los signos convencionales establecidos entre ellos.

SECCIÓN CUARTA
VICIOS DEL CONSENTIMIENTO

Artículo 1691. El consentimiento no es válido si ha sido dado por error, arrancado por violencia o sorprendido por dolo.

Artículo 1692. El error de derecho o de hecho inválida el contrato cuando recae sobre el motivo determinante de la voluntad de cualquiera de los que contratan, si en el acto de la celebración se declara ese motivo o si se prueba por las circunstancias del mismo contrato que se celebró en el falso supuesto que lo motivó y no por otra causa.

Artículo 1693. El error de cálculo sólo da lugar a que se rectifique.

Artículo 1694. Se entiende por dolo en los contratos, cualquier sugestión o artificio que se emplea para inducir a error o mantener en él a alguno de los contratantes; por mala fe, la disimulación del error de uno de los contratantes, una vez conocido.

Artículo 1695. El dolo o mala fe de una de las partes y el dolo que proviene de un tercero, sabiéndolo aquélla, anulan el contrato si ha sido la causa determinante de este acto jurídico.

Artículo 1696. Si ambas partes proceden con dolo, ninguna de ellas puede alegar la nulidad del acto o reclamarse indemnizaciones.

Artículo 1697. Es nulo el contrato celebrado por violencia, ya provenga esta de alguno de los contratantes, ya de un tercero interesado o no en el contrato.

Artículo 1698. Hay violencia cuando se emplea fuerza física o amenazas que importen peligro de perder la vida, la honra, la libertad, la salud o una parte considerable de los bienes del contratante, de su cónyuge, de sus ascendientes, de sus descendientes o de sus parientes colaterales dentro del cuarto grado o de cualquier otra persona con la cual se encuentre unido el contratante por íntimos o estrechos lazos de afecto.

Artículo 1699. El temor reverencial, esto es, el sólo temor de desagradar a las personas a quienes se debe sumisión y respeto, no basta para viciar el consentimiento.

Artículo 1700. Las consideraciones generales que los contratantes expusieren sobre los provechos y perjuicios que naturalmente pueden resultar de la celebración o no celebración del contrato y que no imponen engaño o amenaza alguna de las partes, no serán tomadas en cuenta al calificar el dolo o la violencia.

Artículo 1701. No es lícito renunciar, para lo futuro, a la nulidad que resulte del dolo, de la violencia o del error.

Artículo 1702. Cuando alguno, explotando la suma ignorancia notoria inexperiencia o extrema miseria de otro obtiene un lucro excesivo, que sea evidentemente desproporcionado a lo que él por su parte se obliga, el perjudicado tiene derecho a elegir entre pedir la nulidad del contrato o la reducción equitativa de su obligación, más el pago de los correspondientes daños y perjuicios.

El derecho concedido en este artículo dura un año.

Artículo 1703. Si habiendo cesado la violencia o siendo conocido el dolo, el error o la lesión, el que sufrió la violencia o padeció el engaño ratifica el contrato, no puede, en lo sucesivo, reclamar por semejantes vicios.

SECCIÓN QUINTA
DEL OBJETO Y DEL MOTIVO O FIN DE LOS CONTRATOS

Artículo 1704. Son objeto de los contratos:

I. La cosa que el obligado debe dar; y

II. El hecho que el obligado debe hacer o no hacer.

Artículo 1705. La cosa objeto del contrato debe:

I. Existir en la naturaleza;

II. Ser determinada o determinable en cuanto a su especie; y

III. Estar en el comercio.

Artículo 1706. Las cosas futuras pueden ser objeto de un contrato. Sin embargo, no puede serlo la herencia de una persona viva, aun cuando ésta preste su consentimiento.

Artículo 1707. El hecho positivo o negativo, objeto del contrato, debe ser:

I. Posible; y

II. Lícito.

Artículo 1708. Es imposible el hecho que no puede existir porque es incompatible con una ley de la naturaleza o con una norma jurídica que debe regirlo necesariamente y que constituya un obstáculo insuperable para su realización.

Artículo 1709. No se considerará imposible el hecho que no puede ejecutarse por el obligado, pero sí por otra persona en lugar de él.

Artículo 1710. Es ilícito el hecho que es contrario a las leyes de orden público o a las buenas costumbres.

Artículo 1711. El fin o motivo determinante de la voluntad de los que contratan, tampoco debe ser contrario a las leyes de orden público ni a las buenas costumbres.

SECCIÓN SEXTA
DE LA FORMA

Artículo 1712. En los contratos civiles, cada uno se obliga en la manera y términos que aparezca que quiso obligarse, sin que para la validez del contrato se requieran formalidades determinadas, fuera de los casos expresamente designados por la ley.

Artículo 1713. Cuando la ley exija determinada forma para un contrato, mientras que éste no revista esa forma no será válido, salvo disposición en contrario; pero si la voluntad de las partes para celebrarlo consta de manera fehaciente, cualquiera de ellas puede exigir que se dé al contrato la forma legal.

Artículo 1714. Cuando se exija la forma escrita para el contrato, los documentos relativos deben ser firmados por todas las personas a las cuales se imponga esa obligación.

Si alguna de ellas no puede o no sabe firmar, lo hará otra a su ruego y en el documento se imprimirá la huella digital del interesado que no firmó.

SECCIÓN SÉPTIMA
DIVISIÓN DE LOS CONTRATOS

Artículo 1715. El contrato es unilateral cuando una sola de las partes se obliga hacia la otra, sin que ésta quede obligada con la otra.

Artículo 1716. El contrato es bilateral cuando las partes se obligan recíprocamente.

Artículo 1717. Es contrato oneroso aquel en que se estipulan provechos y gravámenes recíprocos es gratuito aquél en que el provecho es solamente para una de las partes.

Artículo 1718. El contrato oneroso es conmutativo cuando las prestaciones que se deben las partes son ciertas desde que se celebra el contrato, de tal suerte que ellas pueden apreciar inmediatamente el beneficio o la pérdida que les cause éste. Es aleatorio, cuando la prestación debida depende de un acontecimiento incierto que hace que no sea posible la evaluación de la ganancia o pérdida, sino hasta que ese acontecimiento se realice.

SECCIÓN OCTAVA
CLÁUSULAS QUE PUEDEN CONTENER LOS CONTRATOS

Artículo 1719. Los contratantes pueden poner las cláusulas que crean convenientes; pero las que se refieran a requisitos esenciales del contrato o sean consecuencia de su naturaleza ordinaria, se tendrán por puestas aunque no se expresen, a no ser que las segundas sean renunciadas en los casos y términos permitidos por la ley.

Artículo 1720. Pueden los contratantes estipular cierta prestación como pena para el caso de que la obligación no se cumpla o no se cumpla de la manera convenida. Si tal estipulación se hace, no podrán reclamarse, además, daños y perjuicios.

No es lícito gravar la situación del inquilino con cláusulas penales que lo obliguen a pagar por renta una cantidad mayor que la estipulada en el contrato de arrendamiento.

Artículo 1721. La nulidad del contrato importa la de la cláusula penal, pero la nulidad de esta no acarrea la de aquél.

Sin embargo, cuando se promete por otra persona, imponiéndose una pena para el caso de no cumplirse por ésta lo prometido, valdrá la pena aunque el contrato no se lleve a efecto por falta de consentimiento de dicha persona.

Lo mismo sucederá cuando se estipule con otro, a favor de un tercero y la persona con quien se estipule se sujete a una pena para el caso de no cumplir lo prometido.

Artículo 1722. Al pedir la pena, el acreedor no está obligado a probar que ha sufrido perjuicio, ni el deudor podrá eximirse de satisfacerla, probando que el acreedor no ha sufrido perjuicio alguno.

Artículo 1723. La cláusula penal no puede exceder ni en valor ni en cuantía a la obligación principal.

Artículo 1724. Si la obligación fuere cumplida en parte, la pena se modificará en la misma proporción.

Artículo 1725. Si la modificación no pudiere ser exactamente proporcional, el juez reducirá la pena de una manera equitativa, teniendo en cuenta la naturaleza y demás circunstancias de la obligación.

Artículo 1726. El acreedor puede exigir el cumplimiento de la obligación o el pago de la pena, pero no ambas; a menos que aparezca haber estipulado la pena por el simple retardo en el cumplimiento de la obligación o porque ésta no se preste de la manera convenida.

Artículo 1727. No podrá hacerse efectiva la pena cuando el obligado a ella no haya podido cumplir el contrato por hecho del acreedor, caso fortuito o fuerza insuperable.

Artículo 1728. En las obligaciones mancomunadas con cláusula penal, bastará la contravención de uno de los herederos del deudor para que se incurra en la pena.

Artículo 1729. En el caso del artículo anterior, cada uno de los herederos responderá de la parte de la pena que le corresponda, en proporción a su cuota hereditaria.

Artículo 1730. Tratándose de obligaciones indivisibles, se observará lo dispuesto en el artículo 1893.

SECCIÓN NOVENA
DE LA INTERPRETACIÓN

Artículo 1731. Si los términos de un contrato son claros y no dejan duda sobre la intención de los contratantes, se estará al sentido literal de sus cláusulas.

Si las palabras parecieren contrarias a la intención evidente de los contratantes, prevalecerá ésta sobre aquéllas.

Artículo 1732. Cualquiera que sea la generalidad de los términos de un contrato, no deberán entenderse comprendidos en él cosas distintas y casos diferentes de aquéllos sobre los que los interesados se propusieron contratar.

Artículo 1733. Si alguna cláusula de los contratos admitiere diversos sentidos, deberá entenderse en el más adecuado para que produzca efecto.

Artículo 1734. Las cláusulas de los contratos deben interpretarse las unas por las otras, atribuyendo a las dudosas el sentido que resulte del conjunto de todas.

Artículo 1735. Las palabras que pueden tener distintas acepciones, serán entendidas en aquella que sea más conforme a la naturaleza y objeto del contrato.

Artículo 1736. El uso o la costumbre del Estado, se tendrán en cuenta para interpretar las ambigüedades de los contratos.

Artículo 1737. Cuando absolutamente fuere imposible resolver las dudas por las reglas establecidas en los artículos precedentes, si aquellas recaen sobre circunstancias accidentales del contrato y éste fuere gratuito, se resolverán en favor de la menor transmisión de derechos e intereses; si fuere oneroso se resolverá la duda en favor de la mayor reciprocidad de intereses.

Si las dudas de cuya resolución se trata en este artículo recayesen sobre el objeto principal del contrato, de suerte que no pueda venirse en conocimiento de cuál fue la intención o la voluntad de los contratantes, el contrato será nulo.

SECCIÓN DÉCIMA
DISPOSICIONES FINALES

Artículo 1738. Los contratos que no están especialmente reglamentados en este Código, se regirán por las reglas generales de los contratos, por las estipulaciones de las partes y, en lo que fueren omisas, por las disposiciones del contrato con el que tengan más analogía, de los reglamentados en este ordenamiento.

Artículo 1739. Las disposiciones legales sobre contratos serán aplicables a todos los convenios y a otros actos jurídicos, en lo que no se opongan a la naturaleza de éstos o a disposiciones especiales de la ley sobre los mismos.

CAPÍTULO SEGUNDO
DE LA DECLARACIÓN UNILATERAL DE LA VOLUNTAD

Artículo 1740. El hecho de ofrecer al público objetos en determinado precio, obliga al dueño a sostener su ofrecimiento.

Artículo 1741. El que por anuncios u ofrecimientos hechos al público se comprometa a alguna prestación en favor de quien llene determinada condición o desempeñe cierto servicio, contrae la obligación de cumplir lo prometido.

Artículo 1742. El que, en los términos del artículo anterior, ejecutare el servicio pedido o llenare la condición señalada, podrá exigir el pago o la recompensa ofrecida.

Artículo 1743. Antes de que esté prestado el servicio o cumplida la condición, podrá el promitente revocar su oferta, siempre que la revocación se haga con la misma publicidad que el ofrecimiento.

En este caso, el que pruebe que ha hecho erogaciones para prestar el servicio o cumplir la condición por la que se había ofrecido recompensa, tiene derecho a que se le reembolsen.

Artículo 1744. Si se hubiere señalado plazo para la ejecución de la obra, no podrá revocar el promitente su ofrecimiento mientras no esté vencido el plazo.

Artículo 1745. Si el acto señalado por el promitente fuere ejecutado por más de un individuo, se observará lo siguiente:

I. Tendrá derecho a la recompensa el que primero ejecutare la obra o cumpliere la condición;

II. Si la ejecución es simultánea o varios llenan al mismo tiempo la condición, se repartirá la recompensa por partes iguales; y

III. Si la recompensa no fuere divisible se sorteará entre los interesados.

Artículo 1746. En los concursos en que haya promesa de recompensa para los que llenaren ciertas condiciones, es requisito esencial que se fije un plazo.

Artículo 1747. El promitente tiene derecho de designar la persona que deba decidir a quién o a quiénes de los concursantes se otorga la recompensa.

SECCIÓN PRIMERA
DE LAS ESTIPULACIONES A FAVOR DE TERCEROS

Artículo 1748. En los contratos se pueden hacer estipulaciones en favor de tercero, de acuerdo con los siguientes artículos.

Artículo 1749. La estipulación hecha a favor de tercero hace adquirir a éste, salvo pacto escrito en contrario, el derecho de exigir del promitente la prestación a que se ha obligado.

También confiere al estipulante el derecho de exigir del promitente el cumplimiento de dicha obligación.

Artículo 1750. El derecho de tercero nace en el momento de perfeccionarse el contrato, salvo la facultad que los contratantes conservan de imponerle las modalidades que juzguen convenientes, siempre que éstas consten expresamente en el referido contrato.

Artículo 1751. La estipulación puede ser revocada mientras que el tercero no haya manifestado su voluntad de querer aprovecharla. En tal caso o cuando el tercero rehúsa la prestación estipulada a su favor, el derecho se considera como no nacido.

SECCIÓN SEGUNDA
DE LOS DOCUMENTOS CIVILES

Artículo 1752. El promitente podrá, salvo pacto en contrario, oponer al tercero las excepciones derivadas del contrato.

Artículo 1753. Puede el deudor obligarse otorgando documentos civiles pagaderos a la orden o al portador.

Artículo 1754. La propiedad de los documentos de carácter civil que se extiendan a la orden, se transfiere por simple endoso, que contendrá el lugar y fecha en que se hace, el concepto en que se reciba el valor del documento, el nombre de la persona a cuya orden se otorgó el endoso y la firma del endosante.

Artículo 1755. El endoso puede hacerse en blanco con la sola firma del endosante, sin ninguna otra indicación; pero no podrán ejercitarse los derechos derivados del endoso sin llenarlo con todos los requisitos exigidos por el artículo que precede.

Artículo 1756. Todos los que endosen un documento quedan obligados solidariamente para con el portador, en garantía del mismo. Sin embargo, puede hacerse el endoso sin la responsabilidad solidaria del endosante, siempre que así se haga constar expresamente al extenderse el endoso.

Artículo 1757. La propiedad de los documentos civiles que sean al portador, se transfiere por la simple entrega del título.

Artículo 1758. El deudor está obligado a pagar a cualquiera que le presente y entregue el título al portador, a menos que haya recibido orden judicial para no hacer el pago.

Artículo 1759. La obligación del que emite el título al portador no desaparece, aunque demuestre que el título entró en circulación contra su voluntad.

Artículo 1760. El suscriptor del título al portador no puede oponer más excepciones que las que se refieren a la nulidad del mismo título, las que se deriven de su texto o las que tenga en contra del portador que lo presente.

Artículo 1761. La persona que ha sido desposeída injustamente de títulos al portador, sólo con orden judicial puede impedir que se paguen al detentador que los presente al cobro.

CAPÍTULO TERCERO
DEL ENRIQUECIMIENTO ILEGÍTIMO Y DEL PAGO DE LO INDEBIDO

Artículo 1762. El que sin causa se enriquece en detrimento de otro, está obligado a indemnizarlo de su empobrecimiento en la medida que él se ha enriquecido.

Artículo 1763. Cuando se reciba alguna cosa que no se tenía derecho de exigir y que por error ha sido indebidamente pagada, se tiene obligación de restituirla.

Si lo indebido consiste en una prestación cumplida, cuando el que la recibe proceda de mala fe, debe pagar el precio corriente de esa prestación, pero si procede de buena fe, sólo debe pagar lo equivalente al enriquecimiento recibido.

Artículo 1764. El que acepte un pago indebido, si hubiere procedido de mala fe, deberá abonar el interés legal cuando se trate de capitales o los frutos percibidos y los dejados de percibir, de las cosas que los produjeren.

Además, responderá de los menoscabos que la cosa haya sufrido por cualquier causa y de los perjuicios que se causaren al que la entregó, hasta que la recobre. No responderá del caso fortuito cuando éste hubiere podido afectar del mismo modo a las cosas hallándose en poder del que las entregó.

Artículo 1765. Si el que recibió la cosa con mala fe, la hubiere enajenado a un tercero que tuviere también mala fe, podrá el dueño reivindicarla y cobrar de uno u otro los daños y perjuicios.

Artículo 1766. Si el tercero a quien se enajena la cosa la adquiere de buena fe, sólo podrá reivindicarse si la enajenación se hizo a título gratuito.

Artículo 1767. El que de buena fe hubiere aceptado un pago indebido de cosa cierta y determinada, sólo responderá de los menoscabos o pérdida de ésta y de sus accesiones, en cuanto por ellos se hubiere enriquecido. Si la hubiere enajenado, restituirá el precio o cederá la acción para hacerlo efectivo.

Artículo 1768. Si el que recibió de buena fe una cosa dada en pago indebido la hubiere donado, no subsistirá la donación y se aplicará al donatario lo dispuesto en el artículo anterior.

Artículo 1769. El que de buena fe hubiere aceptado un pago indebido, tiene derecho a que se le abonen los gastos necesarios y a retirar las mejoras útiles, si con la separación no sufre detrimento la cosa dada en pago. Si sufre, tiene derecho a que se le pague una cantidad equivalente al aumento de valor que recibió la cosa con la mejora hecha.

Artículo 1770. Queda libre de la obligación de restituir el que, creyendo de buena fe que se hacía el pago por cuenta de un crédito legítimo y subsistente, hubiese inutilizado el título, dejado prescribir la acción, abandonado las prendas o cancelado las garantías de su derecho. El que paga indebidamente, sólo podrá dirigirse contra el verdadero deudor o los fiadores, respecto de los cuales la acción estuviere viva.

Artículo 1771. La prueba del pago incumbe al que pretende haberlo hecho. También corre a su cargo la del error con que lo realizó, a menos que el demandado negare haber recibido la cosa que se le reclama. En este caso, justificada la entrega por el demandante, queda relevado de toda otra prueba. Esto no limita el derecho del demandado para acreditar que le era debido lo que recibió.

Artículo 1772. Se presume que hubo error en el pago, cuando se entrega cosa que no se debía o que ya estaba pagada; pero aquél a quién se pide la devolución puede probar que la entrega se hizo a título de liberalidad o por cualquiera otra causa justa.

Artículo 1773. La acción para repetir lo pagado indebidamente prescribe en un año, contado desde que se conoció el error que originó el pago. El solo transcurso de cinco años, contados desde el pago indebido, hace perder el derecho para reclamar su devolución.

Artículo 1774. El que ha pagado para cumplir una deuda prescrita o para cumplir un deber moral, no tiene derecho de repetir.

Artículo 1775. Lo que se hubiere entregado para la realización de un fin que sea ilícito o contrario a las buenas costumbres, no quedará en poder del que lo recibió. El cincuenta por ciento se destinará a la institución de asistencia social que designe el Poder Ejecutivo del Estado y el otro cincuenta por ciento, tiene derecho de recuperado el que lo entregó.

CAPÍTULO CUARTO
DE LA GESTIÓN DE NEGOCIOS

Artículo 1776. El que sin mandato y sin estar obligado a ello, se encarga de un asunto de otro, debe obrar conforme a los intereses del dueño del negocio.

Artículo 1777. El gestor debe desempeñar su cargo con toda la diligencia que emplea en sus negocios propios e indemnizará los daños y perjuicios que por su culpa o negligencia se causen al dueño de los bienes o negocios que gestione.

Artículo 1778. Si la gestión tiene por objeto evitar un daño inminente al dueño, el gestor no responde más que de su dolo o de su falta grave.

Artículo 1779. Si la gestión se ejecuta contra la voluntad real o presunta del dueño, el gestor debe reparar los daños y perjuicios que resulten a aquél, aunque no haya incurrido en falta.

Artículo 1780. El gestor responde aún del caso fortuito si ha hecho operaciones arriesgadas, aunque el dueño del negocio tuviere costumbre de hacerlas o si hubiere obrado más en interés propio que en interés del dueño del negocio.

Artículo 1781. Si el gestor delegare en otra persona todos o alguno de los deberes de su cargo, responderá de los actos del delegado, sin perjuicio de la obligación directa de éste para con el propietario del negocio.

La responsabilidad de los gestores, cuando fueren dos o más, será solidaria.

Artículo 1782. El gestor, tan pronto como sea posible, debe dar aviso de su gestión al dueño y esperar su decisión, a menos que haya peligro en la demora.

Si no fuere posible dar ese aviso, el gestor debe continuar su gestión hasta que concluya el asunto.

Artículo 1783. El dueño de un asunto que hubiere sido útilmente gestionado, debe cumplir las obligaciones que el gestor haya contraído a nombre de él y pagar los gastos, de acuerdo con lo prevenido en los artículos siguientes.

Artículo 1784. Deben pagarse al gestor los gastos necesarios que hubiere hecho en el ejercicio de su cargo y los intereses legales correspondientes, pero no tiene derecho de cobrar retribución por el desempeño de la gestión.

Artículo 1785. El gestor que se encargue de un asunto contra la expresa voluntad del dueño, si éste se aprovecha del beneficio de la gestión, tiene obligación de pagar a aquél el importe de los gastos, hasta donde alcancen los beneficios, a no ser que la gestión hubiere tenido por objeto liberar al dueño de un deber impuesto en interés público, en cuyo caso debe pagar todos los gastos necesarios hechos.

Artículo 1786. La ratificación pura y simple del dueño del negocio, produce todos los efectos de un mandato. La ratificación tiene efecto retroactivo al día en que la gestión principió.

Artículo 1787. Cuando el dueño del negocio no ratifique la gestión, sólo responderá de los gastos que originó ésta, hasta la concurrencia de las ventajas que obtuvo del negocio.

Artículo 1788. Cuando sin consentimiento del obligado a prestar alimentos, los diese un extraño, éste tendrá derecho a reclamar de aquél su importe, a no ser que los diera con ánimo de hacer un acto de beneficencia.

Artículo 1789. Los gastos funerarios proporcionados a la condición de la persona y a los usos de la localidad, deberán ser satisfechos al que los haga, aunque el difunto no hubiere dejado bienes, por aquellos que hubieren tenido la obligación de alimentarlo en vida.

CAPÍTULO QUINTO
DE LAS OBLIGACIONES QUE NACEN DE LOS ACTOS ILÍCITOS

Artículo 1790. El que obrando ilícitamente o contra las buenas costumbres cause daño a otro, está obligado a repararlo, a menos que demuestre que el daño se produjo como consecuencia de culpa o negligencia inexcusable de la víctima.

Artículo 1791. El incapaz que cause daño debe repararlo, salvo que la responsabilidad recaiga en las personas de él encargadas, como lo son quienes ejerzan patria potestad, los tutores, directores de colegios o talleres, entre otros.

Artículo 1792. Cuando al ejercitar un derecho se cause daño a otro, hay obligación de indemnizarlo si se demuestra que el derecho se ejercitó, sin utilidad para el titular del derecho.

Artículo 1793. Cuando una persona hace uso de mecanismos, instrumentos, aparatos o substancias peligrosas por sí mismas, por la velocidad que desarrollen, por su naturaleza explosiva o inflamable, por la energía de la corriente eléctrica que conduzcan o por otras causas análogas, está obligada a responder del daño que cause aunque no obre ilícitamente, a no ser que demuestre que ese daño se produjo por culpa o negligencia inexcusable de la víctima.

Artículo 1794. Cuando sin el empleo de los elementos o situaciones a que se refiere el artículo anterior y sin culpa o negligencia de ninguna de las partes se producen daños, cada una de ellas los soportará sin derecho a indemnización.

Artículo 1795. La reparación del daño debe consistir en el restablecimiento de la situación anterior a él y cuando ello sea imposible, en el pago de daños y perjuicios.

Artículo 1796. Cuando el daño se cause a las personas y produzca la muerte, incapacidad total permanente, parcial permanente, total temporal o parcial temporal, el grado de la reparación se determinará atendiendo a lo dispuesto por la Ley Federal del Trabajo. Para calcular la indemnización que corresponda, por muerte o incapacidad, se tomará como base el cuádruplo del salario mínimo diario más alto que esté en vigor en la zona y se extenderá, en su caso, al número de días que para cada una de las incapacidades señala la mencionada Ley Federal del Trabajo. En caso de muerte, la indemnización corresponderá a los herederos de la víctima.

Artículo 1797. Las disposiciones del artículo anterior se observarán en el caso de los porteadores.

Artículo 1798. Por daño moral se entiende la afectación que una persona sufre en sus sentimientos, afectos, creencias, decoro, honor, reputación, vida privada, configuración y aspectos físicos, o bien, en la consideración que de si misma tienen los demás.

También se entiende como daño moral, cuando se vulnere o se afecte, de forma ilícita, el bien jurídico de la libertad o la integridad física o psíquica de las personas.

Cuando un hecho u omisión ilícitos produzcan un daño moral, el responsable del mismo tendrá la obligación de repararlo mediante una indemnización en dinero, con independencia de que se haya causado daño patrimonial, tanto en responsabilidad contractual, como extracontractual. Igual obligación tendrá quién incurra en responsabilidad objetiva, así como el Estado y sus funcionarios, en los términos del presente Código.

Artículo 1799. El monto de la indemnización por daño moral lo determinará el juez, tomando en cuenta los derechos lesionados, el grado de responsabilidad, la situación económica del responsable y la de la víctima, así como las demás circunstancias del caso.

Artículo 1800. Cuando el daño moral haya afectado a la víctima en su decoro, honor, reputación o consideración, el juez ordenará, a petición de ésta y con cargo al responsable, la publicación de un extracto de la sentencia que refleje adecuadamente la naturaleza y alcance de la misma, a través de los medios informativos que considere convenientes.

Artículo 1801. En los casos en que el daño moral derive de un acto que haya tenido difusión en los medios informativos, el juez ordenará que los mismos den publicidad al extracto de la sentencia, con la misma relevancia que hubiere tenido la difusión del acto del que derivó el daño.

Artículo 1802. No estará obligado a la reparación del daño moral quien ejerza sus derechos de opinión, crítica, expresión e información, en los términos y con las limitaciones de los artículos 6o. y 7o. de la Constitución Política de los Estados Unidos Mexicanos.

No se considerarán ofensas al honor, las opiniones que se realicen de forma desfavorable sobre la crítica literaria, artística, histórica, científica o profesional. Tampoco se considerarán ofensivas las opiniones desfavorables realizadas en cumplimiento de un deber o ejerciendo un derecho, cuando el modo de proceder o la falta de reserva no tengan un propósito ofensivo.

Artículo 1803. En el caso del artículo anterior, quien demande la reparación del daño moral por responsabilidad contractual o extracontractual, deberá acreditar plenamente la ilicitud de la conducta del demandado y el daño que directamente le hubiere causado tal conducta.

Artículo 1804. La acción de reparación por daños corporal o moral no es transmisible a terceros por acto entre vivos; sólo pasa a los herederos de la víctima cuando ésta haya intentado la acción en vida.

Artículo 1805. Las personas que han causado en común un daño, son responsables solidariamente hacia la víctima por la reparación a que están obligadas, de acuerdo con las disposiciones de este Capítulo.

Artículo 1806. Las personas morales son responsables de los daños y perjuicios que causen sus representantes legales en el ejercicio de sus funciones.

Artículo 1807. Los que ejerzan la patria potestad tienen obligación de responder de los daños y perjuicios causados por los actos de los menores que estén bajo su custodia o cuidado, que habiten con ellos.

Artículo 1808. Cesa la responsabilidad a que se refiere el artículo anterior, cuando los menores ejecuten los actos que dan origen a ella, encontrándose bajo la vigilancia y autoridad de otras personas, como directores de colegios, de talleres, entre otros, pues entonces esas personas asumirán la responsabilidad de que se trata.

Artículo 1809. Lo dispuesto en los dos artículos anteriores es aplicable a los tutores, respecto de los incapacitados que tienen bajo su cuidado.

Artículo 1810. Ni los padres, ni los tutores, ni las personas a que se refiere el artículo 1808, tienen obligación de responder de los daños y perjuicios que causen los incapacitados sujetos a su cuidado y vigilancia, si probaren que les ha sido imposible evitarlos. Esta imposibilidad no resulta de la mera circunstancia de haber sucedido el hecho fuera de su presencia, si aparece que ellos no han ejercido suficiente vigilancia sobre los incapacitados.

Artículo 1811. Los maestros artesanos son responsables de los daños y perjuicios causados por sus operarios en la ejecución de los trabajos que les encomienden. En este caso se aplica también lo dispuesto en el artículo anterior.

Artículo 1812. Lo patrones y dueños de establecimientos mercantiles, están obligados a responder de los daños y perjuicios causados por sus obreros o dependientes en el ejercicio de sus funciones. Esta responsabilidad cesa si demuestran que en la comisión del daño no se les puede imputar ninguna culpa o negligencia.

Artículo 1813. Los jefes de casa o dueños de hoteles o casas de hospedaje, están obligados a responder de los daños y perjuicios causados por sus sirvientes en el ejercicio de su encargo.

Artículo 1814. En los casos previstos por los artículos 1811, 1812 y 1813, el que sufra el daño puede exigir la reparación directamente del responsable, en los términos de este Capítulo.

Artículo 1815. El que paga el daño causado por sus sirvientes, empleados u operarios, puede repetir contra ellos lo que hubiere pagado.

Artículo 1816. El Estado y los municipios responden solidariamente de los daños causados por sus funcionarios en el ejercicio de las funciones que les estén encomendadas.

Artículo 1817. El dueño de un animal pagará el daño causado por éste, si no probare alguna de estas circunstancias:

I. Que lo guardaba y vigilaba con el cuidado necesario;

II. Que el animal fue provocado;

III. Que hubo imprudencia por parte del ofendido; y

IV. Que el hecho resulte de caso fortuito o de fuerza mayor.

Artículo 1818. Si el animal que hubiere causado el daño fuere excitado por un tercero, la responsabilidad es de éste y no del dueño del animal.

Artículo 1819. El propietario de un edificio es responsable de los daños que resulten de la ruina de todo o parte de él, si ésta sobreviene por falta de reparaciones necesarias o por vicios de construcción.

Artículo 1820. Igualmente responderán los propietarios de los daños causados:

I. Por la explosión de máquinas o por la inflamación de substancias explosivas;

II. Por el humo o gases que sean nocivos a las personas o a las propiedades;

III. Por la caída de sus árboles, cuando no sea ocasionada por fuerza mayor;

IV. Por las emanaciones de cloacas o depósitos de materiales infectantes;

V. Por los depósitos de agua que humedezcan la pared del vecino o derramen sobre la propiedad de éste; y

VI. Por el paso o movimiento de las máquinas, por las aglomeraciones de materias o animales nocivas a la salud o por cualquiera causa que sin derecho origine algún daño.

Artículo 1821. Los jefes de familia que habiten una casa o parte de ella, son responsables de los daños causados por las cosas que se arrojen o cayeren de la misma.

Artículo 1822. La acción para exigir la reparación de los daños causados en los términos del presente Capítulo, prescribe en dos años, contados a partir del día en que se haya causado el daño.

TÍTULO SEGUNDO
MODALIDADES DE LAS OBLIGACIONES

CAPÍTULO PRIMERO
DE LAS OBLIGACIONES CONDICIONALES

Artículo 1823. La obligación es condicional cuando su existencia o su resolución dependen de un acontecimiento futuro e incierto.

Artículo 1824. La condición es suspensiva cuando de su cumplimiento depende la existencia de la obligación.

Artículo 1825. La condición es resolutoria cuando cumplida resuelve la obligación, volviendo las cosas al estado que tenían, como si esa obligación no hubiere existido.

Artículo 1826. Cumplida la condición, se retrotrae al tiempo en que la obligación fue formulada, a menos que los efectos de la obligación o su resolución, por la voluntad de las partes o por la naturaleza del acto, deban ser referidos a fechas diferentes.

Artículo 1827. En tanto que la condición no se cumpla, el deudor debe abstenerse de todo acto que impida que la obligación pueda cumplirse en su oportunidad.

El acreedor puede, antes de que la condición se cumpla, ejercitar todos los actos conservatorios de su derecho.

Artículo 1828. Las condiciones imposibles de dar o hacer, las prohibidas por la ley o que sean contra las buenas costumbres, anulan la obligación que de ellas dependa.

La condición de no hacer una cosa imposible se tiene por no puesta.

Artículo 1829. Cuando el cumplimiento de la condición dependa de la exclusiva voluntad del deudor, la obligación condicional será nula.

Artículo 1830. Se tendrá por cumplida la condición, cuando el obligado impidiese voluntariamente su cumplimiento.

Artículo 1831. La obligación contraída bajo la condición de que un acontecimiento suceda en un tiempo fijo, caduca si pasa el plazo sin realizarse o desde que sea indudable que la condición no pueda cumplirse.

Artículo 1832. La obligación contraída bajo la condición de que un acontecimiento no se verifique en un tiempo fijo, será exigible si pasa el tiempo sin verificarse.

Si no hubiere tiempo fijado, la condición deberá reputarse cumplida transcurrido el que verosímilmente se hubiere querido señalar, atenta la naturaleza de la obligación.

Artículo 1833. Cuando las obligaciones se hayan contraído bajo condición suspensiva y pendiente ésta se perdiere, deteriorare, o bien, se mejorare la cosa que fue objeto del contrato, se observarán las disposiciones siguientes:

I. Si la cosa se pierde sin culpa del deudor, quedará extinguida la obligación;

II. Si la cosa se pierde por culpa del deudor, éste queda obligado al resarcimiento de daños y perjuicios.

Entiéndase que la cosa se pierde cuando perece o queda fuera del comercio o desaparece sin poderse recobrar;

III. Cuando la cosa se deteriore sin culpa del deudor, éste cumple su obligación entregado la cosa al acreedor en el estado en que se encuentre al cumplirse la condición;

IV. Deteriorándose por culpa del deudor, el acreedor podrá optar entre la resolución de la obligación o su cumplimiento, con la indemnización de daños y perjuicios en ambos casos;

V. Si la cosa se mejora por su naturaleza o por el tiempo, las mejoras ceden en favor del acreedor; y

VI. Si se mejora a expensas del deudor, no tendrá éste otro derecho que el concedido al usufructuario.

Artículo 1834. La facultad de resolver las obligaciones se entiende implícita en las recíprocas, para el caso de que uno de los obligados no cumpliere lo que le incumbe.

El perjudicado podrá escoger entre exigir el cumplimiento o la resolución de la obligación, con el resarcimiento de daños y perjuicios en ambos casos.

También podrá pedir la resolución, aún después de haber optado por el cumplimiento, cuando éste resultare imposible.

En las obligaciones a plazo, el perjudicado no podrá reclamar el cumplimiento si no ha cumplido con las prestaciones a su cargo.

Artículo 1835. Al declararse la resolución, las partes deberán restituirse aquello que se hubieren entregado mutuamente al contratarse la obligación.

Artículo 1836. La resolución del contrato, fundada en falta de pago por parte del adquirente de la propiedad de bienes inmuebles u otro derecho real sobre los mismos, no surtirá efecto contra tercero de buena fe, si no se ha estipulado expresamente y ha sido inscrito en el Registro Público de la Propiedad y del Comercio, en la forma prevista por la ley.

Artículo 1837. Respecto de bienes muebles no tendrá lugar la rescisión, salvo lo previsto para las ventas en las que se faculte al comprador a pagar el precio en abonos.

Artículo 1838. Si la rescisión del contrato dependiere de un tercero y éste fuere dolosamente inducido a rescindirlo, se tendrá por no rescindido.

CAPÍTULO SEGUNDO
DE LAS OBLIGACIONES A PLAZO

Artículo 1839. Es obligación a plazo, aquélla para cuyo cumplimiento se ha señalado un día cierto.

Artículo 1840. Entiéndase por día cierto, aquél que necesariamente ha de llegar.

Artículo 1841. Si la incertidumbre consistiere en si ha de llegar o no el día, la obligación será condicional y se regirá por las reglas que contiene el Capítulo que precede.

Artículo 1842. El plazo en las obligaciones se contará de la manera prevista en el Capítulo Sexto del Título Séptimo del Libro Segundo.

Artículo 1843. Lo que hubiere pagado anticipadamente no puede repetirse.

Si el que paga ignoraba, cuando lo hizo, la existencia del plazo, tendrá derecho a reclamar del acreedor los intereses o los frutos que éste hubiese percibido de la cosa.

Artículo 1844. El plazo se presume establecido en favor del deudor, a menos que resulte, de la estipulación y de las circunstancias, que ha sido establecido en favor del acreedor o de las dos partes.

Artículo 1845. Perderá el deudor todo derecho a utilizar el plazo:

I. Cuando después de contraída la obligación, resultare insolvente, salvo que garantice la deuda;

II. Cuando no otorgue al acreedor las garantías a que estuviere comprometido; y

III. Cuando por actos propios hubiese disminuido aquellas garantías después de establecidas y cuando por caso fortuito desaparecieren, a menos que sean inmediatamente substituidas por otras igualmente seguras.

Artículo 1846. Si fueron varios los deudores solidarios, lo dispuesto en el artículo anterior sólo comprenderá al que se hallare en alguno de los casos que en él se designan.

CAPÍTULO TERCERO
DE LAS OBLIGACIONES CONJUNTIVAS Y ALTERNATIVAS

Artículo 1847. El que se ha obligado a diversas cosas o hechos, conjuntamente, debe dar todas las primeras y prestar todos los segundos.

Artículo 1848. Si el deudor se ha obligado a uno de los hechos o a una de dos cosas o a un hecho o a una cosa, cumple prestando cualquiera de esos hechos o cosas; mas no puede, contra la voluntad del acreedor, prestar parte de una cosa o parte de otro o ejecutar en parte un hecho.

Artículo 1849. En las obligaciones alternativas la elección corresponde al deudor, si no ha pactado otra cosa.

Artículo 1850. La elección no producirá efecto sino desde que fuere notificada. Una vez hecha la elección el deudor no puede substituirla, de no mediar consentimiento del acreedor.

Artículo 1851. El deudor perderá el derecho de elección, cuando de las prestaciones a que alternativamente estuviere obligado, sólo una fuere realizable.

Artículo 1852. Si la elección compete al deudor y alguna de las cosas se pierde por culpa suya o caso fortuito, el acreedor está obligado a recibir la que quede.

Artículo 1853. Si las dos cosas se han perdido y una lo ha sido por culpa del deudor, éste debe pagar el precio de la última que se perdió. Lo mismo se observará si las dos cosas se han perdido por culpa del deudor, pero éste pagará los daños y perjuicios correspondientes.

Artículo 1854. Si las dos cosas se han perdido por caso fortuito, el deudor queda libre de la obligación.

Artículo 1855. Si la elección compete al acreedor y una de las dos cosas se pierde por culpa del deudor, puede el primero elegir la cosa que ha quedado o el valor de la pérdida, con pago de daños y perjuicios.

Artículo 1856. Si la cosa se pierde sin culpa del deudor, estará obligado el acreedor a recibir la que haya quedado.

Artículo 1857. Si la cosa se pierde por culpa del deudor, podrá el acreedor exigir el valor de cualquiera de ellas, con los daños y perjuicios o la rescisión del contrato.

Artículo 1858. Si ambas cosas se perdieren sin culpa del deudor, se hará la distinción siguiente:

I. Si se hubiere hecho ya la elección o designación de la cosa, la pérdida será por cuenta del acreedor; y

II. Si la elección no se hubiere hecho, quedará el contrato sin efecto.

Artículo 1859. Si la elección es del deudor y una de las cosas se pierde por culpa del acreedor, podrá el primero pedir que se le de por libre de la obligación o que se rescinda el contrato, con indemnización de los daños y perjuicios.

Artículo 1860. En el caso del artículo anterior, si la elección es del acreedor, con la cosa perdida quedará satisfecha la obligación.

Artículo 1861. Si las dos cosas se pierden por culpa del acreedor y es de éste la elección, quedará a su arbitrio devolver el precio que quiera de una de las cosas.

Artículo 1862. En el caso del artículo anterior, si la elección es del deudor, éste designará la cosa cuyo precio debe pagar y este precio se probará conforme a derecho en caso de desacuerdo.

Artículo 1863. En los casos de los dos artículos que preceden, el acreedor está obligado al pago de los daños y perjuicios.

Artículo 1864. Si el obligado a prestar una cosa o ejecutar un hecho se rehusare a hacer lo segundo y la elección es del acreedor, éste podrá exigir la cosa o la ejecución del hecho por un tercero, cuando la substitución sea posible. Si la elección es del deudor, éste cumple entregando la cosa.

Artículo 1865. Si la cosa se pierde por culpa del deudor y la elección es del acreedor, éste podrá exigir el precio de la cosa, la prestación del hecho o la rescisión del contrato.

Artículo 1866. En el caso del artículo anterior, si la cosa se pierde sin culpa del deudor, el acreedor está obligado a recibir la prestación del hecho.

Artículo 1867. Haya habido o no culpa en la pérdida de la cosa por parte del deudor, si la elección es suya, el acreedor está obligado a recibir la prestación del hecho.

Artículo 1868. Si la cosa se pierde o el hecho deja de prestarse por culpa del acreedor, se tiene por cumplida la obligación.

Artículo 1869. La falta de prestación del hecho, se regirá por lo dispuesto en el Capítulo Sexto de este mismo Título.

CAPÍTULO CUARTO
DE LAS OBLIGACIONES MANCOMUNADAS

Artículo 1870. Cuando hay pluralidad de deudores o de acreedores, tratándose de una misma obligación, existe la mancomunidad.

Artículo 1871. La simple mancomunidad de deudores o de acreedores, no hace que cada uno de los primeros deba cumplir íntegramente la obligación, ni da derecho a cada uno de los segundos para exigir el total cumplimiento de la misma. En este caso, el crédito o la deuda se consideran divididos en tantas partes como deudores o acreedores haya y cada parte constituye una deuda o un crédito distinto uno de otro.

Artículo 1872. Las partes se presumen iguales, a no ser que se pacte otra cosa o que la ley disponga lo contrario.

Artículo 1873. Además de la mancomunidad, habrá solidaridad activa cuando dos o más acreedores tienen derecho para exigir, cada uno de por sí, el cumplimiento total de la obligación; y solidaridad pasiva cuando dos o más deudores reporten la obligación de prestar, cada uno de por sí, en su totalidad, la prestación debida.

Artículo 1874. La solidaridad no se presume, resulta de la ley o de la voluntad de las partes.

Artículo 1875. Cada uno de los acreedores o todos juntos, pueden exigir de todos los deudores solidarios o de cualquiera de ellos, el pago total o parcial de la deuda. Si reclaman todo de uno de los deudores que resultare insolvente, pueden reclamarlo de los demás o de cualquiera de ellos. Si hubiesen reclamado sólo parte o de otro modo hubiesen consentido en la división de la deuda respecto de alguno o algunos de los deudores, podrán reclamar el todo de los demás obligados, con deducción de la parte del deudor o deudores libertados de la solidaridad.

Artículo 1876. El pago hecho a uno de los acreedores solidarios extingue totalmente la deuda.

Artículo 1877. La novación, compensación, confusión o remisión hecha por cualquiera de los acreedores solidarios, con cualquiera de los deudores de la misma clase, extingue la obligación.

Artículo 1878. El acreedor que hubiere recibido todo o parte de la deuda o hecho quita o remisión de ella, será responsable ante los otros acreedores de la parte que a estos corresponda, dividido el crédito entre ellos.

Artículo 1879. Si falleciere alguno de los acreedores solidarios dejando más de un heredero, cada uno de los coherederos sólo tendrá derecho de exigir o recibir la parte del crédito que le corresponda en proporción a su haber hereditario, salvo que la obligación sea indivisible.

Artículo 1880. El deudor de varios acreedores solidarios se libera pagando a cualquiera de éstos, a no ser que haya sido requerido judicialmente por alguno de ellos, en cuyo caso deberá hacer el pago al demandante.

Artículo 1881. El deudor solidario sólo podrá utilizar, contra la reclamación del acreedor, las excepciones que se deriven de la naturaleza de la obligación y las que le sean personales.

Artículo 1882. El deudor solidario es responsable para con sus coobligados, si no hace valer las excepciones que son comunes a todos.

Artículo 1883. Si la cosa hubiere perecido o la prestación se hubiere hecho imposible sin culpa de los deudores solidarios, la obligación quedará extinguida.

Si hubiere mediado culpa de parte de cualquiera de ellos, todos responderán del precio y de la indemnización de daños y perjuicios, teniendo derecho los no culpables de dirigir su acción contra el culpable o negligente.

Artículo 1884. Si muere uno de los deudores solidarios dejando varios herederos, cada uno de éstos está obligado a pagar la cuota que le corresponda en proporción a su haber hereditario, salvo que la obligación sea indivisible, pero todos los coherederos serán considerados como un solo deudor solidario, con relación a los otros deudores.

Artículo 1885. El deudor solidario que paga por entero la deuda, tiene derecho de exigir de los otros codeudores la parte que en ella les corresponda.

Salvo convenio en contrario, los deudores solidarios están obligados entre sí por partes iguales.

Si la parte que incumbe a un deudor solidario no puede obtenerse de él, el déficit debe ser repartido entre los demás deudores solidarios, aun entre aquéllos a quienes el acreedor hubiere liberado de la solidaridad.

En la medida que un deudor solidario satisface la deuda, se subroga en los derechos del acreedor.

Artículo 1886. Si el negocio por el cual la deuda se contrajo solidariamente no interesa más que a uno de los deudores solidarios, éste será responsable de toda ella ante los otros codeudores.

Artículo 1887. Cualquier acto que interrumpa la prescripción en favor de uno de los acreedores o en contra de uno de los deudores, aprovecha o perjudica a los demás.

Artículo 1888. Cuando por el no cumplimiento de la obligación se demanden daños y perjuicios, cada uno de los deudores solidarios responderá íntegramente de ellos.

Artículo 1889. Las obligaciones son divisibles cuando tienen por objeto prestaciones susceptibles de cumplirse parcialmente. Son indivisibles si las prestaciones no pudiesen ser cumplidas sino por entero.

Artículo 1890. La solidaridad estipulada no da a la obligación el carácter de indivisible; ni la indivisibilidad de la obligación la hace solidaria.

Artículo 1891. Las obligaciones divisibles en que haya más de un deudor o acreedor se regirán por las reglas comunes de las obligaciones; las indivisibles en que haya más de un deudor o acreedor se sujetarán a las siguientes disposiciones.

Artículo 1892. Cada uno de los que han contraído conjuntamente una deuda indivisible está obligado por el todo, aunque no se haya estipulado solidaridad.

Lo mismo tiene lugar respecto de los herederos de aquél que haya contraído una obligación indivisible.

Artículo 1893. Cada uno de los herederos del acreedor puede exigir la completa ejecución indivisible, obligándose a dar suficiente garantía para la indemnización de los demás coherederos, pero no puede por sí sólo perdonar el débito total, ni recibir el valor en lugar de la cosa.

Si uno sólo de los herederos ha perdonado la deuda o recibido el valor de la cosa, el coheredero no puede pedir la cosa indivisible sino devolviendo la porción del heredero que haya perdonado o que haya recibido el valor.

Artículo 1894. Sólo por el consentimiento de todos los acreedores puede remitirse la obligación indivisible o hacerse una quita de ella.

Artículo 1895. El heredero del deudor apremiado por la totalidad de la obligación, puede pedir un plazo para hacer concurrir a sus coherederos, siempre que la deuda no sea de tal naturaleza que sólo pueda satisfacerse por el heredero demandado, el cual entonces puede ser condenado, dejando a salvo sus derechos de indemnización contra sus coherederos.

Artículo 1896. Pierde la calidad de indivisible, la obligación que se resuelve en el pago de daños y perjuicios, entonces se observarán las reglas siguientes:

I. Si para que se produzca esa conversión hubo culpa de parte de todos los deudores, todos responderán de los daños y perjuicios proporcionalmente al interés que representen en la obligación; y

II. Si sólo algunos fueren culpables, únicamente ellos responderán de los daños y perjuicios.

CAPÍTULO QUINTO
DE LAS OBLIGACIONES DE DAR

Artículo 1897. La prestación de cosa puede consistir:

I. En la traslación de dominio de cosa cierta;

II. En la enajenación temporal del uso o goce de cosa cierta; y

III. En la restitución de cosa ajena o pago de cosa debida.

Artículo 1898. El acreedor de cosa cierta no puede ser obligado a recibir otra, aun cuando sea de mayor valor.

Artículo 1899. La obligación de dar cosa cierta comprende también la de entregar sus accesorios, salvo que lo contrario resulte del título de la obligación o de las circunstancias del caso.

Artículo 1900. En las enajenaciones de cosas ciertas y determinadas, la traslación de la propiedad se verifica entre los contratantes, por mero efecto del contrato, sin dependencia de tradición, ya sea natural, ya sea simbólica, debiendo tenerse en cuenta las disposiciones relativas del Registro Público de la Propiedad y del Comercio.

Artículo 1901. En las enajenaciones de alguna especie indeterminada, la propiedad no se transferirá sino hasta el momento en que la cosa se hace cierta y determinada con conocimiento del acreedor.

Artículo 1902. En el caso del artículo anterior, si no se designa la calidad de la cosa, el deudor cumple entregando una de mediana calidad.

Artículo 1903. En los casos en que la obligación de dar cosa cierta, importe la traslación de la propiedad de esa cosa y se pierde o deteriora en poder del deudor, se observarán las reglas siguientes:

I. Si la pérdida fue por culpa del deudor, éste responderá al acreedor por el valor de la cosa y por los daños y perjuicios;

II. Si la cosa se deteriorare por culpa del deudor, el acreedor puede optar por la rescisión del contrato y el pago de daños y perjuicios o recibir la cosa en el estado que se encuentre y exigir la reducción del precio y el pago de daños y perjuicios;

III. Si la cosa se perdiere por culpa del acreedor, el deudor queda libre de la obligación;

IV. Si se deteriorare por culpa del acreedor, éste tiene obligación de recibir la cosa en el estado en que se halle; y

V. Si la cosa se pierde por caso fortuito o de fuerza mayor, la obligación queda sin efecto y el dueño sufre la pérdida, a menos que otra cosa se haya convenido.

Artículo 1904. La pérdida o deterioro de la cosa en poder del deudor, se presume por culpa suya mientras no se pruebe lo contrario.

Artículo 1905. Cuando la deuda de una cosa cierta y determinada procediere de delito o falta, no se eximirá al deudor del pago de su precio, cualquiera que hubiere sido el motivo de la pérdida, a no ser que, habiendo ofrecido la cosa al que debió recibirla, se haya éste constituido en mora.

Artículo 1906. El deudor de una cosa perdida o deteriorada sin culpa suya, está obligado a ceder al acreedor cuantos derechos y acciones tuviere para reclamar la indemnización a que fuere responsable.

Artículo 1907. La pérdida de la cosa puede verificarse:

I. Pereciendo la cosa o quedando fuera del comercio; y

II. Desapareciendo de modo que no se tenga noticias de ella o que, aunque se tenga alguna, la cosa no se puede recobrar.

Artículo 1908. Cuando la obligación de dar tenga por objeto una cosa designada sólo por su género y cantidad, luego que la cosa se individualice por la elección del deudor o del acreedor, se aplicarán, en caso de pérdida o deterioro, las reglas establecidas en el Capítulo Quinto de este mismo Título.

Artículo 1909. En los casos de enajenación con reserva de la posesión, uso o goce de la cosa hasta cierto tiempo, se observarán las reglas siguientes:

I. Si hay convenio expreso se estará a lo estipulado;

II. Si la pérdida fuere por culpa de alguno de los contratantes, el importe será responsabilidad de éste;

III. A falta de convenio o culpa, cada interesado sufrirá la pérdida que le corresponda, en todo si la cosa le perece totalmente o en parte si la pérdida fuere solamente parcial; y

IV. En el caso de la fracción que precede, si la pérdida fuere parcial y las partes no se convinieren en la disminución de sus respectivos derechos, se nombrarán peritos que la determinen.

Artículo 1910. En los contratos en que la prestación de la cosa no importe la traslación de la propiedad, el riesgo será siempre por cuenta del acreedor, a menos que intervenga culpa o negligencia de la otra parte.

Artículo 1911. Hay culpa o negligencia, cuando el obligado ejecuta actos contrarios a la conservación de la cosa o deja de ejecutar los que son necesarios para ella.

Artículo 1912. Si fueren varios los obligados a prestar la misma cosa, cada uno de ellos responderá proporcionalmente, exceptuándose en los casos siguientes:

I. Cuando cada uno de ellos se hubiere obligado solidariamente;

II. Cuando la prestación consistiere en cosa cierta y determinada que se encuentre en poder de uno de ellos o cuando dependa de hecho que sólo uno de los obligados pueda prestar;

III. Cuando la obligación sea indivisible; y

IV. Cuando por contrato se ha determinado otra cosa.

CAPÍTULO SEXTO
DE LAS OBLIGACIONES DE HACER O DE NO HACER

Artículo 1913. Si el obligado a prestar un hecho no lo hiciere, el acreedor tiene derecho de pedir que a costa de aquél se ejecute por otro, cuando la substitución sea posible.

Esto mismo se observará si no lo hiciere de la manera convenida. En este caso, el acreedor podrá pedir que se deshaga lo mal hecho.

Artículo 1914. El que estuviere obligado a no hacer alguna cosa, quedará sujeto al pago de daños y perjuicios en caso de contravención. Si hubiere obra material, podrá exigir el acreedor que sea destruida a costa del obligado.

TÍTULO TERCERO
DE LA TRANSMISIÓN DE LAS OBLIGACIONES

CAPÍTULO PRIMERO
DE LA CESIÓN DE DERECHOS

Artículo 1915. Habrá cesión de derechos cuando el acreedor transfiere a otro los que tenga contra su deudor.

Artículo 1916. El acreedor puede ceder su derecho a un tercero sin el consentimiento del deudor, a menos que la cesión esté prohibida por la ley, se haya convenido en no hacerla o no la permita la naturaleza del derecho.

El deudor no puede alegar contra el tercero que el derecho no podía cederse porque así se había convenido, cuando ese convenio no conste en el título constitutivo del derecho.

Artículo 1917. En la cesión del crédito se observarán las disposiciones relativas al acto jurídico que le dé origen, en lo que no estuvieren modificadas en este Capítulo.

Artículo 1918. La cesión de un crédito comprende la de todos los derechos accesorios, como la fianza, hipoteca, prenda o privilegio, salvo aquellos que son inseparables de la persona del cedente.

Los intereses vencidos se presume que fueron cedidos con el crédito principal.

Artículo 1919. La cesión de créditos civiles que no sean a la orden o al portador puede hacerse en escrito privado que firmarán cedente, cesionario y dos testigos. Sólo cuando la ley exija que el título de crédito cedido conste en escritura pública, la cesión deberá hacerse en esta clase de documentos.

Artículo 1920. La cesión de créditos que no sean a la orden o al portador, no produce efectos contra tercero sino desde que su fecha deba tenerse por cierta, conforme a las reglas siguientes:

I. Si tiene por objeto un crédito que deba inscribirse, desde la fecha de su inscripción en el Registro Público de la Propiedad y del Comercio;

II. Si se hace en escritura pública, desde la fecha de su otorgamiento; y

III. Si se trata de un documento privado, desde el día en que se haya incorporado o inscrito en el mencionado Registro Público; desde que haya muerto o se haya imposibilitado para escribir alguna de las personas que aparezcan firmándolo; desde que haya sido entregado a un funcionario público por razón de su oficio o desde aquella fecha en que, por otros medios y que no sean sólo declaraciones de testigos, se demuestre que ya se había otorgado el documento en cuestión.

Artículo 1921. Cuando no se trate de títulos a la orden o al portador, el deudor puede oponer al cesionario las excepciones que podría oponer al cedente en el momento en que se hace la cesión.

Si tiene contra el cedente un crédito todavía no exigible cuando se hace la cesión, podrá invocar la compensación, con tal que su crédito no sea exigible después de que lo sea el cedido.

Artículo 1922. En los casos a que se refiere el artículo 1919, para que el cesionario pueda ejercitar sus derechos contra el deudor, deberá hacer a éste la notificación de la cesión, ya sea judicialmente, ya en lo extrajudicial, ante dos testigos o ante notario.

Artículo 1923. Sólo tiene derecho para pedir o hacer la notificación, el acreedor que presente el título justificativo del crédito o el de la cesión, cuando aquél no sea necesario.

Artículo 1924. Si el deudor está presente en la cesión y no se opone a ella o si estando ausente la ha aceptado y esto se prueba, se tendrá por hecha la notificación.

Artículo 1925. Si el crédito se ha cedido a varios cesionarios, tiene preferencia el que primero ha notificado la cesión al deudor, salvo lo dispuesto para títulos que deban registrarse.

Artículo 1926. Mientras no se haya hecho notificación al deudor, éste se libera pagando al acreedor primitivo.

Artículo 1927. Hecha la notificación, no se libera el deudor sino pagando al cesionario.

Artículo 1928. El cedente está obligado a garantizar la existencia o legitimidad del crédito al tiempo de hacerse la cesión, a no ser que aquél se le haya cedido con el carácter de dudoso.

Artículo 1929. Con excepción de los títulos a la orden, el cedente no esta obligado a garantizar la solvencia del deudor, a no ser que se haya estipulado expresamente o que la insolvencia sea pública y anterior a la cesión.

Artículo 1930. Si el cedente se hubiere hecho responsable de la solvencia del deudor y no se fijare el tiempo que esta responsabilidad deba durar, se limitará a un año, contado desde la fecha en que la deuda fuere exigible, si estuviere vencida; si no lo estuviere, se contará desde la fecha del vencimiento.

Artículo 1931. Si el crédito cedido consiste en una renta perpetua, la responsabilidad por la solvencia del deudor se extingue a los cinco años, contados desde la fecha de la cesión.

Artículo 1932. El que cede alzadamente o en globo la totalidad de ciertos derechos, cumple con responder de la legitimidad del todo en general, pero no está obligado al saneamiento de cada una de las partes, salvo en el caso de evicción del todo o de la mayor parte.

Artículo 1933. El que cede su derecho a una herencia sin enumerar las cosas de que ésta se compone, sólo está obligado a responder de su calidad de heredero.

Artículo 1934. Si el cedente se hubiere aprovechado de algunos frutos o percibido alguna cosa de la herencia que cediere, deberá abonarla al cesionario, si no se hubiere pactado lo contrario.

Artículo 1935. El cesionario debe, por su parte, satisfacer al cedente todo lo que haya pagado por las deudas o cargas de la herencia y sus propios créditos contra ella, salvo si se hubiere pactado lo contrario.

Artículo 1936. Si la cesión fuere gratuita, el cedente no será responsable para con el cesionario, ni por la existencia del crédito, ni por la solvencia del deudor.

CAPÍTULO SEGUNDO
DE LA CESIÓN DE DEUDAS

Artículo 1937. Para que haya sustitución de deudor, es necesario que el acreedor consienta expresa o tácitamente.

Artículo 1938. Se presume que el acreedor consiente en la sustitución del deudor, cuando permite que el sustituto ejecute actos que debía ejecutar el deudor, como pago de réditos, pagos parciales o periódicos, siempre que lo haga en nombre propio y no por cuenta del deudor primitivo.

Artículo 1939. El acreedor que exonera al antiguo deudor, aceptando otro en su lugar, no puede repetir contra el primero, si el nuevo se encuentra insolvente, salvo convenio en contrario.

Artículo 1940. Cuando el deudor y el que pretenda sustituirlo fijen un plazo al acreedor para que manifieste su conformidad con la sustitución, pasado ese plazo sin que el acreedor haya hecho conocer su determinación, se presume que rehúsa.

Artículo 1941. El deudor sustituto queda obligado en los términos en que lo estaba el deudor primitivo, pero cuando un tercero ha constituido fianza, prenda o hipoteca para garantizar la deuda, estas garantías cesan con la sustitución del deudor, a menos que el tercero consienta en que continúen.

Artículo 1942. El deudor sustituto puede oponer al acreedor las excepciones que se originen de la naturaleza de la deuda y las que le sean personales, pero no puede oponer las que sean personales del deudor primitivo.

Artículo 1943. Cuando se declare nula la sustitución de deudor, la antigua deuda renace con todos sus accesorios, pero con la reserva de derechos que pertenecen a tercero de buena fe.

CAPÍTULO TERCERO
DE LA SUBROGACIÓN

Artículo 1944. La subrogación se verifica por ministerio de ley y sin necesidad de declaración alguna de los interesados:

I. Cuando el que es acreedor pagó a otro acreedor preferente;

II. Cuando el que paga tiene interés jurídico en el cumplimiento de la obligación;

III. Cuando un heredero pagó con sus bienes propios alguna deuda de la herencia; y

IV. Cuando el que adquiere un inmueble paga a un acreedor que tiene sobre él un crédito anterior a la adquisición.

Artículo 1945. Cuando la deuda fuere pagada por el deudor con dinero que un tercero le prestare con ese objeto, el prestamista quedará subrogado por ministerio de la ley en los derechos del acreedor, si el préstamo constare en título auténtico en que se declare que el dinero fue prestado para el pago de la misma deuda. Por falta de esta circunstancia, el que prestó sólo tendrá los derechos que exprese su respectivo contrato.

Artículo 1946. No habrá subrogación parcial en deudas de solución indivisible.

Artículo 1947. El pago de los subrogados en diversas porciones del mismo crédito, cuando no basten los bienes del deudor para cubrirlos todos, se hará a prorrata.

TÍTULO CUARTO
EFECTO DE LAS OBLIGACIONES

APARTADO A
EFECTOS DE LAS OBLIGACIONES ENTRE LAS PARTES

I. CUMPLIMIENTO DE LAS OBLIGACIONES

CAPÍTULO PRIMERO
DEL PAGO

Artículo 1948. Pago o cumplimiento, es la entrega de la cosa o cantidad debida o la prestación del servicio que se hubiere prometido.

Artículo 1949. El deudor puede ceder sus bienes a los acreedores en pago de sus deudas. Esta cesión, salvo pacto en contrario, sólo libera a aquél de responsabilidad por el importe líquido de los bienes cedidos. Los convenios que sobre el efecto de la cesión se celebren entre el deudor y sus acreedores, se sujetarán a lo dispuesto en el título relativo a la concurrencia y prelación de los créditos.

Artículo 1950. La obligación de prestar algún servicio se puede cumplir por un tercero, salvo el caso en que se hubiere establecido, por pacto expreso, que la cumpla personalmente el mismo obligado o cuando se hubieren elegido sus conocimientos esenciales o sus cualidades personales.

Artículo 1951. El pago puede ser hecho por el mismo deudor, por sus representantes o por cualquiera otra persona que tenga interés jurídico en el cumplimiento de la obligación.

Artículo 1952. Puede también hacerse por un tercero no interesado en el cumplimiento de la obligación, que obre con consentimiento expreso o presunto del deudor.

Artículo 1953. Puede hacerse igualmente por un tercero ignorándolo el deudor.

Artículo 1954. Puede, por último, hacerse contra la voluntad del deudor.

Artículo 1955. En el caso en el que el pago lo realice un tercero, se observarán las disposiciones relativas al mandato.

Artículo 1956. Cuando el pago lo haga un tercero, ignorándolo el deudor, el que hizo el pago sólo tendrá derecho de reclamarle la cantidad que hubiere pagado al acreedor, si éste consintió en recibir menor suma que la debida.

Artículo 1957. En el caso del hecho en contra de la voluntad del deudor, el que hizo el pago solamente tendrá derecho a cobrarle aquello en que le hubiere sido útil el pago.

Artículo 1958. El acreedor está obligado a aceptar el pago hecho por un tercero; pero no está obligado a subrogarle en sus derechos, fuera de los casos previstos en el Capítulo Tercero del Título Tercero de este Libro.

Artículo 1959. El pago debe hacerse al mismo acreedor o a su representante legítimo.

Artículo 1960. El pago hecho a un tercero extinguirá la obligación, si así se hubiere estipulado o consentido por el acreedor y en los casos en que la ley lo determine expresamente.

Artículo 1961. El pago hecho a una persona incapacitada para administrar sus bienes, será válido en cuanto se hubiere convertido en su utilidad.

También será válido el pago hecho a un tercero en cuanto se hubiere convertido en utilidad del acreedor.

Artículo 1962. El pago hecho de buena fe al que estuviere en posesión del crédito liberará al deudor.

Artículo 1963. No será válido el pago hecho al acreedor por el deudor después de habérsele ordenado judicialmente la retención de la deuda.

Artículo 1964. El pago deberá hacerse del modo que se hubiere pactado; y nunca podrá hacerse parcialmente sino en virtud de convenio expreso o disposición de ley.

Sin embargo, cuando la deuda tuviere una parte líquida y otra ilíquida, podrá exigir el acreedor y hacer el deudor el pago de la primera, sin esperar a que se liquide la segunda.

Artículo 1965. El pago se hará en el tiempo designado en el contrato, exceptuando aquellos casos en que la ley permita o prevenga expresamente otra cosa.

Artículo 1966. Si no se ha fijado el tiempo en que deba hacerse el pago y se trata de obligaciones de dar, no podrá el acreedor exigirlo sino después de los treinta días siguientes a la interpelación que se haga, ya judicialmente, ya en lo extrajudicial, ante un notario o ante dos testigos. Tratándose de obligaciones de hacer, el pago debe efectuarse cuando lo exija el acreedor, siempre que haya transcurrido el tiempo necesario para el cumplimiento de la obligación.

Artículo 1967. El deudor podrá hacer pagos anticipados, pero no podrá obligar al acreedor a hacer descuentos.

Artículo 1968. Por regla general el pago debe hacerse en el domicilio del deudor, salvo que las partes convinieren otra cosa o que lo contrario se desprenda de las circunstancias, de la naturaleza de la obligación o de la ley.

Si se han designado varios lugares para hacer el pago, el acreedor puede elegir cualquiera de ellos.

Artículo 1969. Si el pago consiste en la tradición de un inmueble o en prestaciones relativas al inmueble, deberá hacerse en el lugar donde éste se encuentre.

Artículo 1970. Si el pago consistiere en una suma de dinero como precio de alguna cosa enajenada por el acreedor, deberá ser hecho en el lugar en que se entregó la cosa, salvo que se designe otro lugar.

Artículo 1971. El deudor que después de celebrado el contrato mudare voluntariamente de domicilio, deberá indemnizar al acreedor de los mayores gastos que haga por esta causa, para obtener el pago. De la misma manera, el acreedor debe indemnizar al deudor, cuando debiendo hacerse el pago en el domicilio de aquél, cambia voluntariamente de domicilio.

Artículo 1972. Los gastos de entrega serán de cuenta del deudor, si no se hubiere estipulado otra cosa.

Artículo 1973. No es válido el pago hecho con cosa ajena; pero si el pago se hubiere hecho con una cantidad de dinero u otra cosa fungible ajena, no habrá repetición contra el acreedor que la haya consumido de buena fe.

Artículo 1974. El deudor que paga tiene derecho de exigir el documento que acredite el pago y puede detener éste mientras que no le sea entregado.

Artículo 1975. Cuando la deuda es de pensiones que deben satisfacerse en periodos determinados y se acredita por escrito el pago de la última, se presumen pagadas las anteriores, salvo prueba en contrario.

Artículo 1976. Cuando se paga el capital sin hacerse reserva de réditos, se presume que estos están pagados.

Artículo 1977. La entrega del título hecha al deudor hace presumir el pago de la deuda constante en aquél.

Artículo 1978. El que tuviere contra sí varias deudas en favor de un solo acreedor, podrá declarar, al tiempo de hacer el pago, a cuál de ellas quiere que éste se aplique.

Artículo 1979. Si el deudor no hiciere la referida declaración, se entenderá hecho el pago por cuenta de la deuda que le fuere más onerosa entre las vencidas. En igualdad de circunstancias, se aplicará a la más antigua y siendo todas de la misma fecha, se distribuirá entre todas ellas a prorrata.

Artículo 1980. Las cantidades pagadas a cuenta de deudas con intereses, no se imputarán al capital mientras hubiere intereses vencidos y no pagados, salvo convenio en contrario.

Artículo 1981. La obligación queda extinguida cuando el acreedor recibe en pago una cosa distinta en lugar de la debida.

Artículo 1982. Si el acreedor sufre la evicción de la cosa que recibe en pago, renacerá la obligación primitiva, quedando sin efecto la dación en pago.

CAPÍTULO SEGUNDO
DEL OFRECIMIENTO DEL PAGO Y DE LA CONSIGNACIÓN

Artículo 1983. El ofrecimiento seguido de la consignación hace las veces de pago, si reúne todos los requisitos que para éste exige la ley.

Cuando el pago que se ofrece fuere de renta de predio urbano, se tendrá por firme si el propietario no hiciere uso del derecho de oposición en la forma y términos establecidos en la ley de la materia. En el caso de que se oponga, se estará a lo que el juez declare.

Artículo 1984. Si el acreedor rehusare, sin justa causa, recibir la prestación debida o dar el documento justificativo de pago o si fuere persona incierta o incapaz de recibir, podrá el deudor librarse de la obligación haciendo consignación de la cosa.

Artículo 1985. Si el acreedor fuere conocido, pero dudosos sus derechos, podrá el deudor depositar la cosa debida, con citación del interesado, a fin de que justifique sus derechos por los medios legales.

Artículo 1986. La consignación se hará siguiéndose el procedimiento que establezca el ordenamiento legal de la materia.

Artículo 1987. Si el juez declara fundada la oposición del acreedor para recibir el pago, el ofrecimiento y la consignación se tienen como no hechos.

Artículo 1988. Aprobada la consignación por el juez, la obligación queda extinguida con todos sus efectos.

Artículo 1989. Si el ofrecimiento y la consignación se han hecho legalmente, todos los gastos serán por cuenta del acreedor.

II. INCUMPLIMIENTO DE LAS OBLIGACIONES

CAPÍTULO PRIMERO
CONSECUENCIAS DEL INCUMPLIMIENTO DE LAS OBLIGACIONES

Artículo 1990. El que estuviere obligado a prestar un hecho y dejare de prestarlo o no lo prestare conforme a lo convenido, será responsable de los daños y perjuicios en los términos siguientes:

I. Si la obligación fuere a plazo, comenzará la responsabilidad desde el vencimiento de éste; y

II. Si la obligación no dependiere de plazo cierto, una vez que haya transcurrido el tiempo necesario para su cumplimiento.

El que contraviene una obligación de no hacer, pagará daños y perjuicios por el sólo hecho de la contravención.

Artículo 1991. En las obligaciones de dar que tengan plazo fijo, se observará lo dispuesto en la fracción I del artículo anterior.

Si no tuviere plazo cierto, después de los treinta días siguientes a la interpelación que se haga al deudor.

Artículo 1992. La responsabilidad procedente de dolo es exigible en todas las obligaciones. La renuncia de hacerla efectiva es nula.

Artículo 1993. La responsabilidad de que se trata en este Título, además de importar la prestación del hecho o la entrega de la cosa o su precio o la de entrambos, en su caso, importará la reparación de los daños y la indemnización de los perjuicios.

Artículo 1994. Se entiende por daños, la pérdida o menoscabo sufrido en el patrimonio por la falta de cumplimiento de una obligación.

Artículo 1995. Se reputa perjuicio, la privación de cualquier ganancia lícita que pudiera o debiera haberse obtenido con el cumplimiento de la obligación.

Artículo 1996. Los daños y perjuicios deben ser consecuencia inmediata y directa de la falta de cumplimiento de la obligación, ya sea que se hayan causado o que necesariamente deban causarse.

Artículo 1997. Nadie está obligado al caso fortuito sino cuando ha dado causa o contribuido a él, cuando ha aceptado expresamente esa responsabilidad o cuando la ley se la impone.

Artículo 1998. Si la cosa se ha perdido o ha sufrido un detrimento tan grave que, a juicio de peritos, no puede emplearse en el uso a que naturalmente esté destinada, el dueño debe ser indemnizado de todo el valor legítimo de ella.

Artículo 1999. Si el deterioro es menos grave, sólo el importe de éste se abonará al dueño al restituirse la cosa.

Artículo 2000. El precio de la cosa será el que tendría al tiempo de ser devuelta al dueño, excepto en los casos en que la ley o el pacto señalen otra época.

Artículo 2001. Al estimar el deterioro de una cosa, se atenderá no solamente a la disminución que se causó en su precio, sino a los gastos que necesariamente exija su reparación.

Artículo 2002. Al fijar el valor y deterioro de una cosa, no se atenderá al precio estimativo o de afecto, a no ser que se pruebe que el responsable destruyó o deterioró la cosa con objeto de lastimar los sentimientos o afectos del dueño; el aumento que por estas causas se haga, se determinará conforme a las reglas aplicables a la figura de daño moral.

Artículo 2003. La responsabilidad civil puede ser regulada por convenio de las partes, salvo aquellos casos en que la ley disponga expresamente otra cosa.

Si la prestación consistiese en el pago de cierta cantidad de dinero, los daños y perjuicios que resulten de la falta de cumplimiento no podrán exceder del interés legal, salvo convenio en contrario. Si es la entrega de una cosa, los perjuicios consistirán en el pago de su rentabilidad estimada o de los frutos que debiera producir.

Artículo 2004. El pago de los gastos judiciales será a cargo del que faltare al cumplimiento de la obligación y se hará en los términos que establezca el Código de Procedimientos Civiles del Estado de Querétaro.

CAPÍTULO SEGUNDO
DE LA EVICCIÓN Y SANEAMIENTO

Artículo 2005. Habrá evicción, cuando el que adquirió alguna cosa fuere privado del todo o parte de ella por sentencia que cause ejecutoria, en razón de algún derecho anterior a la adquisición.

Artículo 2006. Todo el que enajena está obligado a responder de la evicción, aunque nada se haya expresado en el contrato.

Artículo 2007. Los contratantes pueden aumentar o disminuir convencionalmente los efectos de la evicción y aún convenir en que ésta no se preste en ningún caso.

Artículo 2008. Es nulo todo pacto que exima al que enajena de responder por la evicción, siempre que hubiere mala fe de parte suya.

Artículo 2009. Cuando el adquirente ha renunciado el derecho al saneamiento para el caso de evicción, el que enajena debe entregar únicamente el precio íntegro que recibió por la cosa al momento de la adquisición o en que sufra la evicción; sin embargo, quedará libre de esta obligación, si el que adquirió lo hizo con conocimiento de los riesgos de evicción y sometiéndose a sus consecuencias.

Artículo 2010. El adquirente, luego que sea emplazado, debe denunciar el pleito de evicción al que le enajenó.

Artículo 2011. El fallo judicial impone al que enajena la obligación de indemnizar, en los términos de los artículos siguientes.

Artículo 2012. Si el que enajenó hubiere procedido de buena fe, estará obligado a entregar al que sufrió la evicción:

I. El precio íntegro que recibió por la cosa;

II. Los gastos causados en el contrato, si fueren satisfechos por el adquirente;

III. Los causados en el pleito de evicción y en el de saneamiento; y

IV. El valor de las mejoras útiles y necesarias, siempre que en la sentencia no se determine que el vendedor satisfaga su importe.

Artículo 2013. Si el que enajena hubiere procedido de mala fe tendrá las obligaciones que expresa el artículo anterior, con las agravaciones siguientes:

I. Devolverá, a elección del adquirente, el precio que la cosa tenía al tiempo de la adquisición o el que tenga al tiempo en que sufra la evicción;

II. Se satisfará al adquirente el importe de las mejoras voluntarias y de mero placer haya hecho en la cosa; y

III. Pagará los daños y perjuicios.

Artículo 2014. Si el que enajena no sale sin justa causa al pleito de evicción, en tiempo hábil o si no rinde prueba alguna o no alega, queda obligado al saneamiento en los términos del artículo anterior.

Artículo 2015. Si el que enajena y el que adquiere proceden de mala fe, no tendrá el segundo, en ningún caso, derecho al saneamiento ni a indemnización de ninguna especie.

Artículo 2016. Si el adquirente fuere condenado a restituir los frutos de la cosa, podrá exigir del que enajenó la indemnización de ellos o el interés legal del precio que haya dado.

Artículo 2017. Si el que adquirió no fuere condenado a dicha restitución, quedarán compensados los intereses del precio con los frutos recibidos.

Artículo 2018. Si el que enajena, al ser emplazado manifiesta que no tiene medios de defensa y consigna las prestaciones a que se refiere el artículo 2012 por no quererlos recibir el adquirente, queda libre de cualquiera responsabilidad posterior a la fecha de consignación.

Artículo 2019. Las mejoras que el que enajenó bienes hubiese hecho antes de la enajenación, se le tomarán a cuenta de lo que debe pagar siempre que fueren abonadas por el vendedor.

Artículo 2020. Cuando el adquirente sólo fuere privado por la evicción de una parte de la cosa adquirida, se observarán respecto de ésta las reglas establecidas en este Capítulo, a no ser que el adquirente prefiera la rescisión del contrato.

Artículo 2021. También se observará lo dispuesto en el artículo que precede, cuando en un solo contrato se hayan enajenado dos o más cosas sin fijar el precio de cada una de ellas y una sola sufra la evicción.

Artículo 2022. En el caso de los dos artículos anteriores, si el que adquiere elige la rescisión del contrato, está obligado a devolver la cosa libre de los gravámenes que le haya impuesto.

Artículo 2023. Si al denunciarse el pleito o durante él, reconoce el que enajenó el derecho del que reclama y se obliga a pagar conforme a las prescripciones de este Capítulo, sólo será responsable de los gastos que se causen hasta que haga el reconocimiento, sea cual fuere el resultado del juicio.

Artículo 2024. Si la finca que se enajenó se halla gravada, sin haberse hecho mención de ello en la escritura, con alguna carga o servidumbre voluntaria no aparente, el que adquirió puede pedir la indemnización correspondiente al gravamen o la rescisión del contrato.

Artículo 2025. Las acciones rescisorias y de indemnización a que se refiere el artículo que precede, prescriben en un año que se contará, para las primeras, desde el día en que se perfeccionó el contrato y para las segundas, desde el día en que el adquirente tenga noticia de la carga o servidumbre.

Artículo 2026. El que enajena no responde por la evicción:

I. Si así se hubiere convenido;

II. Si el que adquirió lo hizo con conocimiento del riesgo de evicción, sometiéndose a las consecuencias;

III. Si conociendo el que adquiere el derecho del que entable la evicción, la hubiere ocultado dolosamente al que enajena;

IV. Si la evicción procede de una causa posterior al acto de enajenación, no imputable al que enajena o de hecho del que adquiere, ya sea anterior o posterior al mismo acto;

V. Si el adquirente, luego de ser emplazado, no denuncia la evicción al que le enajenó;

VI. Si el adquirente y el que reclama transigen o comprometen el negocio en árbitros sin consentimiento del que enajenó; y

VII. Si la evicción tuvo lugar por culpa del adquirente.

Artículo 2027. En las ventas hechas en remate judicial, el ejecutante no está obligado por causa de la evicción que sufriera la cosa vendida, sino a restituir el precio que haya producido la venta y los intereses legales correspondientes.

Artículo 2028. En los contratos conmutativos, el enajenante está obligado al saneamiento por los defectos ocultos de la cosa enajenada que la haga impropia para los usos a que se le destina o que disminuyan de tal modo este uso, que de haberlo conocido el adquirente no hubiere hecho la adquisición o habría dado menos precio por la cosa.

Artículo 2029. El enajenante no es responsable de los defectos manifiestos o que estén a la vista, ni tampoco de los que no lo estén, si el adquirente es un perito que por razón de su oficio o profesión debe fácilmente conocerlos.

Artículo 2030. En el caso de los mencionados contratos conmutativos, puede el adquirente exigir la rescisión del contrato y el pago de los gastos que por el hubiere hecho o que se le rebaje una cantidad proporcionada del precio, a juicio de peritos.

Artículo 2031. Si se probare que el enajenante conocía los defectos ocultos de la cosa y no los manifestó al adquirente, tendrá éste la misma facultad que le concede el artículo anterior, debiendo, además, ser indemnizado de los daños y perjuicios, si prefiere la rescisión.

Artículo 2032. En los casos en que el adquirente pueda elegir la indemnización o la rescisión del contrato, una vez hecha por él la elección del derecho que va a ejercitar, no puede usar del otro sin el consentimiento del enajenante.

Artículo 2033. Si la cosa enajenada pereciere o mudare de naturaleza a consecuencia de los vicios que tenía y eran conocidos del enajenante, éste sufrirá la pérdida y deberá restituir el precio y abonar los gastos del contrato con los daños y perjuicios.

Artículo 2034. Si el enajenante no conocía los vicios, solamente deberá restituir el precio y abonar los gastos del contrato, en el caso de que el adquirente los haya pagado.

Artículo 2035. Las acciones que nacen del saneamiento por evicción o por vicios ocultos en la cosa enajenada se extinguen en seis meses en caso de muebles y de inmuebles en dos años, contados desde la fecha de la entrega de la cosa enajenada, sin perjuicio de lo dispuesto tratándose de la enajenación de fincas con gravamen sin mención de éstos en la escritura, caso en que la acción prescribe en un año.

Artículo 2036. Enajenándose dos o más animales juntamente, sea en un precio alzado o sea señalándolo a cada uno de ellos, el vicio de uno da sólo lugar a la acción redhibitoria respecto de él y no respecto a los demás, a no ser que aparezca que el adquirente no habría adquirido el sano o sanos sin el viciado o que la enajenación fuese de un rebaño y el vicio fuere contagioso.

Artículo 2037. Se presume que el adquirente no tenía voluntad de adquirir uno solo de los animales, cuando se adquiere un tiro, yunta o pareja, aunque se haya señalado un precio separado a cada uno de los animales que los componen.

Artículo 2038. Lo dispuesto para la enajenación de animales, es aplicable a la de cualquiera otra cosa.

Artículo 2039. Cuando el animal muere dentro de los tres días siguientes a su adquisición, es responsable el enajenante, si por juicio de peritos se prueba que la enfermedad existía antes de la enajenación.

Artículo 2040. Si la enajenación se declara resuelta, debe devolverse la cosa enajenada en el mismo estado en que se entregó, siendo responsable el adquirente de cualquier deterioro que no proceda de vicio o defecto ocultados.

Artículo 2041. En caso de enajenación de animales, ya sea que se enajenen individualmente, por troncos o yuntas o como ganados, la acción redhibitoria por causa de tachas o vicios ocultos sólo dura seis meses contados desde la fecha de entrega de los animales.

Artículo 2042. La calificación de los vicios de la cosa enajenada se hará por peritos nombrados por las partes y por un tercero que elegirá el juez en caso de discordia.

Artículo 2043. Los peritos declararán terminantemente si los vicios eran anteriores a la enajenación y si por causa de ellos no puede destinarse la cosa a los usos para que fuera adquirida.

Artículo 2044. Las partes pueden restringir, renunciar o ampliar su responsabilidad por los vicios redhibitorios siempre que no haya mala fe.

Artículo 2045. Incumbe al adquirente probar que el vicio existía al tiempo de la adquisición y no probándolo, se juzga que el vicio sobrevino después.

Artículo 2046. Si la cosa enajenada con vicios redhibitorios se pierde por caso fortuito o por culpa del adquirente, le queda a éste, sin embargo, el derecho de pedir el menor valor de la cosa por el vicio redhibitorio.

Artículo 2047. El adquirente de la cosa remitida de otro lugar que alegare que tiene vicios redhibitorios, si se trata de cosas que rápidamente se descomponen, tiene obligación de avisar inmediatamente al enajenante, que no recibe la cosa; si no lo hace, será responsable de los daños y perjuicios que su omisión ocasione.

Artículo 2048. El enajenante no tiene obligación de responder de los vicios redhibitorios, si el adquirente obtuvo la cosa por remate o por adjudicación judicial.

APARTADO B
EFECTO DE LAS OBLIGACIONES CON RELACIÓN A TERCEROS

CAPÍTULO PRIMERO
DE LOS ACTOS CELEBRADOS EN FRAUDE DE LOS ACREEDORES

Artículo 2049. Los actos celebrados por un deudor en perjuicio de su acreedor, pueden anularse a petición de éste, si de esos actos resulta la insolvencia del deudor y el crédito en virtud del cual se intenta la acción, es anterior a ellos.

Artículo 2050. Si el acto fuere oneroso, la nulidad sólo podrá tener lugar en el caso y términos que expresa el artículo anterior, cuando haya mala fe, tanto por parte del deudor, como del tercero que contrató con él.

Artículo 2051. Si el acto fuere gratuito, tendrá lugar la nulidad aún cuando haya habido buena fe por parte de ambos contratantes.

Artículo 2052. Hay insolvencia si cuando la suma de los bienes y créditos del deudor, estimados en su justo precio, no iguala al importe de sus deudas. La mala fe, en este caso, consiste en el conocimiento de ese déficit.

Artículo 2053. La acción concedida al acreedor, en los artículos anteriores, contra el primer adquirente, no procede contra tercer poseedor sino cuando éste ha adquirido de mala fe.

Artículo 2054. Revocado el acto fraudulento del deudor, si hubiere habido enajenación de propiedades, éstas se devolverán por el que las adquirió de mala fe, con todos sus frutos.

Artículo 2055. El que hubiere adquirido de mala fe las cosas enajenadas en fraude de los acreedores, deberá indemnizar a éstos de los daños y perjuicios, cuando la cosa hubiere pasado a un adquirente de buena fe o cuando se hubiere perdido.

Artículo 2056. La nulidad puede tener lugar, tanto en los actos en que el deudor enajena los bienes que efectivamente posee, como en aquellos en que renuncia derechos constituidos a su favor y cuyo goce no fuere exclusivamente personal.

Artículo 2057. Si el deudor no hubiere renunciado derechos irrevocablemente adquiridos, sino facultades por cuyo ejercicio pudiere mejorar el estado de su fortuna, los acreedores pueden hacer revocar esa renuncia y usar de las facultades renunciadas.

Artículo 2058. Es también anulable el pago hecho por el deudor insolvente antes del vencimiento del plazo.

Artículo 2059. Es anulable todo acto o contrato celebrado en los treinta días anteriores a la declaración judicial de la quiebra o del concurso, que tuviere por objeto dar a un crédito ya existente una preferencia que no tiene.

Artículo 2060. La acción de nulidad de actos celebrados por el deudor en perjuicio del acreedor, cesará luego que aquel satisfaga su deuda o adquiriera bienes con qué poder cubrirla.

Artículo 2061. La nulidad de los actos del deudor sólo será pronunciada en interés de los acreedores que la hubiesen pedido y hasta el importe de sus créditos.

Artículo 2062. El tercero a quien hubiesen pasado los bienes del deudor, puede hacer cesar la acción de los acreedores satisfaciendo el crédito de los que se hubieren presentado o dando garantía suficiente sobre el pago íntegro de sus créditos, si los bienes del deudor no alcanzaren a satisfacerlos.

Artículo 2063. El fraude, que consiste únicamente en la preferencia indebida a favor de un acreedor, no importa la pérdida del derecho, sino de la preferencia.

Artículo 2064. Si el acreedor que pide la nulidad, para acreditar la insolvencia del deudor, prueba que el monto de las deudas de éste exceda al de sus bienes conocidos, le impone al deudor la obligación de acreditar que tiene bienes suficientes para cubrir esas deudas.

Artículo 2065. Se presumen fraudulentas las enajenaciones a título oneroso hechas por aquellas personas contra quienes se hubiese pronunciado antes sentencia condenatoria en cualquier instancia o expedido mandamiento de embargo de bienes, cuando estas enajenaciones perjudican los derechos de sus acreedores.

CAPÍTULO SEGUNDO
DE LA SIMULACIÓN DE LOS ACTOS JURÍDICOS

Artículo 2066. Es simulado el acto en que las partes declaran o confiesan falsamente lo que en realidad no ha pasado o no se ha convenido entre ellas.

Artículo 2067. La simulación es absoluta cuando el acto simulado nada tiene de real; es relativa cuando a un acto jurídico se le da una falsa apariencia que oculta su verdadero carácter.

Artículo 2068. La simulación absoluta no produce efectos jurídicos. Descubierto el acto real que oculta la simulación relativa, ese acto no será nulo si no hay ley que así lo declare.

Artículo 2069. Pueden pedir la nulidad de los actos simulados, los terceros perjudicados con la simulación o el Ministerio Público cuando ésta se cometió en transgresión de la ley o en perjuicio de la hacienda pública.

Artículo 2070. Luego que se anule un acto simulado, se restituirá la cosa o derecho a quien pertenezca, con sus frutos e intereses, si los hubiere, pero si la cosa o derecho ha pasado a título oneroso a un tercero de buena fe, no habrá lugar a la restitución.

También subsistirán los gravámenes impuestos a favor de tercero de buena fe.

TÍTULO QUINTO
EXTINCIÓN DE LAS OBLIGACIONES

CAPÍTULO PRIMERO
DE LA COMPENSACIÓN

Artículo 2071. Tiene lugar la compensación cuando dos personas reúnen la calidad de deudores y acreedores recíprocamente y por su propio derecho.

Artículo 2072. El efecto de la compensación es extinguir, por ministerio de la ley, las dos deudas, hasta la cantidad que importe la menor.

Artículo 2073. La compensación no procede sino cuando ambas deudas consisten en una cantidad de dinero o cuando siendo fungibles las cosas debidas, son de la misma especie y calidad, siempre que se hayan designado al celebrarse el contrato.

Artículo 2074. Para que haya lugar a la compensación, se requiere que las deudas sean igualmente líquidas y exigibles. Las que no lo fueren, sólo podrán compensarse por consentimiento expreso de los interesados.

Artículo 2075. Se llama deuda líquida aquella cuya cuantía se haya determinado o puede determinarse dentro de plazo de nueve días.

Artículo 2076. Se llama exigible aquella deuda cuyo pago no puede rehusarse conforme a derecho.

Artículo 2077. Si las deudas no fueren de igual cantidad, hecha la compensación queda expedita la acción por el resto de la deuda.

Artículo 2078. La compensación no tendrá lugar:

I. Si una de las partes la hubiere renunciado;

II. Si una de las deudas toma su origen de fallo condenatorio por causa de despojo, pues entonces, al que obtuvo aquél a su favor deberá ser pagado, aunque el despojante le oponga la compensación;

III. Si una de las deudas fuere por alimentos;

IV. Si una de las deudas toma su origen de una renta vitalicia;

V. Si una de las deudas procede de salario mínimo;

VI. Si la deuda fuere de cosa que no puede ser compensada, ya sea por disposición de la ley o por el título de que procede, a no ser que ambas deudas fueren igualmente privilegiadas;

VII. Si la deuda fuere de cosa puesta en depósito; y

VIII. Si las deudas fuesen fiscales, excepto en los casos en que la ley lo autorice.

Artículo 2079. Tratándose de títulos pagaderos a la orden, no podrá el deudor compensar con el endosatario lo que le debiesen los endosantes precedentes.

Artículo 2080. La compensación, desde el momento en que es hecha legalmente, produce sus efectos de pleno derecho y extingue todas las obligaciones correlativas.

Artículo 2081. El que paga una deuda compensable no puede, cuando exija su crédito que podía ser compensado, aprovecharse en perjuicio de tercero, de los privilegios e hipotecas que tenga en su favor al tiempo de hacer el pago, a no ser que pruebe que ignoraba la existencia del crédito que extinguía la deuda.

Artículo 2082. Si fueren varias las deudas sujetas a compensación, se entenderá cubierta la más onerosa entre las vencidas o la más antigua; siendo todas de la misma fecha, se distribuirá la compensación a prorrata.

Artículo 2083. El derecho de compensación puede renunciarse, ya expresamente, ya por hechos que manifiesten de un modo claro la voluntad de hacer la renuncia.

Artículo 2084. El fiador, antes de ser demandado por el acreedor, no puede oponer a éste la compensación de crédito que contra él tenga, con la deuda del deudor principal.

Artículo 2085. El fiador puede utilizar la compensación de lo que el acreedor deba al deudor principal, pero éste no puede oponer la compensación de lo que el acreedor deba al fiador.

Artículo 2086. El deudor solidario no puede exigir compensación con la deuda del acreedor a sus codeudores.

Artículo 2087. El deudor que hubiere consentido la cesión hecha por el acreedor en favor de un tercero, no podrá oponer al cesionario la compensación que podría oponer al cedente.

Artículo 2088. Si el acreedor dio conocimiento de la cesión al deudor y éste no consintió en ella, podrá oponer al cesionario la compensación de los créditos que tuviere contra el cedente y que fueren anteriores a la cesión.

Artículo 2089. Si la cesión se realizare sin consentimiento del deudor, podrá éste oponer la compensación de los créditos anteriores a ella y la de los posteriores, hasta la fecha en que hubiere tenido conocimiento de la cesión.

Artículo 2090. Las deudas pagaderas en diferente lugar, pueden compensarse mediante indemnización de los gastos de transporte o cambio al lugar del pago.

Artículo 2091. La compensación no puede tener lugar en perjuicio de los derechos de tercero legítimamente adquiridos.

CAPÍTULO SEGUNDO
DE LA CONFUSIÓN DE DERECHOS

Artículo 2092. La obligación se extingue por confusión, cuando las calidades de acreedor y de deudor se reúnen en una misma persona. La obligación renace si la confusión cesa.

Artículo 2093. La confusión que se verifica en la persona del acreedor o deudor solidario, sólo produce sus efectos en la parte proporcional de su crédito o deuda.

Artículo 2094. Mientras se hace la partición de una herencia, no hay confusión cuando el deudor hereda al acreedor o éste a aquél.

CAPÍTULO TERCERO
DE LA REMISIÓN DE LA DEUDA

Artículo 2095. Cualquiera puede renunciar su derecho y remitir, en todo o en parte, las prestaciones que le son debidas, excepto en aquellos casos en que la ley lo prohíbe.

Artículo 2096. La condonación de la deuda principal extinguirá las obligaciones accesorias, pero la de éstas deja subsistente la primera.

Artículo 2097. Habiendo varios fiadores solidarios, el perdón que fuere concedido solamente a alguno de ellos, en la parte relativa a su responsabilidad, no aprovecha a los otros.

Artículo 2098. La devolución de la prenda es presunción de la remisión del derecho a la misma prenda, si el acreedor no prueba lo contrario.

CAPÍTULO CUARTO
DE LA NOVACIÓN

Artículo 2099. Hay novación de contrato cuando las partes en él interesadas lo alteran substancialmente, sustituyendo una obligación nueva a la antigua.

Artículo 2100. La novación es un contrato y, como tal, está sujeto a las disposiciones respectivas, salvo las modificaciones siguientes.

Artículo 2101. La novación nunca se presume, debe costar expresamente.

Artículo 2102. Aún cuando la obligación anterior esté subordinada a una condición suspensiva, solamente quedará la novación dependiente del cumplimiento de aquélla, si así se hubiere estipulado.

Artículo 2103. Si la primera obligación se hubiere extinguido al tiempo en que se contrajere la segunda, quedará la novación sin efecto.

Artículo 2104. La novación es nula si lo fuere también la obligación primitiva, salvo que la causa de nulidad solamente pueda ser invocada por el deudor o que la ratificación convalide los actos nulos en su origen.

Artículo 2105. Si la novación fuere nula, subsistirá la antigua obligación.

Artículo 2106. La novación extingue la obligación principal y las obligaciones accesorias. El acreedor puede, por una reserva expresa, impedir la extinción de las obligaciones accesorias, que entonces pasan a la nueva.

Artículo 2107. El acreedor no puede reservarse el derecho de prenda o hipoteca de la obligación extinguida, si los bienes hipotecados o empeñados pertenecieren a terceros que no hubieren tenido parte en la novación. Tampoco puede reservarse la fianza sin consentimiento del fiador.

Artículo 2108. Cuando la novación se efectúe entre el acreedor y algún deudor solidario, los privilegios e hipotecas del antiguo crédito sólo pueden quedar reservados con relación a los bienes del deudor que contrae la nueva obligación.

Artículo 2109. Por la novación hecha entre el acreedor y alguno de los deudores solidarios, quedan exonerados todos los demás codeudores, sin perjuicio de lo dispuesto en el artículo 1885.

TÍTULO SEXTO
DE LA INEXISTENCIA Y DE LA NULIDAD

Artículo 2110. El acto jurídico inexistente por la falta de consentimiento o de objeto que pueda ser materia de él, no producirá efecto legal alguno. No es susceptible de valer por confirmación, ni por prescripción; su inexistencia puede invocarse por todo interesado.

Artículo 2111. La ilicitud en el objeto, en el fin o en la condición del acto, produce su nulidad, ya absoluta, ya relativa, según lo disponga la ley.

Artículo 2112. La nulidad absoluta, por regla general, no impide que el acto produzca provisionalmente sus efectos, los cuales serán destruidos retroactivamente cuando se pronuncie por el juez la nulidad. De ella puede prevalerse todo interesado y no desaparece por la confirmación o la prescripción.

Artículo 2113. La nulidad es relativa cuando no reúne todos los caracteres enumerados en los artículos que anteceden. Siempre permite que el acto produzca provisionalmente sus efectos.

Artículo 2114. La falta de forma establecida por la ley, si no se trata de actos solemnes, así como el error, el dolo, la violencia, la lesión y la incapacidad de cualquiera de los autores del acto, produce la nulidad relativa del mismo.

Artículo 2115. La acción y la excepción de nulidad por falta de forma, competen a todos los interesados.

Artículo 2116. La nulidad por causa de error, dolo, violencia, lesión o incapacidad, sólo puede invocarse por el que ha sufrido esos vicios de consentimiento, se ha perjudicado por la lesión o es el incapaz.

Artículo 2117. La nulidad de un acto jurídico por falta de forma establecida por la ley, se extingue por la confirmación de ese acto hecha en la forma omitida.

Artículo 2118. Cuando la falta de forma produzca nulidad del acto, si la voluntad de las partes ha quedado constante de una manera indubitable y no se trata de acto revocable, cualquiera de los interesados puede exigir que el acto se otorgue en la forma prescrita por la ley.

Artículo 2119. Cuando el contrato es nulo por incapacidad, violencia o error, puede ser confirmado cuando cese el vicio o motivo de nulidad, siempre que no concurra otra causa que invalide la confirmación.

Artículo 2120. El cumplimiento voluntario por medio del pago, novación o por cualquier otro modo, se tiene por ratificación tácita y extingue la acción de nulidad.

Artículo 2121. La confirmación se retrotrae al día en que se verificó el acto nulo, pero ese efecto retroactivo no perjudicará los derechos de tercero.

Artículo 2122. La acción de nulidad fundada en incapacidad o en error, puede intentarse en los plazos referidos en el artículo 637. Si el error se conoce antes de que transcurran esos plazos, la acción de nulidad prescribe a los seis meses, contados desde que el error fue conocido.

Artículo 2123. La acción para pedir la nulidad de un contrato hecho por violencia, prescribe a los seis meses contados desde que cese ese vicio del consentimiento.

Artículo 2124. El acto jurídico viciado parcialmente de nulidad, no es totalmente nulo si las partes que lo forman pueden legalmente subsistir separadas, a menos que se demuestre que al celebrarse el acto se quiso que sólo íntegramente subsistiera.

Artículo 2125. La anulación del acto obliga a las partes a restituirse mutuamente lo que han recibido o percibido en virtud o por consecuencia del acto anulado.

Artículo 2126. Si el acto fuera bilateral y las obligaciones correlativas consisten ambas en sumas de dinero o en cosas productivas de frutos, no se hará la restitución respectiva de intereses o de frutos sino desde el día de la demanda de nulidad. Los intereses y los frutos percibidos hasta esa época se compensan entre sí.

Artículo 2127. Mientras que uno de los contratantes no cumpla con la devolución de aquello que en virtud de la declaración de nulidad del contrato está obligado, no puede ser compelido el otro a que cumpla por su parte.

Artículo 2128. Todos los derechos reales o personales transmitidos a tercero sobre un inmueble, por una persona que ha llegado a ser propietaria de él en virtud del acto anulado, queda sin ningún valor y pueden ser reclamados directamente del poseedor actual mientras que no se cumpla la prescripción, observándose lo dispuesto para los terceros adquirentes de buena fe.

SEGUNDA PARTE
DE LAS DIVERSAS ESPECIES DE CONTRATOS

TÍTULO PRIMERO
DE LOS CONTRATOS PREPARATORIOS

CAPÍTULO ÚNICO
LA PROMESA

Artículo 2129. Puede asumirse contractualmente la obligación de celebrar un contrato futuro.

Artículo 2130. La promesa de contratar, o sea, el contrato preliminar de otro, puede ser unilateral o bilateral.

Artículo 2131. La promesa de contrato sólo da origen a obligaciones de hacer, consistentes en celebrar el contrato respectivo de acuerdo con lo ofrecido.

Artículo 2132. Para que la promesa de contratar sea válida debe constar por escrito, contener los elementos característicos del contrato definitivo y limitarse a cierto tiempo.

Artículo 2133. Si el promitente rehúsa firmar los documentos necesarios para dar forma legal al contrato concertado, en su rebeldía los firmará el juez, salvo el caso de que la cosa ofrecida haya pasado por título oneroso a la propiedad de tercero de buena fe, pues entonces la promesa quedará sin efecto, siendo responsable el que la hizo de todos los daños y perjuicios que se hayan originado a la otra parte.

TÍTULO SEGUNDO
DE LA COMPRAVENTA

CAPÍTULO PRIMERO
DISPOSICIONES GENERALES

Artículo 2134. Habrá compraventa cuando uno de los contratantes transfiere la propiedad de una cosa o de un derecho y el otro, a su vez, se obliga a pagar por ellos un precio cierto y en dinero.

Artículo 2135. Por regla general, la venta es perfecta y obligatoria para las partes, cuando se han convenido sobre la cosa y su precio, aunque la primera no haya sido entregada, ni el segundo satisfecho.

Artículo 2136. Si el precio de la cosa vendida se ha de pagar parte en dinero y parte con el valor de otra cosa, el contrato será de venta cuando la parte en numerario sea igual o mayor que la que se pague con el valor de otra cosa. Si la parte en numerario fuere inferior, el contrato será de permuta.

Artículo 2137. Los contratantes pueden convenir en que el precio sea el que corre en día o lugar determinados o el que fije un tercero.

Artículo 2138. Fijado el precio por el tercero, no podrá ser rechazado por los contratantes, sino de común acuerdo.

Artículo 2139. Si el tercero no quiere o no puede señalar el precio, quedará el contrato sin efecto, salvo convenio en contrario.

Artículo 2140. El señalamiento del precio no puede dejarse al arbitrio de uno de los contratantes.

Artículo 2141. El comprador debe pagar el precio en los términos y plazos convenidos. A falta de convenio lo deberá pagar al contado. La demora en el pago del precio lo constituirá en la obligación de pagar réditos al tipo legal sobre la cantidad que adeude.

Artículo 2142. El precio de frutos y cereales vendidos a plazo a personas no comerciantes y para su consumo, no podrá exceder del mayor que esos géneros tuvieren en el lugar, en el período corrido desde la entrega hasta el fin de la siguiente cosecha.

Artículo 2143. Las compras de cosas que se acostumbran gustar, pesar o medir, no producirán sus afectos, sino después que se hayan gustado, pesado o medido los objetos vendidos.

Artículo 2144. Cuando se trate de venta de artículos determinados y perfectamente conocidos, el contrato podrá hacerse sobre muestras.

En caso de desavenencia entre los contratantes, dos peritos nombrados, uno por cada parte y un tercero para el caso de discordia, resolverán sobre la conformidad o inconformidad de los artículos con las muestras o calidades que sirvieron de base al contrato.

Artículo 2145. Si la venta se hizo a la vista o por acervo, aun cuando sea de cosas que se suelen contar, pesar o medir, se entenderá realizada luego que los contratantes se avengan en el precio; el comprador no podrá pedir la rescisión del contrato alegando no haber encontrado en el acervo la cantidad, peso o medida que él calculaba.

Artículo 2146. Habrá lugar a la rescisión, si el vendedor presentare el acervo como de especie homogénea y ocultare en él especies de inferior clase y calidad de las que están a la vista.

Artículo 2147. Si la venta de uno o más inmuebles se hiciere por precio alzado y sin estimar especialmente sus partes o medidas, no habrá lugar a la rescisión, aunque en la entrega hubiere falta o exceso.

Artículo 2148. Las acciones que nacen de los artículos que anteceden prescriben en un año, contado desde el día de la entrega de la cosa.

Artículo 2149. Los contratantes pagarán por mitad los gastos de escritura y registro, salvo convenio en contrario.

Artículo 2150. Si una misma cosa fuere vendida por el mismo vendedor a diversas personas, se observarán las siguientes disposiciones.

Artículo 2151. Si la cosa vendida fuere mueble, prevalecerá la venta primera en fecha; si no fuere posible verificar la prioridad de ésta, prevalecerá la hecha al que se halle en posesión de la cosa.

Artículo 2152. Si la cosa vendida fuere inmueble, prevalecerá la venta que primero se haya registrado y si ninguna lo ha sido, se observará lo dispuesto en el artículo anterior.

Artículo 2153. Son nulas las ventas que produzcan la concentración o acaparamiento, en una o en pocas manos, de artículos de consumo necesario y que tengan por objeto obtener el alza de los precios de esos artículos.

La nulidad a que se refiere este artículo, puede ser pedida por cualquier persona o por el Ministerio Público.

Artículo 2154. Las ventas al menudeo de bebidas embriagantes, hechas al fiado en cantinas, no dan derecho para exigir su precio.

CAPÍTULO SEGUNDO
DE LA MATERIA DE LA COMPRAVENTA

Artículo 2155. Ninguno puede vender sino lo que es de su propiedad.

Artículo 2156. La venta de cosa ajena es nula y el vendedor es responsable de los daños y perjuicios si procede con dolo o mala fe, debiendo tenerse en cuenta lo que se dispone en el título relativo al Registro Público de la Propiedad y del Comercio para los adquirentes de buena fe.

Artículo 2157. El contrato quedará revalidado, si antes de que tenga lugar la evicción adquiere el vendedor, por cualquier título legítimo, la propiedad de la cosa vendida.

Artículo 2158. La venta de cosa o derechos litigiosos no ésta prohibida, pero el vendedor que no declare la circunstancia de hallarse la cosa en litigio, es responsable de los daños y perjuicios si el comprador sufre la evicción, quedando, además, sujeto a las penas respectivas.

Artículo 2159. Tratándose de la venta de determinados bienes, como los pertenecientes a incapacitados, los de propiedad pública, los empeñados o hipotecados, entre otros, deben observarse los requisitos exigidos por la ley para que la venta sea perfecta.

CAPÍTULO TERCERO
DE LOS QUE PUEDEN VENDER Y COMPRAR

Artículo 2160. Los extranjeros y las personas morales no pueden comprar bienes raíces, sino sujetándose a lo dispuesto en el artículo 27 de la Constitución Política de los Estados Unidos Mexicanos y en sus leyes reglamentarias.

Artículo 2161. Los magistrados, los jueces, el Ministerio Público, los defensores de oficio, los abogados, los procuradores y los peritos, no pueden comprar los bienes que son objeto de los juicios en que intervengan. Tampoco podrán ser cesionarios de los derechos que se tengan sobre los citados bienes.

Artículo 2162. Se exceptúa de lo dispuesto en el artículo anterior, la venta o cesión de acciones hereditarias, cuando sean coherederas las personas mencionadas o de derechos a que estén afectos bienes de su propiedad.

Artículo 2163. Los hijos sujetos a patria potestad solamente pueden vender a sus padres los bienes comprendidos en la primera clase de las mencionadas en el artículo 424.

Artículo 2164. Los propietarios de cosa indivisa no pueden vender su parte respectiva a extraños, sino después de permitir que los copropietarios hagan uso del derecho del tanto.

Artículo 2165. No pueden comprar los bienes de cuya venta o administración se hallen encargados:

I. Los tutores y curadores;

II. Los mandatarios;

III. Los ejecutores testamentarios y los que fueren nombrados en caso de intestado;

IV. Los interventores nombrados por el testador o por los herederos;

V. Los representantes, administradores e interventores, en caso de ausencia; y

VI. Los empleados públicos.

Artículo 2166. Los peritos y los corredores no pueden comprar los bienes en cuya venta han intervenido.

Artículo 2167. Las compras hechas en contravención a lo dispuesto en este Capítulo, serán nulas, se hayan hecho directamente o por interpósita persona.

CAPÍTULO CUARTO
DE LAS OBLIGACIONES DEL VENDEDOR

Artículo 2168. El vendedor está obligado:

I. A entregar al comprador la cosa vendida;

II. A garantizar las calidades de la cosa; y

III. A prestar la evicción.

CAPÍTULO QUINTO
DE LA ENTREGA DE LA COSA VENDIDA

Artículo 2169. La entrega puede ser real, jurídica o virtual.

La entrega real consiste en la entrega material de la cosa vendida o en la entrega del título si se trata de un derecho.

Hay entrega jurídica cuando, aun sin estar entregada materialmente la cosa, la ley la considera recibida por el comprador.

Desde el momento en que el comprador acepte que la cosa vendida quede a su disposición, se tendrá por virtualmente recibido de ella y el vendedor que la conserve en su poder, sólo tendrá los derechos y obligaciones de un depositario.

Artículo 2170. Los gastos de la entrega de la cosa vendida son por cuenta del vendedor y los de su transporte y traslación, a cargo del comprador, salvo convenio en contrario.

Artículo 2171. El vendedor no está obligado a entregar la cosa vendida, si el comprador no ha pagado el precio, salvo que en el contrato se haya señalado un plazo para el pago.

Artículo 2172. Tampoco está obligado a la entrega, aunque haya concedido un plazo para el pago, si después de la venta se descubre que el comprador se halla en estado de insolvencia, de suerte que el vendedor corra inminente riesgo de perder el precio, a no ser que el comprador le dé fianza de pagar al plazo convenido.

Artículo 2173. El vendedor debe entregar la cosa vendida en el estado en que se hallaba al perfeccionarse el contrato.

Artículo 2174. Debe también, el vendedor, entregar todos los frutos producidos desde que se perfeccione la venta y los rendimientos, accesiones y títulos de la cosa.

Artículo 2175. Si en la venta de un inmueble se han designado los linderos, el vendedor estará obligado a entregar todo lo que dentro de ellos se comprenda, aunque haya exceso o disminución en las medidas expresadas en el contrato.

Artículo 2176. La entrega de la cosa vendida debe hacerse en el lugar convenido y si no hubiere lugar designado en el contrato, en el lugar en que se encontraba la cosa en la época en que se vendió.

Artículo 2177. Si el comprador se constituyó en mora de recibir, abonará al vendedor el alquiler de las bodegas, graneros o vasijas en que se contenga lo vendido y el vendedor quedará descargado del cuidado ordinario de conservar la cosa y solamente será responsable del dolo o de la culpa grave.

CAPÍTULO SEXTO
DE LAS OBLIGACIONES DEL COMPRADOR

Artículo 2178. El comprador debe cumplir todo aquello a que se haya obligado, especialmente pagar el precio de la cosa en el tiempo, lugar y forma convenidos.

Artículo 2179. Si no se han fijado tiempo y lugar, el pago se hará en el tiempo y lugar en que se entregue la cosa.

Artículo 2180. Si ocurre duda sobre cuál de los contratantes deberá hacer primero la entrega, uno y otro harán el depósito en manos de un tercero.

Artículo 2181. El comprador debe intereses por el tiempo que medie entre la entrega de la cosa y el pago del precio, en los tres casos siguientes:
I. Si así se hubiere convenido;
II. Si la cosa vendida y entregada produce fruto o renta; y
III. Si se hubiere constituido en mora.

Artículo 2182. En las ventas a plazo, sin estipular intereses, no los debe el comprador por razón de aquél, aunque entre tanto perciba los frutos de la cosa, pues el plazo hizo parte del mismo contrato y debe presumirse que en esta consideración se aumentó el precio de la venta.

Artículo 2183. Si la concesión del plazo fue posterior al contrato, el comprador estará obligado a prestar los intereses, salvo convenio en contrario.

Artículo 2184. Cuando el comprador a plazo o con espera del precio fuere perturbado en su posesión o derecho o tuviere justo temor de serlo, podrá suspender el pago si aún no lo ha hecho, mientras el vendedor le asegure la posesión o le dé fianza, salvo convenio en contrario.

Artículo 2185. La falta de pago del precio da derecho para pedir la rescisión del contrato, aunque la venta se haya hecho a plazo, pero si la cosa ha sido enajenada a un tercero, la rescisión no surtirá efecto si no se estipuló expresamente y el contrato ha sido inscrito en el Registro Público de la Propiedad y del Comercio, o bien, tratándose de bienes muebles, salvo que se haya facultado al comprador a pagar el precio en abonos.

CAPÍTULO SÉPTIMO
DE ALGUNAS MODALIDADES DEL CONTRATO DE COMPRAVENTA

Artículo 2186. Puede pactarse que la cosa comprada no se venda a determinada persona, pero es nula la cláusula en que se estipule que no puede venderse a persona alguna.

Artículo 2187. Queda prohibida la venta con pacto de retroventa, así como la promesa de venta de un bien inmueble que haya sido objeto de una compraventa entre los mismos contratantes.

Artículo 2188. Puede estipularse que el vendedor goce del derecho de preferencia por el tanto, para el caso de que el comprador quisiere vender la cosa que fue objeto del contrato de compraventa.

Artículo 2189. El vendedor está obligado a ejercer su derecho de preferencia, dentro de tres días si la cosa fuere mueble, después que el comprador le hubiere hecho saber la oferta que tenga por ella, bajo pena de perder su derecho si en ese tiempo no lo ejerciere. Si la cosa fuere inmueble, tendrá el plazo de diez días para ejercer el derecho bajo la misma pena. En ambos casos está obligado a pagar el precio que el comprador ofreciere y si no lo pudiere satisfacer, quedará sin efecto el pacto de preferencia.

Artículo 2190. Debe hacerse saber de una manera fehaciente, al que goza del derecho de preferencia, lo que ofrezcan por la cosa; si ésta se vendiere sin dar ese aviso, la venta es válida, pero el vendedor responderá de los daños y perjuicios causados.

Artículo 2191. Si se ha concedido un plazo para pagar el precio, el que tiene el derecho de preferencia no puede prevalerse de este plazo si no da las seguridades necesarias de que pagará el precio al expirar el plazo.

Artículo 2192. Cuando el objeto sobre que se tiene derecho de preferencia se vende en subasta pública, debe hacerse saber al que goza de ese derecho, el día, hora y el lugar en que se verificará el remate.

Artículo 2193. El derecho adquirido por el pacto de preferencia no puede cederse, ni pasa a los herederos del que lo disfrute.

Artículo 2194. Si se venden cosas futuras, tomando el comprador el riesgo de que no llegasen a existir, el contrato es aleatorio y se rige por lo dispuesto en el capítulo relativo a la compra de esperanza.

Artículo 2195. La venta que se haga facultando al comprador para que pague el precio en abonos, se sujetará a las reglas siguientes:

I. Si la venta es de bienes inmuebles, puede pactarse que la falta de pago de uno o de varios abonos ocasionará la rescisión del contrato. La rescisión producirá efectos contra tercero que hubiere adquirido los bienes de que se trata, siempre que la cláusula rescisoria se haya inscrito en el Registro Público de la Propiedad y del Comercio;

II. Si se trata de bienes muebles, tales como automóviles, motores, pianos, máquinas de coser u otros que sean susceptibles de identificarse de manera indubitable, podrá también pactarse la cláusula rescisoria de que habla la fracción anterior y esa cláusula producirá efectos contra tercero que haya adquirido los bienes, si se inscribió en el Registro Público de la Propiedad y del Comercio; y

III. Si se trata de bienes muebles que no sean susceptibles de identificarse indubitablemente y que, por lo mismo, su venta no puede registrarse, los contratantes podrán pactar la rescisión de la venta por falta de pago del precio, pero esa cláusula no producirá efectos contra tercero de buena fe que hubiere adquirido los bienes a que esta fracción se refiere.

Artículo 2196. Si se rescinde la venta, el vendedor y el comprador deben restituirse las prestaciones que se hubieren hecho, pero el vendedor que hubiere entregado la cosa vendida puede exigir del comprador, por el uso de ella, el pago de un alquiler o renta que fijarán peritos y una indemnización, también fijada por peritos, por el deterioro que haya sufrido la cosa.

El comprador que haya pagado parte del precio tiene derecho a los intereses legales de la cantidad que entregó.

Las convenciones que impongan al comprador obligaciones más onerosas que las expresadas, serán nulas.

Artículo 2197. Puede pactarse válidamente que el vendedor se reserve la propiedad de la cosa vendida hasta que su precio haya sido pagado.

Cuando los bienes vendidos sean inmuebles o muebles que puedan identificarse de manera indubitable, el pacto de que se trata produce efectos contra tercero, si se inscribe en el Registro Público de la Propiedad y del Comercio; pero si son muebles que no puedan identificarse indubitablemente y la venta no pueda registrarse, el pacto no surtirá efectos contra los terceros que adquieran de buena fe.

Artículo 2198. El vendedor a que se refiere el artículo anterior, mientras no se vence el plazo para pagar el precio, no puede enajenar la cosa vendida con la reserva de propiedad y al margen de la respectiva inscripción de venta se hará una anotación preventiva en la que se haga constar esa limitación de dominio.

Artículo 2199. Si el vendedor recoge la cosa vendida porque no le haya sido pagado su precio, podrá reclamar del comprador el pago de la renta y la indemnización señaladas con anterioridad.

Artículo 2200. En la venta de bienes cuya propiedad no haya pasado al comprador, si éste recibe la cosa será considerado como arrendatario de la misma.

CAPÍTULO OCTAVO
DE LA FORMA DEL CONTRATO DE COMPRAVENTA

Artículo 2201. El contrato de compraventa no requiere para su validez formalidad alguna especial, sino cuando recae sobre un inmueble.

Artículo 2202. La venta de un inmueble que tenga un valor hasta de quinientas veces el salario mínimo general diario vigente en la zona, podrá hacerse en instrumento privado que firmarán el vendedor y el comprador, ante dos testigos.

Artículo 2203. Si alguno de los contratantes no supiere escribir, firmará a su nombre y a su ruego otra persona con capacidad legal, no pudiendo firmar con ese carácter ninguno de los testigos, imprimiendo su huella digital el contratante que no firmó.

Artículo 2204. De dicho instrumento se formarán dos originales, uno para el comprador y el otro para el Registro Público de la Propiedad y del Comercio.

Artículo 2205. Si el valor del inmueble excede de quinientas veces el salario mínimo general diario vigente en la zona, su venta se hará en escritura pública.

Artículo 2206. Tratándose de bienes ya inscritos en el Registro Público en cita, cuyo valor no exceda de quinientas veces el salario mínimo general diario vigente en la zona, cuando la venta sea al contado puede hacerse transmitiendo el dominio por endoso puesto en el certificado de propiedad que el registrador tiene obligación de expedir al vendedor a cuyo favor están inscritos los bienes.

El endoso será ratificado ante el registrador, quien tiene obligación de cerciorarse de la identidad de las partes y de la autenticidad de las firmas; previa comprobación de que están cubiertos los impuestos correspondientes a la compraventa realizada en esta forma, hará una nueva inscripción de los bienes vendidos, en favor del comprador.

Artículo 2207. La venta de bienes raíces no producirá efectos contra tercero, sino después de registrada en los términos prescritos en este Código.

CAPÍTULO NOVENO
DE LAS VENTAS JUDICIALES

Artículo 2208. Las ventas judiciales en almoneda, subasta o remate públicos, se regirán por las disposiciones de este Título, en cuanto a la substancia del contrato y a las obligaciones y derechos del comprador y del vendedor, con las modificaciones que se expresan en este Capítulo. En cuanto a los términos y condiciones en que hayan de verificarse, se regirán por lo que disponga el Código de Procedimientos Civiles del Estado de Querétaro.

Artículo 2209. No pueden adquirir en remate por sí, ni por interpósita persona, los magistrados, el juez, el secretario y demás empleados del juzgado; el ejecutado, sus procuradores, abogados y fiadores; los albaceas y tutores, si se trata de bienes pertenecientes a la sucesión o a los incapacitados, respectivamente; ni los peritos que hayan valuado los bienes objeto de remate.

Artículo 2210. Por regla general, las ventas judiciales se harán en moneda efectiva y al contado; cuando la cosa fuere inmueble, pasará al comprador libre de todo gravamen, salvo estipulación expresa en contrario, a cuyo efecto el juez mandará hacer la cancelación o cancelaciones respectivas, en los términos que disponga el Código de Procedimientos Civiles del Estado de Querétaro.

Artículo 2211. En las enajenaciones judiciales que hayan de verificarse para dividir cosa común, se observará lo dispuesto para la partición entre herederos.

TÍTULO TERCERO
DE LA PERMUTA

Artículo 2212. La permuta es un contrato por el cual, cada uno de los contratantes se obliga a dar una cosa por otra.

Artículo 2213. Si uno de los contratantes ha recibido la cosa que se le da en permuta y acredita que no era propia del que la dio, no puede ser obligado a entregar la que el ofreció en cambio y cumple con devolver la que recibió.

Artículo 2214. El permutante que sufra evicción de la cosa que recibió en cambio, podrá reivindicar la que dio si se halla aún en poder del otro permutante o exigir su valor o el valor de la cosa que se le hubiere dado en cambio, con el pago de daños y perjuicios.

Artículo 2215. Lo dispuesto en el artículo anterior no perjudica los derechos que a título oneroso haya adquirido un tercero de buena fe sobre la cosa que reclame el que sufrió la evicción.

Artículo 2216. Con excepción de lo relativo al precio, son aplicables a este contrato las reglas de la compraventa, en cuanto no se opongan a los artículos anteriores.

TÍTULO CUARTO
DE LAS DONACIONES

CAPÍTULO PRIMERO
DE LAS DONACIONES EN GENERAL

Artículo 2217. Donación es un contrato por el que una persona transfiere a otra, gratuitamente, una parte o la totalidad de sus bienes presentes.

Artículo 2218. La donación no puede comprender los bienes futuros.

Artículo 2219. La donación puede ser pura, condicional, onerosa o remunerativa.

Artículo 2220. Pura es la donación que se otorga en términos absolutos; y condicional la que depende de algún acontecimiento incierto.

Artículo 2221. Es onerosa la donación que se hace imponiendo algunos gravámenes y remuneratoria la que se hace en atención a servicios recibidos por el donante y que éste no tenga obligación de pagar.

Artículo 2222. Cuando la donación sea onerosa, sólo se considera donado el exceso que hubiere en el precio de la cosa, deducidas de él las cargas.

Artículo 2223. Las donaciones sólo pueden tener lugar entre vivos y no pueden revocarse sino en los casos declarados en la ley.

Artículo 2224. Las donaciones que se hagan para después de la muerte del donante, se regirán por las disposiciones relativas del Libro Tercero y las que se hagan entre consortes, por lo dispuesto en el Capítulo Octavo, Título Sexto del Libro Primero.

Artículo 2225. La donación es perfecta desde que el donatario la acepta y hace saber la aceptación al donador.

Artículo 2226. La donación puede hacerse verbalmente o por escrito.

Artículo 2227. No puede hacerse donación verbal más que de bienes muebles.

Artículo 2228. La donación verbal sólo producirá efectos legales cuando el valor de los muebles no pase del equivalente a cien veces el salario mínimo general diario vigente en la zona.

Artículo 2229. Si el valor de los muebles excede el monto antes señalado, pero no de quinientas veces el salario mínimo general diario vigente en la zona, la donación debe hacerse por escrito.

Si excede de éste, la donación se otorgará en escritura pública.

Artículo 2230. La donación de bienes raíces se hará en la misma forma que para su venta exige la ley.

Si la persona donante es mayor de sesenta años y el bien inmueble donado es único en su patrimonio, tendrá respecto de este, el derecho al usufructo vitalicio, siendo un derecho real que será intransferible.

Artículo 2231. La aceptación de las donaciones se hará en la misma forma en que éstas deban hacerse, pero no surtirá efecto si no se hiciere en vida del donante.

Artículo 2232. Es nula la donación que comprenda la totalidad de los bienes del donante, si éste no se reserva en propiedad o en usufructo lo necesario para vivir según sus circunstancias.

Artículo 2233. Las donaciones serán inoficiosas, en cuanto perjudiquen la obligación del donante de ministrar alimentos a aquellas personas a quienes los debe conforme a la ley.

Artículo 2234. Si el que hace donación general de todos sus bienes se reserva algunos para testar, sin otra declaración, se entenderá reservada la mitad de los bienes donados.

Artículo 2235. La donación hecha a varias personas conjuntamente, no produce a favor de éstas el derecho de acrecer, si no es que el donante lo haya establecido de un modo expreso.

Artículo 2236. El donante sólo es responsable de la evicción de la cosa donada si expresamente se obligó a prestarla.

Artículo 2237. No obstante lo dispuesto en el artículo que precede, el donatario queda subrogado en todos los derechos del donante si se verifica la evicción.

Artículo 2238. Si la donación se hace con la carga de pagar las deudas del donante, sólo se entenderán comprendidas las que existan con fecha auténtica al tiempo de la donación.

Artículo 2239. Si la donación fuere de ciertos y determinados bienes, el donatario no responderá de las deudas del donante, sino cuando sobre los bienes donados estuviere constituida alguna hipoteca o prenda o en caso de fraude en perjuicio de los acreedores.

Artículo 2240. Si la donación fuere de todos los bienes, el donatario será responsable de todas las deudas del donante anteriormente contraídas, pero sólo hasta la cantidad concurrente con los bienes donados y siempre que las deudas tengan fecha auténtica.

Artículo 2241. Salvo que el donador dispusiere otra cosa, las donaciones que consistan en prestaciones periódicas se extinguen con la muerte del donante.

CAPÍTULO SEGUNDO
DE LAS PERSONAS QUE PUEDEN RECIBIR DONACIONES

Artículo 2242. Los no nacidos pueden adquirir por donación, siempre y cuando hayan estado concebidos al tiempo en que aquélla se hizo y sea viable, conforme a lo dispuesto en este Código.

Artículo 2243. Las donaciones hechas simulando otro contrato, a personas que conforme a la ley no puedan recibirlas, son nulas, ya se hagan de un modo directo, ya por interpósita persona.

CAPÍTULO TERCERO
DE LA REVOCACIÓN Y REDUCCIÓN DE LAS DONACIONES

Artículo 2244. Las donaciones legalmente hechas por una persona que al tiempo de otorgarlas no tenía hijos, pueden ser revocadas por el donante cuando le hayan sobrevenido hijos que han nacido con todas las condiciones que sobre viabilidad exige el presente ordenamiento legal.

Si transcurren cinco años desde que se hizo la donación y el donante no ha tenido hijos o habiéndolos tenido no ha revocado la donación, ésta se volverá irrevocable. Lo mismo sucede si el donante muere dentro del plazo de cinco años sin haber revocado la donación.

Si dentro del mencionado plazo naciere un hijo póstumo del donante o estuviere concebido dentro de ese plazo un hijo que resultare viable, la donación se tendrá por revocada en su totalidad.

Artículo 2245. Si en el primer caso del artículo anterior el padre no hubiere revocado la donación, ésta deberá reducirse como corresponda, a no ser que el donatario tome sobre sí la obligación de ministrar alimentos y la garantice debidamente.

Artículo 2246. La donación no podrá ser revocada por superveniencia de hijos:

I. Cuando sea menor de doscientas cincuenta veces el salario mínimo general diario vigente en la zona;

II. Cuando sea antenupcial;

III. Cuando sea entre consortes; y

IV. Cuando sea puramente remuneratoria.

Artículo 2247. Revocada la donación por superveniencia de hijos, serán restituidos al donante los bienes donados o su valor si han sido enajenados antes del nacimiento.

Artículo 2248. Si el donatario hubiere hipotecado los bienes donados, subsistirá la hipoteca, pero tendrá derecho el donante de exigir que aquél la redima. Esto mismo tendrá lugar tratándose de usufructo o servidumbre impuestos por el donatario.

Artículo 2249. Cuando los bienes no puedan ser restituidos en especie, el valor exigible será el que tenían aquéllos al tiempo de cumplirse la restitución.

Artículo 2250. El donatario hace suyos los frutos de los bienes donados hasta el día en que se le notifique la revocación o hasta el día del nacimiento del hijo póstumo, en su caso.

Artículo 2251. El donante no puede renunciar anticipadamente el derecho de revocación por superveniencia de hijos.

Artículo 2252. La acción de revocación por superveniencia de hijos corresponde, exclusivamente al donante y al hijo póstumo, pero la reducción, por razón de alimentos, tienen derecho de pedirla todos los que sean acreedores alimentistas.

Artículo 2253. El donatario responde sólo del cumplimiento de las cargas que se le imponen con la cosa donada y no está obligado personalmente con sus bienes. Puede sustraerse a la ejecución de las cargas abandonando la cosa donada y si ésta perece por caso fortuito, queda libre de toda obligación.

Artículo 2254. En cualquier caso de rescisión o revocación del contrato de donación, serán restituidos los bienes o su valor al donante, pero si hubieran sido gravados por el donatario con hipoteca, usufructo o servidumbre, se podrá exigir a éste que los redima.

Artículo 2255. La donación puede ser revocada por ingratitud:

I. Si el donatario comete algún delito contra la persona, la honra o los bienes del donante o de los ascendientes, descendientes o cónyuge de éste; y

II. Si el donatario rehúsa socorrer, según el valor de la donación, al donante que ha venido a pobreza.

Artículo 2256. Es aplicable a la revocación de las donaciones hechas por ingratitud, lo dispuesto para las revocaciones por superveniencia de hijos.

Artículo 2257. La acción de revocación por causa de ingratitud no puede ser renunciada anticipadamente y prescribe dentro de un año, contado desde que tuvo conocimiento del hecho el donador.

Artículo 2258. Esta acción no podrá ejercitarse contra los herederos del donatario, a no ser que en vida de ésta hubiese sido intentada.

Artículo 2259. Tampoco puede esta acción ejercitarse por los herederos del donante si éste, pudiendo, no la hubiese intentado.

Artículo 2260. Las donaciones inoficiosas no serán revocadas ni reducidas cuando muerto el donante, el donatario tome sobre sí la obligación de ministrar los alimentos debidos y la garantice conforme a derecho.

Artículo 2261. La reducción de las donaciones comenzará por la última en fecha, que será totalmente suprimida si la reducción no bastare a completar los alimentos.

Artículo 2262. Si el importe de la donación menos antigua no alcanzare, se procederá respecto de la anterior, en los términos establecidos en el artículo que precede, siguiéndose el mismo orden hasta llegar a la más antigua.

Artículo 2263. Habiendo diversas donaciones otorgadas en el mismo acto o en la misma fecha, se hará la reducción entre ellas a prorrata.

Artículo 2264. Si la donación consiste en bienes muebles, se tendrá presente para la reducción el valor que tengan al tiempo de cumplirse ésta.

Artículo 2265. Cuando la donación consiste en bienes inmuebles que fueren cómodamente divisibles, la reducción se hará en especie.

Artículo 2266. Cuando el inmueble no pueda ser dividido y el importe de la reducción exceda de la mitad del valor aquél, recibirá el donatario el resto en dinero.

Artículo 2267. Cuando la reducción no exceda de la mitad del valor del inmueble, el donatario pagará el resto.

Artículo 2268. Revocada o reducida una donación por inoficiosa, el donatario sólo responderá de los frutos desde que fuere demandado.

TÍTULO QUINTO
DEL MUTUO

CAPÍTULO PRIMERO
DEL MUTUO SIMPLE

Artículo 2269. El mutuo es un contrato por el cual el mutuante transfiere la propiedad de una suma de dinero o de otras cosas fungibles al mutuatario, quien se obliga a devolver otro tanto de la misma especie y calidad.

Artículo 2270. Si en el contrato no se ha fijado plazo para la devolución de lo prestado, se observarán las reglas siguientes:

I. Si el mutuatario fuere labrador y el préstamo consistiere en cereales u otros productos del campo, la restitución se hará en la siguiente cosecha de los mismos o semejantes frutos o productos;

II. Lo mismo se observará respecto de los mutuatarios que, no siendo labradores, hayan de percibir frutos semejantes por otro título; y

III. En los demás casos, la obligación de restituir se rige por lo dispuesto en el artículo 1966.

Artículo 2271. La entrega de la cosa prestada y la restitución de lo prestado se harán en el lugar convenido.

Artículo 2272. Cuando no se ha señalado lugar, se observarán las reglas siguientes:

I. La cosa prestada se entregará en el lugar donde se encuentre; y

II. La restitución se hará, si el préstamo consiste en efectos, en el lugar donde se recibieron. Si consiste en dinero, en el domicilio del deudor, observándose lo dispuesto para el caso de que voluntariamente se haya mudado de éste.

Artículo 2273. Si no fuere posible al mutuatario restituir en género, satisfará pagando el valor que la cosa prestada tenga en el tiempo y lugar que se haga la restitución, a juicio de peritos, si no hubiere estipulación en contrario.

Artículo 2274. Consistiendo el préstamo en dinero, pagará el deudor devolviendo una cantidad igual a la recibida conforme a la ley monetaria vigente al tiempo de hacerse el pago, sin que esta prescripción sea renunciable. Si se pacta que el pago debe hacerse en moneda extranjera, la alteración que ésta experimente en valor será en daño o beneficio del mutuatario.

Artículo 2275. El mutuante es responsable de los perjuicios que sufra el mutuatario por la mala calidad o vicios ocultos de la cosa prestada, si conoció los defectos y no dio aviso oportuno al mutuatario.

Artículo 2276. En el caso de haberse pactado que la restitución se hará cuando pueda o tenga medios para ello el deudor, ésta no podrá exigirse sino después de los treinta días siguientes a la interpelación que haga el acreedor.

Artículo 2277. No se declararán nulas las deudas contraídas por el menor para proporcionarse los alimentos que necesite, cuando su representante legítimo se encuentre ausente.

CAPÍTULO SEGUNDO
DEL MUTUO CON INTERÉS

Artículo 2278. Es permitido estipular interés por el mutuo, ya consista en dinero, ya en géneros.

Artículo 2279. El interés es legal o convencional.

Artículo 2280. El interés legal es el veinte por ciento anual.

Artículo 2281. El interés convencional es el que fijen los contratantes y puede ser mayor o menor que el interés legal; pero cuando el interés sea tan desproporcionado que haga fundadamente creer que se ha abusado del apuro pecuniario, de la inexperiencia o de la ignorancia del deudor, a petición de éste, el juez, teniendo en cuenta las especiales circunstancias del caso, podrá reducir equitativamente el interés hasta el tipo legal.

Artículo 2282. Si se ha convenido un interés más alto que el legal, el deudor, después de seis meses contados desde que se celebró el contrato, puede reembolsar el capital, cualquiera que sea el plazo fijado para ello, dando aviso al acreedor con dos meses de anticipación y pagando los intereses vencidos.

Artículo 2283. Las partes no pueden, bajo pena de nulidad, convenir de antemano que los intereses se capitalicen y que produzcan intereses.

TÍTULO SEXTO
DEL ARRENDAMIENTO

CAPÍTULO PRIMERO
DISPOSICIONES GENERALES

Artículo 2284. Hay arrendamiento cuando las dos partes contratantes se obligan recíprocamente, una a conceder el uso o goce temporal de una cosa y la otra a pagar, por ese uso o goce, un precio cierto.

El arrendamiento no puede exceder de diez años para las fincas destinadas a habitación, de quince para las fincas destinadas al comercio y de veinte para las fincas destinadas al ejercicio de una industria.

Artículo 2285. La renta o precio del arrendamiento puede consistir en una suma de dinero o en cualquier otra cosa equivalente, con tal que sea cierta y determinada.

Artículo 2286. Son susceptibles de arrendamiento todos los bienes que pueden usarse sin consumirse, excepto aquéllos que la ley prohíbe arrendar y los derechos estrictamente personales.

Artículo 2287. El que no fuere dueño de la cosa podrá arrendarla si tiene facultad para celebrar ese contrato, ya en virtud de autorización del dueño, ya por disposición de la ley.

Artículo 2288. En el primer caso del artículo anterior, la constitución del arrendamiento se sujetará a los límites fijados en la autorización y en el segundo, a los que la ley haya fijado a los administradores de bienes ajenos.

Artículo 2289. Para arrendar la cosa indivisa será necesario el consentimiento de la mayoría de los copropietarios, considerando la suma de sus partes alícuotas.

Artículo 2290. Se prohíbe a los magistrados, a los jueces y a cualesquiera otros empleados públicos, tomar en arrendamiento, por sí o por interpósita persona, los bienes que deban arrendarse en los negocios en que intervengan.

Artículo 2291. Se prohíbe a los encargados de instituciones públicas y a los funcionarios y empleados públicos, tomar en arrendamiento los bienes que con los expresados caracteres administren.

Artículo 2292. El contrato de arrendamiento se otorgará siempre por escrito.

Si el predio fuere rústico y la renta mensual pasare de quinientas veces el salario mínimo general diario vigente en la zona, el contrato se otorgará en escritura pública.

Artículo 2293. El contrato de arrendamiento no termina por la muerte del arrendador ni del arrendatario, salvo convenio en otro sentido.

Con exclusión de cualquier otra persona, el cónyuge, el concubinario, los parientes consanguíneos o afines en línea recta, descendiente o ascendiente del arrendatario fallecido, se subrogarán, en ese orden, en los derechos y obligaciones del contrato, siempre y cuando hubieran habitado permanentemente el inmueble en vida del arrendatario.

Artículo 2294. Si durante la vigencia del contrato de arrendamiento, por cualquier motivo se verificare la transmisión de la propiedad del predio arrendado, el arrendamiento subsistirá en los términos del contrato. Respecto al pago de las rentas, el arrendatario tendrá obligación de pagar al nuevo propietario la renta estipulada en el contrato, desde la fecha en que se le notifique judicial o extrajudicialmente ante notario o ante dos testigos haberse otorgado el correspondiente título de propiedad, aún cuando alegue haber pagado al primer propietario, a no ser que el adelanto de rentas aparezca expresamente estipulado en el mismo contrato de arrendamiento.

Artículo 2295. Si la transmisión de la propiedad se hizo por causa de utilidad pública, el contrato se dará por terminado, pero el arrendador y el arrendatario deberán ser indemnizados por el expropiador, conforme a lo que establezca la ley respectiva.

Artículo 2296. Los arrendamientos de bienes del Estado, municipales o de establecimientos públicos, estarán sujetos a las disposiciones del derecho administrativo y, en lo que no lo estuvieren, a las disposiciones de este Título.

CAPÍTULO SEGUNDO
DE LOS DERECHOS Y OBLIGACIONES DEL ARRENDADOR

Artículo 2297. El arrendador está obligado, aunque no haya pacto expreso:

I. A entregar al arrendatario la finca arrendada, con todas sus pertenencias y en estado de servir para el uso convenido; si no hubo convenio expreso, para aquel a que por su misma naturaleza estuviere destinada;

II. A conservar la cosa arrendada en el mismo estado, durante el arrendamiento, haciendo para ello todas las reparaciones necesarias;

III. A no estorbar ni embarazar de manera alguna el uso de la cosa arrendada, a no ser por causa de reparaciones urgentes e indispensables;

IV. A garantizar el uso o goce pacífico de la cosa por todo el tiempo del contrato;

V. A responder de los daños y perjuicios que sufra el arrendatario por los defectos o vicios ocultos de la cosa, anteriores al arrendamiento;

VI. A observar lo dispuesto por los artículos 2285 y 2344 de este Código; y

VII. A no exigir más de lo correspondiente a tres mensualidades de renta, para garantizar el cumplimiento del contrato.

Artículo 2298. La entrega de la cosa se hará en el tiempo convenido; si no hubiere convenio, luego que el arrendador fuere requerido por el arrendatario.

Artículo 2299. El arrendador no puede, durante el arrendamiento, mudar la forma de la cosa arrendada ni intervenir en el uso legítimo de ella, salvo el caso de reparaciones urgentes o indispensables.

Artículo 2300. El arrendatario está obligado a poner en conocimiento del arrendador, a la brevedad posible, la necesidad de las reparaciones, bajo pena de pagar los daños y perjuicios que su omisión cause.

Artículo 2301. Si el arrendador no cumpliere con hacer las reparaciones necesarias para el uso a que esté destinada la cosa, quedará a elección del arrendatario rescindir el arrendamiento u ocurrir al juez para que obligue al arrendador al cumplimiento de su obligación, mediante el procedimiento que se establezca en el Código de Procedimientos Civiles del Estado de Querétaro.

Artículo 2302. El juez, según las circunstancias del caso, decidirá sobre el pago de los daños y perjuicios que se causen al arrendatario, por falta de oportunidad en las reparaciones.

Artículo 2303. Cuando las reparaciones necesarias al inmueble arrendado sean urgentes, de manera que no hacerlas pueda causarse un daño inminente o se ponga en grave riesgo a quienes hacen uso del inmueble, podrá el inquilino costearlas y exigir su pago al arrendador.

Artículo 2304. La obligación de garantizar el uso y goce pacífico de la cosa arrendada, no comprende las vías de hecho de terceros que no aleguen derechos sobre el bien que impidan su uso o goce. El arrendatario, en esos casos, sólo tiene acción contra los autores de los hechos y, aunque fueren insolventes, no tendrá acción contra el arrendador. Tampoco comprende los abusos de fuerza.

Artículo 2305. El arrendatario está obligado a poner en conocimiento del propietario, en el más breve plazo posible, toda usurpación o novedad dañosa que otro haya hecho o abiertamente prepare en la cosa arrendada, so pena de pagar los daños y perjuicios que cause con su omisión. Lo dispuesto en este artículo no priva al arrendatario del derecho de defender, como poseedor, la cosa dada en arrendamiento.

Artículo 2306. Si el arrendador fuere vencido en juicio sobre una parte de la cosa arrendada, puede el arrendatario reclamar una disminución en la renta o la rescisión del contrato y el pago de los daños y perjuicios que sufra.

Artículo 2307. El arrendador responde de los vicios o defectos de la cosa arrendada que impidan el uso de ella, aunque él no los hubiere conocido o hubiesen sobrevenido en el curso del arrendamiento, sin culpa del arrendatario. Éste puede pedir la disminución de la renta o la rescisión del contrato, salvo que se pruebe que tuvo conocimiento, antes de celebrar el contrato, de los vicios o defectos de la cosa arrendada.

Artículo 2308. Cuando el predio arrendado amenace ruina, podrá el propietario obtener la desocupación, justificando la causa con prueba pericial. El plazo de desocupación se fijará por el juez, considerando a la urgencia que señalen los peritos.

Artículo 2309. Al concluirse la reparación del predio, el inquilino tendrá preferencia para que se otorgue en su favor un nuevo contrato de arrendamiento, pudiendo, en ese caso, el propietario aumentar el precio de la renta en proporción al incremento que con la reparación tenga el valor del inmueble.

Artículo 2310. Cuando el predio arrendado vaya a ser objeto de reconstrucción con gastos de al menos treinta por ciento de su valor comercial o vaya a ser derribado totalmente para una nueva construcción, podrá el propietario, obtener la desocupación. Si se trata sólo de reconstrucción será optativo para el inquilino soportar las molestias que de tal reconstrucción se deriven, sin hacer la desocupación, pero teniendo obligación de permitir los trabajos necesarios.

Si se tuviere la desocupación y las obras no se iniciaran dentro de los treinta días siguientes o no se concluyeran dentro de un año, contado a partir de la iniciación, el arrendador quedará obligado a resarcir al arrendatario los daños y perjuicios que se le hubieren ocasionado, pero en todo caso deberá pagar como mínimo lo equivalente a un año de rentas.

Artículo 2311. En el caso del artículo anterior, si el inquilino hubiere desocupado el predio, tendrá preferencia para que en su favor se otorgue un nuevo contrato de arrendamiento, con alza en el importe de la renta en proporción al incremento del valor del inmueble obtenido con la reparación, pero si hubiere soportado las molestias de la construcción el alza no podrá ser mayor del cincuenta por ciento, siempre que el inquilino hubiere pagado íntegramente la renta pactada.

Artículo 2312. Si al terminar el arrendamiento hubiere algún saldo a favor del arrendatario, el arrendador deberá devolverlo inmediatamente, a no ser que tenga algún derecho que ejercitar contra aquél; en este caso, depositará judicialmente el saldo referido.

Artículo 2313. Corresponde al arrendador pagar las mejoras hechas por el arrendatario:

I. Si en el contrato o posteriormente, lo autorizó para hacerlas y se obligó a pagarlas;

II. Si se trata de mejoras útiles y por culpa del arrendador se rescindiere el contrato; y

III. Cuando el contrato fuere por tiempo indeterminado, si el arrendador autorizó al arrendatario para que hiciera mejoras y antes de que transcurra el tiempo necesario para que el arrendatario quede compensado con el uso de las mejoras de los gastos que hizo, da el arrendador por concluido el arrendamiento.

Artículo 2314. Las mejoras a que se refieren las fracciones II y III del artículo anterior, deberán ser pagadas por el arrendador, no obstante que en el contrato se hubieren estipulado que las mejoras quedaren en beneficio de la cosa arrendada.

CAPÍTULO TERCERO
DE LOS DERECHOS Y OBLIGACIONES DEL ARRENDATARIO

Artículo 2315. El arrendatario está obligado:

I. A satisfacer la renta en la forma y tiempo convenidos;

II. A responder de los perjuicios que la cosa arrendada sufra por su culpa o negligencia, la de los familiares, sirvientes o subarrendatarios;

III. A servirse de la cosa solamente para el uso convenido o conforme a la naturaleza y destino de ella; y

IV. A devolver el bien arrendado al concluir el arrendamiento.

Artículo 2316. El arrendatario no está obligado a pagar la renta, sino desde el día en que reciba la cosa arrendada, salvo pacto en contrario.

Artículo 2317. La renta será pagada en el lugar convenido y a falta de convenio, en el local o predio arrendado.

Artículo 2318. Cuando el arrendador se niegue a recibir la renta, el inquilino podrá cumplir con su obligación haciendo la consignación correspondiente en los términos señalados en el Código de Procedimientos Civiles del Estado de Querétaro.

Artículo 2319. Lo dispuesto sobre saldos a favor del inquilino al término del arrendamiento, respecto del arrendador, regirá en su caso para el arrendatario.

Artículo 2320. El arrendatario está obligado a pagar la renta que se venza hasta el día que entregue la cosa arrendada.

Artículo 2321. Si el precio del arrendamiento debiere pagarse en frutos y el arrendatario no los entregare en el tiempo debido, está obligado a pagar en dinero el mayor precio que tuvieren los frutos, entre el momento en que debió pagarlos y en el que los satisfaga.

Artículo 2322. Si por caso fortuito o fuerza mayor se impide totalmente al arrendatario el uso de la cosa arrendada, no se causará renta mientras dure el impedimento; si éste dura más de dos meses, podrá pedir la terminación del contrato.

Artículo 2323. Si sólo se impide en parte el uso de la cosa, podrá el arrendatario pedir la reducción parcial de la renta, a juicio de peritos, a no ser que las partes opten por la terminación del contrato, si el impedimento dura el tiempo fijado en el artículo anterior.

Artículo 2324. Lo dispuesto en los dos artículos anteriores no es renunciable.

Artículo 2325. Si la privación del uso proviene de la evicción del predio, tampoco habrá causación de rentas, pudiendo pedirse la terminación del contrato; si el arrendador procedió con mala fe, responderá, además, de los daños y perjuicios ocasionados.

Artículo 2326. El arrendatario es responsable del incendio, a no ser que provenga de caso fortuito, fuerza mayor o vicio de construcción.

Artículo 2327. El arrendatario no responde del incendio que se haya comunicado de otra parte, si tomó las precauciones necesarias para evitar que el fuego se propagara.

Artículo 2328. Cuando son varios los arrendatarios y no se sabe dónde comenzó el incendio, todos son responsables proporcionalmente a la renta que paguen y si el arrendador ocupa parte de la finca, también responderá proporcionalmente a la renta que a esa parte fijen peritos. Si se prueba que el incendio comenzó en la habitación de uno de los inquilinos, solamente éste será el responsable.

Artículo 2329. Si alguno de los arrendatarios prueba que el fuego no pudo comenzar en la parte que ocupa, quedará libre de responsabilidad.

Artículo 2330. La responsabilidad, en los casos de que tratan los artículos anteriores, comprende no solamente el pago de los daños y perjuicios sufridos por el propietario, sino el de los que se hayan causado a otras personas, siempre que provengan directamente del incendio.

Artículo 2331. El arrendatario que va a establecer en la finca arrendada una industria peligrosa, tiene obligación de asegurar dicha finca contra el riesgo probable que origine el ejercicio de esa industria.

Artículo 2332. El arrendatario no puede, sin consentimiento expreso del arrendador, variar en ninguna forma ni grado la cosa arrendada; si lo hace, debe, cuando la devuelva, restablecerla al estado en que la recibió, siendo, además, responsable de los daños y perjuicios.

Artículo 2333. Si el arrendatario ha recibido la finca con expresa descripción de las partes de que se compone, debe devolverla, al concluir el arrendamiento, tal como la recibió, salvo lo que hubiere perecido o se hubiere menoscabado por el tiempo o por causa inevitable.

Artículo 2334. La ley presume que el arrendatario que admitió la cosa arrendada sin la descripción expresada en el artículo anterior, la recibió en buen estado, salvo la prueba en contrario.

Artículo 2335. El arrendatario debe hacer las reparaciones de aquellos deterioros de poca importancia, que regularmente son causados por las personas que habitan el edificio.

Artículo 2336. El arrendatario que por causa de reparaciones pierda el uso total o parcial de la cosa, tiene derecho a no pagar el precio del arrendamiento, a pedir la reducción de ese precio o la rescisión del contrato, si la pérdida del uso dura más de dos meses, en sus respectivos casos.

Artículo 2337. Si la misma cosa se ha dado en arrendamiento separadamente a dos o más personas y por el mismo tiempo, prevalecerá el arrendamiento primero en fecha; si no fuere posible verificar la prioridad de ésta, valdrá el arrendamiento del que tiene en su poder la cosa arrendada.

Si el arrendamiento debe ser inscrito en el Registro Público de la Propiedad y del Comercio, sólo vale el inscrito.

Artículo 2338. En los arrendamientos que han durado más de cinco años, si el arrendatario ha hecho mejoras de importancia en la finca arrendada, tiene éste derecho, si está al corriente en el pago de la renta, a que, en igualdad de condiciones, se le prefiera a otro interesado en el nuevo arrendamiento de la finca. También gozará del derecho del tanto si el propietario quiere vender la finca arrendada, aplicándose en lo conducente, lo dispuesto en el Capítulo Séptimo del Título Segundo de este Libro.

CAPÍTULO CUARTO
DEL ARRENDAMIENTO DE FINCAS URBANAS

Artículo 2339. No podrá darse en arrendamiento una localidad que no reúna las condiciones de higiene y salubridad exigidas por la ley de la materia.

Artículo 2340. El arrendador que no haga las obras que ordenan las autoridades sanitarias como necesarias para que una localidad sea habitable e higiénica, es responsable de los daños y perjuicios que los inquilinos sufran por esa causa.

Artículo 2341. El propietario no puede rehusar como fiadora a una persona que reúna los requisitos exigidos por la ley para que sea fiador.

Artículo 2342. No puede renunciarse anticipadamente el derecho de cobrar la indemnización referida con anterioridad.

Artículo 2343. La renta debe pagarse en los plazos convenidos y a falta de convenio, por meses vencidos.

CAPÍTULO QUINTO
DEL ARRENDAMIENTO DE FINCAS RÚSTICAS

Artículo 2344. El propietario de un predio rústico debe cultivarlo, sin perjuicio de dejarlo descansar el tiempo que sea necesario para que no se agote su fertilidad. Si no lo cultiva, tiene obligación de darlo en arrendamiento o en aparecería de acuerdo con lo dispuesto en la ley de la materia.

Artículo 2345. La renta debe pagarse en los plazos convenidos y a falta de convenio, por semestres vencidos.

Artículo 2346. El arrendatario no tendrá derecho a la rebaja de la renta por esterilidad de la tierra arrendada o por pérdida de frutos provenientes de casos fortuitos ordinarios; pero sí, en caso de pérdida de más de la mitad de los frutos, por casos extraordinarios.

Artículo 2347. Entiéndase por casos fortuitos extraordinarios el incendio, la guerra, la peste, la inundación insólita, la langosta, el terremoto y cualquier otro acontecimiento igualmente desacostumbrado, que los contratantes no hayan podido razonablemente prever.

En esos casos, el precio del arrendamiento se rebajará proporcionalmente al monto de las pérdidas sufridas.

Artículo 2348. Las disposiciones de los artículos que anteceden no son renunciables.

Artículo 2349. En el arrendamiento de predios rústicos por plazo determinado, debe el arrendatario, al final del plazo, permitir a su sucesor o al dueño, en su caso, el barbecho de las tierras que tengan desocupadas y en las que él no pueda verificar la nueva siembra, así como el uso de los edificios y demás medios que fueren necesarios para las labores preparatorias del ciclo agrícola siguiente.

Artículo 2350. El permiso a que se refiere el artículo que precede, no será obligatorio sino en el período y por el tiempo rigurosamente indispensable, conforme a las costumbres locales, salvo convenio en contrario.

Artículo 2351. Terminado el arrendamiento, tendrá a su vez el arrendatario saliente, derecho para usar de las tierras y edificios por el tiempo absolutamente indispensable para la recolección y aprovechamiento de los frutos pendientes al terminar el contrato.

CAPÍTULO SEXTO
DEL ARRENDAMIENTO DE BIENES MUEBLES

Artículo 2352. Son aplicables al arrendamiento de bienes muebles las disposiciones de este Título que sean compatibles con la naturaleza de esos bienes.

Artículo 2353. Si en el contrato no se hubiere fijado plazo, ni se hubiere expresado el uso a que la cosa se destina, el arrendatario será libre para devolverla cuando quiera y el arrendador no podrá pedirla sino después de cinco días de celebrado el contrato.

Artículo 2354. Si la cosa se arrendó por años, meses, semanas o días, la renta se pagará al vencimiento de cada uno de esos plazos, salvo convenio en contrario.

Artículo 2355. Si el contrato se celebra por un plazo fijo, la renta se pagará al vencerse el plazo, salvo convenio en contrario.

Artículo 2356. Si el arrendatario devuelve la cosa antes del tiempo convenido, cuando se ajuste por un sólo precio, está obligado a pagarlo íntegro, pero si el arrendamiento se ajusta por periodos de tiempo, sólo está obligado a pagar los periodos corridos hasta la entrega.

Artículo 2357. El arrendatario está obligado a pagar la totalidad del precio, cuando se hizo el arrendamiento por tiempo fijo y los periodos sólo se pusieron como plazos para el pago.

Artículo 2358. Si se arriendan un edificio o aposento amueblados, se entenderá que el arrendamiento de los muebles es por el mismo tiempo que el edificio o aposento, a menos de estipulaciones en contrario.

Artículo 2359. Cuando los muebles se alquilaren con separación del edificio, su alquiler se regirá por lo dispuesto en este Capítulo.

Artículo 2360. El arrendatario está obligado a hacer las pequeñas reparaciones que exija el uso de la cosa dada en arrendamiento.

Artículo 2361. La pérdida o deterioro de la cosa alquilada se presume siempre a cargo del arrendatario, a menos que él pruebe que sobrevino sin culpa suya, en cuyo caso será a cargo del arrendador.

Artículo 2362. Aun cuando la pérdida o deterioro sobrevenga por caso fortuito, serán a cargo del arrendatario, si éste usó la cosa de un modo no conforme con el contrato y sin cuyo uso no habría sobrevenido el caso fortuito.

Artículo 2363. El arrendatario está obligado a dar de comer y beber al animal durante el tiempo en que lo tiene en su poder de modo que no se desmejore y a curarle las enfermedades ligeras, sin poder cobrar nada al dueño.

Artículo 2364. Los frutos del animal alquilado pertenecen al dueño salvo convenio en contrario.

Artículo 2365. En caso de muerte de algún animal alquilado, su despojo será entregado por el arrendatario al dueño, si es de alguna utilidad y es posible el transporte.

Artículo 2366. Cuando se arrienden dos o más animales que formen un todo como una yunta o un tiro y uno de ellos se inutiliza, se termina el arrendamiento, a no ser que el dueño quiera dar otro que forme un todo con el que quedó utilizable.

Artículo 2367. El que contrate uno o más animales especificados individualmente, que antes de ser entregados al arrendatario se inutilizaren sin culpa del arrendador, quedará enteramente libre de la obligación, si ha avisado al arrendatario inmediatamente después que se inutilizó el animal; pero si éste se ha inutilizado por culpa del arrendador o si no se ha dado aviso, estará sujeto al pago de daños y perjuicios o a reemplazar el animal, a elección del arrendatario.

Artículo 2368. En el caso del artículo anterior, si en el contrato de alquiler no se trató de animal individualmente determinado, sino de un género y número determinados, el arrendador está obligado a los daños y perjuicios siempre que se falte a la entrega.

Artículo 2369. Si en el arrendamiento de un predio rústico se incluye el ganado de labranza o de cría existentes en él, el arrendatario tendrá, respecto del ganado, los mismos derechos y obligaciones que el usufructuario, pero no está obligado a dar fianza.

Artículo 2370. Si se arrienda una finca con aperos, se entenderá que el arrendamiento de éstos es por el mismo tiempo de aquella.

CAPÍTULO SÉPTIMO
DISPOSICIONES ESPECIALES RESPECTO DE LOS ARRENDAMIENTOS POR TIEMPO INDETERMINADO

Artículo 2371. Todos los arrendamientos, sean de predios rústicos o urbanos, que no se hayan celebrado por tiempo expresamente determinado, concluirán a voluntad de cualquiera de las partes contratantes, previo aviso a la otra parte, dado en forma de notificación judicial con dos meses de anticipación si el predio es urbano y con un año si es rústico.

Artículo 2372. Hecha la notificación a que se refiere el artículo anterior, el arrendatario del predio urbano está obligado a poner cédula y a mostrar el interior de la casa a los que pretendan verla. Respecto de los predios rústicos, se observará lo dispuesto en el Capítulo Cuarto del Título Sexto de este Libro.

CAPÍTULO OCTAVO
DEL SUBARRIENDO

Artículo 2373. El arrendatario no puede subarrendar la cosa arrendada en todo, ni en parte, ni ceder sus derechos sin consentimiento del arrendador; si lo hiciere, responderá solidariamente con el subarrendatario o cesionario de los daños y perjuicios.

Artículo 2374. Si el subarriendo se hiciere en virtud de la autorización general concedida en el contrato, el arrendatario será responsable al arrendador, como si él mismo continuara en el uso o goce de la cosa.

Artículo 2375. Si el arrendador aprueba expresamente el contrato especial de subarriendo, el subarrendatario queda subrogado en todos los derechos y obligaciones del arrendatario, a no ser que por convenio se acuerde otra cosa.

CAPÍTULO NOVENO
DEL MODO DE TERMINAR EL ARRENDAMIENTO

Artículo 2376. El arrendamiento termina:

I. Por haberse cumplido el plazo fijado en el contrato o por la ley o por estar satisfecho el objeto para el que la cosa fuere arrendada;

II. Por convenio expreso;

III. Por nulidad;

IV. Por rescisión;

V. Por confusión;

VI. Por pérdida o destrucción total de la cosa arrendada por caso fortuito o fuerza mayor;

VII. Cuando el inmueble amenace ruina;

VIII. Por expropiación de la cosa arrendada hecha por causa de utilidad pública;

IX. Por evicción de la cosa dada en arrendamiento; y

X. Cuando el propietario necesite el inmueble para habitarlo.

Artículo 2377. Si el arrendamiento se ha hecho por tiempo determinado, concluye en el día prefijado. Si no se ha señalado tiempo, se observarán lo dispuesto en el Capítulo Séptimo del Título Sexto de este Libro.

Artículo 2378. Vencido un contrato de arrendamiento, tendrá derecho el inquilino, siempre que esté al corriente en el pago de las rentas, a que se le prorrogue un año ese contrato. Igual derecho tendrá el inquilino, en caso arrendamientos que no se hayan celebrado por tiempo expresamente determinado.

En cualquiera de los dos casos a que se refiere el párrafo anterior, podrá el arrendador aumentar la renta en el monto del interés legal anual.

Si se trata de contrato por tiempo determinado, al contestar la demanda que sobre desocupación del predio se entable en su contra, el inquilino reconvendrá la prórroga.

Si se trata de contrato por tiempo indefinido, el inquilino demandará la prórroga dentro de los diez días hábiles siguientes a la notificación que se le haga, en los términos de ley.

La sentencia que conceda la prórroga, condenará al inquilino a entregar el inmueble a su vencimiento.

Artículo 2379. La renuncia al derecho de prórroga y cualquier pacto en contrario, será nulo.

Artículo 2380. Quedan exceptuados de la obligación de prorrogar el contrato de arrendamiento, los propietarios que vayan a habitar la casa o a cultivar la finca de cuyo arrendamiento se trata.

Cuando el propietario haya alegado falsamente la causa a que se acaba de hacer referencia, el inquilino tendrá derecho a exigir que el propietario le indemnice por los daños y perjuicios que haya sufrido como consecuencia de la desocupación del inmueble en cuestión.

Artículo 2381. El derecho de prórroga surtirá efectos, tanto para arrendamientos destinados a casa habitación, como a giro comercial.

Artículo 2382. Si después de terminado el arrendamiento continua el arrendatario sin que el arrendador se oponga, en un plazo de diez días hábiles, al goce y uso del predio, si éste es rústico, se entenderá renovado el contrato por otro año.

Artículo 2383. En el caso del artículo anterior, si el predio fuere urbano, el arrendamiento continuará por tiempo indefinido y el arrendatario deberá pagar la renta que corresponda al tiempo que exceda al del contrato con arreglo a éste.

Artículo 2384. En los casos en que se prorrogue el contrato de arrendamiento, subsistirán las estipulaciones previas por todo el tiempo de la prórroga, salvo la conducente al monto de la renta. Igualmente subsistirán las obligaciones otorgadas por un tercero para la seguridad del arrendamiento, salvo pacto en contrario.

Artículo 2385. Cuando el propietario de un predio arrendado vaya a ocuparlo por sí mismo y no tenga otro en propiedad en la misma población, podrá obtener la desocupación mediante el procedimiento que señale el Código de Procedimientos Civiles del Estado de Querétaro.

Tendrá el mismo derecho el propietario de dos o más casas, que no esté habitando una suya en la misma población y que desee ocupar alguna de las de su propiedad, la acción la podrá ejercitar en relación a cualquiera de los predios de que sea dueño.

Cuando el arrendador no ocupe por sí mismo el inmueble dentro de los tres meses siguientes de haber obtenido la desocupación, deberá indemnizar al arrendatario con un mínimo de una anualidad de rentas.

Artículo 2386. El arrendador puede exigir la rescisión del contrato:

I. Por falta de pago de la renta en los plazos convenidos o en la forma dispuesta por este Código;

II. Por servirse de la cosa en contravención al uso convenido o diferente a su naturaleza y destino;

III. Por el subarriendo o cesión de la cosa; y

IV. Por incumplimiento de las obligaciones a cargo del arrendatario, derivadas del contrato o de la ley.

Artículo 2387. Cuando el arrendatario no pueda usar el bien arrendado, ya sea por reparación, reconstrucción, caso fortuito o fuerza mayor que se lo impida totalmente, podrá pedir la terminación del contrato y aún cuando fuere parcial, si la reparación durase más de dos meses.

Artículo 2388. Si el arrendatario no hiciere uso del derecho que para pedir la terminación del contrato le concede el artículo anterior, hecha la reparación continuará en el uso de la cosa, pagando la misma renta hasta que termine el plazo del arrendamiento.

Artículo 2389. Si el arrendador, sin motivo fundado, se opone al subarriendo que con derecho pretenda hacer el arrendatario, podrá éste pedir la rescisión del contrato.

Artículo 2390. Si el usufructuario no manifestó su calidad de tal al hacer el arrendamiento y por haberse consolidado la propiedad con el usufructo, exige el propietario la desocupación de la finca, tiene el arrendatario derecho para demandar al arrendador la indemnización de daños y perjuicios.

Artículo 2391. En el caso del artículo anterior, se observará lo que dispone el artículo 2382, si el predio fuere rústico y si fuere urbano, lo que previene el artículo 2383.

Artículo 2392. Si el predio dado en arrendamiento fuere enajenado judicialmente, el contrato de arrendamiento subsistirá, a menos que aparezca que se celebró dentro de los sesenta días anteriores al secuestro de la finca o con posterioridad al mismo, en cuyo caso el arrendamiento podrá darse por concluido, sin que el arrendatario goce en este caso del beneficio de la prórroga.

Artículo 2393. En los casos de expropiación y de ejecución judicial, el arrendatario deberá permitir el barbecho de las tierras desocupadas y el uso de los edificios y demás medios que resulten necesarios para la preparación del ciclo agrícola siguiente, pero tendrá derecho para usar las tierras y edificios para la recolección y aprovechamiento de los frutos pendientes.

TÍTULO SÉPTIMO
DEL COMODATO

Artículo 2394. El comodato es un contrato por el cual uno de los contratantes se obliga a conceder gratuitamente el uso de una cosa no fungible y el otro contrae la obligación de restituirla individualmente.

Artículo 2395. Cuando el préstamo tuviere por objeto cosas consumibles, sólo será comodato si ellas fuesen prestadas como no fungibles, es decir, para ser restituidas idénticamente.

Artículo 2396. Los tutores, curadores y, en general, todos los administradores de bienes ajenos, no podrán dar en comodato, sin autorización especial, los bienes confiados a su guarda.

Artículo 2397. Sin permiso del comodante no puede el comodatario conceder a un tercero el uso de la cosa entregada en comodato.

Artículo 2398. El comodatario adquiere el uso, pero no los frutos y accesiones de la cosa prestada.

Artículo 2399. El comodatario está obligado a poner toda diligencia en la conservación de la cosa y es responsable de todo deterioro que ella sufra por su culpa.

Artículo 2400. Si el deterioro es tal que la cosa no sea susceptible de emplearse en su uso ordinario, podrá el comodante exigir el valor de ella, abandonando su propiedad al comodatario.

Artículo 2401. El comodatario responde de la pérdida o deterioro de la cosa, si la emplea en uso diverso o por más tiempo del convenido, aún cuando aquélla sobrevenga por caso fortuito.

Artículo 2402. Si la cosa perece por caso fortuito en el que el comodatario haya podido garantizarla empleando la suya propia o si no pudiendo conservar más que una de las dos, ha preferido la suya, responde de la pérdida de la otra.

Artículo 2403. Si la cosa ha sido valuada al prestarla, su pérdida, aun cuando sobrevenga por caso fortuito, es por cuenta del comodatario, quien deberá entregar el precio si no hay convenio expreso en contrario.

Artículo 2404. Si la cosa se deteriora por el sólo efecto del uso para que fue prestada y sin culpa del comodatario, no es éste responsable del deterioro.

Artículo 2405. El comodatario no tiene derecho para repetir el importe de los gastos ordinarios que se necesiten para el uso y conservación de la cosa prestada.

Artículo 2406. Tampoco tiene derecho el comodatario para retener la cosa bajo pretexto de lo que por expensas o por cualquiera otra causa le deba el dueño.

Artículo 2407. Siendo dos o más los comodatarios, están sujetos solidariamente a las mismas obligaciones.

Artículo 2408. Si no se ha determinado el uso o el plazo del préstamo, el comodante podrá exigir la cosa cuando le pareciere. En este caso, la prueba de haber convenido uso o plazo, incumbe al comodatario.

Artículo 2409. El comodante podrá exigir la devolución de la cosa antes de que termine el plazo o uso convenidos, sobreviniéndole necesidad urgente de ella; probando que hay peligro de que ésta perezca si continúa en poder del comodatario; o si éste ha autorizado a un tercero a servirse de la cosa, sin consentimiento del comodante.

Artículo 2410. Si durante el préstamo el comodatario ha tenido que hacer, para la conservación de la cosa, algún gasto extraordinario, de tal manera urgente que no haya podido dar aviso al comodante, éste tendrá obligación de reembolsarlo.

Artículo 2411. Cuando la cosa prestada tiene defectos tales que causen perjuicios al que se sirva de ella, el comodante es responsable de éstos, si conocía los defectos y no dio aviso oportuno al comodatario.

Artículo 2412. El comodato termina por la muerte del comodatario.

TÍTULO OCTAVO
DEL DEPÓSITO Y DEL SECUESTRO

CAPÍTULO PRIMERO
DEL DEPÓSITO

Artículo 2413. El depósito es un contrato por el cual, el depositario se obliga hacia el depositante a recibir una cosa, mueble o inmueble, que aquél le confía y a guardarla para restituirla cuando la pida el depositante.

Artículo 2414. Salvo pacto en contrario, el depositario tiene derecho a exigir retribución por el depósito, la cual se arreglará a los términos del contrato y, en su defecto, a los usos del lugar en que se constituya el depósito.

Artículo 2415. Los depositarios de títulos, valores, efectos o documentos que devenguen intereses, quedan obligados a realizar el cobro de éstos en las épocas de su vencimiento, así como también a practicar cuantos actos sean necesarios para que los efectos depositados conserven el valor y los derechos que les correspondan con arreglo a las leyes.

Artículo 2416. La incapacidad de uno de los contratantes no exime al otro de las obligaciones a que están sujetos el que deposita y el depositario.

Artículo 2417. El incapaz que acepte el depósito puede, si se le demanda por daños y perjuicios, oponer como excepción la nulidad del contrato, más no podrá eximirse de restituir la cosa depositada si se conserva aún en su poder o el provecho que hubiere recibido de su enajenación.

Artículo 2418. Cuando la incapacidad no fuere absoluta, podrá el depositario ser condenado al pago de daños y perjuicios si hubiere procedido con dolo o mala fe.

Artículo 2419. El depositario está obligado a conservar la cosa objeto del depósito, según la reciba y a devolverla cuando el depositante se la pida, aunque al constituirse el depósito se hubiere fijado plazo y éste no hubiere llegado.

En la conservación del depósito responderá el depositario de los menoscabos, daños y perjuicios que las cosas depositadas sufrieren por su malicia o negligencia.

Artículo 2420. Si después de constituido el depósito tiene conocimiento el depositario de que la cosa es robada y de quién es el verdadero dueño, debe dar aviso a éste o a la autoridad competente, con la reserva debida.

Si dentro de ocho días no se le manda judicialmente retener o entregar la cosa, puede devolverla al que la depositó, sin que por ello quede sujeto a responsabilidad alguna.

Artículo 2421. Siendo varios los que den una sola cosa o cantidad en depósito, no podrá el depositario entregarla sino con previo consentimiento de la mayoría de los depositantes, computados por cantidades y no por personas, a no ser que al constituirse el depósito se haya convenido que la entrega se haga a cualquiera de los depositantes.

Artículo 2422. El depositario entregará a cada depositante una parte de la cosa, si al constituirse el depósito se señaló la que a cada uno correspondía.

Artículo 2423. Si no hubiere lugar designado para la entrega del depósito, la devolución se hará en el lugar donde se halla la cosa depositada. Los gastos de entrega serán por cuenta del depositante.

Artículo 2424. El depositario no está obligado a entregar la cosa cuando judicialmente se haya mandado retener o embargar.

Artículo 2425. El depositario puede, por justa causa, devolver la cosa antes del plazo convenido.

Artículo 2426. Cuando el depositario descubra o pruebe que es suya la cosa depositada y el depositante insista en sostener sus derechos, debe ocurrir al juez pidiéndole orden para retenerla o para depositarla judicialmente.

Artículo 2427. Cuando no se ha estipulado tiempo, el depositario puede devolver el depósito al depositante cuando quiera, siempre que le avise con una prudente anticipación, si se necesita preparar algo para la guarda de la cosa.

Artículo 2428. El depositante está obligado a indemnizar al depositario de todos los gastos que haya hecho en la conservación del depósito y de los perjuicios que por él haya sufrido.

Artículo 2429. El depositario no puede retener la cosa, aún cuando al pedírsela no haya recibido el importe de las expensas a que se refiere el artículo anterior; pero si podrá, en este caso, si el pago no se le asegura, pedir judicialmente la retención del depósito.

Artículo 2430. Tampoco puede retener la cosa como prenda que garantice otro crédito que tenga contra el depositante.

Artículo 2431. Los dueños de establecimientos en donde se reciben huéspedes son responsables del deterioro, destrucción o pérdida de los efectos introducidos en el establecimiento con su consentimiento o el de los empleados autorizados, por las personas que allí se alojen, a menos que prueben que el daño sufrido es imputable a estas personas, a sus acompañantes, a sus servidores o a los que lo visiten o que provienen de caso fortuito, fuerza mayor o vicios de los mismos efectos.

La responsabilidad de que habla este artículo será la equivalente al valor de lo deteriorado, destruido o perdido y en caso de culpa del hotelero o su personal, deben cubrirse además los daños y perjuicios.

Artículo 2432. Para que los dueños de establecimientos donde se reciben huéspedes sean responsables del dinero, valores u objetos de precio notoriamente elevado que introduzcan en esos establecimientos las personas que allí se alojen, es necesario que sean entregados en depósito a ellos o a sus empleados debidamente autorizados.

Artículo 2433. El posadero no se exime de la responsabilidad que le imponen los dos artículos anteriores por avisos que ponga en su establecimiento para eludirla. Cualquier pacto que celebre, limitando o modificado esa responsabilidad, será nulo.

Artículo 2434. Las fondas, cafés, casas de baño y otros establecimientos semejantes, no responden de los efectos que introduzcan los parroquianos, a menos que los pongan bajo el cuidado de los empleados del establecimiento.

CAPÍTULO SEGUNDO
DEL SECUESTRO

Artículo 2435. El secuestro es el depósito de una cosa litigiosa en poder de un tercero, hasta que se decida a quién debe entregarse.

Artículo 2436. El secuestro es convencional o judicial.

Artículo 2437. El secuestro convencional se verifica cuando los litigantes depositan la cosa litigiosa en poder de un tercero que se obliga a entregarla concluido el pleito, al que conforme a la sentencia tenga derecho a ella.

Artículo 2438. El encargado del secuestro convencional no puede liberarse de él antes de la terminación del pleito, sino consintiendo en ello todas las partes interesadas o por una causa que el juez declare legítima.

Artículo 2439. Fuera de las excepciones acabadas de mencionar, rigen para el secuestro convencional las mismas disposiciones que para el depósito.

Artículo 2440. El secuestro judicial es el que se constituye por decreto del juez.

Artículo 2441. El secuestro judicial se rige por las disposiciones del Código de Procedimientos Civiles del Estado de Querétaro y, en su defecto, por las del secuestro convencional.

TÍTULO NOVENO
DEL MANDATO

CAPÍTULO PRIMERO
DISPOSICIONES GENERALES

Artículo 2442. El mandato es un contrato por el que el mandatario se obliga a ejecutar por cuenta del mandante, los actos jurídicos que éste le encarga.

Artículo 2443. El contrato de mandato se reputa perfecto por la aceptación del mandatario.

El mandato que implica el ejercicio de una profesión, se presume aceptado cuando es conferido a personas que ofrecen al público el ejercicio de su profesión, por el sólo hecho de que no lo rehúsen dentro de los tres días siguientes.

La aceptación puede ser expresa o tácita. Aceptación tácita es todo acto en ejecución de un mandato.

Artículo 2444. Pueden ser objeto del mandato, todos los actos lícitos para los que la ley no exige la intervención personal del interesado.

Artículo 2445. Solamente será gratuito el mandato cuando así se haya convenido expresamente.

Artículo 2446. El mandato puede ser escrito o verbal.

Artículo 2447. El mandato escrito puede otorgarse:

I. En escritura pública;

II. En escrito privado, firmado por el otorgante y dos testigos, ratificadas las firmas ante notario público, juez o ante el correspondiente funcionario o empleado administrativo, cuando el mandato se otorgue para asuntos administrativos; y

III. En carta poder sin ratificación de firmas.

El Registro Público de la Propiedad y del Comercio, al proceder a la inscripción de la escritura pública que contenga mandato, deberá dar aviso del mismo ante el Registro Nacional de Avisos de Poderes Notariales.

Artículo 2448. El mandato verbal es el otorgado de palabra entre presentes, hayan o no intervenido testigos.

Cuando el mandato haya sido verbal, debe ratificarse por escrito antes de que concluya el negocio para que se diera.

Artículo 2449. El mandato puede ser general o especial. Son generales los contenidos en los tres primeros párrafos del artículo siguiente. Cualquier otro tendrá el carácter de especial.

Artículo 2450. En todos los poderes generales para pleitos y cobranzas, bastará que se diga que se otorgan con todas las facultades generales y las especiales que requieran cláusula especial conforme a la ley, para que se entiendan conferidos sin limitación alguna.

En los poderes generales para administrar bienes, bastará expresar que se dan con ese carácter, para que el apoderado tenga toda clase de facultades administrativas.

En los poderes generales, para ejercer actos de dominio, bastará que se den con ese carácter para que el apoderado tenga todas las facultades de dueño, tanto en lo relativo a los bienes, como para hacer toda clase de gestiones a fin de defenderlos.

Cuando se quisieren limitar, en los tres casos antes mencionados, las facultades de los apoderados, se consignarán las limitaciones o los poderes serán especiales.

Los notarios públicos insertarán este artículo en los testimonios de los poderes que otorguen.

Artículo 2451. El mandato debe otorgarse en escritura pública o en carta poder ratificada, la firma del otorgante, ante notario público, juez o autoridades administrativas correspondientes:

I. Cuando sea general;

II. Cuando el interés del negocio para el que se confiere exceda de quinientas veces el salario mínimo general diario vigente en la zona; y

III. Cuando en virtud de él haya de ejecutar el mandatario, a nombre del mandante, algún acto que conforme a la ley debe constar en instrumento público.

Artículo 2452. El mandato podrá otorgarse en escrito privado firmado ante dos testigos, sin que sea necesaria la previa ratificación de firmas, cuando el interés del negocio para el que se confiere exceda de cien veces el salario mínimo general diario vigente en la zona, pero no llegue a quinientas.

Sólo puede ser verbal el mandato cuando el interés del negocio no exceda de cien veces el salario mínimo general diario vigente en la zona.

Artículo 2453. La omisión de los requisitos establecidos en los artículos que preceden anula el mandato y sólo deja subsistentes las obligaciones contraídas entre el tercero que haya procedido de buena fe y el mandatario, como si éste hubiere obrado en negocio propio.

Artículo 2454. Si el mandante, el mandatario y el que haya tratado con éste proceden de mala fe, ninguno de ellos tendrá derecho de hacer valer la falta de forma del mandato.

Artículo 2455. En caso de anulación del mandato, podrá el mandante exigir del mandatario la devolución de las sumas que le haya entregado, respecto de las cuales será considerado el último de los mencionados como simple depositario.

Si el mandante hubiere procedido de mala fe, deberá indemnizar al mandatario de los daños y perjuicios que sufriere, si el primero no ratificare lo hecho por el segundo.

Artículo 2456. El mandatario, salvo convenio celebrado entre él y el mandante, podrá desempeñar el mandato tratando en su propio nombre o en el del mandante.

Artículo 2457. Cuando el mandatario obra en su propio nombre, el mandante no tiene acción contra las personas con quienes el mandatario ha contratado, ni éstas tampoco contra el mandante.

Lo dispuesto en este artículo se entiende sin perjuicio de las acciones entre mandante y mandatario.

CAPÍTULO SEGUNDO
DE LAS OBLIGACIONES DEL MANDATARIO CON RESPECTO AL MANDANTE

Artículo 2458. El mandatario, en el desempeño de su encargo, se sujetará a las instrucciones recibidas del mandante y en ningún caso podrá proceder contra disposiciones expresas del mismo.

Artículo 2459. En lo no previsto y prescrito expresamente por el mandante, deberá el mandatario consultarle, siempre que lo permita la naturaleza del negocio. Si no fuere posible la consulta o estuviere el mandatario autorizado para obrar a su arbitrio, hará lo que la prudencia dicte, cuidando del negocio como propio.

Artículo 2460. Si un accidente imprevisto hiciere, a juicio del mandatario, perjudicial la ejecución de las instrucciones recibidas, podrá suspender el cumplimiento del mandato, comunicándolo así al mandante por el medio más rápido posible.

Artículo 2461. En las operaciones hechas por el mandatario, con violación o con exceso del encargo recibido, además de la indemnización a favor del mandante, de daños y perjuicios, quedará, a opción de éste, ratificarlas o dejarlas a cargo del mandatario.

Artículo 2462. El mandatario está obligado a dar oportunamente noticia al mandante, de todos los hechos o circunstancias que puedan determinarlo a revocar o modificar el encargo. Asimismo, debe dársela sin demora de la ejecución de dicho encargo.

Artículo 2463. El mandatario no puede compensar los perjuicios que cause con los provechos que por otro motivo haya procurado al mandante.

Artículo 2464. El mandatario que se exceda de sus facultades es responsable de los daños y perjuicios que cause al mandante y al tercero con quien contrató, si este ignoraba que aquel traspasaba los límites del mandato.

Artículo 2465. El mandatario está obligado a dar al mandante cuenta exacta de su administración, conforme al convenio, si lo hubiere; no habiéndolo, cuando el mandante lo pida y, en todo caso, al fin del contrato.

Artículo 2466. El mandatario tiene obligación de entregar al mandante todo lo que haya recibido en virtud del poder.

Artículo 2467. Lo dispuesto en el artículo anterior se observará, aún cuando lo que el mandatario recibió no fuere debido al mandante.

Artículo 2468. El mandatario debe pagar los intereses de las sumas que pertenezcan al mandante y que haya distraído de su objeto e invertido en provecho propio, desde la fecha de inversión; así como los de las cantidades en que resulte alcanzado, desde la fecha en que se constituyó en mora.

Artículo 2469. Si se confiere un mandato a diversas personas, respecto de un mismo negocio, aunque sea en un sólo acto, no quedarán solidariamente obligados si no se convino así expresamente.

Artículo 2470. El mandatario puede encomendar a un tercero al desempeño del mandato, si tiene facultades expresas para ello.

Artículo 2471. El mandatario general, si no se le ha prohibido y el especial si expresamente se le ha facultado para ello, podrán otorgar poderes particulares para un acto determinado o sustituir en todo o en parte su mandato, entendiéndose que la facultad de otorgar poderes o hacer substituciones implica la de revocar unos y otras.

Artículo 2472. Si se le designó la persona del substituto, no podrá nombrar a otro; si no se le designó persona, podrá nombrar a la que quiera y, en este último caso, solamente será responsable cuando la persona elegida fuere de mala fe o se hallare en notoria insolvencia. Si se le hubiera designado al sustituto, el mandatario no será responsable frente al mandante, de los actos de quien le sustituya.

Artículo 2473. El substituto tiene, para con el mandante, los mismos derechos y obligaciones que el mandatario.

CAPÍTULO TERCERO
DE LAS OBLIGACIONES DEL MANDANTE CON RELACIÓN AL MANDATARIO

Artículo 2474. El mandante debe anticipar al mandatario, si éste lo pide, las cantidades necesarias para la ejecución del mandato.

Si el mandatario las hubiere anticipado, debe reembolsarlas el mandante, aunque el negocio no haya salido bien, con tal que esté exento de culpa el mandatario.

El reembolso comprenderá los intereses de la cantidad anticipada, a contar desde el día en que se hizo el anticipo.

Artículo 2475. Debe también el mandante indemnizar al mandatario de todos los daños y perjuicios que le haya causado el cumplimiento del mandato, sin culpa ni imprudencia del mismo mandatario.

Artículo 2476. El mandatario podrá retener en prenda las cosas que son objeto del mandato, hasta que el mandante haga la indemnización y reembolso de que tratan los dos artículos anteriores.

Artículo 2477. Si muchas personas hubiesen nombrado a un solo mandatario para algún negocio común, le quedan obligadas solidariamente para todos los efectos del mandato.

CAPÍTULO CUARTO
DE LAS OBLIGACIONES Y DERECHOS DEL MANDANTE Y DEL MANDATARIO CON RELACIÓN A TERCEROS

Artículo 2478. El mandante debe cumplir todas las obligaciones que el mandatario haya contraído dentro de los límites del mandato.

Artículo 2479. El mandatario no tendrá acción para exigir el cumplimiento de las obligaciones contraídas a nombre del mandante, a no ser que esta facultad se haya incluido también en el poder.

Artículo 2480. Los actos que el mandatario practique a nombre del mandante, traspasando los límites expresos del mandato serán nulos con relación al mismo mandante, si no los ratifica tácita o expresamente.

Artículo 2481. El tercero que hubiere contratado con el mandatario que se excedió en sus facultades, no tendrá acción contra éste, si le hubiere dado a conocer cuáles fueron aquéllas y no se hubiere obligado personalmente por el mandante.

CAPÍTULO QUINTO
DEL MANDATO JUDICIAL

Artículo 2482. No pueden ser procuradores en juicio:

I. Los incapacitados;

II. Los jueces magistrados y demás funcionarios y empleados de la administración de justicia en ejercicio, dentro de los límites de su jurisdicción;

III. Los empleados de la hacienda pública, en cualquiera causa en que puedan intervenir de oficio, dentro de los límites de sus respectivos distritos; y

IV. Los que no tengan título de Licenciado en Derecho.

Artículo 2483. El mandato judicial será otorgado en escritura pública o en escrito presentado y ratificado por el otorgante ante el juez de los autos. Si el juez no conoce al otorgante, exigirá testigos de identificación.

La substitución del mandato judicial se hará en la misma forma que su otorgamiento.

Artículo 2484. El procurador no necesita poder o cláusula especial, sino en los casos siguientes:

I. Para desistirse;

II. Para transigir;

III. Para comprometer en árbitros;

IV. Para absolver y articular posiciones;

V. Para hacer cesión de bienes;

VI. Para recusar;

VII. Para recibir pagos; y

VIII. Para los demás actos que expresamente determine la ley.

Cuando en los poderes generales se desee conferir alguna o algunas de las facultades acabadas de enumerar, bastará que se diga que se otorgan con todas las generales y especiales que requieran cláusula especial.

Artículo 2485. El procurador, aceptado el poder, esta obligado:

I. A seguir el juicio por todas sus instancias, mientras no haya cesado en su encargo;

II. A pagar los gastos que se causen a su instancia, salvo el derecho que tiene de que el mandante se los reembolse; y

III. A practicar, bajo la responsabilidad que este Código impone al mandatario, cuanto sea necesario para la defensa de su poderdante, arreglándose al efecto a las instrucciones que éste le hubiere dado; si no las tuviere, a lo que exija la naturaleza e índole del litigio.

Artículo 2486. El procurador o abogado que acepte el mandato de una de las partes no puede admitir el del contrario, en el mismo juicio, aunque renuncie el primero.

Artículo 2487. El procurador o abogado que revele a la parte contraria los secretos de su poderdante o cliente o le suministre documentos o datos que lo perjudiquen, será responsable de todos los daños y perjuicios, quedando, además, sujetos a lo que para estos casos dispone el Código Penal del Estado de Querétaro.

Artículo 2488. El procurador que tuviere justo impedimento para desempeñar su encargo, no podrá abandonarlo sin substituir el mandato teniendo facultades para ello o sin avisar a su mandante, para que nombre a otra persona.

Artículo 2489. La representación del procurador cesa, además de los casos expresados con anterioridad:

I. Por separarse el poderdante de la acción u oposición que hayan formulado;

II. Por haber terminado la personalidad del poderdante;

III. Por haber transmitido el mandante a otros sus derechos sobre la cosa litigiosa, luego que la transmisión o cesión sea debidamente notificada y se haga constar en autos;

IV. Por hacer el dueño del negocio alguna gestión en el juicio, manifestando que revoca el mandato; y

V. Por nombrar el mandante otro procurador para el mismo negocio.

Artículo 2490. Será materia de responsabilidad civil de los abogados y de los procuradores, abandonar la defensa de un cliente o negocio sin motivo justificando y causando un daño. También incurrirá en responsabilidad civil hacia la parte que representen, cuando le causen un daño o perjuicio por su negligencia, actitud maliciosa o culpa grave.

Artículo 2491. El procurador que ha substituido un poder, puede revocar la substitución si tiene facultades para hacerlo, rigiendo también, en este caso, respecto del substituto, la revocación que haga el dueño del negocio.

Artículo 2492. La parte puede ratificar, antes de la sentencia que cause ejecutoria, lo que el procurador hubiere hecho excediéndose del poder.

CAPÍTULO SEXTO
DE LOS DIVERSOS MODOS DE TERMINAR EL MANDATO

Artículo 2493. El mandato termina:

I. Por la revocación;

II. Por la renuncia del mandatario;

III. Por la muerte del mandante o del mandatario;

IV. Por interdicción de uno u otro;

V. Por el vencimiento del plazo y por la conclusión del negocio para el que fue concedido; y

VI. En los casos de declaración de ausencia.

Artículo 2494. El mandante puede revocar el mandato cuando y como le parezca; menos en aquellos casos en que su otorgamiento se hubiere estipulado como una condición en un contrato bilateral o como un medio para cumplir una obligación contraída.

En estos casos, tampoco puede el mandatario renunciar el poder.

La parte que revoque o renuncie el mandato en tiempo inoportuno, debe indemnizar a la otra de los daños y perjuicios que le cause.

El mandato irrevocable no termina por la muerte del mandante, salvo lo dispuesto en el artículo siguiente.

Artículo 2495. Cuando se ha dado un mandato para tratar con determinada persona, el mandante debe notificar a ésta la revocación del mandato, so pena de quedar obligado por los actos del mandatario ejecutados después de la revocación, siempre que haya habido buena fe de parte de esa persona.

Artículo 2496. El mandante puede exigir la devolución del instrumento o escrito en que conste el mandato y todos los documentos relativos al negocio o negocios que tuvo a su cargo el mandatario.

El mandante que descuide exigir los documentos que acrediten los poderes del mandatario, responde de los daños que puedan resultar por esa causa de terceros de buena fe.

Artículo 2497. La constitución de un nuevo mandatario para un mismo asunto, importa la revocación del primero, desde el día en que se notifique a éste el nuevo nombramiento.

Artículo 2498. Aunque el mandato termine por la muerte del mandante, debe el mandatario continuar en la administración entre tanto los herederos proveen por si mismos a los negocios, siempre que de lo contrario pueda resultar algún perjuicio.

Artículo 2499. En el caso del artículo anterior, tiene derecho el mandatario para pedir al juez de que señale un plazo corto a los herederos a fin de que se presenten a encargarse de sus negocios.

Artículo 2500. Si el mandato termina por muerte del mandatario deben sus herederos dar aviso al mandante y practicar, mientras éste resuelva, solamente las diligencias que sean indispensables para evitar cualquier perjuicio.

Artículo 2501. El mandatario que renuncie tiene obligación de seguir el negocio mientras el mandante no provee a la procuración, si de lo contrario se sigue algún perjuicio.

Artículo 2502. Lo que el mandatario, sabiendo que ha cesado el mandato, hiciere con un tercero que ignore el plazo de la procuración, no obliga al mandante, fuera del caso previsto en el artículo 2495.

TÍTULO DÉCIMO
DEL CONTRATO DE PRESTACIÓN DE SERVICIOS

CAPÍTULO PRIMERO
DE LA PRESTACIÓN DE SERVICIOS PROFESIONALES

Artículo 2503. El que presta y el que recibe los servicios profesionales pueden fijar, de común acuerdo, retribución debida por ellos.

Artículo 2504. Cuando no hubiere convenio, los honorarios se regularán atendiendo juntamente a las costumbres del lugar, a la importancia de los trabajos prestados, a la del asunto o caso en que se prestaren, a las facultades pecuniarias del que recibe el servicio y a la reputación profesional que tenga adquirida el que lo ha prestado. Si los servicios prestados estuvieren regulados por arancel, éste servirá de norma para fijar el importe de los honorarios reclamados.

Artículo 2505. Los que sin tener el título correspondiente ejerzan profesiones para cuyo ejercicio la ley exija título, además de incurrir en las penas respectivas, no tendrán derecho de cobrar retribución por los servicios profesionales que hayan prestado.

Artículo 2506. En la prestación de servicios profesionales pueden incluirse las expensas que hayan de hacerse en el negocio en que aquéllos se presten. A falta de convenio sobre su reembolso, los anticipos serán pagados en los términos del artículo siguiente, con el rédito legal, desde el día en que fueren hechos sin perjuicio de la responsabilidad por daños y perjuicios cuando hubiere lugar a ella.

Artículo 2507. El pago de los honorarios y de las expensas, cuando las haya, se hará en el lugar de la residencia del que ha prestado los servicios profesionales, inmediatamente que preste cada servicio o al fin de todos, cuando se separe el profesor o haya concluido el negocio o trabajo que se le confió.

Artículo 2508. Si varias personas encomendaren un negocio, todas ellas serán solidariamente responsables de los honorarios del profesor y de los anticipos que hubieren hecho.

Artículo 2509. Cuando varios profesores en la misma ciencia presten sus servicios en un negocio o asunto, podrán cobrar los servicios que individualmente haya prestado cada uno.

Artículo 2510. Los profesores tienen derecho de exigir sus honorarios, cualquiera que sea el éxito del negocio o trabajo que se les encomiende, salvo convenio en contrario.

Artículo 2511. Siempre que un profesor no pueda continuar prestando sus servicios, deberá avisar oportunamente a la persona que lo ocupe, quedando obligando a satisfacer los daños y perjuicios que se causen, cuando no diere éste aviso con oportunidad. Respecto de los abogados, el que renuncie al mandato de su representado, no puede aceptar el mandato de la parte contraria, en el mismo juicio.

Artículo 2512. Siempre que una persona celebrare un contrato en virtud del cual deba atender todo o algunos de los negocios de otra, de manera regular y mediante una retribución periódica, no podrá darse por concluido este contrato, sino dando aviso con un mes de anticipación.

Artículo 2513. Siempre que un profesor se hubiere obligado a atender alguna clase de trabajo de manera regular y por retribución periódica, no podrá dar por concluido este contrato si se celebró por tiempo indefinido, sin avisar por lo menos con un mes de anticipación y dar a quién se designe como sustituto, cuantos informes sean necesarios para continuar en el desempeño de los mismos servicios.

Artículo 2514. En el caso a que se refiere el artículo anterior, la persona que reciba los servicios no podrá, a menos que el profesor que los preste hubiere dado causa justificada, declarar concluido el contrato sin el mismo aviso anticipado y el pago de los honorarios correspondientes a dos meses, como indemnización o cubriendo tres meses de honorarios, si la separación se hace desde luego.

Artículo 2515. El que preste servicios profesionales sólo es responsable, hacia las personas a quienes sirve, por negligencia, impericia o dolo, sin perjuicio de las penas que merezca en caso de delito.

CAPÍTULO SEGUNDO
DEL CONTRATO DE OBRAS A PRECIO ALZADO

Artículo 2516. El contrato de obras a precio alzado, cuando el empresario dirige la obra y pone los materiales, se sujetará a las reglas siguientes.

Artículo 2517. Todo el riesgo de la obra correrá a cargo del empresario hasta el acto de la entrega, a no ser que hubiere morosidad de parte del dueño de la obra en recibirla o convenio expreso en contrario.

Artículo 2518. Siempre que el empresario se encargue por ajuste cerrado de la obra en bien inmueble cuyo valor sea de más de doscientos cincuenta veces el salario mínimo general diario vigente en la zona, se otorgará el contrato por escrito, incluyéndose en él una descripción pormenorizada y, en los casos que lo requieran, un plano, diseño o presupuesto de la obra.

Artículo 2519. Si no hay plano, diseño y presupuesto para la ejecución de la obra y surgen dificultades entre el empresario y el dueño, serán resueltas teniendo en cuenta la naturaleza de la obra, el precio de ella y la costumbre del lugar, oyéndose el dictamen de peritos.

Artículo 2520. El perito que firme el plano, diseño o presupuesto de una obra y la ejecute, no puede cobrar el plano, diseño o presupuesto fuera del honorario de la obra, mas si ésta no se ha ejecutado por causa del dueño, podrá cobrarlo, a no ser que al encargárselo se haya pactado que el dueño no lo paga si no le conviene aceptarlo.

Artículo 2521. Cuando se haya invitado a varios peritos para hacer planos, diseños o presupuestos, con el objeto de escoger entre ellos el que parezca mejor y los peritos han tenido conocimiento de esta circunstancia, ninguno puede cobrar honorarios, salvo convenio expreso.

Artículo 2522. En el caso del artículo anterior, podrá el autor del plano, diseño o presupuesto aceptado, cobrar su valor cuando la obra se ejecutare conforme a él por otra persona.

Artículo 2523. El autor de un plano, diseño o presupuesto que no hubiere sido aceptado, podrá también cobrar su valor si la obra se ejecutare conforme a él por otra persona, aun cuando se hayan hecho modificaciones en los detalles.

Artículo 2524. Cuando al encargarse una obra no se ha fijado precio, se tendrá por tal, si los contratantes no estuviesen de acuerdo después, el que designen los aranceles o, a falta de ellos, el que tasen los peritos.

Artículo 2525. El precio de la obra se pagará al entregarse ésta, salvo convenio en contrario.

Artículo 2526. El empresario que se encargue de ejecutar alguna obra por precio determinado, no tiene derecho de exigir después ningún aumento, aunque lo haya tenido el precio de los materiales o el de los jornales, salvo pacto expreso en contrario por escrito o que hubiere existido mora en los pagos a cargo de quien contrató al empresario.

Artículo 2527. Lo dispuesto en el artículo anterior se observará también cuando haya habido algún cambio o aumento en el plano o diseño, a no ser que sean autorizados por escrito por el dueño o con expresa designación del precio.

Artículo 2528. Una vez pagado y recibido el precio, no hay lugar a reclamación sobre él, a menos que al pagar o recibir las partes se hayan reservado expresamente el derecho de reclamar.

Artículo 2529. El que se obligue a hacer una obra por piezas o por medida, puede exigir que el dueño la reciba en partes y se la pague en proporción de las que reciba.

Artículo 2530. El que se obligue a hacer una obra por ajuste cerrado, debe comenzar y concluir en los términos designados en el contrato y, en caso contrario, en los que sean suficientes, a juicio de peritos.

Artículo 2531. La parte pagada se presume aprobada y recibida por el dueño, pero no habrá lugar a esa presunción solamente porque el dueño haya hecho adelantos a buena cuenta del precio de la obra, si no se expresa que el pago se aplique a la parte ya entregada.

Artículo 2532. Lo dispuesto en los artículos que preceden, no se observará cuando las piezas que se manden construir no puedan ser útiles, sino formando reunidas un todo.

Artículo 2533. El empresario que se encargue de ejecutar alguna obra, no puede hacerla ejecutar por otro a menos que lo requiera la naturaleza de la obra, se haya pactado lo contrario o el dueño lo consienta; en estos casos la obra se hará siempre bajo la responsabilidad del empresario.

Artículo 2534. Recibida y aprobada la obra por el que la encargó, el empresario es responsable de los defectos que después aparezcan y que procedan de vicios en su construcción y hechura, mala calidad de los materiales empleados o vicios del suelo en que se fabricó, a no ser que, por disposición expresa del dueño, se hayan empleado materiales defectuosos, después que el empresario le haya dado a conocer sus defectos o que se haya edificado en terreno inapropiado, elegido por el dueño, a pesar de las observaciones del empresario.

Artículo 2535. El dueño de una obra ajustada por un precio fijo puede desistir de la empresa comenzada, con tal que indemnice al empresario de todos los gastos y trabajos y de la utilidad que pudiere haber sacado de la obra.

Artículo 2536. Cuando la obra fue ajustada por peso o medida, sin designación del número de piezas o de la medida total, el contrato puede resolverse por una y otra parte, concluidas que sean las partes designadas, pagándose la parte concluida.

Artículo 2537. Pagado el empresario de lo que le corresponda, según los dos artículos anteriores, el dueño queda en libertad de continuar la obra, empleando a otras personas, aun cuando aquella siga conforme al mismo plano, diseño o presupuesto.

Artículo 2538. Si el empresario muere antes de terminar la obra, podrá rescindirse el contrato, pero el dueño indemnizará a los herederos de aquél, del trabajo y gastos hechos.

Artículo 2539. La misma disposición tendrá lugar si el empresario no puede concluir la obra por alguna causa independiente de su voluntad.

Artículo 2540. Si muere el dueño de la obra, no se rescindirá el contrato y sus herederos serán responsables del cumplimiento para con el empresario, salvo que la obra se estuviera haciendo por piezas o medidas y las concluidas ya hubieran estado pagadas en la parte que correspondiera.

Artículo 2541. Los que trabajen por cuenta del empresario o le suministren material para la obra, no tendrán acción contra el dueño de ella, sino hasta la cantidad que alcance el empresario.

Artículo 2542. El empresario es responsable del trabajo ejecutado por las personas que ocupe en la obra.

Artículo 2543. Cuando se conviniere en que la obra deba hacerse a satisfacción del propietario o de otra persona, se entiende reservada la aprobación, a juicio de peritos.

Artículo 2544. El constructor de cualquiera obra mueble tiene derecho de retenerla mientras no se le pague y su crédito será cubierto preferentemente con el precio de dicha obra.

Artículo 2545. Los empresarios constructores son responsables por la inobservancia de las disposiciones municipales o de policía y por todo daño que causen a los vecinos.

CAPÍTULO TERCERO
DE LOS PORTEADORES Y ALQUILADORES

Artículo 2546. El contrato por el cual alguno se obliga a transportar, bajo su inmediata dirección o la de sus dependencias, por tierra o por aire, a persona, animales, mercaderías o cualesquiera otros objetos, si no constituye un contrato mercantil, se regirá por las reglas siguientes.

Artículo 2547. Los porteadores responden del daño causado a las personas por defecto de los conductores y medios de transporte que empleen; este defecto se presume siempre que el empresario no pruebe que el mal aconteció por fuerza mayor o por caso fortuito que no le puede ser imputado.

Artículo 2548. Responden, igualmente, de la pérdida y de las averías de las cosas que reciban, a no ser que prueben que la pérdida o la avería provienen de caso fortuito, de fuerza mayor o de vicio de las mismas cosas.

Artículo 2549. Responden también de las omisiones o equivocaciones que haya en la remisión de efectos, ya sea que no los envíen en el viaje estipulado, ya sea que los envíen a parte distinta de la convenida.

Artículo 2550. Responden, igualmente, de los daños causados por retardo en el viaje, ya sea al comenzarlo o durante su curso o por mutación de la ruta, a menos que prueben qué caso fortuito o fuerza mayor los obligó a ello.

Artículo 2551. Los porteadores no son responsables de las cosas que no se entreguen a ellos, sino a sus cocheros, conductores o dependientes, que no estén autorizados para recibirlas.

Artículo 2552. En el caso del artículo anterior, la responsabilidad es exclusiva de la persona a quien se entregó la cosa.

Artículo 2553. La responsabilidad de todas las infracciones que durante el transporte se cometan, de leyes o reglamentos fiscales o de policía, será del conductor y no de los pasajeros ni de los dueños de las cosas conducidas, a no ser que la falta haya sido cometida por estas personas.

Artículo 2554. El porteador no será responsable de las faltas de que trata el artículo que precede, en cuanto a las penas, sino cuando tuviere culpa; pero lo será siempre de la indemnización de los daños y perjuicios, conforme a las prescripciones relativas.

Artículo 2555. Las personas transportadas no tienen derecho para exigir aceleración o retardo en el viaje, ni alteración alguna en la ruta, ni en las detenciones o paradas, cuando estos actos estén marcados por el reglamento respectivo o por el contrato.

Artículo 2556. El porteador de efectos deberá extender al cargador una carta de porte, de la que éste podrá pedir una copia. En dicha carta se expresarán:

I. El nombre, apellido y domicilio del cargador;

II. El nombre, apellido y domicilio del porteador;

III. El nombre, apellido y domicilio de la persona a quien o a cuya orden van dirigidos los efectos o si han de entregarse al portador de la misma carta;

IV. La designación de los efectos, con expresión de su calidad genérica, de su peso y de las marcas o signos exteriores de los bultos en que se contengan;

V. El precio del transporte;

VI. La fecha en que se hace la expedición;

VII. El lugar de la entrega al porteador;

VIII. El lugar y el plazo en que habrá de hacerse la entrega al consignatario; y

IX. La indemnización que haya de abonar el porteador en caso de retardo, si sobre este punto mediare algún pacto.

Artículo 2557. Las acciones que nacen del transporte, sean en pro o en contra de los porteadores, no duran más de seis meses, después de concluido el viaje.

Artículo 2558. Si la cosa transportada fuere de naturaleza peligrosa, de mala calidad o no estuviere convenientemente empacada o envasada y el daño proviniere de alguna de esas circunstancias, la responsabilidad será del dueño del transporte, si tuvo conocimiento de ellas; en caso contrario, la responsabilidad será del que contrató con el porteador, tanto por el daño que se cause en la cosa, como por el que reciban el medio de transporte u otras personas u objetos.

Artículo 2559. El alquilador debe declarar los defectos de la cabalgadura o de cualquier otro medio de transporte y es responsable de los daños y perjuicios que resulten de la falta de esta declaración.

Artículo 2560. Si la cabalgadura muere o se enferma o si, en general, se inutiliza el medio de transporte, la pérdida será por cuenta del alquilador, si no prueba que el daño sobrevino por culpa de otro contratante.

Artículo 2561. A falta de convenio expreso, se observará la costumbre del lugar, ya sobre el importe del precio y de los gastos, ya sobre el tiempo en que haya de hacerse el pago.

Artículo 2562. El crédito por fletes que se adeudaren al porteador, será pagado preferentemente con el precio de los efectos transportados, si se encuentran en poder del acreedor.

Artículo 2563. El contrato de transporte es rescindible a voluntad del cargador, antes o después de comenzarse el viaje, pagando en el primer caso al porteador la mitad y en el segundo la totalidad del porte, siendo obligación suya recibir los efectos en el punto y en el día en que la rescisión se verifique. Si no cumpliere con esta obligación o no pagare el porte al contado, el contrato no quedará rescindido.

Artículo 2564. El contrato de transporte se rescindirá de hecho, antes de emprenderse el viaje o durante su curso, si sobreviniere algún suceso de fuerza mayor que impida verificarlo o continuarlo.

Artículo 2565. En el caso previsto en el artículo anterior, cada uno de los interesados perderá los gastos que hubiere hecho si el viaje no se ha verificado; si está en curso, el porteador tendrá derecho a que se le pague del porte la parte proporcional al camino recorrido y la obligación de presentar los efectos para su depósito a la autoridad judicial del punto en que ya no le sea posible continuarlo, comprobando y recabando la constancia relativa de hallarse en el estado consignado en la carta de porte, de cuyo hecho dará conocimiento oportuno al cargador, a cuya disposición deben quedar.

CAPÍTULO CUARTO
DEL CONTRATO DE HOSPEDAJE

Artículo 2566. El contrato de hospedaje tiene lugar cuando alguno presta a otro albergue, mediante la retribución convenida, comprendiéndose o no, según se estipule, los alimentos y demás servicios que origine el hospedaje.

Artículo 2567. Este contrato se celebrará tácitamente, si el que presta el hospedaje tiene casa pública destinada a ese objeto.

Artículo 2568. El hospedaje expreso se rige por las condiciones estipuladas y el tácito por el reglamento que expedirá a la autoridad competente y que el dueño del establecimiento deberá tener siempre por escrito en lugar visible.

Artículo 2569. Los equipajes de los pasajeros responden perfectamente del importe del hospedaje; a éste efecto, los dueños de los establecimientos donde se hospeden podrán retenerlos en prenda hasta que obtengan el pago de lo adeudado.

TÍTULO DECIMOPRIMERO
DE LAS ASOCIACIONES Y DE LAS SOCIEDADES

CAPÍTULO PRIMERO
DE LAS ASOCIACIONES

Artículo 2570. Cuando varios individuos convinieren en reunirse, de manera que no sea enteramente transitoria, para realizar un fin común que no esté prohibido por la ley y que no tenga carácter preponderantemente económico, constituyen una asociación.

Artículo 2571. El contrato por el que se constituya una asociación debe constar por escrito.

Artículo 2572. La asociación puede admitir y excluir asociados.

Artículo 2573. Las asociaciones se regirán por sus estatutos, los que deberán ser inscritos en el Registro Público de la Propiedad y del Comercio para que produzcan efectos contra tercero.

Artículo 2574. El poder supremo de las asociaciones reside en la asamblea general. El director o directores de ellas, tendrán las facultades que les conceden los estatutos y la asamblea general, con sujeción a estos documentos.

Artículo 2575. La asamblea general se reunirá en la época fijada en los estatutos o cuando sea convocada por la dirección. Ésta deberá citar a asamblea, cuando para ello fuere requerida por lo menos por el cinco por ciento de los asociados, si no lo hiciere, en su lugar lo hará el juez de lo civil, a petición de dichos asociados.

Artículo 2576. La asamblea general resolverá:

I. Sobre la admisión y exclusión de los asociados;

II. Sobre la disolución anticipada de la asociación o sobre su prórroga por más tiempo del fijado en los estatutos,

III. Sobre el nombramiento de director o directores, cuando no hayan sido nombrados en la escritura constitutiva;

IV. Sobre la revocación de los nombramientos hechos; y

V. Sobre los demás asuntos que les encomienden los estatutos.

Artículo 2577. Las asambleas generales sólo se ocuparán de los asuntos contenidos en la respectiva orden del día.

Sus decisiones serán tomadas por mayoría de votos de los miembros presentes.

Artículo 2578. Cada asociado gozará de un voto en las asambleas generales.

Artículo 2579. El asociado no votará las decisiones en que se encuentren directamente interesados él, su cónyuge, sus ascendientes, descendientes o parientes colaterales dentro del segundo grado.

Artículo 2580. Los miembros de la asociación tendrán derecho de separarse de ella, previo aviso dado con dos meses de anticipación.

Artículo 2581. Los asociados sólo podrán ser excluidos de la sociedad por las causas que señalen los estatutos.

Artículo 2582. Los asociados que voluntariamente se separen o que fueren excluidos, perderán todo derecho al haber social.

Artículo 2583. Los socios tienen derecho de vigilar que las cuotas se dediquen al fin que se propone la asociación y con ese objeto pueden examinar los libros de contabilidad y demás papeles de ésta.

Artículo 2584. La calidad de socio es intransferible.

Artículo 2585. Las asociaciones, además de las causas previstas en los estatutos, se extinguen:

I. Por consentimiento de la asamblea general;

II. Por haber concluido el plazo fijado para su duración o por haber conseguido totalmente el objeto de su fundación;

III. Por haberse vuelto incapaces de realizar el fin para que fueron fundadas; y

IV. Por resolución dictada por autoridad competente.

Artículo 2586. En caso de disolución, los bienes de la asociación se aplicarán conforme a lo que determinen los estatutos y a falta de disposición en éstos, según lo que determine la asamblea general. A efecto de lo anterior, la asamblea sólo podrá atribuir a los asociados la parte del activo social que equivalga a sus aportaciones. Los demás bienes se aplicarán a otra asociación o fundación de objeto similar a la extinguida.

Artículo 2587. Las asociaciones de asistencia social se regirán por las leyes especiales correspondientes.

CAPÍTULO SEGUNDO
DE LAS SOCIEDADES

SECCIÓN PRIMERA
DISPOSICIONES GENERALES

Artículo 2588. Por el contrato de sociedad, los socios se obligan mutuamente a combinar sus recursos o sus esfuerzos para la realización de un fin común, de carácter preponderantemente económico, pero que no constituya una especulación comercial.

Artículo 2589. La aportación de los socios puede consistir en una cantidad de dinero u otros bienes o en su industria. La aportación de bienes implica la transmisión de su dominio a la sociedad, salvo que expresamente se pacte otra cosa.

Artículo 2590. El contrato de sociedad debe constar por escrito, pero se hará constar en escritura pública cuando algún socio transfiera a la sociedad bienes cuya enajenación deba hacerse en escritura pública.

Artículo 2591. La falta de forma prescrita para el contrato de sociedad, sólo produce el efecto de que los socios puedan pedir, en cualquier tiempo, que se haga la liquidación de la sociedad conforme a lo convenido y a falta de acuerdo, conforme a la Sección Quinta de este Capítulo; mientras que esa liquidación no se pida, el contrato produce todos sus efectos entre los socios y éstos no pueden oponer a terceros que hayan contratado con la sociedad la falta de forma.

Artículo 2592. Si se formare una sociedad para un objeto ilícito, a solicitud de cualquiera de los socios o de un tercero interesado, se declarará la nulidad de la sociedad, la cual se pondrá en liquidación.

Después de pagadas las deudas sociales, conforme a la ley, a los socios se les reembolsará lo que hubieren llevado a la sociedad.

Las utilidades se destinarán a los establecimientos de asistencia social del lugar del domicilio de la sociedad.

Artículo 2593. El contrato de sociedad debe contener:

I. Los nombres y apellidos de los otorgantes que son capaces de obligarse;

II. La razón social;

III. El objeto de la sociedad; y

IV. El importe del capital social y la aportación con que cada socio debe contribuir. Si falta alguno de estos requisitos, los socios podrán pedir la liquidación de la sociedad.

Artículo 2594. El contrato de sociedad debe inscribirse en el Registro de Sociedades Civiles, dependiente del Registro Público de la Propiedad y del Comercio, para que produzca efectos contra tercero.

Artículo 2595. Las sociedades de naturaleza civil, que tomen la forma de las sociedades mercantiles, quedan sujetas al Código de Comercio.

Artículo 2596. Será nula la sociedad en que se estipule que los provechos pertenezcan exclusivamente a alguno o algunos de los socios y todas las pérdidas a otro u otros.

Artículo 2597. No puede estipularse que a los socios capitalistas se les restituya su aporte con una cantidad adicional haya o no ganancias.

Artículo 2598. El contrato de sociedad no puede modificarse sino por consentimiento unánime de los socios.

Artículo 2599. Después de la razón social se agregarán estas palabras: "sociedad civil".

Artículo 2600. La capacidad para que las sociedades adquieran bienes raíces, se regirá por lo dispuesto en el artículo 27 de la Constitución Política de los Estados Unidos Mexicanos y en sus leyes reglamentarias.

Artículo 2601. No quedan comprendidas en este Título las sociedades cooperativas, ni las mutualistas, que se regirán por las respectivas leyes especiales.

SECCIÓN SEGUNDA
DE LOS SOCIOS

Artículo 2602. Cada socio estará obligado al saneamiento para el caso de evicción de las cosas que aporte a la sociedad, como corresponde a todo enajenante y a indemnizar por los defectos de esas cosas, como lo está el vendedor respecto del comprador; más si lo que prometió fue el aprovechamiento de bienes determinados, responderá por ellos según los principios que rigen las obligaciones entre el arrendador y el arrendatario.

Artículo 2603. A menos que se haya pactado en el contrato de sociedad, no puede obligarse a los socios, a hacer una nueva aportación para ensanchar los negocios sociales. Cuando el aumento del capital social sea acordado por la mayoría, los socios que no estén conformes pueden separarse de la sociedad.

Artículo 2604. Las obligaciones sociales estarán garantizadas subsidiariamente por la responsabilidad ilimitada y solidaria de los socios que administren; los demás socios, salvo convenio en contrario, sólo estarán obligados con su aportación.

Artículo 2605. Los socios no pueden ceder sus derechos sin el consentimiento previo y unánime de los demás coasociados; y sin él tampoco pueden admitirse otros nuevos socios, salvo pacto en contrario, en uno y en otro caso.

Artículo 2606. Los socios gozarán del derecho del tanto. Si varios socios quieren hacer uso del tanto, les competerá este en la proporción que representen. El plazo para hacer uso del derecho del tanto será el de ocho días, contados desde que reciban aviso del que pretende enajenar.

Artículo 2607. Ningún socio puede ser excluido de la sociedad sino por el acuerdo unánime de los demás socios y por causa grave, prevista en los estatutos.

Artículo 2608. El socio excluido es responsable de la parte de pérdidas que le corresponda y los otros socios pueden retener la parte del capital y utilidades de aquél, hasta concluir las operaciones pendientes al tiempo de la declaración, debiendo hacerse hasta entonces la liquidación correspondiente.

SECCIÓN TERCERA
DE LA ADMINISTRACIÓN DE LA SOCIEDAD

Artículo 2609. La administración de la sociedad puede conferirse a uno o más socios. Habiendo socios especialmente encargados de la administración, los demás no podrán contrariar ni entorpecer las gestiones de aquéllos, ni impedir sus efectos. Si la administración no se hubiese limitado a alguno de los socios, todos podrán concurrir a la dirección y manejo de los negocios comunes.

Artículo 2610. El nombramiento de los socios administradores no priva a los demás socios del derecho de examinar el estado de los negocios sociales y de exigir a este fin la presentación de libros, documentos y papeles, con el objeto de que puedan hacerse las reclamaciones que estimen convenientes. No es válida la renuncia del derecho consignado en este artículo.

Artículo 2611. El nombramiento de los socios administradores, hecho en la escritura de sociedad, no podrá revocarse sin el consentimiento de todos los socios, a no ser judicialmente por dolo, culpa o inhabilidad.

El nombramiento de administradores, hecho después de constituida la sociedad, es revocable por mayoría de votos.

Artículo 2612. Los socios administradores ejercerán las facultades que fueren necesarias al giro y desarrollo de los negocios que formen el objeto de la sociedad; salvo convenio en contrario, necesitan autorización expresa de los otros socios:

I. Para enajenar las cosas de la sociedad, si ésta no se ha constituido con ese objeto;

II. Para empeñarlas, hipotecarlas o gravarlas con cualquier otro derecho real; y

III. Para tomar capitales prestados.

Artículo 2613. Las facultades que no se hayan concedido a los administradores serán ejercitadas por todos los socios, resolviéndose los asuntos por mayoría de votos. La mayoría se computará por cantidades, pero cuando una sola persona represente el mayor interés y se trate de sociedad de más de tres socios, se necesita por lo menos el voto de la tercera parte de los socios.

Artículo 2614. Siendo varios los socios encargados indistintamente de la administración, sin declaración de que deberán proceder de acuerdo, podrá cada uno de ellos practicar separadamente los actos administrativos que crea oportunos.

Artículo 2615. Si se ha convenido en que un administrador nada pueda practicar sin concurso de otro, solamente podrá proceder de otra manera en caso de que pueda resultar perjuicio grave e irreparable a la sociedad.

Artículo 2616. Los compromisos contraídos por los socios administradores en nombre de la sociedad, excediéndose de sus facultades, si no son ratificados por ésta, sólo obligan a la sociedad en razón del beneficio recibido.

Artículo 2617. Las obligaciones que se contraigan por la mayoría de los socios encargados de la administración, sin conocimiento de la minoría o contra su voluntad expresa, serán válidas; pero los que las hayan contraído serán personalmente responsables ante la sociedad de los perjuicios que por ellas se causen.

Artículo 2618. El socio o socios administradores están obligados a rendir cuentas siempre que lo pida la mayoría de los socios, aun cuando no sea la época fijada en el contrato de sociedad.

Artículo 2619. Cuando la administración no se hubiere limitado a alguno de los socios, todos tendrán derecho de concurrir a la dirección y manejo de los negocios comunes. Las decisiones serán tomadas por mayoría observándose respecto de ésta lo dispuesto en el artículo 2613.

SECCIÓN CUARTA
DE LA DISOLUCIÓN DE LAS SOCIEDADES

Artículo 2620. La sociedad se disuelve:

I. Por consentimiento unánime de los socios;

II. Por haberse cumplido el plazo prefijado en el contrato de sociedad;

III. Por la realización completa del fin social o por haberse vuelto imposible la consecución del objeto de la sociedad;

IV. Por la muerte o incapacidad de uno de los socios que tenga responsabilidad ilimitada por los compromisos sociales, salvo que en la escritura constitutiva se haya pactado que la sociedad continúe con los sobrevivientes o con los herederos de aquél;

V. Por la muerte del socio industrial, siempre que su industria haya dado nacimiento a la sociedad;

VI. Por la renuncia de uno de los socios, cuando se trate de sociedades de duración indeterminada y los otros socios no deseen continuar asociados, siempre que esa renuncia no sea maliciosa ni extemporánea; y

VII. Por resolución judicial.

Para que la disolución de la sociedad surta efecto contra tercero, es necesario que se haga constar en el Registro de Sociedades Civiles, dependiente del Registro Público de la Propiedad y del Comercio.

Artículo 2621. Pasado el plazo por el cual fue constituida la sociedad, si ésta continúa funcionando, se entenderá prorrogada su duración por tiempo indeterminado, sin necesidad de nueva escritura social; su existencia puede demostrarse por todos los medios de prueba.

Artículo 2622. En el caso de que, a la muerte de un socio, la sociedad hubiere de continuar con los supervivientes, se procederá a la liquidación de la parte que correspondía al socio difunto, para entregarla a su sucesión. Los herederos del que murió tendrán derecho al capital y utilidades que al finado correspondían en el momento en que murió y, en lo sucesivo, sólo tendrán parte en lo que dependa necesariamente de los derechos adquiridos o de las obligaciones contraídas por el socio fallecido.

Artículo 2623. La renuncia se considera maliciosa, cuando el socio que la hace se propone aprovecharse exclusivamente de los beneficios o evitarse pérdidas que los socios deberían de recibir o reportar en común, con arreglo al convenio.

Artículo 2624. Se dice extemporánea la renuncia, si al hacerla las cosas no se hallan en su estado íntegro y la sociedad puede ser perjudicada con la disolución que originaría la renuncia.

Artículo 2625. La disolución de la sociedad no modifica los compromisos contraídos con terceros.

SECCIÓN QUINTA
DE LA LIQUIDACIÓN DE LA SOCIEDAD

Artículo 2626. Disuelta la sociedad, se pondrá inmediatamente en liquidación, la cual se practicará dentro del plazo de seis meses, salvo pacto en contrario.

Cuando la sociedad se ponga en liquidación, deben agregarse a su nombre las palabras "en liquidación".

Artículo 2627. La liquidación debe hacerse por todos los socios, salvo que convengan en nombrar liquidadores o que ya estuvieren nombrados en la escritura social.

Artículo 2628. Si cubiertos los compromisos sociales y devueltos los aportes de los socios quedaren algunos bienes, se considerarán utilidades y se repartirán entre los socios en la forma convenida. Si no hubo convenio, se repartirán proporcionalmente a sus aportes.

Artículo 2629. Ni el capital social ni las utilidades pueden repartirse sino después de la disolución de la sociedad, previa la liquidación respectiva, salvo pacto en contrario.

Artículo 2630. Si al liquidarse la sociedad no quedaren bienes suficientes para cubrir los compromisos sociales y devolver sus aportes a los socios, el déficit se considerará pérdida y se repartirá entre los socios en la forma establecida en el artículo anterior.

Artículo 2631. Si sólo se hubiere pactado lo que debe corresponder a los socios por utilidades, en la misma proporción responderán de las pérdidas.

Artículo 2632. Si alguno de los socios contribuye sólo con su industria, sin que ésta se hubiere estimado, ni se hubiere designado cuota que por ella debiera recibir, se observarán las reglas siguientes:

I. Si el trabajo del industrial pudiera hacerse por otro, su cuota será la que corresponda por razón de sueldos u honorarios; esta misma se observará si son varios los socios industriales;

II. Si el trabajo no pudiere ser hecho por otro, su cuota será igual a la del socio capitalista que tenga más;

III. Si sólo hubiere un socio industrial y otro capitalista, se dividirán entre sí, por partes iguales, las ganancias; y

IV. Si son varios los socios industriales y están en el caso de la fracción II, llevarán entre todos la mitad de las ganancias y la dividirán entre sí por convenio y, a falta de éste, por decisión arbitral.

Artículo 2633. Si el socio industrial hubiere contribuido también con cierto capital, se considerará éste y la industria separadamente.

Artículo 2634. Si al terminar la sociedad en que hubiere socios capitalistas e industriales, resultare que no hubo ganancias, todo el capital se distribuirá entre los socios capitalistas.

Artículo 2635. Salvo pacto en contrario, los socios industriales no responderán de las pérdidas.

CAPÍTULO TERCERO
DE LAS PERSONAS MORALES EXTRANJERAS DE NATURALEZA PRIVADA

Artículo 2636. La existencia, capacidad para ser titular de derechos y obligaciones, funcionamiento, transformación, disolución, liquidación y fusión de las personas morales extranjeras de naturaleza privada, se regirán por el derecho de su constitución, entendiéndose por tal, al del Estado en que se cumplan los requisitos de forma y fondo requeridos para su constitución.

En ningún caso, el reconocimiento de la capacidad de una persona moral extranjera excederá a la que le otorgue el derecho conforme a la cual se constituyó. Cuando alguna persona moral extranjera de naturaleza privada actúe por medio de algún representante, se considerará que tal representante o quien lo sustituya, está autorizado para responder a las reclamaciones y demandas que se intenten en contra de dicha persona con motivo de los actos en cuestión.

Para que las personas morales extranjeras puedan ejercer sus actividades en el Estado, deberán estar autorizadas por la Secretaría de Relaciones Exteriores.

Artículo 2637. Concedida la autorización por la Secretaría de Relaciones Exteriores, se inscribirán en el registro correspondiente los estatutos de las personas morales extranjeras de naturaleza privada.

CAPÍTULO CUARTO
DE LA APARCERÍA RURAL

Artículo 2638. La aparcería rural comprende la aparcería agrícola y la de ganados.

Este contrato se rige por las leyes especiales de la materia y, en su defecto, por las disposiciones de este Capítulo.

Artículo 2639. El contrato de aparcería deberá otorgarse por escrito, formándose dos ejemplares, uno para cada contratante.

Artículo 2640. Tiene lugar la aparcería agrícola, cuando una persona da a otra un predio rústico para que lo cultive, a fin de repartirse los frutos en la forma que convengan o a falta de convenio, conforme a las costumbres del lugar, en el concepto de que al aparcero nunca podrá corresponderle, por su solo trabajo, menos del cuarenta por ciento de la cosecha.

Artículo 2641. Si durante el plazo del contrato falleciere el dueño del predio en aparcería o éste fuere enajenado, la aparcería subsistirá.

Si el aparcero es el que muere, el contrato puede darse por terminado salvo pacto en contrario.

Cuando a la muerte del aparcero ya se hubieren hecho algunos trabajos, tales como el barbecho del terreno, la poda de los árboles o cualquiera otra obra necesaria para el cultivo, si el propietario da por terminado el contrato, tiene obligación de pagar a los herederos del aparcero el importe de esos trabajos, en cuanto se aproveche de ellos.

Artículo 2642. El labrador que tuviere heredades en aparcería no podrá levantar las mieses o cosechar los frutos en que deba tener parte, sin dar aviso al propietario o a quién haga sus veces, estando en el lugar o dentro de la municipalidad a que corresponda el predio.

Artículo 2643. Si ni en el lugar, ni dentro de la municipalidad se encuentran el propietario o su representante, podrá el aparcero hacer la cosecha, midiendo, contando o pesando los frutos en presencia de dos testigos mayores de toda excepción.

Artículo 2644. Si el aparcero no cumple lo dispuesto en los dos artículos anteriores, tendrá obligación de entregar al propietario la cantidad de frutos que de acuerdo con el contrato, fijen peritos nombrados uno por cada contratante. Los honorarios de los peritos serán cubiertos por el aparcero.

Artículo 2645. El propietario del terreno no podrá levantar la cosecha sino cuando el aparcero abandone la siembra.

En este caso, se observará lo dispuesto en la parte final del artículo 2643 y si no lo hace se aplicará por analogía lo dispuesto en el artículo 2644.

Artículo 2646. El propietario del terreno no tiene derecho de retener de propia autoridad, todos o parte de los frutos que correspondan al aparcero, para garantizar lo que éste le deba por razón del contrato de aparcería.

Artículo 2647. Si la cosecha se pierde por completo, el aparcero no tiene obligación de pagar las semillas que le haya proporcionado para la siembra el dueño del terreno; si la pérdida de la cosecha es parcial, en proporción a esa pérdida, quedará libre el aparcero de pagar las semillas de que se trata.

Artículo 2648. Cuando el aparcero establezca su habitación en el campo que va a cultivar, tiene obligación el propietario de permitirle que construya su casa y de que tome el agua potable y la leña que necesite para satisfacer sus necesidades y las de su familia, así como que consuma el pasto indispensable para alimentar los animales que emplee en el cultivo.

Artículo 2649. Al concluir el contrato de aparcería, el aparcero que hubiere cumplido fielmente sus compromisos gozará del derecho del tanto, si la tierra que estuvo cultivando va a ser dada en nueva aparcería.

Artículo 2650. El propietario no tiene derecho de dejar sus tierras ociosas, sino el tiempo que sea necesario para que recobren sus propiedades fertilizantes. En consecuencia, pasada la época que en cada región fije la autoridad municipal, conforme a la naturaleza de los cultivos, si el propietario no las comienza a cultivar por sí o por medio de otros, tiene obligación de darlas en aparcería, conforme a la costumbre del lugar, a quien las solicite y ofrezca las condiciones necesarias de honorabilidad y solvencia.

Artículo 2651. Tiene lugar la aparcería de ganados cuando una persona da a otra cierto número de animales a fin de que los cuide y alimente, con el objeto de repartirse los frutos en la proporción que convengan.

Artículo 2652. Constituyen el objeto de esta aparcería las crías de los animales y sus productos, como pieles, crines, lana, leche, etc.

Artículo 2653. Las condiciones de este contrato se regularán por la voluntad de los interesados; a falta de convenio se observará la costumbre general del lugar, salvo las siguientes disposiciones.

Artículo 2654. El aparcero de ganados está obligado a emplear en la guarda y tratamiento de los animales, el cuidado que ordinariamente emplee en sus cosas; si así no lo hiciere, será responsable de los daños y perjuicios.

Artículo 2655. El propietario está obligado a garantizar a su aparcero la posesión y el uso del ganado y a substituir por otros, en caso de evicción, los animales perdidos, de lo contrario, es responsable de los daños y perjuicios a que diere lugar por la falta de cumplimiento del contrato.

Artículo 2656. Será nulo el convenio de que todas las pérdidas que resultaren por caso fortuito, sean por cuenta del aparcero de ganados.

Artículo 2657. El aparcero de ganados no podrá disponer de ninguna cabeza ni de las crías, sin consentimiento del propietario, ni éste sin el de aquél.

Artículo 2658. El aparcero de ganado no podrá hacer el esquileo sin dar aviso al propietario y si omite darlo, se aplicará lo dispuesto en el artículo 2644.

Artículo 2659. La aparcería de ganados dura el tiempo convenido y a falta de convenio, el tiempo que fuere costumbre en el lugar.

Artículo 2660. El propietario cuyo ganado se enajena indebidamente por el aparcero, tiene derecho para reivindicarlo, excepto cuando se haya rematado en pública subasta, pero conservará a salvo el que le corresponda contra el aparcero, para cobrarle los daños y perjuicios ocasionados por la falta de aviso.

Artículo 2661. Si el propietario no exige su parte de los beneficios dentro de los sesenta días después de fenecido el tiempo del contrato, se entenderá prorrogado éste por un año.

Artículo 2662. En el caso de venta de los animales antes de que termine el contrato de aparcería, disfrutarán los contratantes del derecho del tanto.

TÍTULO DECIMOSEGUNDO
DE LOS CONTRATOS ALEATORIOS

CAPÍTULO PRIMERO
DEL JUEGO Y DE LA APUESTA

Artículo 2663. La ley no concede acción para reclamar lo que se gana en juego prohibido. Las leyes respectivas señalarán cuáles son los juegos prohibidos y los permitidos.

Artículo 2664. El que paga voluntariamente una deuda procedente de juego prohibido, él o sus herederos, tienen derecho de reclamar la devolución del cincuenta por ciento de lo que se pagó. El otro cincuenta por ciento no quedará en poder del ganancioso, sino que se entregará a una institución de asistencia social.

Artículo 2665. Lo dispuesto en los dos artículos anteriores se aplicará a las apuestas que deban tenerse como prohibidas, porque tengan analogía con los juegos prohibidos.

Artículo 2666. El que pierde en un juego o apuesta que no estén prohibidos, queda obligado civilmente, con tal que la pérdida no exceda de la vigésima parte de su fortuna. Prescribe en treinta días el derecho para exigir la deuda de juego a que este artículo se refiere.

Artículo 2667. La deuda de juego o de apuesta prohibidos, no puede compensarse ni ser convertida por novación en una obligación civilmente eficaz.

Artículo 2668. El que hubiere firmado una obligación que en realidad tenía por causa una deuda de juego o de apuesta prohibidos, conserva, aunque se atribuya a la obligación una causa civilmente eficaz, la excepción que nace del artículo anterior y se puede probar, por todos los medios, la causa real de la obligación.

Artículo 2669. Si a una obligación de juego o apuesta prohibidos se le hubiere dado forma de título a la orden o al portador, el suscriptor debe pagarlo al portador de buena fe, pero tendrá derecho de reclamar la devolución del cincuenta por ciento de lo que se pagó, al acreedor de la apuesta original.

Artículo 2670. Cuando las personas se sirvieren del medio de la suerte, no como apuesta o juego, sino para dividir cosas comunes o terminar cuestiones, producirá, en el primer caso, los efectos de una partición legítima y en el segundo, los de una transacción.

Artículo 2671. Las loterías o rifas, cuando se permitan, serán regidas por las leyes especiales que las autoricen.

Artículo 2672. El contrato celebrado entre los compradores de billetes y las loterías autorizadas en país extranjero, no será válido en el Estado, a menos que la venta de esos billetes haya sido permitida por la autoridad correspondiente.

CAPÍTULO SEGUNDO
DE LA RENTA VITALICIA

Artículo 2673. La renta vitalicia es un contrato aleatorio por el cual el deudor se obliga a pagar periódicamente una pensión durante la vida de una o más personas determinadas, mediante la entrega de una cantidad de dinero o de una cosa mueble o raíz estimadas, cuyo dominio se le transfiere desde luego.

Artículo 2674. La renta vitalicia puede también constituirse a título puramente gratuito, sea por donación o por testamento.

Artículo 2675. El contrato de renta vitalicia debe hacerse por escrito y en escritura pública cuando los bienes cuya propiedad se transfiere deban enajenarse con esa solemnidad.

Artículo 2676. El contrato de renta vitalicia puede constituirse sobre la vida del que da el capital, sobre la del deudor o sobre la de un tercero. También puede constituirse a favor de aquella o aquellas personas sobre cuya vida se otorga o a favor de otra u otras personas distintas.

Artículo 2677. Aunque cuando la renta se constituya a favor de una persona que no ha puesto el capital, debe considerarse como una donación, no se sujeta a los preceptos que arreglan ese contrato, salvo los casos en que deba ser reducida por inoficiosa o anulada por incapacidad del que deba recibirla.

Artículo 2678. El contrato de renta vitalicia es nulo si la persona sobre cuya vida se constituya ha muerto antes de su otorgamiento.

Artículo 2679. También es nulo el contrato si la persona a cuyo favor se constituya la renta, muere dentro del plazo que en él se señale y que no podrá bajar de treinta días, contados desde el del otorgamiento.

Artículo 2680. Aquel a cuyo favor se ha constituido la renta mediante un precio, puede demandar la rescisión del contrato, si el constituyente no le da o conserva las seguridades estipuladas para su ejecución.

Artículo 2681. La sola falta de pago de las pensiones no autoriza al pensionista para demandar el reembolso del capital o la devolución de la cosa dada para constituir la renta.

Artículo 2682. El pensionista, en el caso del artículo anterior, sólo tiene derecho de ejecutar judicialmente al deudor, por el pago de las rentas vencidas y para pedir el aseguramiento de las futuras.

Artículo 2683. La renta correspondiente al año en que muere el que la disfruta, se pagará en proporción a los días que éste vivió, pero si debía pagarse por plazos anticipados, se pagará el importe total del plazo que durante la vida del rentista se hubiere comenzado a cumplir.

Artículo 2684. Solamente el que constituye a título gratuito una renta sobre sus bienes, puede disponer, al tiempo del otorgamiento, que no estará sujeta a embargo por derecho de un tercero.

Artículo 2685. Lo dispuesto en el artículo anterior no comprende las contribuciones.

Artículo 2686. Si la renta se ha constituido para alimentos, no podrá ser embargada sino en la parte que, a juicio del juez, exceda de la cantidad que sea necesaria para cubrir aquéllos, según las circunstancias de la persona.

Artículo 2687. La renta vitalicia constituida sobre la vida del mismo pensionista, no se extingue sino con la muerte de éste.

Artículo 2688. Si la renta se constituye sobre la vida de un tercero, no cesará con la muerte del pensionista, sino que se transmitirá a sus herederos y sólo cesará con la muerte de la persona sobre cuya vida se constituyó.

Artículo 2689. El pensionista sólo puede demandar las pensiones, justificando su supervivencia o la de la persona sobre cuya vida se constituyó la renta.

Artículo 2690. Si el que paga la renta vitalicia ha causado la muerte del acreedor o la de aquel sobre cuya vida había sido constituida, debe devolver el capital al que la constituyó o a sus herederos.

CAPÍTULO TERCERO
DE LA COMPRA DE ESPERANZA

Artículo 2691. Se llama compra de esperanza al contrato que tiene por objeto adquirir, por una cantidad determinada, los frutos que una cosa produzca en el tiempo fijado, tomando el comprador para sí el riesgo de que esos frutos no lleguen a existir; o bien, los productos inciertos de un hecho, que puedan estimarse en dinero.

El vendedor tiene derecho al precio aunque no lleguen a existir los frutos o productos comprados.

Artículo 2692. Los demás derechos y obligaciones de las partes, en la compra de esperanza serán los que se determinen en el título de compraventa.

TÍTULO DECIMOTERCERO
DE LA FIANZA

CAPÍTULO PRIMERO
DE LA FIANZA EN GENERAL

Artículo 2693. La fianza es un contrato por el cual, una persona se compromete con el acreedor a pagar por el deudor si éste no lo hace.

Artículo 2694. La fianza puede ser legal, judicial, convencional, gratuita o a título oneroso.

Artículo 2695. La fianza puede constituirse no sólo en favor del deudor principal, sino en el del fiador, ya sea que uno u otro, en su respectivo caso, consienta en la garantía, ya sea que la ignore, ya sea que la contradiga.

Artículo 2696. La fianza no puede existir sin una obligación válida.

Puede, no obstante, recaer sobre una obligación cuya nulidad puede ser reclamada a virtud de una excepción puramente personal del obligado.

Artículo 2697. Puede también prestarse fianza en garantía de deudas futuras, cuyo importe no sea aún conocido, pero no se podrá reclamar contra el fiador hasta que la deuda sea líquida.

Artículo 2698. El fiador puede obligarse a menos y no a más que el deudor principal. Si se hubiere obligado a más, se reducirá su obligación a los límites de la del deudor. En caso de duda sobre si se obligó por menos o por otro tanto de la obligación principal, se presume que se obligó por otro tanto.

Artículo 2699. Puede también obligarse el fiador a pagar una cantidad en dinero, si el deudor principal no presta una cosa o un hecho determinado.

Artículo 2700. La responsabilidad de los herederos del fiador se rige por lo dispuesto en el artículo 1884.

Artículo 2701. El obligado a dar fiador, debe presentar persona que tenga capacidad para obligarse y bienes suficientes para responder de la obligación que garantiza. El fiador se entenderá sometido a la jurisdicción del juez del lugar donde esta obligación deba cumplirse, salvo pacto en contrario.

Artículo 2702. En las obligaciones a plazo o de prestación periódica, el acreedor podrá exigir fianza, aun cuando en el contrato no se haya constituido, si después de celebrado el deudor sufre menoscabo en sus bienes o pretende ausentarse del lugar en que debe hacerse el pago.

Artículo 2703. Si el fiador viniere a estado de insolvencia, puede el acreedor pedir otro que reúna las cualidades antes señaladas.

Artículo 2704. El que debiendo dar o reemplazar al fiador, no lo presenta dentro del plazo que el juez le señale, a petición de parte legítima, queda obligado al pago inmediato de la deuda, aunque no se haya vencido el plazo de ésta.

Artículo 2705. Si la fianza fuere para garantizar la administración de bienes, cesará ésta si aquélla no se da en el plazo convenido o señalado por la ley o por el juez, salvo los casos en que la ley disponga otra cosa.

Artículo 2706. Si la fianza importa garantía al acreedor de la cantidad que el deudor debe recibir, mientras que se da la fianza se depositará la suma de dinero respectiva.

Artículo 2707. Las cartas de recomendación en que se asegure la probidad y solvencia de alguien, no constituyen fianza.

Artículo 2708. Si las cartas de recomendación fuesen dadas de mala fe, afirmando falsamente la solvencia del recomendado, el que las suscriba será responsable del daño que sobreviniese a las personas a quienes se dirigen por la insolvencia del recomendado.

Artículo 2709. No tendrá lugar la responsabilidad del artículo anterior, si el que dio la carta probase que no fue su recomendación la que condujo a tratar con su recomendado.

Artículo 2710. Quedan sujetas a las disposiciones de este Título, las fianzas otorgadas por individuos o compañías accidentalmente en favor de determinadas personas, siempre que no las extiendan en forma de póliza; que no las anuncien públicamente por la prensa o por cualquier otro medio y que no empleen agentes que las ofrezcan.

CAPÍTULO SEGUNDO
DE LOS EFECTOS DE LA FIANZA ENTRE EL FIADOR Y EL ACREEDOR

Artículo 2711. El fiador tiene derecho de oponer todas las excepciones que sean inherentes a la obligación principal, más no las que sean personales del deudor.

Artículo 2712. La renuncia voluntaria que hiciese el deudor de la prescripción de la deuda o de toda otra causa de liberación o de la nulidad o rescisión de la obligación, no impide que el fiador haga valer esas excepciones.

Artículo 2713. El fiador no puede ser compelido a pagar al acreedor, sin que previamente sea reconvenido el deudor y se haga la excusión de sus bienes.

Artículo 2714. La excusión consiste en aplicar todo el valor libre de los bienes del deudor al pago de la obligación, que quedará extinguida o reducida a la parte que no se ha cubierto.

Artículo 2715. La excusión no tendrá lugar:

I. Cuando el fiador renunció expresamente a ella;

II. En los casos de concurso o de insolvencia probada del deudor;

III. Cuando el deudor no puede ser judicialmente demandado dentro del territorio del Estado;

IV. Cuando el negocio para que se prestó la fianza sea propio del fiador; y

V. Cuando se ignore el paradero del deudor, siempre que llamado éste por edictos, no comparezca, ni tenga bienes embargables en el lugar donde deba cumplirse la obligación.

Artículo 2716. Para que el beneficio de excusión aproveche al fiador, son indispensables los requisitos siguientes:

I. Que el fiador alegue el beneficio luego que se le requiera de pago;

II. Que designe bienes del deudor que basten para cubrir el crédito y que se hallen dentro del distrito judicial en que deba hacerse el pago; y

III. Que anticipe o asegure eficazmente los gastos de la excusión.

Artículo 2717. Si el deudor adquiere bienes después del requerimiento o si se descubren los que hubiese ocultado, el fiador puede pedir la excusión, aunque antes no la haya pedido.

Artículo 2718. El acreedor puede obligar al fiador a que haga la excusión en los bienes del deudor.

Artículo 2719. Si el fiador, voluntariamente u obligado por el acreedor, hace por sí mismo la excusión y pide plazo, el juez puede concederle el que crea conveniente, atendidas las circunstancias de las personas y las calidades de la obligación.

Artículo 2720. El acreedor que, cumplidos los requisitos del artículo 2716, hubiere sido negligente en promover la excusión, queda responsable de los perjuicios que pueda causar al fiador y éste libre de la obligación hasta la cantidad a que alcancen los bienes que hubiere designado para la excusión.

Artículo 2721. Cuando el fiador haya renunciado el beneficio de orden, pero no el de excusión, el acreedor puede perseguir en un mismo juicio al deudor principal y al fiador; mas éste conservará el beneficio de excusión, aun cuando se dé sentencia contra los dos.

Artículo 2722. Si hubiere renunciado a los beneficios de orden y excusión, el fiador, al ser demandado por el acreedor, puede denunciar el pleito al deudor principal, para que éste rinda las pruebas que crea conveniente; en caso de que no salga al juicio para el indicado objeto, le perjudicará la sentencia que se pronuncie contra el fiador.

Artículo 2723. El que fía al fiador goza del beneficio de excusión, tanto contra el fiador como contra el deudor principal.

Artículo 2724. No fían a un fiador los testigos que declaren de ciencia cierta en favor de su idoneidad, pero si lo hicieran de mala fe, serán responsables del daño que sobrevenga por la insolvencia del recomendado.

Artículo 2725. La transacción entre el acreedor y el deudor principal aprovecha al fiador; pero no le perjudica. La celebrada entre el fiador y el acreedor aprovecha, pero no perjudica al deudor principal.

Artículo 2726. Si son varios los fiadores de un deudor por una sola deuda, responderá cada uno de ellos por la totalidad de aquélla, no habiendo convenio en contrario; pero si sólo uno de los fiadores es demandado, podrá hacer citar a los demás para que se defiendan juntamente y en la proporción debida estén a las resultas del juicio.

CAPÍTULO TERCERO
DE LOS EFECTOS DE LA FIANZA ENTRE EL FIADOR Y EL DEUDOR

Artículo 2727. El fiador que paga debe ser indemnizado por el deudor, aunque éste no haya prestado su consentimiento para la constitución de la fianza. Si ésta se hubiere otorgado contra la voluntad del deudor, no tendrá derecho alguno el fiador para cobrar lo que pagó, sino en cuanto hubiere beneficiado el pago al deudor.

Artículo 2728. El fiador que paga por el deudor, debe ser indemnizado por éste:

I. De la deuda principal;

II. De los intereses respectivos, desde que haya notificado el pago al deudor, aun cuando éste no estuviere obligado por razón del contrato a pagarlos al acreedor;

III. De los gastos que haya hecho desde que dio noticia al deudor de haber sido requerido de pago; y

IV. De los daños y perjuicios que haya sufrido por causa del deudor.

Artículo 2729. El fiador que paga, se subroga en todos los derechos que el acreedor tenía contra el deudor.

Artículo 2730. Si el fiador hubiese transigido con el acreedor, no podrá exigir del deudor sino lo que en realidad haya pagado.

Artículo 2731. Si el fiador hace el pago sin ponerlo en conocimiento del deudor, podrá éste oponerle todas las excepciones que podría oponer el acreedor al tiempo de hacer el pago.

Artículo 2732. Si el deudor, ignorando el pago por falta de aviso del fiador, paga de nuevo, no podrá éste repetir contra aquél, sino contra el acreedor.

Artículo 2733. Si el fiador ha pagado en virtud de fallo judicial y por motivo fundado no pudo hacer saber el pago al deudor, éste quedará obligado a indemnizar a aquél y no podrá oponerle más excepciones que las que sean inherentes a la obligación y que no hubieren sido opuestas por el fiador, teniendo conocimiento de ellas.

Artículo 2734. Si la deuda fuere a plazo o bajo condición y el fiador la pagare antes de que aquél o ésta se cumplan, no podrá cobrarla del deudor sino cuando fuere legalmente exigible.

Artículo 2735. El fiador puede, aun antes de haber pagado, exigir que el deudor asegure el pago o le releve de la fianza:

I. Si fue demandado judicialmente por el pago;

II. Si el deudor sufre menoscabo en sus bienes de modo que se halle en riesgo de quedar insolvente;

III. Si pretende ausentarse del Estado;

IV. Si se obligó a relevarlo de la fianza en tiempo determinado y éste ha transcurrido; y

V. Si la deuda se hace exigible por el vencimiento del plazo.

CAPÍTULO CUARTO
DE LOS EFECTOS DE LA FIANZA ENTRE LOS COFIADORES

Artículo 2736. Cuando son dos o más los fiadores de un mismo deudor y por una misma deuda, el que de ellos la haya pagado podrá reclamar de cada uno de los otros la parte que proporcionalmente le corresponda satisfacer.

Si alguno de ellos resultare insolvente, la parte de éste recaerá sobre todos en la misma proporción.

Para que pueda tener lugar lo dispuesto en este artículo, es preciso que se haya hecho el pago en virtud de demanda judicial o hallándose el deudor principal en estado de concurso.

Artículo 2737. En el caso del artículo anterior, podrán los cofiadores oponer al que pagó las mismas excepciones que habrían correspondido al deudor principal contra el acreedor para que no fueren puramente personales del mismo deudor o del fiador que hizo el pago.

Artículo 2738. El beneficio de división no tiene lugar entre los fiadores:

I. Cuando se renuncia expresamente;

II. Cuando cada uno se ha obligado mancomunadamente con el deudor;

III. Cuando alguno o algunos de los fiadores son concursados o se hallan insolventes, la parte de éste recaerá proporcionalmente sobre la de los que no se encuentren en este caso;

IV. Cuando el negocio para el que se prestó la fianza sea propio del fiador; y

V. Cuando alguno o algunos de los fiadores no puedan ser judicialmente demandados dentro del territorio del Estado o se ignore su paradero, si llamados por edictos no comparecen, ni tienen bienes embargables donde deba cumplirse la obligación.

Artículo 2739. El fiador que pide el beneficio de división, sólo responde por la parte del fiador o fiadores insolventes, si la insolvencia es anterior a la petición y ni aun por esa misma insolvencia, si el acreedor voluntariamente hace el cobro a prorrata sin que el fiador lo reclame.

Artículo 2740. El que fía al fiador, en el caso de insolvencia de éste, es responsable para con los otros fiadores en los mismos términos en que lo sería el fiador fiado.

CAPÍTULO QUINTO
DE LA EXTINCIÓN DE LA FIANZA

Artículo 2741. La obligación del fiador se extingue al mismo tiempo que la del deudor y por las mismas causas que las demás obligaciones.

Artículo 2742. Si la obligación del deudor y la del fiador se confunden, porque uno herede al otro, no se extingue la obligación del que fió al fiador.

Artículo 2743. La liberación hecha por el acreedor a uno de los fiadores, sin el consentimiento de los otros, aprovecha a todos hasta donde alcance la parte del fiador a quien se ha otorgado.

Artículo 2744. Los fiadores, aún cuando sean solidarios, quedan libres de su obligación, si por culpa o negligencia del acreedor no puede subrogarse en los derechos, privilegios o hipotecas del mismo acreedor.

Artículo 2745. La prórroga o espera concedida al deudor por el acreedor, sin consentimiento del fiador, extingue la fianza.

Artículo 2746. La quita reduce la fianza en la misma proporción que la deuda principal y la extingue en el caso de que, en virtud de ella, quede sujeta la obligación principal a nuevos gravámenes o condiciones.

Artículo 2747. El fiador que se ha obligado por tiempo determinado, queda libre de su obligación, si el acreedor no requiere judicialmente al deudor por el cumplimiento de la obligación principal, dentro del mes siguiente a la expiración del plazo. También quedará libre de su obligación el fiador, cuando el acreedor, sin causa justificada, deje de promover por más de tres meses, en el juicio entablado contra el deudor.

Artículo 2748. Si la fianza se ha otorgado por tiempo indeterminado, tiene derecho el fiador, cuando la deuda principal se vuelve exigible, de pedir al acreedor que promueva judicialmente, dentro del plazo de un mes, el cumplimiento de la obligación. Si el acreedor no ejercita sus derechos dentro del plazo mencionado o si en el juicio entablado deja de promover, sin causa justificada, por más de tres meses, el fiador quedará libre de su obligación.

CAPÍTULO SEXTO
DE LA FIANZA LEGAL O JUDICIAL

Artículo 2749. El fiador que haya de darse por disposición de la ley o de providencia judicial, excepto cuando el fiador sea una institución de crédito, debe tener bienes inmuebles inscritos en el Registro Público de la Propiedad y del Comercio, de un valor que garantice suficientemente las obligaciones que contraiga.

Cuando la fianza sea para garantizar el cumplimiento de una obligación cuya cuantía no exceda de quinientas veces el salario mínimo general diario vigente en la zona, no se exigirá que el fiador tenga bienes inmuebles.

La fianza puede substituirse con prenda o hipoteca.

Artículo 2750. Para otorgar una fianza legal o judicial por más de quinientas veces el salario mínimo general diario vigente en la zona, se presentará un certificado expedido por el encargado del Registro Público de la Propiedad y del Comercio, a fin de demostrar que el fiador tiene bienes raíces suficientes para responder del cumplimiento de la obligación que garantice.

Artículo 2751. La persona ante quién se otorgue la fianza, dentro del plazo de tres días, dará aviso del otorgamiento al Registro Público de la Propiedad y del Comercio en cita, para que al margen de la inscripción de propiedad correspondiente al bien inmueble que se designó para comprobar la solvencia del fiador, se ponga nota relativa al otorgamiento de la fianza.

Extinguida ésta, dentro del plazo de tres días, se dará aviso al Registro Público en cuestión, para que haga la cancelación de la nota marginal.

La falta de avisos hace responsable al que debe darlos, de los daños y perjuicios que su omisión origine.

Artículo 2752. En los certificados de gravamen que se expidan en el mencionado Registro Público, se harán figurar las notas marginales de que habla el artículo anterior.

Artículo 2753. Si el fiador enajena o grava los bienes inmuebles cuyas inscripciones de propiedad están anotadas en el Registro Público de la Propiedad y del Comercio y de las operaciones resulta la insolvencia del fiador, el nuevo adquirente o acreedor responderá de la fianza otorgada hasta el monto del valor del bien cuya inscripción de propiedad fue anotada.

Artículo 2754. El fiador legal o judicial no puede pedir la excusión de los bienes del deudor principal; ni los que fían a esos fiadores pueden pedir la excusión de éstos, así como tampoco la del deudor.

TÍTULO DECIMOCUARTO
DE LA PRENDA

Artículo 2755. La prenda es un derecho real constituido sobre un bien mueble enajenable, para garantizar el cumplimiento de una obligación y su preferencia en el pago.

Artículo 2756. También pueden darse en prenda los frutos pendientes de los bienes raíces, que deben ser recogidos en tiempo determinado. Para que esta prenda surta sus efectos contra tercero, necesitará inscribirse en el Registro Público de la Propiedad y del Comercio a que corresponda la finca respectiva.

El que dé los frutos en prenda se considerará como depositario de ellos, salvo convenio en contrario.

Artículo 2757. Para que se tenga por constituida la prenda, deberá ser entregada al acreedor, real o jurídicamente.

Artículo 2758. Se entiende entregada jurídicamente la prenda al acreedor, cuando éste y el deudor convienen en que quede en poder de un tercero, o bien, cuando quede en poder del mismo deudor, porque así lo haya estipulado con el acreedor o expresamente lo autorice la ley. En estos dos últimos casos, para que el contrato de prenda produzca efectos contra tercero, debe inscribirse en el Registro Público de la Propiedad y del Comercio.

El deudor puede usar de la prenda que quede en su poder, en los términos que convengan las partes.

Artículo 2759. El contrato de prenda debe constar por escrito. Si se otorga en documento privado, se formarán dos ejemplares, uno para cada contratante.

No surtirá efecto la prenda contra tercero, si no consta la certeza de la fecha por el registro, escritura pública o de alguna otra manera fehaciente.

Artículo 2760. Cuando la cosa dada en prenda sea un título de crédito que legalmente deba constar en el Registro Público de la Propiedad y del Comercio, no surtirá efecto contra tercero el derecho de prenda sino desde que se inscriba en dicho Registro.

Artículo 2761. A voluntad de los interesados podrá suplirse la entrega del título al acreedor, con el depósito de aquél en una institución de crédito.

Artículo 2762. Si llega el caso de que los títulos dados en prenda sean amortizados por quién los haya emitido, podrá el deudor, salvo pacto en contrario, substituirlos con otros de igual valor.

Artículo 2763. El acreedor a quién se haya dado en prenda un título de crédito, no tiene derecho, aún cuando se venza el plazo del crédito empeñado, para cobrarlo ni para recibir su importe, aún cuando voluntariamente se le ofrezca por el que lo debe, pero podrá en ambos casos exigir que el importe del crédito se deposite.

Artículo 2764. Si el objeto dado en prenda fuese un crédito o acciones que no sean al portador o negociables por endoso, para que la prenda quede legalmente constituida, debe ser notificado el deudor del crédito dado en prenda.

Artículo 2765. Siempre que la prenda fuere un crédito, el acreedor que tuviere en su poder el título, estará obligado a hacer todo lo que sea necesario para que no se altere o menoscabe el derecho que aquél representa.

Artículo 2766. Se puede constituir prenda para garantizar una deuda, aun sin consentimiento del deudor.

Artículo 2767. Nadie puede dar en prenda las cosas ajenas sin estar autorizado por su dueño.

Artículo 2768. Si se prueba debidamente que el dueño prestó su cosa a otro con el objeto de que éste la empeñara, valdrá la prenda como si la hubiera constituido el mismo dueño.

Artículo 2769. Puede darse prenda para garantizar obligaciones futuras, pero en este caso no puede venderse ni adjudicarse la cosa empeñada, sin que se pruebe que la obligación principal fue legalmente exigible.

Artículo 2770. Si alguno hubiere prometido dar cierta cosa en prenda y no la hubiere entregado, sea con culpa suya o sin ella, el acreedor puede pedir que se le entregue la cosa, que se dé por vencido el plazo de la obligación o que ésta se rescinda

Artículo 2771. En el caso del artículo anterior, el acreedor no podrá pedir que se le entregue la cosa, si ha pasado a poder de un tercero en virtud de cualquier título legal.

Artículo 2772. El acreedor adquiere por el empeño:

I. El derecho de ser pagada su deuda con el precio de la cosa empeñada;

II. El derecho de recobrar la prenda de cualquier detentador, sin exceptuar al mismo deudor;

III. El derecho de ser indemnizado de los gastos necesarios y útiles que hiciere para conservar la cosa empeñada, a no ser que use de ella por convenio; y

IV. El de exigir del deudor otra prenda o el pago de la deuda, aun antes del plazo convenido, si la cosa empeñada se pierde o se deteriora sin su culpa.

Artículo 2773. Si el acreedor es perturbado en la posesión de la prenda, debe avisarlo al dueño para que la defienda; si el deudor no cumple con esta obligación, será responsable de todos los daños y perjuicios.

Artículo 2774. Si perdida la prenda, el deudor ofreciere otra o alguna caución, queda al arbitrio del acreedor aceptarlas o rescindir el contrato.

Artículo 2775. El acreedor está obligado:

I. A conservar la cosa empeñada como si fuere propia y a responder de los deterioros y prejuicios que sufra por su culpa o negligencia; y

II. A restituir la prenda luego que estén pagados íntegramente la deuda, sus intereses y los gastos de conservación de la cosa, si se han estipulado los primeros y hecho los segundos.

Artículo 2776. Si el acreedor abusa de la cosa empeñada, el deudor puede exigir que ésta se deposite o que aquél dé fianza de restituirla en el estado en que la recibió.

Artículo 2777. El acreedor abusa de la cosa empeñada, cuando usa de ella sin estar autorizado por convenio o cuando estándolo la deteriora o aplica a objeto diverso de aquél a que está destinada.

Artículo 2778. Si el deudor enajenare la cosa empeñada o concediere su uso o posesión, el adquirente no podrá exigir su entrega sino pagando el importe de la obligación garantizada, con los intereses y gastos en sus respectivos casos.

Artículo 2779. Los frutos de la cosa empeñada pertenecen al deudor, mas si por convenio los percibe el acreedor, su importe se aplicará primero a los gastos, después a los intereses y el sobrante al capital.

Artículo 2780. Si el deudor no paga en el plazo estipulado y no haciéndolo, cuando tenga obligación de hacerlo, el acreedor podrá pedir y el juez decretará la venta en pública almoneda de la cosa empeñada, previa citación del deudor o del que hubiere constituido la prenda.

Artículo 2781. La cosa se adjudicará al acreedor en las dos terceras partes de la postura legal, si no pudiere venderse en los términos que establezca el Código de Procedimientos Civiles del Estado de Querétaro.

Artículo 2782. El deudor, sin embargo, puede convenir con el acreedor, en que éste se quede con la prenda en el precio que se le fije al vencimiento de la deuda, pero no al tiempo de celebrarse el contrato. Este convenio no puede perjudicar los derechos de tercero.

Artículo 2783. Puede, por convenio expreso, venderse la prenda extrajudicialmente.

Artículo 2784. En cualquiera de los casos mencionados en los tres artículos anteriores, podrá el deudor hacer suspender la enajenación de la prenda, pagando dentro de las veinticuatro horas, contadas desde la suspensión.

Artículo 2785. Si el producto de la venta excede a la deuda, se entregará el exceso al deudor; pero si el precio no cubre todo el crédito, tiene derecho el acreedor de demandar al deudor por lo que falte.

Artículo 2786. Es nula toda cláusula que autoriza al acreedor a apropiarse la prenda, aunque ésta sea de menor valor que la deuda o a disponer de ella fuera de la manera establecida en los artículos que preceden. Es igualmente nula la cláusula que prohíbe al acreedor solicitar la venta de la cosa dada en prenda.

Artículo 2787. El derecho que da la prenda al acreedor, se extiende a todos los accesorios de la cosa y a todos los aumentos de ella.

Artículo 2788. El acreedor no responde por la evicción de la prenda vendida, a no ser que intervenga dolo de su parte o que se hubiere sujetado a aquella responsabilidad expresamente.

Artículo 2789. El derecho y la obligación que resultan de la prenda son indivisibles, salvo el caso en que haya estipulación en contrario; sin embargo, cuando el deudor esté facultado para hacer pagos parciales y se hayan dado en prenda varios objetos o uno que sea cómodamente divisible, ésta se irá reduciendo proporcionalmente a los pagos hechos, con tal de que los derechos del acreedor siempre queden eficazmente garantizados.

Artículo 2790. Extinguida la obligación principal, sea por el pago, sea por cualquiera otra causa legal, queda extinguido el derecho de prenda.

Artículo 2791. Respecto de los montes de piedad, que con autorización legal prestan dinero sobre prenda, se observarán las leyes y reglamentos que les conciernen y supletoriamente las disposiciones de este Título.

TÍTULO DECIMOQUINTO
DE LA HIPOTECA

CAPÍTULO PRIMERO
DE LA HIPOTECA EN GENERAL

Artículo 2792. La hipoteca es una garantía real constituida sobre bienes que no se entregan al acreedor y que da derecho a éste, en caso de incumplimiento de la obligación garantizada, a ser pagado con el valor de los bienes, en el grado de preferencia establecido por la ley.

Artículo 2793. Los bienes hipotecados quedan sujetos al gravamen impuesto, aunque pasen a poder de tercero.

Artículo 2794. La hipoteca sólo puede recaer sobre bienes especialmente determinados.

Artículo 2795. La hipoteca se extiende, aunque no se exprese:

I. A las accesiones naturales del bien hipotecado;

II. A las mejoras hechas por el propietario en los bienes gravados;

III. A los objetos muebles incorporados permanentemente por el propietario a la finca y que no pueden separarse sin menoscabo de ésta o deterioro de esos objetos; y

IV. A los nuevos edificios que el propietario construya sobre el terreno hipotecado y a los nuevos pisos que levante sobre los edificios hipotecados.

Artículo 2796. Salvo pacto en contrario, la hipoteca no comprenderá:

I. Los frutos industriales de los bienes hipotecados, siempre que esos frutos se hayan producido antes de que el acreedor exija el pago de su crédito; y

II. Las rentas vencidas y no satisfechas al tiempo de exigirse el cumplimiento de la obligación garantizada.

Artículo 2797. No se podrán hipotecar:

I. Los frutos y rentas pendientes con separación del predio que los produzca;

II. Los objetos muebles colocados permanentemente en los edificios, bien para su adorno o comodidad, o bien, para el servicio de alguna industria, a no ser que se hipotequen juntamente con dichos edificios;

III. Las servidumbres, a no ser que se hipotequen juntamente con el predio dominante;

IV. El derecho de percibir los frutos en el usufructo concedido por este Código a los ascendientes sobre bienes de sus descendientes;

V. El uso y la habitación; y

VI. Los bienes litigiosos, a no ser que la demanda origen del pleito se haya registrado preventivamente o si se hace constar en el título constitutivo de la hipoteca que el acreedor tiene conocimiento del litigio; pero en cualesquiera de los casos, la hipoteca quedará pendiente de la resolución del pleito.

Artículo 2798. La hipoteca de una construcción levantada en terreno ajeno no comprende el área.

Artículo 2799. Puede hipotecarse la nuda propiedad, en cuyo caso si el usufructo se consolidare con ella en la persona del propietario, la hipoteca se extenderá al mismo usufructo si así se hubiere pactado.

Artículo 2800. Pueden también ser hipotecados los bienes que ya lo están anteriormente, aunque sea con el pacto de no volverlos a hipotecar, salvo en todo caso los derechos de prelación que establece este Código. El pacto de no volver a hipotecar es nulo.

Artículo 2801. El predio común no puede ser hipotecado, sino con consentimiento de todos los propietarios. El copropietario puede hipotecar su porción indivisa y al dividirse la cosa común la hipoteca gravará la parte que le corresponda en la división. El acreedor tiene derecho de intervenir en la división para impedir que a su deudor no se le aplique una parte de la finca con valor inferior al que le corresponda.

Artículo 2802. La hipoteca constituida sobre derechos reales, sólo durará mientras éstos subsistan; pero si los derechos en que aquélla se hubiere constituido se han extinguido por culpa del que los disfrutaba, éste tiene la obligación de constituir una nueva hipoteca a satisfacción del acreedor y, en caso contrario, a pagarle todos los daños y perjuicios. Si el derecho hipotecado fuere el de usufructo y este concluyere por voluntad del usufructuario, la hipoteca subsistirá hasta que venza el tiempo en que el usufructo hubiere concluido, al no haber mediado el hecho voluntario que le puso fin.

Artículo 2803. La hipoteca puede ser constituida tanto por el deudor como por otro a su favor.

Artículo 2804. El propietario cuyo derecho sea condicionado o de cualquier otra manera limitado, deberá declarar en el contrato la naturaleza de su propiedad, si la conoce.

Artículo 2805. Sólo puede hipotecar el que puede enajenar y solamente pueden ser hipotecados los bienes que pueden ser enajenados.

Artículo 2806. Si el inmueble hipotecado se hiciere, con o sin culpa del deudor, insuficiente para la seguridad de la deuda, podrá el acreedor exigir que se mejore la hipoteca hasta que a juicio de peritos garantice debidamente la obligación principal.

Artículo 2807. En el caso del artículo anterior, se sujetará a juicio de peritos la circunstancia de haber disminuido el valor de la finca hipotecada hasta hacerla insuficiente para responder de la obligación principal.

Artículo 2808. Si quedare comprobada la insuficiencia de la finca y el deudor no mejorare la hipoteca, dentro de los ocho días siguientes a la declaración judicial correspondiente, procederá el cobro del crédito hipotecario, dándose por vencida la hipoteca para todos los efectos legales.

Artículo 2809. Si la finca estuviere asegurada y se destruyere por incendio u otro caso fortuito, subsistirá la hipoteca en los restos de la finca y, además, el valor del seguro quedará afecto al pago. Si el crédito fuere de plazo cumplido, podrá el acreedor pedir la retención del seguro y si no lo fuere, podrá pedir que dicho valor se imponga a su satisfacción, para que se verifique el pago al vencimiento del plazo. Lo mismo se observará con el precio que se obtuviere en el caso de ocupación por causa de utilidad pública o de venta judicial.

Artículo 2810. La hipoteca subsistirá íntegra aunque se reduzca la obligación garantizada y gravará cualquier parte de los bienes hipotecados que se conserven, aunque la restante hubiere desaparecido, pero sin perjuicio de lo que disponen los artículos siguientes.

Artículo 2811. Cuando se hipotequen varias fincas para la seguridad de un crédito, es forzoso determinar por que porción del crédito responde cada finca y puede cada una de ellas ser redimida del gravamen, pagándose la parte de crédito que garantiza.

Artículo 2812. Cuando una finca hipotecada susceptible de ser fraccionada convenientemente se divida, se repartirá equitativamente el gravamen hipotecario entre las fracciones. Al efecto, se pondrán de acuerdo el dueño de la finca y el acreedor hipotecario; si no se consiguiere ese acuerdo, la distribución del gravamen se hará por decisión judicial, previa audiencia de peritos.

Artículo 2813. Sin consentimiento del acreedor, el propietario del predio hipotecado no puede darlo en arrendamiento, ni pactar pago anticipado de rentas por un plazo que exceda a la duración de la hipoteca, bajo la pena de nulidad del contrato en la parte que exceda de la expresada duración.

Si la hipoteca no tiene plazo cierto, no podrá estipularse anticipo de rentas, ni arrendamiento por más de un año.

Artículo 2814. La hipoteca constituida a favor de un crédito que devengue intereses, no garantiza en perjuicio de tercero, además del capital, sino los intereses de tres años, a menos que se haya pactado expresamente que garantizará los intereses por más tiempo, con tal que no exceda del plazo para la prescripción de los intereses y de que se haya tomado razón de esta estipulación en el Registro Público de la Propiedad y del Comercio.

Artículo 2815. El acreedor hipotecario puede adquirir la cosa hipotecada, en remate judicial o por adjudicación, en los casos en que no se presente otro postor, de acuerdo con lo que establezca el Código de Procedimientos Civiles del Estado de Querétaro.

Puede también convenir con el deudor en que se le adjudique en el precio que se fije al exigirse la deuda, pero no al constituirse la hipoteca. Este convenio no puede perjudicar los derechos de tercero.

Artículo 2816. Cuando el crédito hipotecario exceda de quinientas veces el salario mínimo general diario vigente en la zona, la hipoteca debe otorgarse en escritura pública. Cuando no exceda de esa cantidad, podrá otorgarse en escritura privada, ante dos testigos, de la cual se harán tantos ejemplares como sean las partes contratantes.

Artículo 2817. La acción hipotecaria prescribirá a los diez años, contados desde que pueda ejercitarse con arreglo al título inscrito.

Artículo 2818. La hipoteca nunca es tácita, ni general; para producir efectos contra tercero, necesita siempre de registro y se contrae por voluntad en los convenios y por necesidad cuando la ley sujeta a alguna persona a prestar esa garantía sobre bienes determinados. En el primer caso se llama voluntaria; en el segundo necesaria.

CAPÍTULO SEGUNDO
DE LA HIPOTECA VOLUNTARIA

Artículo 2819. Son hipotecas voluntarias, las convenidas entre partes o impuestas por disposición del dueño de los bienes sobre que se constituyen.

Artículo 2820. La hipoteca constituida para la seguridad de una obligación futura o sujeta a condiciones suspensivas inscritas, surtirá efecto contra tercero desde su inscripción, si la obligación llega a realizarse o la condición a cumplirse.

Artículo 2821. Si la obligación asegurada estuviese sujeta a condición resolutoria inscrita, la hipoteca no dejará de surtir su efecto respecto de tercero, sino desde que se haga constar en el Registro Público de la Propiedad y del Comercio, el cumplimiento de la condición.

Artículo 2822. Cuando se contraiga la obligación futura o se cumplan las condiciones de que tratan los dos artículos anteriores, deberán los interesados pedir que se haga constar así, por medio de una nota al margen de la inscripción hipotecaria, sin cuyo requisito no podrá aprovechar ni perjudicar a tercero la hipoteca constituida.

Artículo 2823. Para hacer constar en el Registro de mérito, el cumplimiento de las condiciones a que se refieren los artículos que preceden o la existencia de las obligaciones futuras, presentará cualquiera de los interesados al registrador la copia del documento público que así lo acredite y, en su defecto, una solicitud formulada por ambas partes, pidiendo que se extienda la nota marginal y expresando claramente los hechos que deben dar lugar a ella.

Si alguno de los interesados se niega a firmar dicha solicitud, acudirá el otro a la autoridad judicial para que, previo el procedimiento correspondiente, dicte la resolución que proceda.

Artículo 2824. Todo hecho o convenio entre las partes que pudiere modificar o destruir la eficacia de una obligación hipotecaria anterior, no surtirá efecto contra tercero si no se hace constar en el mencionado Registro, por medio de una inscripción nueva, de una cancelación total o parcial o de una nota marginal, según los casos.

Artículo 2825. El crédito puede cederse, en todo o en nada, siempre que la cesión se haga en la forma que para la constitución de la hipoteca previene el artículo 2817, se dé conocimiento al deudor y sea inscrita en el Registro Público de la Propiedad y del Comercio.

Si la hipoteca se ha constituido para garantizar obligaciones a la orden, puede transmitirse por endoso del título, sin necesidad de notificación al deudor, ni de registro. La hipoteca constituida para garantizar obligaciones al portador, se transmitirá por la simple entrega del título y sin ningún otro requisito.

Las instituciones del sistema bancario mexicano, actuando en nombre propio o como fiduciarias, las demás entidades financieras y los institutos de seguridad social, podrán ceder sus créditos con garantía hipotecaria, sin necesidad de notificación al deudor, de escritura pública, ni de inscripción en el Registro en cita, siempre que el cedente lleve la administración de los créditos. En caso de que el cedente deje de llevar la administración de los créditos, el cesionario deberá únicamente notificar por escrito la cesión al deudor.

En los supuestos previstos en los dos párrafos anteriores, la inscripción de la hipoteca a favor del acreedor original, se considerará hecha a favor del o los cesionarios referidos en tales párrafos, quienes tendrán todos los derechos y acciones derivadas de ésta, en las mismas condiciones pactadas originalmente.

Artículo 2826. La hipoteca generalmente durará por todo el tiempo que subsista la obligación que garantice y cuando ésta no tuviere término para su vencimiento, la hipoteca no podrá durar más de diez años.

Los contratantes pueden señalar a la hipoteca una duración menor que la de la obligación.

Artículo 2827. Cuando se prorrogue el plazo de la obligación garantizada con la hipoteca, ésta se entenderá prorrogada por el mismo plazo, a no ser que expresamente se asigne menor tiempo a la prórroga de la hipoteca.

Artículo 2828. Si antes de que expire el plazo se prorrogare por primera vez, durante la prórroga y el plazo señalado para la prescripción, la hipoteca conservará la prelación que le corresponda desde su origen.

Artículo 2829. La hipoteca prorrogada por segunda o más veces, sólo conservará la preferencia derivada del registro de su constitución por el tiempo a que se refiere el artículo anterior; por el demás tiempo, o sea, el de la segunda o ulterior prórroga, sólo tendrá la prelación que le corresponda por la fecha del último registro.

Lo mismo se observará en el caso de que el acreedor conceda un nuevo plazo para que se le pague el crédito.

CAPÍTULO TERCERO
DE LA HIPOTECA NECESARIA

Artículo 2830. Llámese necesaria a la hipoteca especial y expresa que por disposición de la ley están obligadas a constituir ciertas personas para asegurar los bienes que administran o para garantizar los créditos de determinados acreedores.

Artículo 2831. La constitución de la hipoteca necesaria podrá exigirse en cualquier tiempo, aunque haya cesado la causa que le diere fundamento, siempre que esté pendiente de cumplimiento la obligación que se debiera haber asegurado.

Artículo 2832. Si para la constitución de alguna hipoteca necesaria se ofrecieren diferentes bienes y no convinieren los interesados en la parte de gravamen que haya de pesar sobre cada uno, conforme a lo dispuesto en el artículo 2811, decidirá la autoridad judicial previo dictamen de perito.

Del mismo modo decidirá el juez las cuestiones que se susciten entre los interesados, sobre la calificación de suficiencia de los bienes ofrecidos para la constitución de cualquiera hipoteca necesaria.

Artículo 2833. La hipoteca necesaria durará el mismo tiempo que la obligación que con ella se garantiza.

Artículo 2834. Tienen derecho de pedir la hipoteca necesaria para seguridad de sus créditos:

I. El coheredero o partícipe, sobre los inmuebles repartidos, en cuanto importen los respectivos saneamientos o el exceso de los bienes que hayan recibido;

II. Los descendientes de cuyos bienes fueren meros administradores los ascendientes, sobre los bienes de éstos, para garantizar la conservación y devolución de aquéllos, salvo que se trate de los padres o abuelos llamados a desempeñar su tutela;

III. Los menores y demás incapacitados sobre los bienes de sus tutores, por los que éstos administren;

IV. Los legatarios por el importe de sus legados, si no hubiere hipoteca especial designada por el mismo testador; y

V. El Estado, los pueblos y los establecimientos públicos, sobre los bienes de sus administradores o recaudadores, para asegurar el correcto manejo de las rentas de dichas entidades.

Artículo 2835. Las constituciones de la hipoteca, en los casos a que se refieren las fracciones II y III del artículo anterior, pueden ser pedidas:

I. En el caso de bienes de que fueren meros administradores los padres, por los herederos legítimos del menor;

II. En el caso de bienes que administren los tutores, por los herederos legítimos y por el curador del incapacitado; y

III. Por el Ministerio Público, si no la pidieren las personas enumeradas en las fracciones anteriores.

Artículo 2836. La constitución de la hipoteca por los bienes de hijos de familia, con los menores y de los demás incapacitados, se regirá por las disposiciones contenidas en el Título Noveno, Capítulo Segundo, Título Décimo, Capítulo Noveno y Título Decimosegundo, Capítulos Primero y Tercero del Libro Primero.

Artículo 2837. Los que tienen derecho de exigir la constitución de hipoteca necesaria, tienen también el de objetar la suficiencia de la que se ofrezca y el de pedir su ampliación cuando los bienes hipotecados se hagan por cualquier motivo insuficientes para garantizar el crédito; en ambos casos resolverá el juez.

Artículo 2838. Si el responsable de la hipoteca designara muebles, no gozará el acreedor más que del privilegio mencionado en el artículo 2890, fracción I, salvo lo dispuesto en el Capítulo Noveno del Título Décimo, del Libro Primero.

CAPÍTULO CUARTO
DE LA EXTINCIÓN DE LAS HIPOTECAS

Artículo 2839. La hipoteca produce todos sus efectos jurídicos contra tercero, mientras no sea cancelada su inscripción.

Artículo 2840. Podrá pedirse y deberá ordenarse, en su caso, la extinción de la hipoteca:

I. Cuando se extinga el bien hipotecado;

II. Cuando se extinga la obligación a que sirvió de garantía;

III. Cuando se resuelva o extinga el derecho del deudor sobre el bien hipotecado;

IV. Cuando se expropie por causa de utilidad pública el bien hipotecado, observándose lo dispuesto en el artículo 2810;

V. Cuando se remate judicialmente la finca hipotecada, teniendo aplicación lo prevenido en el artículo 2210;

VI. Por la remisión expresa del acreedor; y

VII. Por la declaración de estar prescrita la acción hipotecaria.

Artículo 2841. La hipoteca extinguida por dación en pago revivirá, si el pago queda sin efecto, ya sea porque la cosa dada en pago se pierda por culpa del deudor y estando todavía en su poder, ya sea porque el acreedor la pierda en virtud de la evicción.

Artículo 2842. En los casos del artículo anterior, si el registro hubiere sido ya cancelado, revivirá solamente desde la fecha de la nueva inscripción, quedando siempre a salvo al acreedor el derecho para ser indemnizado por el deudor, de los daños y perjuicios que se le hayan seguido.

TÍTULO DECIMOSEXTO
DE LAS TRANSACCIONES

Artículo 2843. La transacción es un contrato por el cual las partes, haciéndose recíprocas concesiones, terminan una controversia presente o previenen una futura.

Artículo 2844. La transacción que previene controversias futuras, siempre debe constar por escrito.

Artículo 2845. Los ascendientes y los tutores no pueden transigir en nombre de las personas que tienen bajo su potestad o bajo su guarda, a no ser que la transacción sea necesaria o útil para los intereses de los incapacitados y previa autorización judicial.

Artículo 2846. Se puede transigir sobre la acción civil proveniente de un delito, pero no por eso se extingue la acción pública, para la imposición de la pena, ni se da por probado el delito.

Artículo 2847. No se puede transigir sobre el estado civil de las personas, ni sobre la validez del matrimonio.

Artículo 2848. Es válida la transacción sobre los derechos pecuniarios que de la declaración de estado civil pudieran deducirse a favor de una persona; pero la transacción, en tal caso, no importa la adquisición del estado.

Artículo 2849. Será nula la transacción que verse:
I. Sobre delito, dolo y culpa futuros;
II. Sobre la acción civil que nazca de un delito o culpa futuros;
III. Sobre sucesión futura;
IV. Sobre una herencia, antes de visto el testamento, si lo hay; y
V. Sobre el derecho de recibir alimentos.

Artículo 2850. Podrá haber transacción sobre las cantidades que ya sean debidas por alimentos.

Artículo 2851. El fiador sólo queda obligado por la transacción cuando consiente en ella.

Artículo 2852. La transacción tiene, respecto de las partes, la misma eficacia y autoridad que la cosa juzgada; pero podrá pedirse la nulidad o la rescisión de aquélla en los casos autorizados por la ley.

Artículo 2853. Puede anularse la transacción cuando se hace en razón de un título nulo, a no ser que las partes hayan tratado expresamente de la nulidad.

Artículo 2854. Cuando las partes están instruidas de la nulidad del título o la disputa es sobre esa misma nulidad, pueden transigir válidamente, siempre que los derechos a que se refiere el título sean renunciables.

Artículo 2855. La transacción celebrada teniéndose en cuenta documentos que después han resultado falsos por sentencia judicial, es nula.

Artículo 2856. El descubrimiento de nuevos títulos o documentos no es causa para anular o rescindir la transacción, si no ha habido mala fe.

Artículo 2857. Es nula la transacción sobre cualquier negocio que esté decidido judicialmente por sentencia irrevocable ignorada por los interesados.

Artículo 2858. En las transacciones sólo hay lugar a la evicción cuando, en virtud de ella, da una de las partes a la otra alguna cosa que no era objeto de la disputa y que, conforme a derecho, pierde el que la recibió.

Artículo 2859. Cuando la cosa dada tiene vicios o gravámenes ignorados por el que la recibió, ha lugar a pedir la diferencia que resulte del vicio o gravamen, en los mismos términos que respecto de la cosa vendida.

Artículo 2860. Por la transacción no se transmiten, sino que se declaran o reconocen los derechos que son el objeto de las diferencias sobre que ella recae.

La declaración o reconocimiento de esos derechos no obliga al que lo hace, a garantizarlos, ni le impone responsabilidad alguna en caso de evicción, ni importa un título propio en qué fundar la prescripción.

Artículo 2861. Las transacciones deben interpretarse estrictamente y sus cláusulas son indivisibles, a menos que otras cosas convengan las partes.

Artículo 2862. No podrá intentarse demanda contra el valor o subsistencia de una transacción, sin que previamente se haya asegurado la devolución de todo lo recibido, a virtud del convenio que se quiera impugnar.

TERCERA PARTE

TÍTULO PRIMERO
DE LA CONCURRENCIA Y PRELACIÓN DE LOS CRÉDITOS

CAPÍTULO PRIMERO
DISPOSICIONES GENERALES

Artículo 2863. El deudor responde del cumplimiento de sus obligaciones con todos sus bienes, con excepción de aquellos que conforme a la ley, son inalienables o no embargables.

Artículo 2864. Procede el concurso de acreedores, siempre que el deudor suspenda el pago de sus deudas civiles, líquidas y exigibles. La declaración de concurso será hecha por el juez competente, mediante los trámites fijados en el Código de Procedimientos Civiles del Estado de Querétaro.

Artículo 2865. La declaración de concurso incapacita al deudor para seguir administrando sus bienes, así como para cualquier otra administración que por la ley le corresponda y hace que se venza el plazo de todas sus deudas.

Esta declaración produce también el efecto de que dejen de devengar intereses las deudas del concursado, salvo los créditos hipotecarios y pignoraticios, que seguirán devengando los intereses correspondientes hasta donde alcance el valor de los bienes que los garanticen.

Artículo 2866. Los capitales debidos serán pagados en el orden establecido en este título y si después de satisfechos quedaren fondos pertenecientes al concurso, se pagarán los réditos correspondientes, en el mismo orden en que se pagaron los capitales, pero reducidos los intereses al tipo legal, a no ser que se hubiere pactado un tipo menor. Sólo que hubiere bienes suficientes para que todos los acreedores queden pagados, se cubrirán los réditos al tipo convenido que sea superior al legal.

Artículo 2867. El deudor puede celebrar con sus acreedores los convenios que estime oportunos, pero esos convenios se harán precisamente en junta de acreedores debidamente constituida.

Los pactos particulares entre el deudor y cualquiera de sus acreedores serán nulos.

Artículo 2868. La proposición de convenios se discutirá y pondrá a votación, formando resolución el voto de un número de acreedores que compongan la mitad y uno más de los concurrentes, siempre que su interés en el concurso cubra las tres quintas partes del pasivo, deducido el importe de los créditos de los acreedores hipotecarios y pignoraticios que hubieren optado por no ir al concurso.

Artículo 2869. Dentro de los ocho días siguientes a la celebración de la junta en que se hubiere aprobado el convenio, los acreedores disidentes y los que no hubieren concurrido a la junta podrán oponerse a la aprobación del mismo.

Artículo 2870. Las únicas causas en que podrá fundarse la oposición al convenio serán:

I. Defectos en las formas prescritas para la convocación, celebración y deliberación de la junta;

II. Falta de personalidad o representación en alguno de los votantes, siempre que su voto decida la mayoría en número o en cantidad;

III. Inteligencias fraudulentas entre el deudor y uno o más acreedores o de los acreedores entre sí, para votar a favor del convenio;

IV. Exageración fraudulenta de créditos para procurar la mayoría de cantidad; y

V. Inexactitud fraudulenta en el inventario de los bienes del deudor o en los informes de los síndicos, para facilitar la admisión de las proposiciones del deudor.

Artículo 2871. Aprobado el convenio por el juez, será obligatorio para el fallido y para todos los acreedores cuyos créditos daten de época anterior a la declaración, si hubieren sido citados en forma legal o si habiéndose notificado la aprobación del convenio no hubieren reclamado contra éste en los términos prevenidos en el Código de Procedimientos Civiles del Estado de Querétaro, aunque esos acreedores no estén comprendidos en la lista correspondiente, ni hayan sido parte en el procedimiento.

Artículo 2872. Los acreedores hipotecarios y los pignoraticios podrán abstenerse de tomar parte en la junta de acreedores en la que haga proposiciones el deudor; en tal caso, las resoluciones de la junta no perjudicarán sus respectivos derechos.

Si por el contrario, prefieren tener voz y voto en la mencionada junta, serán comprendidos en las esperas o quitas que la junta acuerde, sin perjuicio del lugar y grado que corresponda al título de su crédito.

Artículo 2873. Si el deudor cumpliere el convenio, quedarán extinguidas sus obligaciones en los términos estipulados en el mismo; pero si dejare de cumplirlo, en todo o en parte, renacerá el derecho de los acreedores por las cantidades que no hubieren percibido de su crédito primitivo y podrá cualquiera de ellos pedir la declaración o continuación del concurso.

Artículo 2874. No mediando pacto expreso en contrario entre el deudor y acreedores, conservarán éstos su derecho, terminado el concurso, para cobrar de los bienes que el deudor adquiera posteriormente la parte de crédito que no les hubiere sido satisfecha.

Artículo 2875. Los créditos se graduarán en el orden que se clasifican en los capítulos siguientes, con la prelación que para cada clase se establezca en ellos.

Artículo 2876. Concurriendo diversos acreedores de la misma clase y prelación, serán pagados, según la fecha de su título, si aquélla constare de una manera indubitable. En cualquier otro caso serán pagados a prorrata.

Artículo 2877. Los gastos judiciales hechos por un acreedor, en lo particular, serán pagados en el lugar en que deba serlo el crédito que los haya causado.

Artículo 2878. El crédito cuya preferencia provenga de convenio fraudulento entre el acreedor y el deudor, pierde toda preferencia, a no ser que el dolo provenga sólo del deudor, quien en este caso será responsable de los daños y perjuicios que se sigan a los demás acreedores, además de las penas que merezca por el fraude.

CAPÍTULO SEGUNDO
DE LOS CRÉDITOS HIPOTECARIOS Y PIGNORATICIOS
Y DE ALGUNOS OTROS PRIVILEGIOS

Artículo 2879. Preferentemente se pagarán los adeudos fiscales provenientes de impuestos, con el valor de los bienes que los hayan causado.

Artículo 2880. Los acreedores hipotecarios y los pignoraticios no necesitan entrar en concurso para hacer el cobro de sus créditos. Pueden deducir las acciones que les competen en virtud de la hipoteca o de la prenda, en los juicios respectivos, a fin de ser pagados con el valor de los bienes que garantice sus créditos.

Artículo 2881. Si hubiere varios acreedores hipotecarios garantizados con los mismos bienes, pueden formar un concurso especial con ellos y serán pagados por el orden de fechas en que se otorgaron las hipotecas, si éstas se registraron dentro del plazo legal o según el orden en que se hayan registrado los gravámenes, si la inscripción se hizo fuera del plazo de la ley.

Artículo 2882. Cuando el valor de los bienes hipotecados o dados en prenda no alcanzare a cubrir los créditos que garantizan, por el saldo deudor entrarán al concurso los acreedores de que se trata y serán pagados como acreedores de tercera clase.

Artículo 2883. Para que el acreedor pignoraticio goce del derecho de no entrar en concurso para cobrar su crédito, es necesario que cuando la prenda le hubiere sido entregada jurídicamente, quedando en poder de un tercero, la conserve en su poder o que sin culpa suya haya perdido su posesión y que cuando hubiere quedado en poder del deudor, no haya consentido en que éste o el tercero que la conserva en su poder, la entregue a otra persona.

Artículo 2884. Del precio de los bienes hipotecados o dados en prenda, se pagarán, en el orden siguiente:

I. Los gastos del juicio respectivo y los que causen las ventas de esos bienes;

II. Los gastos de conservación y administración de los mencionados bienes;

III. La deuda de seguros de los propios bienes; y

IV. Los créditos hipotecarios de acuerdo con lo dispuesto en el artículo 2881, comprendiéndose en el pago los réditos de los últimos tres años o los créditos pignoraticios, según su fecha, así como sus réditos durante los últimos seis meses.

Artículo 2885. Para que se paguen con la preferencia señalada los créditos comprendidos en las fracciones II y III del artículo anterior, es requisito indispensable que los primeros hayan sido necesarios y que los segundos consten auténticamente.

Artículo 2886. Si el concurso llega al periodo en que deba pronunciarse sentencia de graduación, sin que los acreedores hipotecarios o pignoraticios hagan uso del derecho de no entrar en concurso para cobrar su crédito, el concurso hará vender los bienes y depositará el importe del crédito y de los réditos correspondientes, observándose, en su caso, las disposiciones relativas a los ausentes.

Artículo 2887. El concurso tiene derecho para redimir los gravámenes hipotecarios y pignoraticios que pesen sobre los bienes del deudor o de pagar las deudas de que especialmente responden algunos de éstos y, entonces, esos bienes entrarán a formar parte del fondo del concurso.

Artículo 2888. Los trabajadores no necesitan entrar al concurso para que se les paguen los créditos que tengan por salarios o sueldos devengados en el último año y por indemnizaciones. Deducirán su reclamación ante la autoridad que corresponda y, en cumplimiento de la resolución que se dicte, se enajenarán los bienes que sean necesarios para que los créditos de que se trata se paguen preferentemente a cualesquiera otros.

Artículo 2889. Si entre los bienes del deudor se hallaren comprendidos bienes muebles o raíces adquiridos por sucesión y obligados por el autor de la herencia a ciertos acreedores, podrán éstos pedir que aquéllos sean separados y formar concurso especial con exclusión de los demás acreedores propios del deudor.

Artículo 2890. El derecho reconocido en el artículo anterior, no tendrá lugar:

I. Si la separación de los bienes no fuere pedida dentro de los tres meses contados desde que se inició el concurso o desde la aceptación de la herencia; y

II. Si los acreedores hubieren hecho novación de la deuda o de cualquier otro modo hubieren aceptado la responsabilidad personal del heredero.

Artículo 2891. Los acreedores que obtuvieron la separación de bienes no podrán entrar al concurso del heredero, aunque aquéllos no alcancen a cubrir sus créditos

CAPÍTULO TERCERO
DE LOS ACREEDORES PREFERENTES SOBRE DETERMINADOS BIENES

Artículo 2892. Con el valor de los bienes que se mencionan, serán pagados preferentemente:

I. La deuda por gastos de salvamento, con el valor de la cosa salvada;

II. La deuda contraída antes del concurso, expresamente para ejecutar obras de rigurosa conservación de algunos bienes, con el valor de éstos, siempre que se pruebe que la cantidad prestada se empleó en esas obras;

III. Los créditos del constructor, con el precio de la obra construida;

IV. Los créditos por semillas, gastos de cultivo y recolección, con el precio de la cosecha para que sirvieron y que se halle en poder del deudor;

V. El crédito por fletes, con el precio de los efectos transportados, si se encuentran en poder del acreedor;

VI. El crédito por hospedaje, con el precio de los muebles del deudor que se encuentren en la casa o establecimiento donde está hospedado;

VII. El crédito del arrendador, con el precio de los bienes muebles embargables que se hallan dentro de la finca arrendada o con el precio de los frutos de la cosecha respectiva si el predio fuere rústico;

VIII. El crédito que provenga del precio de los bienes vendidos y no pagados, con el valor de ellos, si el acreedor hace su reclamación dentro de los sesenta días siguientes a la venta, si se hizo al contado o del vencimiento, si la venta fue a plazo.

Tratándose de bienes muebles, cesará la preferencia si hubieren sido inmovilizados; y

IX. Los créditos anotados en el Registro Público de la Propiedad y del Comercio, en virtud de mandamiento judicial, por embargos, secuestros o ejecución de sentencias, sobre dichos bienes, solamente en cuanto a créditos posteriores.

CAPÍTULO CUARTO
ACREEDORES DE PRIMERA CLASE

Artículo 2893. Pagados los acreedores mencionados en los dos capítulos anteriores, con el valor de todos los bienes que queden, se pagarán:

I. Los gastos judiciales comunes, en los términos que establezca el Código de Procedimientos Civiles del Estado de Querétaro;

II. Los gastos de rigurosa conservación y administración de los bienes concursados;

III. Los gastos de funerales del deudor, proporcionados a su posición social y también los de su cónyuge e hijos que estén bajo su patria potestad, si no tuviesen bienes propios;

IV. Los gastos de la última enfermedad de las personas mencionadas en la fracción anterior, hechos en los últimos seis meses que precedieron al día del fallecimiento;

V. El crédito por alimentos fiados al deudor para su subsistencia y la de su familia, en los seis meses anteriores a la formación del concurso; y

VI. La responsabilidad civil en la parte que comprende el pago de los gastos de curación o de los funerales del ofendido y las pensiones que por concepto de alimentos se deban a sus familiares. En lo que se refiere a la obligación de restituir, por tratarse de devoluciones de cosa ajena, no entra en concurso y por lo que toca a las otras indemnizaciones que se deban por el delito, se pagarán como si se tratara de acreedores comunes de cuarta clase.

CAPÍTULO QUINTO
ACREEDORES DE SEGUNDA CLASE

Artículo 2894. Pagados los créditos antes mencionados, se pagarán:

I. Los créditos de las personas sujetas a tutela y los legatarios que no hubieren exigido la hipoteca necesaria;

II. Los créditos del erario que no estén comprendidos en los fiscales y del Estado, los pueblos y establecimientos públicos que no hayan sido garantizados en la forma allí prevenida; y

III. Los créditos de los establecimientos de beneficencia pública o privada.

CAPÍTULO SEXTO
ACREEDORES DE TERCERA CLASE

Artículo 2895. Satisfechos los créditos de que se ha hablado anteriormente, se pagarán los créditos que consten en escritura pública o en cualquier otro documento auténtico.

CAPÍTULO SÉPTIMO
ACREEDORES DE CUARTA CLASE

Artículo 2896. Pagados los créditos enumerados en los capítulos que preceden, se pagarán los créditos que consten en documento privado.

Artículo 2897. Con los bienes restantes serán pagados todos los demás créditos que no estén comprendidos en las disposiciones anteriores. El pago se hará a prorrata y sin atender a las fechas, ni al origen de los créditos.

TÍTULO SEGUNDO
DEL REGISTRO PÚBLICO DE LA PROPIEDAD Y DEL COMERCIO

Derogado

CAPÍTULO PRIMERO
DE LAS OFICINAS DEL REGISTRO PÚBLICO DE LA PROPIEDAD Y DEL COMERCIO

Derogado

Artículo 2898. Derogado.

Artículo 2899. Derogado.

Artículo 2900. Derogado.

CAPÍTULO SEGUNDO
LOS TÍTULOS SUJETOS A REGISTRO DE LOS EFECTOS LEGALES DEL REGISTRO

Derogado

Artículo 2901. Derogado.

Artículo 2902. Derogado.

Artículo 2903. Derogado.

Artículo 2904. Derogado.

Artículo 2905. Derogado.

Artículo 2906. Derogado.

Artículo 2907. Derogado.

Artículo 2908. Derogado.

CAPÍTULO TERCERO
DEL MODO DE HACER EL REGISTRO Y DE LAS PERSONAS QUE TIENEN DERECHO DE PEDIR LA INSCRIPCIÓN

Derogado

Artículo 2909. Derogado.

Artículo 2910. Derogado.

Artículo 2911. Derogado.

Artículo 2912. Derogado.

Artículo 2913. Derogado.

Artículo 2914. Derogado.

Artículo 2915. Derogado.

Artículo 2916. Derogado.

Artículo 2917. Derogado.

Artículo 2918. Derogado.

Artículo 2919. Derogado.

Artículo 2920. Derogado.

Artículo 2921. Derogado.

CAPÍTULO CUARTO
DEL REGISTRO DE LAS INFORMACIONES DE DOMINIO

Derogado

Artículo 2922. Derogado.

CAPÍTULO QUINTO
DE LAS INSCRIPCIONES DE POSESIÓN

Derogado

Artículo 2923. Derogado.

Artículo 2924. Derogado.

Artículo 2925. Derogado.

Artículo 2926. Derogado.

Artículo 2927. Derogado.

CAPÍTULO SEXTO
DE LA EXTINCIÓN DE LAS INSCRIPCIONES

Derogado

Artículo 2928. Derogado.

Artículo 2929. Derogado.

Artículo 2930. Derogado.

Artículo 2931. Derogado.

Artículo 2932. Derogado.

Artículo 2933. Derogado.

Artículo 2934. Derogado.

Artículo 2935. Derogado.

Artículo 2936. Derogado.

Artículo 2937. Derogado.

Artículo 2938. Derogado.

Artículo 2939. Derogado.

Artículo 2940. Derogado.

Artículo 2941. Derogado.

Artículo 2942. Derogado.

Artículo 2943. Derogado.

CÓDIGO NACIONAL DE PROCEDIMIENTOS CIVILES Y FAMILIARES

TEXTO ORIGINAL

Código publicado en el Diario Oficial de la Federación, el miércoles 7 de junio de 2023.

Al margen un sello con el Escudo Nacional, que dice: Estados Unidos Mexicanos.- Presidencia de la República.

ANDRÉS MANUEL LÓPEZ OBRADOR, Presidente de los Estados Unidos Mexicanos, a sus habitantes sabed:

Que el Honorable Congreso de la Unión, se ha servido dirigirme el siguiente

DECRETO

"EL CONGRESO GENERAL DE LOS ESTADOS UNIDOS MEXICANOS, DECRETA:

SE EXPIDE EL CÓDIGO NACIONAL DE PROCEDIMIENTOS CIVILES Y FAMILIARES

Artículo Único.- Se expide el Código Nacional de Procedimientos Civiles y Familiares, para quedar como sigue:

CÓDIGO NACIONAL DE PROCEDIMIENTOS CIVILES Y FAMILIARES

LIBRO PRIMERO
DEL SISTEMA DE IMPARTICIÓN DE JUSTICIA EN MATERIA CIVIL Y FAMILIAR

TÍTULO PRIMERO
DISPOSICIONES GENERALES

CAPÍTULO I
DEL CÓDIGO NACIONAL DE PROCEDIMIENTOS CIVILES Y FAMILIARES

SECCIÓN PRIMERA
FORMALIDADES DEL PROCEDIMIENTO

Artículo 1. Las disposiciones de este Código Nacional son de orden público, interés social y observancia general en todo el territorio nacional, tienen por objeto establecer la regulación procesal civil y familiar, con base en los derechos humanos previstos en la Constitución Política de los Estados Unidos Mexicanos y en los Tratados Internacionales de los que el Estado mexicano sea parte.

Artículo 2. Para los efectos de este Código Nacional de Procedimientos Civiles y Familiares, se entenderá por:

I. Ajustes de Procedimiento. Las modificaciones y adaptaciones necesarias y adecuadas para facilitar y garantizar el desempeño de las funciones efectivas de las personas que pertenecen a los grupos sociales en situación de vulnerabilidad como participantes directos e indirectos, en todos los procedimientos judiciales, así como el acceso a la justicia en igualdad de condiciones;

II. Apoyo. Formas de asistir en el Procedimiento a las personas para facilitar su comprensión, ejercicio y manifestación de voluntad, derechos y obligaciones;

III. Archivo o documento electrónico. Con independencia del formato en que se encuentre, comprenden el escrito que es generado, consultado, modificado o procesado por medios electrónicos, digitales u ópticos, enviado, recibido, almacenado o utilizado a través de sistemas de justicia digital;

IV. Área de transmisión. Espacio físico desde donde los intervinientes en un procedimiento en línea participan en una audiencia o diligencia virtuales, usando la herramienta de sala virtual designada para tal propósito;

V. Audiencia virtual. Cualquier audiencia de las previstas en este Código Nacional celebrada a través de una sala virtual;

VI. Autoridad jurisdiccional. Jueza, juez, magistrada, magistrado u órganos del Poder Judicial, con facultades para emitir resoluciones en el ejercicio de impartición de justicia dentro del ámbito de sus respectivas competencias;

VII. Cadena de bloques. Conjunto de tecnologías cuyas características buscan posibilitar la transferencia de valor en entornos digitales a través de métodos de consenso y cifrado. Desde un punto de vista técnico, y atendiendo a sus características, una cadena de bloques es una base de datos, descentralizada y distribuida en una red de computadoras, formada por un conjunto de registros vinculados donde se almacenan transacciones o datos, que han sido diseñados para evitar su modificación o manipulación no autorizada, una vez que un dato ha sido publicado. Una cadena de bloques es pública cuando es abierta, transparente, cualquiera puede unirse, tener acceso a ella, enviar transacciones y participar en el proceso de consenso o validación de datos. Se consideran cadenas de bloques sin permiso o no permisionadas, ya que no hay restricciones y la participación en ellas no está controlada por un administrador o por un cuerpo central de gobierno;

VIII. Certificado digital. Mensaje de datos o registro que confirme el vínculo entre un firmante y la clave privada;

IX. Clave privada. Los datos que el firmante genera de manera secreta y utiliza para crear su firma electrónica avanzada, a fin de lograr el vínculo entre dicha firma electrónica avanzada y el firmante;

X. Código Civil. Los Códigos Civiles y Familiares, Federal o Locales;

XI. Código Nacional. El Código Nacional de Procedimientos Civiles y Familiares;

XII. Declaración especial de ausencia por desaparición. Se entenderá lo previsto en la Ley General en materia de Desaparición Forzada, Desaparición cometida por Particulares y del Sistema Nacional de Búsqueda, en la Ley Federal de Declaración Especial de Ausencia para Personas Desaparecidas, así como en las leyes especiales de la materia en las Entidades Federativas;

XIII. Digitalización. Migración de documentos en soporte físico a un medio electrónico, óptico, digital o de cualquier tecnología, que genera como resultado un mensaje de datos, mediante un proceso que permita asegurar la fidelidad e integridad conforme a los documentos amparados en soportes físicos;

XIV. Diligencia virtual. Actuaciones procesales, distintas de las audiencias virtuales y promociones electrónicas, desarrolladas por personas funcionarias judiciales, las partes o sus representantes y cualquier interviniente autorizado dentro de un procedimiento judicial que se lleva a cabo a distancia o de forma remota, mediante el uso de cualquier sistema de justicia digital;

XV. Documento digitalizado. Escrito que contiene información que ha sido creado originalmente en soporte físico o de forma impresa y posteriormente ha migrado a un medio electrónico, digital o de cualquier tecnología;

XVI. Documento electrónico. Escrito que es generado, consultado, modificado o procesado por medios electrónicos, que es enviado, recibido, almacenado o utilizado a través de sistemas de justicia digital;

XVII. Enlace. Dirección electrónica o hipervínculo de la sala virtual a través de la cual las partes y el órgano jurisdiccional llevarán a cabo las audiencias o diligencias virtuales correspondientes a los procedimientos en línea;

XVIII. Expediente electrónico. Conjunto de información contenida en documentos electrónicos, documentos digitalizados o mensajes de datos que conforman un determinado procedimiento jurisdiccional, independientemente de que esté conformado por texto, imagen, audio, video o cualquier otra tecnología;

XIX. Expediente físico. Conjunto de documentos físicos que contienen las actuaciones y resoluciones judiciales, así como las promociones de las partes y demás intervinientes en un determinado procedimiento judicial;

XX. Firma electrónica avanzada. El conjunto de datos y caracteres que permite la identificación del firmante, que ha sido creada por medios electrónicos bajo su exclusivo control, de manera que está vinculada únicamente al mismo y a los datos a los que se refiere, lo que permite que sea detectable cualquier modificación ulterior de éstos, la cual produce los mismos efectos jurídicos que la firma autógrafa. La firma electrónica avanzada prevalece frente a la firma electrónica simple, ya que los requisitos de producción de la primera la dotan de más seguridad que la segunda. A pesar de que las autoridades utilicen una terminología distinta para este tipo de firma, si la misma cuenta con los atributos y características señaladas en esta definición, será considerada como firma electrónica avanzada para los efectos de este Código Nacional;

XXI. Firma electrónica o firma electrónica simple. Los datos en forma electrónica consignados en un mensaje de datos, o adjuntados o lógicamente asociados al mismo por cualquier tecnología, que son utilizados para identificar al firmante en relación con el mensaje de datos e indicar que el firmante aprueba la información contenida en el mensaje de datos, y que produce los mismos efectos jurídicos que la firma autógrafa, siendo admisible como prueba en juicio;

XXII. Grupos sociales en situación de vulnerabilidad. Las personas que pertenecen a grupos sociales en situación de vulnerabilidad, que, por causas diversas, enfrentan situaciones de riesgo o discriminación;

XXIII. Integridad. Se considerará que el contenido de un documento electrónico o mensaje de datos es íntegro, si éste ha permanecido completo e inalterado independientemente de los cambios que hubiere podido sufrir el medio que lo contiene, resultado del proceso de comunicación, archivo o presentación. El grado de confiabilidad requerido será determinado conforme a los fines para los que se generó la información y de todas las circunstancias relevantes del caso;

XXIV. Medio de comunicación judicial. El boletín judicial, lista de acuerdos, lista electrónica de acuerdos o medios electrónicos o informáticos por los que la autoridad jurisdiccional, en sus respectivos ámbitos de competencia, hace del conocimiento de las partes, la emisión de una resolución judicial;

XXV. Mensaje de datos. La información generada, enviada, recibida, archivada o comunicada a través de medios de comunicación electrónica, que puede contener documentos electrónicos;

XXVI. Metaverso. Espacio virtual que posibilita la convivencia social en mundos digitales a través de experiencias gráficas inmersivas en tercera dimensión, que suele utilizar tecnologías de realidad virtual, realidad aumentada, realidad mixta o híbrida, tokens y cadena de bloques;

XXVII. Notificación electrónica. Acto mediante el cual se hace saber a las personas a quienes va dirigida, a través de medios electrónicos, una resolución judicial;

XXVIII. Persona Desaparecida. Se entenderá lo previsto en la Ley General en materia de Desaparición Forzada, Desaparición cometida por Particulares y del Sistema Nacional de Búsqueda, en la Ley Federal de Declaración Especial de Ausencia para Personas Desaparecidas, así como las leyes especiales de la materia en las Entidades Federativas;

XXIX. Personas Mayores. Las personas determinadas como tales por la ley de la materia;

XXX. Persona Representante Autorizada. La persona autorizada por cualquiera de las partes con funciones de representación en el procedimiento judicial, de carácter público o privado que se encuentre legalmente autorizado para ejercer la profesión de abogado o licenciado en derecho con cédula profesional expedida por la autoridad competente;

XXXI. Procedimiento en línea. Todo procedimiento, contencioso o no contencioso, regulado en el presente Código Nacional, que se tramite utilizando sistemas de justicia digital;

XXXII. Promoción electrónica. Cualquier documento enviado o presentado ante un órgano jurisdiccional, a través de sistemas de justicia digital;

XXXIII. Representante social. Autoridad administrativa encargada de procurar la legalidad en los asuntos civiles y familiares, así como la representación de la sociedad en los procedimientos de orden e interés público, de acuerdo con la legislación de cada Entidad Federativa;

XXXIV. Sala virtual. Programa de cómputo, herramienta, plataforma electrónica de videoconferencia, metaverso, sistema de realidad virtual o aumentada, sistema holográfico, o cualquier otro medio tecnológico designado como sistema de interacción a distancia, que permita la transmisión de audio, video o imágenes, así como la comunicación sincrónica entre las partes que participan en cualquier acto procesal y el órgano jurisdiccional;

XXXV. Sistemas de justicia digital. Todo dispositivo electrónico, programa de cómputo, aplicación, herramienta tecnológica o plataforma electrónica, propiedad del Poder Judicial o de terceros, que sea utilizada para consultar, usar, enviar o llevar a cabo procedimientos en línea, audiencias virtuales, diligencias virtuales, expedientes electrónicos, firmas electrónicas, mensajes de datos, documentos electrónicos o digitalizados, promociones electrónicas, salas virtuales y videoconferencias, y

XXXVI. Videoconferencia. Sistema interactivo de comunicación que transmita, de forma simultánea y en tiempo real, imagen, sonido y datos a distancia de una o más personas, ubicadas en un lugar distinto del recinto del órgano jurisdiccional.

Artículo 3. En el sistema de impartición de justicia en materia civil y familiar se ponderará en todo tiempo la solución de la controversia sobre los formalismos procesales, serán aplicables las reglas y principios del juicio oral en lo que resulte compatible; asimismo, serán considerados los beneficios de la justicia alternativa o procedimientos convencionales que pacten las partes y de conformidad con lo dispuesto en este Código Nacional, podrá tramitarse mediante el uso de las tecnologías de la información y la comunicación.

Artículo 4. Las autoridades jurisdiccionales contarán con las más amplias facultades de dirección procesal para decidir en forma pronta y expedita lo que en derecho corresponda al procedimiento respectivo. Para hacer cumplir sus determinaciones podrán hacer uso de las medidas de apremio previstas en este Código Nacional.

Las autoridades jurisdiccionales deberán cerciorarse en todos los casos que las partes se encuentren debidamente representadas por persona representante autorizada.

Artículo 5. En los asuntos de orden familiar y civil, y sin alterar el principio de igualdad procesal, las partes podrán revelar su condición de vulnerabilidad, a fin de que la autoridad jurisdiccional provea ajustes de procedimiento en su caso y supla oportunamente de oficio, las deficiencias de sus planteamientos sobre la base de proteger los intereses de la familia, personas mayores, niñas, niños, adolescentes, personas con discapacidad o cualquier otra persona que se encuentre en alguna condición de vulnerabilidad.

En los casos que se involucren derechos de niñas, niños y adolescentes, así como los derechos de las mujeres, la autoridad jurisdiccional deberá actuar y resolver con base en el interés superior de las niñas, niños, o adolescentes, así como con perspectiva de género de conformidad con los Tratados Internacionales de los que el Estado Mexicano sea parte.

Asimismo, deberán adecuar sus actuaciones a las circunstancias de los grupos sociales en situación de vulnerabilidad mediante formatos alternativos, a fin de garantizar equidad y accesibilidad estructural y de comunicación, durante el procedimiento, en estricto apego al ejercicio de los derechos humanos.

Artículo 6. Tratándose de personas que pertenezcan a pueblos y comunidades indígenas y afromexicanas, la autoridad jurisdiccional deberá cerciorarse que cuenten con intérprete y traductor y en todos los casos considerará sus sistemas normativos, usos y costumbres, siempre que no contravengan lo dispuesto por la Constitución Política de los Estados Unidos Mexicanos y los Tratados Internacionales de los que el Estado mexicano sea parte.

Las personas intérpretes y traductoras al iniciar su función serán advertidos de las penas en que incurren los falsos declarantes y sobre su obligación de traducir o interpretar fielmente lo dicho. Si para el desahogo de la audiencia no es posible contar con la asistencia requerida, deberá suspenderse y ordenarse nueva fecha. En ningún caso las partes o los testigos podrán ser intérpretes.

Artículo 7. Son principios rectores del sistema de impartición de justicia en materia civil y familiar:

I. Acceso a la justicia. Cualquier persona tiene derecho a acudir ante la autoridad jurisdiccional para formular una pretensión jurídica concreta de carácter familiar y la autoridad jurisdiccional requerida deberá de proveer sobre sus peticiones;

II. Concentración. Se procurará desahogar la mayor cantidad de actuaciones procesales en una sola audiencia o el menor número de diligencias procesales;

III. Colaboración. Se propiciará que las partes resuelvan por sí mismas el conflicto en cualquier etapa del procedimiento, por tanto, las autoridades jurisdiccionales facilitarán que sean ellas las que pongan fin a la controversia mediante acuerdos conciliatorios, exceptuando aquellos casos en que existan conductas de violencia en cualquiera de sus modalidades, o que se discutan derechos intransigibles;

IV. Continuidad. Las audiencias deberán ser ininterrumpidas, permitiendo excepcionalmente su suspensión en los casos establecidos en el presente Código Nacional;

V. Contradicción. Las partes tienen derecho a debatir los hechos, argumentos jurídicos y pruebas de su contraparte, en los términos establecidos en este Código Nacional;

VI. Dirección Procesal. La rectoría del proceso está confiada únicamente a las autoridades jurisdiccionales en primera o en segunda instancia, según sea el caso;

VII. Igualdad Procesal. Desde el escrito inicial de demanda y hasta la ejecución de la sentencia, las personas recibirán el mismo trato, oportunidades, derechos y cargas procesales sin discriminación alguna. Con las excepciones que se establezcan expresamente en este Código Nacional, cuando en la controversia se involucren derechos de niñas, niños, adolescentes y personas en grupos sociales en situación de vulnerabilidad;

VIII. Inmediación. El contacto directo, personal e indelegable de la autoridad jurisdiccional con las partes y las pruebas, salvo las excepciones previstas en este Código Nacional;

IX. Interés superior de la niñez. Observancia que debe darse para hacer prevalecer los derechos de las niñas, niños o adolescentes, por sobre los otros derechos que pudieran estar en pugna en el litigio;

X. Impulso procesal. Las partes tienen la facultad para solicitar las diligencias necesarias que impidan la paralización del procedimiento, con independencia del principio de Dirección procesal que le corresponde a la autoridad jurisdiccional;

XI. Lealtad procesal. Quienes participen en el proceso, ajustarán su conducta a la dignidad de la justicia, al respeto que se deben, a la probidad y buena fe;

XII. Litis abierta. En materia familiar, la litis no se reduce a la demanda y a la contestación, o en su caso, a la reconvención y a la contestación de ésta, sino que la autoridad jurisdiccional debe hacer mérito de los hechos constitutivos, modificativos o extintivos, producidos durante la sustanciación del proceso y debidamente probados, aunque no hubiesen sido invocados oportunamente como hechos nuevos;

XIII. Oralidad. El proceso se desarrollará en audiencias orales, salvo las excepciones previstas en este Código Nacional y las que, en casos debidamente fundados y motivados, considere la autoridad jurisdiccional;

XIV. Perspectiva de género. Es una visión científica, analítica y política sobre las mujeres y los hombres. Se propone eliminar las causas de la opresión de género como la desigualdad, la injusticia y la jerarquización de las personas basada en el género. Promueve la igualdad entre los géneros a través de la equidad, el adelanto y el bienestar de las mujeres; contribuye a construir una sociedad en donde las mujeres y los hombres tengan el mismo valor, la igualdad de derechos y oportunidades para acceder a los recursos económicos y a la representación política y social en los ámbitos de toma de decisiones;

XV. Preclusión. El no ejercicio de los derechos procesales en la etapa correspondiente extingue la oportunidad de ejercerlos en la posterior;

XVI. Privacidad. En materia familiar el acceso a las audiencias queda reservado a las partes y a quienes deban comparecer conforme a la ley, y

XVII. Publicidad. En materia civil, las audiencias serán públicas, de conformidad con lo dispuesto en este Código Nacional, por las Leyes de Protección de Datos Personales, Transparencia y Acceso a la Información Pública, y demás ordenamientos aplicables en sus respectivos ámbitos de competencia.

SECCIÓN SEGUNDA
DE LA ACCIÓN

Artículo 8. El ejercicio de la acción requiere:

I. La existencia de un derecho;

II. La violación de un derecho, el incumplimiento o desconocimiento de una obligación, o la necesidad de declarar, preservar o constituir un derecho o imponer una condena, y

III. La capacidad o legitimación para ejercitar la acción por sí o por quien represente legalmente, al Ministerio Público, procurador, fiscal o representante social y a quienes cuya intervención esté autorizada por la Ley en casos especiales.

Se exceptúa de lo señalado en la fracción III anterior, el derecho o interés difuso, colectivo o individual de incidencia colectiva, de conformidad con lo dispuesto en el Libro respectivo de este Código Nacional.

Artículo 9. Las instituciones, servicios y dependencias de la Administración Pública de la Federación y de las Entidades Federativas, tendrán dentro del procedimiento judicial, en cualquier forma en que intervengan, la misma situación que otra parte cualquiera; pero nunca podrá dictarse en su contra, mandamiento de ejecución ni providencia de embargo, y estarán exentos de prestar las garantías que este Código Nacional exija de las partes.

Las resoluciones dictadas en su contra serán cumplimentadas por las autoridades correspondientes, dentro de los límites de sus atribuciones.

Artículo 10. La acción procede en juicio aun cuando no se exprese su nombre o se manifieste equivocadamente, siempre que se determine con claridad la prestación que se exija de la parte demandada y el título o causa de la acción.

Artículo 11. Por razón de su objeto, las acciones se clasifican en:

I. Reales;

II. Personales, y

III. Del estado civil de las personas.

Artículo 12. Son acciones reales las que tienen por objeto:

I. La reclamación de un bien que pertenece a título de dominio;

II. La reclamación de gravámenes, de servidumbre o la declaración que un fundo está libre de ellas;

III. La reclamación de los derechos de usufructo, uso y habitación;

IV. Las hipotecarias;

V. Las de prenda;

VI. Las de herencia;

VII. Las de posesión, y

VIII. Las demás acciones que tiendan a ejercitar un derecho contra una persona a título de propietaria o poseedora y no de obligada.

Artículo 13. Las acciones personales se deducirán para exigir el cumplimiento de una obligación personal, ya sea de dar, de hacer o no hacer determinado acto. Éstas no pueden ejercitarse sino contra la persona obligada, contra quien la haya garantizado y contra quienes legalmente le sucedan en la obligación.

Artículo 14. Las acciones de estado civil tienen por objeto las cuestiones relativas al nacimiento, reconocimiento, defunción, matrimonio, concubinato y su cesación, pacto civil de solidaridad, sociedad de convivencia o sus equivalentes.

Artículo 15. La reivindicación compete a quien no está en posesión del bien del cual tiene la propiedad, y su efecto será declarar que la parte actora tiene dominio sobre este y ordenar la entrega con sus frutos y accesiones en los términos prescritos por el Código Civil.

Artículo 16. El tenedor del bien puede declinar la responsabilidad del juicio designando a quien posee a título de dueño.

Artículo 17. El poseedor que niegue la posesión la perderá en beneficio del demandante.

Artículo 18. Pueden ser demandadas en reivindicación, aunque no posean el bien, quienes para evitar los efectos de la acción reivindicatoria dejaron de poseer y quienes están obligadas a restituir el bien o su estimación si la sentencia fuera condenatoria. La parte demandada que paga la estimación del bien puede ejercitar a su vez la reivindicación.

Artículo 19. No pueden reivindicarse los bienes que están fuera del comercio, los géneros no determinados al entablarse la demanda, las cosas unidas a otras por vía de accesión según lo dispuesto por el Código Civil, ni los bienes muebles pérdidas o robadas (sic) que una tercera persona haya adquirido de buena fe en almoneda, o de comerciante que en mercado público se dedica a la venta de objetos de la misma especie, sin previo reembolso del precio que se pagó. Se presume que no hay buena fe del adquirente, si de la pérdida o robo la persona propietaria dio aviso oportunamente a la autoridad, institución, dependencia u organismo público que corresponda, y ello se hizo del conocimiento público a través de los registros respectivos, y éstos pudieron ser consultados por el adquiriente.

Artículo 20. A quien adquiere con justo título y de buena fe, le compete la acción plenaria de posesión para que se le restituya el bien con sus frutos y accesiones en los términos del artículo 15 de este Código Nacional, incluso cuando no lo haya prescrito.

La acción se ejercitará contra el poseedor de mala fe o contra el que teniendo título de igual calidad al de la parte actora, ha poseído por menos tiempo el bien.

No procede esta acción en casos en que ambas posesiones fuesen dudosas, o la parte demandada tuviere su título registrado y la parte actora no, así como contra quien sea legítima propietaria.

Artículo 21. Procederá la acción negatoria para obtener la declaración de libertad o la de reducción de gravámenes de bien inmueble y la demolición de obras o señales que importen gravámenes, la cancelación o anotación en el Registro Público de la Propiedad, Oficina Registral o cualquier otra Institución análoga según la Entidad Federativa de que se trate, y conjuntamente, en su caso, la indemnización de daños y perjuicios. Cuando la sentencia sea condenatoria, la parte actora puede exigir de la parte demandada que caucione el respeto de la libertad del inmueble. Sólo se dará esta acción a quien posea a título de dueño o que tenga derecho real sobre el bien.

Artículo 22. Compete la acción confesoria al titular del derecho real sobre el inmueble y a quien posea el fundo dominante interesado en la existencia de la servidumbre. Se da esta acción contra el tenedor o poseedor jurídico que contraría el gravamen, para que se obtenga el reconocimiento, la declaración de los derechos y obligaciones del gravamen y el pago de frutos, daños y perjuicios, en su caso, y se haga cesar la violación. Si fuere la sentencia condenatoria, la parte actora puede exigir de la demandada que garantice el respeto del derecho.

Artículo 23. Se intentará la acción hipotecaria para constituir, ampliar y registrar una hipoteca, o bien, para obtener el pago o prelación del crédito que una hipoteca garantiza o cuando tenga por objeto la división, registro y extinción de ésta, así como su nulidad, cancelación o para obtener el pago o prelación del crédito que la hipoteca garantice. Procederá contra quien posea a título de dueña del fundo hipotecado y, en su caso, contra personas acreedoras. Cuando después de anotada la demanda en el Registro Público de la Propiedad, Oficina Registral o cualquier otra Institución análoga según la Entidad Federativa de que se trate y contestada ésta, cambiare el dueño y poseedor jurídico del fundo, con éste continuará el juicio.

Artículo 24. La acción de petición de herencia se ejercitará para que sea declarado heredero quien demande, se le haga entrega de los bienes hereditarios con sus accesiones, sea indemnizado y le rindan cuentas.

Artículo 25. La petición de herencia se deducirá por la persona presunta heredera por testamento o sucesión legítima, así como la legataria, y se da contra quien tenga el cargo de albacea y contra quien posea los bienes hereditarios con carácter de heredera o cesionaria de ésta, y contra quien no alega título ninguno de posesión del bien hereditario, o dolosamente dejó de poseerlo.

Para el caso que el juicio sucesorio ya hubiera concluido, la acción de petición de herencia deberá formularse en contra de quienes tengan la calidad de causahabientes; y de no haberse formalizado en escritura la titularidad de los bienes, esta acción real se hará en contra de quien se haya adjudicado.

Artículo 26. El copropietario puede deducir las acciones relativas al bien común, en calidad de dueño, salvo pacto en contrario o ley especial que así lo determine. La acción reivindicatoria puede ser ejercida por todos los copropietarios del bien común, una parte de ellos o uno solo, debiendo la autoridad jurisdiccional en este caso, llamar a todos al juicio ante la existencia de un litisconsorcio activo necesario. Por otro lado, el copropietario, no podrá transigir ni comprometer en árbitros el procedimiento, sin consentimiento unánime de los copropietarios.

Artículo 27. A quien se perturbe en la posesión jurídica, tanto originaria como derivada de un bien inmueble, compete el interdicto de retener la posesión contra quien le perturbe, mandó tal perturbación o que a sabiendas y directamente se aproveche de ella, y contra la sucesora de la despojante. El objeto de esta acción es poner término a la perturbación, indemnizar a la poseedora y que la parte condenada garantice no volver a perturbar.

La procedencia de esta acción requiere que la perturbación consista en actos preparatorios tendientes directamente a la usurpación violenta, o a impedir el ejercicio del derecho. Que se reclame dentro de un año, y que la persona poseedora no haya obtenido la posesión de la contraria.

Artículo 28. Quien sea despojada de la posesión jurídica de un bien inmueble, tanto originaria como derivada, debe ser restituida, y le compete la acción de recobrar contra quien despoje o lo haya mandado hacer, contra quien a sabiendas y directamente se aprovecha del despojo y contra la sucesora de quien despojó.

Artículo 29. El interdicto de recuperar la posesión tiene por objeto reponer a la persona despojada en la posesión, indemnizarla de los daños y perjuicios, obtener de la parte condenada que garantice su abstención y a la vez apercibirla con multa y arresto para el caso de reincidencia.

Artículo 30. La acción de recuperar la posesión se deducirá dentro de los dos años siguientes a los actos violentos o vías de hecho causantes del despojo. No procede en favor de aquella persona que, con relación a la parte demandada, poseía clandestinamente, por la fuerza o a ruego; pero sí contra la persona propietaria despojante que transfirió el uso y el aprovechamiento del bien por medio de contrato.

Artículo 31. A quien posea el fundo o derecho real sobre éste, compete la acción para suspender la conclusión de una obra perjudicial a sus posesiones, su demolición o modificación en su caso, y la restitución de las cosas al estado anterior a la obra nueva. Compete también a vecinos del lugar cuando la obra nueva se construye en bienes de uso común. Se da contra la persona que la mandó construir, sea poseedora o detentadora del bien donde se construye.

Para los efectos de esta acción por obra nueva, se entiende por tal no sólo la construcción de nueva planta, sino también la que se realiza sobre edificio antiguo, añadiéndole, quitándole o dándole una forma distinta.

Artículo 32. La autoridad jurisdiccional que conozca del procedimiento podrá ordenar la suspensión de la construcción hasta que el juicio se resuelva, mediante garantía que otorgue la parte actora para responder de los daños y perjuicios que se causen al demandado por obra nueva.

La suspensión quedará sin efecto, si la persona propietaria de la obra nueva da a su vez, contragarantía bastante para restituir las cosas al estado que guardaban antes o paga los gastos que erogó la parte actora para garantizar la suspensión de la obra, así como los daños y perjuicios que le sobrevengan a éste en caso de que se declare procedente la acción, salvo que la restitución se haga físicamente imposible con la conclusión de la obra, o con ésta se siga perjuicio al interés social o se contravengan disposiciones de orden público.

Artículo 33. La acción de obra peligrosa se da a quien esté en la posesión jurídica o derivada de una propiedad contigua o cercana que pueda resentirse o padecer por la ruina o derrumbe de la otra, caída de un árbol u otro objeto análogo. Su finalidad es adoptar medidas urgentes para evitar los riesgos que ofrezca el mal estado de los objetos referidos, obtener la demolición total o parcial de la obra o la destrucción del objeto peligroso.

Compete la misma acción a quienes tengan derecho privado o público de paso por las inmediaciones de la obra, árbol u otro objeto peligroso.

Artículo 34. La autoridad jurisdiccional que conozca del procedimiento podrá, previa garantía que otorgue la parte actora para responder de los daños y perjuicios que se causen a la demandada, ordenar desde luego y sin esperar la sentencia, que la persona demandada suspenda la obra o realice las obras indispensables para evitar daños a la actora.

Artículo 35. Compete acción a terceras personas para coadyuvar en el juicio seguido contra sus codeudores solidarios. Igual facultad corresponde a quienes cuyo derecho dependa de la subsistencia del derecho de la parte demandada o de la actora.

La persona deudora de obligación indivisible que sea demandada por la totalidad de la prestación puede hacer concurrir a juicio a sus codeudores, siempre y cuando su cumplimiento no sea de tal naturaleza que sólo pueda satisfacerse por la parte demandada.

Artículo 36. La parte demandada al contestar la demanda podrá denunciar el pleito a quien esté obligada a la evicción; de así considerarlo, la autoridad jurisdiccional, ordenará su llamamiento para que conteste dentro del plazo previsto por este ordenamiento para la contestación a la demanda. Quien sea llamada como obligada a la evicción, una vez salida al pleito, se convierte en principal.

El llamamiento a juicio se hará con las mismas formalidades que el emplazamiento. La parte demandada que pida sea llamada la tercera, deberá proporcionar el domicilio de ésta, y si no lo hace no se dará curso a la petición respectiva; si afirmare que desconoce, se procederá en términos de la fracción II del artículo 209 de este Código Nacional, y será a su costa el importe de la publicación de los edictos para el emplazamiento.

Artículo 37. Quien sea llamada a juicio para que le pare perjuicio la sentencia, podrá comparecer al mismo en un plazo de quince días, y estará en aptitud de ofrecer pruebas, alegar e interponer toda clase de defensas y recursos. El llamamiento a juicio se hará corriéndole traslado con los escritos y documentos que formen la litis, que deberán ser exhibidos por quien solicite la citación o en su caso, quien lo solicite deberá cubrir el pago por derecho de expedición de las copias simples necesarias para su llamamiento.

Artículo 38. Quien se ostente como tercero e intente excluir los derechos de la parte actora y de la demandada, o los de la primera solamente, tiene la facultad de concurrir al procedimiento o de iniciar uno nuevo, en el caso de que ya se haya dictado sentencia firme en aquel.

Artículo 39. Los procedimientos relacionados con el estado civil, así como su rectificación, serán competencia de la autoridad jurisdiccional o autoridad administrativa, de conformidad con las disposiciones del Código Civil respectivo.

Artículo 40. Tratándose de acciones del estado civil, salvo lo dispuesto en el párrafo siguiente, se realizará la anotación al margen o al calce del atestado respectivo, en los términos que sean ordenadas por la autoridad jurisdiccional o autoridad administrativa.

En los procedimientos de reconocimiento de identidad de género, o de reasignación por concordancia sexo genérica, en la sentencia o constancia se deberá ordenar el levantamiento de una nueva acta de nacimiento, y la cancelación del acta de nacimiento primigenia.

Artículo 41. Las acciones del estado civil fundadas en la posesión de estado de hijo o hija producirán el efecto que se ampare o restituya a quien la disfrute contra cualquier perturbador.

Las decisiones judiciales recaídas en el ejercicio de acciones de estado civil perjudican aún a quienes no litigaron.

Artículo 42. La autoridad competente tendrá a su cargo el control del registro de personas deudoras alimentarias morosas, en el que harán las inscripciones.

Artículo 43. El enriquecimiento sin causa de una parte en detrimento de otra, da derecho a la parte perjudicada para ejercitar la acción de indemnización en la medida en que aquélla se enriqueció.

Artículo 44. Quien sea perjudicado por falta de título legal, le compete la acción proforma para exigir de quien esté obligado le extienda el documento correspondiente, siempre y cuando se acredite la titularidad registral del bien inmueble transmitido por quien esté obligado a realizar la formalización que se exige.

Artículo 45. En las acciones mancomunadas por título de herencia o legado, sean reales o personales, se observarán las reglas siguientes:

I. Si no se ha nombrado albacea, interventor o albacea judicial o provisional, puede ejercitarlas quienes tengan un derecho reconocido de herencia o legado, y

II. Si se ha nombrado albacea, interventor o albacea judicial o provisional, sólo a ellos compete la facultad de deducirlas en juicio, y sólo podrán hacerlo quienes tengan reconocido derecho de herencia o legado cuando, requeridos por estos, aquéllos se rehúsen a hacerlo.

Artículo 46. Procede la acción oblicua cuando la persona acreedora tenga interés en ejercitar las acciones que competan a su deudor, cuando conste el crédito en título ejecutivo y, requerido quien sea deudor para deducirlas, descuide o rehúse hacerlo. La persona tercera demandada puede paralizar la acción pagando a la demandante el monto de su crédito.

Las acciones derivadas de derechos inherentes a la persona del deudor nunca se ejercitarán por quien sea acreedor.

Quienes acepten la herencia que corresponda a su deudor, ejercitarán las acciones pertenecientes a éste, en los términos previstos por el Código Civil correspondiente.

Artículo 47. Las acciones que pueden ejercitarse contra los herederos no obligan a éstos sino en proporción a su masa hereditaria, salvo en todo caso, la responsabilidad que les resulte cuando sea solidaria la obligación con el autor de la herencia, por ocultación de bienes o por dolo o fraude en la administración de los bienes indivisos.

Artículo 48. Cuando haya varias acciones contra una misma persona, respecto de un mismo bien y provengan de una misma causa, deberán intentarse en una sola demanda y por el ejercicio de una o más quedan extinguidas las otras. No pueden acumularse en la misma demanda las acciones contrarias o contradictorias, ni las posesorias con las petitorias ni cuando una dependa del resultado de la otra. Tampoco son acumulables acciones que por su cuantía, materia o naturaleza correspondan a jurisdicciones diferentes. Queda abolida la práctica de deducir subsidiariamente acciones contrarias o contradictorias.

Artículo 49. A nadie puede obligarse a intentar o proseguir una acción contra su voluntad, excepto cuando alguno tenga acción o excepción que dependa del ejercicio de la acción de otro, a quien pueda exigir que la deduzca, oponga o continúe desde luego; y si se rehusare, lo podrá hacer aquel.

Artículo 50. Admitida la demanda, así como formulada la contestación, no podrán modificarse ni alterarse, salvo en los casos que este Código Nacional lo disponga.

El desistimiento de la instancia que se realice con posterioridad al emplazamiento requerirá del consentimiento de la persona demandada.

Para tal efecto, se dará vista a la contraria por el término de tres días para que manifieste su conformidad o inconformidad, y en caso de silencio, se tendrá por conforme con dicho desistimiento y su efecto será que las cosas vuelvan al estado que tenían antes de la presentación de la demanda, sin perjuicio del pago a la contraparte de las costas, daños y perjuicios, en el caso de que éste haya sido emplazado, salvo convenio en contrario.

Artículo 51. El desistimiento de la acción, la extingue, aún sin consentimiento de la parte demandada, y obliga a quien lo hizo, a resarcir a la contraria en los mismos términos del desistimiento de la instancia.

Artículo 52. La acción de nulidad de juicio concluido procede en aquellos asuntos en los cuales se ha dictado sentencia o auto definitivo que han causado ejecutoria, y se actualiza alguna de las siguientes hipótesis:

I. Si se falló con base en pruebas reconocidas o declaradas de cualquier modo falsas con posterioridad a la resolución, o que la parte vencida ignoraba que se habían reconocido o declarado como tales antes de la sentencia, y

II. Cuando existiere colusión u otra maniobra fraudulenta de las partes litigantes en el juicio cuya nulidad se pide, en perjuicio de la parte promovente de la acción de nulidad de juicio concluido.

Artículo 53. La acción de nulidad de juicio concluido puede ser ejercitada por quienes hayan sido parte en el procedimiento, sus sucesores o causahabientes y los terceros a quienes perjudique la resolución.

Artículo 54. Es competente la autoridad jurisdiccional de proceso oral civil para conocer de la acción de nulidad de juicio concluido, independientemente de la cuantía del juicio solicitado como nulo.

Artículo 55. En ningún caso podrá interponerse la acción de nulidad de juicio concluido:

I. Si ha transcurrido un año desde que hubiere causado ejecutoria la resolución que en ese juicio se dictó, o

II. Si han transcurrido tres meses desde que el recurrente hubiere conocido o debió conocer los motivos en que se fundare la misma.

No procede la acción de nulidad de juicio concluido contra las sentencias dictadas en el mismo juicio de nulidad.

Artículo 56. Si se encuentra juicio pendiente de resolver sobre la falsedad de alguna prueba que fue determinante en fallo dictado en el juicio reclamado como nulo, se suspenderán los plazos a que se refiere el artículo anterior.

Artículo 57. La interposición de la acción de nulidad de juicio concluido no suspenderá la ejecución de la resolución firme que la motivare. Sin embargo, quien promueva la nulidad podrá solicitar a la autoridad jurisdiccional que conociere de la misma, la suspensión de la ejecución de aquella sentencia que motive la acción de nulidad. Para este fin, deberá otorgar garantía que fije la autoridad jurisdiccional que conoce de la acción de nulidad, por los daños y perjuicios que, de manera inmediata y directa, pudieran ocasionarse con motivo de la suspensión a la parte vencedora del juicio cuya nulidad se solicita.

Artículo 58. Cuando la acción de nulidad de juicio concluido se declare infundada, la garantía se adjudicará a la parte demandada por concepto de daños y perjuicios ocasionados por la suspensión, sin necesidad de prueba alguna.

No será necesaria la garantía cuando se acredite fehacientemente que la ejecución pueda causar un daño irreparable a quien promueve la nulidad. En este supuesto, de resultar infundada la acción de nulidad, la parte actora será condenada al pago de los daños y perjuicios ocasionados con motivo de la suspensión, sin necesidad de prueba alguna, en los términos del artículo anterior, junto con el pago de gastos y costas, así como una multa equivalente a un año de valor de la Unidad de Medida y Actualización para la persona licenciada en derecho o abogada que la haya intentado.

Artículo 59. Contra la sentencia dictada en el juicio de nulidad de juicio concluido procederá el recurso de apelación, en los términos previstos en este Código Nacional.

Artículo 60. La parte demandada que haya dado lugar a alguna de las causales para declarar nulo el juicio, será responsable de los daños y perjuicios que con su conducta haya causado.

Siempre será condenada la parte demandada al pago de los gastos y costas en el juicio en que declare fundada la acción de nulidad, conforme al arancel correspondiente.

En caso de ser improcedente o infundada la acción de nulidad de juicio concluido, siempre se condenará a la actora a una indemnización por concepto de daños y perjuicios, y a pagar gastos y costas.

El pago de los gastos y costas será conforme al arancel establecido.

Artículo 61. Quien haya actuado en ejercicio del mandato judicial de la parte actora y que intervenga de cualquier forma en el ejercicio de la acción de nulidad, podrá ser responsable solidario respecto de las prestaciones condenadas en la sentencia ejecutoriada, siempre y cuando se acredite el dolo.

SECCIÓN TERCERA
DE LAS EXCEPCIONES

Artículo 62. Las excepciones procesales son las oposiciones de la parte demandada para impugnar o contradecir el procedimiento, sin atacar el derecho sustantivo en litigio, las cuales se deben resolver antes del dictado de la sentencia definitiva.

Artículo 63. Son excepciones procesales las siguientes:

I. La falta de cumplimiento del plazo o condición a que esté sujeta la obligación;

II. La improcedencia de la vía;

III. La incompetencia de la autoridad jurisdiccional;

IV. La litispendencia;

V. La conexidad de la causa;

VI. La falta de personalidad del actor o del demandado o la falta de capacidad del actor;

VII. La cosa juzgada;

VIII. La remisión al arbitraje, y

IX. Las demás a las que les den ese carácter las leyes.

Se harán valer al contestar la demanda, la reconvención o la solicitud de medidas cautelares y en ningún caso suspenderán el procedimiento. De todas las excepciones se dará vista a la contraria por el término de tres días para que manifieste lo que a su derecho convenga, y se resolverán mediante sentencia interlocutoria en procedimientos escritos y de manera oral dentro de la audiencia preliminar en juicio oral dejando constancia de ello en el acta mínima que se levante con motivo de ésta, salvo la de cosa juzgada que se tramitará conforme a las disposiciones previstas en este Código Nacional. Contra la resolución de excepciones procesales en juicio oral no procede recurso alguno.

En las excepciones de falta de personalidad, conexidad o litispendencia, sólo se admitirá la prueba documental en copia certificada, las que se deberán exhibir antes de la audiencia preliminar, en términos de lo dispuesto en este Código Nacional.

Artículo 64. En la excepción de falta de cumplimiento del plazo o condición a que esté sujeta la obligación, si se allana la contraria, se declarará procedente de plano. De no ser así, la excepción se resolverá en la audiencia respectiva y de declararse procedente, el efecto será dejar a salvo el derecho para que se haga valer cuando cambien las circunstancias que afectan su ejercicio, debiendo condenar al pago de gastos y costas que se hubieren causado.

Artículo 65. Cuando se declare la improcedencia de la vía, el efecto será el de continuar el procedimiento para el trámite del juicio en la vía que se considere procedente declarando la validez de lo actuado, sin perjuicio de la obligación de la autoridad jurisdiccional para regularizar el procedimiento de acuerdo con la vía que se declare procedente.

Artículo 66. La incompetencia puede promoverse por declinatoria o inhibitoria, que se substanciarán conforme a lo dispuesto en este Código Nacional.

Artículo 67. La excepción de litispendencia procede cuando la autoridad jurisdiccional conoce de un juicio en el que hay identidad entre partes, acciones deducidas y objetos reclamados, cuando las partes litiguen con el mismo carácter. Quien la oponga, debe señalar precisamente la autoridad jurisdiccional ante quien se tramita el primer juicio y declarar bajo protesta de decir verdad, que no se ha dictado sentencia definitiva en el juicio primeramente promovido.

La excepción de litispendencia sólo podrá acreditarse con la copia autorizada o certificada de la demanda y contestación, así como con el original de la constancia de emplazamiento del juicio primeramente promovido, mismas que deberán exhibirse hasta el momento de celebración de la audiencia respectiva. El mismo tratamiento se dará cuando se trate de autoridad jurisdiccional que no pertenezca a la misma jurisdicción de apelación.

Artículo 68. Si se declara procedente la litispendencia, el efecto será sobreseer el juicio que en segundo lugar previno.

En materia familiar persistirán las medidas provisionales y cautelares impuestas que estén ordenadas en el juicio, hasta que determine lo contrario la autoridad jurisdiccional que previno. Lo anterior resulta aplicable tratándose de personas que pertenezcan a los pueblos y comunidades indígenas y afromexicanas y demás grupos sociales en situación de vulnerabilidad.

Artículo 69. Existe conexidad de causas en cualquiera de los supuestos siguientes:

I. Identidad de personas y acciones, aunque los bienes sean distintos;

II. Identidad de personas y bienes, aunque las acciones sean distintas;

III. Acciones que provengan de una misma causa, aunque sean diversas las personas y los bienes, y

IV. Identidad de acciones y de bienes, aunque las personas sean distintas.

Quien oponga la conexidad debe señalar precisamente la autoridad jurisdiccional ante la que se tramita el juicio conexo, y declarar bajo protesta de decir verdad el estado procesal que guarda. La conexidad sólo podrá acreditarse con la copia autorizada o certificada de la demanda y contestación, formuladas en el juicio conexo, así como con original de la constancia de emplazamiento, mismas que deberán exhibirse hasta el momento de celebración de la audiencia respectiva.

La excepción de conexidad tiene por objeto la remisión de los autos del segundo juicio a la autoridad jurisdiccional que previno conociendo primero de la causa conexa, para que se acumulen ambos juicios y se tramiten por cuerda separada, decidiéndose en una sola sentencia, evitando que exista contradicción alguna.

Artículo 70. No procede la excepción de conexidad:

I. Cuando los pleitos están en diversas instancias;

II. Cuando las autoridades jurisdiccionales que conozcan respectivamente de los juicios pertenezcan a autoridad jurisdiccional de segunda instancia o Poder Judicial diferente;

III. Cuando ambos juicios tengan trámites incompatibles, y

IV. Cuando se trate de un procedimiento que se tramite en el extranjero.

Artículo 71. La autoridad jurisdiccional estudiará de oficio la personalidad al momento de proveer el escrito inicial de demanda y su posible contestación, y el interesado podrá corregir cualquier deficiencia al respecto, siempre y cuando fuese subsanable, en un plazo no mayor de diez días, con la consecuencia de no admitir la demanda, en caso de la parte actora, o de no tener por contestada la demanda y continuar el juicio en su rebeldía, en caso de la demandada.

En caso de juicios orales, la posibilidad de subsanar la personalidad de las partes deberá realizarse a más tardar al inicio de la audiencia preliminar. Siempre que un litigante se presente en representación de alguna de las partes, la autoridad jurisdiccional estudiará de oficio su personalidad, independientemente del derecho de la contraparte de excepcionarse o realizar la objeción pertinente.

Artículo 72. La excepción de falta de personalidad de la parte actora y, en su caso, la objeción de la personalidad que haga valer la actora en contra de la demandada en la etapa postulatoria, se tramitarán incidentalmente en los procedimientos escritos, conforme a las reglas que se establecen en el presente Código Nacional.

En los juicios orales se resolverá, previo derecho de contradicción por tres días, si la excepción se hace valer en la fase postulatoria, al momento de celebrar la audiencia preliminar en la etapa de depuración del procedimiento, en la que se recibirán las pruebas que se encuentren debidamente admitidas y preparadas, dejando constancia de los puntos resolutivos en el acta mínima que se levante con motivo de la misma.

Artículo 73. En los juicios orales si la excepción de falta de personalidad fuere sobrevenida en la audiencia preliminar, se resolverá previo derecho de contradicción en la misma audiencia de la parte contraria, en la que la autoridad jurisdiccional escuchará los argumentos de las partes, proveerá lo necesario para la admisión o desechamiento de pruebas y las mandará recibir en la misma audiencia si fuere posible, resolviendo en el acto la resolución que en derecho proceda, de forma fundada y motivada, dejando constancia de los puntos resolutivos en el acta mínima que se levante con motivo de la misma.

Cuando se declare fundada una u otra, si fuere subsanable el defecto, la autoridad jurisdiccional concederá un plazo no mayor a diez días para que se subsane, y de no hacerse así, cuando se tratare de la parte actora se sobreseerá el juicio y en tratándose de la demandada se continuará el juicio en su rebeldía.

Artículo 74. Cuando se trate de objeciones de personalidad posteriores a los escritos que fijan la litis y hasta antes del dictado de la sentencia definitiva, se tramitarán de manera incidental conforme a las reglas previstas en el presente Código Nacional para los juicios del sistema escrito. En tratándose de objeción de personalidad dentro del sistema de audiencia en juicios orales, se deberá hacer valer dentro de la audiencia respectiva y resolver cumpliendo con el principio de contradicción y de manera oral en la misma audiencia cuando la naturaleza de las pruebas ofrecidas y admitidas así lo permitan; en caso de ser procedente la objeción, el interesado no podrá actuar dentro del procedimiento y se declarará nulo lo actuado por él en la audiencia respectiva.

Artículo 75. En la excepción de cosa juzgada, además de la copia certificada o autorizada de la demanda y contestación de demanda, deberá exhibirse copia certificada o autorizada de la sentencia de segunda instancia o, la de la autoridad jurisdiccional de primera instancia y del auto que la declaró ejecutoriada o, en su caso, original o copia certificada del convenio emanado del procedimiento de mediación a que se refiere la ley correspondiente que regule los medios alternativos de solución de conflictos o justicia alternativa, o cualquier otra disposición al respecto de cada Entidad Federativa.

La excepción de cosa juzgada debe oponerse al dar contestación a la demanda o la reconvención y con la misma se dará vista a la contraparte para que dentro del término de tres días manifieste lo que a su derecho convenga. Se debe resolver mediante sentencia interlocutoria en los juicios escritos y en la audiencia preliminar dentro de la etapa de depuración del procedimiento en los juicios orales; y en su caso, será apelable en ambos efectos si se declara procedente, y en el efecto devolutivo de tramitación conjunta con la sentencia definitiva si se declara improcedente. En dicho caso la autoridad jurisdiccional asumirá plena jurisdicción, resolviendo el fondo del asunto, sin necesidad de reenvío a la autoridad jurisdiccional de primera instancia del sistema escrito o sistema oral, sea en el trámite o resolución del recurso, cuando éste modifique o revoque la sentencia interlocutoria combatida.

Artículo 76. Salvo disposición expresa que señale alguna otra excepción como procesal, las demás defensas y excepciones que se opongan se resolverán en la sentencia definitiva.

TÍTULO SEGUNDO
DE LA COMPETENCIA OBJETIVA Y SUBJETIVA

CAPÍTULO I
DISPOSICIONES GENERALES

Artículo 77. Toda demanda debe formularse ante la autoridad jurisdiccional competente. La competencia de la autoridad jurisdiccional se determinará por la materia, el grado y el territorio.

La competencia por cuantía sólo aplicará en el caso de que la Ley Orgánica respectiva establezca órganos jurisdiccionales cuya competencia se defina con dicho criterio.

Artículo 78. Los Tribunales Colegiados de Circuito, Tribunales Colegiados de Apelación y Plenos Regionales, así como la Suprema Corte de Justicia de la Nación, conocerán en segunda instancia, de los procedimientos en que resulte aplicable este Código Nacional y que sea competencia de los Juzgados de Distrito, en términos de lo que disponga la Ley Orgánica del Poder Judicial de la Federación.

Cuando, en el lugar que haya de seguirse el juicio, hubiere dos o más Tribunales Federales, será competente el que elija el actor.

Las competencias entre los Tribunales Federales y los de las Entidades Federativas, se decidirán declarando cuál es el fuero en que radica la jurisdicción, y se remitirán los autos a la autoridad jurisdiccional que hubiere obtenido.

Esta resolución no impide que otras autoridades jurisdiccionales del fuero al que pertenezca la que obtuvo, le puedan iniciar competencia para conocer del mismo procedimiento.

Artículo 79. Ninguna autoridad jurisdiccional del Poder Judicial de la Federación o de las Entidades Federativas pueden negarse a conocer de un asunto, sino por considerar que carece de competencia legal. En este caso debe expresar en su resolución la motivación y los fundamentos legales en que se apoye y la autoridad que considere competente. El auto en que una autoridad jurisdiccional se negare a conocer es apelable en ambos efectos.

Artículo 80. Ninguna autoridad jurisdiccional puede sostener competencia con otra bajo cuya jurisdicción se halle, pero sí con otra que, aunque sea superior en su clase, no ejerza jurisdicción sobre ella.

Artículo 81. La autoridad jurisdiccional que reconozca la jurisdicción de otra por resolución expresa, no puede sostener su competencia.

Si el acto del reconocimiento consiste sólo en la cumplimentación de un exhorto, la autoridad jurisdiccional exhortada no estará impedida para sostener su competencia.

Artículo 82. Las partes pueden desistirse de seguir sosteniendo la competencia de una autoridad jurisdiccional, hasta antes que se resuelva la misma, si se trata de competencia por territorio.

Artículo 83. La competencia por razón del territorio y materia, son las únicas que se pueden prorrogar, salvo que correspondan al fuero federal.

La competencia por razón de materia, únicamente es prorrogable en las materias civil y familiar, y en aquellos casos en que las prestaciones tengan íntima conexión entre sí, o por los nexos entre las personas que litiguen, sea por razón de parentesco, negocios, sociedad o similares, o deriven de la misma causa de pedir, sin que para que opere la prórroga de competencia en las materias señaladas, sea necesario convenio entre las partes, ni dará lugar a excepción sobre el particular.

En consecuencia, ninguna autoridad jurisdiccional podrá abstenerse de conocer de asuntos, argumentando falta de competencia por materia cuando se presente alguno de los casos señalados, que daría lugar a la división de la continencia de la causa o a multiplicidad de litigios con posibles resoluciones contradictorias.

Artículo 84. Si la autoridad jurisdiccional deja de conocer por excusa o recusación, conocerá la que siga en número o turno, que corresponda de conformidad con la Ley Orgánica del Poder Judicial de la Federación, así como de la Entidad Federativa correspondiente.

Artículo 85. Es autoridad jurisdiccional competente aquella a la que las partes litigantes se hubieren sometido expresa o tácitamente, cuando se trate de fuero renunciable.

Artículo 86. Hay sumisión expresa cuando las partes interesadas renuncian de forma clara y precisa, sin que admita duda al fuero que la ley les concede, y se sujetan a la competencia de la autoridad jurisdiccional en turno de la materia y territorio correspondiente, o al que precisen que se someten.

Artículo 87. Se entienden sometidos:

I. La parte demandante, por el hecho de ocurrir a la autoridad jurisdiccional en turno, entablando su demanda;

II. La parte demandada, por contestar la demanda o por reconvenir a la parte actora;

III. La persona que habiendo promovido una incompetencia se desiste de ella, y

IV. La persona tercera opositora y la que por cualquier motivo viniere al juicio.

Artículo 88. Será nulo todo lo actuado por la autoridad jurisdiccional declarada incompetente, salvo que se trate de incompetencia sobrevenida, caso en el cual será nulo todo lo actuado a partir del momento en que tiene efectos dicha incompetencia.

Esta nulidad de actuaciones es de pleno derecho, y solo bastará para ello que se declare la incompetencia por la autoridad jurisdiccional para que las cosas se restituyan al estado en que se encontraban hasta antes de que se practicaran dichas actuaciones.

Serán válidas las actuaciones de una autoridad jurisdiccional competente, aun cuando declare nulo o inexistente el acuerdo en el cual se pactó su competencia.

SECCIÓN PRIMERA
DE LA FIJACIÓN DE LA COMPETENCIA

Artículo 89. Es autoridad jurisdiccional competente:

I. La del lugar que la persona deudora haya designado para ser requerida judicialmente de pago;

II. La del lugar convenido en el contrato o convenio para el cumplimiento de la obligación;

III. La de la ubicación del bien, si se ejercita una acción real sobre éste. Lo mismo se observará respecto a las cuestiones derivadas del contrato de arrendamiento de inmuebles. Cuando estuvieren comprendidos en dos o más jurisdicciones, será competente aquella en que se encuentre la mayor parte de ellos;

IV. La del domicilio de la parte demandada, si se trata del ejercicio de una acción sobre bienes muebles, de acciones personales, colectivas o del estado civil. Cuando sean varias las personas demandadas y tuvieren diversos domicilios, será competente la autoridad jurisdiccional que se encuentre en turno del domicilio que elija la parte actora;

V. En los juicios sucesorios, la autoridad jurisdiccional en cuya jurisdicción haya tenido su último domicilio el autor de la sucesión. A falta de ese domicilio, lo será el de la ubicación de los bienes inmuebles que forman la herencia y si estuvieren en varias jurisdicciones, el de aquel en que se encuentre el mayor número; y a falta de domicilio y bienes inmuebles, el del lugar del fallecimiento de la persona autora de la herencia, sin que pueda alterarse el orden anterior. Lo mismo se observará en casos de declaración especial de ausencia por desaparición o presunción de muerte. En los supuestos de la presente fracción no procede sometimiento expreso o tácito alguno;

VI. Aquella en cuyo territorio radica un juicio sucesorio para conocer:

a) De las acciones de petición de herencia.

b) De la nulidad de testamento.

c) Las relativas a la partición hereditaria.

d) De todas las acciones legales contra la sucesión antes de la partición y adjudicación de los bienes.

e) De las acciones de nulidad, rescisión y evicción de la partición hereditaria.

f) De la declaración especial de ausencia por desaparición, así como la declaración de ausencia y presunción de muerte, en los términos de la legislación aplicable.

VII. La del lugar que la persona deudora haya designado para ser requerida judicialmente de pago, o el domicilio de ésta en caso de concursos;

VIII. En los actos de jurisdicción voluntaria, la del domicilio de quien las promueve, pero si se tratare de bienes inmuebles, lo será la del lugar donde estén ubicados. En caso de conflicto de competencias se decidirá a favor del que haya prevenido en el conocimiento;

IX. La del domicilio de las niñas, niños y adolescentes, tratándose de asuntos en materia familiar;

En los procedimientos relativos a suplir el consentimiento de quien ejerce la patria potestad, o impedimentos para contraer matrimonio, la del lugar donde se hayan presentado las partes pretendientes;

X. Para decidir las controversias del estado civil de las personas, la del domicilio conyugal, o aquel en el que habiten los concubinos o convivientes;

XI. En los juicios de divorcio, lo es la del último domicilio conyugal;

XII. En los juicios de nulidad o inexistencia del matrimonio o institución equivalente o similar, lo es la del domicilio donde tuvo lugar el acto cuya nulidad se alega;

XIII. En los juicios de rectificación de actas del estado civil, lo es la del domicilio del actor;

XIV. En caso de abandono de hogar, la del domicilio en el que residía al momento del abandono el cónyuge, concubina o concubino, o conviviente que alega dicho abandono;

XV. En los juicios de alimentos o violencia familiar, la del domicilio de la persona acreedora alimentaria, la de la receptora de la violencia o la de la parte demandada, a elección de la parte actora;

XVI. La del domicilio de la hija o hijo en las acciones de filiación, sean de impugnación, contradicción, reconocimiento o desconocimiento sobre la maternidad o paternidad, y

XVII. Tratándose de juicios en los que la parte demandada sea una persona perteneciente a los pueblos y comunidades indígenas o afromexicanas, será competente la autoridad jurisdiccional del lugar en que dicha persona tenga su domicilio. Si ambas partes lo son, lo será la que ejerza jurisdicción en el domicilio del demandante.

Artículo 90. En los interdictos conocerá siempre la autoridad jurisdiccional de la ubicación del bien.

Artículo 91. Es competente para conocer de la reconvención la autoridad jurisdiccional que conoce de la demanda en el juicio principal, cualquiera que sea la materia.

Artículo 92. Las cuestiones de tercerías deben substanciarse y decidirse por la autoridad jurisdiccional que sea competente para conocer del asunto principal.

Artículo 93. Para los actos preparatorios del juicio, será competente la autoridad jurisdiccional que lo fuere para el procedimiento principal.

En las providencias precautorias y medidas cautelares o medidas provisionales regirá lo dispuesto en el párrafo anterior.

Si el expediente estuviere en segunda instancia, será competente para dictar la providencia precautoria, medidas cautelares o medidas provisionales la autoridad jurisdiccional que conoció de ellos en primera instancia. Cuando se trate de asuntos en materia familiar, de pueblos y comunidades indígenas y afromexicanas y demás grupos sociales en situación de vulnerabilidad, será competente la autoridad jurisdiccional de segunda instancia para dictarlas y en su caso, ejecutarlas con plenitud de jurisdicción.

En caso de urgencia, puede dictarla la autoridad jurisdiccional del lugar donde se hallen la persona o el bien objeto de la providencia, y una vez ejecutada, se remitirán las actuaciones a la autoridad jurisdiccional competente que conozca del procedimiento principal.

SECCIÓN SEGUNDA
DE LA SUBSTANCIACIÓN Y DECISIÓN DE COMPETENCIAS

Artículo 94. Las contiendas sobre competencia, podrán promoverse por inhibitoria o por declinatoria.

La inhibitoria se intentará ante la autoridad jurisdiccional a quien se considere competente.

La declinatoria se propondrá ante la autoridad jurisdiccional a quien se considere que carece de competencia legal, pidiéndole que resuelva no conocer del procedimiento, y remita los autos al que se estime competente. La declinatoria se promoverá y substanciará en forma incidental.

En ningún caso se promoverán de oficio las contiendas de competencia.

Artículo 95. La declinatoria se propondrá al contestar la demanda, ante la autoridad jurisdiccional que se considere que carece de competencia legal, y se expondrán las razones jurídicas esenciales, ofreciendo únicamente pruebas documentales. Se pedirá se abstenga del conocimiento del procedimiento y remita los autos a la autoridad jurisdiccional considerada competente. Al admitirla la autoridad jurisdiccional de primera instancia, se dará vista por tres días a la contraparte para que contradiga y alegue lo que a su interés convenga, así como ofrezca pruebas documentales. Vencido el término concedido con o sin el desahogo de la vista, dentro los cinco días posteriores se remitirá a la autoridad jurisdiccional de segunda instancia el testimonio de las actuaciones respectivas, haciéndolo saber a las partes interesadas para que en su caso comparezcan ante aquella.

Recibido el testimonio de las constancias por la autoridad jurisdiccional de segunda instancia, proveerá con respecto a las pruebas documentales ofrecidas su admisión o desechamiento, procediendo a desahogar en el acto las admitidas conforme a derecho. Hecho lo anterior, se dictará resolución dentro del término improrrogable de cinco días.

Artículo 96. En el caso que las partes no ofrezcan prueba, o las ofrecidas no se admitan, y no formulen alegatos, la autoridad jurisdiccional de segunda instancia citará para resolución, la que se pronunciará dentro del término improrrogable de cinco días.

Decidida la competencia, la autoridad jurisdiccional de segunda instancia lo comunicará a la autoridad jurisdiccional ante quien se promovió la declinatoria, y en su caso, al que se declare competente. Si la declinatoria se declara improcedente o infundada, la autoridad jurisdiccional de segunda instancia lo comunicará a la autoridad jurisdiccional respectiva.

Artículo 97. La autoridad jurisdiccional ante quien se promueva inhibitoria girará oficio requiriendo al que se estime incompetente, para que deje de conocer del procedimiento, y le remita los autos dentro de los cinco días posteriores. La resolución que niegue el requerimiento es apelable. Si la inhibitoria se promueve ante la autoridad jurisdiccional de segunda instancia respectiva, la resolución que niegue al requerimiento, no admite recurso ordinario alguno.

La autoridad jurisdiccional requerida, dentro del término de cinco días, resolverá si acepta o no la inhibitoria. Si las partes estuvieren conformes al ser notificadas del proveído que acepte la inhibición, se remitirá los autos a la autoridad jurisdiccional requirente dentro de los cinco días posteriores. En cualquier otro caso, se remitirán los autos a la autoridad jurisdiccional en turno que faculte la Ley Orgánica del Poder Judicial de la Federación, en tratándose de autoridades jurisdiccionales federales, comunicándolo así al requirente, para que haga igual cosa.

Recibidos los autos por la autoridad jurisdiccional de segunda instancia o aquella que faculte la Ley Orgánica del Poder Judicial de la Federación, dará vista a las partes por tres días para que aleguen por escrito lo que a su derecho corresponda y resolverá dentro del término improrrogable de cinco días.

Decidida la competencia, se comunicará la sentencia a las autoridades jurisdiccionales contendientes, y al declarado competente además se le remitirán los autos originales dentro del término de cinco días la substanciación del procedimiento y resolución.

Artículo 98. En caso de no promoverse cuestión de competencia alguna dentro de los términos señalados por la parte que se estime afectada, se considerará sometida a la autoridad jurisdiccional que lo emplazó y perderá todo derecho para intentarla.

Las cuestiones de competencia en ningún caso suspenderán el procedimiento principal, pero deberán resolverse antes de dictarse sentencia definitiva, reservándose el dictado de ésta, salvo los casos señalados en el presente Código Nacional.

Artículo 99. Si por los documentos que se hubieren presentado o por otras constancias de autos, apareciere que la parte litigante que promueve la declinatoria se ha sometido a la jurisdicción de la autoridad jurisdiccional que conoce del procedimiento, se desechará de plano, continuando su curso el juicio.

También se desechará de plano la competencia promovida que no tenga por objeto decidir cuál ha de ser la autoridad jurisdiccional que deba conocer de un asunto.

Artículo 100. Las autoridades jurisdiccionales quedan impedidas para promover oficiosamente las cuestiones de competencia, y sólo deberán inhibirse del conocimiento de un procedimiento, cuando se trate de competencias por razón de territorio, materia, con excepción de lo dispuesto en el artículo 83 de este Código Nacional, siempre y cuando se inhiban en el primer proveído que se dicte respecto de la demanda principal.

Cuando dos o más autoridades jurisdiccionales locales de la misma jurisdicción se nieguen a conocer de determinado asunto, quien se vea perjudicada ocurrirá ante la autoridad jurisdiccional de segunda instancia en turno, dentro del término de cinco días contados a partir de que la última de dichas autoridades se negó a conocer del asunto, a fin de que ésta ordene a esas autoridades jurisdiccionales, que en el término de tres días remitan los expedientes originales en que se contengan sus respectivas resoluciones. Si las dos partes consideran que les causa perjuicio la negativa a conocer del asunto siendo de materia diversa y ambas ocurrieran a autoridades jurisdiccionales de segunda instancia de diferentes Tribunales, será competente para resolver, el que primero reciba la inconformidad.

Artículo 101. Una vez recibidos los autos por la autoridad jurisdiccional de segunda instancia correspondiente, los pondrá a la vista de las partes, por el término de tres días para que ofrezcan pruebas documentales y aleguen lo que a su interés convenga.

En lo demás, será aplicable el procedimiento previsto en el artículo 95 de este ordenamiento.

Artículo 102. Cuando dos o más autoridades jurisdiccionales federales se nieguen a conocer de un determinado procedimiento, la parte interesada ocurrirá a la autoridad jurisdiccional que faculte la Ley Orgánica del Poder Judicial de la Federación, sin necesidad de agotar los recursos ordinarios, a fin de que ordene a los que se nieguen a conocer, que le envíen los expedientes en que se contengan sus respectivas resoluciones.

Recibidos los autos, se correrá de ellos traslado, por cinco días, al Ministerio Público Federal, y, desahogada que sea, se dictará la resolución que proceda, dentro de igual término.

Cuando la negativa a conocer se suscite entre dos o más autoridades jurisdiccionales del fuero común y federal, y además se encuentren en el mismo circuito judicial, corresponderá al Pleno Regional del Poder Judicial de la Federación respectivo resolver. Cuando sea entre autoridades jurisdiccionales de distintos circuitos judiciales, será el Pleno Regional del Poder Judicial de la Federación de la autoridad jurisdiccional que conoció en primer momento del asunto.

Una vez recibidos los expedientes, el procedimiento para resolver se ajustará a lo dispuesto en el artículo 95 de este Código Nacional.

Artículo 103. En el caso de que se declare infundada o improcedente la incompetencia, se aplicará una corrección disciplinaria por los montos que establece el artículo 192 fracción III de este Código Nacional, en beneficio del Fondo de Administración de Justicia del Poder Judicial de que se trate.

CAPÍTULO II
DE LA COMPETENCIA SUBJETIVA

SECCIÓN PRIMERA
DE LOS IMPEDIMENTOS Y EXCUSAS

Artículo 104. Las autoridades jurisdiccionales se tendrán por forzosamente impedidas para conocer en los casos siguientes:

I. Cuando tengan interés directo o indirecto en el procedimiento;

II. En los procedimientos que sean del mismo interés para su cónyuge, concubina, concubinario, conviviente o para sus parientes consanguíneos en línea recta sin limitación de grados, a los colaterales dentro del cuarto grado, y a los afines dentro del segundo;

III. Siempre que, entre su cónyuge, concubina, concubinario, conviviente, ascendientes o sus descendientes, y alguno de las partes interesadas, haya relación de intimidad nacida de algún acto civil o religioso, sancionado y respetado por la costumbre, relación de amistad o económica, de subordinación o lealtad, sin importar su origen;

IV. Si fuere pariente por consanguinidad o afinidad de la persona representante autorizada, abogado o procurador de alguna de las partes, en los mismos grados a que se refiere la fracción II de este artículo;

V. Cuando la autoridad jurisdiccional, su cónyuge, concubina, concubinario, conviviente o alguno de sus ascendientes o descendientes sea parte heredera, legataria, donante, donataria, socia, acreedora, deudora, fiadora, fiada, arrendadora, arrendataria, principal, dependiente o comensal habitual de alguna de las partes, o administradora actual de sus bienes;

VI. Si ha hecho promesas o amenazas, o ha manifestado de otro modo su odio o afecto por alguna de las partes; o ha sido sujeto de amenazas o la animadversión de alguna de las partes ha influido en su fuero interno de tal manera que se ponga en riesgo su imparcialidad;

VII. Si asiste o ha asistido a convites que especialmente se le ofrecieren o costeare alguna de las partes que litigan el asunto o sus personas representantes autorizadas, antes y después de comenzado el procedimiento, o si se tiene familiaridad con los mencionados, o cohabitan con ellas;

VIII. Cuando después de iniciado el procedimiento, la autoridad jurisdiccional, su cónyuge, concubina, concubinario, conviviente, ascendientes o descendientes, parientes colaterales en segundo grado y por afinidad en primer grado, haya recibido dádivas o servicios de alguna de las partes;

IX. Si ha sido abogado o procurador, ha fungido como apoyo o ha recibido apoyo para el ejercicio de la capacidad jurídica, perito o testigo en el procedimiento de que se trate o de cualquiera de las partes en éste, en cualquier otro procedimiento;

X. Si ha conocido del procedimiento como autoridad jurisdiccional, arbitro o asesor, resolviendo algún punto que afecte a la sustancia de la cuestión, en la misma instancia o en otra;

XI. Cuando la autoridad jurisdiccional, su cónyuge, concubina, concubinario, conviviente o alguno de sus parientes consanguíneos en línea recta, sin limitación de grados, de los colaterales dentro del segundo, o de los afines en el primero, siga contra alguna de las partes, o no ha pasado un año, de haber seguido un juicio civil, o una causa criminal, como parte acusadora, querellante o denunciante, o se haya constituido parte civil en causa criminal seguida contra cualquiera de ellas;

XII. Cuando alguna de las personas representantes autorizadas, sigan o hayan seguido un juicio civil, o una causa criminal, y no ha pasado un año o más, de haber causado ejecutoria, un procedimiento jurisdiccional, en contra de la autoridad jurisdiccional de que se trate, su cónyuge, concubina, concubinario, conviviente, ascendientes o descendientes, parientes colaterales en segundo grado y por afinidad en primer grado;

XIII. Cuando la persona servidora pública, su cónyuge, concubina, concubinario, conviviente, ascendientes o descendientes, parientes colaterales en segundo grado y por afinidad en primer grado, sea contrario a cualquiera de las partes en procedimiento administrativo que afecte a sus intereses;

XIV. Si la persona servidora pública, su cónyuge, concubina, concubinario, conviviente o alguno de sus expresados parientes sigue algún procedimiento civil o criminal en que sea autoridad jurisdiccional, agente del Ministerio Público Federal o Local, Procurador o Representante Social, árbitro o arbitrador, de alguno de los litigantes;

XV. Si es persona tutora, tutriz, curador o curadora de alguna de las partes interesadas, administra sus bienes, es gerente de alguna sociedad, asociación que tenga interés en la causa o no hayan pasado tres años de haberlo sido, y

XVI. Siempre que haya externado su opinión públicamente, adelantando el sentido de su fallo.

Las opiniones expresadas por la autoridad jurisdiccional al intentar conciliar entre las partes, y aquellas que se emitan con carácter doctrinario o académico, no constituyen motivo de impedimento.

Artículo 105. Las autoridades jurisdiccionales tienen el deber de excusarse del conocimiento de los procedimientos en que ocurra alguna de las causas expresadas en el artículo anterior, aún y cuando las partes no los recusen. La excusa debe expresar concretamente la causa en que se funde. Sin perjuicio de las providencias que conforme a este Código Nacional se deben dictar, tienen la obligación de excusarse inmediatamente que se avoquen al conocimiento de un procedimiento del que no deben conocer por impedimento, o dentro de los tres días siguientes en que ocurra el hecho que origina el impedimento o de que tengan conocimiento de él.

SECCIÓN SEGUNDA
DE LA RECUSACIÓN

Artículo 106. Cuando la autoridad jurisdiccional no se excusare a pesar de existir alguno de los impedimentos expresados, procede la recusación, que siempre se fundará en causa legal.

Artículo 107. Sólo pueden hacer uso de la recusación:

I. Las partes, personas interesadas o sus representantes;

II. La persona que represente a los acreedores en los concursos sólo podrá hacer uso de la recusación en los procedimientos que afecten al interés general, el cual se calculará por el importe de las porciones. En los que afecten al interés particular de alguno (sic) de las personas acreedoras, podrá la parte interesada hacer uso de la recusación, pero la autoridad jurisdiccional no quedará impedida más que en el punto de que se trate. Resuelta la cuestión se reintegra al principal;

III. La persona designada como albacea o interventor en los juicios sucesorios, y

IV. La persona que funja como representante común en caso de litisconsorcio y cuando no se haya designado aún, por cualquiera de las partes.

Artículo 108. Conocerán de las excusas y recusaciones:

I. Las autoridades jurisdiccionales respecto de las personas ante ella adscritas;

II. Los Tribunales de Segunda Instancia respecto de las autoridades jurisdiccionales de primera instancia;

III. La autoridad jurisdiccional de conformidad con lo dispuesto por la Ley Orgánica que corresponda, respecto de las personas magistradas.

En el Tribunal de segunda instancia, la recusación sólo importa la de aquellas persona o personas recusadas expresamente, y si fueren varias, deberá fundarse en la causa de impedimento que afecte a cada una.

Artículo 109. No procederá recusación:

I. En los actos prejudiciales;

II. Al cumplimentar exhortos, despachos o cartas rogatorias;

III. En las diligencias de mera ejecución;

IV. En los juicios ejecutivos mientras no se lleve a cabo el aseguramiento, y en los hipotecarios mientras no se expida el oficio de inscripción de la demanda;

V. Tratándose de ejecución de sentencia, desde la fecha del auto en que se señala término a las personas deudoras para que cumplan con ella, y

VI. En los demás actos que no radiquen jurisdicción, ni importen conocimiento de causa.

Si la ejecución de sentencia fuera mixta o si hubiere oposición de tercera persona o se opusieren excepciones en contra de la ejecución, será admisible la recusación.

Artículo 110. En los procedimientos de apremio y en el juicio que empieza por ejecución, no se dará curso a ninguna recusación sino una vez practicado el aseguramiento, hecho en el embargo o levantamiento del embargo, en su caso, o anotada la demanda en el Registro Público de la Propiedad, oficina registral o cualquier otra institución análoga según la Entidad Federativa de que se trate.

Artículo 111. La recusación puede interponerse en todo momento hasta antes de la admisión de pruebas. La recusación deberá presentarse a más tardar dentro de los cinco días a partir de que se conozca la causal que la motivó.

Artículo 112. En tanto se califica o decide la recusación, se suspenderá la jurisdicción de la autoridad jurisdiccional, excepto para la fijación de la garantía y admisión de la recusación; así como para el dictado de las medidas provisionales sobre alimentos, separación de personas o aquellas que afecten derechos de las niñas, niños o adolescentes, y demás personas que pertenezcan a grupos sociales en situación de vulnerabilidad, o a las que se refieren a providencias cautelares o diligencias de ejecución.

Artículo 113. Declarada procedente o fundada la recusación, termina la jurisdicción de la autoridad jurisdiccional en el procedimiento de que se trate.

Artículo 114. Una vez interpuesta la recusación, la parte recusante no podrá retirarla en ningún tiempo, ni variar la causa, a menos que surgiere un impedimento superveniente, en cuyo caso, se podrá permitir la substanciación de una nueva recusación.

Artículo 115. Si se declarare improcedente o no probada la causa de recusación que se hubiere alegado, no se volverá a admitir otra recusación contra la misma autoridad jurisdiccional por la misma causal, salvo cuando ésta se sustituya, en cuyo caso podrá hacerse valer la recusación.

Artículo 116. La autoridad jurisdiccional o el órgano disciplinario que conozca de la recusación la desechará de plano:

I. Por extemporánea;

II. Cuando no se funde en alguna de las causas a que se refiere el presente Título;

III. Cuando no se precisen los hechos en que se motive, no se ofrezca prueba o no se precisen los puntos sobre los que deban versar las mismas, y

IV. Cuando se interponga en procedimientos en que no puede tener lugar.

Artículo 117. Toda recusación se interpondrá ante la autoridad jurisdiccional que conozca del procedimiento, expresándose con toda claridad y precisión la causa en que se funde, así como las pruebas tendientes a justificarla, y la autoridad recusada remitirá a la autoridad competente para resolver sobre ésta, dentro del término improrrogable de cinco días, el testimonio de las actuaciones respectivas, acompañado del informe justificado, manifestando bajo protesta de decir verdad las argumentaciones que considere apoyan la inexistencia de la causa en que se funde la recusación. La falta de informe hará presumir como cierto el impedimento alegado por la parte promovente.

La autoridad jurisdiccional que conozca de una recusación, resulta irrecusable para este solo efecto.

Artículo 118. La recusación debe decidirse sin audiencia de la parte contraria, y se tramita en forma de incidente.

Artículo 119. En el incidente de la recusación son admisibles todos los medios de prueba establecidos por este Código Nacional, excepto la declaración de la autoridad jurisdiccional de la que se trate.

Artículo 120. De la recusación de las autoridades jurisdiccionales integrantes de un Tribunal de Segunda Instancia conocerá aquella a la que corresponda, y para tal efecto se integrará de acuerdo con la Ley Orgánica respectiva.

Si una autoridad jurisdiccional de segunda instancia dejare de conocer de algún asunto por impedimento o recusación, conocerá de éste la autoridad jurisdiccional que se designe mediante el turno, conforme a lo dispuesto en la Ley Orgánica respectiva.

Cuando todas las autoridades jurisdiccionales que integren la Sala estuvieren impedidas de conocer un procedimiento, pasará éste al conocimiento de la Sala que le siga en número.

Si todas las autoridades jurisdiccionales de las Salas de la materia civil y familiar estuvieren impedidas de conocer, pasará el asunto al conocimiento de las Salas de otra materia, por el orden indicado, y si éstas también se agotaren, se integrará una Sala que conozca del asunto con autoridades jurisdiccionales de todas las materias según corresponda, designadas por el Pleno, conforme a lo dispuesto en la Ley Orgánica respectiva, que al efecto se reunirá inmediatamente y sin perjuicio de sus demás labores y funciones.

Artículo 121. Para el caso que una autoridad jurisdiccional deje de conocer un caso por impedimento, recusación o excusa, ésta deberá remitir el expediente a la autoridad jurisdiccional respectiva, a la dirección o área administrativa que corresponda del Poder Judicial conforme a la Ley Orgánica respectiva, para que lo envíe a la autoridad jurisdiccional que corresponda en turno.

Artículo 122. Si en la sentencia incidental se declara procedente la recusación, se comunicará a la autoridad jurisdiccional correspondiente, para que ésta a su vez, remita los autos a la que corresponda, dentro del término de tres días posteriores a la recepción del comunicado anteriormente descrito. En la Sala, la autoridad jurisdiccional recusada quedará separada del conocimiento del procedimiento y se completará la misma en la forma en que determina la Ley Orgánica respectiva.

Si se declara improcedente la recusación, se comunicará la resolución a la autoridad jurisdiccional de su origen. Si la autoridad jurisdiccional recusada fuese una persona Magistrada, continuará conociendo del procedimiento la misma Sala como antes de la recusación.

Artículo 123. La recusación promovida contra otras personas servidoras públicas de acuerdo con el organigrama del Poder Judicial Federal o de la Entidad Federativa de que se trate, no suspenderá el procedimiento, y se proveerá de inmediato quien deba sustituirlo, en tanto se resuelva la recusación a fin de dar continuidad al juicio respectivo.

La recusación de las personas servidoras públicas antes mencionadas se substanciará ante la autoridad jurisdiccional ante la que se encuentren adscritas respectivamente, resolviendo esta de plano.

Artículo 124. En todos los casos la resolución que decida una recusación es irrecurrible.

LIBRO SEGUNDO
DEL PROCEDIMIENTO ORAL CIVIL Y FAMILIAR

TÍTULO PRIMERO
DE LAS FORMALIDADES JUDICIALES

CAPÍTULO I
DE LAS PARTES EN EL PROCEDIMIENTO

Artículo 125. Sólo puede iniciar o intervenir en un procedimiento judicial, quien tenga interés en que la autoridad jurisdiccional declare, constituya, preserve o modifique un derecho o imponga una condena y quien tenga el interés contrario.

Artículo 126. Cuando haya transmisión del interés a un tercero, en términos del artículo anterior, dejará de ser parte quien haya perdido el interés, y lo será quien lo haya adquirido. Esas transmisiones no afectarán el procedimiento judicial, excepto en los casos en que hagan desaparecer, por confusión substancial de intereses, la materia del litigio.

Las relaciones recíprocas de las partes dentro del procedimiento, con sus respectivas facultades y obligaciones, así como los términos, recursos y toda clase de medios que este Código Nacional concede para hacer valer en el litigio, no pueden sufrir modificación en ningún sentido. En todo caso, debe observarse la norma tutelar de la igualdad de las partes dentro del procedimiento, de manera tal que su curso será el mismo, aunque se inviertan los papeles de los litigantes.

Artículo 127. Los cambios de representante procesal de una parte, no causan perjuicio alguno a la contraria, mientras no sean hechos saber judicialmente. Tampoco perjudicarán a una parte los cambios operados en la parte contraria, por relaciones de causante a causahabiente, mientras no se hagan conocer en igual forma.

Cuando se verifiquen estos cambios sin cumplir con las notificaciones de sustitución o inclusión de representante procesal, la actividad procesal se desarrollará y producirá sus efectos con toda validez, como si no se hubiese operado el cambio, en tanto no se haga saber judicialmente.

Artículo 128. Tienen legitimación en el procedimiento para comparecer en juicio:

I. Las personas físicas por sí mismas o por conducto de sus personas representantes autorizadas, así como las personas que designen para su apoyo, en su caso;

II. Las personas jurídicas públicas o privadas por medio de quienes las representen, sea por disposición de la ley o reglamento, o bien, conforme a sus escrituras constitutivas, estatutos, poderes o mandatos;

III. Las agrupaciones o entes que no constituyan personas jurídicas reconocidas por la Ley, por medio de quienes en su nombre hayan actuado;

IV. Las instituciones y dependencias de la administración pública, por medio de sus órganos autorizados conforme a la normatividad que las regule;

V. Cualquiera que integre un grupo afectado, que busque una adecuada defensa para el interés general; y las instituciones, asociaciones o agrupaciones privadas, especializadas en la defensa de los intereses sociales o colectivos cuando se trata de la tutela de intereses difusos y de grupos indeterminados, siempre que no sean políticas o gremiales reguladas;

VI. En el caso de las personas de los pueblos y comunidades indígenas y afromexicanas, sus propias autoridades o las personas que designen con base en sus usos y costumbres, y

VII. El Ministerio Público Local o Federal.

Artículo 129. Podrán comparecer como terceras personas, quienes tengan interés propio y distinto de la parte actora o demandada, y la sentencia les pueda afectar.

Artículo 130. Las niñas, niños y adolescentes, comparecerán por conducto de las siguientes personas:

I. Quienes ejerzan la patria potestad;

II. Quien ejerza la tutela;

III. Las personas designadas legalmente por quien ejerza la patria potestad o la tutela, y

IV. La Procuraduría de Protección de Niñas, Niños y Adolescentes o institución con facultades de representación coadyuvante o en suplencia, de conformidad con la Ley General de los Derechos de Niñas, Niños y Adolescentes.

Sin embargo, las niñas, niños y adolescentes, podrán comparecer a juicio por sí o por cualquier persona en su nombre, sin la intervención de su legítimo representante cuando éste se halle ausente o desaparecido, se ignore quién sea, esté impedido, se negare a promover la acción o hubiese un conflicto de interés con su representado.

La autoridad jurisdiccional, nombrará un representante independiente para que intervenga en el juicio, debiendo preferir a un familiar cercano, salvo cuando haya conflicto de intereses o motivo que justifique la designación de persona diversa, sin perjuicio de dictar las providencias y medidas de protección especiales o urgentes, conforme a la Ley de la materia y, los tratados internacionales que resulten aplicables.

Artículo 131. Las personas ausentes o ignoradas y las personas desaparecidas serán representadas como se previene en el Código Civil o ley correspondiente. Si a juicio de la autoridad jurisdiccional la diligencia fuere urgente o perjudicial la dilación, la persona será representada por el Ministerio Público, Fiscalía o Representación Social.

En materia civil, si se presentare por quien esté ausente o desaparecida una persona que pueda comparecer en juicio, será admitida como gestor judicial; quien tendrá las obligaciones y responsabilidades que establezca el Código Civil Federal o Local correspondiente. Dicha persona deberá dar fianza equivalente al monto del procedimiento judicial en que intervenga; y en su caso de pagar lo juzgado y sentenciado e indemnizar los perjuicios y gastos que se causen. La fianza será calificada por la autoridad jurisdiccional.

Las resoluciones que admitan o no la figura de gestor judicial, así como la que fije la fianza, serán apelables en efecto devolutivo de tramitación inmediata.

Artículo 132. Si varios actores ejercen la misma acción en una demanda, o varios demandados niegan la acción u oponen la misma excepción, se aplicarán las disposiciones siguientes:

I. Los actores deberán tener un solo representante común;

II. El representante común de los actores será nombrado por estos en su primera intervención;

III. Los demandados deben tener un sólo representante común, y

IV. El nombramiento del representante común de los demandados lo harán en la contestación de la demanda.

Cuando la multiplicidad de personas surja en cualquier otro momento del juicio, o en actos de jurisdicción voluntaria, el nombramiento de representante común deberá hacerse, dentro de los tres días siguientes al primer acto procesal en el que aparezca la multiplicidad.

Si el nombramiento no fuere hecho por quienes tienen interés, previa prevención hecha de forma legal, lo hará la autoridad jurisdiccional, de entre las mismas personas interesadas.

La persona que como representante común designe la autoridad jurisdiccional, tendrá las mismas facultades que si litigara exclusivamente por su propio derecho, excepto las de desistirse, transigir y comprometer en árbitros. La que designen los interesados, sólo tendrá estas últimas facultades, si expresamente le fueren concedidas por quienes conforman el litisconsorcio.

Artículo 133. En los casos de litisconsorcio se observarán las siguientes reglas:

I. La carga de impulsar el procedimiento corresponderá al representante común del litisconsorcio;

II. Mientras continúe la persona designada como persona representante autorizada o representante común en su encargo, las notificaciones y citaciones de toda clase que se le hagan, tendrán la misma fuerza que si se hicieren a las personas que representan, sin que le sea permitido pedir que se entiendan con éstas, y

III. Cualquier persona interesada podrá excluirse de la representación común, para litigar por sí mismo y deducir su propio derecho.

Artículo 134. En cualquiera de los procedimientos previstos en el presente Código Nacional, sin que obste el derecho de las partes, sus abogados y representantes autorizados de comparecer a exponer sus alegatos en la audiencia respectiva, bajo el principio de igualdad procesal y publicidad, podrán solicitar fuera de audiencia, una cita a la autoridad jurisdiccional para manifestar en lo particular, los aspectos que consideren relevantes en la solución del juicio en el que intervengan. La misma se solicitará por escrito y le recaerá mandamiento judicial en el que se indique día, hora y duración de la cita, la que se autorizará con la finalidad de que comparezcan al recinto judicial el interesado y su contra parte; o bien sus asesores jurídicos; con el objeto de respetar el principio de contradicción. Fuera de estos casos, las autoridades jurisdiccionales estarán impedidas para escuchar en lo particular o individual a cualquiera de las partes.

CAPÍTULO II
DE LAS ACTUACIONES JUDICIALES

Artículo 135. Las autoridades jurisdiccionales se sujetarán al procedimiento convencional que las partes hubieren pactado, siempre que el mismo se hubiere formalizado en documento público o ante la misma autoridad jurisdiccional que conozca de la demanda en cualquier estado del juicio, y se respeten las formalidades esenciales del procedimiento; salvo los procedimientos en materia familiar, los cuales son de orden público.

Para su validez, el documento en que se encuentre el acuerdo a que se refiere este artículo, deberá contener como mínimo, por inclusión o referencia, las previsiones sobre la presentación de la demanda, el emplazamiento, la contestación de la demanda, las pruebas y los alegatos, en cuyo caso no puede imponer a las partes mayores cargas que las previstas en este Código Nacional. También podrá regular lo relacionado con:

I. El negocio o negocios en que se ha de observar el procedimiento convenido;

II. La sustanciación que debe observarse, siempre que no afecte las formalidades esenciales del procedimiento ni se vulneren derechos humanos;

III. Los términos que deberán seguirse durante el juicio, cuando se modifiquen los señalados en el presente Código Nacional;

IV. Los recursos legales a que renuncien, siempre que no se afecten las formalidades esenciales del procedimiento, ni se vulneren derechos humanos;

V. La autoridad jurisdiccional que debe conocer del litigio para el cual se convino el procedimiento en los casos en que conforme a este Código Nacional pueda prorrogarse la competencia, y

VI. El convenio también deberá expresar los nombres de los otorgantes, su capacidad para obligarse, el carácter con que contraten, sus domicilios y cualquiera otro dato que defina la especialidad del procedimiento.

Artículo 136. En caso de no existir convenio de las partes sobre el procedimiento en los términos del anterior artículo, los juicios civiles se regirán por las disposiciones de este Código Nacional.

Artículo 137. Los expedientes que se integren en los juicios civiles y familiares se sujetarán a las siguientes reglas:

I. Tanto los físicos como los electrónicos se formarán por la autoridad jurisdiccional;

II. Las promociones físicas o electrónicas de las partes deberán redactarse en español, debiendo estar firmados de manera autógrafa o mediante firma electrónica avanzada, según corresponda;

III. Quienes no supieren o no pudieren firmar autógrafamente, por presentar una condición de discapacidad física, imprimirán su huella digital, firmando otra persona en su nombre y a su ruego, indicando esta circunstancia;

IV. Las promociones subsecuentes físicas o electrónicas deberán tener la debida identificación del litigio, que contendrá los nombres de la parte actora, de la parte demandada y en su caso, de quien haga la solicitud, así como el número de expediente, situación que se observará tanto en el expediente físico como en el electrónico;

V. Los documentos redactados en idioma extranjero deberán acompañarse con la correspondiente traducción al español. Si la contraparte la objeta o la autoridad jurisdiccional lo estima necesario se nombrará a quien haga la traducción para el cotejo. Sólo para el caso que la traducción sea requerida por la autoridad jurisdiccional, los honorarios de quien realice el peritaje correrán a cargo del erario público;

VI. Las promociones a cargo de personas de los pueblos y comunidades indígenas y afromexicanas, que se hicieren en su lengua o idioma original, no necesitarán acompañarse de la traducción al español, la autoridad jurisdiccional de oficio designará persona autorizada a realizar la traducción correspondiente;

VII. En los procedimientos en los que una o ambas partes sean indígenas y no supieran leer el idioma español, podrán designar a quien traduzca o conozca su lengua nativa, y la autoridad jurisdiccional realizará una versión sintetizada de los puntos esenciales de las actuaciones y de la sentencia dictada, en dicha lengua; debiendo agregar constancia de que se cumplió con esta obligación en los autos;

VIII. En los procedimientos en los que una o ambas partes presenten una discapacidad auditiva, visual o intelectual, se estará a lo dispuesto en la fracción anterior y dichas personas podrán designar como apoyo, a quien sea intérprete de la Lengua de Señas Mexicana y la versión sintetizada de los puntos esenciales de las actuaciones y de la sentencia dictada, se les facilitará en los medios y formatos que les resulten accesibles;

IX. En las actuaciones judiciales, las fechas y cantidades se redactarán con letra, y no se emplearán abreviaturas, ni se rasparán las frases equivocadas, sobre las que sólo se pondrá una línea delgada que permita la lectura, salvándose al final del documento con toda precisión el error cometido;

X. Las actuaciones judiciales deberán ser autorizadas, bajo pena de nulidad, por la autoridad jurisdiccional o persona secretaria judicial a quien corresponda dar fe o certificar el acto;

XI. Todos los expedientes se llevarán en la forma y términos prescritos en las fracciones que anteceden y deberán integrarse electrónicamente en todos los casos, y

XII. Todas las resoluciones judiciales deberán redactarse en términos claros y sencillos.

Los Poderes Judiciales, de conformidad con la legislación de la materia o los Lineamientos que emita el Consejo de la Judicatura que corresponda, habilitarán los sistemas de justicia digital necesarios, con diseños y formatos accesibles, para facilitar la integración, promociones y consulta de los expedientes electrónicos.

Artículo 138. Es deber de las partes asistir a las audiencias del procedimiento, por sí o a través de sus personas representantes autorizadas, con facultades necesarias para celebrar el convenio correspondiente.

La persona representante autorizada que deje de asistir a las audiencias sin justa causa calificada, se le impondrá una multa a favor del Fondo de Apoyo a la Administración de Justicia del Tribunal o Poder Judicial de cada Entidad Federativa o la Federación, hasta el equivalente a cien veces el valor diario de la Unidad de Medida y Actualización vigente al momento de su aplicación. Contra dicha resolución procede el recurso de apelación.

Cuando las actuaciones involucren derechos de niñas, niños, adolescentes, personas con discapacidad o personas de los pueblos y comunidades indígenas o afromexicanas, la defensa pública en su caso, deberá ser preferentemente especializada.

Artículo 139. Si una de las partes comparecientes carece de la persona representante autorizada, la autoridad jurisdiccional por una sola ocasión diferirá la audiencia a fin de garantizar que las partes vengan asistidas. No se requiere el diferimiento de la audiencia, cuando ésta sólo se refiera al desahogo de pruebas documentales, instrumentales o presuncionales.

En caso de que las partes designen a varias personas representantes autorizadas, deberán designar quién de ellas quedará nombrada como abogado patrono para comparecer a las audiencias, así como designar quien la sustituya para el supuesto que la primera no pueda acudir, quienes quedarán vinculadas a las responsabilidades y sanciones a que alude este artículo.

La autoridad jurisdiccional dictará proveído de ejecución al finalizar la audiencia.

Artículo 140. En las audiencias se observarán las siguientes reglas:

I. Se sujetarán a los principios procesales previstos en este Código Nacional;

II. Se celebrarán presencialmente en la sede judicial o de forma virtual;

III. La autoridad jurisdiccional deberá presidir las audiencias, mismas que serán públicas salvo disposición expresa de la ley;

IV. La autoridad jurisdiccional tiene el deber de mantener el buen orden, evitar las digresiones, faltas de decoro y probidad, y exigir que se guarde el debido respeto a toda persona presente en el acto de la audiencia o sede judicial, pudiendo imponer las correcciones disciplinarias establecidas en el artículo 192 de este Código Nacional e incluso ordenar la expulsión de la sala de audiencia con uso de la fuerza pública o a través de los mecanismos tecnológicos correspondientes, tratándose de audiencias virtuales;

V. Cuando la infracción llegare a actualizar un hecho probablemente constitutivo de un delito conforme a las leyes Penales, se dará vista al Ministerio Público competente;

VI. La autoridad jurisdiccional determinará el inicio y la conclusión de cada una de las etapas de las audiencias de forma continua, precluyendo los derechos procesales que debieron ejercitar las partes en cada una de ellas, sin necesidad de declaración judicial;

VII. La parte que asista tardíamente a las audiencias, se incorporará en la etapa en que éstas se encuentren, sin perjuicio de la facultad de la autoridad jurisdiccional en materia de conciliación y en el entendido de que esto no altera los derechos que han quedado precluidos;

VIII. Podrán decretarse los recesos que la autoridad jurisdiccional o las partes soliciten razonablemente, siempre que no constituyan una dilación procesal innecesaria;

IX. La autoridad jurisdiccional señalará el orden del desahogo de las pruebas atendiendo a la propuesta de las partes, exigiendo el cumplimiento de las formalidades que correspondan y tendrá la facultad para hacer a los testigos, peritos y a las mismas partes, las preguntas que estime conducentes sin romper el principio de contradicción, dirigiendo el debate, moderando la discusión y podrá impedir que las alegaciones se desvíen hacia aspectos no pertinentes o inadmisibles o no controvertidos, e incluso limitar el tiempo y número de veces del uso de la palabra a las partes que intervienen, interrumpiendo a quienes hicieran uso abusivo de su derecho;

X. Una vez que testigos, peritos o partes concluyan su intervención, podrán retirarse de la audiencia cuando así lo soliciten y la autoridad jurisdiccional lo autorice;

XI. Las resoluciones judiciales pronunciadas oralmente o por escrito en las audiencias, según el tipo de juicio, se tendrán por notificadas en ese mismo acto a quienes estén presentes o debieron haber estado, sin necesidad de formalidad alguna;

XII. Las audiencias podrán diferirse o suspenderse por caso fortuito o fuerza mayor, o porque de las partes de común acuerdo lo soliciten. De ser posible en el mismo acto, se señalará fecha y hora para su continuación, de la que se tendrá por notificadas a las partes. Al reanudarse, la autoridad jurisdiccional expondrá una síntesis de los actos realizados hasta ese momento, y

XIII. Al terminar las audiencias, en los juicios orales se levantará acta mínima que deberá contener, cuando menos, el lugar, la fecha, el expediente y la autoridad jurisdiccional al que corresponda; el nombre de los participantes, una relatoría sucinta del desarrollo de la audiencia, y la firma autógrafa o electrónica avanzada de la autoridad jurisdiccional.

Tratándose de audiencias virtuales, se seguirán las reglas previstas en el Libro Octavo de este Código Nacional.

Artículo 141. En las audiencias en las que participen personas con discapacidad, podrán contar con la presencia de las personas de apoyo que, en su caso, designen.

Asimismo, podrán hacerse acompañar de los animales que para dichos efectos consideren, en su caso.

Artículo 142. La autoridad jurisdiccional podrá, por razones de orden o seguridad, antes del inicio y en el desarrollo de la audiencia, prohibir el ingreso físico o digital, a:

I. Personas armadas;

II. Personas que porten distintivos gremiales o partidarios;

III. Personas que porten objetos peligrosos o prohibidos;

IV. Personas que no observen las disposiciones de orden o seguridad física o informática que se establezcan;

V. Personas que puedan afectar la integridad de alguna de las partes, o de alguna persona citada para participar en la audiencia, y

VI. Cualquier otra persona que la autoridad jurisdiccional justificadamente considere como inapropiada para el orden o seguridad en el desarrollo de la audiencia.

En el desarrollo de las audiencias, las actuaciones de la autoridad jurisdiccional en el ejercicio de sus funciones serán válidas de pleno derecho, sin requerir de la fe de ninguna otra.

Artículo 143. La autoridad jurisdiccional podrá aplicar excepciones al principio de publicidad cuando, alguna situación o hecho derivados de las audiencias:

I. Pueda afectar la integridad de alguna de las partes, o de alguna persona citada para participar en la audiencia;

II. Se divulgue información gubernamental confidencial, información confidencial o secreto industrial, cuya revelación sea indebida;

III. Se afecte el interés superior de niñas, niños y adolescentes;

IV. Cuando se trate de juicios en materia familiar, y

V. En los casos previstos en este Código Nacional o en otra ley.

Artículo 144. La autoridad jurisdiccional podrá limitar el ingreso del público a una cantidad determinada de personas, de conformidad con las disposiciones aplicables en materia de protección civil.

Las personas periodistas y demás integrantes de los medios de comunicación, deberán informar su presencia a la autoridad jurisdiccional con el objeto de ser ubicados en un lugar adecuado y deberán abstenerse de grabar y transmitir por cualquier medio la audiencia, cuando así lo disponga la autoridad jurisdiccional.

Artículo 145. Las audiencias se registrarán por medios electrónicos. Excepcionalmente, y estableciendo la motivación y fundamentación correspondiente, se registrarán por escrito o por cualquier otro medio idóneo a juicio de la autoridad jurisdiccional. En caso de ser videograbadas, no requerirán transcripción escrita para su eficacia.

En el uso de tales medios, se deberán prever diseños y formatos de accesibilidad para personas con discapacidad a las que les resulte necesario consultar dicha información.

Al inicio de las audiencias la persona secretaria judicial, hará constar oralmente en el registro a que hace referencia el párrafo anterior, la fecha, hora y el lugar de realización, datos del asunto y el nombre de quien preside la audiencia.

Si a dicha audiencia comparece una persona con discapacidad auditiva, deberá estar presente a lo largo de la misma, un intérprete de la Lengua de Señas Mexicana y los intervinientes deberán emplear palabras sencillas para que sean comprendidas por una persona con discapacidad intelectual en su caso.

Artículo 146. Las personas que intervengan en las audiencias deberán identificarse previamente. Los testigos, las partes cuando declaren o sean interrogadas, o los peritos, protestarán declarar con verdad, haciendo de su conocimiento las penas que se imponen a quienes declaran con falsedad.

La autoridad jurisdiccional será quien dará fe de todo lo actuado en la audiencia respectiva.

Artículo 147. La persona secretaria judicial certificará el medio en donde se encuentren registradas las audiencias respectivas e identificará dicho medio con el número de expediente. La conservación de los registros de audio y video estará igualmente a su cargo, y las partes podrán solicitar copia que siempre será certificada, a su costa, asegurando que estén disponibles para consulta para las partes desde el momento en que concluya la audiencia.

La conservación de registros de audios y video de las audiencias deberá realizarse a través de medios que permitan garantizar la fiabilidad e integridad de la información, así como la reproducción de su contenido y acceso al mismo.

Cuando por cualquier causa se dañe el soporte material del registro afectando su contenido, la autoridad jurisdiccional ordenará su reposición conforme a lo establecido en las reglas generales del procedimiento.

Artículo 148. En el Poder Judicial respectivo estarán disponibles los documentos y personal de auxilio para que las partes tengan acceso a los registros de audiencias, a fin de conocer su contenido.

La autoridad jurisdiccional, con base en los ajustes de procedimiento conducentes a cada caso, proporcionará toda la información relacionada desde un inicio, y en todas las etapas del procedimiento. Queda a cargo de los Poderes Judiciales la elaboración de los manuales correspondientes, que deberán estar disponibles, actualizados, comprensibles y accesibles.

Desde el primer proveído y en cualquier etapa del procedimiento, las personas con discapacidad podrán solicitar a la autoridad jurisdiccional, la forma o medio que requiere para recibir la información del juicio en que interviene.

Artículo 149. Para la validez de las actuaciones judiciales es necesario que se practiquen en días y horas hábiles.

Son días hábiles todos los del año, excepto sábados y domingos y aquellos que las Leyes declaren festivos, además en los que por cualquier motivo no tengan lugar actuaciones judiciales.

Son horas hábiles las comprendidas de las siete a las diecinueve horas, pero cuando alguna diligencia se prolongue de tal manera que haya necesidad de continuarla en horas inhábiles, no se requerirá mandamiento de habilitación y cuando haya necesidad de diferirla, se continuará en la primera hora hábil siguiente.

Artículo 150. En los juicios que versen sobre alimentos, derechos de niñas, niños y adolescentes, controversias familiares, cualquier tipo de violencia intrafamiliar, y los demás que determinen las Leyes, todos los días y horas son hábiles.

En los demás casos, la autoridad jurisdiccional puede habilitar los días y horas inhábiles para actuar o para que se practiquen diligencias, cuando hubiere causa urgente que lo exija, expresando cuál sea ésta y las diligencias que hayan de practicarse.

Artículo 151. El Poder Judicial contará con una Oficialía de Partes Común, a través de la cual se presenten los escritos de demanda o promociones posteriores de manera electrónica y escrita, en los siguientes términos:

I. La demanda o escrito inicial podrá promoverse de forma física o electrónica a través de la oficina o portal autorizado por el Consejo de la Judicatura, conforme a lo dispuesto en la Ley Orgánica, que corresponda;

II. Por lo que hace a los procedimientos en línea, la demanda y documentos siempre deberán presentarse vía electrónica, debiendo verificar en todos los casos que cuenten con la firma electrónica avanzada de quien suscribe el escrito inicial, para ser turnada a la autoridad jurisdiccional que corresponda, y

III. Una vez recibido el escrito de demanda, se emitirá acuse de recibo físico o electrónico, en el que se conste la fecha y hora de presentación, número de expediente y autoridad jurisdiccional que conocerá del mismo.

En ningún caso se requerirá manifestación bajo protesta de decir verdad de que los documentos digitalizados son copia fiel e inalterada de los documentos físicos; sin embargo, deberá manifestar si los documentos digitalizados son originales, copias certificadas o copias simples, y si es el caso que están disponibles cuando la autoridad jurisdiccional se los requiera, en el entendido que de no hacerlo precluirá su derecho y se tendrán por no presentados oportunamente, con las consecuencias legales.

Artículo 152. Las promociones electrónicas subsecuentes, se podrán presentar en cualquier hora en el sistema de justicia digital autorizado, para ser remitidas a la autoridad jurisdiccional correspondiente al día y hora hábil siguiente a su presentación y deberán contener los datos de identificación, es decir, nombre de las partes, juicio y número de expediente, para ser remitidas vía electrónica a la autoridad jurisdiccional del conocimiento, sea de procedimiento escrito u oral, a efecto de que la autoridad jurisdiccional provea lo conducente.

Cuando sean promociones por escrito subsecuentes, serán recibidas físicamente cuando se presenten después de las horas de atención al público y hasta el horario que determine cada Ley Orgánica respectiva, y si exhiben copia de ellos se les devolverá sellada y firmada, con fecha y hora de su presentación, las cuales deberán contener la debida identificación del nombre de las partes, juicio, número de expediente y autoridad a la cual se dirige, para ser remitidas a la autoridad jurisdiccional correspondiente al día y hora hábil siguiente a su presentación, a fin de ser proveídas.

Artículo 153. Quedan exceptuados del cumplimiento de dichas formalidades los juicios relativos a las comparecencias para la solicitud de pensión alimenticia, así como los juicios sumarios, en los que se podrá acudir de manera directa ante la autoridad jurisdiccional que corresponda por razón de turno.

Artículo 154. La Oficialía de Partes o área de recepción de los órganos jurisdiccionales, recibirá todas las promociones subsecuentes de los procedimientos que les hayan sido turnados, durante las horas de labores correspondientes, y quien esté interesado podrá exhibir una copia de sus escritos, a fin de que se le devuelva con la anotación de la fecha y hora de presentación, sellada y firmada por la persona servidora pública que lo reciba en la Oficialía de Partes de la autoridad jurisdiccional, a fin de que le recaiga el acuerdo que le corresponda. Se implementará una Oficialía de Partes virtual, conforme a lo establecido en la Ley Orgánica o los lineamientos que al efecto emita el Consejo de la Judicatura correspondiente.

Diariamente se efectuará la descarga e impresión de las promociones físicas, así como en las virtuales presentadas en la Oficialía de Partes; hecho lo anterior se integrarán inmediatamente al expediente físico y electrónico, para ser proveídos.

Artículo 155. Las personas servidoras públicas encargadas de la recepción de escritos y documentos de la Oficialía de Partes Común, en ningún caso y por ningún motivo podrán rechazar promoción alguna.

Artículo 156. En caso de detectarse cualquier acción tendiente a eludir el turno establecido en las Oficialías de Partes, una vez presentado un escrito por el cual se inicie un procedimiento, ya sea exhibiendo varios de éstos para elegir la autoridad jurisdiccional que convenga, o desistiéndose de la instancia más de una vez, sin acreditar la necesidad de hacerlo, o cualquier acción similar, la parte promovente y quienes aparezcan autorizadas en los escritos como personas representantes autorizadas, abogadas patronas, procuradoras o asesoras jurídicas, o cualquier figura análoga, se harán acreedores, solidariamente, a una multa que será fijada por la autoridad jurisdiccional, la que no será inferior a doscientas cincuenta ni excederá de quinientas veces el valor diario de la Unidad de Medida y Actualización vigente; además, se anotará en el Registro Judicial y se dará vista al Ministerio Público.

Artículo 157. La persona secretaria judicial o quien determine la Ley, dará cuenta con las promociones que reciba física o electrónicamente, dentro de las veinticuatro horas de su presentación, sin perjuicio de hacerlo desde luego cuando se trate de un asunto urgente; la inobservancia a este artículo será sancionada de acuerdo a la Ley Orgánica respectiva y, a falta de ésta, la primera vez con amonestación y, las subsecuentes, con apercibimiento en términos de lo dispuesto por el artículo 192 de este Código Nacional.

Asimismo, cuidará que las resoluciones judiciales, actuaciones y las promociones originales o en copias sean claramente legibles y de que los expedientes sean exactamente foliados, al agregarse cada una de las hojas. En el caso del expediente físico, se firmarán todas éstas en el centro de los escritos y pondrán el sello en el fondo del cuaderno, de manera que queden selladas las dos caras. Asimismo, deberá cumplir con los requisitos para la conservación e integración de los expedientes electrónicos, de acuerdo con el Libro Octavo de este Código Nacional.

Artículo 158. La frase "dar vista" significa que los autos quedan en la secretaría para que los interesados se impongan de ellos y para tomar apuntes dentro del local de la autoridad jurisdiccional, sin que les sea permitida la sustracción fuera del recinto judicial.

La expresión "correr traslado" significa que se entreguen las copias, exhibidas al interesado. Las disposiciones de este artículo comprenden a la persona del Ministerio Público, así como a la Procuraduría de la Defensa del Menor o cualquier institución análoga según la Entidad Federativa de que se trate.

Artículo 159. Los autos que se perdieren serán repuestos a costa de quien fuere responsable de la pérdida, quien además pagará los daños y perjuicios, quedando sujeto a las disposiciones del Código Penal correspondiente.

La reposición se substanciará incidentalmente con intervención del Ministerio Público; la persona secretaria judicial certificará la existencia anterior y falta posterior del expediente en cuestión.

La autoridad jurisdiccional está obligada a investigar de oficio la existencia de las piezas de autos desaparecidos, valiéndose para ello de todos los medios que no sean contrarios al derecho.

En la reposición de los expedientes, las partes están obligadas a aportar las copias de documentos, diligencias o resoluciones judiciales que obren en su poder, incluyendo los registros que consten en el expediente electrónico.

En el caso de resultar que algunas de las partes, sus personas representantes autorizadas, fueren responsables por autoría, complicidad o encubrimiento, de la sustracción o pérdida del expediente, se dará vista de oficio por parte de la autoridad jurisdiccional o a petición de parte, al Ministerio Público para los efectos legales procedentes, sin necesidad de denuncia por parte de la autoridad jurisdiccional.

Artículo 160. La autoridad jurisdiccional está obligada a expedir a costa de la parte que lo solicite, copia simple de los documentos o resoluciones que obren en autos, bastando que lo peticione verbalmente, sin que se requiera decreto judicial, pero dejando constancia en autos de su recepción. Cuando la solicitud se realice por conducto de quien ejerza como defensora pública o de institución pública, las copias de referencia podrán expedirse exentas de pago.

Artículo 161. Para obtener copia certificada de cualquier documento o registro electrónico que obre en juicio, la parte interesada deberá solicitarlo en comparecencia, por escrito o por vía electrónica requiriéndose decreto judicial, y sólo se expedirá con citación de la contraria cuando se pidiera copia o testimonio de parte de un documento contenido en el expediente.

Cuando la parte interesada solicite copia certificada de uno o varios documentos completos, en ningún caso se dará vista a la contraria. Al entregarse las copias certificadas, quien las reciba deberá dejar razón y constancia de su recibo. Cualquier circunstancia especial se hará constar en la certificación correspondiente.

Artículo 162. Queda prohibida la reproducción, difusión o puesta a disposición por cualquier medio, de las constancias, videos o audio grabaciones de las audiencias, en términos de las leyes de transparencia, acceso a la información, privacidad y protección de datos personales que resulten aplicables.

La violación a este precepto, hará a la persona que lo infrinja, acreedora a las sanciones previstas para tal caso en la legislación administrativa, civil y penal, con independencia de las medidas disciplinarias que procedan conforme a este Código Nacional.

Artículo 163. Las actuaciones serán nulas cuando les falte alguna de las formalidades esenciales, de manera que quede sin defensa cualquiera de las partes, y cuando la Ley expresamente lo determine, pero no podrá ser invocada esa nulidad por la parte que dio lugar a ella.

Artículo 164. La nulidad establecida en beneficio de una de las partes no puede ser invocada por la otra.

Artículo 165. Las notificaciones hechas en forma distinta a la prevenida en el presente Código Nacional serán nulas; pero si la persona notificada se hubiere manifestado en juicio, sabedora de la providencia, la notificación surtirá desde entonces sus efectos como si estuviese legítimamente hecha.

Sólo por errores u omisiones sustanciales que hagan no identificables los juicios, podrá pedirse la nulidad de las notificaciones practicadas en términos del párrafo que antecede.

Artículo 166. La nulidad de una actuación debe reclamarse en la actuación subsecuente, pues de lo contrario, aquélla queda convalidada de pleno derecho, con excepción de la nulidad por defecto en el emplazamiento o de la primera notificación en los procedimientos judiciales; su trámite será en la vía incidental.

Cualquier nulidad que se genere en audiencia, deberá reclamarse de forma oral en la propia audiencia en que se actualice y antes del cierre de la etapa procesal respectiva tratándose de la audiencia preliminar, en las demás audiencias deberá hacerse valer antes de que ésta concluya. Hecha valer, la autoridad jurisdiccional proveerá sobre su admisión y estando presente la contraria, bajo el principio de contradicción contestará en el acto de la audiencia y ofrecerán sus pruebas. En la misma diligencia la autoridad jurisdiccional ordenará la admisión o desechamiento de pruebas y en su caso, ordenará desahogar las que no requieran preparación especial, dictando en el acto, de forma fundada y motivada su fallo interlocutorio, asentando en el acta mínima únicamente los puntos resolutivos. Para el caso de existir pruebas que requieran preparación especial, se señalará fecha de audiencia especial dentro del plazo de ocho días, en el que se dictará la sentencia interlocutoria.

Los incidentes que se susciten con motivo de otras nulidades de actuaciones o de notificaciones se tramitarán y resolverán en los términos de lo dispuesto por el artículo 185.

CAPÍTULO III
DE LAS RESOLUCIONES JUDICIALES

Artículo 167. Para los efectos de este Código Nacional, las resoluciones judiciales se clasifican en la forma siguiente:

I. Decretos: son simples determinaciones de trámite que no impliquen impulso u ordenación al procedimiento;

II. Autos: decisiones que tienden al impulso, desarrollo y orden del procedimiento;

III. Autos provisionales: todas aquellas determinaciones que se ejecutan de manera provisional;

IV. Autos preparatorios: resoluciones que disponen el conocimiento del asunto, ordenando la admisión de las pruebas y su preparación o su desechamiento;

V. Autos definitivos: decisiones que ponen fin la acción principal o las que impiden la continuación del procedimiento, dándolo como totalmente concluido, cualquiera que sea la naturaleza de éste;

VI. Sentencias interlocutorias: decisiones que resuelven un incidente promovido antes o después de dictada la sentencia definitiva, y

VII. Sentencias definitivas: las que resuelven el fondo del asunto en lo principal.

Artículo 168. Todas las resoluciones, de cualquier clase, dictadas por escrito en primera o segunda instancia, serán autorizadas con las rúbricas, firmas autógrafas o electrónicas avanzadas de las autoridades jurisdiccionales que las dicten y por la de la persona secretaria judicial, o a quien corresponda dar fe o certificar el acto.

Artículo 169. Todas las resoluciones, sean decretos, autos provisionales, definitivos, preparatorios o sentencias interlocutorias, deben ser dictados con plena autonomía e independencia judicial, cualquier atentado contra estos dos principios se hará del conocimiento del Ministerio Público. Igualmente serán claras, precisas y congruentes con las promociones de las partes, resolviendo sobre todo lo que éstas hayan pedido.

Cuando la autoridad jurisdiccional sea omisa en resolver todas las peticiones planteadas, de oficio o a simple instancia verbal del interesado, deberá dar nueva cuenta y resolver las cuestiones omitidas dentro del plazo de los tres días siguientes. Las sentencias definitivas también deben ser claras, precisas y congruentes con las demandas y las contestaciones, y con las demás pretensiones deducidas oportunamente en el procedimiento, condenando o absolviendo a la parte demandada, y decidiendo todos los puntos litigiosos que hayan sido objeto del debate. Cuando éstos hubieren sido varios, se hará el pronunciamiento correspondiente a cada uno de ellos.

Artículo 170. Las sentencias deben tener el lugar, fecha, nombre de la autoridad jurisdiccional que las pronuncie, nombre de las partes contendientes, el carácter con que litiguen, el objeto del pleito, y bastará que la autoridad jurisdiccional funde y motive su resolución en preceptos legales, su interpretación o principios jurídicos, de acuerdo con los artículos 14 y 16 de la Constitución Política de los Estados Unidos Mexicanos.

En el caso de que alguna de las partes sea persona, comunidad o pueblo originario, indígena y afromexicana, la fundamentación y motivación de las resoluciones judiciales deberán tomar en cuenta su derecho consuetudinario y las mismas constarán en formato de comunicación culturalmente adecuada para comunidades indígenas, anexando en su caso, una versión original e idéntica en la lengua originaria de que se trate; en términos de lo que ordena el presente Código Nacional.

En el caso de que alguna de las partes sea persona con discapacidad, las resoluciones judiciales constarán en los formatos accesibles de acuerdo con las circunstancias de cada caso.

Artículo 171. La autoridad jurisdiccional no podrá, bajo ningún pretexto, aplazar, dilatar, ni negar la resolución de las cuestiones que hayan sido discutidas en el pleito, salvo los casos previstos por la Ley.

Artículo 172. Tampoco podrán variar ni modificar sus sentencias o autos después de firmados, pero sí aclarar algún concepto que contengan (sic) omisiones sobre puntos discutidos, errores materiales o de cálculo, edades, nombres, ambigüedades, contradicciones evidentes, oscuridad de las expresiones o de las palabras, cuando sean imprecisos sin alterar su esencia.

Estas aclaraciones podrán hacerse de oficio o a petición de parte en un plazo no mayor a tres días hábiles y en su caso, la autoridad jurisdiccional resolverá lo que estime procedente dentro del tercer día hábil siguiente al de la presentación del escrito en que se solicite la aclaración conforme a lo dispuesto en el presente Código Nacional.

Artículo 173. La autoridad jurisdiccional no admitirá demandas, promociones, peticiones, incidentes o recursos notoriamente improcedentes; las desechará de plano, sin necesidad de mandarlas hacer saber o correr traslado a la otra parte ni de formar incidente.

Se entiende por notoriamente improcedente, toda actuación de las partes que, sin necesidad de demostración, es contrario a la letra de la Ley, al estado o naturaleza del procedimiento o a las facultades de la autoridad jurisdiccional.

Al desechar las promociones o solicitudes, incluyendo los recursos e incidentes que los tribunales consideren notoriamente frívolos o improcedentes, los tribunales deben fundar y motivar su determinación.

Los incidentes ajenos al procedimiento principal o notoriamente frívolo e improcedente, deberán ser repelidos de oficio por los jueces.

Artículo 174. Los decretos y los autos deben dictarse y mandarse notificar mediante su publicación en el medio de comunicación procesal oficial correspondiente, dentro del plazo de tres días siguientes a las veinticuatro horas en que se dé cuenta a la autoridad jurisdiccional de la promoción respectiva.

Se exceptúan aquellos que por disposición de este ordenamiento tenga señalado un término o forma de notificación distinta.

Artículo 175. Las sentencias interlocutorias deben dictarse y mandarse notificar por publicación en el medio correspondiente, dentro de los diez días siguientes a aquel en que surta sus efectos la notificación del auto que ordena la citación.

Las sentencias definitivas deben dictarse y mandarse notificar mediante su publicación en el medio respectivo, dentro de los quince días siguientes a aquel en que surta sus efectos la notificación del auto que ordena la citación.

En ambos casos cuando hubiere necesidad de que la autoridad jurisdiccional examine documentos o expedientes voluminosos, al resolver, podrá disfrutar de un término ampliado de diez días más para los dos fines ordenados anteriormente.

En los juicios orales la sentencia definitiva se emitirá en la misma audiencia de juicio, y, además, se explicará con un lenguaje cotidiano, en forma breve, clara y sencilla y leerá únicamente los puntos resolutivos, así como, en los casos que proceda, el derecho que tienen las partes para apelar dicha sentencia conforme a lo establecido en este Código Nacional. Acto seguido, en la audiencia entregará a cada una de las partes copia por escrito de la sentencia. En caso de asuntos voluminosos o muy complejos o de un alto grado de dificultad, la autoridad jurisdiccional podrá diferir la audiencia de juicio hasta por diez días para el dictado y explicación de la sentencia definitiva.

Artículo 176. Cuando este Código Nacional no señale términos para la práctica de algún acto judicial, o para el ejercicio de algún derecho, se tendrán por señalados los siguientes:

I. Nueve días para interponer el recurso de apelación contra sentencia definitiva;

II. Cinco días para apelar de sentencia interlocutoria o auto contra el que proceda apelación de tramitación inmediata;

III. Tres días para la celebración de juntas, reconocimientos de firmas, exhibición de documentos; a no ser que, por circunstancias probadas, solicite ampliar el término, lo cual podrá hacerse hasta por tres días más, y

IV. Tres días para todos los demás casos.

Artículo 177. El retardo sin justa causa en el pronunciamiento y publicación de decretos, autos o sentencias dará lugar a queja administrativa que se presentará ante el Consejo de la Judicatura para su trámite y sanción respectiva.

Artículo 178. Las resoluciones judiciales dictadas con el carácter de provisionales pueden modificarse en sentencia interlocutoria o definitiva.

Sin perjuicio de que la autoridad jurisdiccional, de oficio o a petición de parte, esté facultada para modificar en cualquier etapa del procedimiento las medidas provisionales, cuando cambien las circunstancias o exista causa legal acreditada que así lo amerite o se afecte el ejercicio de la acción que se dedujo en el juicio correspondiente.

Las resoluciones judiciales firmes dictadas en procedimientos de alimentos, ejercicio y suspensión de la patria potestad, jurisdicción voluntaria y las demás que prevengan las leyes, pueden alterarse y modificarse cuando cambien las circunstancias que afectan el ejercicio de la acción que se dedujo en el juicio correspondiente.

Artículo 179. Cuando hubiere condena de frutos, intereses, daños o perjuicios, se fijará su importe en cantidad líquida o se establecerán, por lo menos, las bases con arreglo a las cuales deba hacerse la liquidación.

Sólo en el caso de no ser posible lo uno ni lo otro, se hará la condena genérica, a reserva de fijar su importe y hacerlo efectivo en la ejecución de la sentencia.

CAPÍTULO IV
DE LAS COSTAS

Artículo 180. Por ningún acto judicial se cobrarán costas, ni aun cuando se actuare con testigos de asistencia, o se practicaren diligencias fuera del lugar del juicio.

Artículo 181. Cada parte será inmediatamente responsable de los gastos y costas que originen las diligencias que promueva. El pago de los gastos será a cargo de quien faltare al cumplimiento de la obligación. Cuando las leyes utilicen solamente las palabras gastos, o solamente costas, se incluyen ambos conceptos de gastos y costas, y la condenación abarcará los dos.

La condena en costas sólo comprenderá la remuneración de la persona representante autorizada para ejercer la profesión de licenciado en derecho o abogado. Las personas de origen extranjero no podrán cobrar gastos, sino cuando estén autorizados legalmente en el territorio nacional, para ejercer como licenciadas en derecho o el ejercicio de la abogacía.

Artículo 182. La condena en costas se hará cuando así lo prevenga la Ley, o cuando, a juicio de la autoridad jurisdiccional, se haya procedido con temeridad o mala fe, conforme al arancel autorizado en la Ley Orgánica respectiva.

Siempre serán condenados:

I. La persona que ninguna prueba rinda para justificar su acción o su excepción, si se funda en hechos disputados;

II. La persona que presente instrumentos o documentos falsos, testigos falsos, aleccionados o sobornados, peritos aleccionados o sobornados, oponga acciones o excepciones procesales notoriamente frívolas e improcedentes, o haga valer recursos o incidentes de ese tipo con el fin de generar dilaciones al procedimiento, no solamente se le condenará respecto de los señalados, sino que, si la sentencia definitiva le es adversa, también se le condenará por todos los demás trámites, y así lo declarará dicha resolución definitiva;

III. La persona que fuere condenada en los juicios ejecutivos, hipotecarios, en los interdictos de retener y recuperar la posesión, y la que intente alguno de estos juicios si no obtiene sentencia favorable. En estos casos, la condenación se hará en la primera instancia, observándose en la segunda lo dispuesto en la fracción siguiente;

IV. La persona que fuere condenada por dos sentencias conformes de toda conformidad de su parte resolutiva, sin tomar en cuenta la declaración sobre costas. En este caso, la condenación comprenderá las costas de ambas instancias, y

V. Las demás que prevenga este Código Nacional.

Artículo 183. Las costas judiciales tienen por objeto resarcir los gastos y erogaciones ejecutadas con motivo del juicio a cargo de la parte vencida.

Las costas serán reguladas por cualquiera de las partes contendientes, se substanciará y resolverán mediante el incidente respectivo en términos de lo dispuesto en este Código Nacional.

La autoridad jurisdiccional deberá analizar la cuantificación y liquidación que se presente por las personas que ejerzan como notaria o notario público, personas representantes autorizadas, corredor público o peritos, y para aprobarla deberá comprobar que se apega al arancel porcentual del monto del procedimiento o por actuación respectivo de la localidad de que se trate, así como a las constancias de autos, en caso, de no existir arancel, sólo se autorizará la cuantificación y liquidación formulada a juicio de peritos, debiendo mediar prudencialmente la autoridad jurisdiccional la liquidación, siempre y cuando no exista un treinta por ciento de diferencia entre el más alto y el más bajo, en cuyo caso se despachará perito adscrito tercero en discordia.

La decisión que se pronuncie será apelable en efecto devolutivo de tramitación inmediata.

Artículo 184. La condena en costas no procede en los juicios o procedimientos relacionados con el derecho familiar, o civil cuando se encuentren involucrados derechos que afecten a niñas, niños, adolescentes o personas que pertenezcan a grupos sociales en situación de vulnerabilidad, siempre que no tengan un fin preponderantemente patrimonial.

CAPÍTULO V
DE LOS INCIDENTES

Artículo 185. Los incidentes, cualquiera que sea su naturaleza, nunca suspenderán el procedimiento, además:

I. Se tramitarán oralmente en el caso de desarrollarse en el sistema de audiencias, sea en la audiencia preliminar, la de juicio o para la ejecución de la sentencia o cualquier audiencia. En caso de promoverse en la etapa postulatoria o fuera del sistema de audiencias, se hará por escrito;

II. Los incidentes que surjan en audiencia, deberán plantearse de forma oral en la misma, exponiendo los hechos, ofreciendo las pruebas e invocando la norma vulnerada. Hecho valer, la autoridad jurisdiccional proveerá sobre su admisión o desechamiento y estando presente la contraria, contestará en el acto de la audiencia y ofrecerán sus pruebas;

III. En la misma audiencia la autoridad jurisdiccional ordenará la admisión o desechamiento de pruebas y en su caso, ordenará desahogar las que no requieran preparación especial, dictando en el acto de forma fundada y motivada su fallo interlocutorio, asentando en el acta mínima únicamente los puntos resolutivos. Para el caso de existir pruebas que requieran preparación especial, se señalará fecha de audiencia especial dentro del plazo de ocho días, en el que se dictará el fallo interlocutorio, conforme a las disposiciones anteriores;

IV. En caso de no estar presente la parte contraria, se mandará correr traslado para que conteste por escrito dentro del término de tres días. Enseguida se admitirán las pruebas y se señalará dentro del término de ocho días fecha de audiencia de resultar necesario desahogo especial alguno, dictando en el acto de forma fundada y motivada el fallo interlocutorio, asentando en el acta mínima únicamente los puntos resolutivos;

V. Los incidentes fuera del sistema de audiencias, se tramitarán, cualquiera que sea su naturaleza, con un escrito de cada parte, y tres días para resolver. Si se promueve prueba, deberá ofrecerse en los escritos respectivos, fijando los puntos sobre los que verse. En ambas vías, oral y escrita, si las pruebas no tienen relación con los puntos cuestionados incidentalmente, o si éstos son puramente de derecho, la autoridad jurisdiccional deberá desecharlas. En caso de admitirlas se citará para audiencia dentro del término de ocho días, diferible por una sola vez, en que se reciban pruebas, se oigan brevemente las alegaciones, y se dicte en el acto de forma fundada y motivada el fallo interlocutorio, asentando en el acta mínima únicamente los puntos resolutivos. Los incidentes que por la naturaleza de las pruebas de que se tratan no requieran de señalamiento de audiencia, mediante acuerdo, se admitirán las mismas y se desahogarán en el acto, citando de inmediato para sentencia interlocutoria que se dictará en el plazo de cinco días por escrito.

Artículo 186. En caso de impugnación de falsedad de documentos, se estará a lo dispuesto en el presente Código Nacional.

Artículo 187. Los incidentes que se susciten con motivo de nulidades de actuaciones o de notificaciones se tramitarán conforme a lo dispuesto en este Código Nacional.

Si, dicho incidente de nulidad es notoriamente frívolo e improcedente, se desechará de plano de manera fundada y motivada, y se impondrá solidariamente a quien lo promueva y a su persona representante autorizada, una multa en términos del artículo 192 fracción III de este Código Nacional.

Artículo 188. La nulidad por defecto en el emplazamiento implica la nulidad de todo lo actuado con posterioridad al mismo de resultar procedente. Si el incidente se hace valer en cualquiera de las audiencias y, si está presente e identificada la parte interesada en la diligencia en que se declare la nulidad del emplazamiento, en el acto y de forma inmediata se procederá a emplazarlo, debiendo entregar la cédula y traslados respectivos.

La nulidad por defecto en el requerimiento en cumplimiento a la sentencia definitiva para que una persona lleve a cabo un acto determinado de ejecución inmediata, sólo implica la nulidad de la diligencia de requerimiento y sus consecuencias materiales, así como las correcciones disciplinarias o medios de apremio que se hayan decretado para hacer cumplir la orden judicial respectiva.

Artículo 189. Las demás nulidades de actuaciones o notificaciones, por regla general, solo implican la nulidad de la propia actuación o notificación defectuosa.

En todos los casos de nulidad de actuaciones o notificaciones sólo se repetirán las declaradas nulas cuando así lo solicitare la parte interesada, salvo que se trate de alguna diligencia decretada de oficio pues, en este caso, la autoridad jurisdiccional obrará discrecionalmente.

Artículo 190. En todos los casos contra la sentencia interlocutoria procede el recurso de apelación en efecto devolutivo.

CAPÍTULO VI
DE LAS MEDIDAS DE APREMIO Y LAS CORRECCIONES DISCIPLINARIAS

Artículo 191. Para hacer cumplir sus determinaciones, las autoridades jurisdiccionales, previo apercibimiento, pueden emplear cualquiera de los siguientes medios de apremio, cuantas veces crean necesario, sin que para ello sea indispensable que se ciñan al orden que a continuación se señala:

I. Multa hasta por las cantidades a que se refiere el artículo 192 fracción III de este Código Nacional, la cual podrá duplicarse en caso de reincidencia;

II. Auxilio de la fuerza pública y la fractura de cerraduras si fuere necesario;

III. Cateo por orden escrita, de conformidad con los requisitos del Artículo 16 de la Constitución Política de los Estados Unidos Mexicanos;

IV. Arresto hasta por treinta y seis horas, y

V. Presentación de testigos por la fuerza pública.

Las personas servidoras públicas habilitadas para tal efecto de acuerdo con el organigrama de la Entidad Federativa de que se trate, podrán solicitar directamente y deberán prestárseles el auxilio inmediato de la fuerza pública, cuando actúen para cumplimentar un emplazamiento, notificación o determinación de la autoridad jurisdiccional.

Si agotados los medios de apremio no se obtuviera el cumplimiento de la resolución que motivó el uso de ellos, se dará vista al Ministerio Público, Fiscal o Representante Social.

La resolución que imponga una medida de apremio será irrecurrible.

Artículo 192. Se entenderá por corrección disciplinaria:

I. La amonestación, consistente en la reprensión verbal, electrónica o escrita, que se haga al infractor por la falta cometida;

II. El apercibimiento, consistente en la prevención verbal, electrónica o escrita, que se haga a la persona infractora, en el sentido de que, de incurrir en nueva falta, se le aplicarán una o más de las sanciones previstas por este Código Nacional;

III. La multa que no podrá ser inferior a cien ni exceder de trescientas veces el valor diario de la Unidad de Medida y Actualización;

IV. La expulsión cuando las circunstancias así lo ameriten y se altere el orden de la audiencia, se retirará al responsable del recinto judicial, inclusive, con auxilio de la fuerza pública, y

V. Arresto. Quienes se resistieren a cumplir la orden de expulsión, serán sujetos a un arresto hasta por un término de treinta y seis horas.

La autoridad jurisdiccional deberá fundar y motivar la imposición de la medida que imponga.

Artículo 193. Dentro de los tres días de haberse hecho saber una corrección disciplinaria, a quien se le haya impuesto, podrá pedir a la autoridad jurisdiccional que la oiga en justicia; y se citará para la audiencia dentro del quinto día, en la que se resolverá, confirmará, atenuará o dejará sin efecto la corrección disciplinaria, sin que en contra de dicha resolución proceda recurso alguno.

CAPÍTULO VII
DEL EMPLAZAMIENTO Y LAS NOTIFICACIONES

Artículo 194. El emplazamiento, es el primer acto por el que se hace saber a una persona que se ha iniciado un juicio en su contra, para que dentro del término que se señale comparezca a contestar la demanda.

La notificación, que es el acto procesal mediante el cual la autoridad jurisdiccional da a conocer el contenido de una resolución a las partes.

La citación, que es el llamamiento para que alguna persona comparezca o intervenga en la práctica de algún acto procesal.

El requerimiento, que es el medio a través del cual la autoridad jurisdiccional conmina a las partes o a terceros, para que cumplan con un mandato judicial.

Artículo 195. El emplazamiento deberá hacerse en el domicilio que señale la parte actora, precisamente en donde vive, trabaja o habite la parte a emplazar si esta es persona física; si se trata de persona jurídica, en su domicilio social, en sus oficinas, sucursales o principal asiento de sus negocios.

Artículo 196. El emplazamiento se entenderá con la persona a quien se dirija el mandato judicial, para lo cual la persona servidora pública judicial deberá cerciorarse previamente que el lugar designado es el domicilio de la persona a la que se dirige. Si no se encontrare, se identificará con sus rasgos particulares a la persona con la que se atendió el llamado.

En la cédula se hará constar la fecha y la hora en que se entregue; la clase de procedimiento, el nombre de las partes, en su caso la denominación o razón social, la autoridad jurisdiccional que manda practicar la diligencia; transcripción de la determinación que se manda notificar y el nombre de la persona a quien se entrega, levantándose acta de la diligencia, a la que se agregará copia de la cédula entregada en la que se procurará recabar la firma de la persona con quien se entendió la actuación.

Artículo 197. El emplazamiento por medio de cédula, ésta se entregará, se asentarán, en todo caso, los medios por los cuales la persona servidora pública se haya cerciorado de que ahí tiene su domicilio la persona buscada, pudiendo recabar fotografías del exterior del domicilio en que se realizó la diligencia. En ambos casos, además de la cédula, la persona servidora pública judicial entregará y verificará, previo cotejo, que se trate de las mismas copias simples de la demanda, debidamente cotejada y sellada, más las copias simples de los demás documentos que el actor haya exhibido con su demanda, o en su caso, la entrega del dispositivo de almacenamiento de datos que garantice la inalterabilidad del o los archivos que contengan la reproducción de los anexos citados.

Artículo 198. La persona servidora pública judicial se identificará ante quien entienda la diligencia; requiriendo a ésta para que a su vez se identifique, asentando su resultado, así como los medios por los que se cerciore de ser el domicilio del buscado, pudiendo pedir la exhibición de documentos que lo acrediten, precisándolos en caso de su presentación, así como aquellos signos exteriores del inmueble que puedan servir de comprobación de haber acudido al domicilio señalado como el del buscado, y las demás manifestaciones que haga la persona con quien se entienda el emplazamiento en cuanto a su relación laboral, de parentesco, de negocios de habitación o cualquier otra existente con el interesado.

Artículo 199. Si en el domicilio señalado, cerciorado de que ahí tiene su domicilio la persona buscada pero no se encontrara, así como tampoco persona alguna que pudiera legalmente recibir la notificación o bien si se negare a recibirla, entonces procederá la persona servidora pública judicial a fijar en lugar visible del domicilio, un citatorio de emplazamiento en donde se señalará el motivo de la diligencia, la fecha, la hora y el lugar de la misma, así como la fecha y hora del día para que le espere, que en ningún caso podrá ser menor de veinticuatro horas ni exceder de cuarenta y ocho horas, contadas a partir del día en que se dio la citación, nombre de quien promueve, autoridad jurisdiccional que ordena la diligencia, la determinación que se manda notificar y el apercibimiento de que, si en la fecha señalada para llevar a cabo la diligencia de emplazamiento no se encontrara a la persona buscada o destinataria del procedimiento judicial, se aplicarán las siguientes reglas:

I. En segunda diligencia y pese al citatorio con antelación adherido, si nuevamente la demandada o persona destinataria del procedimiento judicial no se encontrare y no hubiere con quien entender la diligencia, entonces se procederá a realizar el emplazamiento por adhesión, que consistirá en que la persona servidora pública judicial dejará adherido en lugar visible al domicilio, las cédulas de notificación con las copias de traslado correspondientes así como el instructivo en el que se explique el motivo del emplazamiento por adhesión, mismo que tendrá las características de la cédula de notificación usual, dicho emplazamiento o notificación tendrá el carácter de personal;

II. Cuando el acceso a la casa, local, oficina o despacho, donde se haya ordenado el emplazamiento se encuentre restringido para su acceso, por estar en el interior de negociaciones mercantiles, establecimientos abiertos al público, clubes privados, unidades habitacionales, fraccionamientos, condominios, colonias o cualquier otro lugar similar; la persona servidora pública judicial solicitará, el ingreso a quien se encuentre resguardando la entrada y, en caso de negativa, hará uso del auxilio de la fuerza pública previamente autorizada, a fin de que ésta ejecute todos los actos tendientes a permitir el ingreso de la persona servidora pública para que se constituya en el domicilio; lo anterior, sin perjuicio de la decisión judicial de dar vista al Ministerio Público para que investigue la probable existencia de un hecho que la ley señale como delito y; en su caso, la aplicación de otras medidas de apremio que determine ordenar la autoridad jurisdiccional, para lo cual el notificador o actuario podrá ser acompañado por el interesado o el autorizado en autos, a efecto de que bajo su responsabilidad identifique plenamente a la persona con quien se entienda la diligencia;

III. La persona servidora pública judicial describirá y certificará en el acta que elabore, los documentos que en copia se adjuntaron a la demanda y que fueron entregados al destinatario del emplazamiento, y

IV. La parte actora podrá acompañar a la persona servidora pública judicial a la práctica del emplazamiento.

Deben firmar las notificaciones tanto la persona que la hace como aquella a quien se le hace, si ésta no supiere firmar, lo hará un tercero a su ruego y si no quisiere firmar, lo hará el servidor público, haciendo constar esta circunstancia. A toda persona se le dará copia simple de la resolución que se le notifique, sin necesidad de acuerdo judicial. Las copias que no recojan las partes se conservarán en la secretaría, mientras esté pendiente el procedimiento.

Artículo 200. El emplazamiento deberá hacerse en el domicilio de la parte demandada. Desde la admisión de la demanda, la autoridad jurisdiccional habilitará los domicilios que le hubiera señalado la parte actora donde se pueda encontrar a la parte contraria, siempre y cuando obren en autos datos precisos de los mismos, y la persona servidora pública judicial lo haga constar así en autos y cumpla en lo conducente con lo que se previene en los artículos anteriores.

Artículo 201. Cuando no se conociere el lugar en donde la persona que debe emplazarse o notificarse tenga su domicilio o el principal asiento de sus negocios, o en éstos no se pudiese llevar a cabo la diligencia, se podrá hacer ésta en el lugar en donde habitual o transitoriamente se encuentre. En este caso el emplazamiento o las notificaciones se firmarán por la persona servidora pública judicial y por la persona a quien se hiciere. Si ésta no supiere o no pudiera firmar lo hará a su ruego un testigo, si no quisiere firmar o presentar testigo que lo haga por ella, firmarán dos testigos requeridos al efecto por la persona servidora pública judicial. Quienes sean testigos, no podrán negarse hacerlo bajo pena de multa por los equivalentes precisados en el artículo 192 de este Código Nacional.

Artículo 202. Las personas servidoras públicas judiciales, deberán practicar los emplazamientos, notificaciones, citaciones o requerimientos dentro de los tres días siguientes a aquél en que reciban el expediente o las actuaciones correspondientes, salvo que la ley disponga otra cosa.

Artículo 203. Las notificaciones en juicio se podrán hacer:

I. Personalmente, por cédula, por instructivo, por adhesión o por correo electrónico;

II. Por medio de comunicación judicial, según corresponda;

III. Por edictos;

IV. Por correo certificado;

V. Por telégrafo, y

VI. Por cualquier otro medio de comunicación electrónica o sistema de justicia digital, mediante dispositivos físicos o móviles, autorizados en los lineamientos aprobados por el Consejo de la Judicatura conforme a la Ley Orgánica del Poder Judicial correspondiente.

La persona servidora pública judicial, elaborará la razón respectiva, acompañando las evidencias de la ejecución de la misma.

Artículo 204. Las partes, en el primer escrito o en la primera diligencia judicial, deberán designar un domicilio ubicado en el lugar del procedimiento para que se les hagan las notificaciones personales y se practiquen las diligencias que sean necesarias.

Asimismo, podrán designar en cualquier momento una dirección de correo electrónico, para que las segundas y ulteriores notificaciones, incluso las personales, se puedan practicar por esa vía; en cuyo caso, se deberá asentar razón del día y hora en que se verifiquen las notificaciones así practicadas.

Todas las notificaciones que por disposición de este Código Nacional deban hacerse personalmente, con excepción del emplazamiento o la primera notificación de un procedimiento judicial, se harán por correo electrónico cuando así haya sido designado en términos del párrafo que antecede, salvo que excepcionalmente a juicio de la autoridad jurisdiccional deba practicarla personalmente en el domicilio señalado, con las salvedades previstas en el presente Código Nacional.

Artículo 205. En caso de omisión en la designación del domicilio o dirección electrónica, las notificaciones le surtirán a la parte omisa por el medio de comunicación procesal oficial respectivo.

Las entidades públicas que participen en un procedimiento amparado por el presente Código Nacional, deberán designar una dirección de correo electrónico, y contar con el equipo y los recursos de infraestructura necesarios para la recepción de notificaciones.

Artículo 206. Las notificaciones personales y por correo electrónico, en lo que corresponda, se entenderán con la parte interesada, la persona representante autorizada en autos, entregando cédula en la que hará constar la fecha y la hora en que se entregue; la clase de procedimiento, el nombre de las partes, autoridad jurisdiccional que mande practicar la diligencia; transcripción de la determinación que se manda notificar y el nombre de la persona a quien se entrega, levantándose acta de la diligencia, a la que se agregará copia de la cédula entregada en la que se procurará recabar la firma de la persona con quien se hubiera entendido la actuación o en su caso, explicando las razones por las que no se haya recabado la firma.

Artículo 207. Salvo disposición legal en contrario, cuando se trate de diligencias de embargo, la persona servidora pública judicial, no podrá practicarla cuando por primera ocasión en que la intente no se entienda con la parte interesada. En este caso, dejará citatorio para que la espere dentro de las horas que se le precisen, que serán para después de seis horas de la del citatorio y entre las cuarenta y ocho horas siguientes. Si la persona buscada no atiende el citatorio, la diligencia se practicará con quienes tengan con ella algún parentesco o sean sus trabajadoras, o con cualquier otra persona que viva en el domicilio señalado.

En todos los casos, practicada la diligencia de ejecución decretada, la persona servidora pública judicial, entregará a las partes, copia del acta que se levante o constancia firmada por ella, en donde consten los bienes sobre los que se haya trabado embargo y el nombre y domicilio de la persona depositaria designada. Quien funja como depositaria, deberá aceptar y protestar su cargo si se encuentra presente en la diligencia para tomar posesión del mismo, o en su caso, en comparecencia ante la autoridad jurisdiccional.

La persona servidora pública judicial, expresará las causas precisas por las que no se pueda practicar la diligencia o notificación, así como las oposiciones, para que la autoridad jurisdiccional con vista al resultado, imponga las correcciones disciplinarias y medios de apremio que considere procedentes.

A petición de parte la autoridad jurisdiccional, dentro de un término de cinco días, deberá poner el oficio respectivo a disposición de la parte interesada, acompañado de la constancia debidamente certificada del embargo de bienes inmuebles, para que se presente al Registro de la Propiedad, Oficina Registral o cualquier otra institución análoga según la Entidad Federativa de que se trate, para su inscripción preventiva, la cual tendrá el efecto señalado en el Código Civil y la Ley Registral de la Entidad Federativa correspondiente. En caso de negativa sin causa justificada a la inscripción del embargo, la dependencia pública será responsable de los daños y perjuicios que se ocasionen con motivo de su omisión.

Artículo 208. Mientras las partes no hicieren nueva designación del domicilio o medio a través del cual se deban practicar las diligencias y las notificaciones personales, se seguirán practicando en el autorizado para ello.

En caso de no existir dicho domicilio, o haber negativa a recibirla en el autorizado o se encuentre vacío y desocupado, la notificación personal le surtirá por medio de publicación en el medio de comunicación procesal oficial, así como todas las notificaciones subsecuentes incluyendo las personales, previniendo a la parte para que señale nuevo domicilio o medio de comunicación con los datos precisos.

Artículo 209. Procede el emplazamiento o la notificación por edictos:

I. Cuando se trate de personas inciertas;

II. Cuando se refiera a personas cuyo domicilio se ignora, se manifieste así bajo protesta de decir verdad y previo informe o informes que electrónicamente se soliciten y rindan por el mismo medio y que, a juicio de la autoridad jurisdiccional requiera a las autoridades o instituciones públicas que cuenten con registro oficial de personas y sus domicilios, y

III. Cuando hubiere que citar a juicio a alguna persona que haya desaparecido, no tenga domicilio conocido o se ignore donde se encuentra.

En los casos dispuestos en las fracciones anteriores, los edictos contendrán una relación sucinta de la demanda, señalándose únicamente los puntos sustanciales y se publicarán por tres veces, de tres en tres días, en el medio de comunicación procesal oficial del Poder Judicial de la Entidad Federativa o de la Federación, según corresponda, haciéndosele saber que debe presentarse dentro de un término que no será inferior a quince días ni excederá de treinta días, contados a partir del siguiente al de la última publicación.

Lo anterior en la inteligencia de que, si se presentare la persona requerida ante la autoridad jurisdiccional dentro del término que se haya otorgado, será emplazada y empezará a correr el plazo para contestar la demanda al día siguiente; y de no ser así, concluido el plazo otorgado iniciará al día siguiente el plazo para dar contestación a la demanda respectiva, quedando en la secretaría de la autoridad jurisdiccional el traslado correspondiente.

Artículo 210. Se harán mediante notificación personal las siguientes resoluciones:

I. El emplazamiento a juicio al demandado, y en todo caso en que se trate de la primera notificación en cualquier procedimiento;

II. El auto que admite la reconvención, salvo que se haga sabedor de la misma;

III. Los incidentes en ejecución de sentencia;

IV. La primera resolución que se dicte cuando se dejare de actuar por más de seis meses por cualquier motivo;

V. En caso de ejecución de sentencia o convenio judicial, cuando la misma se solicite fuera de los tres meses de que haya quedado firme la sentencia definitiva;

VI. Cuando se estime que se trata de un caso urgente o que la situación de vulnerabilidad de la persona lo requiera, a juicio de la autoridad jurisdiccional y así se ordene;

VII. El requerimiento de un acto a la parte que deba cumplirlo;

VIII. La primera resolución dictada por la autoridad jurisdiccional distinto al que previno en el conocimiento;

IX. En todo caso, a las personas titulares de las fiscalías, Agentes del Ministerio Público y cuando la ley expresamente lo disponga, y

X. En los demás casos que este Código Nacional lo disponga.

Para el supuesto que se ordene la entrega de niñas, niños o adolescentes, el requerimiento se hará de manera personal, pero dicha notificación se practicará en el lugar donde se encuentre quien tenga la calidad de requerida y podrá hacerse acompañar la persona servidora pública del auxilio de la fuerza pública de ser necesario para el cumplimiento de dicha orden judicial.

Artículo 211. Hecho el emplazamiento, quedarán obligadas las partes y sus personas autorizadas, a imponerse de todas las actuaciones que se dicten en el procedimiento y se publiquen a través del medio de comunicación procesal oficial respectivo, dándose por hecha el día de su publicación y surtiendo sus efectos al día siguiente; y, en caso de que sea una notificación personal, cuando comparezca la parte interesada ante la autoridad jurisdiccional, se les deberá de notificar dejando constancia en autos de la razón de notificación, firmada por la persona servidora pública, habilitada para tal efecto de acuerdo al organigrama de la Entidad Federativa de que se trate, haciendo saber si la persona notificada se negó a firmar; caso en el cual las partes podrán comparecer el mismo día en que se dicten las resoluciones para el efecto de notificarse, sin necesidad de esperar a que se publiquen en los medios antes referidos.

Artículo 212. Cuando variare el personal de la autoridad jurisdiccional, no se proveerá decreto haciendo saber el cambio, sino que al margen del primer proveído que se dictare, después de ocurrido, se pondrán completos los nombres de las personas funcionarios judiciales nuevas. Sólo que el cambio ocurriere cuando el procedimiento esté pendiente únicamente de la sentencia, se mandará hacer saber a las partes.

Artículo 213. Cuando se trate de citar a peritos y testigos, la citación se hará por conducto de quien haya ofrecido dichas pruebas, quien estará obligada a realizar cuanta gestión sea conducente para llevarla a cabo y será en su perjuicio la falta de comparecencia de las personas, a quienes no se les volverá a buscar si la parte interesada no efectuó la citación oportuna y debidamente, pero su inasistencia no dará lugar a la imposición de medida de apremio, si no que se desechará tal probanza.

Artículo 214. Es un deber procesal de las partes interesadas concurrir a las autoridades jurisdiccionales, para ser notificados de las resoluciones e imponerse de los autos. Todas las que se dicten en cualquier procedimiento se notificarán a través del medio de comunicación procesal oficial, que contendrá la lista de los asuntos que se hayan acordado cada día, expresando solamente el número de toca o expediente, nombre de las partes interesadas y clase de juicio, con excepción de los que la autoridad jurisdiccional estime de publicación reservada o secreta dada la naturaleza del juicio.

La persona que concurra a consultar los autos de forma física a las instalaciones de la autoridad jurisdiccional, por ese sólo hecho, se tendrá por notificada de los proveídos en la que así estuviera ordenada práctica de la diligencia, dejando constancia de ello el funcionario judicial que cuente con fe pública.

Artículo 215. Las partes podrán autorizar para oír notificaciones en su nombre, a una o varias personas, quienes quedarán facultadas para intervenir en representación de quien los autoriza en todas las etapas procesales del juicio, comprendiendo la de segunda instancia y la ejecución, con todas las facultades generales y las especiales que requieran cláusula especial, incluyendo la de absolver y articular posiciones, debiendo en su caso, especificar aquellas facultades que no se les otorguen, pero no podrán sustituir o delegar dichas facultades en tercera persona. Sin embargo, requerirán manifestación expresa que los faculte para transigir, desistirse de la instancia, de la acción y de los recursos o medios de defensa.

Las personas autorizadas conforme al párrafo anterior, deberán acreditar encontrarse legalmente autorizadas para ejercer la profesión de persona licenciada en derecho o abogada, debiendo proporcionar los datos correspondientes en el escrito en que se otorgue dicha autorización y exhibir la cédula profesional o carta de pasante en su primera intervención, en el entendido que quien no cumpla con lo anterior, perderá la facultad a que se refiere este artículo en perjuicio de la parte que la hubiere designado, y únicamente tendrá las que se indican en el penúltimo párrafo del artículo 216.

Artículo 216. Las personas autorizadas en los términos del artículo anterior, serán responsables de los daños y perjuicios que causen al que las autorice, de acuerdo a las disposiciones aplicables del Código Civil para el mandato y las demás conexas, salvo prueba en contrario. Se podrá renunciar a dicha calidad, mediante escrito presentado a la autoridad jurisdiccional, haciendo saber las causas de la renuncia. En ningún caso se requerirá registro ante los poderes judiciales, ni la falta de este registro será impedimento para que las autoridades jurisdiccionales tengan por autorizadas a las personas representantes autorizadas.

Las partes podrán autorizar a personas solamente para oír notificaciones e imponerse de los autos, a cualquiera con capacidad legal, quien no gozará de las demás facultades a que se refieren los párrafos anteriores.

Al acordar lo relativo a la autorización a que se refiere este artículo, se deberá expresar con toda claridad el alcance con el que se reconoce la autorización otorgada.

CAPÍTULO VIII
DE LOS EXHORTOS Y DESPACHOS

Artículo 217. Los exhortos y despachos que se reciban de las autoridades judiciales del territorio nacional, se proveerán dentro de las veinticuatro horas siguientes a su recepción, y se diligenciarán dentro de los cinco días siguientes, a no ser que lo que haya de practicarse, exija necesariamente mayor tiempo.

En ningún caso para la diligenciación de exhortos y despachos entrantes o salientes enviados por el Poder Judicial de la Entidad Federativa que corresponda, se requerirá la legalización de las firmas de los funcionarios que los expidan.

Artículo 218. De acuerdo con la naturaleza del exhorto o despacho, podrán autorizarse áreas o autoridades jurisdiccionales especializadas para su diligenciación a cargo de personas servidoras públicas con facultades suficientes para su cumplimiento. Para la recepción y devolución de exhortos, cartas rogatorias y despachos, los Poderes Judiciales preferentemente harán uso de las tecnologías de la información y comunicación, de conformidad con lo dispuesto en la Ley Orgánica respectiva.

En materia familiar, la autoridad jurisdiccional diligenciará los exhortos, cartas rogatorias o despachos, de oficio, salvo que se requiera la presencia de parte interesada para el cumplimiento de lo encomendado.

Artículo 219. Las autoridades jurisdicciones podrán encomendar a sus diversas, la práctica de las diligencias encomendadas dentro de su propia jurisdicción si por razones de la distancia se facilita su práctica.

Los despachos, exhortos o cualquier otra comunicación similar que tenga que diligenciarse entre las autoridades judiciales de una misma Entidad Federativa, deberán ser remitidos conforme lo establezcan las leyes o reglamentos de cada Entidad Federativa.

Los exhortos y despachos a los que alude el párrafo anterior, se deberán remitir a la autoridad jurisdiccional que deba cumplir la encomienda, a través del correo electrónico institucional de la Administración de Gestión Judicial o Institución análoga que corresponda, conjuntamente con los documentos digitalizados de las constancias conducentes. Una vez recibido, la persona secretaria judicial hará constar en el citado documento, la fecha y hora de su recepción. De la misma manera, se devolverán las constancias que deriven de la diligenciación de dichos exhortos.

Artículo 220. Las diligencias de los exhortos que deban practicarse fuera del territorio de la competencia de la Entidad Federativa de que se trate, deberán encomendarse, vía correo electrónico, al Tribunal o Poder Judicial del lugar en que han de realizarse o directamente a la autoridad jurisdiccional de la jurisdicción en que deban ejecutarse, conjuntamente con las constancias conducentes; asimismo, la autoridad jurisdiccional exhortada, de resultar incompetente por razón de territorio o cuantía, emitirá los proveídos necesarios a fin de que por su conducto y vía correo electrónico lo haga llegar a la autoridad jurisdiccional competente, informando de dicha situación a la autoridad ordenadora.

El exhorto contendrá:

I. La designación de la autoridad jurisdiccional exhortante;

II. La del lugar o población en que tenga que llevarse a cabo la actividad solicitada, aunque no se designe la ubicación del Tribunal o Poder Judicial exhortado;

III. Las actuaciones cuya práctica se intenta;

IV. El término o plazo en que habrán de practicarse las mismas, y

V. El exhorto preferentemente deberá realizarse, enviarse y devolverse en forma electrónica, mediante los correos institucionales o plataformas diseñadas para ello, conforme a las disposiciones de la Ley Orgánica o los lineamientos del Consejo de la Judicatura del Poder Judicial respectivo.

Artículo 221. Excepcionalmente, de no contar con los medios para la tramitación de los exhortos de la forma antes señalada, su diligenciación se hará vía ordinaria, ya sea por servicio postal o a través de las partes interesadas o de las personas previamente autorizadas o sus representantes, para hacerlos llegar a su destino, quienes tendrán la obligación de gestionar la diligenciación ante la autoridad jurisdiccional exhortada y devolverlos con lo que se practicare, si por su conducto se hiciere la devolución, y para el caso de que sea por servicio postal, una vez cumplimentado se devolverá a su lugar de origen por el mismo medio.

Artículo 222. En caso de que no se hubieran remitido por medio electrónico para su gestión, los tribunales pueden acordar que los exhortos y despachos que manden expedir se entreguen, para hacerlos llegar a su destino, a la parte interesada que hubiere solicitado la práctica de la diligencia.

El Tribunal o Poder Judicial de cada Entidad Federativa redactará el exhorto con las inserciones respectivas, dentro del término de tres días, contados a partir de que surta efectos el proveído que ordene su remisión y lo pondrá a disposición de la parte promovente, mediante publicación por medio de comunicación procesal oficial, que se hará dentro del mismo plazo, para que a partir del día siguiente al que surta sus efectos dicha publicación, se inicie el término que se haya concedido para su diligenciación.

Cuando el exhorto tenga algún defecto, la parte promovente deberá hacerlo saber a la autoridad jurisdiccional y devolverlo dentro de los cinco días siguientes, para que sea corregido y se proceda como se ordena en el párrafo anterior. De no hacerse la devolución del exhorto defectuoso, el plazo para su diligenciación no se interrumpirá.

Artículo 223. En la resolución que ordene librar el exhorto podrá designarse, a instancia de parte, persona o personas para que intervengan en su tramitación, con expresión del alcance de su intervención y del término para su comparecencia ante la autoridad exhortada, expresando a la autoridad jurisdiccional exhortada si su incomparecencia determina o no del exhorto. No procederá la nulidad de actuaciones por las diligencias practicadas por las personas mencionadas.

De igual manera, la autoridad jurisdiccional exhortante o de oficio, otorgará plenitud de jurisdicción al exhortado, para que se practiquen cuantas diligencias sean necesarias para el cumplimiento de lo ordenado.

No se exigirá poder alguno a las personas a que se refieren el párrafo que antecede.

La autoridad jurisdiccional exhortada devolverá a la exhortante una vez cumplimentado, salvo que se designase a una o varias personas para la tramitación, en cuyo caso, se le entregarán bajo su responsabilidad, previa razón que por su recibo obre en autos, para que haga su devolución dentro del término de cinco días como máximo. La autoridad jurisdiccional exhortada, no podrá negar el despacho del exhorto por falta de formalidades que puedan ser subsanadas por ella misma, ni negar el despacho por falta de cotejos o requisitos no previstos en el presente Código Nacional.

Artículo 224. La autoridad jurisdiccional exhortante podrá inquirir del resultado de la diligenciación a la exhortada por alguno de los medios autorizados en el presente Código Nacional, dejando constancia en autos de lo que resulte. Si a pesar del recordatorio, continuase la misma situación, la autoridad jurisdiccional exhortante lo pondrá en conocimiento directo del Superior inmediato del que deba cumplimentarlo, rogándole adopte las medidas pertinentes a fin de obtener el cumplimiento.

El exhorto deberá cumplimentarse en el tiempo previsto en el mismo. De no ocurrir así, se recordará por cualquier medio de comunicación de la urgencia del cumplimiento, lo que se podrá hacer de oficio o a instancia de parte interesada.

La autoridad jurisdiccional exhortante deberá facultar a la exhortada, para que cuando el exhorto haya sido remitido a autoridad jurisdiccional diferente al que deba prestar el auxilio, el que lo reciba lo envíe directamente al que corresponda inmediatamente, si es que le consta cuál sea éste, solicitando el exhortante que se le dé cuenta de dicha circunstancia por oficio.

Si quien reciba un exhorto para los fines que se precisan en este artículo, no hace la devolución dentro de los cinco días siguientes al plazo que se le hubiere concedido para su diligenciación, sin justificar que para ello tuvo impedimento bastante, será sancionado en los términos del artículo 192 fracción III de este ordenamiento, y se dejará de desahogar la diligencia por causas imputables.

La parte a cuya instancia se libre exhorto, queda obligada a satisfacer los gastos que origine su diligenciación.

Artículo 225. Tratándose de exhortos o despachos que libren las autoridades jurisdiccionales, serán remitidos por cualquier medio de comunicación, de manera directa a las autoridades jurisdiccionales que por razón de jurisdicción y competencia deban diligenciarlos, a través del correo electrónico institucional de la Administración de Gestión Judicial o Institución análoga que corresponda, conjuntamente con los documentos digitalizados de las constancias conducentes, mismos que una vez cumplimentados deberán ser devueltos por cualquiera de estas vías.

Del empleo de los medios de comunicación indicados se dejará razón en el expediente, la cual deberá de contener, en su caso, los datos de la persona con la que se entendió la comunicación, la fecha y hora de envío o recepción y la solicitud encomendada, anexando constancia como fotografías, impresión o capturas de pantalla del medio que se haya utilizado.

Artículo 226. Las diligencias judiciales que deban practicarse en el extranjero, se cursarán en la forma que establezca el Libro Décimo de este Código Nacional, los Tratados y los Convenios Internacionales de los que los Estados Unidos Mexicanos sea parte.

La parte a cuya instancia se libre exhorto, queda obligada a satisfacer los gastos que origine su diligenciación.

CAPÍTULO IX
DE LOS TÉRMINOS JUDICIALES

Artículo 227. Los términos empezarán a correr:

I. El día siguiente en que se hubiere hecho el emplazamiento o notificación personal;

II. Fuera de los casos señalados en la fracción anterior, el día siguiente a aquel en que surtió sus efectos la notificación realizada por el medio de comunicación procesal oficial;

III. La notificación realizada por medio de comunicación judicial surtirá efectos el mismo día a aquel en que por sistema se confirme que recibió el archivo electrónico correspondiente;

IV. También podrán notificarse por correo certificado y el plazo correrá a partir del día siguiente hábil en que fue recibida la notificación, y

V. En las audiencias del juicio oral las resoluciones dictadas por la autoridad jurisdiccional surtirán efectos en el momento en que las emita, estén o no presentes las partes.

Asimismo, podrá notificarse mediante otros sistemas autorizados en las leyes que corresponda, siempre que no causen indefensión.

Artículo 228. La Ley sólo reconoce como términos comunes en los juicios, los siguientes:

I. Para todas las partes que intervengan en el juicio, el relativo a ofrecimiento de pruebas, así como aquéllos en que la autoridad jurisdiccional determine la vista para desahogo por las partes al mismo tiempo;

II. En el litisconsorcio pasivo, tratándose del emplazamiento, y

III. Los demás que expresamente señale este Código Nacional como términos comunes.

Los términos comunes se empezarán a contar desde el día siguiente a aquel en que todas las personas que conformen el posible litisconsorcio pasivo o todas las partes hayan quedado notificadas.

Los demás términos se considerarán individuales y empezarán a correr para cada parte interesada en particular, cuando se haya realizado la notificación o surtido sus efectos según el caso.

Artículo 229. En ningún término se contarán los días en que no puedan tener lugar actuaciones judiciales.

Artículo 230. En los autos se hará constar el día en que comiencen a correr los términos y aquel en que deben concluir.

Artículo 231. Una vez concluidos los términos fijados a las partes, sin necesidad de que se acuse rebeldía, seguirá el juicio su curso y se tendrá por precluido el derecho que, dentro de ellos, debió ejercitarse, salvo los casos de caducidad o excepción previstos en el presente Código Nacional.

Artículo 232. Siempre que la práctica de un emplazamiento deba realizarse fuera del lugar del juicio, para que se concurra ante la autoridad jurisdiccional sea local o Federal, se debe fijar un término en el que se aumente al señalado por la Ley, un día más por cada doscientos kilómetros de distancia o fracción que exceda de la mitad, salvo que la Ley disponga otra cosa expresamente o que la autoridad jurisdiccional estime que deba ampliarse. Si la parte demandada residiere en el extranjero, se ampliará el término del emplazamiento por el lapso que se considere necesario, atendidas las distancias y la mayor o menor facilidad de las comunicaciones.

Artículo 233. Para fijar la duración de los términos, los meses se regularán por el número de días que les correspondan, y los días se entenderán de veinticuatro horas naturales, sin perjuicio de que las actuaciones judiciales se sujeten al horario que establece el presente Código Nacional.

Artículo 234. Operará de pleno derecho la caducidad de la primera instancia cualquiera que sea el estado del juicio, desde el primer auto que se dicte en el mismo, hasta antes de que concluya la audiencia de juicio, si transcurridos cuarenta días hábiles contados a partir de la notificación de la última determinación judicial no hubiere promoción que tienda a impulsar el procedimiento de cualquiera de las partes. Los actos o promociones de mero trámite que no impliquen ordenación o impulso del procedimiento, no se considerarán como actividad de las partes ni impedirán que la caducidad se alcance.

Los efectos y formas de su declaración se sujetarán a las siguientes normas:

I. La caducidad de la instancia es de orden público, irrenunciable y no puede ser materia de convenio entre las partes. La autoridad jurisdiccional la declarará de oficio o a petición de cualquiera de las partes, cuando concurran las circunstancias a que se refiere el presente artículo;

II. La caducidad extingue el procedimiento, pero no la acción; en consecuencia, se puede iniciar un nuevo juicio, sin perjuicio de lo dispuesto en la fracción V de este artículo;

III. La caducidad de la primera instancia convierte en ineficaces las actuaciones del juicio y las cosas deben volver al estado que tenían antes de la presentación de la demanda y se levantarán los embargos preventivos, dejando sin efectos las medidas provisionales o cautelares. Se exceptúan de la ineficacia referida, las resoluciones firmes sobre competencia, litispendencia, conexidad, personalidad y capacidad de las partes litigantes, que regirán en el juicio ulterior si se promoviere. Las pruebas rendidas en el procedimiento extinguido por caducidad, podrán ser invocadas en el nuevo si se promoviere, siempre que se ofrezcan y precisen en la forma legal;

IV. La caducidad de la segunda instancia se da si en el lapso de treinta días hábiles contados a partir de la notificación de la última determinación judicial, ninguna de las partes hubiere promovido impulsando el procedimiento y su efecto será dejar firme lo actuado ante la autoridad jurisdiccional;

V. La caducidad de los incidentes se causa por el transcurso de quince días hábiles contados a partir de la notificación de la última determinación judicial sin promoción alguna de las partes; la declaración respectiva sólo afectará a las actuaciones del incidente, sin abarcar las de la instancia principal;

VI. Para los efectos de la interrupción de la prescripción por demanda o cualquier género de interpelación judicial notificada a la persona poseedora o deudora en su caso, se equipará a la desestimación de la demanda la declaración de caducidad del procedimiento;

VII. No tiene lugar la declaración de caducidad:

a) En los juicios universales de concursos y sucesiones, pero sí en los juicios con ellos relacionados que se tramiten independientemente, que de aquéllos surjan o por ellos se motive;

b) En las actuaciones de jurisdicción voluntaria o procedimientos no contenciosos;

c) En los juicios de alimentos, y

d) Cuando sea en perjuicio de niñas, niños y adolescentes;

VIII. El término de la caducidad sólo se interrumpirá por promociones de las partes o por actos de las mismas realizados ante autoridad judicial diversa, siempre que tengan relación inmediata y directa con la instancia;

IX. La suspensión del procedimiento produce la interrupción del término de la caducidad. La suspensión del procedimiento tiene lugar:

a) Cuando por fuerza mayor la autoridad jurisdiccional o las partes no puedan actuar;

b) En los casos en que es necesario esperar la resolución de una cuestión previa o conexa por la misma autoridad jurisdiccional o por otras autoridades;

c) Cuando la autoridad jurisdiccional tenga conocimiento de que las partes están participando en un procedimiento alternativo de solución de conflictos, conforme a la Ley de la materia, y

d) En los demás casos previstos por la Ley.

X. Contra la declaración de caducidad de la primera instancia procede el recurso de apelación en ambos efectos. Si la declaratoria se hace en segunda instancia, procede el recurso de reposición. Contra la negativa a la declaración de caducidad no procede recurso alguno, y

XI. Las costas serán a cargo de la parte actora; pero serán compensables con las que corran a cargo de la parte demandada en aquellos en que opusiere reconvención, compensación, nulidad y en general las excepciones que tienden a variar la situación jurídica que privaba entre las partes antes de la presentación de la demanda.

TÍTULO SEGUNDO
DE LA ETAPA POSTULATORIA

CAPÍTULO I
DE LA DEMANDA

SECCIÓN PRIMERA
REQUISITOS DE LA DEMANDA

Artículo 235. La demanda deberá cumplir los requisitos siguientes:

I. La autoridad jurisdiccional ante la que se promueve;

II. Nombre, denominación o razón social de la parte actora o de quien promueve a su nombre, el domicilio para oír y recibir notificaciones dentro de la jurisdicción, número telefónico y dirección de correo electrónico para los mismos efectos procesales. Cuando proceda, revelar si el promovente pertenece a grupos sociales en situación de vulnerabilidad;

III. Nombre de la persona designada como la persona representante autorizada. En ningún caso se exigirá contar con registro ante el Tribunal o Poder Judicial que corresponda;

IV. Nombre, denominación o razón social de la parte demandada, y su domicilio;

V. Las pretensiones, el objeto u objetos que se reclamen con sus accesorios;

VI. La exposición clara y sucinta de los hechos en que el actor funde la demanda, relacionándolos a su vez con el título o títulos de las acciones que se ejerzan;

VII. Los fundamentos de derecho, procurando citar la clase de acción intentada, los preceptos legales y, en su caso, convencionales, los criterios jurisprudenciales o doctrinales, o principios jurídicos aplicables;

VIII. En su caso, el valor de lo demandado para determinar la competencia de la autoridad jurisdiccional;

IX. El ofrecimiento de pruebas, mencionando con toda precisión el hecho o hechos que se tratan de demostrar con cada prueba, debiendo proporcionar el nombre de las personas que deban rendir testimonio;

X. Las firmas de la parte actora o de su persona representante autorizada. Si éstos no pudieran o no supieran firmar, pondrán su huella dactilar, firmando otra persona en su nombre y a su ruego indicando estas circunstancias. Igualmente podrá firmar la parte actora, la persona representante autorizada, el escrito, usando su firma electrónica avanzada, la cual deberá corresponder a la persona que promueva;

XI. Exhibir por cada demandado un ejemplar de las copias de traslado tanto de la demanda y sus anexos, ya sean en formato electrónico o físico, las cuales deberán estar debidamente foliadas e identificadas como copia; si los interesados fueran varios, se acompañará un ejemplar para cada uno de ellos. Esta exigencia no será necesaria en los casos que la demanda se presente en forma electrónica, y

XII. Los demás requisitos relacionados con las pruebas conforme a lo dispuesto en este Código Nacional.

Artículo 236. Si la demanda fuere oscura, irregular o no cumpliera con alguno de los requisitos del artículo anterior, por una sola ocasión se señalará con toda precisión en qué consisten los defectos de la misma en el proveído que al efecto se dicte y publique en el medio de comunicación judicial, para que en el término de tres días contados a partir del día siguiente a aquel en que surta efectos la notificación se desahogue en tiempo y forma.

La autoridad jurisdiccional debe hacer una nueva y exhaustiva revisión de la demanda, y si en ésta encuentra que los requisitos que omitió están satisfechos, o que no son realmente indispensables para los fines que les asigna la ley o la naturaleza del proceso, debe rectificar y admitir la demanda, sin estar vinculado ineludiblemente por su propia prevención, aunque el demandante no haya presentado ningún escrito encaminado a cumplir con lo pedido o el presentado se considere insuficiente.

Si a pesar de lo anterior, no se cumplieron los motivos de prevención dentro del término señalado para tal efecto, se desechará la demanda y devolverá al interesado todos los documentos originales y electrónicos, así como las copias simples que se hayan exhibido, con excepción de la demanda con la que se haya formado el expediente respectivo, salvo lo dispuesto en el artículo 5 del presente Código Nacional.

En caso de que se promueva la acción o una petición en una vía incorrecta, la autoridad jurisdiccional la reencausará a la que sea procedente, proveyendo sobre las medidas cautelares o provisionales solicitadas.

Artículo 237. La determinación de no admitir la demanda o cualquier otra por la que no se le dé curso, se podrá impugnar mediante el recurso de queja, para que el Tribunal de Segunda Instancia competente dicte la resolución que corresponda, bajo los lineamentos que en derecho le ordene a la autoridad jurisdiccional. En contra de dicha resolución no procede recurso ordinario alguno.

En contra del auto que admita la demanda no es procedente recurso alguno.

Los efectos de la presentación de la demanda son: interrumpir la prescripción, si no lo está por otros medios, señalar el principio de la instancia, y determinar el valor de las prestaciones exigidas, cuando no pueda referirse a otro tiempo.

Artículo 238. Cuando se trate de demandas por controversias sobre bienes inmuebles, o en caso de que se intente la acción hipotecaria, la autoridad jurisdiccional podrá ordenar su anotación preventiva ante el Registro Público de la Propiedad, Oficina Registral o cualquier Institución análoga según la Entidad Federativa de que se trate, de conformidad con las disposiciones aplicables del Código Civil respectivo, siempre que previamente se otorgue garantía suficiente a criterio de la autoridad jurisdiccional para responder de los daños y perjuicios que se puedan causar a la persona demandada, la que deberá ser fijada al prudente arbitrio de la autoridad jurisdiccional. Este requisito no será exigible en el caso de la acción hipotecaria.

Artículo 239. Admitida la demanda, se ordenará emplazar al demandado, corriéndole traslado con copias de la misma, de los documentos exhibidos por el actor y, en su caso, con la propuesta de convenio y el formulario correspondiente, a fin de que, dentro del término de quince días conteste la demanda.

Artículo 240. Los efectos del emplazamiento son:

I. Prevenir el juicio en favor de la autoridad jurisdiccional que lo hace;

II. Sujetar al emplazado a seguir el juicio ante la autoridad jurisdiccional que lo emplazó, siendo competente al tiempo de la citación, aunque después deje de serlo con relación a la parte demandada, porque éste cambie de domicilio, o por otro motivo legal;

III. Obligar a la parte demandada a contestar ante la autoridad jurisdiccional que lo emplazó, dejando en su caso a salvo, siempre el derecho de provocar la incompetencia respectiva;

IV. Producir todas las consecuencias de la interpelación judicial, si por otros medios no se hubiere constituido ya en mora el obligado, y

V. Originar el interés legal en las obligaciones pecuniarias sin causa de réditos.

SECCIÓN SEGUNDA
DE LA CONTESTACIÓN A LA DEMANDA

Artículo 241. La contestación a la demanda deberá cumplir con los siguientes requisitos:

I. Presentarse ante la autoridad jurisdiccional que lo emplazó;

II. Nombre, denominación o razón social de la parte demandada o de quien actúe en su representación, el domicilio para oír y recibir notificaciones dentro de la jurisdicción correspondiente, número telefónico y dirección de correo electrónico para los mismos efectos procesales. Cuando proceda, revelar si el promovente pertenece a grupos sociales en situación de vulnerabilidad y acreditarlo o, en su caso, solicitar el apoyo especial a que se refiere el artículo 141 de este Código Nacional;

III. El nombre de la persona designada como la persona representante autorizada. En ningún caso se exigirá contar con registro ante el Tribunal o Poder Judicial que corresponda;

IV. Contestará categóricamente cada uno de los hechos en que la parte actora funde su pretensión, aceptándolos, negándolos o manifestando bajo protesta de decir verdad los que desconozca, apercibida que en caso de no hacerlo o de evadir su respuesta se tendrán por ciertos los hechos expresados por la parte actora, salvo prueba en contrario;

V. Deberá ofrecer sus pruebas, mencionando con toda precisión el hecho o hechos que trata de demostrar, debiendo proporcionar el nombre de las personas que deban rendir testimonio;

VI. Las excepciones y defensas que se tengan, se harán valer en la contestación y nunca después, salvo las supervenientes. Se procurará citar los preceptos legales, convencionales, los criterios jurisprudenciales o doctrinales, o principios jurídicos aplicables;

VII. Las firmas de la parte demandada, o de la persona representante autorizada. Si éstos no pudieren o no supieren firmar, pondrán su huella dactilar, firmando otra persona en su nombre y a su ruego indicando estas circunstancias. La parte demandada o la persona representante autorizada podrá firmar el escrito usando su firma electrónica avanzada;

VIII. Acompañar copia simple del escrito de contestación debidamente foliada e identificada como copia para dar vista a la parte actora por el término de tres días, y

IX. Los demás requisitos relacionados con las pruebas conforme a lo dispuesto en este Código Nacional.

Artículo 242. Dentro del término para contestar la demanda, se podrá proponer la reconvención en los casos que proceda, ajustándose a las disposiciones de la demanda.

En caso de reconvención, se seguirán las reglas previstas en este Código Nacional tanto para la demanda como para la contestación. Sin embargo, el emplazamiento deberá hacerse a través de la dirección de correo electrónico señalada por la parte actora en la demanda principal.

Artículo 243. Si las partes en sus respectivos escritos quisieran llamar a un tercero deberán manifestarlo en los mismos. El llamamiento a juicio se hará corriéndole traslado con los escritos y anexos, que deberán ser exhibidos por quien solicite la citación, debiendo proporcionar el domicilio de éste, sin cuyos requisitos no se dará curso a la petición respectiva.

Si se alega que se desconoce el domicilio se procederá a su búsqueda y en su caso a publicación de edictos en los términos de las disposiciones del presente Código Nacional. El tercero llamado a juicio podrá comparecer en el mismo plazo de quince días; estando en aptitud de ofrecer pruebas, alegar e interponer toda clase de excepciones defensas y recursos.

La petición contenida en este artículo no será tramitada a no ser que se trate de cuestiones supervinientes.

Artículo 244. A toda demanda o contestación deberá acompañarle necesariamente:

I. El o los documentos que acrediten, la personalidad o carácter de aquel que comparece en representación de alguna de las partes o terceros;

II. Los documentos en los que la parte actora funde su acción y aquellos en que la parte demandada funde sus excepciones, ya sea en forma física o electrónica. Si no los tuvieren a su disposición, acreditarán haber solicitado su expedición con el acuse de recibo por el archivo o lugar en que se encuentren los originales, para que, a su costa, se les expida certificación de ellos, en la forma que prevenga la Ley. Se entiende que las partes tienen a su disposición los documentos, siempre que legalmente puedan pedir copia autorizada de los originales y exista obligación de expedírselos. Si las partes no pudiesen presentar los documentos en que funden sus acciones o excepciones, declararán, bajo protesta de decir verdad, la causa por la que no pueden presentarlos o no se les expidieren sin causa justificada; en este caso, si la autoridad jurisdiccional lo estima procedente, ordenará al responsable de la expedición que el documento solicitado por la parte interesada se expida a costa de ésta, apercibiéndolo con la imposición de alguna de las medidas de apremio;

III. Salvo disposición legal en contrario o que se trate de pruebas supervenientes, de no cumplirse por las partes con alguno de los requisitos anteriores, no se les recibirán las pruebas documentales que no obren en su poder al presentar la demanda o contestación, como tampoco si en esos escritos se dejan de identificar las documentales, para el efecto de que oportunamente sean requeridos por la autoridad jurisdiccional y sean recibidas; el mismo tratamiento se dará a los informes que se pretendan rendir como prueba;

IV. Los documentos que las partes tengan en su poder y que deban servir como pruebas de su parte y, los que presentaren después, con violación de este precepto, no les serán admitidos, salvo que se trate de pruebas supervenientes o la demanda se haya presentado vía electrónica con los documentos digitalizados para que con posterioridad sean presentados sus originales, y

V. Copias simples, siempre que sean legibles, tanto del escrito de demanda como de los demás documentos referidos, incluyendo la de los que se exhiban como prueba según los párrafos precedentes, incluyendo archivos o documentos electrónicos y si se acompañan grabaciones de audio o video, para que se impongan de ellos, se exhibirá un duplicado de los mismos para correrle traslado a la contraria. Las copias simples de los documentos que sirvan como prueba y las grabaciones de audio o video, se podrán exhibir como archivos dentro de un dispositivo de almacenamiento de datos que garantice la integridad de los mismos, debiendo el promovente identificar y precisar con toda claridad su contenido. Al momento de proveer el escrito de demanda o contestación, la persona secretaria judicial deberá cotejar que las copias exhibidas o las que se contienen en los archivos del dispositivo de almacenamiento correspondan a los documentos exhibidos como pruebas.

Artículo 245. La presentación de documentos cuando sean públicos, podrá hacerse por copia simple, si la parte interesada manifestare, bajo protesta de decir verdad, que carece de otra fehaciente; pero no producirá aquélla ningún efecto si durante el desarrollo de la audiencia respectiva, no se presentare una copia del documento con los requisitos necesarios para que haga fe en juicio, o se cotejen las copias simples con sus originales por la persona secretaria judicial y a costa de la parte interesada, pudiendo asistir a la diligencia de cotejo la contraparte, para que en su caso haga las observaciones que considere pertinentes.

Artículo 246. Después de la demanda y contestación, no se admitirán a las partes, otros documentos que los que se hallen en alguno de los casos siguientes:

I. Ser de fecha posterior a dichos escritos;

II. Los anteriores respecto de los cuales, protestando decir verdad, asevere la parte que los presente no haber tenido antes conocimiento de su existencia;

III. Los que no haya sido posible adquirir con anterioridad por causas que no sean imputables a la parte interesada, y siempre que haya hecho oportunamente la designación expresa en los términos de lo dispuesto en el presente Código Nacional;

IV. Los documentos que sirvan de pruebas contra excepciones alegadas o contra acciones en lo principal o reconvencional, y

V. Los que se ofrezcan para la impugnación de pruebas de la contraria.

Artículo 247. A ninguna de las partes se le admitirá documento alguno después de concluido el desahogo de pruebas. La autoridad jurisdiccional, de oficio, no deberá admitirlos y mandará devolverlos a la parte sin ulterior recurso, sin agregarlos al expediente en ningún caso, salvo las excepciones previstas en este Código Nacional.

Artículo 248. De todo documento que se presente después de la demanda y contestación, se dará traslado a la otra parte, para que dentro del plazo de tres días manifieste lo que a su derecho convenga.

Una vez desahogada la vista por la contraria, o transcurrido el plazo para ello, la autoridad jurisdiccional resolverá sobre su admisión.

Si la exhibición del documento se hace en el acto de la audiencia y estuviera presente la parte contraria, se le dará vista en la misma audiencia para que manifieste lo que a su derecho convenga, evaluando en todo caso la autoridad jurisdiccional su admisión o desechamiento.

Artículo 249. La omisión de presentar las copias simples no será motivo para dejar de admitir los escritos y documentos que se presenten en tiempo oportuno. En este caso, se señalará un plazo que no excederá de tres días para exhibir las copias antes referidas, y si no se presentaren en dicho plazo, se tendrán por no admitidas. Lo anterior no resulta aplicable para el caso de presentación de la demanda y sus anexos por vía electrónica o digital.

Artículo 250. En los escritos de demanda, contestación, reconvención, contestación a la reconvención y desahogo de vista, las partes ofrecerán sus pruebas, exhibirán las documentales físicas o electrónicas que tengan en su poder o el acuse de recibo mediante el cual hayan solicitado las que no tuvieren en su poder.

En el caso de documentos físicos o electrónicos que hayan sido anunciados y no se tenga la posibilidad de exhibir, deberá presentarse el acuse de recibo de la solicitud de los mismos ante la oficina o archivo en que se encuentren, la parte interesada deberá continuar con las gestiones necesarias para recabar la prueba a fin de exhibirla en la etapa de admisión de pruebas de la audiencia preliminar. Sin embargo, cuando se manifieste bajo protesta de decir verdad la imposibilidad para exhibir las documentales físicas o electrónicas ofrecidas como prueba, por causa justificada la autoridad jurisdiccional desde la admisión de la demanda, contestación o desahogo de vista de excepciones, auxiliará al oferente girando las órdenes correspondientes para que sean remitidas a más tardar en la audiencia preliminar, con los apercibimientos de las medidas de apremio que considere pertinente.

Dicha medida sólo se hará efectiva si la prueba resulta admisible y conforme a las disposiciones aplicables de las leyes vigentes en materia de transparencia, acceso a la información pública y datos personales, según corresponda.

Si se trata de documentos físicos o electrónicos a disposición de la contraparte, se le requerirán en el acuerdo que recaiga al ofrecimiento y anuncio de la prueba, quien deberá exhibirlo en el escrito subsecuente referido en el primer párrafo de este artículo o en la etapa de admisión de pruebas de la audiencia preliminar, según corresponda. En este caso, de ser admisible la prueba y no se presente oportunamente, se presumirán ciertos los hechos, salvo causa justificada y previo apercibimiento.

En el supuesto de pruebas documentales o de informe a cargo de personas ajenas al juicio y que legalmente no estén obligados a su expedición, la autoridad jurisdiccional sin perjuicio de decidir su admisión en el momento oportuno, autorizará los requerimientos respectivos en el acuerdo que recaiga al anuncio y ofrecimiento de la prueba.

Artículo 251. Una vez contestada la demanda y, en su caso, la reconvención o transcurridos los términos para ello, se señalará fecha y hora para la celebración de la audiencia preliminar, dentro de los quince días siguientes.

En el mismo auto, se admitirán o desecharán las pruebas ofrecidas en relación con las excepciones procesales, para que, en su caso, se desahoguen en la audiencia preliminar. En caso de no desahogarse las pruebas en dicha audiencia, se declararán desiertas por causa imputable al oferente.

En las excepciones de conexidad, litispendencia y cosa juzgada sólo será admisible como prueba la documental.

Artículo 252. Una vez publicado el auto que señala fecha para la celebración de la audiencia preliminar y hasta el dictado de la sentencia definitiva, las promociones de las partes que se encuentren relacionadas con el procedimiento deberán formularse oralmente al inicio de la audiencia respectiva. Las peticiones que no impulsen el procedimiento se harán valer antes del cierre de la audiencia. Cualquier promoción o petición que se presente por escrito en dichas etapas, serán devueltas al interesado, sin necesidad de acuerdo.

Las cuestiones debatidas en una audiencia deberán ser resueltas en ella. Las partes no podrán dar lectura a escritos o registros de forma íntegra, pero sí a sus notas o apuntes.

Artículo 253. La nulidad de una actuación deberá reclamarse en la audiencia subsecuente, bajo pena de quedar validada de pleno derecho. La producida en la audiencia de juicio deberá reclamarse durante ésta hasta antes de que la autoridad jurisdiccional emita la sentencia definitiva. La del emplazamiento, por su parte, podrá reclamarse en cualquier momento hasta antes de que se dicte sentencia definitiva.

Artículo 254. En los juicios orales civil y familiar, únicamente será notificado personalmente el emplazamiento y el auto que admita la reconvención.

Las demás determinaciones se notificarán a las partes a través del medio de comunicación oficial, salvo lo dispuesto para las audiencias.

SECCIÓN TERCERA
DEL ALLANAMIENTO Y REBELDÍA

Artículo 255. Transcurrido el plazo fijado en el emplazamiento sin contestar la demanda, se tendrán por contestados los hechos en sentido negativo y se hará la declaratoria de rebeldía correspondiente. A continuación, se señalará fecha para la audiencia de juicio, dictando auto de admisión de las pruebas ofrecidas por la parte actora.

Artículo 256. La parte demandada podrá allanarse a la demanda. En caso de allanamiento total, este deberá ser ratificado ante la autoridad jurisdiccional, en donde ambas partes serán asistidas técnica y efectivamente por la persona representante autorizada.

Habiéndose ratificado el allanamiento, la autoridad jurisdiccional estudiará la legitimación procesal, y dictará sentencia en un plazo que no excederá de diez días.

Artículo 257. En materia familiar, en caso de allanamiento total, además de la ratificación a que se refiere al artículo anterior, la autoridad jurisdiccional deberá proveer de la preparación de las pruebas y se fijará fecha para el desahogo de la audiencia de juicio dentro de los diez días siguientes, actuación en la que se escucharan los alegatos, se desahogaran las pruebas, y se dictará el fallo correspondiente en la misma audiencia.

Artículo 258. Cuando la controversia se refiera sólo a puntos de derecho, y no de hecho, se citará para la audiencia de juicio en el término de diez días y después de escuchar los alegatos, la autoridad jurisdiccional expondrá de forma breve, clara y sencilla su fallo y leerá únicamente los puntos resolutivos, entregando copia simple de la sentencia a las partes, así como, en los casos que proceda, el derecho que tienen las partes para apelar dicha sentencia conforme a lo establecido en este Código Nacional.

Artículo 259. En los casos de declaración de rebeldía de la parte demandada por falta de contestación, tendrán aplicación las siguientes reglas:

I. Todas las resoluciones que de ahí en adelante recaigan en el pleito y cuantas citaciones deban hacérsele, aún las de carácter personal, se notificarán por el medio de comunicación procesal oficial, salvo los casos en que otra cosa se prevenga o a juicio de la autoridad jurisdiccional;

II. Desde el día en que fue declarada rebelde o quebrantó la radicación de persona la parte demandada, se decretarán las medidas cautelares solicitadas por la parte actora, si la parte contraria lo pidiere, la retención de sus bienes muebles y el embargo de los inmuebles en cuanto se estime necesario, para asegurar lo que sea objeto del juicio, aplicando en lo conducente las reglas de las medidas cautelares.

Artículo 260. La persona declarada en rebeldía podrá apersonarse a la audiencia de juicio para participar en el desahogo de las pruebas y rendir alegatos finales, sin que en ningún caso pueda retrotraerse el procedimiento.

CAPÍTULO II
DE LAS PRUEBAS

SECCIÓN PRIMERA
DE LAS PRUEBAS EN GENERAL

Artículo 261. Las partes, para soportar su acción, excepciones y defensas, así como acreditar los hechos, podrán ofrecer medios de prueba que no sean contrarios a derecho, y les serán admitidas por la autoridad jurisdiccional, las que resulten pertinentes e idóneas y guarden relación con los hechos narrados y cumplan con los requisitos de ofrecimiento previstos en este Código Nacional.

Son admisibles como medios de prueba, todos aquellos elementos que puedan producir convicción en el ánimo de la autoridad jurisdiccional acerca de los hechos controvertidos.

Artículo 262. La autoridad jurisdiccional, de oficio podrá decretar en todo tiempo, sea cual fuere la naturaleza del procedimiento la práctica o ampliación de cualquier diligencia probatoria. En la práctica de estas diligencias, la autoridad jurisdiccional obrará como estime procedente para obtener el mejor resultado de ellas, sin lesionar el derecho de las partes, oyéndolas y procurando en todo, su igualdad y justo equilibrio, se tomará en cuenta cualquier situación de vulnerabilidad que pueda afectar el equilibrio procesal.

Artículo 263. Las diligencias de desahogo de pruebas que deban verificarse fuera del recinto asiento, de la autoridad jurisdiccional, pero dentro de su ámbito de competencia territorial, deberán ser presididas por la autoridad jurisdiccional, registradas por personal técnico adscrito al Tribunal o Poder Judicial, por cualquiera de los medios autorizados en este Código Nacional y certificadas de conformidad con lo dispuesto para el desarrollo de las audiencias.

Artículo 264. La parte que niega sólo estará obligada a probar:

I. Cuando la negación envuelva la afirmación expresa de un hecho;

II. Cuando se desconozca la presunción legal que tenga en su favor la parte colitigante;

III. Cuando la negativa fuere elemento constitutivo de la acción o de la excepción.

Artículo 265. Ni la prueba en general ni los medios de pruebas establecidos por la Ley son renunciables.

No obstante, lo dispuesto en el párrafo que antecede, las partes podrán desistirse de las pruebas que estén pendientes de desahogo, a fin de que el procedimiento continúe en sus demás etapas, pero no podrán hacerlo una vez que éstas hayan sido desahogadas. Tratándose de documentales que lleguen con posterioridad al desistimiento, no podrán agregarse al expediente en ningún caso.

Artículo 266. Sólo los hechos estarán sujetos a prueba; el derecho lo estará únicamente cuando se trate de normas diversas a las generales o cuando se funde en usos y costumbres.

Artículo 267. La autoridad jurisdiccional aplicará el derecho extranjero tal como lo harían las del Estado cuyo derecho resultare aplicables sin perjuicio de que las partes puedan alegar la existencia y contenido del derecho extranjero invocado.

Respecto del texto, vigencia, sentido y alcance del derecho extranjero, la autoridad jurisdiccional podrá valerse de informes oficiales; los cuales podrá solicitar al servicio exterior mexicano, admitir las pruebas ofrecidas por las partes o bien ordenar las que considere necesarias.

Artículo 268. La autoridad jurisdiccional debe recibir las pruebas que le presenten las partes, siempre que estén permitidas por la Ley y se refieran a los puntos cuestionados. Si las partes estiman que las resoluciones judiciales que admitan o desechan pruebas les causan agravio, lo harán valer en la apelación contra la sentencia definitiva que, en su caso, interpongan; y la autoridad jurisdiccional de segunda instancia deberá resolver con plenitud de jurisdicción sin reenvío.

Tratándose de juicios del arrendamiento inmobiliario, la prueba pericial sobre cuantificación de daños, reparaciones o mejoras, sólo será admisible en el periodo de ejecución de sentencia, en la que se haya declarado la procedencia de dicha prestación. Asimismo, tratándose de informes que deban rendirse en dichos juicios, los mismos deberán ser recabados por la parte interesada.

Artículo 269. Los hechos notorios no necesitan ser probados, y la autoridad jurisdiccional puede invocarlos, aunque no hayan sido alegados por las partes.

Artículo 270. Cuando una de las partes se oponga a la inspección o reconocimiento, ordenados por la autoridad jurisdiccional, se tendrán por ciertas las afirmaciones de la contraparte, salvo prueba en contrario. Lo mismo se hará si una de las partes no exhibe a la inspección de la autoridad jurisdiccional el bien, documento o archivo electrónico que tiene en su poder, siempre que la posesión esté debidamente acreditada, que por disposición de la Ley deba tenerlo o deba acreditarlo o, atendiendo al caso en concreto, por la naturaleza de los hechos sea evidente su disponibilidad.

Artículo 271. Las personas terceras están obligadas, en todo tiempo, a prestar auxilio a las autoridades jurisdiccionales, en consecuencia, deben sin demora, exhibir documentos, informes, bienes y archivos electrónicos que tengan en su poder, cuando para ello fueren requeridos o permitir su inspección.

La autoridad jurisdiccional tiene la facultad y el deber de compeler a las personas terceras, por los apremios más eficaces, para que cumplan con esta obligación; y en caso de oposición, oirán las razones en que la funden y resolverán sin ulterior recurso.

De la mencionada obligación están exentas las personas ascendientes, descendientes, tutores o curadores de niñas, niños y adolescentes, personas designadas como apoyo para el ejercicio de la capacidad jurídica, pupilos, cónyuges, concubinos, convivientes, en los casos en que se trate de probar contra la parte con la que están relacionadas, sin perjuicio de que, si alguna de ellas manifiesta su voluntad de hacerlo, se les permitirá, dejando constancia de dicha circunstancia.

Es inadmisible el testimonio de personas que, respecto del objeto de su declaración, tengan el deber de guardar secreto con motivo del conocimiento que tengan de los hechos debido a su empleo, cargo, puesto, oficio, profesión o relación de negocios.

Cuando deba recibirse testimonio de menores de edad y se tema por su afectación psicológica o emocional, así como en caso de víctimas de cualquier tipo de violencia, la autoridad jurisdiccional a petición de las partes, podrá ordenar su recepción con el auxilio de familiares o peritos especializados.

Para ello deberán utilizarse las técnicas audiovisuales adecuadas que favorezcan evitar la confrontación con el generador de violencia.

Artículo 272. Las personas que no puedan concurrir a la sede judicial, por tener algún impedimento debidamente acreditado, podrán ser examinadas en el lugar donde se encuentren y su testimonio podrá ser rendido o transmitido utilizando sistemas de justicia digital, en presencia de la autoridad jurisdiccional.

Artículo 273. Las autoridades tendrán la obligación de proporcionar los informes que se les pidan respecto de los hechos relacionados con el procedimiento, y de los que hayan tenido conocimiento o en los que hubieren intervenido por razón de su cargo, los que serán proporcionados en el plazo de cinco días a que le fueran judicialmente requeridos y, en caso de incumplimiento a un mandato judicial o retardo injustificado en el cumplimiento de sus determinaciones, podrá imponerse una medida de apremio establecida en el presente Código Nacional, salvo que exista impedimento legal para ello.

Artículo 274. Las pruebas deberán ofrecerse en los escritos de demanda, contestación a la demanda, en la reconvención, y en el escrito de contestación a la reconvención, así como de las excepciones. En el caso de incidentes, se hará en el escrito que lo promueva y su contestación, si se realiza por escrito o, en el mismo acto, si se realiza oralmente en la audiencia respectiva.

Artículo 275. Las pruebas deben ofrecerse expresando con toda claridad cuál es el hecho o hechos que se pretende probar, declarando, en su caso, en los términos anteriores el nombre y domicilio de testigos y peritos, y pidiendo la citación de la contraparte para responder al interrogatorio respectivo. Si a juicio de la autoridad jurisdiccional las pruebas ofrecidas no cumplen con las condiciones apuntadas, serán desechadas. Con la taxativa de que no será necesario proporcionar el domicilio de testigos, cuando las partes por sí mismas se comprometan a presentarlas.

Artículo 276. En la etapa de admisión de pruebas de la audiencia preliminar o en la misma resolución que recaiga a la demanda incidental o contestación, la autoridad jurisdiccional se pronunciará sobre la admisión o desechamiento de pruebas, pudiendo limitar el número de testigos prudencialmente. En ningún caso, la autoridad jurisdiccional admitirá pruebas o diligencias en los siguientes supuestos:

I. Las que hayan sido ofrecidas extemporáneamente;

II. Las que sean contrarias a derecho;

III. Las que no versen sobre los hechos narrados por las partes, o hechos imposibles o notoriamente inverosímiles, y

IV. Las que no reúnan los requisitos establecidos en este Código Nacional.

En los casos en que las partes dejen de mencionar las personas testigos que estén relacionados con los hechos que fijen la litis; o se dejen de acompañar los documentos que se deben presentar, salvo en los casos autorizados en el presente Código Nacional, la autoridad jurisdiccional no admitirá tales pruebas.

Contra el auto que admita o deseche pruebas deberá estarse a lo dispuesto en el artículo 268 del presente Código Nacional.

Artículo 277. La autoridad jurisdiccional, en la audiencia preliminar al admitir las pruebas ofrecidas, procederá a señalar fecha y hora para audiencia de juicio en la que se recibirán oralmente las pruebas, para dichos efectos tomará en consideración el tiempo para su preparación.

Se señalará audiencia de juicio dentro de los siguientes cuarenta días. Presentes o no las partes en las audiencias, se les tendrá por notificadas y apercibidas de las consecuencias legales en caso de inasistencia.

La audiencia de juicio, incidental o de ejecución se celebrará con las pruebas que estén preparadas, por regla general no se diferirá y sólo se señalará nuevo día y hora para recibir las que se encuentren pendientes y que no sean imputables a la persona oferente. La nueva fecha se señalará en el menor tiempo posible que se requiera para su preparación.

Si en la siguiente ocasión no se encuentra debidamente preparada la prueba o en su caso no se puede hacer comparecer al testigo respectivo en la nueva fecha, se dejará de recibir la prueba o testimonio.

Artículo 278. Las partes, estén o no presentes en las audiencias, se les tendrá por notificadas y apercibidas de todas las resoluciones que la autoridad jurisdiccional emita de las consecuencias legales, en caso de inasistencia.

Artículo 279. Los medios de prueba también podrán desahogarse en audiencia virtual, cuando su naturaleza así lo permita, sea posible técnicamente, exista consenso de las partes y resulte necesario a juicio de la autoridad jurisdiccional, conforme a lo dispuesto en el Libro Octavo del presente Código Nacional.

Artículo 280. Cuando hubiere de practicarse alguna diligencia o aportarse pruebas fuera del lugar del juicio, de acuerdo con la naturaleza de la prueba, podrá ordenarse su recepción a distancia. Con este fin, la autoridad jurisdiccional exhortante podrá coordinarse con la exhortada, de acuerdo a los sistemas de justicia digital con que cuenten, para celebrar la audiencia respectiva de forma virtual, tramitar y devolver el exhorto o documentos en formato electrónico a través de correo electrónico o de las plataformas tecnológicas correspondientes, tomando las medidas necesarias para garantizar la integridad y autenticidad de actuaciones judiciales, conforme a las disposiciones del Código Nacional y, en su caso, el convenio de colaboración que entre los Poderes Judiciales exista.

En caso de que no se cuente con los recursos tecnológicos necesarios o que por la naturaleza de la prueba no lo permita, la prueba se preparará y se desahogará mediante el exhorto respectivo tramitado en forma escrita, a cargo de la parte interesada.

Artículo 281. En los casos establecidos en el artículo anterior, a petición de parte interesada, se concederá el siguiente término para la tramitación y diligenciación del exhorto respectivo:

I. Un mes si el lugar está comprendido dentro del territorio nacional;

II. Dos meses si lo está en los Estados Unidos de América o Canadá;

III. Tres meses si está comprendido en Centroamérica y el Caribe;

IV. Seis meses si estuviere en Europa o en la América del Sur, y

V. Siete meses cuando esté situado en cualquiera otra parte.

El término referido no será prorrogado, salvo caso fortuito o fuerza mayor plenamente acreditado.

Artículo 282. Para otorgarse el término antes referido, deberá de cumplirse con los siguientes requisitos:

I. Que se solicite en los escritos de fijación de la litis;

II. Que se indiquen los nombres y domicilios de las personas testigos que hayan de ser examinados, cuando la parte que los ofrezca no se haya comprometido a presentarlos cuando la prueba sea testimonial. Para el caso de ser inexactos los datos de identificación, domicilio o simplemente no existan, se declarará desierta la prueba;

III. Que se designen, en caso de ser prueba instrumental, los archivos públicos o particulares donde se hallen los documentos físicos o electrónicos que han de cotejarse, o presentarse originales, y

IV. En tratándose de cualquier otra diligencia, deberá indicarse con toda claridad lo que se pretende rendir o recibir y los puntos sobre los que deba versar.

La autoridad jurisdiccional al calificar la admisibilidad de las pruebas determinará el monto de la cantidad que el interesado deberá depositar como multa en caso de no rendirse la prueba, que no podrá ser superior a ciento veinte veces el valor diario de la Unidad de Medida y Actualización vigente al momento de su imposición. Sin este depósito no se hará el señalamiento para la recepción de la prueba. El acuerdo que autorice el término para el desahogo de prueba foránea no será recurrible.

Artículo 283. A la parte a la que se le hubiere concedido la ampliación a que se refiere el artículo anterior, se le entregarán en el término de cinco días los exhortos para su diligenciación, poniéndolos a su disposición, si no los recibiera en ese plazo se hará efectiva la multa y se dejará de recibir la prueba y si no rindiere las pruebas que hubiere propuesto, sin justificar que para ello tuvo impedimento bastante, se le impondrá una sanción pecuniaria a favor de su contraparte, equivalente al monto del depósito a que se hace mención en el mismo artículo anterior, incluyendo la anotación en el Registro Judicial a que se refiere el presente Código Nacional, y además se dejará de recibir la prueba por causas imputables al interesado.

En caso de que las partes, estando obligadas a presentar a sus testigos o peritos no cumplan con dicha comparecencia, se les tendrá por desistidos de la prueba, a menos que justifiquen la imposibilidad que se tuvo para presentarlos, dentro de esa misma audiencia, en la que la autoridad jurisdiccional ordenará lo procedente.

SECCIÓN SEGUNDA
DE LA DECLARACIÓN DE PARTE PROPIA Y CONTRARIA

Artículo 284. Podrá ofrecerse la prueba de declaración voluntaria de parte propia, así como la declaración de la parte contraria, a través del interrogatorio que se les formule en forma personal en el acto de la audiencia de juicio, con el fin de obtener información sobre los hechos controvertidos dentro del proceso, le sean propios o no.

La declaración voluntaria de parte propia será a cargo de la misma parte oferente de la prueba, para que sea interrogada en forma oral por su representante y su contraparte.

Artículo 285. Cuando se trate de una persona jurídica, sólo podrá ser desahogada por la persona representante autorizada, con facultades, sin que pueda exigirse que se lleve a cabo por representante o apoderado específico, quien deberá conocer de los hechos litigiosos.

La declaración voluntaria de parte propia no será admisible para las personas jurídicas públicas.

La declaración de parte contraria será a cargo de la contraparte, para que sea interrogada, por la oferente o la persona representante autorizada de la oferente de forma oral en el acto de la audiencia de juicio.

La declaración será a cargo de la contraparte, para que sea interrogada oralmente por la parte oferente o la persona representante autorizada en la audiencia respectiva. Su objetivo será aportar información de calidad o su confesión judicial para la autoridad jurisdiccional, sobre hechos materia de la controversia, conforme al caso en concreto. En el caso de persona física solo será por conducto de la propia parte interesada de forma personal.

La declaración de parte contraria de personas jurídicas de carácter público deberá de desahogarse por escrito.

Artículo 286. A la parte que corresponda desahogar el interrogatorio se le tendrá por citada, haya estado presente o no, desde la audiencia preliminar en que se admitió la prueba. En el caso de la declaración de parte contraria, quedará apercibida que, de no presentarse a la audiencia de juicio, o en caso de responder con evasivas el interrogatorio o negarse a contestarlo, se presumirán ciertos los hechos que se pretendieron demostrar, salvo prueba en contrario. Si se trata de una declaración voluntaria de parte propia, de no presentarse, el apercibimiento será dejar de recibir dicha probanza.

Artículo 287. Tanto el interrogatorio formulado para el desahogo de la prueba de declaración voluntaria de parte propia y de parte contraria deberá ajustarse a las siguientes reglas:

I. Las preguntas se formularán de manera oral, libre y directa sin incorporar valoraciones ni calificaciones, de manera que puedan ser comprendidas con facilidad por quien ha de declarar;

II. Estar dirigido a demostrar hechos controvertidos que sean objeto de la litis;

III. Estar formulado en términos sencillos, claros y precisos;

IV. Referir sobre hechos percibidos o con conocimiento de la parte respectiva, y no a conceptos subjetivos u opiniones;

V. Podrán formularse respecto de hechos complejos;

VI. Las preguntas no podrán ser insidiosas, entendiéndose por tales las que se dirijan a ofuscar la inteligencia del que ha de responder, con objeto de obtener una confesión contraria a la verdad;

VII. Las preguntas no serán repetitivas;

VIII. No se permitirán preguntas sobre cuestiones de derecho o desconocidas técnicamente por la parte respectiva, y

IX. Podrán formularse preguntas abiertas, caso en el cual la persona responderá ampliamente; o cerradas, supuesto en el cual deberá responder primero categóricamente, afirmando o negando, sin perjuicio de realizar las aclaraciones pertinentes.

Artículo 288. La declaración voluntaria de parte propia y parte contraria se desahogará conforme a las siguientes disposiciones:

I. Se desahogará primero la de la parte actora y con posterioridad la de la parte demandada;

II. En el caso de que una o ambas partes hayan ofrecido la declaración voluntaria de parte propia y declaración de parte contraria, la autoridad jurisdiccional establecerá que, quien declare primero, en una u otra modalidad, inmediatamente que concluya su desahogo, permanezca en el lugar de recepción, para el desahogo de la declaración voluntaria de parte propia y declaración de parte contraria, según corresponda, admitida a la contraparte, a fin de contribuir a la continuidad y concentración de las pruebas;

III. Quien responda al interrogatorio, al inicio de la diligencia se le tomarán sus datos de identificación general y domicilio. Del mismo modo, no podrá recibir asistencia jurídica alguna durante el desahogo de la prueba, de quien ostente su representación como persona representante autorizada;

IV. El oferente de la prueba formulará su interrogatorio en primer término, concluido éste, la parte contraria a su vez tiene derecho a formular preguntas;

V. Ante la formulación de cada pregunta la contraparte tendrá derecho a objetar la misma, exponiendo la causa fundada de la objeción. Quien interroga podrá contradecir la objeción o retirar la pregunta, resolviendo la autoridad jurisdiccional;

VI. En el caso de la declaración de parte contraria, si quien objeta, en su argumentación asiste al dar información o indicar a su representado sobre cómo responder la pregunta, se tendrán por presuntamente ciertos los hechos que se pretende demostrar con la prueba. Mismo criterio se seguirá cuando pretenda defender una pregunta en el caso de declaración voluntaria;

VII. Previo apercibimiento, en caso de que no asista a la audiencia respectiva la parte que responda al interrogatorio de declaración de parte contraria, se tendrán por ciertos los hechos que el oferente de la prueba pretendió demostrar con la misma. Mismo criterio se aplicará si no responde, responde con evasivas u omite responder categóricamente a las preguntas;

VIII. Si quien ofreció la declaración de parte propia no asiste a la audiencia respectiva, se declarará desierta la prueba;

IX. Si fueren varias las personas colitigantes que hayan de responder al interrogatorio, las diligencias se practicarán separadamente y en un mismo acto, evitando que las partes se comuniquen entre sí;

X. La parte que interroga, podrá reformular aquellas preguntas durante la audiencia cuando retire la pregunta anterior o porque no sea aprobada por objeción, y

XI. Durante el desahogo de esta prueba, podrán tenerse a la vista, así como usarse, bienes, instrumentos y apoyos técnicos, o incluso documentos, previamente admitidos, para ser mostrados al declarante para que pueda contestar los cuestionamientos que se le realicen.

Artículo 289. No estarán obligadas a comparecer en los términos previstos en los artículos anteriores y declararán por escrito las siguientes personas:

I. Las previstas en el artículo 110 de la Constitución Política de los Estados Unidos Mexicanos;

II. Los extranjeros que gozaren en el país de inmunidad diplomática, de conformidad con los Tratados sobre la materia, y

III. Quienes, por enfermedad grave u otro impedimento acreditado con certificado de salud emitido por Institución de Salud pública.

En casos urgentes podrán rendir declaraciones personalmente, con este fin, desde el ofrecimiento de pruebas se adicionará el interrogatorio a fin de dar la oportunidad a la contraparte de proponer el contra interrogatorio respectivo, conforme a las reglas establecidas en el presente Capítulo. En este caso también se tendrá la oportunidad de formular la objeción respectiva, lo cual deberá garantizar la autoridad jurisdiccional. Serán calificados por la autoridad jurisdiccional antes de su envío para su respuesta.

Artículo 290. Las personas señaladas en el artículo anterior declararán por medio de preguntas cerradas o abiertas y mediante oficio, en el que se insertará el interrogatorio que quiera hacerles la contraparte, para que, por vía de informe, contesten dentro del término improrrogable de tres días. En el oficio se apercibirá a la parte declarante de tenerla por cierta de los hechos sostenidos por la oferente de la prueba, si no contestare, se negaré u omitiera contestar el interrogatorio dentro del término concedido.

Únicamente en este caso, la autoridad jurisdiccional se impondrá del interrogatorio que se exhiba por escrito al momento de ofrecerse la prueba respectiva, en los escritos de fijación de litis; así como calificará las que resulten procedentes formular y enviar en el acto de la audiencia preliminar, en la etapa de admisión y preparación de pruebas.

Las determinaciones que adopte la autoridad jurisdiccional durante el desahogo de la prueba de declaración de parte propia o declaración de parte contraria, solo podrán recurrirse junto con la sentencia definitiva.

SECCIÓN TERCERA
DE LA DECLARACIÓN DE TESTIGOS

Artículo 291. Se podrá ofrecer la prueba testimonial para que cualquier persona que tenga conocimiento sobre los hechos relacionados al litigio comparezca a proporcionar su declaración testimonial a través del interrogatorio que oralmente se le formule. La autoridad jurisdiccional podrá prevenir al oferente para el efecto de reducir prudencialmente el número de testigos, debiendo admitir cuando menos dos por cada hecho controvertido.

Toda persona que no tenga impedimento legal y sea conocedora de los hechos que las partes deben de probar, están obligadas a declarar como testigos.

Artículo 292. Las partes tendrán la obligación de presentar a sus testigos, para cuyo efecto, de solicitarlo, se les entregarán las cédulas de notificación. Sin embargo, cuando razonable y justificadamente estén imposibilitadas para hacerlo, manifestando bajo protesta de decir verdad, dichas circunstancias calificadas por la autoridad jurisdiccional, podrán ser auxiliadas para su presentación en la audiencia respectiva.

La autoridad jurisdiccional ordenará la citación con el apercibimiento que, en caso de desobediencia, se le impondrá a la persona testigo una medida de apremio que considere la autoridad jurisdiccional y que garantice la pronta resolución del juicio.

En los casos de urgencia, podrán ser citados por cualquier medio que garantice la recepción de la citación, de lo cual se deberá dejar constancia.

Tratándose de testigos que sean citados en su calidad de servidores públicos, la dependencia en la que se desempeñen adoptará las medidas correspondientes para garantizar su comparecencia, en cuyo caso absorberá además los gastos que se generen.

La citación se realizará, por lo menos, con dos días de anticipación al día en que deban presentarse a declarar.

Si el testigo citado de esta forma no asistiere a rendir su declaración en la audiencia programada, la autoridad jurisdiccional le hará efectivo el apercibimiento realizado y reprogramará su desahogo en una nueva audiencia. Si el testigo debidamente citado no se presentara a la primera citación o haya temor fundado de que se ausente o se oculte, se le hará comparecer en ese acto por medio de la fuerza pública sin necesidad de agotar ningún otro medio de apremio. Las autoridades están obligadas a auxiliar oportuna y diligentemente a la autoridad jurisdiccional para garantizar la comparecencia obligatoria de los testigos. En este caso, deberán desahogarse las pruebas preparadas.

Artículo 293. La prueba se declarará desierta si, aplicado el uso de la fuerza pública, no se logra la presentación de los testigos. Igualmente, en caso de que el señalamiento del domicilio de algún testigo resulte inexacto, o no existe, o de comprobarse que se solicitó su citación con el propósito de retardar el procedimiento. En estos casos, además se impondrá al oferente una sanción pecuniaria a favor de la contraparte hasta por el importe autorizado para correcciones disciplinarias, conforme a lo dispuesto en el presente Código Nacional. La autoridad jurisdiccional despachará de oficio ejecución en contra del infractor, sin perjuicio de dar vista al Ministerio Público, se declarará desierta de oficio la prueba testimonial.

Artículo 294. Para el desahogo de la prueba testimonial se estará a las siguientes reglas:

I. Las personas que tengan la calidad de testigos serán protestadas para conducirse con verdad al iniciar la audiencia; se recabarán sus generales; y se procederá a su traslado y separación en el área de testigos correspondiente, hasta que sean llamados a declarar;

II. El interrogatorio estará a cargo de la parte oferente, quien será responsable de justificar la credibilidad e idoneidad del testigo, así como de plantear el interrogatorio correspondiente, conforme a los hechos controvertidos objeto de la prueba;

III. El contrainterrogatorio estará a cargo de la contraparte, quien podrá formular preguntas tendientes tanto a desvirtuar la credibilidad o idoneidad del testigo como de su declaración;

IV. El interrogatorio y contrainterrogatorio deberá formularse en términos sencillos, claros y precisos, deberá dirigirse a los hechos controvertidos objeto de la prueba; podrá destinarse a la credibilidad o idoneidad de quien declara; será libre y directo; y se hará bajo la completa responsabilidad de quien lo formule, atendiendo a los fines propios de su postulación y el debate;

V. Agotado el interrogatorio del oferente, se procederá al contrainterrogatorio de la contraparte; sin perjuicio de poder formularse un reinterrogatorio, a cargo del oferente, o recontrainterrogatorio, a cargo de la contraparte, respectivamente, sin que puedan autorizarse preguntas que debieron formularse con anterioridad;

VI. Cada una de las partes tiene el derecho de objetar las preguntas formuladas por su contraparte, exponiendo brevemente las razones para ello, antes de que se emita la respuesta. En este caso, quien formule la pregunta será escuchado para que defienda o retire la pregunta y la autoridad jurisdiccional resolverá inmediatamente en la misma audiencia;

VII. Quien comparezca como testigo, deberá responder a todas las preguntas que se le formulen, en caso de negativa o responder evasivamente, a petición de parte, la autoridad jurisdiccional lo apremiará y, en su caso, determinará las consecuencias de ello, según el caso, en sentencia definitiva, para alguna de las partes;

VIII. No se permitirá la tacha de testigos, están permitidas las preguntas para destruir la idoneidad y credibilidad, momento en el cual, podrán exhibirse y ofrecerse, en su caso, pruebas documentales para justificarlo;

IX. De admitirse, y escuchando en estricta igualdad a la parte oferente, se reservará lo conducente para la sentencia definitiva, y

X. Únicamente serán admisibles pruebas documentales exhibidas en la audiencia, que no requieran preparación y dirigidas específicamente para los fines establecidos en la fracción VIII de este artículo.

Artículo 295. La autoridad jurisdiccional cuenta con la facultad de hacer las preguntas que estime conducentes a las personas testigos, siempre y cuando sean de naturaleza aclaratoria, sin incorporar información adicional que correspondía generar a las partes involucradas y garantizando, ante todo, el principio de igualdad e inmediación, salvo que se trate de la materia familiar, en cuyo caso la autoridad jurisdiccional estará facultada para cuestionar a la persona testigo sin limitación alguna, en aras de allegarse de la verdad material o cuando advierta violaciones a derechos humanos.

Artículo 296. Si la persona testigo o declarante no hablara o entendiera el idioma español, no sabe leer; o tiene algún impedimento de comunicación para la manifestación de su voluntad, declarará a través de la persona intérprete que le acompañe o la persona que para dichos efectos designe la autoridad jurisdiccional, preferentemente de forma gratuita, según el caso en particular.

Artículo 297. A las personas mayores, con discapacidad permanente o temporal, debidamente acreditada por instituciones de salud pública, que lo soliciten, así como a las personas que se encuentren privadas de su libertad por mandato judicial, la autoridad jurisdiccional podrá recibirles la declaración en el lugar en que se encuentren en presencia de la otra parte, si asistiere.

En los casos que se acredite la discapacidad temporal o permanente por instancias de salud privada, el médico deberá exhibir cédula profesional y concurrir a la audiencia en la que comparezca la persona que testifica, para ratificar el diagnóstico, bajo protesta de decir verdad. En caso de inasistencia, la prueba no será recibida.

En todo caso, el desahogo de la prueba testimonial deberá realizarse en audiencia de juicio que se iniciará desde la Sala de Audiencias respectiva, para trasladarse al lugar y luego regresar a la misma.

Asimismo, de acuerdo a cada caso en particular, la autoridad jurisdiccional podrá autorizar su desahogo a distancia, conforme a las reglas establecidas en este Código Nacional.

Artículo 298. Ambas partes podrán solicitar a las personas previstas en el artículo 110 de la Constitución Política de los Estados Unidos Mexicanos, así como a las personas integrantes de las fuerzas armadas con mando, que desahoguen las preguntas vía informe, previo a la celebración de la audiencia de juicio.

A criterio de la autoridad jurisdiccional, podrá solicitarles la declaración personal dada su relación en los hechos materia de la controversia y no en virtud de su encargo.

Artículo 299. Cuando la persona testigo resida fuera del ámbito de competencia territorial de la autoridad jurisdiccional y no sea posible su desahogo por medios electrónicos, la parte oferente de la prueba, sin perjuicio que solicite la comparecencia del testigo, podrá optar por presentar sus interrogatorios con las copias respectivas para las otras partes, junto con la traducción y apostilla necesarias para el caso de girar carta rogatoria y; con la finalidad que tenga la oportunidad de formular sus contrainterrogatorios y ser agregados al exhorto o carta rogatoria, debiendo el contrainterrogatorio de cumplir con los mismos requisitos. Sin la exhibición de los interrogatorios por parte de la oferente no se admitirá la prueba.

El interrogatorio será previamente calificado por la autoridad jurisdiccional una vez que admita la prueba y enviados en sobre cerrado a la autoridad exhortada.

En todo caso, deberá preferirse y estarse al desahogo a distancia de la prueba testimonial, caso en el cual no se requerirá de dicho interrogatorio escrito.

SECCIÓN CUARTA
DE LA PRUEBA PERICIAL

Artículo 300. La prueba pericial solo procede cuando:

I. Sean necesarios conocimientos especiales en alguna ciencia, arte, técnica o industria o, en aquellos casos que la mande la Ley;

II. Cuando la autoridad jurisdiccional lo requiera para llegar a una solución;

III. Se ofrecerá expresando los puntos y cuestionamientos sobre los que versará y que deban resolver los peritos, sin lo cual no será admitida;

IV. Las personas designadas deben tener título en la ciencia, arte, técnica, oficio o industria a que pertenezca, y cédula si se requiere legalmente para su ejercicio;

V. Si los conocimientos especiales no estuvieren legalmente reglamentados con título oficial o, estándolo, no hubiere peritos en el lugar, podrá ser nombrada a satisfacción de la autoridad jurisdiccional, cualquier persona entendida, o bien con experiencia práctica en el ejercicio de un servicio u oficio;

VI. Se desechará la pericial cuando se trate de conocimientos generales, hechos acreditados en autos o tratándose de simples operaciones aritméticas, y

VII. El título de habilitación de corredor público acredita para todos los efectos la calidad de perito valuador.

Artículo 301. El ofrecimiento de la prueba pericial en materia civil deberá llevarse a cabo en los términos establecidos en el presente Código Nacional, con las salvedades siguientes:

I. Si se ofrece la prueba pericial en la demanda o en la reconvención, la contraria al contestar deberá designar perito de su parte, además de proponer la ampliación de los puntos y cuestiones que argumentó el oferente para que los peritos dictaminen. Si se ofrece al contestar la demanda principal o reconvencional, la contraria deberá designar a su perito, en la misma forma del párrafo anterior. Si se ofrece en el desahogo de las vistas con excepciones y defensas, la contraria lo designará dentro del término de tres días. En todo caso, deberá precisarse la ciencia, técnica o arte a que se refiere, proporcionando el nombre de la persona designada;

II. De estar debidamente ofrecida, la autoridad jurisdiccional la admitirá en la etapa de admisión de pruebas de la audiencia preliminar o, en su caso, en la audiencia donde haya ofrecido. Asimismo, conforme a la complejidad del caso, determinará un plazo de cinco a diez días para que las partes exhiban por escrito el dictamen respectivo, salvo que existiera causa bastante para modificar dicho término;

III. La autoridad jurisdiccional proveerá lo conducente con el fin de que los peritos en estricta igualdad cuenten con los elementos necesarios solicitados por las partes para emitir el dictamen y evitar dilaciones procesales;

IV. En caso de que alguna de las personas peritos de las partes no exhiba su dictamen dentro del plazo señalado por la autoridad jurisdiccional, precluirá su derecho para hacerlo y, en consecuencia, la prueba se desahogará con el dictamen que se tenga por rendido. En el supuesto de que ninguno de los peritos exhiba su dictamen en el plazo señalado se dejará de recibir la prueba;

V. Las partes deberán presentar a sus peritos en la audiencia de juicio, quienes deberán acreditar, bajo su responsabilidad, su calidad científica, técnica, artística o industrial para el que fueron propuestos, con el original o copia certificada de su cédula profesional o los documentos respectivos. Asimismo, deberán exponer verbal y brevemente las conclusiones de sus dictámenes, a efecto de que se desahogue la prueba con los exhibidos oportunamente y respondan las preguntas que la autoridad jurisdiccional o las partes les formulen con apoyo de auxiliar técnico, y

VI. El interrogatorio a los peritos seguirá las mismas reglas de la prueba testimonial.

En caso de no asistir el perito o los peritos designados por las partes, se procederá conforme a lo señalado en la fracción IV del presente artículo.

Artículo 302. Las partes podrán sustituir al perito designado a más tardar en la audiencia preliminar en la que se pronuncien sobre la admisibilidad de la prueba. Si las causas de sustitución acontecen después de la audiencia preliminar, la parte interesada podrá sustituir al perito designado, siempre y cuando se exhiba el dictamen dentro del plazo señalado para ello. Subsistiendo todas las cargas y apercibimientos para su comparecencia en la audiencia de juicio respectiva.

Artículo 303. Desahogados los dictámenes de ambas partes, si la autoridad jurisdiccional los estima substancialmente contradictorios de tal modo que no es posible encontrar conclusiones que le aporten elementos de convicción, podrá designar un perito tercero en discordia en la misma audiencia de juicio. En este caso, desahogará las pruebas preparadas y diferirá la misma para la recepción de dicho dictamen, según el caso, al prudente arbitrio de la autoridad jurisdiccional, siempre y cuando no exceda de quince días.

A la persona perito tercero en discordia deberá notificársele para que, dentro del plazo de tres días, presente escrito en el que acepte el cargo conferido y proteste su fiel y legal desempeño. Asimismo, señalará el monto de sus honorarios, en los términos de la legislación correspondiente o, en su defecto los que determine, mismos que deben ser autorizados por la autoridad jurisdiccional, y serán cubiertos por ambas partes en igual proporción en la audiencia de juicio donde comparezca. En caso de incumplir, la autoridad jurisdiccional en la audiencia respectiva emitirá auto de ejecución en contra de la parte que haya omitido el pago.

La persona perito tercero en discordia designado deberá rendir su dictamen por escrito a más tardar tres días hábiles antes de la audiencia de juicio o su continuación, debiendo asistir a la misma para efectos de explicar oralmente sus conclusiones y ser interrogado por las partes o la autoridad jurisdiccional.

En caso de incumplimiento por parte de la persona perito designado, dará lugar a que la autoridad jurisdiccional le imponga como sanción pecuniaria, en favor de las partes y de manera proporcional a cada una de ellas, por el importe de una cantidad igual a la que cotizó por sus servicios al aceptar y protestar el cargo. En el mismo acto, la autoridad jurisdiccional dictará proveído de ejecución en contra de dicha persona perito tercero en discordia, además de hacerla saber al Consejo de la Judicatura, a la asociación, colegio de profesionistas o institución que lo hubiera propuesto por así haberlo solicitado la autoridad jurisdiccional, para los efectos correspondientes, independientemente de las sanciones administrativas y legales a que haya lugar.

En el supuesto del párrafo anterior, la autoridad jurisdiccional designará otro perito tercero en discordia y, de ser necesario, diferirá la audiencia para el desahogo de la prueba en cuestión.

Artículo 304. La autoridad jurisdiccional podrá designar personas peritos terceros en discordia de entre aquéllos autorizados como auxiliares de la administración de justicia por la autoridad jurisdiccional competente del Poder Judicial respectivo; o, de entre aquéllos propuestos, a su previa solicitud, por colegios, asociaciones o barras de profesionales, artísticas, técnicas o científicas o de las instituciones de educación superior públicas o privadas o las cámaras de industria, comercio, confederaciones de cámaras, conforme al objeto del peritaje.

En todos los casos en que se trate únicamente de peritajes sobre el valor de cualquier clase de bienes y derechos, los mismos se realizarán por avalúos que practique un corredor público, una institución de crédito, monte de piedad, perito valuador o demás entidades que se dediquen a avalúos, nombrados por cada una de las partes y, en caso de diferencias en los montos que arrojen los avalúos, no mayor del veinte por ciento en relación con el monto mayor, se mediarán estas diferencias. De ser mayor tal diferencia, se nombrará una persona perito tercero en discordia, conforme a lo dispuesto en el presente Código Nacional. En este caso, de no designar perito alguna de las partes, se desahogará la prueba con el dictamen con que se cuente.

En caso de avalúos realizados para remates judiciales deberá estarse a las reglas especiales de los mismos.

Artículo 305. En materia civil, cuando la parte que promueve lo haga a través de la Defensoría Pública o Institución Pública o Privada que preste dichos servicios y ésta no cuente con la persona perito solicitado, la autoridad jurisdiccional, previa la comprobación de dicha circunstancia, nombrará una persona perito adscrita de alguna Institución Pública que cuente con el mismo. Aplicándose, en lo conducente, las disposiciones del presente Capítulo para garantizar la designación del perito respectivo.

Artículo 306. En materia familiar, para la prueba pericial se seguirán las siguientes reglas:

I. En todos los casos se nombrará persona perito oficial y sus honorarios serán cubiertos por el Estado, sin perjuicio de las personas peritos que puedan ser ofrecidas por las partes. Tratándose de avalúos sobre bienes, no habrá persona perito oficial, por lo que dicha pericial deberá de sujetarse a las reglas establecidas por la materia civil;

II. No será admisible persona perito tercero;

III. Las personas expertas forenses o peritos deberán comparecer a la etapa de admisión de pruebas de la segunda fase de la audiencia preliminar, para acreditar su experticia, así como protestar y aceptar el cargo, para el caso de su inasistencia se desechará la probanza, y

IV. Las personas designadas para emitir un peritaje quedan obligadas a rendir su dictamen dentro de los quince días siguientes a la fecha en que hayan aceptado y protestado el cargo o bien, de la fecha que señale la autoridad jurisdiccional atendiendo a las circunstancias del caso. Lo anterior en el entendido de que las partes deberán de estar en aptitud de imponerse de su contenido por lo menos con tres días de anticipación a la celebración de la audiencia del juicio.

Artículo 307. La persona perito tercero puede ser recusado en la audiencia de juicio en la que comparezca, por las mismas causas de las excusas e impedimentos que pueden (sic) serlo la autoridad jurisdiccional.

La parte que haga valer la recusación deberá presentar las pruebas necesarias para demostrar la causa que se alegue en la misma audiencia. En el mismo acto de la audiencia se hará saber a la persona perito tercero en discordia, a fin de que responda a la misma ofreciendo y presentando, en su caso, las pruebas pertinentes para ello. Si la reconoce como cierta, se niega a responder la recusación, se niega la misma sin ofrecerse prueba alguna o si se declaran desiertas las pruebas admitidas, la autoridad jurisdiccional lo tendrá por recusado sin más trámites y en el mismo acto nombrará otro perito.

Las pruebas ofrecidas por la parte recusante deben desahogarse en la misma audiencia. En caso contrario, se desechará de plano la recusación. En caso de que la persona perito tercero en discordia ofrezca pruebas, deberá ofrecerlas y exhibirlas en el momento, de no ser así y de requerir prepararse las mismas, se señalará una audiencia especial indiferible dentro del término de tres días, en la que se desahogaran y se resolverá lo conducente por la autoridad jurisdiccional.

En ese caso, no se suspenderá el desahogo del dictamen tercero en discordia, el cual quedará desierto, de declararse fundada la causa de recusación.

Cuando la recusación se declare fundada se designará otra persona perito tercero en discordia. En caso de declararse infundada, se impondrá a la parte recusante una multa equivalente al importe de los honorarios fijados por el perito a favor de la contraparte, por el retardo injustificado del procedimiento.

No habrá recurso alguno contra las resoluciones que se dicten en el trámite o la decisión de la recusación.

SECCIÓN QUINTA
DE LA PRUEBA DOCUMENTAL FÍSICA O ELECTRÓNICA

Artículo 308. Las pruebas documentales, físicas o electrónicas recibirán el mismo trato, atendiendo los principios de equivalencia funcional y neutralidad tecnológica. En todo caso, atendiendo a su naturaleza, se estará a las reglas generales y especiales, en lo relativo a su objeción, impugnación o fiabilidad.

Artículo 309. Las partes están obligadas a exhibir todas las pruebas documentales físicas o electrónicas que ofrezcan relacionadas con sus pretensiones en la demanda o su contestación, sea principal o reconvencional, así como sus respectivas vistas. Cuando estén a su disposición, pero por alguna circunstancia no pueda acompañarse a su escrito respectivo, deberá realizar todas las gestiones necesarias para hacerse de la prueba, acreditando dicha obligación al ofrecerla y, en su caso, la autoridad jurisdiccional emitirá las órdenes necesarias para su auxilio, si llegada la audiencia preliminar no se ha exhibido, no obstante ser admitida.

En el caso de información que no esté a su disposición, expresará el archivo o documento físico o electrónico en que se encuentre, o si está en poder de personas terceras, realizando las gestiones necesarias a su alcance para hacerse de la prueba, caso en el cual la autoridad jurisdiccional emitirá las órdenes y apercibimientos respectivos para su auxilio, en el entendido que subsistirá el deber de la parte interesada para gestionar dichas pruebas.

De no cumplirse con las cargas procesales antes referidas la prueba será desechada o, en su caso, declarada desierta.

Artículo 310. Los documentos que ya se exhibieron antes del período probatorio y las constancias de autos se tomarán como prueba, aunque no se ofrezcan.

Artículo 311. Los archivos o registros electrónicos de audiencias o diligencias del juicio oral, cualquiera que sea el medio, serán documentos públicos que harán prueba plena y acreditarán el contenido y modo en que se desarrolló la audiencia.

Artículo 312. Son documentos públicos:

I. Las escrituras públicas, pólizas y actas otorgadas ante corredor público, notaria o notario público, según corresponda y los testimonios y copias certificadas de dichos documentos, firmadas en forma autógrafa o con firma electrónica avanzada;

II. Los documentos auténticos e informes expedidos por personas funcionarias que desempeñen cargo público, en lo que se refiere al ejercicio de sus funciones, con firma autógrafa o electrónica avanzada;

III. Los documentos auténticos, libros de actas, estatutos, registros y catastros que se hallen en los archivos públicos, o los dependientes del Gobierno Federal, de los Estados, de los Ayuntamientos, con firma original o electrónica autorizada;

IV. Las certificaciones de las actas del estado civil expedidas por las autoridades jurisdiccionales, personas funcionarias públicas del Registro Civil o dependencia pública de acuerdo con cada Entidad Federativa, y las certificaciones que sean expedidas por medios manuales o electrónicos y que cuenten con la firma autógrafa digitalizada o firma electrónica avanzada de las personas facultadas para ello, respecto a constancias existentes en los libros correspondientes;

V. Las certificaciones de constancias existentes en los archivos públicos físicos o electrónicos firmados en forma autógrafa o electrónicamente expedidas por personas funcionarias a quienes competa;

VI. Las certificaciones de constancias existentes en los archivos parroquiales y que se refieran a actos pasados, antes del establecimiento del Registro Civil, siempre que fueren cotejadas por Notario Público o quien haga sus veces con arreglo a derecho;

VII. Las ordenanzas, estatutos, reglamentos y actas de sociedades o asociaciones, universidades, siempre que estuvieren aprobados por el Gobierno Federal o de los Estados, y las copias certificadas que de ellos se expidieren;

VIII. Las actuaciones judiciales de toda especie, incluyendo las de los expedientes electrónicos publicados y generados por cualquier autoridad jurisdiccional, en forma física o electrónica, de los Poderes Judiciales que les corresponda;

IX. Las certificaciones que expidieren las bolsas mercantiles o mineras autorizadas por la Ley y las expedidas por corredor público con arreglo al Código de Comercio;

X. Los convenios emanados del procedimiento de mediación o de Centro de Mediación o mecanismos alternativos para la solución de conflictos, que cumplan con los requisitos previstos en la Ley de la materia, y

XI. Los demás a los que se les reconozca ese carácter por la Ley.

Artículo 313. Los documentos públicos expedidos por Autoridades Federales, Locales, Municipales, Alcaldías o cualquier semejante, firmados en forma autógrafa o con la firma electrónica avanzada harán fe en las autoridades jurisdiccionales ante las que se presenten, sin necesidad de legalización.

Artículo 314. Para que los documentos públicos procedentes del extranjero, hagan fe en los Estados Unidos Mexicanos, deberán presentarse debidamente legalizados por las autoridades diplomáticas o consulares en los términos que establezcan los tratados y convenciones de los que México sea parte, la Ley del Servicio Exterior Mexicano y demás disposiciones aplicables.

En caso de imposibilidad para obtener la legalización, ésta se sustituirá por cualquier prueba adecuada para garantizar su autenticidad. En todo caso deberá estarse a lo señalado en los instrumentos internacionales en los que el Estado mexicano sea parte.

Artículo 315. De la traducción de los documentos que se presenten en idioma extranjero, se mandará dar vista a la parte contraria para que, en un plazo de tres días, manifieste si está conforme; en caso de no estarlo, dentro del mismo plazo de tres días deberá presentar traducción emitida por un perito traductor.

Si la traducción presentada por ambas partes fuese distinta en aspectos relevantes para la solución del conflicto, a costa de las partes, la autoridad jurisdiccional ordenará la traducción a través de un perito traductor oficial o una institución educativa.

En ambos casos, si hubiere conformidad o no dijere nada el contrario, se tendrá por consentida la traducción.

Artículo 316. Siempre que una de las partes litigantes pidiere copia o testimonio de parte de un documento, firmados de forma autógrafa o electrónicamente que obren en los archivos públicos físicos o electrónicos, la parte contraria tendrá derecho de que a su costa se adicione con lo que crea conducente del mismo documento. No así de los documentos que existen en archivos físicos o electrónicos de particulares.

Artículo 317. Los documentos existentes en un sitio distinto de aquel en que se sigue el juicio, se compulsarán a virtud de despacho o exhorto que dirija la autoridad jurisdiccional competente y; siempre que estos documentos se encuentren en los archivos públicos físicos o electrónicos.

Cuando se trate de documentos con firma electrónica, simple o avanzada, de ser posible se compulsarán levantando la actuación correspondiente y se observará el documento en la página de internet o en la base de datos de la dependencia que lo expidió. De no ser posible el referido cotejo, se procederá en los términos del párrafo anterior.

Artículo 318. Los documentos públicos que hayan venido al procedimiento sin citación contraria, se tendrán por legítimos y eficaces, salvo que se impugnare expresamente su autenticidad o exactitud por la parte a quien perjudiquen. En este caso, a petición de parte, se decretará el cotejo con los protocolos y archivos físicos o electrónicos de los que provengan, mismo que se practicará en la audiencia respectiva por parte de la autoridad jurisdiccional acompañado del personal necesario y competente, así como las partes involucradas, al efecto de ingresar en el local del archivo físico, la página de internet o matriz, el día y hora señalado, a realizar dicho cotejo. Si no comparece la parte interesada o no provee los medios tecnológicos para su desahogo se declarará desierta la prueba.

Los documentos firmados en forma autógrafa o electrónica, simple o avanzada, emitidos por autoridades federales, locales, municipales, alcaldías o cualquier otra semejante; así como por países extranjeros, tendrán el mismo valor y serán tratados con las mismas condiciones que los que se hayan elaborado físicamente, autenticados con firma autógrafa.

Artículo 319. Son documentos privados los que otorgan personas particulares sin intervención de Notario Público u otra persona funcionaria dotado de fe pública, o legalmente autorizado para certificar tal documento.

También se consideran documentos privados, aquellos que provengan de personas terceras y que este Código Nacional no reconozca como documentos públicos.

Artículo 320. Los documentos privados y la correspondencia procedente de las partes, presentados en juicio por vía de prueba y no objetados por la parte contraria, se tendrán por admitidos y surtirán sus efectos como si hubieren sido reconocidos expresamente. Puede exigirse el reconocimiento expreso, si la parte que los presenta así lo pidiere; con este objeto se exhibirán los originales a quien deba reconocerlos y se le dejará verlos en su integridad y no sólo la firma.

Quien ofrezca pruebas documentales privadas está obligada a exhibir el original, si lo exhibe en copia certificada o simple y no lo exhibe para los efectos del reconocimiento o la elaboración de pruebas periciales, se presumirá ciertos los hechos que pretende demostrar la parte impugnante u objetante, salvo prueba en contrario.

Artículo 321. Los documentos privados originales, cuando formen parte de un libro, expediente o legajo, se exhibirán para que se compulse la parte que señalen las partes interesadas.

Artículo 322. Si el documento se encuentra en libros, papeles de casa, de comercio o de algún establecimiento industrial, así como archivo que, por sus características y estado no permita su reproducción sin deteriorarse, quien pida el documento o la constancia, deberá fijar con precisión cuál sea, y la copia testimoniada se tomará en el escritorio del establecimiento, sin que las personas directoras de él, estén obligados a llevar a la autoridad jurisdiccional los libros de cuentas, ni a más que a presentar las partidas o documentos designados.

Artículo 323. Cuando las partes deban servirse de documentos en poder de terceros, solicitarán del juzgado, que se intime a los mismos la exhibición o para que faciliten la obtención de copia fotográfica, electrónica o testimonio certificado de ellos, siendo los gastos que se originen a cargo de la parte que pida la prueba. Las personas terceras pueden rehusarse si tienen derechos exclusivos sobre los documentos u otra cosa, debiendo justificarlo de manera fehaciente.

Si se trata de documento que se halle en poder de la contraparte, se le intimará para que lo presente en el primer ocurso que comparezca a juicio o en la audiencia respectiva, y de no presentarlo se presumirán ciertos los hechos que pretende demostrar su contraparte. La parte que promueva la prueba podrá presentar copia del documento o proporcionar los datos que conozca acerca de su contenido, mismo que se tendrá por exacto si se probare que el documento se halla o estuvo en poder de la parte adversaria, y ésta sin justa causa no lo presenta.

Artículo 324. La obligación de exhibir documentos y cosas en procedimientos que se sigan en el extranjero, no comprenderá la de exhibir documentos o copias de éstos identificados por características genéricas.

En ningún caso podrá una autoridad jurisdiccional ordenar ni llevar a cabo la inspección de archivos que no sean de acceso público, salvo en los casos permitidos por las Leyes nacionales.

Artículo 325. Los documentos que presenten las partes en los escritos de demanda y contestación, o en el desahogo de vista, podrán ser objetados en cuanto a su alcance y valor probatorio en esos propios escritos o una vez admitidos en la audiencia preliminar. Los documentos que surjan con posterioridad, deberán ser exhibidos o incorporados sólo durante audiencia por parte interesada y, de ser admitidos, en el mismo acto podrá realizarse su objeción.

Artículo 326. En el reconocimiento de documentos se protestará en términos de Ley a la persona que debe hacerlo, ya sea tratándose de una de las partes o de un tercero, quien en la audiencia de juicio contestará oralmente los cuestionamientos que se le realicen sólo sobre el documento a reconocer. Si se niega a responder y es parte en el juicio, el documento se tendrá por reconocido.

Sólo puede reconocer un documento privado la persona que lo firmó, la que lo manda extender o la persona legítima representante con poder o cláusula especial.

Artículo 327. Podrá pedirse el cotejo de firmas y letras, siempre que se niegue o que se ponga en duda la autenticidad de un documento privado o de un documento público que carezca de matriz. Para este objeto se procederá con sujeción a lo que se previene para la prueba pericial.

Artículo 328. La falsedad consiste en la formación de un documento no verdadero, o en la alteración de uno auténtico, o bien en la falta de veracidad de los hechos representados en un documento público que se afirman como ocurridos ante una persona funcionaria pública, Notario o Corredor públicos.

La parte que redarguye de falso un documento debe indicar específicamente los motivos y las pruebas; cuando se impugne la autenticidad del documento privado o público sin matriz deben señalarse los documentos indubitables para el cotejo y promover la prueba pericial correspondiente. Sin estos requisitos se tiene por no redargüido o impugnado el documento.

Realizada la impugnación, se procederá a desahogar la prueba pericial en términos del presente Código Nacional.

Lo dispuesto en este artículo sólo da competencia a la autoridad jurisdiccional para conocer y decidir en lo principal la fuerza probatoria del documento impugnado, sin que pueda hacerse declaración alguna general que afecte al documento, y sin perjuicio del procedimiento penal a que hubiere lugar.

Si en el momento de la celebración de la audiencia se tramitare procedimiento penal sobre la falsedad del documento en cuestión, la autoridad jurisdiccional, sin suspender el procedimiento y según las circunstancias, determinará al dictar sentencia, si se reservan los derechos del impugnador para el caso en que penalmente se demuestre la falsedad, o bien puede subordinar la eficacia ejecutiva de la sentencia a la prestación de una caución.

Artículo 329. La impugnación de falsedad de un documento debe realizarse en la etapa postulatoria del juicio. Si se trata de los exhibidos en la demanda, sea principal o reconvencional, la parte demandada deberá oponer la excepción de falsedad de documento y ofrecerá las pruebas para tal fin. La parte actora podrá responder a dicha impugnación, ampliará su cuestionario y ofrecerá la pericial correspondiente, en su caso.

Si se trata de documentos exhibidos al contestar la demanda o la reconvención, la contraparte deberá promover la impugnación al desahogar la vista y ofrecerá las pruebas para ello, dando vista por tres días a su contraria para el derecho de contradicción.

En el caso de los documentos exhibidos en los escritos de desahogo de vista de excepciones, la demandada podrá impugnarlos dentro del término de tres días contados a partir del acuerdo en que se tienen por exhibidos, ofreciendo las pruebas pertinentes; y la actora en el principal o en la reconvención, responderán a dicha impugnación por escrito en el término de tres días, en el entendido de que sólo podrán adicionar puntos o cuestionamientos y, en su caso, documentos indubitables para cotejo. En el caso de documentos exhibidos en audiencia, la impugnación de falsedad se hará en la misma audiencia donde se exhiben. Las partes tienen la obligación de acudir a la audiencia respectiva debidamente preparados para tales efectos, bajo el apercibimiento de no dar trámite a su petición.

Artículo 330. Quien pida el cotejo designará el documento o documentos indubitables con que deba hacerse, o pedirá a la autoridad jurisdiccional que cite a la persona interesada, para que en su presencia y en audiencia especial o simple comparecencia asiente la firma, letras o huella digital que servirán para el cotejo. En este caso, la autoridad jurisdiccional podrá aprovechar la presencia de la persona en cualquiera de las audiencias para recabar sus firmas.

Artículo 331. Se considerarán indubitables para el cotejo:

I. Los documentos físicos o electrónicos firmados de manera autógrafa o con firma electrónica avanzada que las partes, según el caso, de común acuerdo, reconozcan como tales;

II. Los documentos privados físicos o electrónicos cuya letra o firma autógrafa o con firma electrónica avanzada hayan sido reconocidos en juicio por aquel a quien se atribuye la dudosa;

III. Los documentos físicos o electrónicos cuya letra, firma autógrafa o con firma electrónica avanzada, o huella dactilar, haya sido judicialmente declarada propia de aquel a quien se atribuye la dudosa, exceptuándose el caso en que la declaración haya sido hecha en rebeldía;

IV. El escrito impugnado, en la parte en que reconozca la letra como suya aquella parte a quien perjudique, y

V. Las firmas o huellas digitales puestas en actuaciones judiciales, en presencia de la persona secretaria judicial, auxiliar o judicial de la autoridad jurisdiccional, por la parte cuya firma, letra o huella dactilar se trata de comprobar y las puestas ante cualquier otra persona funcionaria revestida de fe pública.

SECCIÓN SEXTA
DE LA INSPECCIÓN O RECONOCIMIENTO JUDICIAL

Artículo 332. Al ofrecerse la prueba de inspección judicial, se deberá señalar e identificar los puntos sobre los que debe versar y puede verificarse respecto de lugares, bienes muebles e inmuebles, información publicada y de libre acceso en internet o personas, y que no requieran de conocimientos técnicos especializados, debiendo indicar con toda precisión, la materia u objeto de la prueba y su relación con algún punto del debate, sin cuyos requisitos no se admitirá.

El reconocimiento o inspección judicial, es el acto contingente y momentáneo, en el que la autoridad jurisdiccional, a través de sus sentidos, da fe de aspectos reales o cuestiones materiales para crear convicción respecto de los hechos materia del litigio.

Cuando el reconocimiento a cargo de una persona verse sobre algún documento, deberá desahogarse en la audiencia de juicio, apercibido que, en caso, de no comparecer, se le tendrá por cierto el contenido del mismo.

Artículo 333. La inspección o reconocimiento deberá cumplir con las siguientes reglas:

I. Deberá desahogarse en la audiencia de juicio o, según las circunstancias, o bien, antes o después de la misma en cualquier diligencia, con día de diferencia máximo, a efecto de no afectar el principio de continuidad y concentración de la información que arroje;

II. En el caso de haberse solicitado la elaboración de planos o toma de fotografías éstas deberán desahogarse necesariamente en audiencia de juicio por la parte interesada;

III. Las partes, peritos o testigos podrán estar presentes en la inspección judicial, dejando razón de su asistencia. La autoridad jurisdiccional deberá estar presente, sin poder delegar su presencia, con el personal necesario para el desarrollo de la audiencia, en caso, contrario resultará nula la diligencia de pleno derecho;

IV. De recibirse la inspección judicial en audiencia de juicio, la autoridad jurisdiccional decidirá el momento procesal para decretar el receso respectivo, definiendo las condiciones, tiempos, apercibimientos y demás medidas que considere pertinentes para llevar a cabo el desahogo y regresar a la sala de audiencias respectiva para la continuación de la audiencia, si fuera el caso;

V. Con este fin, la audiencia iniciará en la sala de audiencias de la autoridad jurisdiccional respectiva, en la que, después de cumplir con las demás formalidades de la misma, se decretará el receso para trasladarse al lugar de la inspección y, posteriormente, al regreso, continuar con la audiencia respectiva de poderse celebrar el mismo día, en caso contrario, se podrá señalar nuevo día y hora para su continuación, y

VI. En caso de no presentarse a la audiencia o diligencia la parte interesada, la prueba dejará de recibirse. Durante el desahogo de la inspección las partes, testigos o peritos, según el caso, podrán realizar las observaciones que consideren pertinentes, debiendo la autoridad jurisdiccional resolver en el acto lo que en derecho proceda, y la inspección judicial deberá videograbarse en su totalidad, sin incluir el traslado de personas; adicionándose, en su caso, los planos y fotografías respectivas. De no ser posible, se hará constar en cualquier medio a juicio de la autoridad jurisdiccional.

SECCIÓN SÉPTIMA
DE LA PRUEBA DE INFORMES

Artículo 334. El informe es un medio de prueba autónomo, que consiste en la rendición de datos, a través de un comunicado que debe contener la información que la parte oferente de la prueba proponga, o que el juzgado requiera oficiosamente y que la persona informante tenga a su disposición, en cualquier fuente que la pueda contener, ya sea electrónica o documental.

Los informes que se soliciten deberán versar sobre puntos claramente individualizados y referirse a hechos o actos que resulten de la documentación, archivo o registro de la persona informante.

La contraparte podrá formular las peticiones tendientes a que los informes sean completos y ajustados a los hechos a que han de referirse.

SECCIÓN OCTAVA
DE OTROS MEDIOS DE PRUEBA

Artículo 335. Para acreditar hechos o circunstancias que tengan relación con el procedimiento que se ventile, las partes pueden presentar otros medios de prueba que no estén expresamente reconocidos y regulados en el Código Nacional, como son, ejemplificativamente, videos, fotografías, cintas cinematográficas, disquetes o discos compactos, de sistemas computacionales, grabaciones de imágenes y sonidos, así como la información generada o comunicada que conste en medios electrónicos, magnéticos, ópticos, u otros medios de reproducción; o bien, copias digitales, impresiones de documentos electrónicos, simples o al carbón, documentos taquigráficos; así como registros dactiloscópicos, fonográficos y, en general, cualesquiera otros elementos proporcionados por la ciencia y la tecnología, que puedan producir convicción en el ánimo de la autoridad jurisdiccional.

Las pruebas ofrecidas que, por su naturaleza, requieran de dispositivos electrónicos para su reproducción o percepción, o de alguna traducción o interpretación técnica, serán admitidas siempre y cuando la autoridad jurisdiccional cuente con ellas, y en caso contrario el oferente proporcione dichas herramientas para su desahogo en la audiencia respectiva, bajo el apercibimiento de dejar de recibir la prueba.

Los registros electrónicos generados y publicados en un expediente electrónico, únicamente podrán ofrecerse precisando la liga respectiva, la parte conducente que se desea aportar como prueba, así como el nombre de las partes, número de expediente, tipo de juicio, juzgado en el que se tramita o tramitó el procedimiento respectivo, y cualquier otro dato que permita a la autoridad jurisdiccional su localización electrónica.

En todo caso, deberán respetarse los principios de equivalencia funcional o no discriminación y de neutralidad tecnológica de todo documento electrónico, conforme a las reglas de la prueba documental, atendiendo a la naturaleza del mismo.

Artículo 336. Si alguna de las partes estima que la reproducción de estos medios puede atentar contra la intimidad de las personas o poner en riesgo información reservada, confidencial o secretos industriales, lo expresará a la autoridad jurisdiccional, quien calificará tal solicitud y de considerarla fundada se recibirá en audiencia privada, dejando constancia de ello en el acta mínima que al efecto se levante.

SECCIÓN NOVENA
DE LAS PRESUNCIONES

Artículo 337. Presunción es la consecuencia que la norma jurídica o la autoridad jurisdiccional, deduce de un hecho conocido para averiguar la verdad de otro desconocido: la primera se llama legal y la segunda humana.

Artículo 338. Hay presunción legal cuando la Ley la establece expresamente y cuando la consecuencia nace inmediata y directamente de la Ley; hay presunción humana, cuando de un hecho debidamente probado, se deduce otro que es consecuencia ordinaria de aquél.

Artículo 339. La persona que tiene a su favor una presunción legal, sólo está obligada a probar el hecho en que se funda la presunción.

Artículo 340. No se admite prueba contra la presunción legal, cuando la Ley lo prohíbe expresamente y cuando el efecto de la presunción, es anular un acto o negar una acción, salvo el caso en que la Ley haya reservado el derecho de probar.

Artículo 341. La presunción debe ser grave, esto es, digna de ser aceptada por persona de buen criterio. Debe también ser precisa, esto es, que el hecho probado en que se funde, sea parte o antecedente o consecuencia del que se quiera probar, y que cuando fueren varias las presunciones han de ser concordantes entre sí.

Artículo 342. En los supuestos de presunciones legales que admiten prueba en contrario, opera la inversión de la carga de la prueba.

SECCIÓN DÉCIMA
DE LA VALORACIÓN DE LAS PRUEBAS

Artículo 343. Las autoridades jurisdiccionales apreciarán la prueba según su libre convicción extraída de la totalidad del debate y la instrumental de actuaciones, lo harán de manera libre, lógica y basada en la experiencia. En la resolución judicial respectiva siempre expondrán la motivación racional de las pruebas desahogadas tanto en lo individual como en su conjunto, salvo que se hayan desestimado, indicando las razones que se tuvieron para hacerlo.

En el caso de los recursos que se encuentran previsto en el presente Código Nacional, la autoridad de apelación deberá realizar la inmediación directa de las pruebas cuando así resulte procedente, valorándolas en los términos señalados en el párrafo anterior.

Artículo 344. Los documentos públicos siempre harán prueba plena, salvo el caso de objeción declarada procedente o probado el incidente de impugnación.

Las actuaciones e inspección judiciales que no requiera conocimientos especiales o científicos hacen prueba plena.

Artículo 345. Los documentos privados provenientes de las partes, harán prueba plena cuando no fueren objetados, cuando no se pruebe la objeción, cuando no fueren impugnados, cuando no se demuestre la impugnación o cuando fueren legalmente reconocidos.

El reconocimiento de documentos por su autor o autores, sea en etapa escrita o en audiencia, hace prueba plena salvo que existan otras que las contradigan. Los documentos privados provenientes de extraños al juicio, no reconocidos, ni objetados, constituyen indicio que requiere concatenación con otros medios de prueba para que funden una presunción.

Artículo 346. Los libros, instrumentos técnicos y demás que conforme a la Ley se deben llevar por cualquier persona, tendrán el valor probatorio que les asigne su normatividad específica.

Los documentos simples reconocidos por testigos, tendrán el valor que merezcan sus testimonios.

Artículo 347. Las presunciones legales hacen prueba plena, salvo que existan otras que la contradigan o el presente Código Nacional disponga lo contrario.

El órgano jurisdiccional según la naturaleza de los hechos, la prueba de ellos, los indicios y el enlace necesario que exista entre la verdad conocida y la que se busca, apreciará discrecionalmente el valor de las presunciones humanas.

Artículo 348. Se reconoce como prueba la información generada o comunicada que conste en medios electrónicos, ópticos, digitales, en una cadena de bloques o en cualquier otra tecnología.

Artículo 349. Para valorar la fuerza probatoria de la información a que se refiere el artículo anterior, se estimará primordialmente la fiabilidad del método en que haya sido generada, comunicada, recibida o archivada y, en su caso, si es posible atribuir a las personas obligadas el contenido de la información relativa y ser accesible para su ulterior consulta.

Artículo 350. Cuando la ley requiera que un documento sea conservado y presentado en su forma original, ese requisito quedará satisfecho si se acredita que la información generada, comunicada, recibida o archivada por medios electrónicos, ópticos, digitales, cuánticos o de cualquier otra tecnología, se ha mantenido íntegra e inalterada a partir del momento en que se generó por primera vez en su forma definitiva y ésta pueda ser accesible para su ulterior consulta.

La información, documentos electrónicos o mensajes de datos contenidos o almacenados en una cadena de bloques pública hacen prueba plena, siempre que no existan circunstancias fehacientes de que los registros vinculados en la cadena de bloques han sido vulnerados o manipulados sin autorización, o no son confiables.

CAPÍTULO III
DEL JUICIO ORAL SUMARIO

Artículo 351. Corresponde a los Consejos de la Judicatura de los Poderes Judiciales de las Entidades Federativas y del Poder Judicial de la Federación, mediante acuerdos generales, determinar qué asuntos serán gestionados en el juicio oral sumario que trata este Capítulo.

Artículo 352. Al juicio oral sumario le resultan aplicables las disposiciones generales de este Código Nacional, siempre que no contravengan lo previsto en este Capítulo.

Artículo 353. La demanda será formulada por comparecencia y en ella se expresarán en forma sucinta el objeto que se persigue y los hechos que fundan la pretensión, se ofrecerán las pruebas de tales hechos, y se indicará el nombre y domicilio de la parte demandada.

Artículo 354. De reunirse los presupuestos procesales, en la misma comparecencia la autoridad jurisdiccional admitirá la demanda y ordenará emplazar a la parte demandada para una audiencia que se celebrará en un plazo no menor a cinco días contados a partir del emplazamiento, de conformidad con lo siguiente:

I. La parte demandada dará respuesta a los hechos expuestos por su contraria y ofrecerá las pruebas que estime a su favor; en caso de documentos, deberá proporcionar copia de los mismos a la parte actora.

II. La autoridad judicial podrá suspender la audiencia para, en sesión privada, intentar la solución del asunto a través de los medios alternativos, así como informar a las partes la posibilidad de acudir ante los centros de justicia alternativa, en los casos en que procedan dichos medios.

III. La autoridad judicial admitirá a las partes las pruebas que estime pertinentes, según la naturaleza de los hechos controvertidos, y señalará día y hora para la audiencia de juicio.

Artículo 355. Para el emplazamiento se aplicarán las reglas generales previstas en este Código Nacional, pero se dará traslado a la parte demandada del registro en que conste la comparecencia para formular la demanda, así como la resolución de admisión de esta, y se le entregarán copias de los documentos o registros presentados al formular la demanda.

Artículo 356. Si solo se admiten pruebas documentales, declaración de parte, instrumental y presuncional, la autoridad judicial iniciará en ese momento la audiencia de juicio, en la cual desahogará las pruebas admitidas, escucharán los alegatos orales y emitirá la sentencia definitiva, que explicará a las partes y documentará dentro de los tres días siguientes.

Artículo 357. Cuando el allanamiento vincule a la autoridad jurisdiccional de conformidad con lo dispuesto en este Código Nacional, si la parte demandada se allana a la demanda, en la misma audiencia la autoridad judicial dictará la sentencia definitiva, que explicará a las partes y documentará dentro de los tres días siguientes. En caso de allanamiento no procederá la condenación en costas.

Artículo 358. En los casos de reconvención:

I. La autoridad jurisdiccional admitirá la reconvención, de ser procedente;

II. Ordenará emplazar al demandado reconvencional en ese mismo acto para otra audiencia que se celebrará en un plazo no menor a cinco días contados a partir de concluida la audiencia;

III. El demandado de la reconvención dará respuesta a los hechos expuestos por su contraria y ofrecerá las pruebas que estime a su favor; en caso de documentos, deberá proporcionar copia de los mismos a la parte actora, y

IV. Concluida la reconvención se estará a lo dispuesto por este Capítulo.

Artículo 359. En la audiencia de juicio se recibirán las pruebas, conforme a las disposiciones de este Código Nacional.

Los documentos y objetos que se hayan presentado serán mencionados, leídos, descritos, exhibidos o reproducidos, según corresponda.

Concluido el desahogo, se escucharán alegaciones breves de las partes y la autoridad jurisdiccional emitirá la sentencia definitiva, que explicará a las partes y documentará dentro de los cinco días siguientes.

El escrito en que se consigne la sentencia deberá corresponder a la que en la audiencia pronunció la autoridad judicial, sin que sea permitido incorporar argumentos diversos.

Artículo 360. Siempre se procurará resolver el fondo de todas las controversias planteadas.

Artículo 361. Contra la sentencia definitiva procede recurso de apelación; contra cualquier otra resolución no procede recurso alguno.

El plazo de la apelación se contará tomando en cuenta la notificación de la sentencia escrita.

Artículo 362. La autoridad jurisdiccional, sin afectar el debido proceso o los derechos humanos, bajo su prudente arbitrio y atendiendo a la naturaleza de la controversia, dispondrá de amplias facultades para orientar el desahogo de esta.

Artículo 363. La autoridad judicial podrá señalar y desahogar tantas audiencias cuantas considere necesarias para decidir los debates que establezcan las partes, sean principales, incidentales o sobre medidas cautelares.

Artículo 364. La autoridad judicial concederá la palabra a las partes las veces que estime convenientes para aclarar los puntos del propio debate y podrá interrogarlas para ese fin.

Artículo 365. En los procedimientos orales sumarios no existirá expediente.

Las audiencias se registrarán por cualquier medio que se estime conveniente, que asegure la preservación de la información para que pueda ser consultada.

No será necesario que la autoridad judicial sea asistida por persona secretaria judicial.

Artículo 366. Los Consejos de la Judicatura de los Poderes Judiciales de las Entidades Federativas y del Poder Judicial de la Federación, mediante acuerdos generales, podrán establecer los mecanismos necesarios para que los procedimientos a que se refiere este Capítulo se desahoguen a través de sistemas de justicia digital.

LIBRO TERCERO
DE LA JUSTICIA CIVIL

TÍTULO PRIMERO
DE LOS ACTOS PREJUDICIALES EN MATERIA CIVIL

CAPÍTULO I
DE LOS MEDIOS PREPARATORIOS DEL JUICIO EN GENERAL

SECCIÓN PRIMERA
DISPOSICIONES GENERALES

Artículo 367. El juicio podrá prepararse:

I. Pidiendo información a través de declaración o interrogatorio bajo protesta, a la persona que se pretenda demandar, acerca de un hecho relativo a su personalidad, negocios, la calidad de su posesión o tenencia de bienes;

II. Pidiendo la exhibición del bien mueble que haya de ser objeto de la acción real que se trate de entablar;

III. Pidiendo la persona legataria o cualquier otra que tenga el derecho de elegir uno o más bienes entre varios, su exhibición;

IV. Pidiendo la persona que se crea heredera, o coheredera o legataria, la exhibición de un testamento;

V. Pidiendo la persona compradora a la vendedora, o la vendedora a la compradora, en el caso de evicción, la exhibición de títulos u otros documentos que se refieran a los bienes vendidos;

VI. Pidiendo a una persona socia o comunera la presentación de los documentos y cuentas de la sociedad o comunidad, a una persona socia o copropietaria que los tenga en su poder;

VII. Pidiendo el examen de personas testigos, cuando se trate de personas mayores o se hallen en peligro inminente de perder la vida, o próximas a ausentarse a un lugar con el cual sean tardías o difíciles las comunicaciones y no pueda deducirse aún la acción, por depender su ejercicio de un plazo o de una condición que no se haya cumplido todavía;

VIII. Pidiendo el examen de personas testigos para probar alguna excepción, siempre que la prueba sea indispensable y las personas testigos se hallen en alguno de los casos señalados en la fracción anterior;

IX. Pidiendo el examen de personas testigos u otras declaraciones que se requieran en un procedimiento extranjero;

X. Cuando pida la exhibición de un protocolo o de cualquier otro documento archivado, la diligencia se practicará en la oficina del Notario o Notaria Pública; del Corredor o Corredora Pública o en la oficina respectiva de conformidad con lo dispuesto por la legislación Local aplicable, sin que, en ningún caso, salgan de ellas los documentos originales, y

XI. Pidiendo la exhibición de instrumentos o documentos relativos a la posesión, propiedad y tenencia de bienes muebles o inmuebles que se pretenda recuperar; así como de actos o hechos jurídicos que puedan ser materia de controversia.

La acción que pueda prepararse conforme a las fracciones I a III y XI, procede contra cualquier persona que tenga en su poder los bienes que en ellas se mencionan.

Artículo 368. Los medios preparatorios tienen por objeto que una persona se allegue de aquellos elementos que estime necesarios para ejercitar una acción o hacer valer un derecho o excepción, dentro de un procedimiento jurisdiccional.

Artículo 369. Estos procedimientos se tramitarán de forma escrita y únicamente serán aplicables los principios del juicio oral y sus reglas probatorias, durante las audiencias.

Artículo 370. Los medios preparatorios a juicio deberán solicitarse por escrito ante autoridad jurisdiccional competente y reunir al menos los siguientes requisitos:

I. Nombre, domicilio y dirección electrónica de quien promueve, en su caso;

II. El nombre y domicilio de las personas que deberán comparecer ante la autoridad jurisdiccional para rendir su declaración o exhibir los documentos o bienes solicitados;

III. Señalar el objeto que se persigue con la práctica de las diligencias;

IV. Señalar la acción, derecho o excepción que se pretenda ejercer u oponer;

V. El ofrecimiento de los medios de prueba que estime para acreditar la pertinencia de la solicitud, y

VI. La firma autógrafa o electrónica de quien promueve.

Artículo 371. La autoridad jurisdiccional podrá ordenar la práctica de diligencias que estime necesarias para cerciorarse sobre la personalidad y legitimación de quien solicita los medios preparatorios, así como de la necesidad o pertinencia de lo solicitado.

Artículo 372. Contra la resolución que concede la diligencia preparatoria, no habrá ningún recurso. Contra la resolución que niegue alguna de las diligencias enumeradas en el artículo 367 del presente Código Nacional, procede la queja.

Artículo 373. Una vez que la autoridad jurisdiccional admitió la solicitud y concedió la práctica de las diligencias preparatorias, se citará a la persona de la cual se requiera la declaración o la exhibición de los documentos o bienes, informándosele la naturaleza del procedimiento y el contenido de la solicitud, para que dentro del plazo de cinco días se lleve a cabo la audiencia respectiva o la práctica de la diligencia a que haya lugar.

Artículo 374. La solicitud de exhibición interrumpe la prescripción de la acción, siempre que se presente la demanda correspondiente dentro de los cinco días siguientes al que se efectúo la exhibición, o dentro de los cinco días siguientes al que judicialmente conste que aquella no puede efectuarse.

Artículo 375. Desahogada la diligencia, quien intentó la medida ante la autoridad jurisdiccional competente, deberá presentar la demanda dentro del término de cinco días, la que se engrosará y tramitará con el mismo número de expediente con que se radicó el medio preparatorio. Si por razón de turno, le corresponde la nueva demanda a la misma autoridad jurisdiccional que conoció de la diligencia preparatoria, en caso contrario, se remitirá al que por razón de turno le corresponda.

Artículo 376. La autoridad jurisdiccional podrá usar los medios de apremio previstos en el presente Código Nacional para hacer cumplir sus determinaciones. La persona rebelde responderá de los daños y perjuicios que cause.

Artículo 377. No se practicará diligencia alguna de jurisdicción voluntaria de la que pueda resultar perjuicio a la Federación. Las que se practicaren en contravención de este precepto serán nulas de pleno derecho y no producirán efecto legal alguno.

SECCIÓN SEGUNDA
DE LOS MEDIOS PREPARATORIOS DEL JUICIO EJECUTIVO CIVIL

Artículo 378. Los medios preparatorios a juicio ejecutivo tienen por objeto que una persona presunta deudora comparezca ante la autoridad jurisdiccional para reconocer el contenido de un documento o la firma de este, así como por solicitud de la persona acreedora y sobre una obligación cierta, liquida y exigible.

Artículo 379. La solicitud deberá formularse por escrito ante la autoridad jurisdiccional competente y contendrá al menos lo siguiente:

I. Nombre, domicilio y dirección electrónica de quien promueve;

II. Nombre y domicilio de la persona presunta deudora;

III. Los hechos en que funde su solicitud, y

IV. La firma autógrafa o electrónica de quien promueve.

Artículo 380. Tratándose de reconocimiento de documento o firma, se deberá adjuntar el documento a reconocer.

Artículo 381. Una vez que la autoridad jurisdiccional admita la solicitud, señalará fecha de audiencia dentro del plazo de veinte días y citará a la persona de la cual se requiera el reconocimiento del documento o su declaración en torno a una presunta deuda liquida y exigible, con el apercibimiento que, en caso de inasistencia o falta de contestación al interrogatorio, se le tendrá por cierto el reconocimiento de la obligación, contenido del documento o la firma de este.

Artículo 382. Practicada la citación se llevará a cabo la audiencia de reconocimiento, misma que deberá desahogarse mediante su declaración y en su caso, con la exhibición del documento. En la audiencia de reconocimiento se observará lo siguiente:

I. El interrogatorio que se le formule a la persona citada deberá estar destinado únicamente al objeto de la solicitud, sin introducir hechos ajenos al reconocimiento o declaración;

II. La autoridad jurisdiccional calificará de oficio el interrogatorio y rechazará las que resulten impertinentes. Contra dicha resolución no procede recurso alguno;

III. Se redactará acta que contenga el reconocimiento de lo solicitado, cuando así proceda.

Artículo 383. Puede hacerse el reconocimiento de documentos firmados ante Corredora o Corredor Público, Notaria o Notario Público, según corresponda de conformidad con lo dispuesto por la legislación aplicable, en forma autógrafa o con la firma electrónica, ya en el momento del otorgamiento o con posterioridad, siempre que lo haga la persona directamente obligada, la persona representante legítima o persona representante autorizada con poder bastante.

La Corredora o Corredor Público, Notaria o Notario Público hará constar el reconocimiento al pie del documento mismo, asentando si la persona que reconoce es representante legal o apoderada de la persona deudora, y la cláusula relativa, señalando también los datos de la escritura o póliza en su caso, en que se asiente tal constancia.

Artículo 384. Si el instrumento público o privado reconocido no contiene cantidad líquida, puede prepararse la acción ejecutiva siempre que la liquidación pueda hacerse en un término que no excederá de quince días.

La liquidación se hace incidentalmente con un escrito de cada parte, un plazo probatorio no mayor de seis días, si las partes lo pidieren y la autoridad jurisdiccional lo estima necesario y la resolución se dictará dentro de los tres días siguientes al desahogo de las pruebas; pronunciamiento contra el cual no procederá recurso alguno.

Artículo 385. En lo no previsto en este Capítulo se observarán las reglas para los medios preparatorios del juicio en general en lo que resulte aplicable.

SECCIÓN TERCERA
DE LA PREPARACIÓN DEL JUICIO ARBITRAL

Artículo 386. Cuando en un contrato o instrumento público se haya establecido cláusula de arbitraje y no se haya nombrado árbitro, éste se rehusare o falleciere y no exista sustituto, cualquiera de las partes contratantes podrá acudir ante la autoridad jurisdiccional para que se designe uno a través de un medio preparatorio.

Artículo 387. Presentándose por cualquiera de los interesados el documento firmado ya sea de manera electrónica o autógrafa, en el que se contiene la cláusula compromisoria, la autoridad jurisdiccional citará a una audiencia dentro del quinto día para que se presenten a elegir árbitro, apercibiéndolos de que, en caso de no hacerlo, lo hará en su rebeldía.

Artículo 388. Si la cláusula compromisoria forma parte de documento privado, al emplazar a la otra parte a la audiencia a que se refiere el artículo anterior, la persona secretaria judicial la requerirá previamente para que reconozca o no la firma autógrafa o electrónica del documento, y si se rehusare a contestar, se tendrá por reconocida.

Artículo 389. En la audiencia, la autoridad jurisdiccional exhortará a que elijan árbitro de común acuerdo, y en caso de no conseguirlo, designará uno entre las personas que aparezcan en las listas oficiales del Poder Judicial de la Federación o de las Entidades Federativas; también podrá consultar a instituciones arbitrales, colegios de corredores o notarios públicos debidamente certificados para tal fin.

Lo mismo se hará cuando el árbitro nombrado en el compromiso renunciare o fallezca y no hubiere sustituto designado.

Artículo 390. Habiéndose nombrado árbitro, se levantará acta de la audiencia, a través de la cual se iniciarán las actuaciones de este, emplazando a las partes como se determina en las reglas generales del juicio arbitral.

SECCIÓN CUARTA
DE LAS PRELIMINARES DE LA CONSIGNACIÓN

Artículo 391. Si la persona acreedora rehusare, sin justa causa recibir la prestación debida, dar el documento justificativo de pago o si fuere persona incierta o no tenga la habilidad o facultad jurídica de recibir pagos, la deudora podrá librarse de la obligación, mediante el ofrecimiento judicial de pago, seguido de consignación.

Artículo 392. Si la persona acreedora fuere cierta y conocida, se le citará para día, hora y lugar determinados, a fin de que reciba o vea depositar el bien debido. Si este fuere bien mueble de difícil conducción, la diligencia se practicará en el lugar donde se encuentre, siempre que esté dentro de la competencia territorial de la autoridad jurisdiccional; si estuviere fuera, se le citará y se librará el exhorto por escrito o vía correo electrónico o el despacho correspondiente a la autoridad jurisdiccional del lugar para que en su presencia el acreedor reciba o vea depositar el bien debido.

Artículo 393. Si se tratare de valores, alhajas o muebles de fácil conducción, la consignación se hará mediante entrega directa, o bien si fuese dinero, exhibiendo el certificado de depósito expedido por instituciones de crédito autorizadas, ante la autoridad jurisdiccional o área de apoyo judicial respectiva para tal efecto en la Ley Orgánica del Poder Judicial competente.

Artículo 394. Si la consignación fuere de inmuebles, se citará al acreedor para que dentro del plazo de tres días manifieste lo que a su derecho corresponda y, en su caso, comparezca a recibir la posesión del inmueble relativo. Para ello, es necesaria la aprobación de la consignación por parte de la autoridad jurisdiccional, a fin de que la misma surta efectos, pudiendo también, en su momento, ordenar que se entregue al acreedor la posesión del bien, lo cual determinará con base en las circunstancias que resulten de las diligencias que se practiquen.

Artículo 395. Si la persona acreedora fuere desconocida, se le citará de conformidad con lo previsto en este Código Nacional, en términos de las disposiciones que se utilizan para las notificaciones de personas inciertas o cuyo domicilio se ignore.

Si la persona acreedora estuviere ausente o desaparecida, será citada a través de representante de conformidad con las leyes de la materia, y en su caso por conducto del Ministerio Público o la Representación Social.

Artículo 396. La persona acreedora comparecerá personalmente o a través de su persona representante autorizada, el día, hora y lugar designados, ante el área de apoyo judicial respectiva o la autoridad jurisdiccional, donde se levantará constancia de la comparecencia, o no, describiendo el bien consignado, su recepción y, en su caso, que quedó constituido el depósito en la persona o establecimiento designado por la autoridad jurisdiccional, oficina de apoyo judicial, o en el lugar indicado por la Ley Orgánica respectiva.

Si la persona acreedora se negare a recibir los bienes consignados, se harán constar sus argumentos en el acto respectivo.

Artículo 397. Si el bien debido fuese cierto y determinado, que debiera ser consignado en el lugar en donde se encuentre, y la persona acreedora no lo retirara ni lo transportara, la deudora puede obtener autorización de la autoridad jurisdiccional para depositarlo en otro lugar adecuado y bajo su responsabilidad.

Artículo 398. Cuando la persona acreedora no haya estado presente en el ofrecimiento y depósito del bien debido, debe ser notificada personalmente de esas diligencias, entregándosele copia simple de ellas, si las pidiere, conforme a las formalidades establecidas en el presente Código Nacional.

Artículo 399. La consignación del dinero puede hacerse en el lugar o cuenta bancaria que designe la persona acreedora y en su defecto, mediante certificado de depósito o cheque certificado, ante el área de apoyo judicial, dispuesta para dichos efectos en la Ley Orgánica respectiva, Secretaría de Finanzas o Tesorería de cada Entidad Federativa.

Artículo 400. La consignación y el depósito de que hablan los artículos anteriores pueden hacerse por conducto de Fedatario Público, en este caso la designación de la persona depositaria será hecha bajo la responsabilidad de la persona deudora.

La Corredora o el Corredor Público, Notaria o Notario Público, en su caso atenderán personalmente la diligencia y se limitarán a hacer el ofrecimiento y expedir a la persona deudora la certificación respectiva, en la que dé fe de los hechos. La tramitación de oposiciones de la persona acreedora y declaración de liberación deberá hacerse por la autoridad jurisdiccional competente.

Artículo 401. Las mismas diligencias previstas en el artículo que antecede, se seguirán si la persona acreedora fuere conocida, pero dudosos sus derechos. Este depósito sólo podrá hacerse bajo la intervención judicial y bajo la condición de que la persona interesada justifique sus derechos por los medios legales.

Artículo 402. Cuando la persona acreedora se rehusare en el acto de la diligencia a recibir, el bien, con la certificación a que se refieren los artículos anteriores, podrá la deudora pedir la declaración de liberación en contra de la acreedora.

Mientras la acreedora no acepte la consignación o no se pronuncie resolución sobre ella, podrá la deudora retirar el depósito del bien; pero en este caso la obligación conserva todo su vigor.

Artículo 403. La persona depositaria que se constituya en estas diligencias será designada por la autoridad jurisdiccional si con intervención de ella se practicaren. Si fueren hechas con intervención de Corredor o Corredora Pública, Notaria o Notario Público, la designación será bajo la responsabilidad de la deudora.

CAPÍTULO II
DE LAS MEDIDAS CAUTELARES EN MATERIA CIVIL

SECCIÓN PRIMERA
DE LAS PROVIDENCIAS PRECAUTORIAS

Artículo 404. Las providencias precautorias son las siguientes:

I. Radicación de persona, cuando hubiere temor fundado de que se ausente u oculte la persona contra quien deba promoverse o se haya promovido una demanda. Dicha medida se reducirá a prevenir a la parte demandada que no se ausente del lugar del juicio sin dejar quien la represente legalmente, suficientemente instruida y expensada, para responder a las resultas del juicio. Quien quebrante la providencia de radicación de persona, será sancionado con la pena que señala el Código Penal respectivo por el delito de desobediencia a un mandato legítimo de la autoridad judicial, sin perjuicio de ser compelido por los medios de apremio que correspondan a volver al lugar del juicio. Quien ostente la representación legal y que se presente instruida y expensada, quedará obligada solidariamente con la persona deudora, respecto del contenido de la sentencia;

II. Retención de bienes, en cualquiera de los siguientes casos:

a) Cuando exista temor fundado de que los bienes que se hayan consignado como garantía o respecto de los cuales se vaya a ejercitar una acción real, se dispongan, oculten, dilapiden, enajenen o sean insuficientes, y

b) Tratándose de acciones personales, siempre que la persona contra quien se pida no tuviere otros bienes que aquellos en que se ha de practicar la diligencia, y exista temor fundado de que los disponga, oculte, dilapide o enajene. En los supuestos a que se refiere esta fracción, si los bienes consisten en dinero en efectivo o en depósito en instituciones de crédito, u otros bienes fungibles, se presumirá, para los efectos de este artículo, el riesgo de que los mismos sean dispuestos, ocultados o dilapidados, salvo que el afectado con la medida garantice el monto del adeudo.

III. Depósito o aseguramiento de las cosas, libros, documentos o papeles sobre que verse el litigio, cuando se demuestre la existencia de un temor fundado o el peligro de que las cosas, libros, documentos o papeles puedan ocultarse, perderse o alterarse, y

IV. El aseguramiento de bienes y condiciones necesarias para conservar la causa de pedir y garantizar la ejecución efectiva de la sentencia, siempre y cuando las cosas se mantengan en el estado en que se encuentren a la fecha de notificación de la providencia, no se afecten el orden e interés público o de terceras personas, y no se constituyan derechos a favor de la promovente equivalentes a los que obtendría, en el caso de obtener sentencia definitiva favorable. Las disposiciones de las fracciones anteriores comprenden no sólo a la persona deudora, sino también a quienes tengan la calidad de socias y administradoras de bienes ajenos.

Artículo 405. Las providencias precautorias establecidas por este Código Nacional podrán decretarse, tanto como actos prejudiciales, como después de iniciado el juicio respectivo.

En el primer caso, se tramitará en expediente que se forme por cuerda separada, previo a iniciar el juicio principal conforme al procedimiento de dos fases que prevé el artículo 409 del presente Código Nacional; en el caso de que la petición sea la radicación de persona, quien promueva deberá garantizar el pago de los daños y perjuicios que se generen si no se presenta la demanda. El monto de la garantía deberá ser determinado por la autoridad jurisdiccional prudentemente, con base en la información que se le proporcione y cuidando que la misma sea asequible para el promovente; si la autoridad jurisdiccional que decretó las providencias no fuere la que conozca del procedimiento, desde luego remitirá las mismas a la que le haya sido encomendado el mismo, quien podrá, en su caso, confirmar o revocar la decisión dictada.

En el segundo caso, se tramitará en vía incidental directamente ante la autoridad jurisdiccional que conoce del procedimiento conforme al procedimiento de dos fases del mismo artículo 409 del presente Código Nacional.

Si se pide la radicación de persona, bastará la petición de la promovente y el otorgamiento de la garantía a que se refiere este artículo para que se decrete y se haga a la persona demandada la correspondiente notificación.

Artículo 406. Quien solicite la radicación de persona, deberá acreditar el derecho que tiene para gestionar dicha medida. Se podrá probar lo anterior mediante documentos o con testigos idóneos.

Artículo 407. La autoridad jurisdiccional deberá decretar de plano la retención de bienes, cuando la persona que la pida cumpla con los siguientes requisitos:

I. Pruebe la existencia de un crédito cierto, líquido y exigible a su favor;

II. Exprese el valor de las prestaciones o el de la cosa que se reclama, designando ésta con toda precisión;

III. Manifieste, bajo protesta de decir verdad, las razones por las cuales tenga temor fundado de que los bienes consignados como garantía o respecto de los cuales se vaya a ejercitar la acción real serán ocultados, dilapidados, dispuestos o enajenados. En caso de que dichos bienes sean insuficientes para garantizar el adeudo, deberá acreditarlo con el avalúo o las constancias respectivas;

IV. Tratándose de acciones personales, manifieste bajo protesta de decir verdad que la persona deudora no tiene otros bienes conocidos que aquellos en que se ha de practicar la diligencia. Asimismo, deberá expresar las razones por las que exista temor fundado de que el deudor oculte, dilapide o enajene dichos bienes, salvo que se trate de dinero en efectivo o en depósito en instituciones de crédito, o de otros bienes fungibles. Tratándose de alimentos, bastará la protesta de decir verdad del acreedor de que la persona deudora ha dejado de suministrar alimentos por tres meses consecutivos o discontinuos, y

V. Garantice los daños y perjuicios que pueda ocasionar la medida precautoria a la persona deudora, en el caso de que no se presente la demanda dentro del plazo previsto en este Código Nacional o bien porque promovida la demanda, sea absuelta su contraparte. El monto de la garantía deberá ser determinado por la autoridad jurisdiccional prudentemente, con base en la información que se le proporcione y cuidando que la misma sea asequible para quien la solicite. Salvo en asuntos que afecten derechos de familia, niñas, niños, adolescentes o mujeres que sufran cualquier tipo de violencia, en las que no será necesaria tal garantía.

Artículo 408. Si la parte demandada consigna el valor u objeto reclamado, si da fianza bastante a juicio de la autoridad jurisdiccional o prueba tener bienes inmuebles bastantes para responder del éxito de la demanda, comprometiéndose a no transmitirlos de ningún modo, no se llevará a cabo la providencia precautoria o se levantará la que se hubiere dictado.

Artículo 409. El procedimiento para decretar una providencia precautoria constará de dos fases, una provisional y una definitiva.

En la fase provisional no se requerirá de citación de la parte afectada y tendrá por objeto proteger el peligro en la demora que afirme y demuestre el peticionario. En caso de ser otorgada, la providencia precautoria provisional surtirá sus efectos hasta que se resuelva sobre el otorgamiento de la providencia precautoria definitiva.

Para el otorgamiento de la providencia precautoria definitiva el peticionario deberá demostrar, además de los requisitos particulares que este Código Nacional exige respecto de cada providencia precautoria, la apariencia del buen derecho y el peligro en la demora. Para tal efecto, se correrá traslado a la parte afectada con la solicitud respectiva para que en el plazo de tres días hábiles manifieste lo que a su derecho convenga.

En dicho caso, las partes deben ofrecer sus pruebas en la comparecencia o en los escritos de solicitud de providencia precautoria y en el de su contestación, y cada una de ellas es responsable de su preparación de forma que puedan recibirse en la audiencia especial para la determinación de la procedencia de la providencia precautoria definitiva.

Una vez transcurrido el plazo para que la parte afectada desahogue la vista con la solicitud de la providencia precautoria, se citará a las partes para una audiencia oral que tendrá lugar en un plazo de cinco días en la que se recibirán las pruebas y alegatos de las partes. En la misma audiencia se abordará el debate sobre procedencia, en su caso, de establecer una garantía a cargo del peticionario de la providencia precautoria.

Cerrada la instrucción, la autoridad jurisdiccional gozará de un plazo de tres días hábiles para dictar la sentencia interlocutoria en la que confirme, modifique o levante la providencia precautoria, en definitiva. En todo lo relacionado a ofrecimiento, admisión, preparación, desahogo de pruebas y celebración de audiencia oral, se aplicarán las reglas previstas en el presente Código Nacional.

Artículo 410. De toda providencia precautoria queda responsable la persona que la pida; por consiguiente, son a su cargo los daños y perjuicios que se causen.

Artículo 411. El aseguramiento de bienes decretado por providencia precautoria y la consignación a que se refiere este Capítulo, se rigen en lo que sea aplicable por lo dispuesto en las reglas generales del secuestro formándose la sección de ejecución que se previene en los juicios ejecutivos.

Artículo 412. Ejecutada la providencia precautoria antes de ser presentada la demanda, la persona que la pidió deberá entablar el juicio respectivo dentro de los quince días siguientes.

Artículo 413. Si la parte actora no cumple con lo dispuesto en el artículo que precede, la providencia precautoria se revocará de oficio o a petición de parte. Dentro del término a que se refiere el artículo anterior, deberá exhibir copia certificada u original del escrito inicial de demanda debidamente recibido por la Oficialía de Partes y; en su caso, el auto que la admitiera, de lo contrario se levantará la misma.

Artículo 414. La persona contra quien se haya dictado una providencia precautoria, puede en cualquier tiempo, pero antes de la sentencia ejecutoria, solicitar a la autoridad jurisdiccional su modificación o revocación, cuando ocurra un hecho superveniente y conforme al procedimiento que establece el artículo 409 del presente Código Nacional.

Artículo 415. Puede reclamar la providencia precautoria un tercero, cuando sus bienes hayan sido objeto del secuestro. Esta reclamación se sustanciará por cuaderno separado. El tercero que reclame una providencia, deberá hacerlo mediante escrito en el que ofrezca las pruebas respectivas. La autoridad jurisdiccional correrá traslado al promovente de la precautoria y a la persona contra quien se ordenó la medida, para que la contesten dentro del término de cinco días y ofrezcan las pruebas que pretendan se les reciban. Transcurrido el plazo para la contestación, se proveerá respecto a la admisión o desechamiento de las pruebas que se hayan ofrecido y se señalará fecha para su desahogo dentro de los diez días siguientes, mandando preparar las pruebas que así lo ameriten. En la audiencia se recibirán y desahogarán las pruebas. Concluido su desahogo, las partes alegarán verbalmente lo que a su derecho convenga. La autoridad jurisdiccional fallará en la misma audiencia y dictará el acta mínima que contendrá los puntos resolutivos, siendo el medio digital que contenga la audiencia, la más fiel constancia de valoración, fundamentación y motivación de la autoridad jurisdiccional.

En contra de la resolución de dicha reclamación, procederá el recurso de apelación en el efecto devolutivo. Cuando la providencia precautoria hubiere sido dictada en segunda instancia con motivo del recurso de apelación, la sentencia de la reclamación no admitirá recurso alguno.

Artículo 416. Cuando la providencia precautoria se dicte por una autoridad jurisdiccional que no sea la que deba conocer del procedimiento principal, una vez ejecutada y resuelta en su caso la reclamación, se remitirán a la autoridad jurisdiccional competente las actuaciones que se unirán al expediente, así como las constancias digitales del audio y video de la audiencia respectiva, para que en él obren los efectos que correspondan conforme a derecho.

SECCIÓN SEGUNDA
DE LAS MEDIDAS DE ASEGURAMIENTO

Artículo 417. Antes de iniciarse el juicio, o durante su desarrollo, pueden decretarse todas las medidas necesarias para mantener la situación de hecho existente. Estas medidas se decretarán en forma provisional y definitiva siguiendo el mismo procedimiento cautelar que para las providencias precautorias se prevén en el artículo 409 del presente Código Nacional, y su resolución definitiva, es apelable en el efecto devolutivo de tramitación inmediata.

Artículo 418. La parte que tenga interés en que se modifique la situación de hecho existente, deberá proponer su demanda ante la autoridad competente.

Artículo 419. Cuando para mantener los hechos en el estado que guarden entrañe la suspensión de una obra, de la ejecución de un acto o de la celebración de un contrato, la demanda debe ser presentada por la parte que solicitó la medida, dentro del plazo de cinco días, contados a partir de la fecha en que se haya ordenado la suspensión.

El hecho de no interponer la demanda dentro del plazo indicado, deja sin efecto la medida.

Artículo 420. En todo caso, el mantener las cosas en el estado que guarden pueda causar daño o perjuicio a persona distinta de la que solicite la medida, se exigirá, previamente, garantía bastante para asegurar su pago, a juicio de la autoridad jurisdiccional que la decrete.

Artículo 421. La determinación que ordene que se mantengan las cosas en el estado que guarden al dictarse la medida, no prejuzga sobre la legalidad de la situación que se mantiene, ni sobre los derechos o responsabilidades del que la solicita, ni el pago de daños y perjuicios a que pueda resultar condenado de no ser procedente la medida de aseguramiento.

Artículo 422. Si la medida se decretó antes de iniciarse el juicio, quedará insubsistente si no se interpone la demanda dentro de los cinco días de practicada, y se restituirán las cosas al estado que guardaban antes de dictarse la medida.

Artículo 423. No podrá decretarse diligencia preparatoria alguna, de aseguramiento o precautoria que no esté autorizada por este Código Nacional o por disposición especial de la ley.

TÍTULO SEGUNDO
PROCEDIMIENTOS CIVILES NO CONTENCIOSOS

CAPÍTULO I
DE LA JURISDICCIÓN VOLUNTARIA

SECCIÓN PRIMERA
DISPOSICIONES GENERALES

Artículo 424. La jurisdicción voluntaria comprende todos los actos que, por disposición de la ley o por solicitud de las personas interesadas, se requiere la intervención de la autoridad jurisdiccional, sin que esté promovida, ni se promueva cuestión litigiosa alguna entre partes determinadas.

A solicitud de parte legítima podrán practicarse en esta vía las notificaciones o emplazamientos necesarios en procesos extranjeros.

Artículo 425. De manera enunciativa y no limitativa, podrá tramitarse la jurisdicción voluntaria en los siguientes casos:

I. Para justificar algún hecho o acreditar un derecho;

II. Cuando se pretenda justificar la posesión como medio para acreditar el dominio pleno de un inmueble o derecho real;

III. La posesión o propiedad de vehículos automotores por medio de testigos, siempre que no cuenten con reporte de robo u otros ilícitos, así como se justifique su legal estancia en el país;

IV. Cuando se trate de comprobar la posesión de un mueble o algún derecho real;

V. Para acreditar hechos conocidos o acreditar situaciones jurídicas se podrá realizar la diligencia ante Notaria o Notario Público, de conformidad con lo dispuesto por la legislación aplicable;

VI. Asimismo, se podrá realizar la diligencia ante Notaria o Notario Público, de conformidad con lo dispuesto por la legislación aplicable, en los casos del procedimiento de apeo y de deslinde, y

VII. En cualquier otro que sólo tenga interés el promovente.

En los casos de las tres primeras fracciones, así como en aquellos que se afecte el interés público, estén involucrados derechos de niñas, niños y adolescentes o se trate de derechos o bienes de personas declaradas ausentes o desaparecidas, se dará vista al Ministerio Público o Representación Social para su intervención y solo se podrá celebrar ante autoridad jurisdiccional. Las practicadas por Notaria o Notario Público las realizarán conforme a la ley respectiva.

En el caso de la fracción IV, con la quien sea titular de la propiedad o de los demás partícipes del derecho real.

Tratándose de vehículos automotores se requerirá acreditar que no cuenta con reporte de robo o de algún otro ilícito, así como su legal estancia en el país.

El Ministerio Público y las personas con cuya citación se reciba la información, pueden tachar a los testigos por circunstancias que afecten su credibilidad.

Cuando haya datos o indicios que inclinen a sospechar que la promovente trata, mediante la información de despojar inmuebles, o defraudar al fisco o cometer cualquier otro delito, la autoridad jurisdiccional, Notaria o Notario Público dará vista al Ministerio Público para los efectos conducentes y suspenderá la tramitación de la información.

Estos procedimientos se tramitarán por escrito, salvo que, atendiendo al caso en concreto puedan realizarse las diligencias ajustándose a los principios del juicio oral.

Artículo 426. La jurisdicción voluntaria deberá promoverse por escrito ante la autoridad jurisdiccional competente y reunir los siguientes requisitos:

I. Nombre y domicilio de quien promueve;

II. En su caso, nombre y domicilio de las personas que deban ser citadas;

III. La providencia solicitada;

IV. Los hechos que fundamenten la solicitud;

V. Las pruebas que se ofrezcan, y

VI. Firma de quien promueve.

Artículo 427. Si no se requiere la intervención de persona distinta al promovente, se observará lo siguiente:

I. El promovente comparecerá ante la autoridad jurisdiccional y sin mayor formalidad expresará la causa que origina la necesidad de la intervención judicial;

II. Si se requiere por la naturaleza de lo solicitado, el promovente ofrecerá las informaciones, dictámenes o pruebas necesarias para que la autoridad jurisdiccional gestione la solicitud y emita la providencia respectiva, y

III. Si la autoridad jurisdiccional admite la solicitud, en la misma audiencia recibirá las informaciones, dictámenes o pruebas ofrecidas y emitirá, en su caso, la providencia respectiva. Si se le solicita, la documentará en tres días.

Artículo 428. Si se requiere la intervención de persona distinta al promovente, se observará lo siguiente:

I. El promovente comparecerá ante la autoridad jurisdiccional, y sin mayor formalidad expresará la causa que origina la necesidad de la intervención judicial. Además, señalará el nombre y domicilio de las personas que tengan interés;

II. El promovente ofrecerá cuando así se requiera, las pruebas que sustenten la petición;

III. Se emplazará a las personas que tengan interés para una audiencia que se verificará en el término de tres días, en que expresen lo que a su interés convenga. En esa audiencia se desahogarán las pruebas de las partes y en seguida se emitirá la sentencia respectiva.

Artículo 429. Los Consejos de la Judicatura de los Poderes Judiciales de las Entidades Federativas y del Poder Judicial de la Federación, mediante acuerdos generales, podrán establecer los mecanismos necesarios para que los procedimientos a que se refiere este artículo se desahoguen por medios electrónicos.

Artículo 430. Para el examen de los testigos, se observarán las formalidades que para esta prueba regula el presente Código Nacional.

La autoridad jurisdiccional podrá ampliar el examen de los testigos con las preguntas que estime pertinentes.

Artículo 431. En ningún caso se admitirán en procedimiento judicial no contencioso, informaciones de testigos sobre hechos que fueren materia de un procedimiento en curso.

Artículo 432. La Jurisdicción Voluntaria podrá tramitarse ante Notaria o Notario Público cuando así lo disponga la legislación aplicable; y el promovente sea el único que tenga interés en el objeto de los mismos, no esté promovida, ni se promueva cuestión litigiosa alguna entre partes determinadas y no se encuentren involucrados derechos de niñas, niños y adolescentes, observándose en lo conducente las reglas del presente Código Nacional.

Artículo 433. Se dará por terminado el procedimiento de jurisdicción voluntaria si se opusiere parte legítima. Se desechará la oposición que se haga después de efectuado el acto, reservándole los derechos a quien se oponga para que los haga valer en la vía y forma que proceda.

Artículo 434. La Autoridad Jurisdiccional podrá variar o modificar las providencias que dictare, sin sujeción estricta a los términos y formas establecidos respecto de la jurisdicción contenciosa.

No se comprenden, en esa disposición, los autos que tengan fuerza de definitivos, a no ser que se demuestre que cambiaron las circunstancias que determinaron la resolución.

Artículo 435. Las resoluciones que se dicten en las diligencias de jurisdicción voluntaria ante autoridad jurisdiccional son recurribles en términos de lo que establece este Código Nacional. La resolución desestimatoria de la petición es recurrible en queja. La que dé por concluido el procedimiento de las diligencias, será apelable en el efecto devolutivo.

Artículo 436. No se practicará diligencia alguna de jurisdicción voluntaria de la que pueda resultar perjuicio a la Hacienda Pública. Las que se practicaren en contravención de este precepto serán nulas de pleno derecho y no producirán efecto legal alguno.

Artículo 437. De las informaciones o resoluciones se expedirán las copias certificadas o se mandarán protocolizar ante Fedatario Público a petición y costa del interesado.

Artículo 438. Las informaciones se inscribirán en el Registro Público de la Propiedad Federal, Oficina Registral o cualquier Institución análoga según la Entidad Federativa de que se trate, si así procediere.

SECCIÓN SEGUNDA
DEL APEO Y DESLINDE

Artículo 439. El apeo o deslinde tiene lugar siempre que no se hayan fijado los límites o linderos que separan un fundo de otro u otros, o que, habiéndose fijado, hay motivo fundado para creer que no son exactos ya sea que naturalmente se hayan confundido, o porque se hayan destruido las señales que los marcaban, o bien porque éstas se hayan colocado en lugar distinto del primitivo.

Artículo 440. Tiene derecho para promover el apeo:

I. Quien ostente la calidad de propietaria;

II. Quien posea con título bastante para transferir el dominio;

III. Quien sea titular del derecho para usufructuar el bien;

IV. El apeo o deslinde de un fundo de propiedad nacional, estatal o municipal sólo podrá practicarse a petición de la autoridad administrativa correspondiente, y

V. Los particulares pueden también pedir el apeo, para deslindar su fundo respecto de otro con carácter público. En este caso, la diligencia se limitará a marcar los linderos entre ambos fundos.

Artículo 441. La petición de apeo debe contener:

I. El nombre y ubicación de la finca que debe deslindarse;

II. La parte o partes en que el acto debe ejecutarse;

III. Los nombres de las personas colindantes que puedan tener interés en el apeo, así como de las autoridades que puedan tener injerencia en el asunto;

IV. El sitio donde están y dónde deben colocarse las señales y si éstas no existen, el lugar donde estuvieron;

V. Los planos y demás documentos que vengan a servir para la diligencia, y designación de perito por parte de la promovente, y

VI. La designación de un perito para que intervenga en el reconocimiento.

Si el apeo se tramita ante Notaria o Notario Público, además de acreditarse la propiedad o titularidad del bien a deslindar, se deberá acreditar la propiedad o titularidad de los colindantes, salvo que el predio colinde con predio o bienes destinados a servicios públicos o de propiedad municipal, estatal o federal.

Asimismo, cuando el trámite se realice por Notaria o Notario Público, la solicitud deberá ser suscrita además por los colindantes del predio a deslindar y deberá contener señalados el día, hora y lugar para que dé principio la diligencia de deslinde.

Artículo 442. Admitida la petición se mandará citar a los colindantes para que dentro de tres días presenten los títulos y documentos de su posesión, y nombren perito si quieren hacerlo. Se señalará el día, hora y lugar para que dé principio la diligencia de deslinde.

Si fuere necesario identificar alguno o algunos de los puntos de deslinde, quienes tengan interés podrán presentar dos testigos de identificación cada uno, en la diligencia.

Artículo 443. El día y hora señalados para que se celebre la diligencia de deslinde, la autoridad jurisdiccional, acompañada de la persona secretaria judicial, así como peritos, testigos de identificación y personas autorizadas en el proceso que asistan al lugar designado para dar principio a la diligencia, conforme a lo siguiente:

I. Practicará el apeo y deslinde, asentándose acta en que constarán todas las observaciones que hicieren las personas interesadas;

II. La diligencia no se suspenderá por virtud de las observaciones, sino en el caso de que se presente en el acto un documento debidamente registrado que acredite es de su propiedad el fundo que se trata de deslindar;

III. La autoridad jurisdiccional, al ir demarcando los límites del fundo deslindado, otorgará posesión a la promovente de las diligencias respecto de la propiedad que quede comprendida dentro de ellos, si quien sea colindante se opusiera, o mandará que se le mantenga en la que esté disfrutando;

IV. Si existe oposición de colindantes respecto a un punto determinado, por considerar que conforme a sus títulos quede comprendido dentro de los límites de su propiedad, la autoridad jurisdiccional oirá a los testigos de identificación y a los peritos, e invitará a los interesados a que se pongan de acuerdo. Si esto se lograre, se hará constar y se otorgará la posesión según su sentido. Si no se lograre, se abstendrá la autoridad jurisdiccional de hacer declaración alguna en cuanto a la posesión, respetando en ella a quien la disfrute, y mandará reservar sus derechos a quienes tengan interés para que los hagan valer en el juicio correspondiente mediante la resolución correspondiente que se dictare en el plazo de cinco días, y

V. La autoridad jurisdiccional mandará que se fijen las señales convenientes en los puntos deslindados, las que quedarán como límites legales. Los puntos respecto a los cuales hubiere oposición no quedarán deslindados ni se fijará en ellos señal alguna, mientras no haya sentencia ejecutoria que resuelva la cuestión, dictada en el juicio correspondiente.

Al realizarse la diligencia por Notaria o Notario Público, éste deberá levantar acta en la que haga constar y certifique los hechos ocurridos durante la diligencia, misma que deberá protocolizar en escritura pública, junto con la solicitud y demás documentos que le hayan sido presentados para la realización de la diligencia, en los términos de la Ley del Notariado de cada Entidad Federativa.

Artículo 444. Los gastos generales del apeo se harán por quien lo promueva. Los que importen la intervención de peritos y testigos que presenten los colindantes, serán pagados por quien nombre a los unos y presente a los otros.

En el caso de que el trámite de la diligencia se realice ante Notaria o Notario Público, los gastos serán únicamente por cuenta de quien la promueva.

SECCIÓN TERCERA
DE LA DESIGNACIÓN DE APOYOS EXTRAORDINARIOS

Artículo 445. Todas las personas mayores de edad tienen capacidad jurídica plena. El código civil respectivo regulará las modalidades en que las personas puedan recibir apoyo para el ejercicio de su capacidad jurídica, que son formas de apoyo que se prestan a la persona para facilitar el ejercicio de sus derechos, incluyendo el apoyo en la comunicación, la comprensión de los actos jurídicos y sus consecuencias, y la manifestación de la voluntad.

Puede ser objeto de apoyo cualquier acto jurídico, incluidos aquellos para los que la ley exige la intervención personal del interesado. Nadie puede ser obligado a ejercer su capacidad jurídica mediante apoyos, salvo lo señalado en el artículo siguiente.

Artículo 446. La autoridad jurisdiccional, en casos excepcionales, puede determinar los apoyos necesarios para personas de quienes no se pueda conocer su voluntad por ningún medio y no hayan designado apoyos ni hayan previsto su designación anticipada. Esta medida únicamente procederá después de haber realizado esfuerzos reales, considerables y pertinentes para conocer una manifestación de voluntad de la persona, y de haberle prestado las medidas de accesibilidad y ajustes razonables, y la designación de apoyos sea necesaria para el ejercicio y protección de sus derechos.

Si se hubiere realizado una designación anticipada de apoyos, se estará a su contenido.

El procedimiento para la designación extraordinaria de apoyos se llevará a cabo ante autoridad jurisdiccional civil o familiar, en su caso, en forma sumaria en una audiencia oral en los términos de este Código Nacional.

Artículo 447. La autoridad jurisdiccional determinará la persona o personas de apoyo, sobre la base de la voluntad y preferencias de la persona manifestadas previamente y, de no existir, determinará la persona o personas de apoyo tomando en cuenta la relación de convivencia, confianza, amistad, cuidado o parentesco que exista entre ellas y la persona apoyada, escuchando la opinión del Ministerio Público o autoridad competente en la Entidad Federativa. De no existir ninguna de las personas anteriores, o cuando ninguna acepte el cargo, se designará a una persona física o moral del registro de personas morales que provean apoyos para el ejercicio de la capacidad jurídica, de conformidad con la regulación del código civil respectivo.

Artículo 448. Cualquier persona podrá solicitar la designación judicial extraordinaria de apoyo; corresponderá a la autoridad jurisdiccional allegarse de la información necesaria con base en:

I. La imposibilidad de conocer la voluntad, preferencias, medio, modo y formato de comunicación;

II. El riesgo para la salvaguarda de los derechos, el patrimonio, la integridad personal o la vida, y

III. La realización de esfuerzos reales, considerables y pertinentes, incluyendo la implementación de ajustes razonables, para que la persona manifestara su voluntad y preferencias, sin que éstos resultaran eficaces.

Artículo 449. La autoridad jurisdiccional de manera fundada y motivada, determinará en la resolución la temporalidad, alcances y responsabilidades de la persona designada como apoyo, así como las salvaguardias e informes a la autoridad administrativa competente, que en su caso procedan. La designación judicial de apoyo no puede otorgarse para actos personalísimos.

Artículo 450. La persona judicialmente designada como apoyo tendrá la encomienda de realizar su mandato de acuerdo con la mejor interpretación posible de lo que fuera la voluntad y preferencias de la persona, de conformidad con las fuentes conocidas de información que resulten pertinentes, incluida la trayectoria de vida de la persona, sus valores, tradiciones y creencias, previas manifestaciones de la voluntad y preferencias en otros contextos, información con la que cuenten personas de confianza, y tecnologías presentes o futuras.

La persona designada judicialmente como apoyo está obligada a hacer esfuerzos constantes, dentro de sus posibilidades, durante su encargo para conocer la voluntad y preferencias de la persona apoyada.

Artículo 451. En caso de que se llegue a conocer la voluntad y preferencias de la persona, quien haya sido designado como apoyo, está obligada a dar aviso de inmediato a la autoridad jurisdiccional para que se revoque o modifique la presente designación.

La autoridad jurisdiccional deberá establecer revisiones periódicas, determinadas, para verificar que la persona designada está cumpliendo con su mandato, de conformidad con los parámetros establecidos en la designación extraordinaria, así como la pertinencia de su continuación o modificación. Para dichos efectos, la autoridad jurisdiccional podrá auxiliarse de las autoridades administrativas competentes.

Además, deberá verificar, de preferencia de manera directa, que sigue vigente la situación que dio lugar a la designación de apoyos y que aún no se puede conocer la voluntad y preferencias de la persona por cualquier medio, modo y formato de comunicación posible.

Artículo 452. Cualquier persona que tenga prueba de que la persona designada judicialmente como apoyo no está actuando de conformidad con la mejor interpretación posible de la voluntad y preferencias de la persona apoyada, estará autorizada a poner este hecho en conocimiento de la autoridad jurisdiccional, quien deberá tramitar por vía incidental, para realizar las diligencias y corroboraciones pertinentes a fin de adoptar las medidas correctivas, en su caso, incluida la posibilidad de remover a la persona designada como apoyo.

Artículo 453. En ningún caso se podrán tramitar ante Fedatario Público asuntos no contenciosos en los que esté involucrada la designación extraordinaria de apoyo, para el ejercicio de la capacidad jurídica, salvo aquellos asuntos autorizados por la autoridad jurisdiccional competente.

Artículo 454. La autoridad jurisdiccional no puede designar como apoyos a las personas que tengan conflicto de intereses con la persona apoyada. No será considerado como conflicto de intereses la simple relación de parentesco que tenga la persona apoyada con quien proporciona el apoyo.

Artículo 455. Se entiende que existen (sic) conflicto de intereses cuando la situación laboral, personal, profesional, familiar o de negocios, pueden llegar a afectar el desempeño o las decisiones imparciales y objetivas de sus funciones de apoyo.

CAPÍTULO II
DE LOS JUICIOS ORALES CIVILES

SECCIÓN PRIMERA
DEL JUICIO ORDINARIO CIVIL ORAL

Artículo 456. Todas las controversias de naturaleza civil que no tengan señalada tramitación especial en este Código Nacional se ventilarán en juicio ordinario civil y se tramitarán conforme a las reglas del presente Título y en lo no previsto, se regirá por las disposiciones generales de este Código Nacional.

Artículo 457. Atendiendo a lo establecido en el artículo 251, se desarrollará la audiencia preliminar con las siguientes etapas:

I. Depuración del procedimiento;

II. Conciliación de las partes y en su caso, invitación a la mediación ante los Centros Alternativos de Justicia del Poder Judicial respectivo;

III. Depuración del debate;

IV. Calificación sobre admisibilidad o desechamiento de pruebas, y

V. Citación para audiencia de juicio.

Las partes podrán solicitar a la autoridad jurisdiccional, de manera verbal, en las audiencias, que se subsanen las omisiones o irregularidades de debido proceso, que se llegasen a presentar en la substanciación del procedimiento oral, para el solo efecto de regularizar el mismo.

Artículo 458. Las partes tienen el deber de comparecer a la audiencia preliminar, personalmente o por conducto de persona representante autorizada.

A las personas representantes autorizadas que no acudan a la audiencia preliminar sin justa causa calificada por la autoridad jurisdiccional se le impondrá una multa que no podrá ser menor a veinte ni superior a sesenta Unidades de Medida y Actualización, y se diferirá la audiencia por una única ocasión.

Si dejaran de concurrir alguna o ambas partes sin justificación a la audiencia diferida, la autoridad jurisdiccional procederá a examinar los presupuestos y excepciones procesales, resolverá sobre la admisión o desechamiento de pruebas y citará para audiencia de juicio, que no podrá exceder de un plazo de cuarenta días siguientes a la celebración de esta audiencia quedando las partes notificadas desde ese momento.

Artículo 459. En la etapa de depuración del procedimiento, la autoridad jurisdiccional examinará las cuestiones relativas a la legitimación procesal y procederá, en su caso, al desahogo de las pruebas relacionadas a las excepciones procesales y una vez hecho lo anterior las resolverá de manera oral; salvo las cuestiones de incompetencia, que se tramitarán conforme a la parte general de este Código Nacional.

Artículo 460. Depurado el procedimiento, la autoridad jurisdiccional procurará conciliar a las partes, salvo que el asunto sea sobre derechos intransigibles, para dichos efectos hará saber a las partes las pretensiones de cada una de ellas, escuchará las propuestas de éstas y tendrá facultades para, sin externar opinión sobre el posible resultado del juicio, proponer alternativas relacionadas con la litis y solución del conflicto.

Dentro de la misma audiencia, las partes podrán solicitar un receso razonable para desarrollar pláticas conciliatorias entre ellas, sin la presencia de la autoridad jurisdiccional y sin que obre registro del contenido de estas.

Para el caso de conciliación se redactará convenio respectivo, que deberá referirse sólo a las cuestiones en litigio y será firmado por las partes.

La autoridad jurisdiccional examinará el convenio, si concluye que no es contrario a derecho, lo aprobará, elevándolo a categoría de cosa juzgada.

Artículo 461. Cuando en la audiencia no se logre conciliación, lo planteado por las partes no se registrará por ningún medio, ni producirá efecto alguno dentro del procedimiento o fuera de él. Asimismo, se les hará saber a las partes, la posibilidad que tienen en todo momento para llegar a un acuerdo, e incluso, acudir al centro de justicia alternativa o institución análoga que corresponda.

Artículo 462. Durante la audiencia preliminar, en la etapa de depuración del debate, las partes podrán solicitar conjuntamente a la autoridad jurisdiccional la fijación de acuerdos sobre hechos no controvertidos, los que tendrán como finalidad establecer acontecimientos que estarán fuera del debate, con el fin de que las pruebas se dirijan a los hechos controvertidos. La autoridad jurisdiccional de oficio impulsará a las partes para que realicen fijación de hechos no controvertidos con la finalidad de depurar el procedimiento.

De igual manera, las partes y la autoridad jurisdiccional precisarán los acuerdos probatorios necesarios para eliminar total o parcialmente trámites probatorios o pruebas innecesarias, o bien definirán la cooperación procesal entre las partes para su preparación y desahogo; asimismo, pueden pactar las partes el que se incorpore alguna prueba relacionada con el debate, aún y cuando no haya sido ofrecida en los escritos que fijan la Litis.

Consensuados voluntariamente los acuerdos por las partes, la autoridad jurisdiccional los tendrá por fijados.

Artículo 463. La autoridad jurisdiccional al abrir la etapa de admisión de pruebas, en la que, a petición de parte, deberá permitir un breve debate sobre la admisibilidad de las pruebas, previo al pronunciamiento de la autoridad jurisdiccional.

Concluido el breve debate sobre la admisibilidad de las pruebas, la autoridad jurisdiccional procederá a pronunciarse respecto su admisión o desechamiento, así como la forma en que deberán prepararse para su desahogo en la audiencia de juicio, quedando a cargo de las partes su oportuna preparación, bajo el apercibimiento que de no hacerlo se declararán desiertas de oficio las mismas por causas imputables al oferente. Las pruebas que ofrezcan las partes sólo deberán admitirse cuando se refieran a los hechos controvertidos y cumplan con los requisitos previstos en el presente Código Nacional.

La preparación de las pruebas quedará a cargo de las partes, por lo que deberán presentar a los testigos, peritos y demás pruebas que les hayan sido admitidas; y sólo en los casos autorizados en este Código Nacional, la autoridad jurisdiccional, en auxilio del oferente, expedirá los oficios o citaciones, los cuales serán entregados al oferente en la misma audiencia, salvo causa justificada, a efecto de que preparen sus pruebas y éstas se desahoguen en la audiencia de juicio.

Si sólo se reciben pruebas documentales, instrumentales y presuncionales, la autoridad jurisdiccional deberá concentrar la audiencia de juicio dentro de la audiencia preliminar, en la cual se expresarán alegatos de inicio, se desahogarán las pruebas admitidas, se escucharán los alegatos de cierre y se emitirá sentencia definitiva de conformidad con las reglas previstas en el presente Código Nacional.

Durante la etapa de admisión de pruebas, las partes podrán objetar las documentales que consideren pertinentes.

Artículo 464. En casos excepcionales, por la complejidad del asunto, la autoridad jurisdiccional podrá planificar el desahogo de pruebas en más de una que se celebrará en días consecutivos sin afectar los principios de continuidad y concentración.

Artículo 465. Cerrada la etapa de admisión de pruebas, la autoridad jurisdiccional dará el uso de la palabra a las partes, a fin de proveer peticiones finales antes de la conclusión de la audiencia.

Artículo 466. Abierta la audiencia de juicio, la autoridad jurisdiccional escuchará los alegatos de apertura de las partes, para exponer sus respectivas teorías del caso.

La autoridad jurisdiccional señalará el orden para el desahogo de las pruebas, de conformidad con los acuerdos fijados en la audiencia preliminar.

Serán declaradas desiertas aquellas pruebas que no estén debidamente preparadas para su desahogo por causas imputables a la parte oferente. Contra dicha resolución no procede recurso alguno.

Artículo 467. Concluido el desahogo de pruebas, se concederá el uso de la palabra, por una vez a cada una de las partes para formular los alegatos de cierre. La autoridad jurisdiccional tomará las medidas que procedan a fin de que las partes se sujeten al tiempo indicado.

Artículo 468. Enseguida se declarará el asunto visto y se emitirá de inmediato la sentencia definitiva. De ser necesario, la autoridad jurisdiccional decretará un receso razonable para resolver en el mismo día.

En su caso, reanudada la audiencia, la autoridad jurisdiccional explicará de forma breve, clara y sencilla en un lenguaje cotidiano el sentido de su sentencia definitiva y leerá únicamente los puntos resolutivos, entregando copia simple de la versión escrita de la misma a las partes, en un plazo no mayor a dos días.

Asimismo, se hará del conocimiento de las partes el derecho que tienen, si estimaren que la sentencia definitiva contiene omisiones, cláusulas o palabras contradictorias, ambiguas u oscuras, de solicitar por escrito dentro del término de tres días, posteriores a la emisión de la sentencia, la aclaración de la resolución y sin que con ello se pueda variar la substancia de la resolución, sin que dicha petición pueda alterar los plazos del recurso de apelación.

De igual forma, hará saber el derecho y término que tienen las partes para impugnar dicha sentencia conforme al caso en concreto.

En casos excepcionales, dada la complejidad del asunto, el cúmulo y naturaleza de las pruebas desahogadas, la autoridad jurisdiccional podrá diferir la audiencia para emisión de la sentencia definitiva hasta por diez días, citando a las partes para su explicación en un lenguaje cotidiano, en forma breve, clara y sencilla el sentido de la sentencia definitiva y leerá únicamente los puntos resolutivos, entregando copia simple de la versión escrita de la misma a las partes, en un plazo no mayor a dos días.

En caso de que las partes no estén presentes en la audiencia donde se emita la sentencia, se dispensará su explicación y lectura de puntos resolutivos, y se publicará la sentencia a través del medio de comunicación procesal oficial.

Tratándose de personas pertenecientes a grupos sociales en situación de vulnerabilidad la sentencia deberá explicarse y dictarse con los ajustes y formatos necesarios para su debido entendimiento y comprensión.

Artículo 469. Asimismo, al momento de dictar la sentencia definitiva, la autoridad jurisdiccional explicará a las partes las ventajas del cumplimiento voluntario de la sentencia; y las desventajas, de no hacerlo voluntariamente; así como la importancia de presentarse a las audiencias de cumplimiento voluntario de sentencia y sus consecuencias legales, para el caso de que la resolución no sea modificada o revocada por la autoridad jurisdiccional de segunda instancia. Destacando la importancia de vigilar el expediente ante la ausencia de cualquier notificación personal antes de los tres meses posteriores a que la sentencia definitiva sea ejecutable.

SECCIÓN SEGUNDA
DEL JUICIO EJECUTIVO CIVIL ORAL

Artículo 470. Procede el juicio ejecutivo en los casos que un documento lleve aparejada ejecución y que contenga obligación cierta, líquida y exigible.

Traen aparejada ejecución:

I. Los instrumentos públicos, así como los testimonios que de los mismos expidan las y los Corredores Públicos, las y los Notarios Públicos, o la autoridad competente para emitir dichos testimonios;

II. Las ulteriores copias dadas por mandato judicial, con citación de la persona a quien interesa;

III. Los demás instrumentos públicos que conforme a este Código Nacional hacen prueba plena;

IV. Cualquier documento privado después de reconocido por la persona quien lo hizo o lo mandó extender; basta con que se reconozca la firma aun cuando se niegue la deuda;

V. La confesión de la deuda hecha ante la autoridad jurisdiccional competente por la persona deudora;

VI. Los convenios celebrados en el curso de un juicio ante la autoridad jurisdiccional, ya sea de las partes entre sí o de terceros que se hubieren obligado como fiadoras, depositarias, o en cualquier otra forma;

VII. El estado de liquidación de adeudos por cuotas ordinarias o extraordinarias, intereses moratorios o penas convencionales que se hayan aprobado en la Asamblea General de Condóminos; suscrito por quien tenga a su cargo la Administración o el Comité de Vigilancia o su equivalente, conforme a lo dispuesto en la ley de la materia de cada Entidad Federativa;

VIII. Los convenios emanados del procedimiento de mediación o conciliación que cumplan con los requisitos previstos en la Ley de mecanismos alternativos de solución de controversias o de justicia alternativa respectiva, y

IX. Los demás a los que se les reconozca ese carácter por la Ley.

Artículo 471. Las sentencias que causen ejecutoria y los convenios judiciales, los convenios celebrados ante la Procuraduría Federal del Consumidor, así como los celebrados ante la Procuraduría Social o Institución autorizada de la Entidad Federativa correspondiente, los convenios emanados del procedimiento de mediación o conciliación, incluidos los de mediación comunitaria de cada Estado, que cumplan con los requisitos previstos en la Ley de Justicia Alternativa o la legislación respectiva que señale la autoridad jurisdiccional o Poder Judicial de las diversas entidades, los convenios celebrados ante Juzgado Cívico o su análogo tratándose de daños culposos causados con motivo del tránsito de vehículos, los convenios de transacción, los laudos que emitan las propias Procuradurías antes mencionadas y los laudos arbitrales o juicios de contadores, motivarán ejecución, si la persona interesada no intentare la vía de apremio.

Artículo 472. Cuando la confesión judicial de reconocimiento de deuda se haga durante la secuela del juicio ordinario, cesará este si la parte actora lo pidiere y se procederá en la vía ejecutiva.

Si la confesión sólo afecta a una parte de lo demandado en el juicio oral civil, procederá la vía ejecutiva únicamente por lo reconocido si la actora lo pidiere así. El resto de las obligaciones no reconocidas seguirán el juicio ordinario civil.

Artículo 473. La ejecución no puede despacharse sino por cantidad líquida. Si el título ejecutivo o las diligencias preparatorias determinan una cantidad líquida en parte y en parte ilíquida, por aquélla se decretará la ejecución, reservándose por el resto los derechos de la persona promovente.

Artículo 474. Las cantidades que por intereses o daños y perjuicios forman parte de la deuda reclamada y no estuvieren liquidadas al despacharse la ejecución de la suerte principal, lo serán en su oportunidad y se decidirán en la sentencia definitiva.

Artículo 475. Las obligaciones sujetas a condición suspensiva o a plazo, no serán ejecutivas, si no cuando aquélla o éste se hayan cumplido, salvo lo dispuesto en los artículos relativos al cumplimiento de la condición y pérdida del derecho a agotar el plazo del Código Civil correspondiente.

Artículo 476. Si el documento ejecutivo contiene obligación de hacer o no hacer, se observarán las reglas siguientes:

I. Si la parte actora exige la prestación del hecho por quien está obligada o por una tercera persona conforme al Código Civil de cada Entidad Federativa en relación al cumplimiento de la prestación de servicio, la tercera persona, atendidas las circunstancias del hecho, señalará un término prudente para que se cumpla la obligación;

II. Si en el contrato se estableció alguna pena por el incumplimiento, se decretará la ejecución;

III. Si no se fijó penalidad por el incumplimiento de la obligación, el importe de los daños y perjuicios será fijado por la parte actora, cuando la misma optare por el resarcimiento de daños y perjuicios; en este caso, la autoridad jurisdiccional debe moderar prudentemente la cantidad señalada, y

IV. Hecho el acto por la tercera persona, o efectuado el embargo por los daños y perjuicios o la pena, puede oponerse la demandada, de la misma manera que en las demás ejecuciones.

Artículo 477. Cuando el documento contenga la obligación de entregar bienes muebles que sin ser dinero se cuentan por número, peso o medida, o inmuebles se observará lo siguiente:

I. Si no se designa la calidad de los bienes y existieren de varias clases en poder de la parte deudora, se embargarán las de mediana calidad;

II. Si hubiere sólo calidades diferentes a la estipulada, se embargarán si así lo pidiere la parte actora, sin perjuicio de que en la sentencia definitiva se hagan los abonos recíprocos correspondientes, y

III. Si no hubiere en poder de la parte demandada ninguna calidad, se despachará ejecución por la cantidad de dinero que señale la actora, debiendo prudentemente moderarla la autoridad jurisdiccional, de acuerdo con los precios corrientes en plaza, sin perjuicio de lo que señale por daños y perjuicios, moderables también.

Artículo 478. Cuando la acción ejecutiva se ejercite sobre bien mueble o inmueble, cierto y determinado o en especie, o se haya establecido una condición resolutoria ante el incumplimiento de una obligación de dar, si hecho el requerimiento de entrega o devolución la persona demandada no la hace, se pondrá en secuestro judicial.

Si la cosa, bien mueble o inmueble ya no existe, se embargarán bienes suficientes que cubran su valor fijado por la persona ejecutante y los daños y perjuicios como en las demás ejecuciones, pudiendo ser moderada la cantidad por la autoridad jurisdiccional. La ejecutada puede oponerse a los valores fijados, y rendir las pruebas que juzgue convenientes durante la tramitación del juicio. Para el caso de pruebas periciales se estará a las disposiciones del Libro respectivo de este Código Nacional en relación a la vía de apremio y ejecución de sentencia.

Artículo 479. Si el bien mueble o inmueble especificado se halla en poder de una tercera persona, la acción ejecutiva no podrá ejercitarse contra éste, sino en los casos siguientes:

I. Cuando la acción sea real, y

II. Cuando se haya declarado judicialmente que la enajenación por la que adquirió la tercera persona fue realizada por la persona deudora en perjuicio de su acreedor, en los casos y supuestos que señala el Código Civil respectivo y los demás preceptos, en que expresamente se establezca esa responsabilidad.

Artículo 480. En el auto de admisión se mandará emplazar a la persona deudora conforme lo regula el presente Código Nacional, para que dentro de nueve días concurra a oponerse a su ejecución, si para ello tuviere excepciones que hacer valer y se dictará auto de ejecución, ordenando que se requiera de pago a la persona deudora y de no pagar se le embarguen bienes suficientes para garantizar la deuda de forma precautoria.

En los escritos de demanda o contestación y desahogo de excepciones y defensas deberán ofrecerse las pruebas pertinentes, las que se admitirán o desecharán por la autoridad jurisdiccional.

Si la parte demandada no se opusiere a la ejecución o contestadas las excepciones y defensas o precluido el derecho que de oficio se decrete, se señalará fecha para la celebración de la audiencia de juicio, que tendrá verificativo dentro de los diez días siguientes.

En la audiencia de juicio las partes expresarán los alegatos de inicio, se desahogarán las pruebas, se expondrán los alegatos de cierre y se dictará sentencia definitiva conforme a las disposiciones previstas en este Código Nacional.

Para los efectos del remate, en su caso, se estará a lo dispuesto por el Libro Noveno de este Código Nacional en relación con la vía de apremio y ejecución de sentencia.

Artículo 481. Si la persona deudora, tratándose de juicio ejecutivo, no fuere encontrada después de habérsele buscado una vez en su domicilio, se le dejará citatorio para hora fija dentro de las veinticuatro horas siguientes, y si no espera, se practicará la diligencia con cualquier persona que se encuentre en la casa o a falta de ella con el vecino inmediato.

Si no se supiere el paradero de la persona deudora, ni tuviere casa en el lugar, se hará el requerimiento por tres días consecutivos en el medio de comunicación procesal oficial y fijando la cédula en los medios de comunicación procesal oficiales y surtirá sus efectos dentro de tres días, salvo el derecho de la parte actora para pedir providencia precautoria.

Verificado de cualquiera de los modos indicados el requerimiento, se procederá en seguida al embargo.

Artículo 482. El juicio ejecutivo se tramitará en un solo cuaderno, sin necesidad de integrar secciones o cuadernillos especiales.

Artículo 483. Agotado el procedimiento se citará para la sentencia que decidirá los derechos controvertidos. Se procurará dictar en forma inmediata en términos del artículo 468 del presente Código Nacional, y en caso de que se trate de asuntos complejos que requieran mayor tiempo para su análisis, se concederá la ampliación hasta por cinco días más. De resultar probada la acción, la sentencia decretará que ha lugar a hacer trance y remate de los bienes embargados y con el producto, pago a la persona acreedora, una vez celebrada la audiencia de cumplimiento de sentencia.

Artículo 484. Si el crédito que se cobra está garantizado con hipoteca, la persona acreedora podrá intentar el juicio hipotecario o el juicio ejecutivo oral civil, según corresponda.

Artículo 485. Cuando la persona deudora consignare la cantidad reclamada para evitar los gastos y molestias del embargo, reservándose el derecho de oponerse, se suspenderá el embargo y la cantidad se depositará conforme a la Ley; y si la cantidad consignada no fuere suficiente para cubrir la deuda principal y las costas, se practicará el embargo por lo que falte.

SECCIÓN TERCERA
DE LAS TERCERÍAS

Artículo 486. Tercería es la acción que deduce un tercero en un procedimiento previamente instaurado entre dos o más personas, con el objeto de coadyuvar o adherirse a las acciones del demandante o a las excepciones del demandado, o para excluir los derechos de ese tercero.

En un juicio previamente instaurado y seguido por dos o más personas, puede uno o más terceros, con intereses distintos de las partes, presentarse a deducir una acción distinta de la que se debate entre aquellos, tercero que debe fundar su acción y presentar los documentos que tenga relación con la litis planteada en el juicio principal, sin los cuales se desechará de plano. Este nuevo litigante se llama tercer opositor.

Artículo 487. Las cuestiones de tercerías deben substanciarse y decidirse por la autoridad jurisdiccional que sea competente para conocer del asunto principal, independientemente de su cuantía.

La tercería deberá deducirse en los términos prescritos para formular una demanda ante la autoridad jurisdiccional que conoce del juicio y se tramitará conforme a las formalidades del procedimiento en el que se promueva.

Al juicio pueden venir uno o más terceros, siempre que tengan interés propio y distinto de la persona actora o persona demandada en la materia del juicio.

Artículo 488. Las tercerías son coadyuvantes o excluyentes. Las tercerías excluyentes son de dominio o preferencia.

Artículo 489. Las tercerías coadyuvantes pueden oponerse en cualquier juicio, sea cual fuere la acción que en él se ejercite y cualquiera que sea el estado en que éste se encuentre, con tal que aún no se haya pronunciado sentencia definitiva.

Artículo 490. Quien promueva tercería coadyuvante se considera asociado con la parte cuyo derecho coadyuva y, en consecuencia, podrán:

I. Salir al pleito en cualquier estado en que se encuentre, con tal que no se haya pronunciado sentencia definitiva;

II. Hacer las gestiones que estimen oportunas dentro del juicio, deduciendo la misma acción u oponiendo la misma excepción que la persona actora o la demandada, respectivamente y no hubiere designado representación común;

III. Continuar su acción y defensa, aun cuando el principal desistiere, y

IV. Apelar e interponer los recursos procedentes.

Artículo 491. Se correrá traslado a la parte actora y demandada en el principal con la promoción de la tercería coadyuvante, para que contesten en el plazo de nueve días; con el escrito de contestación a la demanda se dará vista a la tercerista para que dentro del término de tres días manifieste lo que a su derecho convenga. En los escritos citados se deberán ofrecer las pruebas, las cuales se admitirán conforme a las reglas generales de este Código Nacional.

En caso de no contestar la demanda, contestadas las excepciones y defensas o precluido el derecho para ello, la autoridad jurisdiccional señalará fecha para la celebración de una audiencia de juicio, dentro de los quince días posteriores, en donde se expresarán alegatos de inicio, se desahogarán pruebas, alegatos de cierre y se dictará sentencia. En lo no previsto y de resultar necesario, deberá de estarse a las reglas para la audiencia de juicio tratándose del procedimiento ordinario civil oral.

Artículo 492. Las tercerías excluyentes de dominio deben de fundarse en el dominio que se posee sobre los bienes objeto del procedimiento.

No es lícito interponer tercería excluyente de dominio a quien consintió en la constitución del gravamen o del derecho real en garantía de la obligación de la persona demandada.

Artículo 493. Quien promueva la tercería excluyente de preferencia debe fundarse en el mejor derecho para ser pagado.

Artículo 494. Con la demanda de tercería excluyente deberá presentarse el título de fecha cierta en original o copia certificada en que se funde o el elemento fehaciente que acredite el derecho que se pretende ejercitar.

La demanda de tercería deberá cumplir con lo previsto por el artículo 235 de este Código Nacional, sin cuyos requisitos se desechará de plano.

Artículo 495. No ocurrirán en tercerías de preferencia:

I. La persona acreedora que tenga hipoteca u otro derecho real accesorio en finca distinta de la embargada;

II. La persona acreedora que sin tener derecho real no haya embargado el bien objeto de la ejecución;

III. La persona acreedora a quien la persona deudora señale bienes bastantes a solventar el crédito, y

IV. La persona acreedora a quien la Ley lo prohíba en otros casos.

Artículo 496. La tercería excluyente de crédito hipotecario tiene derecho de pedir que se inscriba su demanda a su costa.

Artículo 497. Las tercerías excluyentes pueden oponerse en todo procedimiento, cualquiera que sea su estado, con tal de que, si son de dominio, no se haya dado posesión de los bienes a quien haya adquirido por remate o a la parte actora, en su caso, por vía de adjudicación, y que, si son de preferencia, no se haya hecho el pago al demandante.

Artículo 498. Las tercerías excluyentes no suspenderán el curso del juicio en que se interponen. Si fueren de dominio, el juicio principal seguirá sus trámites hasta antes de la aprobación definitiva del remate, y desde entonces se suspenderán sus procedimientos hasta que se decida la tercería.

Artículo 499. Si la tercería fuere de preferencia, se seguirán los procedimientos del juicio principal en que se interponga, hasta la realización de los bienes embargados.

Suspendiéndose el pago que se hará a la persona acreedora que tenga mejor derecho, definida que quede la tercería. Entre tanto se decide ésta, se depositará a disposición de la autoridad jurisdiccional el precio de la venta.

Artículo 500. Si la persona actora y la demandada en el principal se allanaren a la demanda de la tercería, la autoridad jurisdiccional, sin más trámites, mandará cancelar los embargos, si fuere excluyente de dominio, y dictará sentencia por escrito dentro de los siguientes cinco días, si fuere de preferencia. Lo mismo hará cuando ambos dejaren de contestar a la demanda de tercería.

A toda persona opositora que no obtenga sentencia favorable, se le condenará al pago de gastos y costas a favor de las partes que se hubieran opuesto a la tercería.

Al declararse fundada la tercería excluyente que motive se levante el embargo de los bienes, la parte actora en el asunto principal podrá solicitar la ampliación del embargo o un nuevo embargo de bienes sobre los cuales pueda ejecutarse la sentencia o el auto de ejecución.

Artículo 501. La persona ejecutada que haya sido declarado (sic) en rebeldía en el juicio principal, seguirá con el mismo carácter en el de tercería; pero si fuere conocido su domicilio, se le notificará el traslado de la demanda.

Artículo 502. Cuando se presenten tres o más personas acreedoras que hicieren oposición, si estuvieren conformes, se seguirá un solo juicio, graduando en una sola sentencia sus créditos; pero si no lo estuvieren, se seguirá el juicio de concurso necesario de acreedoras.

Artículo 503. Si fueren varias las personas opositoras reclamando el dominio se procederá en cualquier caso a decidir incidentalmente la controversia en unión de la ejecutante y de la ejecutada.

Artículo 504. La interposición de una tercería excluyente autoriza a la persona a pedir que se amplíe la ejecución en otros bienes de la persona deudora.

Artículo 505. Si sólo alguno de los bienes ejecutados fuere objeto de la tercería, los procedimientos del juicio principal continuarán hasta vender y hacer pago a la persona acreedora, con los bienes no comprendidos en la misma tercería.

SECCIÓN CUARTA
DEL JUICIO ESPECIAL HIPOTECARIO ORAL

Artículo 506. Se tramitará en la vía especial hipotecaria oral todo juicio que tenga por objeto la constitución, ampliación, división, registro y extinción de una hipoteca, así como su nulidad, cancelación, o bien, el pago o prelación del crédito que la hipoteca garantice.

Para que el juicio que tenga por objeto el pago o la prelación de un crédito hipotecario se siga según las reglas del presente Capítulo, es requisito indispensable que el crédito conste en documento público o privado, según la forma que establezca la legislación común o la que sea aplicable, e inscrito en el Registro, Oficina o Instituto Público Registral que corresponda y que sea de plazo cumplido, o que éste sea exigible en los términos pactados o bien conforme a las disposiciones legales aplicables.

Artículo 507. Procederá el juicio hipotecario oral que tiene por objeto el pago o la prelación de crédito sin necesidad de que el contrato esté inscrito en el Registro, Oficina o Instituto Público respectivo, cuando:

I. El documento base de la acción tenga carácter de título ejecutivo;

II. El bien se encuentre inscrito a favor de la persona demandada, y

III. No exista embargo o gravamen en favor de terceras personas, inscrito cuando menos noventa días anteriores a la de la presentación de la demanda.

Artículo 508. Presentado el escrito de demanda, acompañado del documento base de la acción, la autoridad jurisdiccional si encuentra que se reúnen los requisitos fijados por los artículos anteriores, admitirá la misma y mandará anotar la demanda en el Registro, Oficina o Instituto Público respectivo y que se corra traslado de ésta a la persona deudora y, en su caso, a quien sea titular registral del embargo o gravamen por plazo inferior a que se refiere la fracción

III, del artículo anterior, para que dentro del término de quince días ocurra a contestarla y a oponer las excepciones que no podrán ser otras que:

I. Las procesales previstas en este Código Nacional;

II. Las fundadas en que la persona demandada no haya firmado el documento base de la acción, su alteración o la de falsedad del mismo;

III. Falta de representación, de poder bastante o facultades legales de quien haya suscrito en representación de la demandada el documento base de la acción;

IV. Nulidad del contrato;

V. Pago o compensación;

VI. Remisión o quita;

VII. Oferta de no cobrar o espera;

VIII. Novación de contrato;

IX. Prescripción, y

X. Las demás que autoricen las leyes.

Las excepciones comprendidas en las fracciones de la V a la VIII sólo se admitirán cuando se funden en prueba documental. Respecto de las excepciones de litispendencia y conexidad sólo se admitirán si se exhiben con la contestación las copias selladas de la demanda y contestación o de las cédulas del emplazamiento del juicio pendiente o conexo, o bien la documentación que acredite que se encuentra tramitando un procedimiento arbitral con las excepciones y defensas se dará vista a la parte actora para que manifieste en el plazo de tres días lo que a su derecho corresponda.

Artículo 509. La autoridad jurisdiccional bajo su más estricta responsabilidad, revisará escrupulosamente la contestación de la demanda y desechará de plano las excepciones diferentes a las que se autorizan o aquéllas en que sea necesario exhibir documento y el mismo no se acompañe salvo los casos que se esté gestionando su exhibición en términos de este Código Nacional.

La reconvención sólo será procedente cuando se funde en el mismo documento base de la acción o se refiera a su nulidad. En cualquier otro caso se desechará de plano. Las cuestiones relativas a la personalidad de las partes no suspenderán el procedimiento y se resolverán dentro del plazo a que se refiere el artículo 71 de este Código Nacional.

Si la parte demandada se allanare a la demanda y solicitare término de gracia para el pago o cumplimiento de lo reclamado, se dará vista a la actora para que, dentro de tres días manifieste lo que a su derecho convenga, debiendo la autoridad jurisdiccional resolver de acuerdo a tales proposiciones de las partes en audiencia de juicio, que se celebrará dentro de los diez días siguientes, en dónde se declarará el asunto visto y de ser necesario la autoridad jurisdiccional decretará un receso razonable para resolver. En su caso, reanudada la audiencia, la autoridad jurisdiccional explicará de forma breve, clara y sencilla en un lenguaje cotidiano su sentencia definitiva y leerá únicamente los puntos resolutivos, entregando copia simple de la versión escrita de la misma a las partes, en un plazo no mayor a dos días.

Artículo 510. Tanto en la demanda como en la contestación a la misma, en la vista que se dé con ésta a la actora y en su caso en la reconvención y en la contestación a ésta, así como desahogo de excepciones y defensas, las partes tienen la carga de actuar con precisión, indicando en los hechos si sucedieron ante testigos, citando los nombres de éstos y presentando todos los documentos relacionados con tales hechos. En los mismos escritos, las partes deben ofrecer todas sus pruebas, relacionándolas con los hechos que se pretendan probar. En el caso de que las pruebas ofrecidas sean contra la moral o el derecho, sobre hechos que no han sido controvertidos por las partes, sobre hechos imposibles o notoriamente inverosímiles, o no se hayan relacionado con los mismos, serán desechadas.

Las pruebas que se admitan se desahogarán en la audiencia de juicio.

Con el escrito de contestación a la demanda se dará vista a la parte actora para que manifieste lo que a su derecho convenga; si hubiere reconvención se emplazará a la actora principal para que la conteste dentro de los quince días siguientes y en el mismo proveído, dará vista por tres días con las excepciones opuestas para que manifieste lo que a su derecho convenga.

Contestadas las excepciones opuestas en lo principal y en su caso en la reconvención, o transcurrido el plazo para ello, se admitirán las pruebas que cumplan con los requisitos de ofrecimiento y admisión, establecidos en la parte general del presente Código Nacional. Hecho lo cual, se señalará fecha para la celebración de la audiencia de juicio que deberá fijarse dentro de los quince días siguientes.

Artículo 511. En la audiencia de juicio la autoridad jurisdiccional abrirá una etapa de conciliación o mediación, y en caso de no llegar a un convenio, las partes expondrán sus alegatos de inicio, se procederá al desahogo de las pruebas admitidas, expresarán las partes alegatos de cierre, en seguida la autoridad jurisdiccional explicará de forma breve, clara y sencilla en un lenguaje cotidiano su sentencia definitiva y leerá únicamente los puntos resolutivos, entregando copia simple de la versión escrita de la misma a las partes, en un plazo no mayor a dos días, todo lo anterior, aplicando en lo conducente las reglas de las audiencias del juicio ordinario oral civil.

Artículo 512. La preparación de las pruebas quedará a cargo de las partes, por lo que deberán presentar a los testigos, peritos y demás pruebas que les hayan sido admitidas.

En caso que las partes manifiesten bajo protesta de decir verdad la imposibilidad de preparar directamente el desahogo de las mismas, la autoridad jurisdiccional previa solicitud de la oferente, expedirá los oficios o citaciones, designará en su caso perito tercero en discordia, poniendo a disposición de la oferente los oficios y citaciones respectivas, a efecto que las partes preparen las pruebas y éstas se desahoguen en la audiencia de juicio; en caso contrario se declarará desierta la prueba por causa imputable del oferente.

Si llamado un testigo, perito o solicitado un documento que hayan sido admitidos como prueba, no se desahogan éstas a más tardar en la audiencia, se declarará desierta la prueba ofrecida por causa imputable a la oferente.

Artículo 513. Si en el documento base con el cual se ejercita la acción hipotecaria se advierte que hay otros acreedores hipotecarios anteriores, se mandará notificarles personalmente la existencia del juicio para que manifiesten lo que a su derecho corresponda.

Artículo 514. La demanda se anotará en el Registro, Oficina o Instituto Público respectivo, a cuyo efecto la parte actora exhibirá un tanto más de la demanda, documentos base de la acción y en su caso, de aquellos con que justifique su representación, para que, previo cotejo con sus originales se certifiquen por la persona secretaria judicial, haciendo constar que se expiden para efectos de que la parte interesada inscriba su demanda, a quien se le entregarán para tal fin, debiendo hacer las gestiones en el registro, oficina o instituto registral dentro del término de tres días y acreditándolo en su oportunidad ante la autoridad jurisdiccional.

Artículo 515. Anotada la demanda en el Registro, Oficina o Instituto Público respectivo, no podrá verificarse en el bien hipotecado ningún embargo, toma de posesión, diligencia precautoria o cualquier otra que entorpezca el curso del juicio, salvo que se trate de derechos en materia de alimentos o en virtud de sentencia ejecutoriada relativa al mismo bien, debidamente registrada y anterior en fecha a la inscripción de la referida demanda o en razón de providencia precautoria solicitada ante la autoridad jurisdiccional por la acreedora con mejor derecho, en fecha anterior a la de inscripción de la demanda.

Artículo 516. En el trámite y resolución de las acciones deducidas en el presente Capítulo, será autoridad jurisdiccional competente, la del lugar donde se encuentra el bien inmueble objeto de la garantía real sobre el constituida, incluyendo contratos de adhesión y una de las partes sea una institución que pertenezca al sistema financiero mexicano o instituto, dependencia o institución del crédito del gobierno. Si la finca no se halla en el lugar del juicio, se librará exhorto a la autoridad jurisdiccional de la ubicación del bien inmueble objeto de la garantía real conforme a las reglas de competencia prevenidas en el presente Código Nacional.

Artículo 517. Desde el día del emplazamiento, la persona deudora contrae la obligación de depositaria judicial respecto del bien hipotecado, sus frutos y de todos los objetos que, con arreglo al contrato y conforme a lo dispuesto por la legislación aplicable, deban considerarse como inmovilizados y formando parte del mismo bien hipotecado, de los cuales se formará inventario para agregarlo a los autos, siempre que lo pida la persona acreedora. Para efecto del inventario, la persona deudora queda obligada a dar todas las facilidades para su formación y en caso de desobediencia, la autoridad jurisdiccional lo compelerá por los medios de apremio que le autoriza este Código Nacional.

Artículo 518. La parte deudora que no quiera aceptar la responsabilidad de depositaria, entregará desde luego, la tenencia material del bien hipotecado a la actora o a la depositaria que éste nombre.

Artículo 519. En todo lo no previsto en lo relativo a la demanda, emplazamiento, contestación de demanda, contestación de excepciones, ofrecimiento, admisión, preparación y desahogo de las pruebas, así como al desarrollo de la audiencia de juicio, se observarán las normas del juicio ordinario civil oral, así como las reglas generales de este Código Nacional, en cuanto no se opongan a las disposiciones del presente Capítulo.

SECCIÓN QUINTA
DEL JUICIO ESPECIAL DE ARRENDAMIENTO INMOBILIARIO ORAL

Artículo 520. A las controversias que versen sobre el arrendamiento inmobiliario les serán aplicables las disposiciones de este Capítulo.

A las acciones que se intenten contra quien haya otorgado fianza de carácter civil o terceras personas por controversias derivados del arrendamiento, se aplicarán las reglas de este Capítulo, en lo conducente. Igualmente, la acción que intente la persona arrendataria para exigir a la arrendadora, el derecho de preferencia y el pago de los daños y perjuicios a que se refiere el Código Civil correspondiente se sujetará a lo dispuesto en este Título.

Artículo 521. Los escritos de demanda, contestación, y en su caso, reconvención, observarán los requisitos establecidos en las disposiciones generales. El escrito inicial de demanda además de los requisitos referidos deberá acompañarse con el contrato de arrendamiento en caso de haberse celebrado por escrito.

En la demanda, contestación, reconvención, contestación a la reconvención y contestación a las excepciones opuestas, las partes deberán ofrecer las pruebas que pretendan rendir durante el juicio.

Artículo 522. Admitida la demanda se ordenará emplazar a la parte demandada, misma que deberá dar contestación, y formular en su caso, reconvención, dentro de los quince días siguientes a la fecha del emplazamiento; si hubiere reconvención se correrá traslado de ésta a la parte actora para que la conteste dentro de los quince días siguientes.

Desahogada la vista de las excepciones y defensas, de la contestación a la demanda y en su caso, de la contestación a la reconvención, o transcurridos los plazos para ello, la autoridad jurisdiccional señalará de inmediato la fecha y hora para la celebración de la audiencia de juicio, la que deberá fijarse dentro de los quince días siguientes.

En el mismo auto, la autoridad jurisdiccional admitirá, en su caso, las pruebas que fuesen ofrecidas en relación con las excepciones procesales opuestas, para que se rindan a más tardar en la audiencia de juicio. En caso de no desahogarse las pruebas en la audiencia, se declararán desiertas por causa imputable al oferente.

En lo no previsto para la audiencia de juicio, deberán aplicarse lo dispuesto en las reglas generales del juicio ordinario oral civil de este Código Nacional.

Artículo 523. La preparación de las pruebas quedará a cargo de las partes, por lo que deberán presentar a los testigos, peritos y demás pruebas que les hayan sido admitidas.

En caso de que las partes manifiesten bajo protesta de decir verdad la imposibilidad de preparar directamente el desahogo de las mismas, la autoridad jurisdiccional previa solicitud de la oferente, expedirá los oficios o citaciones, designará en su caso perito tercero en discordia, poniendo a disposición de la oferente los oficios y citaciones respectivas, a efecto de que las partes preparen las pruebas y éstas se desahoguen en la audiencia de juicio; en caso contrario se declarará desierta la prueba por causa imputable del oferente.

Si llamado un testigo, perito o solicitado un documento que hayan sido admitidos como prueba, no se desahogan éstas a más tardar en la audiencia, se declarará desierta la prueba ofrecida por causa imputable a la oferente.

Artículo 524. En la audiencia de juicio, se abrirá una etapa de conciliación y mediación, en caso de no lograrse un convenio, las partes expresaran sus alegatos de inicio, se desahogarán las pruebas y escuchados los alegatos finales, se declarará el asunto visto y la autoridad jurisdiccional explicará de forma breve, clara y sencilla en un lenguaje cotidiano su sentencia definitiva y leerá únicamente los puntos resolutivos, entregando copia simple de la versión escrita de la misma a las partes, en un plazo no mayor a dos días.

Artículo 525. En caso de que dentro del juicio a que se refiere este Capítulo, se demande el pago de rentas atrasadas por dos o más meses de acuerdo con el contrato suscrito por las partes, la parte actora podrá solicitar a la autoridad jurisdiccional que, al momento del emplazamiento o al dar contestación a la demanda, la demandada acredite con los recibos de renta correspondientes o escritos de consignación debidamente sellados, que se encuentra al corriente en el pago de las rentas pactadas y no haciéndolo se embargarán bienes de su propiedad suficientes para cubrir las rentas adeudadas.

Artículo 526. Para los efectos de este Capítulo siempre se tendrá como domicilio legal de la parte ejecutada el inmueble motivo del arrendamiento.

Artículo 527. Los incidentes no suspenderán el procedimiento. Se tramitarán en los términos de las reglas generales del presente Código Nacional, para los de tramitación escrita u oral, según procedan.

Artículo 528. Contra las sentencias definitivas en los procedimientos de arrendamiento inmobiliario oral, procederá el recurso de apelación en efecto devolutivo.

Artículo 529. En todo lo no previsto regirán las reglas generales de este Código Nacional, en cuanto no se opongan a las disposiciones del presente Capítulo.

SECCIÓN SEXTA
DEL PROCEDIMIENTO ESPECIAL DE INMATRICULACIÓN JUDICIAL ORAL

Artículo 530. El procedimiento especial oral de inmatriculación judicial de inmuebles, sin perjuicio de lo dispuesto en los Códigos Civiles respectivos, se substanciará conforme a lo siguiente:

I. Se presentará una solicitud que deberá de contener:

a) El origen de la posesión;

b) En su caso, el nombre de la persona de quien obtuvo la posesión el peticionario;

c) El nombre y domicilio del causahabiente de aquélla si fuere conocido;

d) La ubicación precisa del bien y sus medidas y colindancias;

e) El nombre y domicilio de las personas colindantes, y

f) El nombre de tres testigos, preferentemente colindantes del inmueble a inmatricular o, en su caso, que vivan o habiten cerca del lugar de ubicación del fundo en cuestión.

II. Se acompañará a la solicitud:

a) Un plano descriptivo de la ubicación del inmueble;

b) Un plano catastral del inmueble autorizado por el órgano de recaudación correspondiente, con una vigencia no mayor a seis meses, y

c) Un certificado de no inscripción del inmueble expedido por el Registro de la Propiedad, Oficina Registral o cualquier Institución análoga según la Entidad Federativa de que se trate. En el escrito en que se solicite dicho certificado, se deberán proporcionar los datos que identifiquen con precisión el fundo y manifestar que el certificado será exhibido en el procedimiento judicial de inmatriculación.

III. Admitida la solicitud, se ordenará la publicación por edictos en el medio de comunicación procesal oficial y en un periódico de mayor circulación en la Entidad Federativa donde se ubique el bien inmueble, por una sola ocasión, para que comparezcan al procedimiento las personas que se pudieren considerar perjudicadas, en los siguientes medios:

a) En el medio de comunicación procesal oficial de la autoridad jurisdiccional, y

b) En un periódico de los de mayor circulación en el lugar del inmueble.

IV. Se deberá fijar un anuncio de proporciones visibles en la parte externa del inmueble en cuestión, a través del cual se informe a las personas que puedan considerarse perjudicadas, a las y los vecinos, así como al público en general, la existencia del procedimiento de inmatriculación judicial respecto a ese inmueble. El anuncio deberá contener el nombre de la promovente y permanecer en el inmueble durante todo el trámite judicial.

Artículo 531. Realizadas las publicaciones y fijado el anuncio, se correrá traslado de la solicitud, para que contesten si existe oposición al procedimiento, dentro del término de quince días, las siguientes personas:

I. Aquella de quien obtuviera la posesión de quien promueve o su causahabiente si fuere conocido;

II. El Ministerio Público de la Entidad Federativa o la Federación;

III. Las personas colindantes del inmueble;

IV. El Instituto de Administración y Avalúos de Bienes Nacionales o dependencia de gobierno similar en las entidades, para que exprese si el fundo es o no de propiedad Federal o Estatal, y

V. A criterio de la autoridad jurisdiccional, el Registro Agrario Nacional.

Artículo 532. Producida la contestación y desahogadas las excepciones y defensas, en dichos escritos se ofrecerán las pruebas objeto de debate y se procederá a señalar la fecha y hora para celebración de la audiencia de juicio. En todo lo no previsto se estará a las disposiciones del juicio ordinario civil oral.

En el caso de que no hubiera oposición, y previa solicitud de acuse de rebeldía, la autoridad jurisdiccional, al vencerse el término a que se refieren los artículos anteriores, señalará fecha para la celebración de la audiencia de juicio dentro de los treinta días y se decidirá sobre la admisión y preparación de pruebas en el proveído respectivo. La audiencia se llevará a cabo con o sin la asistencia de las partes emplazadas. En caso de inasistencia sin justa causa del promovente, se sobreseerá el procedimiento.

TÍTULO TERCERO
DEL JUICIO ARBITRAL

CAPÍTULO I
DISPOSICIONES GENERALES

Artículo 533. Las partes tienen el derecho de someter sus controversias al juicio arbitral.

Artículo 534. El acuerdo de arbitraje puede celebrarse previo a que inicie un procedimiento jurisdiccional, durante éste una vez iniciado y hasta antes de dictada la sentencia definitiva.

En caso de que las partes decidan someterse a un juicio arbitral una vez iniciado un procedimiento jurisdiccional, la autoridad jurisdiccional las remitirá al arbitraje, dando por concluida la instancia, a menos, que se compruebe que el acuerdo es nulo, ineficaz o de ejecución imposible.

Lo actuado en el procedimiento jurisdiccional carecerá de validez para el juicio arbitral, salvo que las partes de común acuerdo convinieren lo contrario.

Artículo 535. El acuerdo de arbitraje es un convenio, por el que las partes deciden someter a arbitraje todas o ciertas controversias que hayan surgido o puedan surgir entre ellas respecto de una determinada relación jurídica, contractual o no. El acuerdo de arbitraje podrá adoptar la forma de una cláusula compromisoria incluida en un contrato o la forma de un acuerdo independiente.

En todos los casos el acuerdo deberá constar por escrito o por cualquier medio por el que se manifieste expresamente la voluntad de las partes que así lo convinieron.

Artículo 536. La referencia a un reglamento en el acuerdo de arbitraje, o en sus modificaciones, hará que se entiendan comprendidas en el mismo todas las disposiciones de que se trate.

Artículo 537. Quien esté en pleno ejercicio de sus derechos civiles, puede comprometer en árbitros sus negocios.

Las personas tutoras no pueden comprometer los negocios de personas sobre quienes ejercen la tutela, ni nombrar árbitros, sino con aprobación judicial, a menos que éstas fueren personas herederas de quien celebró el acuerdo de arbitraje. Si no hubiere designación de árbitros, salvo pacto en contrario de las partes, se hará con intervención judicial, como está previsto en los medios preparatorios a juicio arbitral.

Artículo 538. Los albaceas necesitan del consentimiento unánime de las personas herederas para comprometer en árbitros los negocios de la herencia y para nombrar árbitros, salvo que se tratara de cumplimentar los acuerdos de arbitraje pactados por el autor de la sucesión.

Artículo 539. Quien funja como síndico de los concursos civiles, sólo puede comprometer en árbitros con el consentimiento unánime de las personas acreedoras.

Artículo 540. No se pueden comprometer en árbitros los siguientes negocios:

I. El derecho de recibir alimentos, lo concerniente al régimen de convivencia, guarda y custodia y demás derechos de niñas, niños y adolescentes;

II. Los divorcios, excepto la separación de bienes, la liquidación y disolución de la sociedad conyugal y las demás diferencias de naturaleza pecuniarias;

III. Las acciones de nulidad de matrimonio;

IV. Los concernientes al estado civil de las personas, con las excepciones contenidas en el Código Civil o Familiar de cada Entidad Federativa que así lo determine, y

V. Los demás en los que lo prohíba expresamente la Ley.

Artículo 541. La persona a quien se comunique su posible nombramiento como árbitro, deberá estar libre de conflicto de intereses con cualquiera de las partes, así mismo, será su obligación revelar todas las circunstancias que puedan dar lugar a dudas justificadas acerca de su imparcialidad o independencia. Desde el momento de su nombramiento y durante todas las actuaciones arbitrales, revelará sin demora tales circunstancias a las partes.

Sólo podrá ser recusado si existen circunstancias que den lugar a dudas justificadas respecto de su imparcialidad o independencia, o si no posee las cualidades convenidas por las partes. Una parte sólo podrá recusar al árbitro nombrado por ella o en cuyo nombramiento haya participado, por causas de las que tenga conocimiento después de efectuada la designación.

Artículo 542. Deberá tratarse a las partes con igualdad y darse a cada una plena oportunidad de hacer valer sus derechos.

Con sujeción a las disposiciones del presente Título, las partes tendrán libertad para convenir las reglas del procedimiento a que se haya de ajustar el árbitro en sus actuaciones, a menos de que se trate de un arbitraje institucionalizado.

A falta de acuerdo sobre las reglas y siempre que no se trate de un arbitraje institucionalizado, se aplicarán las disposiciones del Reglamento de Arbitraje de la Comisión de las Naciones Unidas para el Derecho Mercantil Internacional.

En ausencia de acuerdo y de disposición expresa en el reglamento respectivo, se aplicará lo dispuesto en el presente Título.

En todo momento, el árbitro podrá, con sujeción a lo dispuesto en el presente Código Nacional, dirigir el procedimiento del modo que considere apropiado con el objeto de resolver la controversia planteada. Esta facultad conferida incluye de manera enunciativa, determinar la admisibilidad, la pertinencia y el valor de las pruebas.

Artículo 543. El acuerdo de arbitraje produce las excepciones de remisión al arbitraje y litispendencia, si durante el procedimiento se promueve el negocio en un órgano jurisdiccional ordinario.

La excepción de remisión al arbitraje debe tramitarse en la vía incidental. Sólo se denegará la remisión al arbitraje:

I. Si en el desahogo de la vista dada con la excepción de remisión al arbitraje se demuestra por medio de resolución firme, sea en forma de sentencia o laudo arbitral, que se declaró la nulidad del acuerdo de arbitraje, o

II. Si la nulidad, la ineficacia o la imposible ejecución del acuerdo de arbitraje son notorias desde el desahogo de la vista dada con la solicitud de remisión al arbitraje. Al tomar esta determinación la autoridad jurisdiccional deberá observar un criterio estricto y razonable.

Artículo 544. El tribunal arbitral resolverá la controversia según las normas de derecho que las partes hayan convenido. Si las partes no indicaren la Ley que debe regir el fondo del litigio, el tribunal arbitral, tomando en cuenta las características y conexiones del caso, determinará el derecho aplicable. Decidirá como amigable componedor o en conciencia, sólo si las partes lo han autorizado expresamente para hacerlo.

Artículo 545. El tribunal arbitral puede condenar en costas, daños y perjuicios, pero para emplear medidas de apremio debe acudir a la autoridad jurisdiccional.

CAPÍTULO II
DE LA EJECUCIÓN DE LAUDOS

Artículo 546. Notificado el laudo, cualquier parte podrá presentarlo a la autoridad jurisdiccional para su ejecución, a no ser que las partes ejercieren una acción de nulidad dentro de los siguientes tres meses a la notificación del laudo.

Artículo 547. La autoridad jurisdiccional que esté en turno y que corresponda a la competencia judicial del lugar del arbitraje, o bien, el de la ubicación de los bienes para el caso de ejecución, es competente para todos los actos relativos al juicio arbitral en lo que se refiere a jurisdicción que no tenga el árbitro; y para la ejecución de autos, decretos, órdenes y laudos.

Artículo 548. La autoridad jurisdiccional está obligada a impartir el auxilio de su jurisdicción al tribunal arbitral.

Artículo 549. Contra el laudo arbitral no procede recurso alguno. Contra la ejecución sólo serán posibles las siguientes excepciones que deberá probar la parte contra la cual se invoca el laudo:

I. Una de las partes en el acuerdo de arbitraje estaba afectada por alguna incapacidad jurídica, o que dicho acuerdo no es válido en virtud de la Ley a que las partes lo han sometido, o si nada se hubiere indicado a este respecto, en virtud de las disposiciones de este Código Nacional;

II. No fue debidamente notificada de la designación del árbitro o de las actuaciones arbitrales, o no hubiere podido, por cualquier otra razón ajena al ejecutado, hacer valer sus derechos;

III. El laudo se refiere a una controversia no prevista en el acuerdo de arbitraje o contiene decisiones que exceden los términos del acuerdo de arbitraje. No obstante, si las disposiciones del laudo que se refieren a las cuestiones sometidas al arbitraje pueden separarse de las que no lo están, se podrá dar reconocimiento y ejecución a las primeras;

IV. La composición del tribunal arbitral o el procedimiento arbitral no se ajustaron al acuerdo celebrado entre las partes o, en defecto de tal acuerdo, que no se ajustaron a la Ley del país donde se efectuó el arbitraje, o

V. El laudo no sea aún obligatorio para las partes o hubiere sido anulado o suspendido por la autoridad jurisdiccional del país en que, o conforme a cuyo derecho, hubiere sido dictado ese laudo.

En todos los casos, la autoridad jurisdiccional verificará de oficio que, el objeto de la controversia que se pretende ejecutar sea susceptible de arbitraje; o que el reconocimiento o la ejecución del laudo no sean contrarios al orden público.

LIBRO CUARTO
DE LA JUSTICIA FAMILIAR

TÍTULO PRIMERO
DISPOSICIONES COMUNES A LOS PROCEDIMIENTOS FAMILIARES

CAPÍTULO I
DISPOSICIONES GENERALES EN MATERIA FAMILIAR

SECCIÓN PRIMERA
GENERALIDADES

Artículo 550. Los procedimientos en materia familiar son de orden público; corresponde a las autoridades jurisdiccionales intervenir de oficio en los asuntos que afecten los derechos de las personas que pertenezcan a grupos sociales que se encuentren en situación de vulnerabilidad.

En todos los casos la autoridad jurisdiccional deberá:

I. Fundar y motivar sus resoluciones, de modo que estas se deduzcan lógicamente de los hechos, pruebas y leyes que les sirvan de antecedentes;

II. Procurar la preservación de los vínculos familiares, sin que ello implique una vulneración a los derechos de las personas involucradas en la controversia; para dichos efectos, también deberá de informar a las partes los beneficios del Procedimiento de Justicia Restaurativa;

III. Informar de los derechos que le asisten a la persona en su primera comparecencia ante la autoridad jurisdiccional;

IV. Valorar que los acuerdos propuestos por las partes no afectan derechos irrenunciables o propicien una segunda victimización;

V. Suplir la deficiencia procesal, y

VI. Solicitar la intervención del Ministerio Público o representación social que corresponda.

La solicitud para la intervención de la autoridad jurisdiccional podrá ser oral y sólo cuando así se prevenga los escritos, promociones y peticiones deberán reunir los requisitos mínimos exigidos por este Código Nacional.

Artículo 551. Para el esclarecimiento de la verdad de los hechos controvertidos, la autoridad jurisdiccional podrá ordenar la admisión de cualquier prueba oficial o privada y su desahogo podrá decretarse de manera anticipada.

Artículo 552. Las partes en el juicio estarán obligadas a facilitar la inspección o reconocimiento ordenados por la autoridad jurisdiccional y exhibir los documentos que tengan en su poder y se relacionen con el proceso apercibidos que de no hacerlo sin justa causa se le tendrán por ciertos los hechos que se pretendan probar con ello. La autoridad jurisdiccional podrá hacer cumplir sus determinaciones a través de la aplicación de cualquier medida de apremio prevista en el presente Código Nacional.

Las partes estarán obligadas a facilitar el examen de las condiciones físicas o mentales de una persona, o a proporcionar muestras orgánicas o biológicas, para la obtención de la verdad o resolución del conflicto; apercibiéndoles de que se tendrán por ciertas las afirmaciones de la contraparte si no cumplen con estas obligaciones, salvo prueba en contrario.

Artículo 553. La admisión de hechos por las partes y el allanamiento de estos sólo vinculan a la autoridad jurisdiccional, cuando no se afecten los derechos de niñas, niños o adolescentes, tratándose de violencia familiar, sexual o contra la mujer. Cuando se trate de un delito sexual, la autoridad jurisdiccional estará obligada a dar parte al Ministerio Público, deberá salvaguardarse la integridad y apegarse al principio del interés superior de niñas, niños y adolescentes de manera inmediata.

Artículo 554. En los casos de conductas violentas u omisiones graves que afecten a los integrantes de la familia, la autoridad jurisdiccional deberá adoptar las medidas provisionales que se estimen convenientes, para que cesen de plano. En los casos de violencia vicaria, entendida como la violencia ejercida contra las mujeres a través de sus hijos, la autoridad jurisdiccional deberá salvaguardar la integridad de niñas, niños, adolescentes y mujeres, a efecto de evitar la violencia institucional contemplada en la Ley General de Acceso de las Mujeres a una Vida Libre de Violencia.

Artículo 555. La autoridad jurisdiccional determinará siempre el aseguramiento de los alimentos de quien tenga derecho a recibirlos aun cuando el procedimiento no tenga por objeto principal dicho aseguramiento.

Artículo 556. Las medidas provisionales que hubiere decretado la autoridad jurisdiccional podrán ser modificadas o revocadas, si se demuestra que las causas que las motivaron variaron o desaparecieron.

Artículo 557. Tratándose de trámites en los que se encuentren involucrados los derechos de niñas, niños y adolescentes, la autoridad jurisdiccional, proveerá al efecto y de manera inmediata los ajustes razonables que se requiera en debida observancia del principio de interés superior de las niñas, niños y adolescentes, de conformidad con lo siguiente:

I. Actuar más allá de la demanda puntual que se le presenta cuando esto sea en aras del interés superior de la infancia;

II. Priorizar el derecho a la protección especial, contra toda forma de sufrimiento, abuso o descuido, incluidos el físico, psicológico, mental y emocional; así como priorizar el desarrollo integral en un ambiente sano y libre de violencia;

III. Atender las características, condiciones específicas y necesidades de cada niña, niño y adolescente, con base en el principio de no discriminación;

IV. Deberá cerciorarse de la necesidad de la admisión de la declaración testimonial de niñas, niños o adolescentes, con base en el principio de mínima intervención, a fin de evitar prácticas o procedimientos que causen estrés psicológico;

V. Evitar de manera acuciosa las demoras prolongadas o innecesarias en las diligencias en las que intervengan, así como la formulación de requerimientos legales que pueden resultar intimidantes;

VI. En ningún caso se hará pública la información sobre niñas, niños o adolescentes involucrados en los trámites judiciales previstos en este Código Nacional, y

VII. Toda niña, niño y adolescente, tiene derecho a expresar sus opiniones libremente sobre las decisiones que le afecten, incluidas las adoptadas en el curso de cualquier proceso, y que esos puntos de vista serán tomados en consideración por la autoridad jurisdiccional atendiendo a su edad, madurez y evolución de su capacidad; el acto procesal mediante el que sea escuchado su parecer no estará sujeto a contradicción.

Artículo 558. En todos los asuntos que estén involucrados derechos de niñas, niños y adolescentes, éstos podrán ser escuchados por la autoridad jurisdiccional, en audiencia videograbada.

La autoridad jurisdiccional señalará fecha y hora para la celebración de la comparecencia, y requerirá a quien ejerza la guarda y custodia o cuidado de la niña, niño o adolescentes para que lo presenten al desahogo de la comparecencia, con el apercibimiento de que en caso de incumplimiento se les impondrá la medida de apremio que la autoridad jurisdiccional estime conducente.

En el desahogo de la comparecencia la autoridad jurisdiccional deberá observar lo siguiente:

I. Que la comparecencia no se lleve a cabo en un ambiente hostil;

II. Asegurar que esté presente un equipo interdisciplinario, formado por: una persona profesional en psicología, preferentemente con especialidad en desarrollo infantil, una persona Agente del Ministerio Público y una persona tutora especial que se designe para el desahogo de la actuación, persona que deberá de pertenecer al Sistema al (sic) Desarrollo Integral de la Familia o a la Procuraduría de Protección de Niñas, Niños y Adolescentes;

III. La entrevista con las niñas, niños y adolescentes, está exceptuada de contradicción y debe ser resguardada en absoluta discrecionalidad, atendiendo a los principios de confidencialidad y privacidad que les asisten a las niñas, niños y adolescentes; se llevará a cabo sin la presencia de sus progenitores o tutores;

IV. En los casos en los que la niña, niño o adolescente requiera el apoyo de una persona familiar o profesional de su confianza podrá acompañarle, particularmente cuando se trate de violencia sexual infantil, ya que sólo con auxilio de sus progenitores o terapeutas suelen revelar la violencia, y

V. Dichas diligencias serán videograbadas para evitar la repetición y revictimización en el proceso de niñas, niños y adolescentes.

Los datos proporcionados en la comparecencia serán tomados en consideración por la autoridad jurisdiccional atendiendo a la edad, madurez y contexto social y familiar de la niña, niño o adolescente, así como las pruebas periciales en materia de psicología que para tal efecto se recaben. La admisión de estos medios de prueba podrá decretarse de manera anticipada.

Artículo 559. Cuando la persona que tenga a su cuidado a la niña, niño o adolescente se niegue a presentarlo a la audiencia señalada para su comparecencia, alegando cualquier causa, se harán efectivos los apercibimientos decretados con anterioridad, y de considerarse viable se señalará nuevo día y hora dentro del término de veinte días en el que la autoridad jurisdiccional, el Ministerio Público y demás personas que deban intervenir, se trasladen al domicilio donde habita la niña, niño o adolescente para llevar a cabo la diligencia referida, en su caso.

Para el caso de oposición o impedimento del desarrollo de la audiencia, la autoridad jurisdiccional dará vista al Ministerio Público para que proceda conforme a sus atribuciones y para los efectos legales conducentes. La autoridad jurisdiccional podrá adoptar las medidas de protección para las niñas, niños y adolescentes que estime pertinentes, siempre con base en el principio del interés superior de la infancia y de acuerdo con el Protocolo para juzgar con perspectiva de infancia y adolescencia de la Suprema Corte de la Justicia de la Nación.

Artículo 560. La autoridad jurisdiccional tiene, sin perjuicio de las especiales que les concede la ley, las siguientes facultades:

I. Convocar a las partes a su presencia en cualquier tiempo, para intentar la conciliación o cualquier otro medio alterno de solución de conflictos; exceptuando aquellos casos que involucren violencia de cualquier tipo incluida la de género y para cualquier persona, niña, niño y adolescente;

II. En cualquier estado o instancia del procedimiento, ordenar la comparecencia personal de las partes, a fin de interrogarlas libremente sobre los hechos por ellas afirmados. Las partes deben ser asistidas por sus representantes. Los interrogatorios se practicarán sin formalidad alguna, excepto en los casos que involucren cualquier tipo o modalidad de violencia de género, en cuyo caso las autoridades jurisdiccionales deberán actuar con base en los Protocolos que al efecto existan;

III. Rechazar de plano cualquier incidente o solicitud que merezca calificarse de frívola, notoriamente improcedente, intrascendente o dilatoria, en relación con el asunto que se ventile, lo que deberá ser hecho de manera fundada, razonada y motivada;

IV. Para el solo efecto de regularizar el proceso, ordenar en cualquier etapa del juicio que se subsane toda omisión o deficiencia formal que se notare;

V. Suplir la deficiencia de los planteamientos de derecho y de las pretensiones, así como de los agravios respecto de las niñas, niños, adolescentes; víctimas de cualquier tipo o modalidad de violencia de género y grupos de atención prioritaria;

VI. Allegarse de los medios de prueba legales que estime necesarios para la resolución del asunto, de acuerdo con la naturaleza de los derechos en conflicto, y

VII. Determinar las medidas y órdenes de protección procedentes para la protección de los miembros de la familia, cuando en un procedimiento se advierta la existencia de cualquier modalidad o tipo de violencia.

Artículo 561. Si la autoridad jurisdiccional advierte la existencia de cualquier clase de violencia, deberá modificar o suspender el ejercicio del régimen de convivencias o guarda y custodia, según sea el caso, y podrá ordenar que las convivencias se realicen de manera supervisada en los Centros o Instituciones destinadas para tal efecto en el Tribunal o Poder Judicial de cada Entidad Federativa, o bien por videoconferencia supervisada, siempre y cuando sea deseo de la niña, niño o adolescente, así como dictar las medidas que estime pertinentes para salvaguardar el orden familiar y dar vista al agente del Ministerio Público que corresponda.

SECCIÓN SEGUNDA
DE LOS ALIMENTOS

Artículo 562. Si la autoridad jurisdiccional considera acreditada la obligación alimentaria, dictará el auto admisorio a más tardar al día siguiente en que haya recibido la solicitud respectiva, fijando una pensión alimenticia provisional y dará aviso sin demora a la persona física o moral de quien perciba el ingreso la persona deudora alimentista, para que lleve a cabo el descuento y haga entrega de la cantidad al acreedor alimentario e informe sobre el total de sus percepciones.

Artículo 563. La orden de descuento de los alimentos y el informe solicitado se atenderá de inmediato por la parte responsable de la fuente de trabajo, suministrando los datos exactos dentro del término de tres días, con el apercibimiento que de no hacerlo se le aplicará una multa de hasta doscientas Unidades de Medida y Actualización, además de responder solidariamente con la obligada directa, de los daños y perjuicios que cause a la acreedora alimentaria por sus omisiones o informes falsos.

En todo momento la autoridad jurisdiccional podrá solicitar el auxilio de las autoridades fiscales para la indagación de la capacidad económica de las personas deudoras alimentarias.

Artículo 564. Cuando no se acredite la capacidad económica de la deudora alimentista, en atención a las circunstancias especiales del caso, la pensión alimenticia se fijará en salarios mínimos en la zona económica que corresponda, sin que pueda ser inferior a uno.

Artículo 565. Fuera de los casos anteriores, se ordenará requerir a la parte deudora alimentista sobre el pago inmediato de la pensión provisional, con el apercibimiento de embargar bienes de su propiedad que garanticen su cumplimiento. En caso de que se actualice el incumplimiento de la parte deudora alimentista total o parcial por un periodo mayor a 90 días, la autoridad jurisdiccional ordenará su inscripción en el Registro Nacional de Obligaciones Alimentarias.

Las personas representantes de la Procuraduría de Protección de Niñas, Niños y Adolescentes o de las instituciones análogas en las Entidades Federativas, que tengan decretada una tutoría en su favor, en todo momento se encuentran legitimadas para solicitar ante la autoridad jurisdiccional la inscripción de una persona deudora en el Registro Nacional de Obligaciones Alimentarias.

Artículo 566. En el mismo auto de admisión a la demanda, la autoridad jurisdiccional proveerá la designación de una persona profesionista en trabajo social, para que lleve a cabo un estudio socioeconómico de las partes acreedora y deudora alimentaria, el cual, de ser posible, deberá estar exhibido en la audiencia preliminar.

Artículo 567. Las cuestiones que se promuevan sobre el importe de los alimentos se decidirán por la vía incidental además de ser revisadas en la audiencia preliminar.

Artículo 568. La sentencia que decrete los alimentos fijará la pensión correspondiente y se comunicará sin demora a la persona física o moral de quien perciba el ingreso la parte deudora alimentista.

En caso de que la autoridad jurisdiccional verifique un incumplimiento total o parcial por la parte deudora alimentista del fallo que condena al pago de alimentos, ya sea que comprenda el pago de una pensión alimenticia ordinaria o retroactiva, informará para su inscripción en el plazo de tres días dicho incumplimiento al Registro Nacional de Obligaciones Alimentarias.

SECCIÓN TERCERA
DE LAS MEDIDAS PROVISIONALES Y DE PROTECCIÓN

Artículo 569. La autoridad jurisdiccional deberá intervenir de oficio en las cuestiones inherentes al orden familiar y deberá decretar las medidas provisionales necesarias sin audiencia de la contraparte y cerciorarse de su cumplimiento, en los casos que a continuación se mencionan, de manera enunciativa y no limitativa:

I. Fijación de alimentos;

II. Guarda y custodia;

III. Régimen de convivencias;

IV. Órdenes o medidas de Protección, y

V. Cualquier otra medida que señale este Código Nacional, los códigos civiles o familiares y las leyes especializadas en la materia, siempre y cuando la autoridad jurisdiccional considere pertinente para salvaguardar a los integrantes de la familia.

Las medidas indicadas en las fracciones anteriores deberán ser revisadas por la autoridad jurisdiccional, de oficio o a petición de parte, en la audiencia preliminar o en cualquier otra etapa del procedimiento. Contra dicha resolución procederá el recurso de apelación en el efecto devolutivo.

Artículo 570. Tratándose de las medidas provisionales y de protección dictadas en favor de víctimas de violencia familiar, para su revisión deberán observarse las condiciones establecidas en este Código Nacional y demás leyes aplicables.

Artículo 571. Las órdenes o medidas de protección tienen como fin salvaguardar integralmente a las víctimas de violencia y su familia, ya sea previniendo, interrumpiendo o impidiendo cualquier conducta de violencia.

Son principios básicos de la orden de protección:

I. Protección de la víctima, que la víctima recupere la sensación de seguridad ante posibles amenazas de quien violenta, lo cual, por otra parte, es indispensable para romper con el círculo de violencia;

II. Urgencia, la orden se debe implementar y cumplir de manera inmediata, con la mayor agilidad posible a efecto de que cumpla con el fin de prevenir o impedir que los actos de violencia se cometan o se sigan cometiendo;

III. Accesibilidad, quiere decir que la medida debe ser implementada a través de un procedimiento sencillo y gratuito para quien es víctima de violencia;

IV. Utilidad procesal, la orden de protección debe facilitar la confección, integración, tratamiento y conservación de las pruebas que puedan aportarse al trámite, y

V. La necesidad y proporcionalidad de la medida, las órdenes de protección deben responder a la situación de violencia en que se encuentre la persona destinataria y deben garantizar su seguridad o reducir los riesgos existentes.

Artículo 572. En caso de que la autoridad jurisdiccional conozca de hechos que probablemente constituyen actos de violencia en contra de las mujeres; niñas, niños o adolescentes; o personas que pueden encontrarse en grupos que se encuentren en situación de vulnerabilidad, tiene la obligación de dictar órdenes de protección de urgente aplicación en función del interés superior de quien pudiere resultar víctima, las cuales serán personalísimas e intransferibles, pudiendo tener incluso el carácter de preventivas y serán consideradas de naturaleza familiar.

Artículo 573. Son medidas u órdenes de protección:

I. La desocupación inmediata del domicilio conyugal o donde habite la víctima, por la persona agresora, independientemente de la acreditación de propiedad o posesión del inmueble, aún en los casos de arrendamiento;

II. La prohibición inmediata a la persona probable responsable de apersonarse en el domicilio, lugar de trabajo, de estudios, del domicilio de las y los ascendientes y descendientes o cualquier otro que frecuente la víctima;

III. La prohibición de intimidar o molestar a la víctima en su entorno social, así como a cualquier integrante de su familia;

IV. El auxilio policiaco de reacción inmediata a favor de la víctima, con autorización expresa de ingreso al domicilio donde se localice o se encuentre la víctima al momento de solicitar el auxilio;

V. El inventario de los bienes muebles e inmuebles de propiedad común, incluyendo los implementos de trabajo de la víctima;

VI. Informar a las autoridades o instituciones competentes sobre las medidas tomadas, a fin de que presten atención inmediata a las personas afectadas;

VII. El uso y goce de los bienes que se encuentren en el inmueble que sirva de domicilio a la víctima;

VIII. El acceso al domicilio en común, de autoridades policiacas o de personas que auxilien a la víctima a tomar sus pertenencias personales y las de su familia;

IX. Emitir orden de protección y auxilio dirigida a las autoridades de seguridad pública, de la que se expedirá copia a la víctima para que pueda acudir a la autoridad más cercana en caso de amenaza de agresión;

X. Brindar servicios reeducativos integrales especializados y gratuitos, con perspectiva de género en instituciones especializadas y gratuitas a la persona agresora para erradicar las conductas violentas a través de una educación que elimine los estereotipos de supremacía de género y los patrones machistas y misóginos que generaron;

XI. Suspensión temporal al agresor del régimen de visitas y convivencia con sus descendientes;

XII. Prohibición al agresor de enajenar o hipotecar bienes de su propiedad, que puedan ser susceptibles de división entre los cónyuges o concubinos, con independencia del régimen matrimonial al que se encuentre sujeto el matrimonio;

XIII. Embargo preventivo de bienes del agresor, que deberá inscribirse en el Registro Público de la Propiedad, a efecto de garantizar las obligaciones alimentarias de cualquier clase, y

XIV. En caso de ser solicitado, proveer a fin de que la víctima pueda recibir en instituciones públicas y de manera gratuita atención médica y acompañamiento psicológico.

La autoridad jurisdiccional está obligada a observar aquellos casos en los que pudiera tratarse de violencia vicaria en contra de mujeres, por sí o a través de una tercera persona.

Artículo 574. Toda persona integrante de la familia podrá solicitar las medidas de protección que considere pertinentes y se atenderá al principio de lealtad procesal para su decreto; sin embargo, atendiendo a los elementos del caso concreto el estándar probatorio requerido para el decreto podrá variar.

En caso de que se acredite que dichas medidas tengan el propósito de ejercer violencia contra la mujer, éstas se dejarán sin efecto.

Si quien solicita la medida de protección es una niña, niño o adolescente, y no se encuentra asistido por sus representantes legales, se ordenará por la autoridad judicial la fijación de una representación inmediata de algún familiar o persona cuidadora temporal o por alguna institución especializada, a efecto de que se dicten las órdenes solicitadas de manera inmediata, ya sea que comparezca por escrito o por comparecencia.

Artículo 575. Las medidas de protección previstas en este Código Nacional deben ser dictadas dentro de las veinticuatro horas siguientes al conocimiento de los hechos, y ser cumplimentadas en un término no mayor a setenta y dos horas; por lo que, no será necesario que surta efectos ningún tipo de notificación para la materialización de las medidas u órdenes.

Las órdenes de protección, pueden ser modificadas durante la tramitación del juicio, en la audiencia preliminar, o en la sentencia definitiva.

La autoridad jurisdiccional tiene la obligación de dar seguimiento a las órdenes de protección dictadas en el juicio.

Artículo 576. En el caso de violencia en contra de la mujer, serán aplicables las órdenes de protección que dispone la Ley General de Acceso de las Mujeres a una Vida Libre de Violencia, sin perjuicio de cualquier otra medida prevista en la legislación Federal y Local, así como en los tratados internacionales aplicables.

Artículo 577. Cuando el deudor alimentario haya dejado de cumplir con sus obligaciones en materia de alimentos por un periodo mayor de dos meses o sesenta días naturales, continuos o discontinuos, en cualquier momento del procedimiento podrá solicitarse a la autoridad jurisdiccional lo haga del conocimiento del Registro de Deudores Alimentarios Morosos o institución similar o análoga en las Entidades Federativas.

La autoridad jurisdiccional podrá retener los pasaportes a los deudores alimentarios morosos, y tratándose de extranjeros se dará vista al Instituto Nacional de Migración, mediante oficio para que proceda conforme a la Ley de Migración, a efecto que no se le permita la salida del Territorio Nacional.

Del mismo modo la autoridad jurisdiccional podrá ordenar a petición de parte, el embargo precautorio de bienes y derechos de los que sea titular del deudor alimentario, así como el congelamiento provisional de sus cuentas bancarias.

A efecto de lo anterior la autoridad jurisdiccional también podrá instruir la anotación, registro o inscripción que corresponda a la medida ordenada.

En su caso, se dará vista al Ministerio Público para los efectos que corresponda.

SECCIÓN CUARTA
DE LA SEPARACIÓN DE PERSONAS

Artículo 578. Quien intente demandar, denunciar o querellarse contra su cónyuge o persona concubina, podrá solicitar a la autoridad jurisdiccional en materia familiar su separación del domicilio hogar común.

Artículo 579. La solicitud de separación del hogar común podrá hacerse por comparecencia o por escrito que deberá contener al menos lo siguiente:

I. Expresar los hechos sobre los que base la solicitud;

II. Indicar el domicilio en el que pretende permanecer o del que se desea retirar, y

III. En caso de existir hijas o hijos menores de edad correspondientes a la unión, se deberán de exhibir los documentos que acrediten la filiación, sin perjuicio de que en situación de urgencia no será necesaria tal exhibición y la autoridad jurisdiccional podrá hacer uso de los medios necesarios para comprobar el parentesco indicado.

Artículo 580. Cuando, derivado de una situación de cualquier tipo o modalidad de violencia, exista imposibilidad material para la presentación por la parte interesada, cualquier persona podrá bajo protesta de decir verdad, realizar su solicitud.

La autoridad jurisdiccional de primera o segunda instancia en materia familiar más cercana al domicilio común o en el que habite quien haga la solicitud, será la encargada de recibirla y decretar la separación provisional de personas, remitiendo las diligencias a la autoridad jurisdiccional que resulte competente.

Artículo 581. Presentada la solicitud de separación, si la autoridad jurisdiccional considera que procede, conjuntamente a la admisión del trámite deberá decretar lo siguiente:

I. Para el caso que la solicitud fuera interpuesta por una tercera persona, se proveerá respecto de la manifestación de conformidad con la persona interesada en el trámite, lo cual se realizará en la diligencia de cumplimiento;

II. Las medidas pertinentes y órdenes de protección a fin de que se efectúe de inmediato la separación, con atención a los hechos y circunstancias de la solicitud;

III. La determinación en cuanto a la guarda y custodia provisional de las niñas, niños o adolescentes relacionados con el caso;

IV. La fijación de la pensión alimenticia provisional correspondiente;

V. El régimen de visitas y convivencias provisionales, si ello no lesiona los derechos de las niñas, niños y adolescentes;

VI. Establecer que quien conserve el cuidado de los hijos o hijas menores de edad o de personas que pertenezcan a grupos que se encuentren en situación de vulnerabilidad, siga habitando el domicilio conyugal o familiar, si así lo desea;

VII. Quien se separe del domicilio familiar y conserve la guarda y custodia de hijos menores de edad habidos en el matrimonio o relación familiar, se le entregarán la ropa, muebles y demás enseres de los mismos, así como de las personas mayores que deban salir del domicilio con quien se haya separado del mismo. En todos los casos quien se retire del domicilio familiar podrá retirar sus objetos personales y de trabajo, y

VIII. Ordenar la notificación al otro cónyuge, concubina o concubinario, con la prevención expresa de que deberá abstenerse de impedir la separación o causarle cualquier tipo de molestias a la parte solicitante, apercibiéndole con las medidas de apremio previstas en el presente Código Nacional para en caso de incumplimiento.

Artículo 582. Decretada procedente la separación de personas, la autoridad jurisdiccional deberá prevenir a la parte solicitante para que presente la demanda correspondiente, dentro de un plazo de quince días hábiles, bajo el apercibimiento que de no realizarlo en el término señalado se levantará el acto prejudicial y cesarán los efectos de las medidas provisionales. En este sentido, podrá autorizarse por una sola ocasión una prórroga de hasta diez días hábiles.

Si la autoridad jurisdiccional advierte que con el levantamiento del acto prejudicial se pudiera vulnerar el interés superior de la niñez o de personas que pertenezcan a grupos que se encuentren en situación de vulnerabilidad, se dará vista a la Procuraduría de Protección para Niños, Niñas y Adolescentes o su equivalente en la Entidad Federativa de la que se trate, así como al Agente del Ministerio Público de su adscripción.

Artículo 583. La autoridad jurisdiccional puede modificar las resoluciones decretadas cuando los cónyuges o concubinos lo soliciten de común acuerdo o cuando aparezcan nuevas circunstancias que así lo hagan posible.

Cualquier oposición de las personas cónyuges o concubinas respecto de los alimentos o la guarda y custodia o visitas y convivencias, decretados en el acto prejudicial, se deberá tramitar en el juicio respectivo.

SECCIÓN QUINTA
DE LA JUSTICIA RESTAURATIVA EN MATERIA FAMILIAR

Artículo 584. Las partes de común acuerdo podrán sujetarse a un procedimiento de Justicia Restaurativa en materia familiar, el cual tendrá como finalidad que las partes reconozcan la existencia de un conflicto, asuman su responsabilidad y participen tanto en la reparación de los daños como en la reestructuración de la dinámica familiar. Quedan exceptuados los casos de violencia sexual contra niñas, niños y adolescentes. El procedimiento de Justicia Restaurativa no es obligatorio para acceder a la justicia familiar.

Las partes podrán acordar suspender la tramitación del juicio que hayan iniciado por un intervalo no mayor a tres meses. Las medidas cautelares, precautorias o provisionales decretadas en el trámite de cualquier juicio se mantendrán vigentes.

Las partes podrán sujetarse a los mecanismos de justicia restaurativa, sin suspensión del trámite judicial correspondiente.

En los casos que alguna de las partes manifieste su deseo de no continuar con el proceso de justicia restaurativa en materia familiar o simplemente una de ellas deje de acudir a las sesiones que se señalen, se dará por concluido el proceso, y suspendido o no el trámite, sin dilación alguna se continuará el juicio en la etapa procesal respectiva.

Artículo 585. Para la implementación de estos procesos, la autoridad jurisdiccional podrá auxiliarse de expertos en psicología, trabajo social, mediadores o facilitadores especializados en materia de familia, quienes deberán de preservar los principios de: legalidad, imparcialidad, voluntariedad, confidencialidad, flexibilidad, simplicidad, acceso a la información y que cuenten con la certificación que para dichos efectos expida la autoridad competente.

Artículo 586. En los casos en que las partes manifiesten su deseo de someterse a los beneficios de la justicia restaurativa, la autoridad jurisdiccional señalará día y hora para que las partes acudan a la entrevista inicial, a la cual podrán ser acompañadas en todo momento de cualquier persona de su confianza, lo que incluye a su representante legal.

Una vez realizadas las entrevistas la persona facilitadora informará en el plazo de tres días a la autoridad jurisdiccional la viabilidad de la implementación de un proceso de Justicia Restaurativa. No obstante, si en los encuentros preparatorios o dentro del proceso sobreviene alguna causa de inviabilidad, la persona facilitadora lo informará en un plazo máximo de cuarenta y ocho horas a la autoridad jurisdiccional.

En caso de que las partes, asistidas de la persona facilitadora, diseñen un plan de reparación del daño, deberá de observar lo siguiente:

I. De ninguna manera podrá pactarse la renuncia de los derechos de niñas, niños o adolescentes;

II. En asuntos en los que existan datos de la existencia de conductas de violencia, queda prohibido convenir el mero pago de obligaciones pecuniarias como forma de reparación del daño, y

III. No podrán pactarse cláusulas desde una asimetría en las relaciones de poder.

En el plan o convenio, en su caso, la persona mediadora o facilitadora deberán promover que se garantice el bienestar psicológico y la seguridad física de todos los miembros de la familia. Después de aceptado y firmado el acuerdo la persona facilitadora tendrá un plazo máximo de tres días para presentarlo ante la autoridad jurisdiccional competente.

Recibido por la autoridad jurisdiccional competente el plan de restitución de derechos o el convenio, en un plazo de cinco días hábiles la autoridad jurisdiccional fijará día y hora para el desahogo de una audiencia oral, a fin de sancionar y en su caso aprobar los acuerdos formulados por las partes.

Las partes comparecerán personal y debidamente asistidas a la audiencia y en caso de que la autoridad jurisdiccional lo considere pertinente podrá apersonarse la persona facilitadora. En todos los casos deberá de encontrase presente en la actuación la persona Agente del Ministerio Público correspondiente y en caso de que así lo considere la autoridad jurisdiccional, la persona representante de la Procuraduría de Protección de niñas, niños y adolescentes a nivel federal o de cada Entidad Federativa.

De resultar en derecho el convenio, se elevará a categoría de cosa juzgada y de inmediato la autoridad jurisdiccional proveerá de todo lo necesario para su ejecución.

El cumplimiento forzoso del convenio judicial podrá solicitarse en la vía de apremio.

TÍTULO SEGUNDO
PROCEDIMIENTOS NO CONTENCIOSOS EN MATERIA FAMILIAR

CAPÍTULO I
DE LA JURISDICCIÓN VOLUNTARIA

SECCIÓN PRIMERA
GENERALIDADES

Artículo 587. La jurisdicción voluntaria comprende todos los actos que, por disposición de la ley o por solicitud de las personas interesadas, se requiere la intervención de la autoridad jurisdiccional, sin que esté promovida, ni se promueva cuestión litigiosa alguna entre partes determinadas.

A solicitud de parte legítima podrán practicarse en esta vía las notificaciones o emplazamientos necesarios en procesos extranjeros.

Los procedimientos de que trata este Capítulo podrán tramitarse ante Notaria o Notario Público de conformidad con lo dispuesto por este Código Nacional, así como el Código Civil y demás leyes de la Entidad Federativa de la que se trate.

Artículo 588. De manera enunciativa y no limitativa, los siguientes casos se podrán tramitar mediante jurisdicción voluntaria:

I. Nombramiento de personas tutoras y curadoras;

II. Enajenación de bienes propiedad de niñas, niños, adolescentes, ausentes o desaparecidos;

III. Declaración de ausencia, así como la declaración especial de ausencia por desaparición;

IV. Procedimiento de adopción, y

V. Restitución nacional.

Artículo 589. La jurisdicción voluntaria deberá promoverse por escrito ante la autoridad jurisdiccional competente y reunir los siguientes requisitos:

I. Nombre y domicilio de quien promueve;

II. En su caso, nombre y domicilio de las personas que deban ser citadas;

III. La petición expresa de lo solicitado;

IV. Los hechos que fundamenten la solicitud;

V. Las pruebas que se ofrezcan, y

VI. Firma de quien promueve.

Artículo 590. Cuando fuere necesaria la audiencia de alguna persona, se la citará conforme a derecho, apercibiéndole en la citación que quedan, por tres días, las actuaciones en la secretaría de la autoridad jurisdiccional para que se imponga de ellas y señalará día y hora para la audiencia dentro del término de quince días, a la que concurrirá el promovente o su representante legal.

Artículo 591. En la Jurisdicción Voluntaria ante autoridad jurisdiccional se dará vista al Ministerio Público, Federal o local, según corresponda:

I. Cuando la solicitud promovida afecte los intereses públicos;

II. Cuando se refiera a la persona o bienes de niñas, niños o adolescentes o personas que no tengan capacidad para comprender el significado del hecho;

III. Cuando tenga relación con los derechos o bienes de persona ausente o desaparecida;

IV. Cuando se encuentren involucrados derechos de personas pertenecientes a grupos que se encuentren en situación de vulnerabilidad;

V. Cuando lo considere necesario la autoridad jurisdiccional o lo pidan las partes, y

VI. Cuando lo dispusiere la Ley aplicable.

Artículo 592. Recibida la solicitud, la autoridad jurisdiccional la examinará y conjuntamente a su admisión, proveerá respecto de las pruebas ofrecidas, las que se desahogarán en una audiencia oral que se fijará dentro del término de quince días. En su caso, se dará vista al Ministerio Público sin que sea obstáculo para la celebración de la audiencia la inasistencia de este último.

Si no mediare oposición, la autoridad jurisdiccional aprobará la información o la autorización judicial si lo considera procedente y se expedirá copia certificada al peticionario si la pidiese.

Artículo 593. En ningún caso se admitirán en procedimiento judicial no contencioso, informaciones de testigos sobre hechos que fueren materia de un procedimiento en curso.

Artículo 594. Se dará por terminado el procedimiento de jurisdicción voluntaria si se opusiere parte legítima. Se desechará la oposición que se haga después de efectuado el acto, reservándole los derechos a quien se oponga para que los haga valer en la vía y forma que proceda.

Artículo 595. La autoridad jurisdiccional podrá variar o modificar las providencias que dictare, sin sujeción estricta a los términos y formas establecidas respecto del procedimiento contencioso que corresponda.

Artículo 596. Las resoluciones que se dicten en las diligencias de jurisdicción voluntaria ante autoridad jurisdiccional son recurribles en términos de lo que establece este Código Nacional. Contra la resolución desestimatoria de la petición procede el recurso de queja y la que dé por concluido el procedimiento de las diligencias, será apelable en ambos efectos.

SECCIÓN SEGUNDA
DE LA CONSIGNACIÓN DE ALIMENTOS

Artículo 597. Quien sea deudor alimentista puede promover diligencias de consignación, derivadas de su obligación de proporcionar alimentos, sin que ello constituya la extinción de la obligación alimentaria y sin perjuicio de que la autoridad jurisdiccional determine lo conducente.

Artículo 598. La consignación se hará en cheque certificado, o billete de depósito expedido por la oficina recaudadora o bancaria que corresponda.

Artículo 599. Hecha la consignación, la autoridad jurisdiccional deberá proveer de inmediato, haciendo saber a la persona acreedora alimentaria, que lo depositado queda a su disposición, para lo cual debe citarle para que comparezca a recibir o verificar el depósito.

Artículo 600. Si la acreedora alimentaria recibe lo consignado lisa y llanamente, la autoridad jurisdiccional hará constar su recepción, sin perjuicio de que las posteriores consignaciones se sigan realizando en ese procedimiento.

Artículo 601. Cuando la persona acreedora alimentaria no comparezca o se rehúse en el acto de la diligencia a recibir lo consignado, la autoridad jurisdiccional lo hará constar, con independencia de los depósitos de alimentos subsecuentes.

Artículo 602. La consignación que hace el deudor de pensiones alimentarias no extingue ni fija por sí misma su obligación de pagar alimentos.

SECCIÓN TERCERA
DEL NOMBRAMIENTO DE PERSONAS TUTORAS Y CURADORAS

Artículo 603. Toda persona tutora cualquiera que sea su clase debe manifestar si acepta o no el cargo dentro de los tres días que sigan a la notificación de su nombramiento; en igual término debe proponer su impedimento o excusa.

Tanto las personas tutoras como curadoras aceptarán los cargos y protestarán su leal desempeño ante la autoridad jurisdiccional de primera instancia en materia familiar que los nombró.

Cuando el impedimento o la causa legal de excusa ocurrieren después de la aceptación de la tutela o curatela, los términos correrán desde el día en que la persona tutora o curadora conoció el impedimento o la causa legal de excusa.

La aceptación o el lapso de los términos, en su caso, importan renuncia de la excusa.

Artículo 604. La persona designada, dentro de los diez días que sigan a su aceptación, debe prestar las garantías exigidas por la legislación sustantiva de cada Entidad Federativa, a no ser que lo exceptuaren expresamente.

Artículo 605. Puede oponerse al nombramiento de persona tutora, la niña, niño o adolescente que tenga la edad para nombrarla y el Ministerio Público, manifestando en un escrito las razones de su oposición y en su caso la documentación que la avale, con el que se dará vista a la persona tutora en cuestión y desahogada o no, la autoridad jurisdiccional resolverá de plano, sin que dicha resolución sea recurrible, así como también podrá oponerse al hecho por la persona que no siendo ascendiente le haya instituido heredero o legatario, de acuerdo a sus intereses.

Artículo 606. Siempre que la persona nombrada como persona tutora o curadora no reúna los requisitos que la ley disponga, la autoridad jurisdiccional denegará el discernimiento del cargo respectivo y proveerá al nombramiento en la forma y términos prevenidos por la legislación sustantiva de cada Entidad Federativa. Contra dicha resolución no procede recurso alguno.

Podrá decretarse el cuidado de niñas, niños y adolescentes que se hallen sujetos a patria potestad o a tutela y que fueren maltratados por sus padres o persona tutora o reciban de éstos ejemplos perniciosos, a juicio de la autoridad jurisdiccional, o sean obligados por ellos a cometer actos reprobados por las Leyes. La misma disposición se aplicará en caso de personas adultos (sic) mayores.

La autoridad jurisdiccional deberá privilegiar el cuidado a cargo de familiares o personas más cercanas y de confianza de los infantes.

En este caso no son necesarias formalidades de ninguna clase, asentándose solamente en una o más actas las diligencias del día.

Artículo 607. La autoridad jurisdiccional deberá contar con un registro de todos los discernimientos que se hicieren de los cargos de persona tutora y curadora, así como las modificaciones que se dieran en dichos cargos, que contendrá el nombre del pupilo, fecha de la resolución donde se le designó persona tutora y curadora, domicilio, número telefónico y correo electrónico para que por cualquiera de esos medios de comunicación procesal se realicen las notificaciones respectivas, y estará a disposición del Consejo de Tutelas, Procuraduría de Protección para Niñas, Niños y Adolescentes, del Representante de la Institución análoga de la Entidad Federativa de que se trate, así como del Ministerio Público de la adscripción.

Artículo 608. Dentro del primer mes de cada año, en audiencia pública con citación del Consejo Local de Tutelas, Procuraduría de Protección para Niñas, Niños y Adolescentes, del Representante de la Institución análoga de la Entidad Federativa de que se trate, así como del Ministerio Público de la adscripción, se procederá a examinar dicho registro y ya en su vista, recibirá la rendición de cuentas, la exhibición del informe médico y dictará las medidas que estime pertinentes:

I. Si resultare haber fallecido alguna persona tutora o curadora, harán que sea reemplazada, con arreglo a las disposiciones contenidas en este ordenamiento;

II. Si hubiere alguna cantidad de dinero que resultare sobrante después de cubiertas las cargas y atenciones de la tutela o dinero que proceda de las retenciones de capitales o que se adquiera de cualquier otro modo, se ordenará que se invierta en alguna Institución de Crédito destinadas al efecto, al plazo que mayor beneficio o interés produzca al pupilo, para lo cual la persona tutora con conocimiento de la o el curador, acreditará dicha circunstancia ante la autoridad jurisdiccional para que ésta emita el mandato judicial correspondiente, de acuerdo a la normatividad sustantiva aplicable de cada Entidad Federativa;

III. En dicha audiencia pública la persona tutora con la conformidad de la persona curadora presentará un informe sobre el desarrollo de la persona sujeta a tutela y de manera obligatoria un certificado de salud de dos profesionistas en materia de medicina general, así como un certificado de salud de dos personas médicos de la especialidad respectiva;

IV. A la audiencia indicada deberá presentarse la persona tutora o curadora, en compañía de su pupilo si sus condiciones de salud así lo permiten, para que en ese acto exprese lo que considere pertinente y la autoridad jurisdiccional se cerciore del estado que guardan éstas y tome las medidas que estime necesarias para mejorar su condición;

V. Dentro de la misma diligencia la persona tutora, deberá rendir cuenta detallada de su administración como lo preceptúa el Código Civil o Familiar de cada Entidad Federativa, sea cual fuere la fecha en que se le hubiere discernido el cargo u otorgado la encomienda. La falta de presentación de la cuenta en los tres meses siguientes al de enero, motivará la remoción de la persona tutora.

Artículo 609. En todos los casos de impedimento, separación o excusa de la persona tutora o curadora, definitivos o propietarios, se nombrará un interino mientras se decide la cuestión litigiosa y resuelto éste, se designará al que lo sustituya.

Artículo 610. Sobre la rendición y aprobación de cuentas de las personas tutoras, regirán las siguientes reglas:

I. Las cuentas se rendirán dentro del mes de enero de cada año, exhibiendo los documentos justificativos, aunque no exista prevención judicial para ello;

II. La persona tutora, también tiene obligación de rendir cuentas cuando, por causas graves que calificará la autoridad jurisdiccional, lo exijan la persona curadora, el Consejo Local de Tutelas, la Procuraduría de Protección para Niñas, Niños y Adolescentes o el Representante de la Institución análoga de la Entidad Federativa de que se trate o el mismo menor que hubiere cumplido la edad exigida por la legislación sustantiva de cada Entidad Federativa;

III. Se requiere prevención judicial para que las cuentas se rindan antes de llegar al plazo previsto en la fracción I; a menos que hubiese remoción o separación de la persona tutora, pues en este caso, sin requerimiento judicial, deberán presentarlas dentro de los quince días siguientes de la fecha de la remoción o separación. En igual forma se procederá cuando la tutela o la encomienda lleguen al final del plazo por haber cesado el estado de minoridad;

IV. Las personas a quienes deben ser rendidas las cuentas son: la misma autoridad jurisdiccional, la persona curadora, el Consejo Local de Tutelas, la misma niña, niño o adolescente que hubiere cumplido la edad exigida por la legislación sustantiva de cada Entidad Federativa, la persona tutora que lo sustituya, el pupilo que dejare de serlo, el Ministerio Público y las demás personas que fija la ley de la materia;

V. La resolución que desaprobare las cuentas indicará, si fuere posible, los alcances y la que aprobare puede ser apelada por el Ministerio Público, los demás interesados y la persona curadora si hizo observaciones. Del auto de desaprobación pueden apelar en ambos efectos la persona tutora, la curadora o el Ministerio Público de la adscripción, y

VI. Si se objetaren de falsas algunas partidas, se substanciarán incidentalmente conforme a las disposiciones previstas en el presente Código Nacional, entendiéndose la audiencia sólo con los objetantes, el Ministerio Público de la adscripción y la persona tutora.

Artículo 611. Cuando del examen de la cuenta o del cercioramiento que realice la autoridad jurisdiccional del estado de salud que guarda el pupilo, encontrare motivos graves para sospechar dolo, fraude, negligencia, descuido o maltrato de la persona tutora, su función, se iniciará, a petición de la persona curadora o del Ministerio Público, procedimiento incidental de remoción de la persona tutora, ante la autoridad jurisdiccional que corresponda conocer del presente procedimiento, se respetará el derecho de audiencia del pupilo, para que pueda expresar lo que a su derecho corresponda; y si de la resolución resultaren confirmadas las sospechas, se revocará el cargo y se nombrará nueva persona tutora, curadora, sin perjuicio de que se remita testimonio de lo conducente a las autoridades penales.

Artículo 612. Las personas tutoras y curadoras, no pueden ser removidas sino a través del procedimiento incidental respectivo, de acuerdo a la autoridad jurisdiccional que corresponda conocer del presente procedimiento.

Tratándose de excusa, únicamente se dará vista a los interesados y al Ministerio Público de la adscripción, la autoridad jurisdiccional resolverá en auto lo conducente, la resolución que se dicte en el último de los supuestos será recurrible a través del recurso de apelación en el efecto devolutivo.

SECCIÓN CUARTA
DE LA ENAJENACIÓN DE BIENES DE NIÑAS, NIÑOS Y ADOLESCENTES

Artículo 613. Será necesaria autorización judicial en la vía de jurisdicción voluntaria para la enajenación de los bienes que pertenezcan exclusivamente a niñas, niños, adolescentes y correspondan a las clases siguientes:

I. Bienes muebles, inmuebles y derechos reales sobre estos;

II. Alhajas y muebles valiosos;

III. Acciones sobre personas jurídicas colectivas, y

IV. Derechos de patentes, marcas, autorales y otros derechos análogos.

Artículo 614. Para decretar la enajenación de bienes se necesita que al pedirse se exprese el motivo de la enajenación y el objeto a que debe aplicarse la suma que se obtenga, y que se justifique la absoluta necesidad o la evidente utilidad de la enajenación.

Si fuere la persona tutora, quien solicitare la venta, debe proponer, al hacer la promoción, las bases del remate en cuanto a la cantidad que deba darse de contado, el plazo, interés y garantías del remanente.

La solicitud se substanciará ante la autoridad jurisdiccional que corresponda con la persona curadora, el Consejo Local de Tutelas o la Procuraduría de Protección para Niñas, Niños y Adolescentes o el Representante de la Institución análoga de la Entidad Federativa de que se trate, con vista del Ministerio Público de la adscripción.

Para acreditar el valor del bien o bienes inmuebles que se pretende enajenar, la persona tutora, bajo su más estricta responsabilidad deberá presentar los avalúos correspondientes.

La sentencia que se dictare es apelable en ambos efectos.

Artículo 615. Respecto de las alhajas y muebles, la autoridad jurisdiccional determinará si conviene o no la subasta, atendiendo en toda la utilidad que resulte a la niña, niño, adolescente; si se decreta, se hará por conducto de la institución de asistencia privada que designe la autoridad jurisdiccional; de lo contrario, se procederá conforme a lo dispuesto en este Código Nacional.

El remate de los inmuebles se hará conforme a las disposiciones de este Código Nacional y no podrá admitirse postura que baje de las dos terceras partes del avalúo, ni la que no se ajuste a los términos de la autorización judicial.

Si en la primera subasta no hubiere postor, la autoridad jurisdiccional convocará, a solicitud de la persona tutora, curadora, Consejo Local de Tutelas,

Procuraduría de Protección para Niñas, Niños y Adolescentes, Representante de la Institución análoga de la Entidad Federativa de que se trate, Ministerio Público de la adscripción, a una junta dentro del tercer día, para ver si son de modificarse o no las bases del remate, señalándose nuevamente las subastas que fueren necesarias, de conformidad con las disposiciones previstas en el presente Código Nacional.

Artículo 616. Para la venta de acciones y títulos de renta, se concederá la autorización sobre la base de que no se haga por menor valor del que se cotice en la plaza el día de la venta, y por conducto de corredora o corredor público, y si no lo hay, de comerciante establecido y acreditado.

Artículo 617. El precio de la venta se entregará a la persona tutora, si la caución, fianzas o garantías prestadas son suficientes para responder de él. De otra manera, se depositará en el establecimiento destinado al efecto.

La autoridad jurisdiccional señalará un término prudente a la persona tutora, para que justifique la inversión del precio de la enajenación.

Artículo 618. Para la venta de los bienes inmuebles de las personas menores de edad, o de los muebles, quienes ejercen la patria potestad o tutela, requerirán la autorización judicial en los mismos términos que los señalados en este Código Nacional.

Artículo 619. El procedimiento se substanciará con intervención del Ministerio Público de la adscripción y con la persona tutora especial que, para el efecto, nombre la autoridad jurisdiccional desde las primeras diligencias. La base de la primera subasta, si es bien inmueble, será el precio fijado por los peritos, y la postura legal no será menor a las dos terceras partes de ese precio. Bajo las mismas condiciones podrán gravar los padres los bienes inmuebles de sus hijos, o consentir la extinción de derechos reales.

Artículo 620. Para recibir dinero prestado en nombre de la niña, niño o adolescente, necesita la persona tutora la autorización judicial y la conformidad de la persona curadora y del Consejo Local de Tutelas o de la Procuraduría de Protección para Niñas, Niños y Adolescentes o del Representante de la Institución análoga de la Entidad Federativa de que se trate y del Ministerio Público de la adscripción.

SECCIÓN QUINTA
DE LA DECLARACIÓN DE AUSENCIA Y ESPECIAL DE AUSENCIA POR DESAPARICIÓN

Artículo 621. La declaración de ausencia, así como la declaración especial de ausencia por desaparición, podrá ser solicitada por cualquier persona a quien le asista un interés en términos de la legislación sustantiva aplicable y será recibida mediante escrito o por comparecencia ante la autoridad jurisdiccional en materia civil o familiar en turno, quien podrá recibir la solicitud sin mayores formalidades, en caso de recibirse por comparecencia será preferentemente videograbada. En ambas modalidades la solicitud deberá ser despachada por la autoridad jurisdiccional dentro de las veinticuatro horas siguientes a su recepción.

En caso de que la persona solicitante comparezca sin representación autorizada, la autoridad jurisdiccional designará de inmediato persona de la defensoría pública para su asistencia y representación.

Artículo 622. La declaración especial de ausencia por desaparición, se tramitará por la autoridad jurisdiccional en materia familiar o civil de conformidad con lo dispuesto en la Ley General en Materia de Desaparición Forzada de Personas, Desaparición Cometida por Particulares y del Sistema Nacional de Búsqueda de Personas, así como las leyes especiales de la materia en el Orden Federal y de las Entidades Federativas. En lo no previsto en las leyes especiales, se observarán las disposiciones establecidas en este Código Nacional para su debida tramitación.

Artículo 623. Ante la solicitud de declaración de ausencia y la declaración especial de ausencia por desaparición en su caso, la autoridad jurisdiccional deberá, una vez admitido el trámite, dar intervención inmediata, tanto a la autoridad ministerial correspondiente, como al Sistema Nacional de Protección Integral de Niñas, Niños y Adolescentes, así como a las autoridades del Sistema Nacional de Búsqueda de Personas según corresponda. Dichas autoridades deberán ser notificadas de inmediato por el medio de comunicación que la autoridad jurisdiccional considere más efectivo.

Artículo 624. Presentada la solicitud, en el mismo proveído la autoridad jurisdiccional dispondrá lo relativo a la admisión de las pruebas ofrecidas por la persona promovente cuando así fuere necesario, y ordenará recabar oficiosamente las probanzas que considere faltantes para el trámite y resolución de la declaración de ausencia y presunción de muerte o bien, la declaración especial de ausencia por desaparición, sin que ello signifique cargas onerosas o dilatorias a quienes solicitan.

Dentro de los cinco días hábiles siguientes a la radicación del trámite, se señalará fecha y hora para el desahogo de una audiencia, a fin de revisar o decretar medidas provisionales idóneas para la máxima protección de la persona de cuya ausencia o desaparición se trate, así como de su familia, tomando en cuenta las situaciones particulares al caso concreto siempre que no contravengan lo dispuesto por las leyes de la materia en el orden Federal así como en el ámbito de las Entidades Federativas.

De manera enunciativa y no limitativa la autoridad deberá proveer sobre guarda y custodia y ejercicio de la patria potestad de los hijos o hijas menores de edad, así como de los alimentos de los acreedores alimentarios, uso y pago de la vivienda y vehículos, la continuidad en los servicios médicos y beneficios a los que puedan acceder los y las familiares de la persona ausente o desaparecida.

Artículo 625. Una vez cumplimentados los requisitos que para el caso establecen los códigos civiles, o en su caso, la Ley General en Materia de Desaparición Forzada de Personas, Desaparición Cometida por Particulares y del Sistema Nacional de Búsqueda de Personas, así como las leyes especiales en el Orden Federal o de las Entidades Federativas, en materia de declaración de ausencia así como de declaración especial de ausencia por desaparición, se expedirán los Edictos de Búsqueda correspondientes en los términos y plazos que las leyes establezcan para tal efecto.

Artículo 626. Una vez publicados los edictos a que se refiere el código civil respectivo o ley en materia de declaración especial de ausencia por desaparición, la autoridad jurisdiccional dictará la sentencia definitiva y en ese mismo acto se ordenará la expedición inmediata de las copias y oficios necesarios para hacer efectiva la resolución ante las personas públicas o privadas que correspondan a cada caso concreto.

La resolución será apelable en efecto devolutivo, debiéndose remitir actuaciones originales a la autoridad jurisdiccional de apelación dentro de los tres días siguientes, en el entendido que dicho órgano jurisdiccional tendrá un plazo máximo de quince días para resolver de plano el recurso sin necesidad de reenvío.

Artículo 627. La resolución que dicte la autoridad Jurisdiccional sobre declaración de ausencia prevista en los códigos civiles y familiares, así como en la declaración especial de ausencia por desaparición, regulada por la Ley General en Materia de Desaparición Forzada de Personas, Desaparición Cometida por Particulares y del Sistema Nacional de Búsqueda de Personas y en las leyes especiales en el Orden Federal así como de las Entidades Federativas, incluirá los efectos y las medidas definitivas para garantizar la máxima protección a la persona ausente o desaparecida y los familiares, sin que implique la obligación de continuar con el trámite de presunción de muerte.

Una vez efectuada la Declaración de Ausencia o la Declaración Especial de Ausencia por Desaparición, esta surtirá todos sus efectos legales.

Artículo 628. Lo dispuesto en los artículos que preceden, se aplicará al gravamen y enajenación de los bienes de las personas ausentes o desaparecidas, así como a la transacción y arrendamiento por más de cinco años, de bienes de ausentes o desaparecidos.

SECCIÓN SEXTA
RESTITUCIÓN NACIONAL DE NIÑAS, NIÑOS Y ADOLESCENTES

Artículo 629. El procedimiento de restitución nacional tiene como finalidad tutelar el derecho de las niñas, niños y adolescentes a no ser trasladados de manera ilegal de su domicilio habitual.

Artículo 630. La autoridad jurisdiccional competente para conocer de la custodia de niñas, niños o adolescentes será aquella en cuya jurisdicción se encuentre el lugar de residencia habitual de los mismos, salvo que exista un procedimiento previo en materia de custodia o patria potestad, ante otra autoridad jurisdiccional en cuyo caso este último será competente.

Recibida la solicitud de restitución, la autoridad tendrá un plazo máximo de tres días para proveer al respecto.

Artículo 631. Podrá presentar solicitud de restitución del traslado o retención ilegal o sin previa autorización, por escrito o mediante comparecencia:

I. La madre;

II. El padre, y

III. La persona o institución que tenga la custodia de niñas, niños o adolescentes.

Se exceptúan los casos en los que los progenitores cuenten con condena de violencia sexual contra niñas, niños, adolescentes o feminicidio.

Artículo 632. La solicitud de restitución deberá contener al menos lo siguiente:

I. Nombre, domicilio, fecha y lugar de nacimiento, parentesco con la niña, niño o adolescente; y en el caso de instituciones u organismos, el mandamiento judicial con el que se le designó la custodia;

II. Manifestación bajo protesta de decir verdad, que la niña, niño o adolescente ha sido trasladado o retenido ilegalmente o sin previo consentimiento de las personas que pueden otorgarlo;

III. Exhibición de la copia certificada del acta de registro de nacimiento de la niña, niño o adolescente y documentos que acrediten su domicilio habitual;

IV. Información relativa a la identidad de la persona que se refiere ha sustraído o retenido a la niña, niño o adolescente, así como el posible domicilio en el que se encuentre;

V. Los hechos en que se basa el o la solicitante, y

VI. Toda la información disponible relativa a la localización de niñas, niños o adolescentes y de la persona con la que se presume se encuentra.

La solicitud podrá contener fotografías tanto de la niña, niño o adolescente trasladado o retenido ilegalmente, así como de la persona con la que se presume se encuentra.

Artículo 633. Admitida la solicitud por la autoridad jurisdiccional y autorizada, se librará de inmediato, exhorto a la autoridad jurisdiccional con sede en el lugar en el que se señaló se encuentra la niña, niño o adolescente, otorgando plenitud de jurisdicción para el cumplimiento del mandamiento judicial.

Artículo 634. La autoridad jurisdiccional exhortante deberá en el proveído que autorice la restitución, solicitar a la exhortada al menos lo siguiente:

I. Provea respecto a la localización inmediata del niño, niña o adolescente, de conformidad con los datos proporcionados en el exhorto;

II. Ejecute el requerimiento para la restitución de la niña, niño o adolescente con el acompañamiento de personal especializado para dichos efectos y en su caso el uso de la fuerza pública. En todo momento se privilegiará la voluntariedad en la restitución;

III. Ordenar el cuidado temporal de la niña, niño o adolescente en una institución pública especializada, en su caso;

IV. En caso de oposición a la restitución, en ese mismo acto ordenar se realice la notificación del trámite y la celebración del desahogo de la única audiencia oral de restitución, y

V. Resolver la restitución y en caso de ser procedente, decretar de inmediato su cumplimiento con plenitud de jurisdicción.

Artículo 635. La notificación deberá realizarse con las formalidades establecidas en este Código Nacional. En ella se hará del conocimiento de la persona que trasladó o retuvo a la niña, niño o adolescente, que puede interponer sus excepciones y defensas de manera oral en la audiencia señalada.

Hecha la notificación, la persona requerida deberá presentarse en la fecha y hora señalada por la autoridad jurisdiccional, en compañía de la niña, niño o adolescente de quien se trate, si aún permaneciere en su compañía.

En caso de que no asista o no se presente con la niña, niño o adolescente, motivo de la restitución, se le impondrá la medida de apremio más eficaz que la autoridad jurisdiccional estime procedente y sin mayor trámite se procederá a la restitución solicitada.

Artículo 636. La audiencia de restitución será única y se tramitará en forma oral, se celebrará en un término no mayor a los tres días siguientes a la notificación y no podrá diferirse, y en ella se deberá determinar la procedencia o no de la restitución.

Artículo 637. La audiencia de restitución será presidida por la autoridad jurisdiccional, con la presencia de un representante del Sistema para el Desarrollo Integral de la Familia de la Entidad Federativa correspondiente, el Agente del Ministerio Público adscrito a la autoridad jurisdiccional respectivo, el solicitante y su persona representante autorizada, la persona a quien se atribuye el traslado o retención ilegal y su persona representante autorizada, así como el personal del juzgado que la autoridad jurisdiccional designe para dichos efectos, de conformidad con lo siguiente:

I. La persona a quien se le atribuye el traslado o retención ilegal de la niña, niño o adolescente, deberá señalar las objeciones que tenga para su restitución y presentar las pruebas que acrediten su dicho, con base en lo dispuesto por este Código Nacional;

II. En el mismo acto se dará vista a la parte contraria, para que manifieste lo que a su derecho corresponda;

III. Se escuchará a la niña, niño y adolescente en cuestión, si así lo desean, a efecto de que sus manifestaciones sean consideradas, con base en su autonomía progresiva, y

IV. Desahogadas las pruebas y escuchadas las partes, se decretará la restitución o su negativa. Contra dicha resolución no procede recurso alguno.

La audiencia deberá ser videograbada.

Artículo 638. La restitución de una niña, niño o adolescente sólo podrá negarse con base en lo siguiente:

I. Que existan pruebas suficientes a consideración de la autoridad jurisdiccional, de peligro inminente, o cualquier tipo de violencia, generada por la persona que solicita la restitución o con quien ésta comparta la residencia habitual;

II. Que quien solicitó la restitución no tenga derecho para solicitarla;

III. Que hubieren transcurrido más de tres años desde que fue presentada la solicitud de restitución, y

IV. Que la persona adolescente solicitada hubiere alcanzado la edad de dieciséis años y manifieste su conformidad con el traslado.

El desarrollo de la audiencia y la resolución que dicte la autoridad jurisdiccional, deberán apegarse de manera estricta al principio de interés superior de las niñas, niños o adolescentes.

Artículo 639. En caso de que sea ordenada la restitución de la niña, niño o adolescente buscado, éste deberá ser entregado al solicitante, quien, para su traslado al lugar de habitual residencia de la niña, niño o adolescente, podrá ser acompañado por quien hubiera ejercido su cuidado, si así lo determina la autoridad jurisdiccional.

Artículo 640. La autoridad jurisdiccional del lugar de residencia habitual de la niña, niño o adolescente quien fuere objeto de la restitución, será la única competente para determinar la custodia, régimen de convivencias, y patria potestad.

Artículo 641. Las solicitudes de restitución internacional de niñas, niños o adolescentes se regirán conforme a las disposiciones previstas en los tratados internacionales de los que el Estado Mexicano sea parte, y por este Código Nacional.

SECCIÓN SÉPTIMA
DEL PROCEDIMIENTO DE ADOPCIÓN

Artículo 642. Será competente para tramitar la solicitud de adopción la autoridad jurisdiccional ubicada en el domicilio de la persona que se pretende adoptar.

Artículo 643. Cuando en el trámite de adopción acontezca oposición legítima se tramitará en la vía incidental y de resultar procedente se dará por concluido el mismo.

En contra de dicha resolución procederá el recurso de apelación en ambos efectos.

Artículo 644. La solicitud de adopción podrá ser recibida mediante escrito o por comparecencia desahogada en audiencia, esta última será preferentemente videograbada o a través de los medios de comunicación electrónicos previstos en este Código Nacional. En ambas modalidades la solicitud deberá de ser proveída por la autoridad jurisdiccional el mismo día de la recepción.

En todos los casos, la solicitud deberá hacerse del conocimiento del Sistema Nacional de Desarrollo Integral de la Familia (DIF) para privilegiar el interés superior de la niñez.

En caso de que la o las personas adoptantes comparezcan sin representación técnica, la autoridad jurisdiccional designará persona defensora pública a fin de que les asista de manera efectiva y gratuita.

Cuando se presente la solicitud por comparecencia deberán de apersonarse la o las personas que pretendan adoptar debidamente identificadas y también podrá concurrir la o las personas a las que les corresponde otorgar su consentimiento para la adopción, ello a efecto de que en la misma audiencia sea otorgado tal consentimiento, lo que deberá de realizarse de manera informada y asistida. En esta audiencia deberá encontrarse presente la persona Agente del Ministerio Público, a quien se le notificará a través del medio que la autoridad jurisdiccional considere efectivo.

No obstante, el consentimiento para la adopción podrá recibirse en comparecencia por separado o se podrá acreditar mediante la exhibición de la documental pública que consigne el acto, ello al inicio o durante el procedimiento.

Artículo 645. Para la admisión del trámite únicamente deberán de exhibirse las certificaciones de las actas de nacimiento tanto de las personas que pretenden adoptar y de la o las personas que se pretende adoptar. No obstante, y con independencia de los requisitos establecidos en las legislaciones locales, en la solicitud deberá de expresarse, bajo protesta de decir verdad, lo siguiente:

I. El nombre y domicilio de las personas que se pretenden adoptar;

II. El nombre y domicilio de las personas que ejerzan o estén en aptitud de ejercer la patria potestad de quien se solicita la adopción o bien la tutela, así como quien esté a cargo de la guarda y custodia de hecho o de derecho;

III. El nombre y domicilio de las personas que pretendan adoptar, y

IV. Los hechos que motiven la solicitud.

Artículo 646. En el proveído que admita a trámite la autoridad jurisdiccional deberá indicarse a las personas adoptantes, preferentemente a través del principio de inmediación en audiencia videograbada, los requisitos que en contraste con los documentos exhibidos faltan de cumplimentar según las leyes aplicables al procedimiento pretendido.

En ese mismo acto de admisión, la autoridad jurisdiccional notificará mediante oficio al Sistema Nacional para el Desarrollo Integral de la Familia o bien a los organismos homólogos en las Entidades Federativas a través de sus Procuradurías, la tramitación de la solicitud y en caso de que no fuera exhibido el certificado o constancia de Idoneidad de Adopción en la comparecencia inicial o escrito correspondiente, se le notificará de inmediato y preferentemente vía electrónica, al organismo encargado de la expedición del documento que deberá proveer en relación con la expedición o negación del documento en un plazo no mayor a noventa días naturales, bajo el apercibimiento que de no hacerlo podrán ser aplicadas las medidas de apremio que establece este Código Nacional.

En el primer proveído del procedimiento se apercibirá a la o las personas adoptantes para que comparezcan ante la autoridad encargada de expedir el Certificado de Idoneidad, en el término de tres días a fin de que realicen todas las gestiones que a ellas corresponda para la expedición del señalado Certificado, bajo el apercibimiento que, de no hacerlo, se le aplicará las medidas de apremio señaladas en este Código Nacional.

De manera conjunta con el Certificado de Idoneidad la autoridad administrativa deberá remitir copia certificada del expediente administrativo que dio origen al documento, en el cual siempre deberán ser recabados los estudios psicológicos, sociológicos, médicos y socioeconómicos correspondientes en su caso, a la persona o personas que pretenden adoptar.

Artículo 647. Durante el trámite de la adopción, la autoridad jurisdiccional deberá proveer respecto de las siguientes medidas:

I. La guarda y custodia provisional de la persona o personas que se pretende adoptar, tomando todas las medidas necesarias para la seguridad de dicha o dichas personas, y

II. El acompañamiento psicológico tanto para la o las personas que pretenden adoptar, como para quien o quienes pretenden sean adoptadas, y si es solicitado, para quienes otorgaron el consentimiento para la adopción.

Artículo 648. Una vez reunidos los requisitos señalados por la ley sustantiva para la Adopción, se proveerá respecto de los medios de prueba ofertados y se fijará fecha y hora dentro de los siguientes quince días para el desahogo de la comparecencia de la persona que se pretende adoptar, ello a efecto de que sea escuchada su opinión y su sentir respecto del trámite pretendido.

Dentro de los cinco días hábiles siguientes al desahogo de la comparecencia señalada en el párrafo que antecede, se fijarán fecha y hora para el desahogo de una audiencia especial en la que la o las personas promoventes podrán expresar alegatos, se desahogarán los medios de prueba que fueron admitidos y se dictará de manera oral la sentencia, en la que se incluirá la modalidad del seguimiento de la adopción.

Artículo 649. En caso de que la autoridad jurisdiccional así lo requiera, a la audiencia de desahogo de pruebas, deberá comparecer el personal especializado encargado de la integración del expediente administrativo exhibido en el trámite.

Dentro de los tres días hábiles siguientes al desahogo de la última audiencia, se remitirán los autos originales a la autoridad jurisdiccional de segunda instancia para que proceda a la revisión oficiosa de la resolución, misma que deberá confirmarse, modificarse o revocarse dentro de los siguientes quince días hábiles siguientes a la recepción del expediente, sin que lo anterior implique algún tipo de reenvío.

Artículo 650. Una vez autorizada la resolución de adopción por la autoridad jurisdiccional de segunda instancia, deberá de emitirse la sentencia en formato de lectura fácil para la persona o personas adoptadas y a cargo del erario las copias y oficios necesarios para la inscripción de la adopción.

Artículo 651. Durante los tres años siguientes a la autorización de la adopción, en ejecución de sentencia y de manera oficiosa, la autoridad jurisdiccional revisará los informes que realice el Sistema Nacional para el Desarrollo Integral de la Familia o bien los organismos competentes en las Entidades Federativas, con motivo del seguimiento correspondiente a la adopción, así como cualquier medida de similar que haya sido decretada en el fallo en atención al caso concreto.

Artículo 652. Tratándose de extranjeros con residencia en el país, deberán acreditar los mismos requisitos que las personas nacionales.

Artículo 653. En los casos de adopción en los que intervengan extranjeros o mexicanos con residencia en otro país, el procedimiento se llevará a cabo según lo dispuesto por el Capítulo de procedimientos internacionales de este Código Nacional, los tratados internacionales y la legislación aplicable en cada Entidad Federativa.

CAPÍTULO II
DEL DIVORCIO BILATERAL

Artículo 654. Será competente para tramitar la disolución del vínculo matrimonial la autoridad jurisdiccional ubicada en donde se encuentre el último domicilio conyugal, salvo sumisión expresa de ambos cónyuges ante alguna otra autoridad jurisdiccional.

Artículo 655. El Divorcio Bilateral podrá tramitarse a solicitud de ambos cónyuges ante la autoridad jurisdiccional, Notaria o Notario Público o la autoridad del Registro Civil correspondiente de conformidad con las siguientes disposiciones.

Artículo 656. Ante la autoridad jurisdiccional, a la solicitud deberá acompañarse:

I. Copia certificada, física o electrónica del acta de matrimonio de la unión que se pretenda disolver;

II. En su caso, copia certificada física o electrónica de las actas de nacimiento de las hijas e hijos menores de edad, y

III. Una propuesta de Convenio que contenga:

a) De existir hijos o hijas menores de edad, quien ejercerá su guarda y custodia, la fijación de la pensión alimenticia que les corresponderá y el establecimiento de un régimen de convivencias, así como la pensión alimenticia que, en su caso pudiera corresponder al o la divorciante, y

b) La forma en que deban distribuirse los bienes, derechos y obligaciones que se hayan adquirido durante el matrimonio, de conformidad con el régimen patrimonial al que estuviera sujeto el matrimonio.

En caso de no ser aplicable lo dispuesto en las fracciones anteriores, las partes deberán manifestar lo necesario bajo protesta de decir verdad.

Artículo 657. Presentada la solicitud y el convenio o manifestación a que alude el artículo anterior, cumplidas en su caso las prevenciones, se le dará vista a la persona Agente del Ministerio Público de la adscripción en caso de afectarse derechos de niñas, niños o adolescentes y la autoridad jurisdiccional admitirá el trámite y citará a los cónyuges, dentro de los diez días siguientes, a una única audiencia.

En la audiencia se procederá a ratificación, revisión y en su caso aprobación del convenio presentado. Aprobado el convenio se declarará visto el asunto y se dictará en ese momento de manera oral la sentencia, la cual en caso de decretar la disolución del vínculo matrimonial será irrecurrible y causará ejecutoria en ese momento por ministerio de ley.

Artículo 658. En el caso de que alguna de las partes falte a la audiencia, por única ocasión se fijará nueva fecha y hora para el desahogo de la audiencia en un plazo máximo de diez días, en caso de verificarse de nueva cuenta la inasistencia se dará por concluido el trámite.

Artículo 659. Cuando en el convenio aprobado se haya pactado sobre la donación de inmuebles, la autoridad jurisdiccional de manera oficiosa, girará oficio al titular del Registro Público de la Propiedad correspondiente, para que haga la anotación preventiva.

Artículo 660. En la audiencia se entregará a los cónyuges o a sus representantes el oficio dirigido al Registro Civil que corresponda, para los efectos de la inscripción del divorcio. En dicho oficio quedará inserta la trascripción de los puntos resolutivos del fallo.

Artículo 661. El Divorcio Bilateral podrá tramitarse ante Notaria o Notario Público, siempre y cuando no se hayan procreado hijas o hijos, o que aun sean menores de edad y no existan bienes o deudas atribuibles al patrimonio conyugal, o el Código Civil o leyes de cada Entidad Federativa así lo dispongan.

Artículo 662. Procede el divorcio ante la autoridad del Registro Civil cuando ambos cónyuges convengan en divorciarse; no tengan bienes o deudas pertenecientes al patrimonio conyugal; no tengan hijos en común o teniéndolos sean mayores de edad, y éstos no requieran alimentos.

La autoridad del Registro Civil, previa identificación de los cónyuges, y ratificando en el mismo acto la solicitud de divorcio, levantará un acta en que los declarará divorciados y hará la anotación correspondiente en el acta de matrimonio.

TÍTULO TERCERO
DEL JUICIO ORAL FAMILIAR

CAPÍTULO I
DISPOSICIONES GENERALES

SECCIÓN PRIMERA
DE LA PROCEDENCIA DEL JUICIO ORAL FAMILIAR

Artículo 663. Se tramitarán en la vía oral familiar, todas las controversias que no tengan tramitación especial señalada en este Código Nacional.

Las disposiciones de este Capítulo serán aplicables en lo conducente a los demás procedimientos familiares que establece este Código Nacional cuando no exista previsión específica.

Artículo 664. Podrá acudirse ante la autoridad jurisdiccional en materia familiar por escrito o por comparecencia, para constituir, declarar, preservar o restituir derechos, únicamente precisando los hechos en que se funde su pretensión. Asimismo, podrán solicitarse las medidas provisionales que considere necesarias. Las partes deberán presentar desde la primera actuación las documentales que soporten su pretensión o excepción y ofrecer los medios de prueba que estimen oportunos.

Las copias respectivas de la comparecencia y demás documentos, serán tomados como pruebas, debiendo relacionarse en forma pormenorizada con todos y cada uno de los hechos narrados por el compareciente, así como los medios de prueba que presente.

La autoridad jurisdiccional una vez presentada la demanda, se deberá pronunciar, en su caso, sobre su admisión dentro del término máximo de tres días.

Artículo 665. De admitirse la solicitud, deberá decretar las medidas provisionales conducentes, las que serán revisadas de oficio o a petición de parte en la audiencia preliminar. Ordenará emplazar personalmente a la parte demandada, para que conteste por escrito o comparecencia, dentro del término de nueve días, quien deberá ofrecer las pruebas que estime necesarias, opondrá sus excepciones y defensas.

En el mismo proveído, le hará saber a las partes su derecho para designar mandatario judicial, así como la posibilidad de contar con los servicios gratuitos de la defensoría pública.

Además, la autoridad jurisdiccional hará saber a las partes la posibilidad de acudir al centro de justicia alternativa o institución análoga en las Entidades Federativas para formar parte de un proceso de mediación o conciliación.

Artículo 666. En todo momento las partes deberán contar con una defensa técnica, efectiva y tratándose de asuntos que afecten derechos de la infancia además la defensa será especializada. Para el caso de que alguna o ambas partes acudan sin ella, la autoridad jurisdiccional solicitará de inmediato la intervención de la Defensoría Pública, quien de manera gratuita asistirá a quien lo requiera y para el caso de que la designación se realice en el momento del desahogo de alguna audiencia, la autoridad jurisdiccional podrá diferirla, por una única ocasión, fijándose nuevo día y hora dentro de los siguientes diez días hábiles.

Artículo 667. En cualquier etapa del procedimiento, la autoridad jurisdiccional exhortará a los interesados a lograr un avenimiento con el que pueda darse por terminado el asunto, ello siempre y cuando no existan conductas de violencia acreditadas en juicio.

Para este fin, se les hará saber a las partes los beneficios de llegar a un convenio proponiéndoles soluciones.

Si en audiencia los interesados llegan a un convenio, la autoridad jurisdiccional lo sancionará y aprobará de plano si procede legalmente, y dicho pacto tendrá fuerza de cosa juzgada.

Las declaraciones, propuestas o aceptaciones de las partes, no surtirán efecto legal alguno en juicio ni podrán ser utilizadas por la parte contraria. Las propuestas y pronunciamientos de la autoridad no implican ningún tipo de prejuicio sobre el fondo del asunto.

La autoridad jurisdiccional les hará saber a las partes la posibilidad de acudir al centro de justicia alternativa o institución análoga en las Entidades Federativas para formar parte de un proceso de mediación o conciliación.

Artículo 668. A fin de proveer respecto de las medidas provisionales, la autoridad jurisdiccional podrá ordenar con causa justificada el desahogo anticipado de la prueba en una audiencia especial que para tal efecto se fije, con citación de las partes y en apego a las directrices que se establece para el desahogo de cada probanza conforme a las reglas generales previstas en este Código Nacional.

Este anticipo de prueba además será procedente cuando:

I. Exista peligro de que una persona se ausente del lugar del juicio o se altere su declaración.

II. Un objeto se oculte, dilapide o pueda no lograrse su inspección.

Artículo 669. En todo lo no previsto regirán las reglas generales de este Código Nacional, en cuanto no se opongan a los principios y disposiciones del presente Libro.

SECCIÓN SEGUNDA
DE LA AUDIENCIA PRELIMINAR FAMILIAR

Artículo 670. Una vez contestada la demanda, con las excepciones y defensas se dará vista a la parte actora por el término de tres días para que manifieste lo que a su derecho convenga y ofrezca pruebas.

Al contestar la demanda, se hará valer la reconvención cuando así proceda, y en su caso, se ordenará emplazar personalmente a la parte demandada reconvencionista, en el domicilio personal, procesal o correo electrónico, para que conteste por escrito, dentro del término de nueve días hábiles, quien deberá ofrecer las pruebas que estime necesarias, opondrá las excepciones y defensas que estime procedentes, interponiendo las objeciones de pruebas. Con las excepciones y defensas de la contestación de la reconvención se dará vista a la actora reconvencionista por el término de tres días para que manifieste lo que a su derecho convenga y ofrezca pruebas.

Una vez contestadas las excepciones y defensas en lo principal, o en su caso, en la reconvención o transcurrido el plazo para ello, se señalará fecha y hora para la celebración de la audiencia preliminar que tendrá verificativo dentro de los quince días siguientes.

Artículo 671. La audiencia preliminar se integra por dos fases que deberán celebrarse el mismo día y de manera consecutiva, las cuales son:

I. La junta anticipada, que se celebrará ante la persona secretaria judicial, y no será videograbada, dejando constancia en el acta mínima respectiva, y

II. La audiencia ante la autoridad jurisdiccional.

Artículo 672. La primera fase de la audiencia preliminar consistente en la junta anticipada tiene por objeto:

I. El intercambio de información y de pruebas entre las partes;

II. Formular propuestas de convenio;

III. Establecer acuerdos sobre hechos no controvertidos, y

IV. Proponer acuerdos probatorios, dentro de los cuales se puede incluir la exclusión parcial o total de pruebas o la incorporación de otras.

La persona secretaria judicial dará cuenta inmediata a la autoridad jurisdiccional con el resultado de la junta anticipada.

Artículo 673. La segunda fase de la audiencia preliminar iniciará inmediatamente después de concluida la primera, y en ella se desarrollarán las siguientes etapas:

I. La enunciación de la Litis, que es el momento procesal en que se precisarán las prestaciones admitidas y sus contestaciones;

II. La depuración del procedimiento, momento en que se estudiará y resolverá lo atinente a los presupuestos y excepciones procesales, salvo las cuestiones competenciales las cuales se tramitarán de conformidad con las reglas previstas en el presente Código Nacional;

III. La revisión y aprobación del convenio que hayan celebrado las partes. En caso de no existir convenio en la primera fase, en esta segunda se procurará la conciliación o mediación entre las partes ante la autoridad jurisdiccional;

IV. La revisión de acuerdos de hechos o probatorios y en su caso, nueva discusión, proposición y fijación de acuerdos sobre hechos no controvertidos y exclusión total o parcial de medios de prueba o incorporación de nuevos factores probatorios, independientemente de los acordados en la fase anterior;

V. La admisión y preparación de las pruebas;

VI. La revisión oficiosa de las medidas provisionales y órdenes de protección decretadas, y

VII. Citación para la audiencia de juicio.

Artículo 674. Las partes tienen el deber de comparecer a la audiencia preliminar personalmente.

A las personas representantes autorizadas que dejen de asistir a la audiencia preliminar sin justa causa calificada por la autoridad jurisdiccional se les impondrá una multa que no podrá ser menor a veinte ni superior a sesenta Unidades de Medida y Actualización, y se continuará con la audiencia por una única ocasión.

Si dejaran de concurrir alguna o ambas partes materiales a la audiencia preliminar sin justa causa calificada por la autoridad jurisdiccional, se les impondrá una multa que no podrá ser menor a diez ni superior a treinta Unidades de Medida y Actualización, y se diferirá la audiencia preliminar por una única ocasión.

En la audiencia diferida si las partes sin justificación dejaren de asistir, la autoridad jurisdiccional procederá a examinar los presupuestos y excepciones procesales, resolverá sobre la admisión o desechamiento de pruebas y citará para audiencia de juicio, que no podrá exceder de un plazo de cuarenta días siguientes a la celebración de esta audiencia quedando las partes notificadas desde ese momento.

Artículo 675. En la Audiencia Preliminar, la autoridad jurisdiccional se pronunciará respecto de la admisión de las pruebas, así como la forma en que deberán prepararse para su desahogo en la audiencia de juicio, quedando a cargo de las partes su oportuna preparación, bajo el apercibimiento que, de no hacerlo, se declararán desiertas de oficio las mismas por causas imputables al oferente.

Durante la etapa de admisión de pruebas, las partes podrán igualmente objetar las pruebas que consideren pertinentes.

De estimarlo necesario, la autoridad jurisdiccional, en auxilio del oferente, expedirá los oficios o citaciones y realizará el nombramiento de las personas peritas para su aceptación en la misma audiencia, en el entendido de que los oficios serán puestos a disposición de la parte oferente, a afecto de que preparen sus pruebas y éstas se desahoguen en la audiencia de juicio.

En su caso, la autoridad jurisdiccional señalará fecha para la entrevista de la niña, niño o adolescente en comparecencia.

Artículo 676. Concluido lo anterior, la autoridad jurisdiccional citará a las partes a la audiencia de juicio que deberá realizarse dentro de los cuarenta días siguientes de celebrada la audiencia preliminar, quedando notificadas las partes, en ese acto.

Artículo 677. Cuando las partes hayan demandado la disolución del vínculo matrimonial y en la junta anticipada de la audiencia preliminar manifiesten su intención de sujetarse a la vía especial de Divorcio Bilateral y elaboren el convenio respectivo, la autoridad jurisdiccional proveerá en la segunda fase el cambio de vía y celebrará inmediatamente la única audiencia prevista para el trámite especial.

Si las partes no reúnen los requisitos necesarios para acceder al cambio de vía, la autoridad jurisdiccional dentro de la segunda fase de la audiencia, particularmente en la etapa de fijación para audiencia de juicio, resolverá de manera oral únicamente sobre la disolución del vínculo matrimonial.

SECCIÓN TERCERA
DE LA AUDIENCIA DE JUICIO

Artículo 678. Abierta la audiencia de juicio, la autoridad jurisdiccional escuchará los alegatos de apertura de las partes, los cuales no podrán exceder de diez minutos, para exponer sus respectivas teorías del caso.

La autoridad jurisdiccional señalará el orden para el desahogo de las pruebas, de conformidad con los acuerdos fijados en la audiencia preliminar.

Serán declaradas desiertas aquellas pruebas que no estén debidamente preparadas para su desahogo por causas imputables a la parte oferente.

Artículo 679. En la audiencia y concluido el desahogo de pruebas se concederá el uso de la palabra, por una vez a cada una de las partes y por un máximo de diez minutos para formular los alegatos de cierre. La autoridad jurisdiccional tomará las medidas que procedan a fin de que las partes se sujeten al tiempo indicado.

Artículo 680. Enseguida se declarará el asunto visto y se emitirá la sentencia definitiva correspondiente, para lo cual la autoridad jurisdiccional dispondrá del receso necesario dentro del mismo día de la audiencia.

En la misma audiencia de juicio, la autoridad jurisdiccional explicará con lenguaje sencillo, en forma breve y clara la sentencia definitiva y leerá únicamente los puntos resolutivos, así como, en los casos que proceda, el derecho que tienen las partes para impugnar dicha sentencia mediante el recurso de apelación, lo que se asentará en el acta mínima respectiva y ésta contendrá los puntos resolutivos expuestos, entregando en un plazo no mayor a tres días la versión escrita de la sentencia definitiva.

Cuando así lo considere la autoridad jurisdiccional y se involucren a niñas, niños o adolescentes, se deberá redactar una sentencia en formato de lectura fácil.

Asimismo, se hará del conocimiento de las partes el derecho que tienen, si estimaren que la sentencia definitiva contiene omisiones, cláusulas o palabras contradictorias, ambiguas u oscuras, de solicitar por escrito dentro del término de tres días, posteriores a que se encuentre puesta a su disposición la sentencia escrita, la aclaración o adición a la resolución, sin que con ello se pueda variar la substancia del fondo de la resolución. Contra tal determinación procederá el recurso de apelación, sin necesidad de reenvío, debiendo la autoridad jurisdiccional de apelación asumir plena jurisdicción.

Artículo 681. En casos excepcionales, atendiendo a la complejidad del asunto, al cúmulo y naturaleza de las pruebas desahogadas, la autoridad jurisdiccional podrá diferir, por única ocasión, la audiencia para la explicación de la sentencia hasta por quince días, citando a las partes para el dictado y explicación conforme a lo establecido en el presente artículo.

En caso de que las partes no estén presentes en la audiencia donde se dicte la sentencia, se dispensará su explicación y lectura de puntos resolutivos, y se les hará saber al día siguiente a través del medio de comunicación procesal oficial.

Artículo 682. Concluida la explicación de la sentencia definitiva, la autoridad jurisdiccional informará a las partes la importancia de presentarse a la audiencia de cumplimiento de sentencia y sus ventajas, así como las consecuencias en caso de ejecución forzosa.

Artículo 683. Las resoluciones firmes dictadas en juicios sobre alimentos y en los que se vean involucrados derechos de niñas, niños y adolescentes, pueden ser modificados en vía incidental o juicio autónomo.

Para los efectos del párrafo anterior, será competente la misma autoridad jurisdiccional que emitió la resolución que hubiera quedado firme, salvo que así lo determine este Código Nacional.

LIBRO QUINTO
DE LOS JUICIOS UNIVERSALES

TÍTULO PRIMERO
JUICIOS SUCESORIOS

CAPÍTULO I
DISPOSICIONES GENERALES

Artículo 684. Será competente para conocer del procedimiento sucesorio testamentario o intestamentario, la autoridad jurisdiccional, en materia civil o familiar de conformidad con las leyes orgánicas del poder judicial de cada Entidad Federativa, así como la o el Notario Público en los términos que dispone el presente Código Nacional.

El procedimiento se inicia mediante denuncia o solicitud de apertura de procedimiento sucesorio por parte legítima, y deberá contener la expresión de los siguientes requisitos o bien declaración bajo protesta de decir verdad sobre su desconocimiento:

I. Nombre, fecha, lugar de la defunción y último domicilio de la persona de cuya sucesión se trata y a falta de éste, cualquier otra información pertinente para fijar la competencia en términos del artículo 89 de este Código Nacional;

II. Testamento, en su caso, y

III. En caso de no haber testamento, los nombres de las posibles personas herederas de que tenga conocimiento la parte denunciante, con expresión del grado de parentesco o lazo con la persona de cuya sucesión se trate.

Los procedimientos a que se refiere el presente Título se tramitarán por escrito, salvo aquellas diligencias que, por su naturaleza, puedan realizarse conforme a los principios del juicio oral.

Artículo 685. Podrán denunciar un juicio sucesorio enunciativa y no limitativamente:

I. Las personas presuntas herederas del autor de la sucesión;

II. Las personas presuntas legatarias;

III. La persona albacea designada en el testamento;

IV. Cualquier persona acreedora de aquella de cuya sucesión se trata, y

V. El Ministerio Público, la representación social o autoridad competente.

Artículo 686. Con el escrito de denuncia de un juicio sucesorio, deberán acompañarse los siguientes documentos:

I. Acta de defunción o copia certificada del acta de defunción de la persona de cuya sucesión se trata;

II. El testamento, en caso de haberlo;

III. En su caso, el acta del Registro Civil que compruebe el parentesco de la persona de cuya sucesión se trata;

IV. En su caso, el documento que acredite la relación con la persona de cuya sucesión se trata, tratándose de cónyuges, concubinas, concubinos o convivientes;

V. En su caso, las capitulaciones matrimoniales o documento que contenga el régimen patrimonial que rija la relación jurídica con la persona de cuya sucesión se trata, y

VI. Cualquier otro documento que acredite la legitimación de la persona denunciante.

Artículo 687. Cuando la autoridad jurisdiccional conozca de la muerte de una persona, en tanto no se presenten los interesados, dictará en audiencia oral con la presencia del Ministerio Público, representación social o autoridad competente, las medidas cautelares para proteger los bienes o derechos de la sucesión:

I. Si hay peligro de que se oculten, pierdan o dilapiden los mismos;

II. Si hay niñas, niños y adolescentes interesados, y

III. Si hay personas con discapacidad que pudieran requerir apoyo para el ejercicio de su capacidad jurídica.

En caso de no asistir a la audiencia el Ministerio Público, el representante social o autoridad competente, la autoridad jurisdiccional resolverá las medidas pertinentes.

Artículo 688. Las medidas cautelares para la conservación de los bienes, que la autoridad jurisdiccional debe decretar en caso del artículo anterior, son las siguientes:

I. Reunir y asegurar, el resguardo de documentos y mensajes de datos de la persona de cuya sucesión se trate, en forma física o electrónica que, cerrados y sellados, se resguardarán en el secreto del juzgado;

II. Ordenar a la administración de correos que le remita la correspondencia dirigida de la persona de cuya sucesión se trate, con la cual hará lo mismo que con los demás documentos;

III. Requerir el dinero, alhajas, valores, acciones y demás bienes muebles de valor que se tengan, así como degradables o de fácil descomposición, para ser puestos a disposición, y que los mismos sean depositados en el establecimiento autorizado por la Ley, y

IV. Girar oficios a las autoridades o personas que tengan registros de bienes o derechos, a efecto de que informen sobre su existencia y la autoridad jurisdiccional dicte las medidas de conservación pertinentes.

Artículo 689. Mientras no se nombre albacea, y cuando ello fuere necesario para la guarda y conservación de los bienes de la sucesión o derechos que correspondan a la autora o el autor de la herencia, la autoridad jurisdiccional nombrará a alguien que ejerza el cargo de interventor como albacea judicial o provisional, de entre los mencionados en el escrito de denuncia a que se refiere el artículo 685, para que en el término de diez días acuda a aceptar el nombramiento conferido y, de no comparecer para su aceptación, se designará otro en sustitución, con la obligación y responsabilidad de actuar de manera diligente bajo apercibimiento de que los interesados puedan incoar los procedimientos para el resarcimiento de los daños ocasionados por sus actuaciones.

También se deberá nombrar por la autoridad jurisdiccional interventor en caso de que no haya heredero o el nombrado no entre en la herencia.

Artículo 690. La persona designada como interventor recibirá los bienes por inventario y tendrá el carácter de simple depositario o depositaria, sin poder desempeñar otras funciones administrativas que las de mera conservación y las que se refieran al pago de las deudas mortuorias con autorización judicial.

Si los bienes estuvieren situados en lugares diversos o a largas distancias, bastará, para la formación del inventario, que se haga mención en él de los títulos de propiedad, si existen, entre los documentos de cuya sucesión se trate, o la descripción de ellos según las noticias que se tuvieren.

Si hubiere bienes degradables o de fácil descomposición, se autorizará al interventor, albacea judicial o provisional, su enajenación.

Podrá la persona interventora, albacea judicial o provisional, promover las demandas que tengan por objeto recobrar bienes o hacer efectivos derechos pertenecientes a la sucesión, y contestar las demandas que contra ella se promuevan.

Artículo 691. La persona que ejerza el cargo de interventor, albacea judicial o provisional, no podrá deducir en juicio las acciones que por razón de mejoras, manutención o reparación tenga contra el testamentario o el intestado, sino cuando haya hecho esos gastos con autorización previa.

Artículo 692. En caso de que se hayan otorgado medidas cautelares para la conservación de bienes, la autoridad jurisdiccional abrirá la correspondencia física o electrónica que se encuentre dirigida a la persona de cuya sucesión se trate, en presencia de la persona secretaria judicial y la persona que ejerza el cargo de persona interventora, albacea judicial o provisional, en los periodos que se señalen, según las circunstancias.

La persona interventora, albacea judicial o provisional, recibirá la correspondencia física o electrónica que tenga relación con el caudal, dejándose testimonio de ella en los autos, y la autoridad jurisdiccional conservará la restante para darle en su oportunidad el destino correspondiente.

Artículo 693. La persona interventora, albacea judicial o provisional, recibirá por el desempeño de su cargo, el monto a que se refiera el Código Civil correspondiente y a falta de disposición, el dos por ciento del importe de los bienes, si no exceden de doscientas Unidades de Medida y Actualización; si excedieren este monto, pero no de mil Unidades de Medida y Actualización, recibirá, además, el uno por ciento sobre el exceso; y, si lo excediere, recibirá el medio por ciento, además sobre la cantidad excedente.

Artículo 694. La persona interventora, albacea judicial o provisional, cesará en su función luego que se dé a conocer que la persona albacea nombrada por los herederos aceptó el cargo y aquella entregará a éste los bienes, así como la cantidad que resulte de la venta de los bienes a que se refiere este

Código Nacional, sin que pueda retenerlos bajo ningún pretexto, ni aún por razón de mejoras, o gastos de manutención o reparación.

Artículo 695. La madre o el padre en ejercicio de la patria potestad serán los representantes de sus hijas o hijos que sean niñas, niños o adolescentes en los procedimientos siempre que, a juicio de la persona juzgadora, no haya conflicto de interés. En caso de haberlo, o a falta de quien ejerza la patria potestad, habiendo adolescentes, si han cumplido dieciséis años, podrán designar una persona tutora dativo que los represente en el juicio. Si las niñas o niños no han cumplido dieciséis años, se deberá designar a quien los represente a propuesta de quien ejerza la patria potestad o a través de su persona tutora o persona tutora ya sea especial, interino o definitivo.

Cuando la autoridad jurisdiccional considere que las niñas, niños y adolescentes tienen la capacidad suficiente para proponer a la persona tutora que haya de representarlos en el juicio, debe concederles el derecho de proponerlo.

Artículo 696. En las sucesiones de personas extranjeras, se dará a los cónsules o agentes consulares, la intervención que les conceda la Ley, los Tratados o los usos internacionales.

Artículo 697. Serán remitidos a los juicios testamentarios y a los intestamentarios, siempre que no se haya dictado sentencia de adjudicación:

I. Todos los juicios ordinarios y especiales, ya sean por acciones reales, personales o las ejecutivas, siempre que las demandas sean incoadas en contra de la persona de cuya sucesión se trate, por lo que se suspenderán hasta la designación de albacea, debiendo informar la autoridad jurisdiccional que conozca de la sucesión, sin que por ello se suspenda otra cosa que la adjudicación de los bienes en la partición, hasta en tanto se concluyen los juicios, con sentencia ejecutoriada, para ser remitida al juicio sucesorio y sea considerada en el haber hereditario, y

II. Todas las sentencias ejecutoriadas de las demandas ordinarias y ejecutivas que se dedujeron contra los herederos de la persona cuya sucesión se trate, cuando afecte a otros acreedores de la sucesión en su calidad de tales, después de denunciado el intestado.

De manera excepcional, en el juicio sucesorio, cuando quede de manifiesto que dolosamente repudió una persona heredera, con la intención de evadir el cumplimiento de una obligación en perjuicio de acreedores, sin que ello sea considerado vulnerar la voluntad de la persona de cuya sucesión se trate; quien solicitará la remisión de la sentencia ejecutoriada será la autoridad jurisdiccional en cuyo tribunal se encuentre radicada la sucesión.

Artículo 698. Son acumulables a los juicios sucesorios:

I. Los juicios ejecutivos incoados contra la persona de cuya sucesión se trate antes de su fallecimiento;

II. Las demandas por acciones personales pendientes en primera o única instancia contra la persona de cuya sucesión se trate;

III. Los juicios contra la persona de cuya sucesión se trate respecto de acciones reales pendientes en primera o única instancia;

IV. Las demandas ordinarias o ejecutivas promovidas contra las personas herederas o legatarias en dicho carácter, después de denunciada la sucesión;

V. Los juicios que sigan las personas herederas deduciendo la acción de petición de herencia, ya impugnando el testamento o la capacidad de aquellas personas herederas presentadas o reconocidas, o exigiendo su reconocimiento; siempre que esto último acontezca antes de la adjudicación, y

VI. Las acciones de las personas legatarias reclamando sus legados, siempre que sean posteriores a la acción de inventarios, y antes de la adjudicación, excepto los legados de alimentos, de pensiones, de educación y de uso y habitación.

Artículo 699. En los juicios sucesorios, el Ministerio Público, representación social o autoridad competente, comparecerá a nombre de las personas herederas, mientras no se presenten o no acrediten su representante legítimo, niñas, niños o adolescentes que no tengan representantes legítimos y, al Sistema para el Desarrollo Integral de la Familia, Beneficencia Pública, Instituciones Educativas, el Fisco, al Estado, o a quien se señale en el Código Civil Sustantivo en cada Entidad Federativa cuando no haya herederos legítimos dentro del grado de Ley, y mientras no se haga reconocimiento o declaración de herederos.

Artículo 700. La intervención que debe tener el representante del Fisco será determinada por las Leyes especiales de cada Entidad Federativa, pero conservando siempre la unidad del juicio.

Artículo 701. La persona albacea manifestará, dentro de tres días de haberle notificado el nombramiento, si acepta o no el cargo y hecho que sea, deberá garantizarlo dentro del término y conforme a las bases fijadas en el Código Civil de la Entidad Federativa que corresponda.

Si la persona albacea no garantiza su manejo dentro de los términos señalados conforme el párrafo anterior, se les removerá de plano, sin perjuicio de su obligación de rendir cuentas.

Artículo 702. Iniciado un juicio sucesorio intestamentario o testamentario y habiéndose reconocido los derechos hereditarios a las partes interesadas, así como aceptado el cargo de albacea, éstas podrán encomendar a una Notaria o un Notario Público, la continuación en la formación de inventarios, avalúos, liquidación, partición y adjudicación de la herencia, procediendo en todo de común acuerdo, lo que constará en uno o varios instrumentos, conforme a la legislación civil y notarial respectiva.

En el supuesto del párrafo anterior, cuando entre los interesados haya niñas, niños y adolescentes, deberán estar debidamente representados y no existir oposición del Ministerio Público, representación social o autoridad competente.

Los acuerdos que se tomen se denunciarán a la autoridad jurisdiccional, en su caso, y éste, oyendo al Ministerio Público, representación social o autoridad competente, dará su aprobación si no se lesionan sus derechos. Podrán convenir los interesados que los acuerdos se tomen por mayoría de votos.

Cuando no hubiere convenio o se suscite oposición o controversia entre los interesados, cesará la tramitación extrajudicial, quedando a cargo de la Notaria o Notario Público la devolución del juicio sucesorio al juzgado que lo puso a su disposición.

Artículo 703. La Notaria o Notario Público tendrá la responsabilidad de cumplir aquello que dicten las leyes para la satisfacción del interés fiscal que genere la adjudicación de los bienes de la masa hereditaria.

Artículo 704. En los juicios sucesorios se formarán cuatro secciones compuestas de los cuadernos necesarios. Pueden iniciarse conjuntamente las secciones segunda, tercera y cuarta, cuando simultáneamente se puedan aprobar las dos primeras y la última se turne para dictar la sentencia definitiva de adjudicación.

Artículo 705. La primera sección se llamará de sucesión y contendrá en sus respectivos casos:

I. El testamento o testimonio de protocolización, o la denuncia del intestado;

II. El acta de defunción de la persona de cuya sucesión se trate;

III. Las citaciones a las personas herederas, así como la convocatoria a quienes se crean con derecho a la herencia;

IV. La constancia de haberse obtenido los informes de existencia o no de testamento otorgado por la persona de cuya sucesión se trate, de las autoridades que correspondan en cada Entidad Federativa, así como del Registro Nacional de Avisos de Testamento;

V. El reconocimiento de derechos hereditarios, la repudiación y aceptación de la herencia y de los legados en caso de la comparecencia de legatarios, el reconocimiento de la validez del testamento y la declaratoria de herederos;

VI. Lo relativo al nombramiento y la aceptación o no del cargo de albacea;

VII. Los incidentes que se promueven sobre remoción de albacea, interventores o albaceas judiciales o provisionales, y

VIII. Las resoluciones que se pronuncien sobre la validez del testamento, la capacidad legal para heredar y la preferencia de derechos.

Artículo 706. La sección segunda se llamará de inventarios, y contendrá:

I. El inventario realizado por la persona que tenga el cargo de interventor, albacea judicial o provisional;

II. El inventario que forme la persona albacea o los herederos, según corresponda de conformidad con la legislación sustantiva de la Entidad Federativa respectiva;

III. La documentación que acredite la propiedad de los bienes inmuebles y su identificación plena con los datos del título de propiedad o escritura respectiva, acompañando, de ser necesario, la constancia de alineamiento y número oficial o cualquier otra constancia de autoridad competente de acuerdo a cada Entidad Federativa;

IV. El avalúo que solicite el albacea o los herederos el cual deberá ser practicado por corredora o corredor público, perito valuador de institución crediticia o de los auxiliares de la administración de justicia o el valor catastral según la Entidad Federativa de la que se trate;

V. Los incidentes que se promuevan, y

VI. La resolución sobre el inventario y avalúo.

Artículo 707. La tercera sección se llamará de administración y contendrá:

I. Todo lo relativo a la administración y rendición de cuentas;

II. La cuenta general, su glosa y calificación;

III. La comprobación de haberse cubierto el impuesto fiscal relativo al pago predial, consumo de agua y electricidad de los inmuebles inventariados; y los comprobantes de pago de deudas a cargo de la persona de cuya sucesión se trate;

IV. Los incidentes que se promuevan;

V. Todos los cuadernillos, archivos electrónicos y libros que contengan las cuentas anuales que se rindan hasta la conclusión del juicio sucesorio;

VI. En cuerda por separado el proyecto de distribución provisional de frutos si los hubiere, y

VII. Las cuentas que rinda el albacea removido.

Artículo 708. La cuarta sección se llamará partición y contendrá:

I. El proyecto de partición de los bienes, en el juicio testamentario de acuerdo a la voluntad del testador y en el caso del intestamentario, en términos de la declaratoria de herederos;

II. Los incidentes que se promuevan respecto del proyecto a que se refiere la fracción anterior y su resolución;

III. Los arreglos relativos, y

IV. La resolución respecto a la aplicación de los bienes del proyecto de partición.

Artículo 709. Si dictada la resolución que califica a la sucesión como intestamentaria apareciere un testamento, se aplicarán las disposiciones siguientes:

I. Se atenderá al contenido de la disposición testamentaria y quedará sin efecto la intestamentaria para recomponerse el procedimiento, y

II. Si la disposición testamentaria no comprendiere todos los bienes hereditarios, en el mismo expediente continuará el intestado y se tramitará el testamentario en cuanto haya lugar.

En este caso, se acumularán los juicios si resulta procedente, cumpliendo con las formalidades de este Código Nacional.

Artículo 710. Inmediatamente que se inicie el procedimiento sucesorio, la autoridad jurisdiccional o la Notaria o Notario Público ante quien se tramite, deberá obtener el informe de existencia o inexistencia de alguna disposición testamentaria otorgada por la persona de cuya sucesión se trate, ante el Archivo Judicial del Tribunal o Poder Judicial, así como en el Archivo General de Notarías, Registro Público de la Propiedad, Procuraduría Social del Estado, la

Dirección del Archivo de Instrumentos Públicos, Dirección de Notarías y Registros Públicos, Secretaría General de Gobierno o cualquier otra dependencia, autoridad u oficina que lleve a cabo dicha función en la respectiva Entidad Federativa, siendo estas dependencias las encargadas de solicitar la información al Registro Nacional de Avisos de Testamento, sobre la existencia o inexistencia de alguna disposición testamentaria en alguna Entidad Federativa. Toda la información podrá ser recabada en formato impreso, o en medios electrónicos, ópticos o de cualquier otra tecnología.

SECCIÓN PRIMERA
DEL PROCEDIMIENTO ESPECIAL EN LOS INTESTADOS

Artículo 711. En las sucesiones intestamentarias en que no hubiere controversia alguna y las personas herederas fueren mayores de edad, así como niñas, niños o adolescentes que se encuentren debidamente representados, se podrá realizar el procedimiento especial en los intestados a que se refiere esta sección.

Se exceptúa de lo dispuesto en el párrafo anterior, cuando los bienes se encuentren afectos a patrimonio familiar, en cuyo caso no se admitirá a trámite el juicio hasta en tanto se presente la constancia de que el mismo se ha extinguido, en caso de que así lo prevea el Código Civil de la Entidad Federativa donde se pretenda radicar el juicio sucesorio, de lo contrario, deberán seguirse las reglas particulares que al efecto establezca dicha legislación.

Artículo 712. Las personas herederas de un juicio intestamentario pueden acudir ante la autoridad jurisdiccional en materia familiar para realizar el procedimiento especial en los intestados exhibiendo:

I. Copia certificada del acta de defunción o declaración judicial de muerte de la autora o el autor de la sucesión;

II. Actas de nacimiento para comprobar el entroncamiento o parentesco de las personas herederas;

III. Documentos o pruebas que acrediten la relación con la persona autora de la sucesión, tratándose de cónyuges, concubinos o convivientes;

IV. Inventario de los bienes, al que se le acompañarán los documentos que acrediten la propiedad de la persona autora de la sucesión, y

V. Convenio de adjudicación de bienes.

Artículo 713. La autoridad jurisdiccional en audiencia de juicio, habiendo solicitado previamente informe del Archivo Judicial o Poder Judicial, Archivo General de Notarías o Registro Público de la Propiedad del Estado o Procurador Social del Estado o Director del Archivo de Instrumentos Públicos o Dirección de Notarías y Registros Públicos del Estado o la Secretaría General de Gobierno así como del Registro Nacional de Avisos de Testamento o cualquier otra oficina pública que lleve a cabo la función de informar sobre la existencia o inexistencia de testamento, en presencia de los interesados examinará los documentos, así como a los testigos a que se refiere este Código Nacional; hecho lo anterior en la misma audiencia resolverá haciendo la declaración de herederos y adjudicación de los bienes de acuerdo al convenio exhibido, debiendo señalar a la Notaria o Notario Público que procederá a la formalización de la misma.

Una vez recibida la información solicitada en el párrafo que antecede, se fijará fecha de audiencia de juicio, la que se celebrará dentro de los veinte días siguientes, en la que se desahogarán las pruebas admitidas y se escucharán los alegatos finales de los interesados. Enseguida, se señalará fecha para escucha de explicación de la sentencia definitiva en el plazo de tres días.

En dicha audiencia de comparecer los interesados se dictará el fallo final, cuyos puntos resolutivos serán agregados al acta mínima que se levante con motivo de la diligencia, entregando a las partes copia simple de la versión escrita. En caso de incomparecencia de los interesados, la sentencia quedará a su disposición en la oficina judicial.

Artículo 714. Si en el procedimiento especial hubiere controversia, el juicio se seguirá conforme a las reglas generales de este Título.

Artículo 715. Al promoverse un intestado, deberá darse cumplimiento con los requisitos y exhibir los documentos señalados en este Código Nacional. Si la autoridad jurisdiccional encuentra apegada a derecho la denuncia, la radicará y ordenará girar los oficios respectivos y mandará notificar a los presuntos herederos, cónyuge que sobreviva o concubina, concubinario o conviviente, haciéndoles saber la radicación del juicio sucesorio para que comparezcan a deducir los posibles derechos hereditarios que consideren les correspondan, con citación del Ministerio Público.

Si las personas interesadas desde su presentación otorgaron su voto para la designación de albacea y fueren reconocidos como los herederos de la persona cuya sucesión se trata, la autoridad jurisdiccional deberá ordenar la ratificación de sus votos, y procederá a reconocer al albacea que resulte nombrado conforme a la ley.

Artículo 716. Una vez recibidos los informes de la inexistencia de disposición testamentaria, la autoridad jurisdiccional dentro del término de quince días señalará día y hora para la recepción de la información testimonial a cargo de dos personas dignas de fe, que protestadas legalmente testifiquen en primer término, que los interesados o los que designen son los únicos herederos, y en segundo lugar cuando se refiera a concubinos o convivientes para acreditar la existencia de éstos, si la Ley no contempla su registro obligatorio en la Entidad Federativa de la que se trate.

Artículo 717. Dicha información se practicará con citación del Ministerio Público, quien en el mismo acto o dentro de los tres días que sigan al de la diligencia y examinadas las constancias, formule los pedimentos con los que se dará vista a las personas interesadas para que los cumplimenten, si los hubiere.

Artículo 718. Una vez examinadas las constancias por el Ministerio Público y su opinión conforme al contenido de las mismas, de así considerarlo la autoridad jurisdiccional, se turnarán los autos para que dentro del término de diez días dicte sentencia interlocutoria de declaratoria de herederos, en la que se reconozca a quienes acreditaron su derecho hereditario intestamentario, o negándolo se reserve su acción, para que se haga valer en el juicio.

Contra la sentencia interlocutoria que se dicte procederá el recurso de apelación en efecto devolutivo de tramitación inmediata.

Artículo 719. En la sentencia interlocutoria de declaratoria de herederos se nombrará albacea, si las personas interesadas desde su escrito de denuncia dieron su voto y fue ratificado, de no ser así, en la propia sentencia se citará a una junta de herederos dentro de los quince días siguientes para que designen albacea. Se omitirá la junta si el heredero fuere único.

Artículo 720. Si la declaración de herederos la solicitaren parientes colaterales dentro del cuarto grado, la autoridad jurisdiccional después de recibir los justificantes del entroncamiento y la información testimonial, mandará fijar edictos en el medio de comunicación judicial, así como en un diario de los de mayor circulación del último domicilio y del lugar del fallecimiento de la persona finada, dos veces, de diez en diez días, anunciando su muerte, sin testar, y los nombres y grado de parentesco de los que reclaman la herencia, llamando a los que se crean con igual o mejor derecho para que comparezcan al juzgado a reclamarla dentro de los cuarenta días siguientes.

Artículo 721. Transcurrido el término de los edictos, a contar desde el día siguiente de su última publicación, si nadie se hubiere presentado, se pondrán los autos a la vista de la autoridad jurisdiccional, quien hará la declaración de herederos respectiva, conforme a lo dispuesto en este Código Nacional.

Si hubieren aparecido otros parientes, al momento de comparecer deberán acompañar los atestados del Registro Civil que justifiquen su mejor o igual grado de parentesco, con lo que se dará vista al Ministerio Público para que se imponga de ellos y desahogada o sin pedimento alguno, se procederá a realizar la declaratoria respectiva.

Artículo 722. Si el juicio intestamentario es denunciado por un acreedor o tercero interesado, se ordenará la elaboración de los oficios de localización de testamento ordenados en este Código Nacional, si de los informes se aprecia que no existe disposición testamentaria alguna y no se presentaren descendientes, cónyuge, ascendientes, concubina, convivientes o colaterales dentro del cuarto grado, la autoridad jurisdiccional mandará fijar edictos en el medio de comunicación judicial, así como en un diario de los de mayor circulación, de la manera y por los términos expresados en este Código Nacional, anunciando la muerte intestada de la persona cuya sucesión se trate, y llamando a los que se crean con derecho a la herencia.

Artículo 723. Vencido el término de los edictos si no se hubiere presentado ningún aspirante a la herencia o no fuere reconocido con derechos a ella ninguno de los pretendientes, se tendrán como herederos a quien señale el Código Civil y demás legislación de cada Entidad Federativa y como albacea a la persona que dichas instituciones señalen como su representante.

Artículo 724. Las personas que comparezcan a consecuencia de dichos llamamientos, reclamando su derecho a la herencia, deberán expresar, por escrito, el grado de parentesco en que se hallen con el causante de la herencia, justificándolo con los correspondientes documentos y previa vista al Ministerio Público, se turnará a sentencia, por lo que la autoridad jurisdiccional aplicará las reglas sucesorias que se consagran en el código sustantivo e incluso la norma general de que los parientes más próximos excluyen a los más remotos y procediendo desde luego al nombramiento de albacea.

Artículo 725. Al albacea se le entregarán los bienes sucesorios, así como los libros, archivos electrónicos y papeles, debiendo rendirle cuentas el interventor, con la finalidad de que el primero pueda realizar el inventario de la masa hereditaria, sin perjuicio de lo dispuesto en el Código Civil de cada Entidad Federativa respecto de si la o el cónyuge, conviviente o concubino, conserva la posesión y administración de la misma.

SECCIÓN SEGUNDA
DE LAS SUCESIONES TESTAMENTARIAS

Artículo 726. En los juicios de sucesión, si la Federación o las Entidades Federativas son herederos o legatarios en concurrencia con los particulares, se estará a las reglas de competencia previstas en este Código Nacional.

Artículo 727. La persona que promueva el juicio testamentario debe cumplir con los requisitos y exhibir la documentación ordenada en este Código Nacional, de no ser así, la autoridad jurisdiccional requerirá se corrija o se complete, y de encontrarse apegada a derecho, sin más trámite, lo tendrá por radicado y librará los oficios para búsqueda de testamento y de no existir otro testamento más que el exhibido, se notificará a los herederos en términos de este Código Nacional, haciéndole saber la radicación del presente juicio sucesorio, con citación del Ministerio Público.

Artículo 728. Si no se conociere el domicilio de los herederos, se mandarán publicar edictos en un diario de mayor circulación en la Entidad Federativa, conforme a lo dispuesto en este Código Nacional.

Artículo 729. La autoridad jurisdiccional convocará a los herederos designados en el mismo a una junta, que tendrá verificativo dentro de los veinte días siguientes a la citación, si la mayoría de los herederos reside en el lugar del juicio. Si la mayoría residiere fuera del lugar del juicio, la autoridad jurisdiccional señalará el plazo que crea prudente, atendidas las distancias; si hubiere albacea nombrado en el testamento, se les dé a conocer, y, si no lo hubiere, procedan a elegirlo con arreglo a este Código Nacional.

Artículo 730. Si en la designación hubiere personas con discapacidad, niñas, niños o adolescentes que tengan persona quien ejerza la patria potestad, persona tutora o persona que brinde apoyos para el ejercicio de su capacidad jurídica, se les mandará citar a estos últimos para la junta.

Si las herederas niñas, niños y adolescentes no estuvieren bajo patria potestad o tutela, la autoridad jurisdiccional dispondrá que se les nombren uno con arreglo a derecho como se previene en este Código Nacional.

Artículo 731. Respecto del heredero declarado ausente o desaparecido, se entenderá la citación con el que fuere su representante legítimo.

Artículo 732. Se citará también al Ministerio Público para que represente a los herederos cuyo paradero se ignore y a los que habiendo sido citados no se presentaren y mientras se presenten.

Luego que se presenten los herederos ausentes o desaparecidos cesará la representación del Ministerio Público.

Artículo 733. Si la madre, el padre, la persona tutora o tutriz, o cualquier representante legítimo de algún heredero que sea niña, niño, adolescente, tiene interés en la herencia, le proveerá la autoridad jurisdiccional, con arreglo a derecho, de una persona tutora especial para el juicio o hará que le nombre, si tuviere edad para ello. La intervención de la persona tutora especial se limitará sólo a aquello en que el propietario o representante legítimo tenga incompatibilidad.

Artículo 734. Si el testamento no es impugnado ni se objeta la capacidad de las personas interesadas, la autoridad jurisdiccional en la misma junta, reconocerá como herederos a los que estén nombrados en las porciones que les correspondan.

Si se impugnare la validez del testamento o la capacidad legal de algún heredero, se substanciará el juicio ordinario correspondiente con el albacea o el heredero respectivamente, sin que por ello se suspenda otra cosa que la adjudicación de los bienes en la partición.

Artículo 735. En la junta de las personas herederas, podrán estas nombrar a quien funja como interventor, conforme a la facultad y en los casos previstos en el Código Civil de cada Entidad Federativa.

SECCIÓN TERCERA
DEL INVENTARIO Y AVALÚO

Artículo 736. Dentro de diez días de haber aceptado su cargo, quien ejerce el albaceazgo debe dar aviso de que procederá a la formación de inventarios y avalúos, y propondrá al o los peritos valuadores en la materia correspondiente, debiendo concluir la presente sección dentro de los siguientes sesenta días.

Las personas herederas dentro del término de tres días deberán manifestar si están de acuerdo o no con la o las propuestas de peritos y si no lo hicieren, la autoridad jurisdiccional hará la designación procedente.

Se exceptuará el nombramiento de perito valuador cuando todas las personas herederas están conformes en que se tome el valor del avalúo catastral.

El inventario y avalúo se practicarán simultáneamente, si es única y universal persona heredera o si todos quienes tienen esta calidad firmaran de conformidad.

Artículo 737. El inventario deberá practicarse por la autoridad jurisdiccional, persona secretaria judicial, alcalde, alcaldesa, Notaria o Notario Público nombrada por los herederos, o autoridad competente en su caso, con las formalidades correspondientes al Código Civil aplicable siempre y cuando tenga que realizarse una descripción detallada de aquello que conforme la masa hereditaria de acuerdo con el importe de sus porciones, cuando concurran como herederos:

I. Niñas, niños y adolescentes;

II. Personas con discapacidad;

III. El Sistema para el Desarrollo Integral de la Familia;

IV. La Beneficencia Pública;

V. Instituciones Educativas;

VI. El Estado o las Entidades Federativas, y

VII. En su defecto, a quien, teniendo interés en la sucesión, señale la legislación sustantiva correspondiente.

A dicho inventario concurrirá conjuntamente el albacea.

Artículo 738. El inventario puede ser presentado por el albacea, cuando el acervo hereditario se constituya únicamente por inmuebles, y una vez que se encuentren exhibidos los avalúos se señalará fecha dentro de los cinco días siguientes, para que el albacea ante la presencia judicial ratifique el inventario a efecto de cumplir con la solemnidad y si comparecieran todos los reconocidos como herederos manifestando su conformidad se aprobará de plano, en caso contrario se procederá de acuerdo a lo dispuesto en este Código Nacional.

Artículo 739. El albacea dentro del término señalado en este Código Nacional procederá, a presentar el inventario de forma clara y precisa y en el orden siguiente:

I. Dinero en efectivo;

II. Alhajas;

III. Bienes, derechos de comercio o industria, así como de propiedad intelectual

IV. Semovientes;

V. Frutos;

VI. Muebles;

VII. Inmuebles;

VIII. Créditos;

IX. Documentos y correspondencia;

X. Bienes ajenos que tenía en su poder el finado en comodato, depósito, prenda o bajo cualquier otro título, con expresión de la causa;

XI. Bienes o derechos litigiosos señalándose la autoridad jurisdiccional, la clase de juicio, la persona contra quien se litiga y la causa del pleito, y

XII. Las deudas que formen el pasivo de la sucesión, incluyendo los legados vigentes, los gastos funerarios y los que se hayan causado en la última enfermedad de la persona cuya sucesión se trata, con expresión de los títulos y documentos que justifiquen este pasivo.

Artículo 740. El inventario deberá especificar si de los bienes inventariados alguno corresponde (sic) la sociedad conyugal o se encuentren en copropiedad o posesión común en los casos de sociedad de convivencia o concubinato y los porcentajes, en su caso.

Si la masa hereditaria la conforma un solo bien y éste se encuentra afecto al patrimonio de familia, se suspenderá el procedimiento hasta en tanto no se haya extinguido el mismo, salvo que el Código Civil de la Entidad Federativa donde se encuentra radicado el juicio sucesorio intestamentario o testamentario prevea otra cosa.

Si dentro del caudal hereditario existen otros bienes que no conformen patrimonio familiar, el juicio podrá continuar por lo que hace a ellos, y por tanto, la suspensión sólo será del que sí se encuentra en dicha hipótesis en términos del párrafo que antecede.

Artículo 741. Si los bienes inventariados se encontraren en diversas Entidades Federativas se ampliará el término respectivo hasta por treinta días más.

Artículo 742. Practicados el inventario y avalúo serán agregados a los autos y se pondrá de manifiesto en la Secretaría, por cinco días, para que las personas interesadas puedan examinarlos, citándoseles mediante notificación personal en términos de lo dispuesto en este Código Nacional.

Artículo 743. Si transcurrido el término a que se refiere el artículo anterior, sin haberse hecho oposición, la autoridad jurisdiccional lo aprobará sin más trámites. En caso contrario, se substanciará el incidente respectivo.

Para dar curso al incidente de oposición, es indispensable expresar concretamente cuáles son los bienes omitidos o que deban de excluirse o el valor que se atribuye a cada uno de los inventariados correctamente, aportando pruebas para acreditar la misma.

Este incidente se desahogará en una sola audiencia oral a la que se citará a las partes.

Artículo 744. Si quienes reclamen fueren varios e idénticas sus oposiciones, deberán nombrar representante común en la audiencia oral. En caso de no nombrarlo o de no ponerse de acuerdo, la autoridad jurisdiccional lo nombrará de oficio de entre ellos mismos.

Artículo 745. Si a la audiencia dejaren de presentarse las personas designadas como peritos sin causa justificada, perderán el derecho de cobrar honorarios por los trabajos practicados.

En la tramitación de este incidente cada parte es responsable de la asistencia de los peritos que propusiere, de manera que la audiencia no se suspenderá por la ausencia de todos o de alguno de los propuestos.

Artículo 746. Si las oposiciones tuvieran por objeto impugnar simultáneamente el inventario y el avalúo, o se tramitaran diversos incidentes, estos se acumularán y se resolverán en una sola audiencia oral, a fin de evitar contradicción alguna.

Artículo 747. El inventario hecho por albacea o por heredero aprovecha a todas las personas interesadas, aunque no hayan sido citadas, incluso las substitutas y herederos por intestado.

El inventario perjudica a quienes lo hicieron y a quienes lo aprobaron.

Aprobado el inventario por la autoridad jurisdiccional o por el consentimiento de todas las personas interesadas, no podrá reformarse sino por error o vicio, debidamente justificado, a criterio de la propia autoridad jurisdiccional, en una audiencia oral y antes de dictarse la sentencia definitiva.

Artículo 748. Si aparecieren bienes omitidos, se procederá a la formación de un inventario suplementario aplicándose las reglas de esta sección, y demás disposiciones del Código Civil aplicable.

Artículo 749. Si pasados los términos establecidos en este Código Nacional, el albacea no promoviere o no concluyere el inventario, será removido de plano sin derecho a la percepción de honorarios y cualquier heredero podrá promover la formación del inventario.

Artículo 750. Los gastos de inventario y avalúo son a cargo de la masa hereditaria, salvo que se hubiere dispuesto otra cosa en el testamento.

SECCIÓN CUARTA
DE LA ADMINISTRACIÓN Y RENDICIÓN DE CUENTAS

Artículo 751. Corresponde la posesión y administración de la masa hereditaria a quien sobreviva, de conformidad con lo siguiente:

I. El o la cónyuge supérstite tanto en el régimen de la sociedad conyugal como en el de separación de bienes;

II. El o la conviviente que haya elegido que su patrimonio presente y futuro forme parte del patrimonio de la sociedad en convivencia, y

III. El o la concubina que hayan adquirido bienes en copropiedad o que haya procreado hijos en común con la persona de cuya sucesión se trata.

La posesión y administración de la masa hereditaria, por cualquiera de las personas anteriormente mencionadas se hará con intervención del albacea quien pondrá a su disposición los bienes que conforman la masa hereditaria.

Artículo 752. La intervención del albacea se concretará a vigilar la administración del o la cónyuge, del o la conviviente o del o la concubina, supérstite, y en cualquier momento en que observe que no se hace convenientemente, promoverá incidente ante la autoridad jurisdiccional, que conozca de la sucesión quien dará vista a quien se imputa la indebida administración, otorgando un término de tres días para que manifieste lo que a sus intereses convenga.

Una vez hechas sus manifestaciones, la autoridad jurisdiccional citará a ambas partes a una audiencia oral dentro de los tres días siguientes, en la que resolverá lo que en derecho proceda.

Artículo 753. Durante la substanciación del juicio sucesorio no se podrá enajenar los bienes inventariados, sino por acuerdo de las personas herederas o con aprobación judicial en los siguientes casos:

I. Cuando haya deuda o gasto urgente;

II. Cuando los bienes puedan deteriorarse;

III. Cuando sean de difícil y costosa conservación;

IV. Cuando para la enajenación de los frutos se presenten condiciones ventajosas, y

V. Cuando el acuerdo de los herederos no perjudique derechos de algún acreedor reconocido.

Artículo 754. Las cuentas y sus archivos físicos y electrónicos se entregarán al albacea y, hecha la partición a los herederos reconocidos. Los demás documentos y archivos físicos y electrónicos quedarán en poder de la persona que haya desempeñado el albaceazgo.

Artículo 755. Si nadie se hubiera presentado alegando derecho a la sucesión, o no hubieren sido reconocidos quienes se hubiesen presentado, y se hubiere declarado heredero, en su caso, a quien para esta hipótesis establezca como heredero legítimo la legislación sustantiva que corresponda a cada Entidad Federativa. Se entregarán a éstos por conducto de representante legal, los bienes, los documentos y archivos físicos y electrónicos que tengan relación con la misma, para su administración y rendición de cuentas.

Artículo 756. Concluido y aprobado el inventario, dentro de los quince días siguientes presentará el albacea su cuenta general de albaceazgo; si no lo hace se le apremiará por los medios legales.

Artículo 757. Presentada la cuenta general de administración, la autoridad jurisdiccional mandará dar vista a las personas interesadas por un término de diez días para que se impongan de ello, notificándose en forma personal en términos de lo dispuesto en este Código Nacional.

Artículo 758. Si todas las personas interesadas aprobaren la cuenta, o no la impugnaren, la autoridad jurisdiccional la aprobará de plano.

Si existe inconformidad, la persona interesada promoverá el incidente respectivo dentro de los tres días siguientes en que haya concluido la vista. Para darle curso al incidente, será indispensable que el promovente inconforme exprese concretamente cuáles son los puntos de la cuenta general del albaceazgo con los que se inconforma, aportando pruebas en su caso para controvertirlos. Este incidente se desahogará y resolverá en una sola audiencia oral a la que se citará a las partes, dentro de los cinco días siguientes.

En caso de que se promovieren dos o más incidentes en los que existiera identidad de puntos de inconformidad, se acumularán para ser resueltos en la misma audiencia.

Artículo 759. La persona interventora, el albacea provisional o judicial, en su caso, el o la cónyuge, el o la conviviente, el o la concubina, supérstite, el albacea designado por el testador o por los herederos y cualquier persona que haya tenido la administración de los bienes hereditarios, están obligados a rendir, dentro de los cinco primeros días de cada año del ejercicio de su cargo, la cuenta de su administración correspondiente al año anterior.

Artículo 760. Presentada la cuenta anual de administración, se mandará poner en la Secretaría, a disposición de quienes tengan interés para que se impongan, por un término de diez días, citándose mediante notificación personal en términos de lo dispuesto por este ordenamiento.

Artículo 761. Si todas las personas interesadas aprobaren la cuenta, o no la impugnaren, la autoridad jurisdiccional la aprobará. Si existiere inconformidad se tramitará el incidente respectivo. Quienes sostengan la misma pretensión deberán nombrar representante común.

Artículo 762. Las cantidades que resulten líquidas se depositarán a disposición de quien corresponda, en el establecimiento destinado por este Código Nacional.

Artículo 763. Cuando quien administre no rinda dentro del término legal su cuenta anual, será removido de plano. También podrá ser removido en términos de este Código Nacional, a solicitud de cualquiera de las personas interesadas, cuando alguna de las cuentas no fuere aprobada en su totalidad. El trámite se hará en forma incidental.

Artículo 764. Cuando no alcancen los bienes para pagar las deudas y legados, el albacea debe dar cuenta de su administración a personas acreedoras y legatarias.

Artículo 765. El albacea, dentro de los quince días de aprobado el inventario, presentará ante la autoridad jurisdiccional un proyecto para la distribución provisional de los productos de los bienes hereditarios, señalando la parte de ellos que, cada bimestre, deberá entregarse a herederos y legatarios, en proporción a su haber. La distribución de los productos se hará en efectivo o en especie.

Artículo 766. Presentado el proyecto, se pondrá a la vista de las personas interesadas por cinco días, citándose mediante notificación personal en términos de lo dispuesto en este Código Nacional.

Si están conformes o nada exponen dentro del término de la vista, lo aprobará la autoridad jurisdiccional y mandará abonar a cada quien la porción que le corresponda.

La inconformidad expresa se substanciará en forma incidental, el incidente se desahogará y resolverá en una sola audiencia oral a la que se citará a las partes, dentro de los cinco días siguientes. Dicha resolución será apelable en efecto devolutivo.

Artículo 767. Cuando los productos de los bienes variaren de bimestre a bimestre, el albacea presentará su proyecto de distribución por cada uno de los períodos indicados. En este caso deberá presentarse el proyecto dentro de los primeros cinco días del bimestre.

Artículo 768. Si el albacea no presentare el proyecto de distribución provisional de los productos de los bienes hereditarios, dentro del término legal o cuando durante dos bimestres consecutivos, sin justa causa, deje de cubrir a los herederos o legatarios las porciones de frutos correspondientes, será revocado de plano sí así lo solicita la mayoría de las personas herederas.

SECCIÓN QUINTA
DE LA PARTICIÓN DE HERENCIA

Artículo 769. Aprobada la cuenta general de administración, dentro de los quince días siguientes, el albacea presentará el proyecto de partición de los bienes, en los términos del Código Civil respectivo.

Artículo 770. Será removido el albacea de su cargo, mediante incidente, si no presentare el proyecto de partición dentro del término indicado en el artículo anterior o dentro de la prórroga que le concedan las personas interesadas por mayoría de votos.

Artículo 771. Cuando quien ejerza el albaceazgo requiera auxiliarse para hacer el proyecto de partición, podrá auxiliarse de un perito o especialista cuyo nombramiento deberá ser promovido dentro del tercer día de aprobada la cuenta y la autoridad jurisdiccional convocará a los herederos, a junta, dentro de los tres días siguientes, a fin de que se haga en su presencia la elección cuyo nombramiento se hará por mayoría de los presentes.

Si no hubiere mayoría, la autoridad jurisdiccional nombrará al perito o especialista de entre los propuestos.

Artículo 772. Quien tenga la calidad de cónyuge, conviviente, concubino o concubina, aunque no tenga el carácter de heredero, será tenido como parte, si entre los bienes hereditarios hubiere bienes de la sociedad conyugal, sociedad en convivencia o disposición de los concubinos que rija su patrimonio y será convocado a la junta que refiere el artículo que antecede, para que intervenga de acuerdo con sus intereses.

Artículo 773. Si se encuentra presente el partidor, encargado de la formulación del proyecto de partición en la misma junta que fue nombrado, procederá a aceptar y protestar su cargo, y en caso contrario se le notificará para que dentro del término de tres días comparezca a aceptar el mismo, habiendo señalado previamente el monto de sus honorarios de acuerdo con lo que le autoriza la Ley de cada Entidad Federativa, los que deberán ser autorizados y aprobados por la autoridad jurisdiccional, y cubiertos por los herederos en proporción a sus haberes.

Artículo 774. La autoridad jurisdiccional pondrá a disposición del partidor los autos y, bajo inventario, los papeles y documentos relativos al caudal, para que proceda a la partición, concediéndole hasta cuarenta días para que presente el proyecto partitorio, bajo el apercibimiento de perder los honorarios que le fueron autorizados y aprobados, ser separado de plano de su encargo y, en su caso, responsable de los daños y perjuicios.

Artículo 775. El partidor pedirá a las personas interesadas las instrucciones que estime necesarias, a fin de hacer las adjudicaciones de conformidad con ellas, en todo lo que estén de acuerdo, o de conciliar en lo posible sus pretensiones.

Puede solicitarse a la autoridad jurisdiccional para que, convoque a una junta, a fin de que las personas interesadas fijen de común acuerdo las bases de la partición, que se considerará como un convenio. Si no hubiere conformidad, el partidor presentará el proyecto de partición de los bienes, en los términos que lo dispuso el testador, en lo que no contravenga el Código Civil correspondiente.

Al hacerse la división se separarán los bienes que correspondan al cónyuge, conviviente, concubino o concubina que sobreviva, conforme a las capitulaciones matrimoniales que regulan la sociedad conyugal, a las disposiciones de la sociedad en convivencia o a las del patrimonio concubinal, cuando resulte ser en partes iguales y será convocado a la junta que refiere el artículo que antecede, para que intervenga de acuerdo con sus intereses.

Artículo 776. A falta de convenio entre las personas interesadas, se incluirán en cada porción, bienes de la misma calidad y especie, si fuere posible.

Si hubiere bienes gravados, se especificarán los gravámenes indicando el modo de redimirlos o dividirlos entre las personas herederas.

Artículo 777. Concluido el proyecto de partición, la autoridad jurisdiccional lo mandará poner a la vista de los interesados en la Secretaría, por un término de diez días. Vencido el término sin hacerse oposición, la autoridad jurisdiccional aprobará el proyecto y dictará sentencia de adjudicación, mandando entregar a cada quien los bienes muebles que le hubieren sido adjudicados, con la factura o los documentos de propiedad, después de asentarse por la persona secretaria judicial, una nota en que se haga constar la adjudicación.

Si se trata de niñas, niños o adolescentes, la autoridad jurisdiccional deberá verificar de manera oficiosa el proyecto de partición.

Si entre los bienes de la masa hereditaria, hubiere inmuebles, se mandará formalizar el proyecto de división y partición y otorgar la escritura pública correspondiente misma que deberá ser inscrita en el Registro Público de la Propiedad, Oficina Registral o cualquier otra Institución análoga según la Entidad Federativa de que se trate.

Artículo 778. Si hubiera oposición contra el proyecto, se substanciará en forma incidental, procurando que, si fueren varias, la audiencia sea común, y a ella concurrirán las personas interesadas y el partidor para que se discutan las gestiones promovidas y se reciban pruebas.

Para dar curso a esta oposición, es indispensable expresar concretamente cuál sea el motivo de la inconformidad y cuáles las pruebas que se invocan como base de la oposición.

Artículo 779. Pueden oponerse a que se lleve a efecto la partición:

I. Las personas acreedoras hereditarias legalmente reconocidas, mientras no se pague su crédito, si ya estuviere vencido y, si no lo estuviere, mientras no se les asegure debidamente el pago, y

II. Las personas legatarias de cantidad, de alimentos, de educación y de pensiones, mientras no se les pague o se garantice legalmente el derecho.

Artículo 780. La adjudicación de bienes hereditarios se otorgará con las formalidades que, por su cuantía, la Ley exige para su venta. La Notaria o Notario Público ante la que se otorgue la escritura será designada por el albacea.

Artículo 781. La escritura de partición, cuando haya lugar a su otorgamiento, deberá contener, la superficie, medidas y linderos que correspondan a los inmuebles adjudicados conforme al convenio con el fin de permitir su plena identificación.

El resto de los bienes o derechos adjudicados la autoridad jurisdiccional deberá formalizar su transmisión de conformidad con las leyes aplicables para cada caso.

Artículo 782. La sentencia que apruebe o repruebe la partición es apelable en ambos efectos.

CAPÍTULO II
DE OTRAS FORMAS TESTAMENTARIAS

SECCIÓN PRIMERA
DEL TESTAMENTO PÚBLICO CERRADO

Artículo 783. Para la apertura del testamento público cerrado, los testigos reconocerán separadamente sus firmas y el pliego que las contenga. El Ministerio Público asistirá a la diligencia.

Artículo 784. Cumplido lo prescrito en el Código Civil de la Entidad Federativa respectiva, ante la autoridad jurisdiccional, los testigos reconocerán separadamente sus firmas en el pliego que contenga el testamento y hecho lo anterior en presencia del Notario o Notaria Pública, testigos, Ministerio Público y persona secretaria judicial, abrirá el testamento, lo leerá, para sí y después le dará lectura en voz alta, omitiendo lo que deba permanecer en secreto y cumplidos los requisitos del Código Sustantivo de cada Entidad Federativa declarará la formalidad del testamento ordenando su protocolización.

En seguida firmarán al margen del testamento las personas que hayan intervenido en la diligencia, con la autoridad jurisdiccional y secretaria judicial de la Entidad Federativa de que se trate, y se le pondrá el sello del juzgado, asentándose todo ello en el acta.

Artículo 785. Para la protocolización del testamento la persona que hubiere promovido elegirá al Notario o Notaria Pública, dentro de la misma Entidad Federativa en donde se encuentre la autoridad jurisdiccional que apertura el testamento.

Artículo 786. Si se presentaren dos o más testamentos cerrados de una misma persona, la autoridad jurisdiccional procederá respecto a cada uno de ellos como se previene en este Capítulo y los hará protocolizar en un mismo oficio para los efectos de que el testamento que subsista sea aquel que indiquen las disposiciones del Código Civil de la Entidad Federativa respectiva.

SECCIÓN SEGUNDA
DE LA DECLARACIÓN DEL TESTAMENTO OLÓGRAFO

Artículo 787. La autoridad jurisdiccional que tenga noticia de que el autor de la herencia depositó su testamento ológrafo, como se dispone en el Código Civil respectivo, dirigirá oficio al encargado del Archivo General de Notarías, Registro de la Propiedad, Director del Archivo de Instrumentos Públicos, Dirección de Notarías y Registros Públicos, la Secretaría General de Gobierno o cualquier otra oficina que lleve a cabo dicha función en la Entidad Federativa, en que se hubiere hecho el depósito, a fin de que le remita el pliego cerrado en que el testador declaró que se contiene su última voluntad.

Artículo 788. Recibido el pliego, procederá la autoridad jurisdiccional como se dispone en el Código Civil de cada Entidad Federativa.

Artículo 789. Si para la debida identificación fuere necesario reconocer la firma, por no existir los testigos de identificación que hubieren intervenido, o por no estimarse bastante sus declaraciones, la autoridad jurisdiccional nombrará un perito para que confronte la firma con las indubitadas que existan del testador, y teniendo en cuenta su dictamen hará la declaración que corresponda.

SECCIÓN TERCERA
DEL TESTAMENTO PRIVADO

Artículo 790. A instancia de parte legítima formulada ante la autoridad jurisdiccional competente, puede declararse formal el testamento privado de una persona, sea que conste por escrito o sólo de palabra de conformidad con el Código Civil respectivo.

Artículo 791. La declaración de estar conforme a derecho un testamento privado, se iniciará a solicitud de legítimo interesado, quien ofrecerá la información testimonial de quienes hayan concurrido al otorgamiento.

La autoridad jurisdiccional, citará al Ministerio Público, señalando día y hora para una audiencia en la que se recibirá la información testimonial, la que deberá rendirse en los términos que para estos casos prevén los Códigos Civiles respectivos.

Recibida la información testifical, la autoridad jurisdiccional en la misma audiencia, de estimar probados los requisitos previstos por el Código Civil respectivo, declarará la existencia de formal testamento.

Contra la declaración de no estar ajustado a derecho el testamento, procede apelación sin necesidad de reenvío. Si se declara lo contrario, podrá impugnarse la validez en el juicio hereditario que con él se inicie.

Artículo 792. Es parte legítima para los efectos del artículo anterior:

I. El que tuviere interés en el testamento;

II. El que hubiere recibido en él algún encargo del testador, y

III. El que, con arreglo a las Leyes aplicables, pueda representar sin poder, a cualquiera de los que se encuentren en los casos que se expresan en las fracciones anteriores.

Artículo 793. Hecha la solicitud, se señalarán día y hora dentro de los siguientes veinte días para el examen de los testigos que hayan concurrido al otorgamiento, bajo las reglas previstas por este Código Nacional.

Para la información se citará al Ministerio Público, quien tendrá obligación de asistir a las declaraciones de testigos e interrogarlos para asegurarse de su veracidad.

Las personas testigos declararán al tenor del interrogatorio respectivo, que se sujetará estrictamente a lo dispuesto en el Código Civil de cada Entidad Federativa.

Recibidas las declaraciones, y si éstas reúnen los requisitos de este Código Nacional, la autoridad jurisdiccional declarará que sus dichos son el formal testamento de la persona de que se trate, ordenando su protocolización.

Artículo 794. De la resolución que niegue la declaración de formalidad de un testamento privado, pueden apelar el promovente y cualquiera de las personas interesadas en la disposición testamentaria.

De la que otorgue la declaración de formalidad, puede apelar el Ministerio Público.

SECCIÓN CUARTA
DEL TESTAMENTO MILITAR

Artículo 795. Luego que la autoridad jurisdiccional reciba, por conducto de la persona titular de la Secretaría de la Defensa Nacional, el parte a que se refiere el Código Civil correspondiente, citará a los testigos que estuvieren en el lugar, y respecto a los ausentes o desaparecidos, mandará exhorto al Tribunal o Poder Judicial del lugar donde se hallen.

Artículo 796. De la declaración judicial se remitirá copia autorizada a la persona titular de la Secretaría de la Defensa Nacional. En lo demás, se observará lo dispuesto en el Capítulo que antecede.

SECCIÓN QUINTA
DEL TESTAMENTO MARÍTIMO

Artículo 797. Hechas las publicaciones que ordena el Código Civil de la Entidad Federativa respectiva, podrán los interesados ocurrir ante la autoridad jurisdiccional competente para que pida de la Secretaría de Relaciones Exteriores o al Gobierno local, según la Entidad Federativa que lo contemple, la remisión del testamento para que lo envíe y continúe el trámite legal correspondiente.

SECCIÓN SEXTA
DEL TESTAMENTO HECHO EN PAÍS EXTRANJERO

Artículo 798. El testamento hecho en país extranjero será declarado válido por la autoridad jurisdiccional competente, cuando haya sido formulado de conformidad con las Leyes del país en que se otorgue y no contravenga al orden público mexicano, siguiendo las reglas de aplicación e interpretación que contempla la legislación sustantiva de cada Entidad Federativa.

CAPÍTULO III
PROCEDIMIENTO SUCESORIO NO CONTROVERTIDO VÍA JUDICIAL

Artículo 799. En el caso que no exista controversia alguna entre herederos y legatarios si los hubiera, podrá optar por el trámite de sucesiones intestadas o testamentarias conforme a este procedimiento, y debiéndose cumplimentar los requisitos siguientes:

I. Exhibir las copias certificadas, ya sea en formato físico o electrónico, de las actas de nacimiento y defunción de la persona autora de la sucesión;

II. Exhibir las copias certificadas, ya sea en formato físico o electrónico, de las actas de la totalidad de las personas interesadas, en su caso las necesarias para acreditar el entroncamiento con la persona autora de la sucesión, así como la información relativa a si la persona se encontraba unida en matrimonio o concubinato en el momento de su fallecimiento;

III. En los casos de intestado, la denuncia deberá estar firmada por la totalidad de las personas presuntamente herederas, o por sus representantes, todas deberán de señalar bajo protesta de decir verdad su reconocimiento entre sí y la propuesta para la designación de albacea;

IV. Cuando se tenga conocimiento de la existencia de un testamento, a la denuncia se acompañará éste, o bien se realizará el señalamiento relativo a la ubicación del documento. El escrito de denuncia deberá de estar firmado por todas las personas interesadas o probablemente interesadas;

V. Se deberá exhibir el inventario de los bienes cuya propiedad esté debidamente acreditada, el cual deberá estar firmado y con la aceptación expresa de las personas interesadas;

VI. Se deberá exhibir el avalúo expedido por el perito valuador autorizado en términos de este Código Nacional, y

VII. Se exhibirá una propuesta de convenio de liquidación y partición del haber hereditario, en el cual se deberá de consignar la aceptación de las personas interesadas.

Artículo 800. Para el caso de que entre las personas interesadas existan niñas, niños o adolescentes, conjuntamente a su comparecencia mediante sus legítimos representantes, deberá verificarse por la autoridad jurisdiccional que se cuente con una defensa técnica y especializada durante el trámite del procedimiento.

Artículo 801. En la admisión del trámite la autoridad jurisdiccional ordenará de manera oficiosa que:

I. Se recabe ante las dependencias registrales que corresponda la información relativa a la existencia o no de un testamento otorgado por la persona autora de la sucesión y en caso de existir tal documento se ordenará su remisión a la autoridad jurisdiccional;

II. Se recabe en los Registros Públicos correspondientes, la información relativa a la existencia de bienes propiedad de la persona autora de la sucesión, y en su caso la existencia de gravámenes, y

III. Se recabe en el Registro Civil de la entidad las certificaciones de las actas de nacimiento de los ascendientes, descendientes y colaterales hasta el cuarto grado de la persona autora de la sucesión.

En el momento de la admisión del trámite se le dará intervención activa a la persona Agente del Ministerio Público correspondiente.

Artículo 802. En caso de que el trámite se encuentre iniciado como intestado y de la información rendida por las dependencias registrales se actualice la existencia de un testamento atribuible a la persona autora de la sucesión, el procedimiento especial se ajustará a las reglas aplicables a lo previsto en este procedimiento para el caso de sucesiones testamentarias.

Artículo 803. Recibidos los informes precisados en los artículos anteriores, se procederá a presentar y revisar el inventario, avalúo y proyecto de partición y de resultar ajustado a derecho, la autoridad jurisdiccional citará a la totalidad de los interesados a una sola audiencia oral en un término no mayor de veinte días, y en la que declarará herederas o legatarias de acuerdo a lo dispuesto en la legislación sustantiva de la Entidad Federativa correspondiente, o a las que hayan sido designadas con ese carácter en el testamento, teniéndose como albacea a la persona designada en el testamento o en su defecto a la propuesta por los herederos o por la autoridad jurisdiccional.

En la misma audiencia se proveerá respecto de la aprobación del inventario y avalúo y el proyecto de partición de los bienes, adjudicándolos a las personas interesadas conforme al convenio presentado. Finalmente, se ordenará remitir las constancias a la Notaria o Notario Público señalado por la persona albacea o por la mayoría de los herederos, ello para el otorgamiento de la escritura de formalización correspondiente.

En caso de que a la audiencia señalada en este artículo no comparezcan la totalidad de las personas interesadas por sí mismas o mediante representante legal, la actuación se diferirá por una única ocasión. Sin embargo, en caso de que de nueva cuenta no comparezcan las personas interesadas, ante la falta de interés de los promoventes se dará por concluido el trámite.

Artículo 804. Si existe oposición entre las partes interesadas o no se acredita plenamente la propiedad de los bienes del autor de la herencia, la autoridad jurisdiccional dará por concluido el procedimiento especial a que hace referencia este Capítulo y abrirá el proceso sucesorio correspondiente.

CAPÍTULO IV
DE LA SUCESIÓN TRAMITADA POR NOTARIO PÚBLICO

Artículo 805. Podrán tramitarse ante Notaria o Notario Público todas las sucesiones testamentarias o intestamentarias, siempre y cuando no hubiere controversia alguna, con arreglo a lo que se establece en el presente Código Nacional.

La apertura del testamento público cerrado, la declaración de ser formal el testamento ológrafo o un testamento especial y la declaración de ser formalmente válido un testamento otorgado en país extranjero se tramitará siempre judicialmente, excepto en este último caso cuando se trate de un testamento público abierto otorgado ante miembro del servicio exterior mexicano en ejercicio de funciones notariales en los términos de la Ley del Servicio Exterior Mexicano y su Reglamento, cuyo testimonio tendrá plena validez sin necesidad de legalización. Cumplido lo anterior, podrá tramitarse la sucesión ante Notaria o Notario Público conforme a lo dispuesto en este Código Nacional.

Artículo 806. Las sucesiones testamentarias podrán tramitarse ante la o el Notario Público al que acudan las y los herederos, así como el albacea de común acuerdo, sin que, para este supuesto apliquen las disposiciones de competencia del presente Código Nacional.

El albacea, si lo hubiere, y las personas herederas comparecerán ante la Notaria o el Notario Público, exhibiendo el acta de defunción del autor de la herencia y, en su caso, la de matrimonio con sus respectivas capitulaciones si las hubiere, constancia o convenio que realicen concubinos, o convivientes en los términos de la legislación sustantiva de cada Entidad Federativa que contenga la disposición patrimonial aplicable, el testimonio del testamento o de su protocolización, según corresponda.

La Notaria o Notario Público procederá a recabar los informes respectivos ante el Archivo Judicial del Tribunal o Poder Judicial, en el Archivo General de Notarías, Registro Público de la Propiedad, Procurador Social, Director del Archivo de Instrumentos Públicos, Dirección de Notarías y Registros Públicos, Secretaría General de Gobierno o cualquier otra oficina que lleve a cabo dicha función en cada Entidad Federativa, siendo estas dependencias las encargadas de solicitar la información al Registro Nacional de Avisos de Testamento, sobre la existencia o inexistencia de alguna disposición testamentaria en su localidad.

Toda la información podrá ser recabada en formato impreso, o en medios electrónicos, ópticos o de cualquier otra tecnología, para constatar que el testamento exhibido es el único o último otorgado por el autor de la sucesión y hecho lo anterior los interesados se presentarán ante la Notaria o Notario Público para hacer constar que aceptan la herencia, legados en su caso, se reconocen recíprocamente sus derechos hereditarios, que quien fue designado albacea aceptó el cargo y, a su vez, va a proceder a formar el inventario de los bienes de la herencia.

En el mismo acto, la o el Notario Público, podrá hacer constar el repudio de herencia, así como la manifestación de no aceptación del cargo de albacea por aquellas personas que tuvieren dichos derechos.

La Notaria o Notario Público dará a conocer estas declaraciones por medio de dos publicaciones que se harán, de diez en diez días en un periódico de circulación Nacional y en el registro nacional correspondiente.

Artículo 807. Para la sucesión intestamentaria que pretenda tramitarse ante Notaria o Notario Público, deberá de observar la competencia y formalidades previstas en este Código Nacional. Comparecerán las personas interesadas, exhibiendo la copia certificada del acta de defunción del autor de la herencia, en su caso atestado de matrimonio y capitulaciones de acuerdo al régimen patrimonial que lo regule, constancia o convenio que realicen los concubinos o convivientes cuando se encuentre legalmente constituida su relación y contenga disposición expresa, de que el patrimonio que se adquiera será en partes iguales y las partidas del estado civil que justifiquen su entroncamiento con el autor de la sucesión, ofreciendo en compañía de dos testigos idóneos quienes darán su testimonio bajo protesta de decir verdad, la información testimonial respectiva para constatar que no existen otras personas con igual o mejor derecho a la herencia.

La Notaria o Notario Público procederá a recabar los informes correspondientes a que se refiere el artículo anterior, para constatar que no existe disposición testamentaria otorgada por el autor de la sucesión.

En el instrumento que al efecto se levante, y previa declaración de quienes acudan como testigos conforme se señala en el siguiente párrafo, las personas comparecientes se reconocerán recíprocamente su calidad de herederos y propondrán entre ellos al albacea, quien deberá comparecer a aceptar el cargo que se le confiere.

Adicionalmente los herederos y sus testigos declararán bajo protesta de decir verdad el último domicilio del finado; que no tienen conocimiento de la existencia de testamento alguno otorgado por el autor de la sucesión; que no tienen conocimiento de que se haya iniciado el trámite de la sucesión ni de la existencia de persona alguna diversa de ellos con derecho a heredar en el mismo o preferente grado.

La Notaria o Notario Público dará a conocer estas declaraciones por medio de dos publicaciones en la forma y con la periodicidad prevista en el artículo anterior.

Artículo 808. Practicado el inventario y avalúos por el albacea en cualesquiera de las sucesiones y estando conformes con él todos los herederos, lo presentarán a la Notaria o Notario Público para su protocolización acompañando los documentos que acrediten la propiedad o titularidad de los bienes inventariados.

Artículo 809. El proyecto de partición formado por el albacea, con la aprobación de los herederos, lo exhibirán ante la Notaria o Notario Público, quien elaborará la escritura de protocolización y la de adjudicación a su solicitud. Si el testador hubiere ordenado la partición, esta se deberá llevar a cabo en los términos dispuestos por él.

Siempre que haya oposición de algún aspirante a la herencia o de cualquier persona acreedora, la Notaria o Notario Público suspenderá su intervención y lo remitirá a la autoridad jurisdiccional ante quien se tramite la oposición.

Artículo 810. Para la titulación notarial de la adquisición por los legatarios instituidos en testamento público simplificado o testamento respecto de vivienda de interés social popular que hubiere sido otorgado en el mismo instrumento de adquisición o de conformidad con la legislación particular de cada Entidad Federativa, se observará lo siguiente:

I. Los legatarios o sus representantes, exhibirán ante la Notaria o Notario Público la copia certificada del acta de defunción del testador y testimonio del testamento público simplificado o testamento respecto de vivienda de interés social popular y solicitarán por escrito el inicio del procedimiento especial de adjudicación;

II. La Notaria o Notario Público dará a conocer, por medio de una publicación en un periódico de circulación nacional, que ante él se está tramitando la titulación notarial de la adquisición derivada del testamento público simplificado o testamento respecto de vivienda de interés social popular, el nombre de la o el testador y de los legatarios;

III. La Notaria o Notario Público solicitará al Archivo Judicial del Tribunal o Poder Judicial, así como el Archivo General de Notarías, Registro Público de la Propiedad, Procurador Social, Director del Archivo de Instrumentos Públicos, Dirección de Notarías y Registros Públicos, la Secretaría General de Gobierno o cualquier otra oficina que lleve a cabo dicha función en cada Entidad Federativa, quienes serán las dependencias encargadas de solicitar la información al Registro Nacional de Avisos de Testamento, de las constancias relativas a la existencia o inexistencia de testamento. En el caso de que el testamento público simplificado o testamento respecto de vivienda de interés social popular presentado sea el último otorgado, la Notaría Pública podrá continuar con los trámites relativos, pasados diez días posteriores a la publicación a que se refiere la fracción anterior.

Si hubiese oposición dentro de dicho plazo la o el notario suspenderá el trámite y remitirá el asunto a la autoridad jurisdiccional que se lo solicite;

IV. La Notaria o Notario Público redactará el instrumento en el que se relacionarán los documentos exhibidos, las constancias a que se refiere la fracción anterior, los demás documentos del caso, y la conformidad expresa de los legatarios en aceptar el legado. El testimonio que se expida se inscribirá en el Registro de la Propiedad, Oficina Registral o cualquier otra Institución análoga según la Entidad Federativa de que se trate. En su caso, se podrá hacer constar la repudiación expresa, y

V. En el instrumento a que se refiere la fracción anterior, los legatarios podrán otorgar, a su vez, un testamento público simplificado o testamento respecto de vivienda de interés social popular, cuando reúnan los requisitos del Código Civil de la Entidad Federativa respectiva.

TÍTULO SEGUNDO
DEL CONCURSO DE ACREEDORES

CAPÍTULO ÚNICO
DISPOSICIONES GENERALES

Artículo 811. Puede someterse a los procedimientos regulados en este Título la persona deudora no comerciante, que no pueda hacer frente a sus obligaciones líquidas y exigibles, siempre que no se encuentre en los supuestos que regula la Ley de Concursos Mercantiles y demás leyes especiales.

El procedimiento puede ser extrajudicial o judicial, asimismo, podrá ser necesario o voluntario. Es necesario, cuando un acreedor de plazo cumplido ha demandado y ejecutado a su deudor y no haya bienes bastantes para pagar o garantizar su crédito.

El procedimiento extrajudicial se tramitará ante un facilitador o conciliador certificado en los términos de la Ley de la materia, y sólo podrá iniciarse a solicitud por escrito de la persona deudora o de algún acreedor.

El procedimiento judicial se tramita ante autoridad jurisdiccional en materia civil, quien podrá solicitar el auxilio de un facilitador o conciliador público en lo que estime necesario, y puede iniciarse a solicitud de la persona deudora o acreedor.

Artículo 812. Salvo disposición expresa en contrario, los convenios suscritos en el procedimiento extrajudicial no admitirán recurso alguno, pero su ejecución será en la vía de apremio, donde previa su ejecución, la autoridad jurisdiccional de oficio o a instancia de cualquiera de las partes, hará una revisión del procedimiento extrajudicial, convenio y plan de pagos alcanzado, verificando que se ajuste a derecho.

La resolución final que contenga el plan de pagos emitida en el procedimiento judicial es apelable en el efecto devolutivo de conformidad con las disposiciones del presente Código Nacional.

Artículo 813. Las personas casadas por sociedad conyugal o en régimen similar pueden presentar solicitud conjunta o ser demandadas en forma conjunta. En su caso, se aprobará un solo convenio o, en su defecto, se dictará una sola sentencia que contendrá un solo plan de pagos.

Artículo 814. Son personas relacionadas con la persona deudora o acreedora y no podrán desempeñarse como facilitadores o conciliadores en los procedimientos previstos en el presente Título, las siguientes:

I. En el caso de deudores personas físicas no comerciantes: su cónyuge, concubina o concubino, parientes consanguíneos o por afinidad, sus garantes, personas con quienes el deudor o quienes se mencionan en esta fracción, tengan algún vínculo de amistad, trabajo o de alguna otra naturaleza que pueda generar un conflicto de interés, o cualquier persona moral de la que sean socios o en la que tengan poder decisorio en forma directa o indirecta quienes se mencionan en esta fracción, y

II. En el caso de deudores personas morales de naturaleza civil no comerciantes: sus socios, cualquier miembro de sus órganos de administración, quienes tengan poder decisorio o por cualquier otra persona que tenga facultades de decisión en dichas personas morales.

Artículo 815. El facilitador o conciliador será el encargado del procedimiento extrajudicial y será auxiliar de la autoridad jurisdiccional en el proceso judicial cuando así se ordene.

Sus funciones en el procedimiento extrajudicial serán integrar la lista de créditos, verificar los pagos efectuados y comprobados por la persona deudora, y auxiliar el acuerdo entre las partes para la firma de un convenio con un plan de pagos, y en su caso, hacer propuestas de reestructuración de adeudos, que en el supuesto de personas morales de naturaleza civil no comerciante podría llegar hasta proponer su reorganización económica, si la Asamblea General de Socios así lo decide.

Iniciado el procedimiento extrajudicial, los acuerdos privados entre acreedores o entre cualquier acreedor y la persona deudora que participen del mismo, son nulos.

Artículo 816. A lo largo del procedimiento la persona deudora está obligada a proporcionar al facilitador o conciliador y a la autoridad jurisdiccional, toda la información que le sea requerida. La parte acreedora deberá entregar toda la información de sus créditos y manifestar claramente desde un inicio su postura, para que el facilitador o conciliador o autoridad jurisdiccional cuenten con los elementos necesarios a fin de que las partes lleguen a un acuerdo y plan de pagos.

Si el facilitador o conciliador es privado deberá de estar certificado y la persona deudora podrá elegirlo al inicio del procedimiento, siempre que no sea una persona relacionada en términos del artículo 814 del presente Código Nacional y este se encargará de su trámite si la mayoría simple de personas acreedoras presentes así lo ratifican.

Si el procedimiento extrajudicial lo inician los acreedores ante un facilitador o conciliador privado, este deberá ser certificado y ellos serán quienes lo designen por mayoría simple de votos de las personas acreedoras presentes en la primera convocatoria. En los procesos judiciales se dará preferencia a los facilitadores o conciliadores públicos; quienes deberán estar igualmente certificados en los términos de la ley de la materia.

Si no hay oposición de alguna de las partes, quien haya actuado como facilitador o conciliador en el procedimiento extrajudicial podrá continuar actuando en el proceso judicial. En caso de oposición la autoridad jurisdiccional lo designará y contra dicha resolución no procede recurso alguno.

Artículo 817. Los créditos insolutos se deberán demostrar con pruebas documentales. Los archivos electrónicos se considerarán documentos y no se les negarán efectos jurídicos por ese sólo hecho. Sólo en el procedimiento judicial los documentos exhibidos, podrán ser objetados e impugnados de falsos conforme a las disposiciones de este Código Nacional.

Las personas relacionadas que se presenten como acreedoras al procedimiento deberán en todo caso exhibir los documentos originales de sus créditos. Las partes tendrán derecho de prueba para controvertir tales documentos en los términos previstos en el presente Código Nacional.

Las acciones promovidas por los acreedores, así como los juicios seguidos contra de la persona deudora, que se encuentren en trámite al iniciarse el procedimiento extrajudicial, no se acumularán al mismo. Una vez iniciado el procedimiento extrajudicial, los acreedores podrán solicitar en forma legal la suspensión de aquellos procedimientos judiciales que estén pendientes de resolución definitiva, los que serán de inmediato enviados para su resguardo al Archivo Judicial sin que se contabilice el plazo para la caducidad y con el objeto de no proseguir con el mismo.

Alcanzado un acuerdo en el procedimiento extrajudicial, una vez cumplido el convenio y plan de pago, las partes estarán obligadas a desistirse de sus acciones contra el deudor dentro de un plazo no mayor a diez días de dicho cumplimiento.

Artículo 818. Las partes podrán convenir de manera conjunta, previo al procedimiento extrajudicial, los honorarios con su facilitador o conciliador y serán cubiertos de manera independiente al concurso civil, los cuales deberán ajustarse al arancel que se establezca en cada Entidad Federativa.

Artículo 819. Los procedimientos regulados en este Título, se regirán bajo las disposiciones previstas para concurrencia y prelación de créditos prevenidos en la legislación civil correspondiente; en caso de ausencia o para efecto del plan de pagos, con independencia a cualquier otro acreedor siempre serán preferidos los acreedores alimentarios, los acreedores laborales conforme al apartado A del artículo 123 de la Constitución Política de los Estados Unidos

Mexicanos, así como los gastos de enfermedad en su caso, a quienes se pagará en primer lugar mes a mes o con la periodicidad que corresponda al tipo de obligación contraída hasta por el monto que en derecho proceda. La persona deudora podrá conservar el mínimo vital, para sí y para el de sus dependientes económicos.

En su caso, se considerará a los acreedores con créditos garantizados debidamente constituidos conforme a la ley con prenda o hipoteca sobre bienes de la persona deudora, quienes sujeto a lo establecido en este Título podrán conservar el contrato y reajustar su forma de pago, o bien, cobrarse con el valor de su garantía conforme al valor de mercado y con posterioridad al cobro de los acreedores preferentes.

Los acreedores comunes son todos aquellos que no están considerados en los párrafos anteriores, quienes cobrarán a prorrata, sin distinción de fechas y conforme al plan de pagos que en su caso se apruebe.

SECCIÓN PRIMERA
DEL PROCEDIMIENTO EXTRAJUDICIAL

Artículo 820. El procedimiento extrajudicial inicia en la fecha en la que la persona deudora entregue bajo protesta de decir verdad al facilitador o conciliador el formato único universal con toda la información precisada en el artículo 833 del presente Código Nacional, acompañado de su reporte especial de crédito emitido por una sociedad de información crediticia con no más de treinta días de antigüedad.

El facilitador o conciliador podrá ayudar a la persona deudora en el llenado del formato y la preparación de los documentos. En el transcurso del procedimiento, el facilitador o conciliador podrá solicitar a las partes la entrega de información o documentos adicionales, según sea el caso, para el mejor entendimiento del estado económico del concursado.

Artículo 821. El facilitador o conciliador notificará a cada uno de los acreedores de la solicitud presentada por la persona deudora dentro de los tres días hábiles siguientes por correo certificado, en el entendido de que en todo caso deberá contar con un acuse de recibo de la notificación. Además, se hará una publicación en el Boletín Concursal Nacional o medio de comunicación aplicable, a efecto de convocar a las personas acreedoras.

La notificación deberá acompañarse de la información presentada por la persona deudora, con el objeto de que en la primera reunión el facilitador o conciliador presente una lista de créditos con el fin de establecer un mecanismo de conciliación sobre el estado de adeudos entre las partes, y deberá precisar lo siguiente:

I. Lugar, fecha y hora de la primera reunión que deberá realizarse dentro de los siguientes veinticinco días y en la que deberá estar presente la persona deudora;

II. Nombre y domicilio de la persona deudora, así como del facilitador o conciliador;

III. El monto líquido probable de las obligaciones pecuniarias que la persona deudora sostenga se le deben a dicho acreedor, y

IV. El probable grado de prelación atribuido a su crédito, así como solicitarle exhiba los documentos justificativos de su crédito agregando un cálculo del saldo insoluto dentro de los diez días hábiles siguientes a la fecha de la notificación en el domicilio del facilitador o conciliador.

Para el caso de inasistencia sin causa justificada de la persona deudora en la primera reunión o subsecuentes, se dará por terminado el procedimiento extrajudicial.

Si las partes lo convienen desde la primera reunión, se podrá suspender la generación de intereses ordinarios y moratorios sobre la suerte principal, y en su caso, acordar que los acreedores se abstengan de hacer requerimientos judiciales de pago, de ejecución o requerimiento de la posesión de sus bienes o de dar por terminados los contratos que tengan entre ellos celebrados y puedan agravar la situación de la persona deudora.

Artículo 822. El facilitador elaborará la lista de créditos que sea compatible para personas deudoras no comerciantes, considerando todas las obligaciones pecuniarias del deudor aun cuando la determinación de algunos adeudos se encuentre reservada a otra autoridad, en el entendido de que estos últimos no podrán ser objeto de negociación en el procedimiento de concurso.

La lista de créditos deberá contener al menos lo siguiente:

I. El nombre, domicilio y correo electrónico de la persona deudora y de cada acreedor, y

II. La conciliación del saldo insoluto principal adeudado a cada acreedor más los intereses devengados hasta la fecha de presentación de la solicitud, especificando la prelación atribuida a cada crédito y sus garantías, misma que será explicada en la primera reunión con la finalidad de alcanzar acuerdo entre las partes.

En el caso de créditos garantizados deberá especificarse el valor de la garantía. Para dichos efectos el acreedor garantizado deberá presentar un avalúo de institución de crédito o una opinión de perito valuador, en este último caso la persona deudora también tendrá derecho a que se escuche a un experto nombrado de su parte.

Si algún acreedor no está de acuerdo con el monto y grado de prelación atribuido a su crédito en la lista de créditos propuesta por el facilitador o conciliador, tendrá expedito su derecho para hacerlo valer ante la autoridad jurisdiccional en la vía y forma que sea procedente, en cuyo caso, se dará por terminado el procedimiento extrajudicial.

Artículo 823. El convenio extrajudicial debe contener un plan de pagos que no excederá de tres años, con excepción del pago de créditos con garantía real en los que se observarán las reglas previstas en los Códigos Civiles respectivos, en relación con la concurrencia y prelación de créditos, salvo pacto en contrario, en el que los acreedores manifiesten su voluntad de acogerse a los beneficios del presente procedimiento. En el convenio se deberá determinar lo siguiente, según corresponda:

I. El reconocimiento de adeudo, pagos efectuados con anterioridad y monto que debe retener la persona deudora para satisfacer sus necesidades básicas y las de sus dependientes económicos, garantizando los alimentos de ellos;

II. Los montos y forma de pago de los acreedores preferentes y demás acreedores;

III. La continuación o terminación con consentimiento del acreedor del contrato sobre la vivienda de la persona deudora y su familia;

IV. Un plan de pagos en el que se detallará como se aplicarán los montos de los ingresos que la persona deudora se obliga a pagar a sus acreedores, con los montos, fechas y formas de pago;

V. Una lista de los bienes que se destinarán al pago de acreedores y que no sean necesarios para la subsistencia y trabajo de la persona deudora, en su caso, al valor más alto que les fue atribuido por corredor público o casa de comercio que se dedique a la venta de esos bienes, su posible adjudicación a favor de los acreedores como forma de pago o bien, el procedimiento para su venta extrajudicial de forma consensuada por las partes;

VI. Modificaciones a los plazos, amortizaciones o intereses de los créditos a cargo de la persona deudora sin que constituyan usura. Si la persona deudora es una persona moral de naturaleza civil, el convenio establecerá las modificaciones consensuadas entre las partes que deben hacerse a los créditos y garantías a su cargo, así como las modificaciones que sean necesarias para que la persona moral siga operando, siempre y cuando sea viable su operación;

VII. Las quitas o reducciones en los pagos, a cargo de la persona deudora y consentidas por el acreedor, y

VIII. Reservas para el pago derivado de los adeudos de procedimientos judiciales que se estén siguiendo en contra la persona deudora o en los que se haya dictado sentencia definitiva.

El plan de pagos y el convenio deberán elaborarse atendiendo a la capacidad del pago de la persona deudora. El facilitador o conciliador será responsable de los daños y perjuicios que se ocasionen a las partes por su culpa o negligencia.

Artículo 824. El convenio deberá establecer que la persona deudora tome un curso de educación financiera impartido por institución pública. Los acreedores garantizados sólo serán tomados en cuenta en la votación del convenio si desean suscribirlo, en caso contrario, podrán ejercer sus derechos en la vía procedente.

El facilitador o conciliador procurará que el convenio represente un instrumento que beneficie a los acreedores en una recuperación rápida, eficiente y equitativa, y se constituya en una herramienta que dignifique a la persona deudora.

Artículo 825. Las obligaciones pecuniarias deducidas por concepto de alimentos decretadas judicialmente no pueden ser materia en el concurso civil, en cuyo caso, el facilitador o conciliador sólo podrá tomar nota de esas obligaciones para efectos del convenio.

El convenio alcanzado en este procedimiento de concurso sólo vincula a los celebrantes.

Artículo 826. El facilitador o conciliador tendrá un plazo máximo de dos meses contados a partir de la fecha de inicio del procedimiento para tener la lista definitiva de créditos y obtener la aprobación del convenio que dé por terminado el procedimiento.

El facilitador o conciliador podrá hacer modificaciones a la propuesta de convenio presentada por la persona deudora o acreedor, y podrá presentar propuestas alternativas, que concilien los intereses de las partes, debiendo para ello explicarles exhaustivamente las mismas.

Tendrá libertad para comunicarse en forma directa con todas y cada una de las partes, ya sea en forma verbal o escrita, e incluso en forma electrónica, y podrá reunirse o tener comunicaciones en forma individual con cada uno de los acreedores o en forma conjunta, según lo considere más adecuado para el avance de las negociaciones, debiendo resolver todas las deudas de que conozca en un solo convenio y plan de pagos.

Los acreedores que hayan comparecido al procedimiento extrajudicial y no hayan consentido la propuesta de convenio no les será vinculante, por lo que podrán ejercer sus derechos en la vía y forma que estimen procedente.

Artículo 827. El facilitador o conciliador deberá notificar a las sociedades de información crediticia respecto de la celebración del convenio por parte de la persona deudora y acreedores, así como la fecha de terminación del plan de pagos convenido. Además, en el caso que la deudora sea una persona moral de naturaleza civil, el convenio deberá inscribirse en Registro Público de la Propiedad u organismo equivalente, en el folio de la persona moral de que se trate. Dicho aviso en ningún caso puede constituir un acto de discriminación a la persona deudora.

Artículo 828. El convenio celebrado ante un facilitador o conciliador certificado en caso de incumplimiento trae aparejada ejecución para su exigibilidad en la vía de apremio.

Las materias siguientes no serán objeto de negociación en el convenio, sin embargo, el facilitador o conciliador deberá tomar nota de esas obligaciones en el plan de pagos:

I. Alimentos decretados judicialmente, que son de exclusivo conocimiento de autoridad jurisdiccional;

II. Responsabilidad civil decretada en sentencia firme proveniente de delitos o de actos dolosos o de mala fe, y

III. Aquellos casos que conforme a la Ley no sean materia disponible.

Durante el plazo de cumplimiento del convenio, permanecerá la suspensión de los procedimientos y actos de ejecución sobre los bienes de la persona deudora entre aquellos que se sujetaron al convenio respectivo y la generación de intereses sólo operará en los términos establecidos en el convenio de conformidad con lo establecido en el artículo 821.

Cuando las sociedades de información crediticia no reciban un aviso de incumplimiento del convenio, deberán tenerlo por cumplido al término del plazo establecido realizando la cancelación correspondiente, salvo prueba en contrario.

Artículo 829. No podrán suspenderse los servicios de agua, luz, internet ni de ningún otro servicio básico que atente contra la dignidad humana, en la vivienda de la persona deudora. La persona deudora tendrá prohibido gravar, enajenar o disponer de cualquier forma de sus bienes, salvo autorización judicial.

Artículo 830. El procedimiento extrajudicial tendrá una duración que no excederá de dos meses a partir de la fecha de presentación del formato único universal. Si alguna de las partes inicia el proceso judicial de concurso después de haber sido parte de un procedimiento extrajudicial, el facilitador o conciliador estará obligado a remitir toda la información que haya sido materia del procedimiento extrajudicial a la autoridad jurisdiccional.

Para efecto de lo dispuesto en el párrafo anterior, el facilitador o conciliador remitirá la lista de créditos, la propuesta de convenio, todos los documentos exhibidos por las partes en el procedimiento extrajudicial, y en su caso, las actas de las reuniones respectivas celebradas de forma extrajudicial entre las partes y el facilitador o conciliador.

Artículo 831. De alcanzarse un convenio y durante la vigencia del plan de pagos la persona deudora recibiere bienes o ingresos adicionales a los que fueron considerados para el plan de pagos o anticipa que no le será posible cumplir con los términos establecidos en el plan de pagos, la persona deudora o cualquier acreedor, podrán solicitar de manera preferente al facilitador o conciliador la modificación del convenio y del plan de pagos, aportando las pruebas correspondientes. El facilitador o conciliador deberá notificarlo a todas las partes que fueron obligadas por el convenio, y tendrá un plazo máximo de treinta días naturales contados a partir que haya sido recibida la última notificación para evaluar las pruebas y lograr un acuerdo adicional entre las partes, para la modificación del convenio original.

La modificación del convenio deberá mantener la vigencia establecida en el convenio original.

En caso de no lograrse un nuevo acuerdo en el plazo señalado, el facilitador o conciliador dejará expedito a las partes su derecho para que lo hagan valer en la vía y forma correspondiente.

Artículo 832. Si la persona deudora cumple el convenio, quedarán extinguidas sus obligaciones en los términos estipulados en el mismo; pero si dejare de cumplirlo en todo o en parte, su exigibilidad se hará en la vía de apremio y se podrá iniciar el concurso necesario.

SECCIÓN SEGUNDA
DEL PROCESO JUDICIAL DE CONCURSO CIVIL

Artículo 833. Para iniciar el proceso judicial, la persona deudora debe presentar en la oficialía de partes o en la vía electrónica la solicitud de concurso a través del formato único concursal que deberá contener además de la firma, todos los datos requeridos en éste. Dicho formato podrá ser descargado de la página de internet del Poder Judicial de la Entidad Federativa en que se inicie el proceso. La persona deudora en su escrito deberá expresar los motivos que lo obligan a iniciar el procedimiento.

Mediante la presentación del formato, la persona deudora declarará bajo protesta de decir verdad que todos los datos señalados son ciertos, con el apercibimiento que si incurre en falsedad se hará acreedor a las sanciones civiles, penales o administrativas que correspondan.

El formato deberá contener la información y anexos siguientes:

I. Nombre, domicilio para oír y recibir notificaciones, correo electrónico, a fin de que las notificaciones subsecuentes se le realicen por vía electrónica, así como identificación y datos de localización de cualquier persona con titularidad sobre los bienes de la persona deudora para que pueda deducir sus derechos;

II. El nombre, domicilio y correo electrónico de los acreedores. Asimismo, nombre y domicilio de los deudores del concursado y manifestar si existen juicios pendientes o en trámite en contra de dichos deudores del concursado, como proporcionando los datos necesarios para su identificación;

III. La persona deudora hará la solicitud a la autoridad jurisdiccional para que requiera al Centro de Justicia Alternativa del Poder Judicial de la Entidad Federativa que corresponda, designe una persona facilitadora o conciliador adscrito. Si la persona deudora o cualquiera de los acreedores no están de acuerdo con dicha designación, por encontrarse en alguno de los supuestos del artículo 814 del presente Código Nacional, la autoridad jurisdiccional designará al síndico provisional, quien se encargará de las funciones que correspondan;

IV. Identificación de todo tipo de procedimientos contra la persona deudora;

V. Montos que se estiman adeudados del principal e intereses a la fecha de presentación de la solicitud, con su prelación y en su caso, si tienen constituidas garantías, deberá exhibir las pruebas que así lo demuestren y manifestar el origen de cada deuda;

VI. Enlistado de bienes susceptibles de embargo propiedad de la persona deudora. Si tiene inmuebles, debe acompañar un certificado de gravámenes y un avalúo;

VII. Propuesta de un plan de pagos a sus acreedores, y

VIII. La persona deudora exhibirá un reporte de crédito especial emitido por una sociedad de información crediticia con los nombres y domicilios de sus acreedores, con no más de un mes de antigüedad.

Artículo 834. En los casos en los que resulte que la deudora es persona física, además deberá incluir:

I. Una copia de su identificación oficial;

II. El monto promedio mensual de sus ingresos ordinarios y extraordinarios, que acredite razonablemente mediante comprobantes, y a falta de estos, deberá expresarlos y señalarlos bajo protesta de decir verdad, con el apercibimiento de ley;

III. Nombres y edades de dependientes económicos comprobando el vínculo;

IV. Lista de gastos mensuales, con sus comprobantes, y a falta de alguno de ellos, que lo señale bajo protesta de decir verdad, con el apercibimiento de ley, y

V. La resolución provisional o definitiva o convenio que ordene el pago de pensión alimenticia, en su caso.

La persona deudora podrá acompañar un avalúo o una opinión de experto, sobre el valor de los bienes enlistados que puedan ser comercializados.

Artículo 835. En caso de personas físicas, la persona deudora deberá consignar a la autoridad jurisdiccional, el excedente de sus gastos necesarios de vida y de su familia para demostrar su voluntad de pago. A partir de la presentación de la solicitud, la persona deudora deberá consignar en billete de depósito el excedente de sus gastos necesarios a la autoridad jurisdiccional cada mes, salvo que la autoridad jurisdiccional establezca un plazo distinto.

Artículo 836. Cuando la deudora es persona jurídica de naturaleza civil, además deberá exhibir:

I. El Registro Federal de Contribuyentes junto con un balance que muestre su activo, pasivo y capital al mes anterior a la fecha de presentación de su solicitud de concurso;

II. Copia de su escritura constitutiva inscrita en el Registro Público de la Propiedad y del Comercio, en su caso;

III. Copia de sus estatutos vigentes, en caso de que haya habido modificaciones;

IV. Certificación de las hojas de sus libros o equivalente, que identifique a sus socios y miembros integrantes del órgano de administración. En caso de no contar con libros, una certificación del órgano de administración con esa información;

V. Resolución de la asamblea general de socios de la persona deudora o equivalente, en el sentido de iniciar el procedimiento, y

VI. La persona deudora deberá acompañar un avalúo o una opinión de experto sobre el valor de los bienes muebles e inmuebles enlistados que puedan ser comercializados.

Artículo 837. La demanda de concurso civil deberá especificar lo siguiente:

I. Autoridad jurisdiccional ante la cual se promueve;

II. Nombre, domicilio para oír y recibir notificaciones y correo electrónico del acreedor o deudor según sea el caso;

III. En su caso, solicitud para que las notificaciones subsecuentes se le realicen en la vía electrónica;

IV. Declaración de obligarse a dar aviso a la autoridad jurisdiccional dentro los tres días hábiles siguientes, respecto de cualquier pago que reciba de algún garante, avalista o coobligado de la persona deudora o acreedora según sea el caso;

V. Nombre y domicilio de la persona deudora;

VI. Fecha de suscripción, de vencimiento y monto total de su o sus créditos, tasa de interés aplicable y saldo principal no pagado e intereses a la fecha de presentación de la demanda, junto con los documentos que así lo justifiquen;

VII. Posible grado y prelación de su o sus créditos en concordancia con lo previsto en el Código Civil respectivo y salvedades contenidas en el presente

Título, precisando si tiene garantías, y en su caso, especificando el valor de las mismas, lo cual debe acreditar agregando una valuación de institución de crédito o la opinión de experto, con no más de tres meses de antigüedad;

VIII. Hechos y fundamentos de derecho, así como las probanzas que tenga a su disposición, las que deberán de sujetarse a las reglas previstas en el presente Código Nacional;

IX. Datos de identificación de los juicios o procedimientos iniciados en contra de la persona deudora por el acreedor demandante, y

X. Los demás documentos o pruebas que acrediten la existencia del o los créditos. En su caso debe adjuntarse una relación que desglose los cargos y pagos realizados hasta ese momento por la persona deudora.

El acreedor podrá solicitar las medidas cautelares que resulten necesarias para preservar la finalidad del procedimiento de conformidad con las reglas previstas en el presente Código Nacional.

Artículo 838. Si la demanda o solicitud fuera oscura o irregular, y no cumpliera con alguno de los requisitos a que se refiere el presente Título, la autoridad jurisdiccional dentro del término de tres días señalará en qué consisten los defectos de la misma, en el proveído que al efecto se dicte. El solicitante deberá cumplir con la prevención en un plazo máximo de tres días contados a partir del día siguiente a aquél en que haya surtido efectos la notificación por boletín judicial, y de no hacerlo o transcurrido el término, la autoridad jurisdiccional la desechará y devolverá al interesado todos los documentos originales que se hayan exhibido. Contra la anterior determinación procede el recurso de queja.

No será motivo de desechamiento o prevención el hecho de no exhibir con la solicitud estados financieros o contabilidad del deudor persona física.

Artículo 839. Subsanada la prevención hecha al acreedor, se admitirá la demanda.

Admitida la demanda y emplazada la persona deudora, ésta podrá oponerse al concurso necesario, y en su caso, a las medidas cautelares, dentro de los quince días hábiles siguientes al emplazamiento, probando que está en cumplimiento o cumplió sus obligaciones y que ha realizado el pago puntual a los acreedores demandantes. La persona demandada podrá oponer las excepciones y defensas que estime pertinentes, con las que se dará vista por tres días al o los acreedores demandantes. Desahogada o no la vista la autoridad señalará fecha para celebrar audiencia preliminar dentro del término de quince días siguientes, en la que únicamente se resolverá lo referente a la depuración del procedimiento, así como fijación de hechos no controvertidos y acuerdos probatorios, siguiendo para el efecto las formalidades previstas en el presente Código Nacional.

Artículo 840. Subsanada la prevención ordenada a la persona deudora, en su caso, la autoridad jurisdiccional dictará el auto de admisión de la solicitud de concurso, o la resolución que lo tiene por presentado conforme al artículo anterior, en el que declarará la apertura del procedimiento y ordenará lo siguiente:

I. Notificar el inicio del procedimiento a todas las sociedades de información crediticia y solicitarles un reporte de crédito especial de la persona deudora, con los nombres y domicilios de sus acreedores al momento de la emisión del reporte;

II. Notificar a la persona deudora la formación de su concurso sea necesario o voluntario;

III. Notificar la formación del concurso a los acreedores personalmente o por correo certificado en el domicilio señalado en el reporte especial de crédito; y, cuando el domicilio del acreedor no esté señalado en dicho reporte, será en el domicilio señalado por la persona deudora y de no existir el domicilio o no encontrarse la persona acreedora en el mismo se ordenará la búsqueda a través de los medios que establece el presente Código Nacional.

Con la notificación se permitirá el acceso electrónico al formato único concursal y a la propuesta del plan de pagos realizada por la persona deudora, y en caso de no ser posible, se les correrá traslado con la información;

IV. Publicar el auto de apertura del procedimiento concursal en el medio de comunicación procesal oficial, por tres días hábiles consecutivos, contados a partir del día hábil siguiente a la fecha en que se dicte dicho auto. Las publicaciones en relación a los procedimientos regulados en este Capítulo serán gratuitas para el deudor;

V. Notificar electrónicamente al Centro de Justicia Alternativa de la Entidad Federativa que corresponda el inicio del proceso concursal a efecto que designe al facilitador o conciliador;

VI. La prohibición a la persona deudora de enajenar o gravar sus bienes, salvo con autorización judicial;

VII. Designar a la persona deudora como depositario judicial de todos sus bienes a la fecha de presentación del formato único concursal;

VIII. Señalará un término de quince días hábiles, contados a partir de que cause estado su notificación, para que los acreedores presenten los documentos justificativos de sus créditos y sus objeciones respecto de la información exhibida por la persona deudora, acompañadas de las pruebas que acrediten su dicho, apercibidas que, de no hacerlo, precluirá su derecho;

IX. Notificar a las autoridades jurisdiccionales ante quienes se tramiten juicios en contra de la persona deudora, del inicio del procedimiento concursal civil a efecto que informen a la autoridad jurisdiccional del concurso sobre el alcance y monto objeto del litigio para que sea tomado en cuenta en el procedimiento, así como en su caso, exhibir copia certificada de la sentencia y auto que la declare firme y que condene al pago de una cantidad líquida y exigible en contra de la persona deudora. El presente procedimiento no puede afectar los derechos de las niñas, niños o adolescentes en lo particular y los derechos de familia en lo general;

X. Notificar a los deudores conocidos la prohibición de hacer pagos o entregar efectos al concursado, bajo el apercibimiento de doble pago, debiendo consignar esos pagos a la autoridad jurisdiccional que conozca del concurso;

XI. Ordenar inscribir el auto de inicio del proceso concursal en los Registros Públicos que correspondan a los bienes de la persona deudora o cuando sea una persona jurídica colectiva de naturaleza civil o existan bienes inmuebles en su patrimonio, ordenando los exhortos, que resulten necesarios;

XII. Señalar la fecha de retroacción;

XIII. Tener por vencidas a la fecha de presentación de la solicitud o demanda todas las obligaciones de la persona deudora para poder determinar su cuantía durante el procedimiento;

XIV. Interrumpir el cómputo de la prescripción negativa respecto de todos los adeudos, y

XV. Se tendrán por no puestos los pactos que limiten o impidan el procedimiento concursal, o que iniciado el mismo agraven las obligaciones de la persona deudora en perjuicio de los acreedores.

Artículo 841. La autoridad jurisdiccional podrá ordenar las medidas de protección al patrimonio, descritas en el artículo 828 del presente Código Nacional, las cuales dejarán de surtir efectos si la solicitud o demanda es desechada, o en la fecha que ocurra antes de:

I. La aprobación del convenio entre la persona deudora y sus acreedores por la autoridad jurisdiccional o la emisión de una sentencia con un plan de pagos;

II. Un plazo de tres meses contados a partir de la notificación al último acreedor del auto referido en este artículo, y

III. Un plazo de tres meses contados a partir de la publicación a que se refiere la fracción IV del artículo 840.

Artículo 842. Por efecto de la notificación a que se refiere la fracción V del artículo 840, el Centro de Justicia Alternativa deberá designar al facilitador o conciliador y notificar a la autoridad jurisdiccional y al facilitador o conciliador sobre su designación.

Artículo 843. En caso de que el concursado no colabore o interfiera negativamente en el proceso concursal, se designará a un síndico provisional, quien tomará posesión y administración de los bienes, libros, valores y documentos del concursado de forma inmediata, debiendo llevar la contabilidad del concursado. En su caso, el síndico o depositario diverso a la persona deudora deberá otorgar garantía dentro de los siguientes diez días de aceptación del cargo.

Artículo 844. No se acumulan al concurso civil los juicios que estén pendientes de resolución ni los casos siguientes:

I. Los juicios de alimentos;

II. Los deducidos por trabajadores;

III. Los hipotecarios;

IV. Los que procedan de créditos prendarios;

V. Los que no sean acumulables, por disposición de la ley, y

VI. Los demás que se hubieren fallado en primera instancia, mismos que se acumularán una vez que se decidan definitivamente.

Artículo 845. El facilitador o conciliador designado para intervenir en el proceso judicial de concurso civil deberá aceptar su cargo ante la autoridad jurisdiccional dentro de los tres días hábiles siguientes a su designación.

El facilitador o conciliador deberá realizar lo necesario para que, en un plazo máximo de tres meses, contados a partir de la notificación al último acreedor del auto de apertura del procedimiento, se pueda conformar la lista definitiva de créditos, el convenio y plan de pagos en los términos precisados en el artículo 823 del presente Código Nacional debidamente aprobado por los acreedores. En el procedimiento concursal judicial el facilitador o conciliador realizará sus funciones de acuerdo con lo establecido en este Capítulo, siendo responsable de los daños y perjuicios que se produzca a cualquiera de las partes por su culpa o negligencia.

El convenio requerirá la aprobación de los acreedores que representen la mitad más uno y que sus créditos representen por lo menos las tres quintas partes del pasivo reconocido a acreedores comunes y de aquellos acreedores garantizados que suscriban el convenio.

Hecho lo anterior, se pondrá a consideración de la autoridad jurisdiccional el convenio para que en un plazo máximo de ocho días hábiles proceda a su revisión y eventual aprobación, plazo durante el cual se continuarán las medidas protectoras del patrimonio que hayan sido dictadas por la autoridad judicial.

Artículo 846. Si transcurrido el plazo de los tres meses referido en el artículo anterior, no se tiene una lista definitiva de créditos o no se ha aprobado un convenio con plan de pagos, el facilitador o conciliador deberá entregar de inmediato a la autoridad jurisdiccional:

I. Si el concursado es persona física, el formato único universal y en su caso, el enlistado actualizado de los bienes y adeudos del concursado. Si es persona jurídica, de manera adicional al formato único universal, deberá presentar un balance y un inventario actualizados de los bienes del concursado;

II. Todos los documentos que las partes le hubieren entregado, incluyendo propuestas de convenio o plan de pagos, y

III. Las demás que se le requiera de conformidad con el presente Capítulo y las que estime la autoridad jurisdiccional.

De igual manera, la autoridad jurisdiccional convocará a las partes a una audiencia para escuchar lo que a su derecho convenga en relación al convenio y plan de pagos, que se efectuará dentro de los quince días siguientes a la conclusión del plazo de tres meses al que se refiere el artículo anterior, la que tendrá lugar con independencia del número de acreedores que se presenten.

Verificada la audiencia de conformidad con lo dispuesto en el presente Código Nacional, se dictará resolución dentro de los diez días siguientes.

Artículo 847. La sentencia definitiva, además de cumplir con los requisitos de ley, deberá resolver:

I. El plan de pagos en los términos establecidos en el artículo 823;

II. Los bienes susceptibles de enajenación;

III. El monto que podrá conservar la persona deudora para cubrir los gastos necesarios para su subsistencia y la de sus dependientes económicos, y

IV. Las consideraciones aplicables, bajo la perspectiva de derechos humanos, sobre la declaratoria de concurso de la persona deudora y la imposibilidad de pago de sus deudas existentes al inicio del procedimiento.

Una vez que la persona deudora cumpla con lo establecido en la sentencia, se tendrán por extinguidas sus obligaciones existentes al inicio del procedimiento.

Artículo 848. La autoridad jurisdiccional deberá notificar a las sociedades de información crediticia respecto de la celebración del convenio o la emisión de la sentencia, adjuntado una copia certificada, y ordenará la inscripción del convenio o de la sentencia en los registros públicos en que proceda.

Artículo 849. La junta de acreedores se desarrollará como sigue:

I. El síndico exhibirá el formato único universal, en su caso, el balance actual y un inventario de los bienes;

II. Se examinarán los créditos de los acreedores;

III. El síndico formulará un proyecto de clasificación de los créditos;

IV. Los créditos podrán ser objetados por el síndico, por el concursado o por cualquier acreedor, y

V. Terminado el reconocimiento y graduación, los acreedores, por mayoría de créditos y de personas asistentes designarán síndico definitivo o en su defecto lo hará la autoridad jurisdiccional.

El síndico tendrá los mismos impedimentos respecto del concursado y de la autoridad jurisdiccional que los que tienen las personas tutoras que administren bienes. El síndico será removido, mediante incidente, si deja de cumplir con alguna de sus funciones.

Artículo 850. Sólo serán apelables las resoluciones que desechen la solicitud y contra la sentencia definitiva. Contra la resolución judicial que desecha la solicitud de concurso civil procede el recurso de queja. Contra la sentencia definitiva procede el recurso de apelación en ambos efectos.

Artículo 851. Para el supuesto que la persona deudora deba entrar en liquidación y, eventualmente, al remate de los bienes, las funciones del síndico serán:

I. Tomar posesión del patrimonio y de los demás bienes del concursado, con excepción de los necesario para la subsistencia de la persona deudora y sus dependientes económicos;

II. Redactar el inventario;

III. Formular el balance en caso de que el concursado sea una persona moral, y de ser necesario, rectificarlo, o aprobarlo en su caso;

IV. Recibir y examinar los libros y documentos del patrimonio del concursado;

V. Depositar los valores para su resguardo y conservación;

VI. Rendir a la autoridad jurisdiccional un informe del estado del patrimonio;

VII. Llevar a cabo las acciones necesarias para el avalúo de los bienes;

VIII. Llevar la contabilidad, y

IX. Ejercitar y continuar todos los derechos, acciones y excepciones que correspondan al concursado, con relación a sus bienes.

La liquidación del patrimonio de la persona deudora debe seguir las reglas de la ejecución de la sentencia, trance y remate de bienes que previene el presente Código Nacional.

Cuando no haya plazo específico para el cumplimiento de las obligaciones del síndico, lo será de diez días.

Artículo 852. Podrá constituir causa de anulación total o parcial del plan de pagos si en el transcurso de cualquiera de los procedimientos regulados en este Capítulo la persona deudora incurre en actos tendientes a retrasar u obstaculizar los objetivos del procedimiento, o en alguna de las conductas siguientes:

I. Proporcionar información falsa, inexacta u omitir información;

II. Ocultar sus bienes o ingresos u ocasionar su insolvencia poniendo sus bienes a nombre de personas relacionadas o se abstiene de distribuir el excedente a sus acreedores;

III. Abstenerse intencionalmente de conseguir un empleo o de generar ingresos;

IV. Celebrar actos jurídicos que disminuyan su patrimonio sin causa justificada o realizar algún acto en fraude de acreedores;

V. Celebrar actos jurídicos a título gratuito o sin una contraprestación a valor de mercado, y

VI. Realizar algún acto jurídico que le de alguna preferencia o coloque en una mejor posición a alguno de sus acreedores sin causa justificada, causando un daño o perjuicio al resto de los acreedores.

Cualquier acreedor estará legitimado para solicitar ante la autoridad jurisdiccional que se revoquen las medidas de protección al patrimonio.

El rector del procedimiento levantará todas las medidas de protección del patrimonio de la persona deudora previstas en este Capítulo. El acreedor deberá adjuntar a su escrito las pruebas que acrediten su solicitud de levantamiento o anulación, la cual se hará valer en la vía incidental. Contra esta resolución procede el recurso de apelación en el efecto devolutivo.

Artículo 853. La liquidación del patrimonio de la persona deudora procede, en el caso de personas físicas, cuando ésta lo solicite o cuando obstaculice la celebración o ejecución del convenio o sentencia definitiva.

Tratándose de personas jurídicas, la liquidación del patrimonio de la persona deudora procederá en caso de que no se logre la aprobación de un convenio con los acreedores y se determine que no es viable la consecución de su objeto o cuando se obstaculice la ejecución del convenio o sentencia definitiva.

En esos casos, el producto de la venta de los bienes se distribuirá entre los acreedores de acuerdo con el grado de prelación establecido en la lista de créditos aprobada y una vez pagados los acreedores preferentes. Si al efectuarse la distribución hubiere algún crédito que esté sujeto a algún litigio que todavía no tenga una resolución firme, se reservará su pago en la proporción que corresponda. Mientras no se entregue a los acreedores el producto de la venta de los bienes, las cantidades que se obtengan deberán invertirse por el síndico en instrumentos de renta fija, cuyos rendimientos protejan preponderantemente el valor real de dichos recursos en términos de la inflación y que, además, cuenten con las características adecuadas de seguridad, rentabilidad, liquidez y disponibilidad.

Artículo 854. Si la autoridad jurisdiccional determina la liquidación y ejecución de los bienes de la persona deudora, una vez distribuido todo el producto de la venta de los bienes que integran el patrimonio de la persona deudora o adjudicados los mismos, se dará por terminado el procedimiento. Lo anterior sin perjuicio de aquellos casos en que por dolo o mala fe de la persona deudora se reserve los derechos de los acreedores de exigir legalmente los saldos originales no pagados y sus accesorios.

El síndico debe notificar a las sociedades de información crediticia respecto de la sentencia que ordena la liquidación del patrimonio de la persona deudora.

LIBRO SEXTO
DE LAS ACCIONES COLECTIVAS

CAPÍTULO ÚNICO
DISPOSICIONES GENERALES

Artículo 855. La defensa y protección de los derechos e intereses colectivos, será ejercida ante los órganos jurisdiccionales competentes en el ámbito Federal con las modalidades que se señalen en este Libro, y sólo podrán promoverse en materia de relaciones de consumo de bienes o servicios, públicos o privados y medio ambiente.

Artículo 856. La acción colectiva es procedente para la tutela de las pretensiones cuya titularidad corresponda a una colectividad de personas determinadas o indeterminadas, así como para el ejercicio de las pretensiones individuales, cuya titularidad corresponda a miembros de un grupo de personas.

La acción colectiva será procedente además contra toda persona física o moral, que directa o a través de terceras personas hayan causado o causen daños en términos de las normas sustantivas aplicables a una colectividad de personas, independientemente de que haya o no un vínculo jurídico con los miembros de la colectividad.

Artículo 857. Para los efectos de este Código Nacional, los derechos citados en el artículo anterior se ejercerán a través de acciones colectivas, que se clasificarán en:

I. Acción difusa: Es aquélla de naturaleza indivisible que se ejerce para tutelar los derechos e intereses difusos, cuyo titular es una colectividad indeterminada, que tiene por objeto reclamar judicialmente de la persona demandada la reparación del daño causado a la colectividad, consistente en la restitución de las cosas al estado que guardaren antes de la afectación o, en su caso, al cumplimiento sustituto de acuerdo a la afectación de los derechos o intereses de la colectividad, sin que necesariamente exista vínculo jurídico alguno entre dicha colectividad y la parte demandada;

II. Acción colectiva en sentido estricto: Es aquélla de naturaleza indivisible que se ejerce para tutelar los derechos e intereses colectivos, cuyo titular es una colectividad determinada o determinable con base en circunstancias comunes, cuyo objeto es reclamar judicialmente de la parte demandada, la reparación del daño causado consistente en la realización de una o más acciones o abstenerse de realizarlas, así como a cubrir los daños en forma individual a las personas integrantes del grupo y que deriva de un vínculo jurídico común, existente por mandato de ley entre la colectividad y la parte demandada, y

III. Acción individual homogénea: Es aquélla de naturaleza divisible, que se ejerce para tutelar derechos e intereses individuales de incidencia colectiva, cuyos titulares son los individuos agrupados con base en circunstancias comunes, cuyo objeto es reclamar judicialmente de un tercero el cumplimiento forzoso de un contrato o su rescisión con sus consecuencias y efectos según la legislación aplicable.

La autoridad jurisdiccional calificará en definitiva la procedencia de la acción colectiva planteada por la parte actora en la etapa de certificación. En caso de que la autoridad jurisdiccional considere que la acción se planteó incorrectamente al referir la categoría propuesta en este mismo artículo, de oficio determinará cuál es la acción colectiva que se admite, en el entendido que lo anterior en ningún momento podrá ser motivo de desechamiento de la demanda. La autoridad jurisdiccional no podrá modificar los hechos ni los argumentos planteados en el escrito inicial de demanda.

Artículo 858. En particular, las acciones colectivas son procedentes para tutelar:

I. Derechos e intereses difusos y colectivos, entendidos como aquéllos de naturaleza indivisible cuya titularidad corresponde a una colectividad de personas, indeterminada o determinable, relacionadas por circunstancias de hecho o de derecho comunes, y

II. Derechos e intereses individuales de incidencia colectiva, entendidos como aquéllos de naturaleza divisible cuya titularidad corresponde a quienes sean integrantes de una colectividad de personas, determinable, relacionadas por circunstancias de derecho.

Artículo 859. Cualquier acción colectiva podrá tener por objeto pretensiones declarativas, constitutivas o de condena, con base a los principios de reparación integral del daño y justa indemnización.

Se entenderá por reparación integral del daño y justa indemnización, aquellas pretensiones a favor de la colectividad encaminadas a resarcir los daños causados por la parte demandada, considerando las medidas necesarias para la no repetición de los actos que causaron el daño.

Artículo 860. La autoridad jurisdiccional interpretará las normas y los hechos de forma compatible con los principios y objetivos de los procedimientos colectivos, en aras de proteger y tutelar el interés general y los derechos e intereses colectivos.

Artículo 861. Las acciones colectivas previstas en este Libro prescribirán a los cinco años, contados a partir del día en que se haya causado el daño. Si se trata de un daño de naturaleza continua, el plazo para la prescripción transcurrirá de momento a momento y comenzará a contar a partir del último día en que se haya generado el daño que produjo la afectación. No correrá el plazo de la prescripción en los casos que se siga generando el daño.

Se interrumpirá el plazo de la prescripción con la sola presentación de la demanda. Si resulta desestimada la demanda colectiva, se dejarán a salvo los derechos de los miembros de la colectividad para que los ejerzan en la vía y forma que mejor convenga.

Tratándose de acciones colectivas relacionadas con prácticas monopólicas y concentraciones ilícitas, el plazo de prescripción se suspenderá con el acuerdo de inicio de investigación por parte de la Comisión Federal de Competencia Económica y del Instituto Federal de Telecomunicaciones.

SECCIÓN PRIMERA
DE LA LEGITIMACIÓN ACTIVA

Artículo 862. Tienen legitimación activa para ejercitar las acciones colectivas:

I. La Procuraduría Federal del Consumidor, la Procuraduría Federal de Protección al Ambiente, la Comisión Nacional para la Protección y Defensa de los Usuarios de Servicios Financieros, la Comisión Federal de Competencia Económica y el Instituto Federal de Telecomunicaciones en materia de competencia económica;

II. La persona que ejerza la representación común deberá ser parte de la colectividad conformada por, al menos quince personas;

III. Las asociaciones civiles o sus correlativas sin fines de lucro, legalmente constituidas, al menos, un año previo al momento de presentar la acción, cuyo objeto social incluya la promoción o defensa de los derechos e intereses de la materia de que se trate y que cumplan con los requisitos establecidos en este Código Nacional;

IV. La Fiscalía General de la República, y

V. El Instituto Federal de la Defensoría Pública.

Artículo 863. La representación a que se refieren las fracciones II y III del artículo anterior, deberá ser adecuada. Se considera representación adecuada:

I. Actuar con diligencia, pericia y buena fe en la defensa de los intereses de la colectividad en el juicio;

II. No encontrarse en situaciones de conflicto de interés con las personas que representa respecto de las actividades que realiza;

III. No promover o haber promovido de manera reiterada acciones difusas, colectivas o individuales homogéneas frívolas o temerarias;

IV. No promover una acción difusa, colectiva en sentido estricto o individual homogénea con fines de lucro, electorales, proselitistas, de competencia desleal o especulativos, y

V. No haberse conducido con impericia, mala fe o negligencia en acciones colectivas previas, en los términos del Código Civil Federal.

La representación de la colectividad en el juicio se considera de interés público. La autoridad jurisdiccional Federal, deberá vigilar de oficio que dicha representación sea adecuada durante la substanciación del procedimiento.

La persona que ejerza el cargo de representante deberá rendir protesta ante la autoridad jurisdiccional Federal y rendir cuentas en cualquier momento a petición de ésta.

En el caso de que durante el procedimiento dejare de haber alguien con legitimación activa o bien, los legitimados referidos en las fracciones II y III, del artículo 862 de este Código Nacional, no cumplieran con los requisitos referidos en el presente artículo, la autoridad jurisdiccional Federal, de oficio o a petición de cualquier integrante de la colectividad, abrirá un incidente de remoción y sustitución, debiendo suspender el juicio y notificar el inicio del incidente a la colectividad en los términos a que se refiere este Código Nacional.

Una vez realizada la notificación a que se refiere el párrafo anterior, la autoridad jurisdiccional Federal recibirá las solicitudes de las partes interesadas dentro del término de diez días, evaluará las solicitudes que se presentaren y resolverá lo conducente dentro del plazo de tres días.

En caso de no existir interesados, la autoridad jurisdiccional Federal dará vista a los órganos u organismos a que se refiere la fracción I del artículo 862 de este ordenamiento, según la materia del litigio de que se trate, quienes deberán asumir la representación de la colectividad o grupo.

La autoridad jurisdiccional Federal deberá notificar la resolución de remoción al Consejo de la Judicatura Federal para que registre tal actuación y en su caso, aplique las sanciones que correspondan a la persona representante.

La persona que ejerza el cargo de representante será responsable frente a la colectividad por el ejercicio de su gestión.

SECCIÓN SEGUNDA
DEL PROCEDIMIENTO

Artículo 864. La demanda deberá contener:

I. La autoridad jurisdiccional ante la cual se promueve;

II. El nombre, domicilio, número telefónico y dirección de correo electrónico que señale para oír y recibir notificaciones;

III. En el caso de las acciones colectivas en sentido estricto y las individuales homogéneas, los nombres de quienes integren la colectividad promoventes de la demanda;

IV. El nombre de la persona representante autorizada y número de cédula profesional;

V. Los documentos con los que la parte actora acredite su representación de conformidad con este Título;

VI. El nombre de la parte demandada y su domicilio, o la manifestación bajo protesta de decir verdad de que se ignora éste;

VII. La precisión del derecho difuso, colectivo o individual homogéneo que se considera afectado;

VIII. El tipo de acción que pretende promover;

IX. Las pretensiones correspondientes a la acción;

X. Los hechos en que funde sus pretensiones y las circunstancias comunes que comparta la colectividad respecto de la acción que se intente;

XI. Los fundamentos de derecho, y

XII. En el caso de las acciones colectivas en sentido estricto e individuales homogéneas, las consideraciones y los hechos que sustenten la conveniencia de la substanciación por la vía colectiva en lugar de la acción individual.

La autoridad jurisdiccional Federal podrá prevenir a la parte actora para que aclare o subsane su demanda cuando advierta la omisión de requisitos de forma, sea obscura o irregular, otorgándole un término de cinco días para tales efectos.

La autoridad jurisdiccional Federal resolverá si desecha de plano la demanda en los casos en que la parte actora no desahogue la prevención, no se cumplan los requisitos previstos en este Libro, o se trate de pretensiones infundadas, frívolas o temerarias.

Artículo 865. Son requisitos de procedencia de la legitimación en la causa los siguientes:

I. Que se trate de actos que dañen a personas consumidoras o usuarias de bienes o servicios públicos o privados o al medio ambiente o que se trate de actos que hayan dañado a la persona consumidora por la existencia de concentraciones indebidas o prácticas monopólicas, declaradas existentes por resolución firme emitida por la Comisión Federal de Competencia Económica y el Instituto Federal de Telecomunicaciones;

II. Que verse sobre cuestiones comunes de hecho o de derecho entre quienes integren la colectividad de que se trate;

III. Que existan al menos quince personas en la colectividad, en el caso de las acciones colectivas en sentido estricto e individuales homogéneas;

IV. Que exista coincidencia entre el objeto de la acción ejercitada y la afectación sufrida;

V. Que la materia de la litis no haya sido objeto de cosa juzgada en procedimientos previos con motivo del ejercicio de las acciones tuteladas en este Título;

VI. Que no haya prescrito la acción, y

VII. Las demás que determinen las leyes especiales aplicables.

Artículo 866. Son causales de improcedencia de la legitimación en el procedimiento, los siguientes:

I. Que las partes promoventes de la colectividad no hayan otorgado su consentimiento en el caso de las acciones colectivas en sentido estricto e individuales homogéneas;

II. Que los actos en contra de los cuales se endereza la acción constituyan procesos judiciales;

III. Que la representación no cumpla los requisitos previstos en este Libro;

IV. Que la colectividad en la acción colectiva en sentido estricto o individual homogénea, no pueda ser determinable o determinada en atención a la afectación a sus miembros, así como a las circunstancias comunes de hecho o de derecho de dicha afectación;

V. Que su desahogo mediante el procedimiento colectivo no sea idóneo;

VI. Que exista litispendencia entre el mismo tipo de acciones, en cuyo caso procederá la acumulación en los términos previstos en este Código Nacional, y

VII. Que las asociaciones que pretendan ejercer la legitimación en el procedimiento no cumplan con los requisitos establecidos en este Libro.

La autoridad jurisdiccional Federal, de oficio o a petición de cualquier persona interesada, podrá verificar el cumplimiento de estos requisitos durante el procedimiento.

Artículo 867. Una vez presentada la demanda o desahogada la prevención, la autoridad jurisdiccional Federal, certificará el cumplimiento de los requisitos de procedencia previstos en los artículos 865 y 866 de este Código Nacional, dentro del término de diez días. Este plazo podrá ser prorrogado por la autoridad jurisdiccional hasta por otro igual, en caso de que la complejidad de la demanda lo amerite.

Artículo 868. Concluida la certificación referida en el artículo anterior, la autoridad jurisdiccional Federal proveerá en el término de cuarenta y ocho horas sobre la admisión o desechamiento de la demanda, ordenará el emplazamiento a la parte demandada, y en su caso, dará vista por el plazo de tres días hábiles, a los órganos y organismos públicos referidos en el artículo 862 fracciones I, IV y V de este Código Nacional, según la materia del litigio de que se trate.

Cuando la autoridad jurisdiccional Federal advierta que existen elementos constitutivos de un posible delito en contra de la colectividad, por parte de la demandada, de oficio dará vista al Ministerio Público Federal para que proceda conforme a su competencia.

La autoridad jurisdiccional Federal ordenará la notificación a la colectividad del inicio del ejercicio de la acción colectiva de que se trate, mediante los medios idóneos para tales efectos, incluso a través de tecnologías avanzadas de información tomando en consideración el tamaño, localización y demás características de dicha colectividad. La notificación deberá ser económica, eficiente y amplia, teniendo en cuenta las circunstancias en cada caso.

El auto que admita la demanda deberá ser notificado en forma personal a los legitimados referidos en las fracciones II y III del artículo 862 de este Código Nacional, quienes deberán ratificar la demanda.

Contra el desechamiento de la demanda procede el recurso de apelación en ambos efectos, y contra el auto que la admite en efecto devolutivo.

Artículo 869. La parte demandada contará con quince días para contestar la demanda a partir de que surta efectos la notificación del auto de admisión de la demanda. La autoridad jurisdiccional podrá ampliar este plazo hasta por un periodo igual, a petición de la parte demandada.

Una vez contestada la demanda, se dará vista a la actora por cinco días para que manifieste lo que a su derecho convenga, plazo que podrá prorrogarse hasta por otro igual.

Artículo 870. La notificación a que se refiere el presente Título, contendrá una relación sucinta de los puntos esenciales de la acción colectiva respectiva, así como las características que permitan identificar a la colectividad.

Las demás notificaciones a la colectividad o grupo se realizarán por estrados y a través del uso de tecnologías de la información y comunicación, atendiendo a lo establecido en el artículo 203, fracción VI, de este Código Nacional. Salvo que se encuentren previstas de forma diversa en este Título, las notificaciones a las partes se realizarán en los términos que establece este Ordenamiento.

Artículo 871. Las personas de la colectividad afectada podrán adherirse a la acción de que se trate, conforme a las reglas establecidas en este artículo.

En el caso de las acciones colectivas en sentido estricto e individuales homogéneas, la adhesión a su ejercicio podrá realizarse por cada persona que tenga una afectación a través de una comunicación expresa por cualquier medio físico o a través del uso de tecnologías de la información y la comunicación, dirigida a la persona representante o persona representante autorizada de la parte actora, según sea el caso.

Las personas afectadas podrán adherirse voluntariamente a la colectividad durante la substanciación del procedimiento y hasta dos años posteriores a que la sentencia haya causado estado o en su caso, el convenio judicial adquiera la calidad de cosa juzgada.

Dentro de este lapso, la persona interesada hará llegar su consentimiento expreso y simple por cualquier medio físico o a través del uso de tecnologías de la información y la comunicación a la persona representante, quien a su vez lo presentará a la autoridad jurisdiccional.

La autoridad jurisdiccional Federal proveerá sobre la adhesión y, en su caso, ordenará el inicio del incidente de liquidación que corresponda a la persona interesada.

Las personas afectadas que se adhieran a la colectividad durante la substanciación del procedimiento, promoverán el incidente de liquidación en los términos previstos en este Capítulo.

Las personas afectadas que se adhieran posteriormente a que la sentencia haya causado estado o, en su caso, el convenio judicial adquiera la calidad de cosa juzgada, deberán probar el daño causado en el incidente respectivo.

En tratándose de la adhesión voluntaria, la exclusión que haga cualquier persona integrante de la colectividad posterior al emplazamiento de la parte demandada, equivaldrá a un desistimiento de la acción colectiva, por lo que no podrá volver a participar en un procedimiento colectivo derivado de los mismos hechos.

Tratándose de acciones colectivas en sentido estricto e individuales homogéneas sólo tendrán derecho al pago que derive de la condena, las personas que formen parte de la colectividad y prueben en el incidente de liquidación haber sufrido el daño causado.

La persona representante designada por la colectividad, tendrá los poderes más amplios que en derecho procedan con las facultades especiales necesarias para sustanciar el procedimiento y para representar a la colectividad y a cada una de las personas integrantes que se hayan adherido o se adhieran a la acción.

Artículo 872. Realizada la notificación ordenada en este Código Nacional, la autoridad jurisdiccional Federal señalará de inmediato fecha y hora para la celebración de la audiencia previa y de conciliación, la cual se llevará a cabo dentro de los diez días siguientes.

En la audiencia, la autoridad jurisdiccional Federal exhortará a las partes a solucionarlo, pudiendo auxiliarse de las personas expertas que considere idóneas

La acción colectiva podrá ser resuelta por convenio judicial entre las partes en cualquier momento del procedimiento hasta antes de que cause estado.

Si las partes alcanzaren un convenio total o parcial, la autoridad jurisdiccional Federal, de oficio, revisará que proceda legalmente y que los intereses de la colectividad de que se trate estén debidamente protegidos. Previa vista por diez días a los órganos y organismos a que se refiere la fracción I del artículo 862 de este Código Nacional y a la persona titular de la Fiscalía General de la República, y una vez escuchadas las manifestaciones de la colectividad, si las hubiere, la autoridad jurisdiccional Federal podrá aprobar el convenio elevándolo a la categoría de cosa juzgada.

Artículo 873. En caso de que las partes no alcanzaren acuerdo alguno en la audiencia previa y de conciliación, la autoridad jurisdiccional procederá a abrir el juicio a prueba por un período de treinta días hábiles, comunes para las partes, para su ofrecimiento y preparación, pudiendo, a instancia de parte, otorgar una prórroga hasta por diez días hábiles. No obstante, las partes podrán ofrecer pruebas antes y durante la audiencia previa y de conciliación, siempre que estén reconocidas por la ley y guarden relación inmediata con los hechos controvertidos. Las partes podrán formular acuerdos sobre hechos no controvertidos en la misma audiencia previa y de conciliación.

La audiencia de juicio observará para su desarrollo las reglas previstas en este Código Nacional en lo que no se oponga a este procedimiento.

Las pruebas de declaración de parte y testimonial se desahogarán a través de sus representantes legales.

La admisión de las pruebas es recurrible como violación procesal cuando se apele la sentencia definitiva; el desechamiento es apelable en efecto devolutivo.

La autoridad jurisdiccional Federal dictará sentencia dentro de los treinta días hábiles posteriores a la celebración de la audiencia de juicio.

Artículo 874. Los términos establecidos en este Capítulo, podrán ser ampliados por una sola vez por la autoridad jurisdiccional Federal, si existieren causas justificadas para ello.

Artículo 875. La autoridad jurisdiccional Federal podrá allegarse de cualquier medio de prueba para mejor proveer, siempre que tenga relación inmediata con los hechos controvertidos.

Las personas tercero que acudan no deberán de encontrarse en conflicto de interés respecto de las partes ni de la autoridad jurisdiccional.

La autoridad jurisdiccional Federal en su sentencia deberá, sin excepción, hacer una relación sucinta de las personas que en calidad de tercero interesadas ejerzan el derecho de comparecer ante el Tribunal, conforme a lo establecido en el párrafo anterior y de los argumentos o manifestaciones por ellos vertidos.

La autoridad jurisdiccional Federal podrá requerir a los órganos y organismos a que se refiere la fracción I del artículo 862 de este Código Nacional o a cualquier tercero, la elaboración de estudios o presentación de los medios probatorios necesarios con cargo al Fondo a que se refiere este Título.

Artículo 876. Si la autoridad jurisdiccional Federal lo considera pertinente, de oficio o a petición de parte, podrá solicitar a una de las partes la presentación de información o medios probatorios que sean necesarios para mejor resolver el litigio de que se trate o para ejecutar la sentencia respectiva.

Artículo 877. Para resolver, la autoridad jurisdiccional Federal puede valerse de medios probatorios estadísticos, actuariales o cualquier otro derivado del avance de la ciencia.

Artículo 878. No será necesario que la parte actora ofrezca y desahogue pruebas individualizadas por cada integrante de la colectividad. Las reclamaciones individuales deberán justificar, en su caso, la relación causal en el incidente de liquidación respectivo.

Artículo 879. Cuando la acción sea interpuesta por las personas a que se refieren las fracciones II y III del artículo 862 de este ordenamiento, estarán obligadas a informar a través de los medios idóneos a la colectividad, sobre el estado que guarda el procedimiento por lo menos cada seis meses.

SECCIÓN TERCERA
DE LAS SENTENCIAS

Artículo 880. Las sentencias deberán resolver la controversia planteada por las partes conforme a derecho.

Artículo 881. En acciones difusas, la autoridad jurisdiccional Federal sólo podrá condenar a la parte demandada a la reparación del daño causado a la colectividad, consistente en la restitución de las cosas al estado que guardaren antes de la afectación, si esto fuere posible.

Esta restitución podrá consistir en la realización de una o más acciones o abstenerse de realizarlas.

Tratándose de materia ambiental y de consumo, la autoridad jurisdiccional Federal también podrá imponer las medidas adicionales que considere pertinentes a efecto de asegurar que no se repita la conducta materia de la condena.

Artículo 882. En el caso de acciones colectivas en sentido estricto e individuales homogéneas, la autoridad jurisdiccional podrá condenar a la parte demandada a la reparación del daño, consistente en la realización de una o más acciones o abstenerse de realizarlas, así como a cubrir los daños en forma individual a los miembros del grupo conforme a lo establecido en este artículo.

Cada integrante de la colectividad podrá promover el incidente de liquidación, en el que deberá probar el daño sufrido, o en su caso, la persona representante común o cualquiera de las personas a que se refiere el artículo 862 de este Código Nacional podrá presentar el incidente de liquidación masivo en el que se deberá probar el monto del daño sufrido por cada integrante de la colectividad.

La autoridad jurisdiccional establecerá en la sentencia, los requisitos, bases y plazos que deberán cumplir las personas integrantes de la colectividad para promover el incidente. Contra la sentencia interlocutoria que resuelva el incidente de liquidación procederá el recurso de apelación.

El incidente de liquidación podrá promoverse por cada persona que integre la colectividad o en forma masiva en ejecución de sentencia, dentro de los dos años siguientes al que la sentencia cause ejecutoria.

El pago que resulte del incidente de liquidación será hecho a las personas integrantes de la colectividad en los términos que ordene la sentencia; en ningún caso a través de la persona representante común o cualquiera de las personas a que se refiere el artículo 862 de este Código Nacional.

Artículo 883. En caso de que una colectividad haya ejercitado por los mismos hechos de manera simultánea una acción difusa y una acción colectiva, la autoridad jurisdiccional proveerá la acumulación de las mismas en los términos de este Código Nacional.

Artículo 884. La sentencia fijará a la parte condenada un plazo prudente para su cumplimiento atendiendo a las circunstancias del caso, así como los medios de apremio que deban emplearse cuando se incumpla con la misma.

Artículo 885. La sentencia o convenio respectivo, serán notificados a la colectividad en los términos de lo dispuesto en el presente Código Nacional.

Artículo 886. Cuando alguna de las partes o miembro de la colectividad, tenga conocimiento de que sus representantes ejercieron una representación fraudulenta en contra de sus intereses, éstas podrán promover por la vía incidental, la remoción de la persona representante y la reposición de las actuaciones viciadas dentro del procedimiento colectivo y hasta antes del dictado de la sentencia. Contra la resolución interlocutoria que se dicte al respecto, no cabrá recurso alguno.

En este supuesto, la autoridad jurisdiccional hará del conocimiento de los hechos que correspondan al Ministerio Público Federal.

Cuando la representación fraudulenta se advirtiera después de dictada la sentencia, la autoridad jurisdiccional reservará los derechos de las partes para hacerlos valer en la vía y forma que estimen procedentes.

Artículo 887. En cualquier etapa del procedimiento, la autoridad jurisdiccional Federal podrá decretar a petición de parte, medidas precautorias que podrán consistir en:

I. La orden de cesación de los actos o actividades que estén causando o necesariamente hayan de causar un daño inminente e irreparable a la colectividad;

II. La orden de realizar actos o acciones que su omisión haya causado o necesariamente hayan de causar un daño inminente e irreparable a la colectividad;

III. El retiro del mercado o aseguramiento de instrumentos, bienes, ejemplares y productos directamente relacionados con el daño irreparable que se haya causado, estén causando o que necesariamente hayan de causarse a la colectividad, y

IV. Cualquier otra medida que la autoridad jurisdiccional considere pertinente dirigida a proteger los derechos e intereses de una colectividad.

Artículo 888. Las medidas precautorias previstas en el artículo anterior podrán decretarse siempre que con las mismas no se causen más daños que los que se causarían con los actos, hechos u omisiones objeto de la medida.

La autoridad jurisdiccional Federal deberá valorar que las medidas que se dicten no afecten la viabilidad financiera de la parte demandada.

Para el otorgamiento de dichas medidas se requerirá:

I. Que la persona solicitante de la medida manifieste claramente cuáles son los actos, hechos o abstenciones que estén causando un daño o vulneración a los derechos o intereses colectivos o lo puedan llegar a causar.

II. Que exista urgencia en el otorgamiento de la medida en virtud del riesgo de que se cause o continúe causando un daño de difícil o imposible reparación.

Si con el otorgamiento de la medida se pudiera ocasionar daño a la persona demandada, ésta podrá otorgar garantía suficiente para reparar los daños que pudieran causarse a la colectividad, salvo aquellos casos en los que se trate de una amenaza inminente e irreparable al interés social, a la vida o a la salud de los miembros de la colectividad o por razones de seguridad nacional.

Artículo 889. La autoridad jurisdiccional federal, para hacer cumplir sus determinaciones, puede emplear, a discreción, los siguientes medios de apremio:

I. Multa hasta por la cantidad equivalente a treinta mil Unidades de Medida y Actualización, cantidad que podrá aplicarse por cada día que transcurra sin cumplimentarse lo ordenado por la autoridad jurisdiccional;

II. El auxilio de la fuerza pública y la fractura de cerraduras si fuere necesario;

III. El cateo por orden escrita;

IV. El arresto hasta por treinta y seis horas.

Si fuere insuficiente el apremio, se procederá contra la persona rebelde por el delito de desobediencia.

Artículo 890. No procederá la acumulación entre procedimientos individuales y procedimientos colectivos.

En caso de coexistencia de un proceso individual y de un proceso colectivo proveniente de la misma causa, la misma persona demandada en ambos procesos informará de tal situación a las autoridades jurisdiccionales Federales.

La autoridad jurisdiccional Federal del proceso individual notificará a la parte actora de la existencia de la acción colectiva para que, en su caso, decida continuar por la vía individual o ejerza su derecho de adhesión a la misma dentro del plazo de noventa días contados a partir de la notificación.

Para que proceda la adhesión de la parte actora a la acción colectiva, deberá desistirse del proceso individual para que éste se sobresea.

Tratándose de derechos o intereses individuales de incidencia colectiva, en caso de la improcedencia de la pretensión en el procedimiento colectivo, las personas interesadas tendrán a salvo sus derechos para ejercerlos por la vía individual.

Artículo 891. La sentencia no recurrida tendrá efectos de cosa juzgada.

Artículo 892. Si alguna persona inició un procedimiento individual al cual recayó una sentencia que causó ejecutoria no podrá ser incluida dentro de una colectividad para efectos de un proceso colectivo, si el objeto, las causas y las pretensiones son las mismas.

Artículo 893. La sentencia de condena incluirá lo relativo a los gastos y costas que correspondan.

Artículo 894. Cada parte asumirá sus gastos y costas derivados de la acción colectiva, así como los respectivos honorarios de sus representantes.

Los honorarios de la persona representante legal y representante común, que convengan con sus representados, quedarán sujetos al siguiente arancel máximo:

I. Serán de hasta el veinte por ciento si el monto líquido de la suerte principal no excede de doscientos mil Unidades de Medida y Actualización;

II. Si el monto líquido de la suerte principal excede doscientos mil, pero es menor a dos millones de Unidades de Medida y Actualización, serán de hasta el veinte por ciento sobre los primeros doscientos mil y de hasta el diez por ciento sobre el excedente, y

III. Si el monto líquido de la suerte principal excede a dos millones de Unidades de Medida y Actualización, serán de hasta el once por ciento sobre los primeros dos millones, y hasta el tres por ciento sobre el excedente.

Si las partes llegaren a un acuerdo para poner fin al juicio antes del dictado de la sentencia, los gastos y costas deberán estar contemplados como parte de las negociaciones del convenio de transacción judicial. En cualquier caso, los honorarios de la persona representante legal y representante común que pacten con sus representados deberán ajustarse al arancel máximo previsto en este artículo.

Artículo 895. Los gastos y costas se liquidarán en ejecución de sentencia de conformidad con las siguientes reglas:

I. Los gastos y costas, así como los honorarios de las personas representantes de la parte actora referidos en el artículo anterior, serán cubiertos en la forma que lo determine la autoridad jurisdiccional Federal, buscando asegurar el pago correspondiente. Dicho pago se hará con cargo al Fondo a que se refiere este Libro, cuando exista un interés social que lo justifique y hasta donde la disponibilidad de los recursos lo permita.

II. En el caso de las sentencias que establezcan una cantidad cuantificable, la parte actora pagará entre el tres y el veinte por ciento del monto total condenado por concepto de honorarios a sus representantes según lo previsto en el artículo anterior.

La autoridad jurisdiccional Federal tomará en consideración el trabajo realizado y la complejidad del mismo, el número de miembros, el beneficio para la colectividad respectiva y demás circunstancias que estime pertinente.

III. Si la condena no fuere cuantificable, la autoridad jurisdiccional Federal determinará el monto de los honorarios, tomando en consideración los criterios establecidos en el segundo párrafo de la fracción anterior.

Artículo 896. Por ser la representación común de interés público, las asociaciones civiles a que se refiere la fracción III del artículo 862, deberán registrarse ante el Consejo de la Judicatura Federal.

Artículo 897. Para obtener el registro correspondiente, dichas asociaciones deberán:

I. Presentar los estatutos sociales que cumplan con los requisitos establecidos en este Título, y

II. Tener al menos un año de haberse constituido y acreditar que han realizado actividades inherentes al cumplimiento de su objeto social.

Artículo 898. El registro será público, su información estará disponible en la página electrónica del Consejo de la Judicatura Federal, y cuando menos deberá contener los nombres de los socios, asociados, representantes y aquellos que ejerzan cargos directivos, su objeto social, así como el informe a que se refiere la fracción II del artículo 900 de este Código Nacional.

Artículo 899. Las asociaciones deberán:

I. Evitar que sus asociados, socios, representantes o aquellos que ejerzan cargos directivos, incurran en situaciones de conflicto de interés respecto de las actividades que realizan en términos de este Título;

II. Dedicarse a actividades compatibles con su objeto social, y

III. Conducirse con diligencia, probidad y en estricto apego a las disposiciones legales aplicables.

Artículo 900. Para mantener el registro las asociaciones deberán:

I. Cumplir con lo dispuesto en el artículo anterior;

II. Entregar al Consejo de la Judicatura Federal, un informe anual sobre su operación y actividades respecto del año inmediato anterior, a más tardar el último día hábil del mes de abril de cada año, y

III. Mantener actualizada en forma permanente la información que deba entregar al Consejo de la Judicatura Federal en los términos de lo dispuesto por el artículo 898 de este Código.

Artículo 901. Para los efectos señalados en este Capítulo, el Consejo de la Judicatura Federal administrará los recursos provenientes de las sentencias que deriven de las acciones colectivas difusas y para tal efecto deberá crear un Fondo.

Artículo 902. Los recursos que deriven de las sentencias recaídas en las acciones referidas en el párrafo anterior, deberán ser utilizados exclusivamente para el pago de los gastos derivados de los procedimientos colectivos, así como para el pago de los honorarios de las personas representantes de la parte actora a que se refiere el artículo 894 de este Código, cuando exista un interés social que lo justifique y la autoridad jurisdiccional así lo determine, incluyendo pero sin limitar, las notificaciones a los miembros de la colectividad, la preparación de las pruebas pertinentes y la notificación de la sentencia respectiva. Los recursos podrán ser además utilizados para el fomento de la investigación y difusión relacionada con las acciones y derechos colectivos.

Artículo 903. El Consejo de la Judicatura Federal divulgará anualmente el origen, uso y destino de los recursos del Fondo.

LIBRO SÉPTIMO
DE LOS RECURSOS

CAPÍTULO ÚNICO
DISPOSICIONES GENERALES

Artículo 904. Las resoluciones judiciales dictadas dentro de los procedimientos son impugnables conforme a lo ordenado por este Código Nacional. Para ello la persona recurrente deberá precisar la parte de la resolución que impugna.

Artículo 905. Los recursos previstos en este Código Nacional son:
I. Apelación;
II. Reposición, y
III. Queja.

Artículo 906. En el sistema de recursos previsto en el presente Código Nacional, se tendrá por perdido el derecho a recurrir una resolución judicial cuando:
I. Se consienta expresamente, y
II. Una vez concluido el plazo que la ley señala para interponer algún recurso, éste no se interponga.

Quienes hubieren interpuesto un recurso podrán desistirse de éste antes de su resolución. Los efectos del desistimiento no se extenderán a los demás recurrentes.

Artículo 907. La citación errónea en la fundamentación de preceptos legales en la sentencia o resolución impugnada que no haya influido en el sentido del fallo, así como los errores de forma en la transcripción que no causen agravio, no anularán ni revocarán la resolución judicial, deberán ser subsanados de oficio en cuanto sean advertidos de forma inmediata por la autoridad que emita la resolución judicial, o a petición de parte cuando sea advertida por ella, con la finalidad de evitar dar trámite a algún recurso que represente dilaciones procesales.

SECCIÓN PRIMERA
DE LA APELACIÓN

Artículo 908. El recurso de apelación tiene por objeto que la autoridad jurisdiccional de apelación confirme, revoque o modifique la resolución impugnada.

Artículo 909. La apelación procederá en el efecto devolutivo o en ambos efectos.

Las apelaciones que se admitan en ambos efectos suspenderán el procedimiento; en el efecto devolutivo no suspenderán el procedimiento.

No obstante, cuando la apelación se admita en ambos efectos, la autoridad jurisdiccional continuará conociendo para resolver con plenitud de jurisdicción, todo lo relativo a depósitos, embargos trabados, rendición de cuentas, gastos de administración, aprobación de entrega de fondos para pagos urgentes, medidas provisionales decretadas durante el juicio y cuestiones similares que por su urgencia no pueden esperar.

Artículo 910. La apelación en ambos efectos procede:

I. Sentencias definitivas dictadas en juicios escritos, de acciones colectivas, y ordinarios orales civiles; en materia familiar, únicamente contra la sentencia definitiva o interlocutoria que cancele o disminuya alimentos;

II. Sentencias o cualquier otra resolución judicial que por su naturaleza suspenda, impida la continuación del juicio, le pongan fin o haga imposible su continuación, cualquiera que sea la naturaleza del procedimiento, y

III. Aquellas resoluciones judiciales señaladas expresamente por este Código Nacional.

Artículo 911. Además de los casos determinados expresamente en este Código Nacional, el recurso de apelación en efecto devolutivo procede contra:

I. Sentencias definitivas dictadas en juicios sumarios, especiales orales civiles; juicios orales familiares tanto ordinarios como especiales, salvo la precisión realizadas en la fracción I del artículo anterior;

II. El auto que desecha el incidente de nulidad de actuaciones por defectos en el emplazamiento, la resolución que se dicte en el incidente y en donde la autoridad jurisdiccional de oficio decrete nulo el emplazamiento;

III. El auto que tenga por contestada o no la demanda principal o reconvencional;

IV. Las sentencias interlocutorias que trasciendan al resultado del fallo;

V. La última resolución dictada para el cumplimiento de la sentencia definitiva;

VI. La resolución que apruebe o no el remate;

VII. Resoluciones que, en la fase definitiva del proceso cautelar, decreten providencias precautorias y medidas de aseguramiento;

VIII. En contra de la imposición de cualquier medida de apremio;

IX. La resolución dictada durante la revisión de las medidas provisionales en materia de familia, en la audiencia preliminar o las que se dicten con posterioridad a dicha etapa, y

X. Las resoluciones dictadas en los procedimientos sucesorios, salvo la sentencia definitiva que se admitirá en ambos efectos.

Artículo 912. Admitida la apelación en efecto devolutivo, sólo se suspenderá la ejecución de la resolución en los casos en que, de los autos o de las sentencias recurridas derive una ejecución que pueda causar un daño irreparable o de difícil reparación. La parte apelante podrá solicitar la suspensión al interponer el recurso y deberá señalar con precisión los motivos por los que considera el daño irreparable o de difícil reparación, y, además, otorgue garantía mediante fianza o billete de depósito conforme a las reglas siguientes:

I. La calificación de la idoneidad de la garantía será al prudente arbitrio de la autoridad jurisdiccional;

II. La garantía otorgada por la parte actora comprenderá la devolución del bien o bienes que deba percibir, sus frutos e intereses y la indemnización de daños y perjuicios si la segunda instancia revoca el fallo;

III. La otorgada por la persona demandada comprenderá el pago de lo juzgado y sentenciado, como su cumplimiento, en el caso de que la sentencia condene a hacer o a no hacer;

IV. La liquidación de los daños y perjuicios que se hará en la ejecución de la sentencia, y

V. En los juicios sin interés pecuniario, el monto de la garantía quedará a criterio de la autoridad jurisdiccional.

La parte contraria y perjudicada puede solicitar la no suspensión de la ejecución, otorgando a su vez contragarantía, la que se fijará por la autoridad jurisdiccional de acuerdo con las mismas bases que se tomaron en consideración para fijar la garantía y en ningún caso puede ser inferior a ésta, caso en el cual no se admitirá la suspensión del procedimiento.

En caso de que la resolución impugnada pueda afectar a niñas, niños y adolescentes, grupos sociales en situación de vulnerabilidad, no se exigirá garantía o contragarantía para que, de oficio o a petición de parte, se suspenda la ejecución de la resolución impugnada.

Si la segunda instancia confirmare la resolución apelada, hará efectiva la garantía o contragarantía, según corresponda, a favor de la contraparte.

Artículo 913. La parte que obtuvo sentencia definitiva favorable, puede adherirse a la apelación interpuesta en contra de la sentencia definitiva al momento de contestar los agravios, expresando los razonamientos tendientes a mejorar las consideraciones vertidas por la autoridad jurisdiccional en la resolución de que se trate. Con dicho escrito, se dará vista a la contraria para que en el plazo de tres días manifieste lo que a su derecho corresponda.

La adhesión al recurso sigue la suerte de éste, al no ser una apelación independiente.

Artículo 914. Pueden apelar las partes que consideren haber recibido algún agravio, las terceras que hayan salido al juicio y las demás personas con interés jurídico a quienes perjudique la resolución judicial.

No puede apelar la persona que obtuvo todo lo que pidió. La parte vencedora que no obtuvo todo lo solicitado puede apelar en lo que a estos puntos de la resolución se refiere.

Artículo 915. Los plazos para la interposición del recurso de apelación serán de nueve días si fuere sentencia definitiva y de cinco días en contra de las demás resoluciones, a partir del día siguiente a aquél en que surta efecto la notificación de la resolución impugnada.

Artículo 916. El recurso de apelación se interpondrá ante la autoridad jurisdiccional que pronunció la resolución impugnada, con expresión de agravios.

Al apelar la sentencia definitiva se deberán expresar agravios en contra de las resoluciones dictadas durante el procedimiento en contra de las cuales no proceda recurso alguno, que les hayan causado un agravio y que trasciendan al resultado del fallo, dentro del mismo plazo para apelar la sentencia definitiva, en escritos por separado o conjuntos, exponiendo en sus agravios de qué manera trascendería al fondo del asunto el resarcimiento de la violación a subsanar.

Si fuera procedente la existencia de una o varias violaciones procesales hechas valer en la apelación, la segunda instancia así lo declarará y reservará la resolución del recurso en contra de la definitiva, procediendo a subsanar la o las violaciones procesales bajo las mismas formalidades que el juicio de origen, y una vez reparada, se citará para resolver la apelación en contra de la sentencia definitiva. Lo anterior, salvo en tratándose de defectos en el emplazamiento, que de existir se declarará su nulidad y se ordenará la reposición del procedimiento por parte de la autoridad jurisdiccional de origen, declarando insubsistente la sentencia definitiva.

De no ser procedentes los agravios de las apelaciones en contra de violaciones procesales, la segunda instancia estudiará y resolverá la procedencia o no de los agravios expresados en contra de la definitiva, resolviendo el recurso con plenitud de jurisdicción.

Artículo 917. La autoridad jurisdiccional dará trámite al recurso, expresando si lo admite en ambos efectos o sólo en el efecto devolutivo y ordenará dar vista con la expresión de agravios a la parte apelada, para que los conteste dentro del término de tres días.

Cuando se trate de apelaciones en ambos efectos, transcurrido el plazo señalado en el párrafo anterior, sin necesidad de declaración de rebeldía y se hayan contestado o no los agravios, dentro del término de ocho días, se remitirán a la segunda instancia el escrito de apelación electrónico o físico del apelante y en su caso de la parte apelada, así como los autos originales digitales o físicos, incluidos los documentos exhibidos por las partes y terceros, así como los soportes electrónicos de las audiencias, los cuales, en caso de existir agravio en contra de actuaciones realizadas dentro de audiencia, serán materia de análisis y harán fe de lo actuado, por ello, en ningún caso se exigirá reproducción escrita o documental de su contenido.

En el caso de apelaciones admitidas en efecto devolutivo, la autoridad jurisdiccional, dentro del término de ocho días, deberá integrar y remitir el escrito de apelación electrónico o físico del apelante y en su caso de la parte apelada, así como testimonio físico o electrónico del primer testimonio de apelación; debiendo dejar en el expediente original copia certificada de los escritos de apelación y de su contestación si lo hubiera.

En tratándose de segunda o ulteriores apelaciones, solamente formará el testimonio de apelación con las constancias faltantes entre la última apelación admitida y las subsecuentes hasta la apelación de que se trate, incluyéndose todos los documentos que las partes hayan exhibido desde el escrito inicial de demanda y durante la tramitación del juicio, hasta la etapa en que se encuentre. Si existieren apelaciones pendientes para su debida integración y el juicio estuviere en estado de resolución, el término para dictar la sentencia definitiva o interlocutoria iniciará una vez que se haya remitido el testimonio a la segunda instancia.

Artículo 918. Los expedientes, testimonios de apelación, documentos y videograbaciones podrán integrarse y remitirse digital o electrónicamente a la segunda instancia, ya sea mediante la generación de un archivo digital o con la autorización de acceso al expediente electrónico, de conformidad con lo que establezca la Ley Orgánica respectiva. Los Consejos de la Judicatura deberán implementar las medidas de protección y seguridad adecuadas para garantizar la confidencialidad e integridad de la información y los datos que se generen de forma electrónica.

Artículo 919. La segunda instancia integrará digital o documentalmente el toca respectivo con copia certificada de la resolución impugnada, los escritos de agravios y contestación, así como los proveídos que les recayeron, agregando lo que se actúe en cada recurso, y la resolución que se dicte.

Artículo 920. En tratándose de apelaciones en efecto devolutivo, con los testimonios que remita la autoridad jurisdiccional se formarán los cuadernos de constancias consecutivos que sean necesarios, a los que se seguirán agregando los subsecuentes testimonios que se remitan para tramitar otras apelaciones.

Una vez integrados los tocas de apelación, la segunda instancia calificará la admisión y el efecto, y en caso de confirmarse, se citará para oír sentencia.

Artículo 921. Admitido y calificado el recurso, de oficio o a petición de parte, en tratándose de apelaciones en contra de sentencias definitivas, con o sin resoluciones dictadas dentro del procedimiento, se señalará fecha para la celebración de una audiencia oral que presidirá la persona Magistrada Ponente, en donde se otorgará el uso de la palabra a los interesados directamente o por conducto de su persona representante autorizada, para que realicen sus aclaraciones o resumen de agravios y su contestación, por un máximo de tiempo de diez minutos para cada una de las partes.

Posteriormente, se citará a las partes para oír sentencia. Por lo que una vez firmada electrónica o físicamente la resolución por unanimidad o mayoría de votos, dentro de los tres días siguientes se señalará fecha para la celebración de una audiencia oral, en donde la persona Magistrada ponente explicará de manera breve, clara y precisa, con uso de lenguaje cotidiano, la resolución definitiva dictada y hecho lo cual entregará a las partes comparecientes copia simple de la misma, quedando debidamente notificados de dicha sentencia, la cual se ordenará en ese momento publicar por el medio de comunicación procesal oficial.

En caso de incomparecencia de ambas partes contendientes, no será necesaria la explicación de la sentencia y se pondrá a disposición de los contendientes copia simple de la misma, quedando notificados en ese acto de la resolución, hubiesen asistido o no a la celebración de la audiencia, ordenando entonces su publicación por el medio de comunicación procesal oficial.

Artículo 922. En los escritos de expresión de agravios, tratándose de apelación de sentencia definitiva, el apelante sólo podrá ofrecer pruebas cuando hubieren ocurrido hechos supervenientes, especificando los puntos sobre los que deben versar, que no serán extrañas ni a la cuestión debatida ni a los hechos sobrevenidos, pudiendo el apelado en la contestación de los agravios, oponerse a esa pretensión.

Artículo 923. En el auto de radicación la segunda instancia resolverá sobre la admisión de las pruebas ofrecidas y en caso de admitirlas ordenará se reciban en forma oral y señalará la audiencia dentro de los veinte días siguientes.

Artículo 924. La audiencia de desahogo de pruebas será impostergable y la parte que ofreció la prueba será responsable de la falta de su oportuna preparación. De no preparar la prueba, ésta se dejará de recibir, sin necesidad de prevención. Concluida la recepción de pruebas en la audiencia, alegarán verbalmente las partes y se les citará para oír sentencia.

Artículo 925. La segunda instancia deberá suplir la falta de agravios o la deficiencia de los expresados en los casos siguientes:

I. Cuando el juicio verse sobre derechos que pudieran afectar el interés de la familia;

II. Cuando intervenga por lo menos un niño, niña o adolescente como parte, si por falta de esa suplencia pudieran verse afectados sus derechos; y

III. Cuando se advierta por el Tribunal de apelación que en el procedimiento de primera instancia existieron violaciones manifiestas de la Ley que hayan dejado sin defensa a alguna de las partes.

Artículo 926. En los recursos de apelación en contra de sentencia definitiva el ponente contará con diez días para la elaboración del proyecto y las demás personas magistradas contarán con un plazo de cinco días para emitir su voto.

En tratándose de recursos de apelación distintos a la sentencia definitiva o en los casos que deban resolverse unitariamente, la resolución deberá pronunciarse dentro del plazo de ocho días.

En aquellos asuntos complejos o por el volumen de las constancias podrán ampliarse los plazos antes citados por quince días más.

SECCIÓN SEGUNDA
DE LA REPOSICIÓN

Artículo 927. En la segunda instancia sólo procederá el recurso de reposición y será:

I. En contra de la calificación de admisibilidad del recurso de apelación, así como en contra de su efecto;

II. Cuando no se admitan pruebas en segunda instancia, y

III. Cuando algún o algunas de las apelaciones en contra de resoluciones dictadas dentro del procedimiento hubiere resultado procedente, la reposición será admitida en contra de aquellas resoluciones que se dicten para reparar la violación procesal, siempre y cuando causen un perjuicio irreparable y puedan trascender al sentido del fallo definitivo.

Artículo 928. El recurso de reposición debe interponerse por escrito dentro de los tres días siguientes a que surta efectos la notificación de la resolución impugnada, y de admitirse se dará vista a la parte contraria por el término de tres días, para que exprese lo que a su derecho convenga, y se resolverá por escrito dentro de los tres días siguientes.

En contra de esta resolución no se admitirá ningún recurso.

SECCIÓN TERCERA
DE LA QUEJA

Artículo 929. El recurso de queja procede:

I. Contra la resolución que niegue la admisión de la apelación o adhesión a ésta;

II. En contra de resolución que se emita para fijar el monto de la fianza en tratándose de apelaciones en efecto devolutivo, y

III. En los demás casos fijados por este Código Nacional.

Artículo 930. El recurso de queja se interpondrá ante la autoridad jurisdiccional de primera instancia, dentro de los tres días siguientes a que surta efectos la notificación del proveído que se recurra, expresando los motivos de inconformidad.

Artículo 931. Dentro de los cinco días siguientes en que se tenga por interpuesto el recurso, la autoridad jurisdiccional de primera instancia remitirá a la segunda instancia el informe que justifique su resolución, y acompañará en su caso, las constancias procesales respectivas.

Artículo 932. La autoridad jurisdiccional de segunda instancia, dentro de los ocho días siguientes a la recepción de las citadas constancias, dictará el fallo correspondiente.

LIBRO OCTAVO
DE LA JUSTICIA DIGITAL

TÍTULO ÚNICO
DEL PROCEDIMIENTO EN LÍNEA E INTEGRACIÓN DEL EXPEDIENTE JUDICIAL

CAPÍTULO I
DISPOSICIONES GENERALES

Artículo 933. Todos los procedimientos regulados en el presente Código Nacional podrán tramitarse bajo la modalidad de procedimiento en línea que, al igual que cualquier otra modalidad procesal, será gratuita para las partes.

En los procedimientos en línea, la autoridad jurisdiccional garantizará una justicia digital equitativa y segura.

Artículo 934. En la aplicación de las normas referentes a justicia digital se tomarán en cuenta los principios de elegibilidad, equivalencia funcional o no discriminación, neutralidad tecnológica y seguridad de la información, adicionalmente a los generales del presente Código Nacional.

Artículo 935. El principio de elegibilidad consiste en que las partes tienen el derecho de optar voluntariamente que los procedimientos regulados en el presente Código Nacional, se tramiten de forma digital y en línea. La elegibilidad permitirá la sola integración de expedientes electrónicos, así como actuaciones y audiencias presenciales o a distancia, indistintamente.

La autoridad jurisdiccional, podrá proponer que un procedimiento se lleve a cabo en línea, atendiendo a cada caso en concreto o en las situaciones en que acontezca un fortuito o fuerza mayor; o bien, cuando para el trámite expedito del procedimiento de que se trate así convenga.

En el escrito inicial de demanda o comparecencia, la persona accionante manifestará si es su deseo tramitar el procedimiento en línea. En el caso de un procedimiento contencioso, al contestar la demanda, la persona demandada, manifestará si es su deseo igualmente de llevar el procedimiento en línea. Además, la autoridad jurisdiccional podrá, solicitar a las partes contendientes para que, de común acuerdo de forma voluntaria, el trámite procesal del juicio de que se trate, se realice de manera digital y en línea; en caso contrario, se continuará con la modalidad procesal tradicional, conforme a las disposiciones del presente Código Nacional, salvo que se trate de un procedimiento en línea exclusivamente.

Lo anterior sin perjuicio de que las partes, en cualquier etapa procesal, puedan solicitar que se cambie la modalidad para que, en lo subsecuente, se tramite en línea y digital.

Artículo 936. El principio de equivalencia funcional o no discriminación, para los efectos de los procedimientos que regula este Código Nacional, se puede interpretar bajo cualesquiera de las siguientes formas:

I. La autoridad jurisdiccional no negará efectos jurídicos, validez o eficacia probatoria a cualquier tipo de información por la sola razón de que esté contenida en un documento electrónico o en un mensaje de datos.

En ningún caso se requerirá manifestación bajo protesta de decir verdad de que los documentos digitalizados son copia fiel e inalterada de los documentos físicos;

II. La autoridad jurisdiccional no negará validez a la información o las comunicaciones, sea que estén contenidas en documentos electrónicos, mensajes de datos o en medios físicos por el solo hecho de usar alguna tecnología determinada;

III. La firma electrónica avanzada en un documento electrónico o en su caso, en un mensaje de datos, satisface el requisito de firma del mismo modo que la firma autógrafa en los documentos impresos;

IV. Todas las actuaciones judiciales, promociones, resoluciones, diligencias, expedientes, audiencias y demás semejantes dadas en forma oral, de forma virtual, electrónica, remota o a distancia, tendrán la misma eficacia probatoria o valor jurídico, que los que este Código Nacional consagra para las actuaciones presenciales y los instrumentos escritos, y

V. Los procedimientos judiciales podrán tramitarse total o parcialmente en línea, así como celebrarse sus actuaciones judiciales presencialmente o a distancia, sin que ello afecte la validez de las actuaciones. No se cuestionará la validez de un procedimiento por la sola razón de que una de las partes haya elegido llevarlo en línea y la otra de forma tradicional.

Artículo 937. El principio de neutralidad tecnológica consiste en que este Código Nacional no impondrá preferencias en favor o en contra de determinada tecnología, ni fomentará artificialmente determinadas opciones tecnológicas en detrimento de otras.

Este principio no limitará o impedirá que se usen los sistemas de justicia digital autorizados, según lo determinen los Acuerdos que establezcan los Lineamientos aprobados por el Consejo de la Judicatura respectivo.

Artículo 938. Los sistemas de justicia digital constituyen implementos adicionales, progresivos y optativos que deberán aplicarse y usarse en respeto a los derechos humanos y garantizando el derecho a la tutela judicial efectiva, por lo que de ninguna forma podrán interpretarse en forma restrictiva.

SECCIÓN PRIMERA
DE LA INTEGRACIÓN DEL EXPEDIENTE JUDICIAL

Artículo 939. El expediente judicial se integrará física y electrónicamente de acuerdo con las disposiciones establecidas en el presente Código Nacional, salvo que las partes convengan en que únicamente se integre de forma electrónica.

El Acuerdo que contenga Lineamientos aprobados por el Consejo de la Judicatura que corresponda, establecerá las reglas que permitan la debida integración de expedientes físicos y electrónicos, para los procedimientos tramitados en la modalidad en línea.

El expediente físico deberá contar con la impresión de los mensajes de datos y, de ser requerido, autenticados con firma electrónica avanzada, así como, en su caso, el acta de la diligencia respectiva, en la que se indicará la existencia de la videograbación que, aunque esté resguardada en otro lugar, formará parte del expediente respectivo.

Artículo 940. La autoridad jurisdiccional, a través de las áreas competentes, realizará todos los actos necesarios para concentrar todas las actuaciones, audiencias, diligencias, promociones y demás constancias de un procedimiento en línea en un mismo expediente judicial, que se integrará cronológicamente con las actuaciones judiciales, con independencia de la forma en que se hayan celebrado o presentado las mismas, garantizando que tanto el expediente físico como el electrónico contengan la misma información.

Artículo 941. El expediente electrónico deberá integrarse simultáneamente con el expediente físico, salvo aquellos casos en que el Consejo de la Judicatura correspondiente autorice solamente la integración de la versión electrónica y siempre que se garantice el derecho a la tutela judicial efectiva de las partes.

El expediente electrónico será el reflejo del expediente físico, para lo cual, además de los requisitos aplicables, se certificará por la persona funcionaria judicial facultada para ello, la coincidencia de las actuaciones judiciales entre sí.

Artículo 942. En los procedimientos en línea o promociones electrónicas, cualquier anexo deberá ir adjunto a la promoción electrónica. El juzgador podrá requerir la exhibición física del documento para corroborar su autenticidad e integridad. El anexo debe ir digitalizado junto con la promoción, lo que permitirá al juzgador consultarlo cuando lo requiera.

Artículo 943. El cotejo de documentos y demás actos necesarios que se requieran confrontar entre los expedientes físico y electrónico, se podrá realizar por conducto de la persona funcionaria judicial facultada para ello.

Dicha persona funcionaria judicial será responsable de verificar la coincidencia de contenidos entre el expediente físico y el expediente electrónico, y deberá validar, cuando así proceda, que:

I. Toda documentación recibida por vía electrónica se imprima y agregue al expediente físico, en su caso, con la evidencia criptográfica de la firma electrónica avanzada respectiva, y

II. La documentación recibida en formato impreso se digitalice e ingrese al expediente electrónico respectivo, certificándolo mediante el uso de la firma electrónica avanzada correspondiente.

Artículo 944. Las personas que intervengan en el procedimiento en línea deberán ajustarse a los Lineamientos para la promoción, consulta y acceso de expedientes digitales que emitan los Consejos de la Judicatura respectivos.

Artículo 945. Las personas funcionarias judiciales adscritas a las autoridades jurisdiccionales podrán acceder a los expedientes electrónicos relacionados con el ejercicio de sus atribuciones, para lo cual deberán contar con la clave de acceso otorgada por el órgano competente del Consejo de la Judicatura respectivo. Adicionalmente, deberán utilizar su firma electrónica avanzada para agregar constancias y resoluciones judiciales a los referidos expedientes.

Artículo 946. La información relativa a los expedientes electrónicos será preservada de conformidad con los lineamientos o disposiciones correspondientes.

SECCIÓN SEGUNDA
DE LA DIGITALIZACIÓN Y USO DE FIRMA ELECTRÓNICA

Artículo 947. Toda promoción, documentación y actuación que ingrese a un expediente electrónico deberá ser suscrita y autenticada con una firma electrónica avanzada.

Artículo 948. Las diligencias, promociones, resoluciones o actuaciones físicas autenticadas con firma autógrafa, se digitalizarán para su incorporación en el expediente electrónico de forma que se garantice su integridad, conservación y disponibilidad. Para la conservación y digitalización de documentos, la autoridad jurisdiccional seguirá las reglas que, para tal efecto, establece la Norma Oficial Mexicana que regule dichas actividades o las que se establezcan en los lineamientos que emita el Consejo de la Judicatura Federal correspondiente y que deberán ser acordes con dicha Norma.

Artículo 949. Las actuaciones y promociones judiciales contenidas en un mensaje de datos o documento electrónico suscritas con una firma electrónica avanzada amparada por un certificado digital vigente, garantizará la integridad del documento y producirá los mismos efectos que las leyes otorgan a los documentos con firma autógrafa, teniendo el mismo valor probatorio.

Artículo 950. Para efectos de los procedimientos en línea regulados por este Código Nacional, la autoridad jurisdiccional y las partes podrán utilizar la Firma Electrónica Certificada del Poder Judicial de la Federación (FIREL), la firma electrónica que se utilice en el Poder Judicial respectivo, y las firmas electrónicas emitidas y reconocidas por otras autoridades con los cuales los Poderes Judiciales hayan celebrado convenios para el reconocimiento de certificados digitales homologados.

Artículo 951. La página de firmantes que contenga las firmas electrónicas avanzadas de las personas funcionarias judiciales, hará las veces del sello físico que la autoridad jurisdiccional impone en los expedientes físicos.

Artículo 952. Todas las notificaciones realizadas en los procedimientos en línea surtirán sus efectos conforme a lo previsto en este Código Nacional.

Artículo 953. Cuando deba correrse traslado en la notificación electrónica, se adjuntará el documento digitalizado, documento electrónico o mensaje de datos respectivo debidamente cotejado por la persona funcionaria judicial facultada, de forma que garantice su disponibilidad e integridad.

Artículo 954. Cuando las partes reciban la notificación electrónica, el sistema de justicia digital correspondiente deberá generar acuse de recibido en el momento de la recepción del mensaje de datos a notificar, de conformidad con los lineamientos que para dichos efectos se emitan. Dicho acuse acreditará la debida notificación.

Artículo 955. Las comunicaciones diversas, como vistas al Ministerio Público, Fiscalías o Representación Social, requerimientos a las autoridades, peritos y demás auxiliares oficiales, se harán en forma electrónica a su correo electrónico oficial designado para ello, con acuse de recibo.

Artículo 956. Toda la información recibida vía electrónica, se apegará a las disposiciones aplicables de las leyes vigentes en materia de transparencia, acceso a la información pública y protección de datos personales, según corresponda.

CAPÍTULO II
DEL PROCEDIMIENTO EN LÍNEA Y DE LAS AUDIENCIAS VIRTUALES

SECCIÓN PRIMERA
DEL PROCEDIMIENTO EN LÍNEA

Artículo 957. Los procedimientos en línea se ajustarán a las siguientes disposiciones:

I. Las partes e intervinientes en un procedimiento en línea podrán presentar todos sus escritos, promociones y anexos de forma electrónica o a través de documento digitalizado. En ambos casos deberán estar autenticados mediante firma electrónica avanzada.

II. En el caso de diligencias y audiencias virtuales:

a) Se señalará día y hora para llevarla a cabo;

b) Se hará saber a las partes y demás intervinientes, por cualquiera de los medios de comunicación establecidos en este Código Nacional, la fecha de la misma y el enlace o método de acceso a la sala virtual;

c) En la fecha señalada, la autoridad jurisdiccional declarará la apertura de la diligencia o audiencia virtual en su sede judicial, ordenando a la persona secretaria de acuerdos o a quien, de acuerdo con el organigrama correspondiente realice tales funciones, proceda a identificar a todos y cada uno de los participantes;

d) Para fines de dicha identificación, los participantes deberán presentar el original de su identificación oficial vigente con fotografía, a los efectos de contar con evidencia digital, videograbada o fotográfica de la misma o, en su caso, cualquier elemento de identificación adicional que al efecto se autorice por la autoridad jurisdiccional, y

e) Hecho lo anterior, se procederá al desahogo de la diligencia o audiencia en los términos establecidos en este Código Nacional para el procedimiento respectivo;

III. Cuando deban recibirse testimonios, declaraciones, peritajes o cualquier información, con el objeto de garantizar las condiciones de autonomía y libertad en su emisión, o el derecho de las partes a realizar las preguntas que les correspondan, según sea el caso, la autoridad jurisdiccional podrá ordenar, a su criterio, cualquiera de las siguientes medidas:

a) Que la persona declarante lo haga en un área de transmisión designada por la autoridad jurisdiccional, sala remota o unidad de enlace que proporcione el Poder Judicial de la Entidad Federativa que corresponda, debiendo cumplir los requisitos para la recepción del desahogo de la prueba o información de que se trate;

b) Que la persona declarante lo haga en el área de transmisión que haya señalado la parte oferente en el juicio, acompañada de un servidor público, quien deberá asegurarse y hacer constar que la persona declarante no está siendo asistida de ninguna forma;

c) Que la persona declarante transmita desde un área que haya señalado la parte interesada, que permita verificar visual y auditivamente, a través de la cámara y micrófono, que al momento de la recepción de la prueba se encuentra sin asistencia, debiendo mantenerse a cuadro en todo momento, con el micrófono encendido durante su desahogo, ya que no se permitirá la interrupción de la transmisión de video y audio en ningún caso, así como el uso de algún dispositivo electrónico o la injerencia de cualquier otra persona durante el desahogo y hasta en tanto concluya la audiencia. En caso de incumplimiento se amonestará al infractor por única ocasión y, en caso de reincidencia, se dará vista a la Representación Social para que, de oficio, inicie la investigación correspondiente, y se declarará desierta la prueba por causas imputables a su oferente, continuándose en la etapa procesal que corresponda;

d) La parte contraria podrá estar presente durante el desahogo de la audiencia o diligencia virtual y, de ser necesaria su intervención, podrá solicitarlo mediante mensaje en el sistema electrónico de la sala virtual, levantando la mano o pidiéndolo verbalmente, para ser escuchado por la autoridad jurisdiccional. Mismo orden deberá llevarse a cabo, en el supuesto de que decida formular preguntas a alguno de los declarantes;

e) Que la persona declarante, o aquella que tenga a su cargo el desahogo de una prueba, se ubique en la misma área de transmisión de la autoridad jurisdiccional, aun cuando los representantes legales o demás participantes se encuentren en diverso lugar del de la transmisión, y

f) Cumplir con las disposiciones de la Sección segunda "De las Audiencias y Diligencias Virtuales", de este Capítulo.

IV. La persona juzgadora usará un lenguaje sencillo y claro durante toda la audiencia o diligencia virtual.

V. En su caso, desahogado todo el caudal probatorio, se pasará al período de alegatos si se prevé esta etapa para el procedimiento respectivo y, declarado visto el asunto, se procederá a emitir en el acto la sentencia o resolución judicial correspondiente, la cual se explicará con un lenguaje cotidiano, breve y sencillo a quien esté presente, entregando copia de la misma. Para ello, se decretará el receso pertinente para la materialización de la sentencia o resolución judicial. A quien esté ausente o desaparecido se le notificará en forma electrónica, dispensándose la explicación ante la inasistencia de ambas partes. La sentencia o resolución judicial correspondiente se emitirá en los términos y con las formalidades que se establecen en el presente Código Nacional para cada caso.

VI. Una vez hecho lo anterior, la autoridad jurisdiccional ordenará la elaboración de un acta mínima de la diligencia o audiencia virtual, la cual no requerirá de la firma de los participantes y sólo contendrá la firma electrónica avanzada de la persona a quien corresponda autorizar y dar fe del contenido de dicha acta.

VII. Si en la sentencia o resolución judicial se ordena su inscripción ante algún Registro, autoridad o institución, o la expedición de algún oficio, la autoridad jurisdiccional lo realizará y enviará electrónicamente a las autoridades o personas correspondientes.

En todo lo no previsto en el presente Capítulo, se estará a las disposiciones contenidas en este Código Nacional.

Artículo 958. En todos los casos las partes interesadas o intervinientes en una audiencia o diligencia virtual, deberán cumplir con las disposiciones antes referidas, apercibidos de que, en caso contrario, serán expulsadas de la sala virtual las personas infractoras, por causas imputables a las mismas, debiendo asumir las consecuencias legales que esto implique, continuando con el desarrollo de la audiencia o diligencia virtual. Asimismo, se impondrán las correcciones disciplinarias y medidas de apremio reguladas en este Código Nacional que la persona juzgadora considere oportunas.

SECCIÓN SEGUNDA
DE LAS AUDIENCIAS Y DILIGENCIAS VIRTUALES

Artículo 959. A petición de parte o por propuesta de la autoridad jurisdiccional, cualquier audiencia y diligencia prevista en el presente Código Nacional podrá celebrarse bajo la modalidad de audiencia virtual y diligencia virtual.

En las audiencias, cualquiera de las partes o la autoridad jurisdiccional, podrán estar presentes vía remota o a través de sistemas de justicia digital de acuerdo con los lineamientos respectivos, siempre y cuando se garantice el derecho a la tutela judicial efectiva y los principios procesales previstos en el presente Código Nacional.

Artículo 960. Cuando la autoridad jurisdiccional advierta en cualquier etapa del procedimiento, la viabilidad de llevar a cabo la audiencia o diligencia virtuales del procedimiento de que se trate, exhortará a las partes para optar por dicha alternativa. En todo caso, quienes intervengan en forma virtual o remota deberán:

I. Tener acceso a una computadora o dispositivo electrónico similar que tenga la capacidad de realizar videoconferencias, para lo cual es necesario que dicho equipo cuente con micrófono y cámara web;

II. Contar con conexión a Internet con al menos una velocidad de 1.5 megabytes por segundo;

III. Señalar un correo electrónico que esté registrado o señalado ante la autoridad jurisdiccional para ser notificado, así como para recibir el enlace o método de acceso a la sala virtual designada para llevar la audiencia o diligencia virtual, y

IV. Quienes comparezcan vía remota o electrónica deberán indicar el lugar y área de transmisión que ocuparán, así como los demás intervinientes a su cargo, lo que deberán hacer bajo protesta de decir verdad, cumpliendo además con lo dispuesto en este Código Nacional.

En caso de requerirlo, cualquiera de las partes o intervinientes en una audiencia o diligencia virtuales, podrán solicitar a una autoridad jurisdiccional, local o federal, distinta de la que sustancie el procedimiento, que le permita el acceso a su recinto judicial y le proporcione todo lo necesario para atender en tiempo y forma la audiencia o diligencia virtual. Dicha solicitud deberá hacerse con una razonable anticipación a la celebración de la audiencia o diligencia virtuales, dependiendo del procedimiento de que se trate, y deberá contener los datos de identificación del expediente y procedimiento judicial, las razones en que sustenta su solicitud y una dirección de correo electrónico. La autoridad jurisdiccional requerida deberá resolver y notificar su resolución mediante correo electrónico, en un plazo breve.

Artículo 961. En caso de advertir alguna falla técnica u otra situación extraordinaria que impida el desarrollo de la audiencia o diligencia virtuales, la autoridad jurisdiccional determinará las medidas que estime necesarias para continuarla o, de ser el caso, suspenderla, supuesto en el que señalará una hora o fecha posterior para su reanudación a través del uso preferente de la sala virtual o de manera presencial.

Las audiencias y diligencias virtuales se registrarán y el personal facultado para ello deberá relacionarlas con el expediente electrónico respectivo, siguiendo para ambos aspectos las pautas establecidas en los Acuerdos que contengan los Lineamientos que los Consejos de la Judicatura respectivos emitan para tal efecto.

El registro de las diligencias virtuales, audiencias virtuales y, tratándose de sesiones, de la porción respectiva al asunto del que se trate, será parte del expediente electrónico y no se requerirá transcripción alguna de lo que ahí conste.

La participación de las partes a través de audiencias y diligencias virtuales generará los mismos efectos y alcances jurídicos que la audiencia o diligencia que se realice con presencia física ante las autoridades jurisdiccionales.

Artículo 962. Cuando para el desarrollo de la audiencia o diligencia virtuales resulte fundamental mantener la separación o exclusión de ciertos intervinientes en determinados momentos de la misma, la autoridad jurisdiccional encargada de su conducción solicitará el apoyo de su personal técnico o administrativo para que, con asistencia técnica, se adopten medidas tendientes a:

I. Verificar dicha separación física y la ausencia de influencias o injerencias que puedan afectar un testimonio, declaración o peritaje;

II. Enviar a dichos intervinientes a salas de espera virtuales, utilizando para ello las funcionalidades previstas en la herramienta tecnológica implementada para la práctica de las mismas, y

III. Ordenar todas las medidas necesarias para tal efecto, siempre que se respeten los principios de este Código Nacional.

Artículo 963. Para la celebración de las diligencias y audiencias virtuales deberán de acatarse las reglas de las diligencias y audiencias dentro del procedimiento judicial respectivo, ajustándose en lo conducente a las reglas para el desarrollo de las audiencias y diligencias virtuales, en términos de lo dispuesto en el presente Título.

CAPÍTULO III
DE LOS SISTEMAS DE JUSTICIA DIGITAL Y DE LA SEGURIDAD DE LA INFORMACIÓN

SECCIÓN PRIMERA
DE LOS SISTEMAS DE JUSTICIA DIGITAL

Artículo 964. Los Poderes Judiciales correspondientes, a través del Consejo de la Judicatura o la autoridad competente señalada en su respectiva Ley Orgánica:

I. Implementarán y mantendrán actualizadas y funcionales los sistemas de justicia digital necesarios con el fin de contar con Oficialías de Partes en línea, servicios digitales, notificaciones electrónicas, así como las tecnologías necesarias para hacer accesible para todas las personas la justicia digital, y proveer lo necesario para que exista ciberseguridad;

II. Designarán a una persona, área, unidad administrativa o proveedor de tecnologías de información que de forma permanente sea responsable de:

a) Supervisar que los sistemas de justicia digital se mantengan funcionando de forma correcta y segura;

b) Dar soporte a las personas juzgadoras y personas funcionarias judiciales en todo lo relacionado con el uso de los sistemas de justicia digital;

c) Atender las quejas y orientar a los usuarios de sistemas de justicia digital para que comprendan la forma de operar de dichos sistemas;

d) Corregir cualquier falla, error, intermitencia o problema que afecte, impida u obstaculice, total o parcialmente, el funcionamiento de los sistemas de justicia digital, y

e) Conocer y compartir las mejores prácticas en el funcionamiento e implementación de sistemas de justicia digital con los Consejos de la Judicatura de otras Entidades Federativas, así como con el Consejo de la Judicatura Federal.

Artículo 965. Los sistemas de justicia digital deberán:

I. Contar con garantías sólidas de uso y funcionamiento, que les brinde continuidad y soporte permanente a los usuarios de estos sistemas, y

II. Gozar de medidas de seguridad de la información confiables y robustas.

Artículo 966. Cuando por caso fortuito, fuerza mayor o por fallas técnicas se interrumpa el funcionamiento de uno o más de los sistemas de justicia digital que dependan (sic) la autoridad jurisdiccional y que hacen posible los procedimientos en línea, hagan inviable el cumplimiento de los plazos establecidos en la ley, las partes deberán dar aviso a la autoridad jurisdiccional correspondiente en la misma promoción sujeta a término, quien pedirá un reporte al titular de la unidad administrativa del Juzgado o Tribunal responsable de la administración del sistema o plataforma sobre la existencia de la interrupción del servicio.

El reporte que determine que existió interrupción en el sistema o plataforma deberá señalar la causa y el tiempo de dicha interrupción, indicando la fecha y hora de inicio y término de la misma. Los plazos se suspenderán únicamente por el tiempo que haya durado la interrupción del sistema de justicia digital afectado. Para tal efecto, el Juzgado o la Sala hará constar esta situación mediante acuerdo en el expediente electrónico y, considerando el tiempo de la interrupción, realizará el computo correspondiente, para determinar si hubo o no incumplimiento de los plazos legales.

Artículo 967. Las fallas que pueda sufrir la computadora, dispositivo, el equipo o la conexión a internet de las partes, interesados o sus representantes legales, de ninguna forma interrumpirán los plazos establecidos en este Código Nacional.

SECCIÓN SEGUNDA
DE LA SEGURIDAD DE LA INFORMACIÓN

Artículo 968. Seguridad de la información es el principio consistente en que todo procedimiento en línea, promoción electrónica, audiencia virtual, diligencia virtual, videoconferencia, y en general, toda actuación y documentación que forme parte de procedimientos en línea, se lleve a cabo protegiendo la información y los sistemas de información contra el acceso, uso, divulgación, interrupción, modificación o destrucción no autorizados a fin de proporcionar confidencialidad, integridad y disponibilidad, mientras dichos atributos no se contrapongan con la naturaleza o características de determinado procedimiento, audiencia o actuación judicial.

Artículo 969. Las autoridades jurisdiccionales tienen la principal responsabilidad de proteger la información, los documentos y las comunicaciones que se lleven a través de medios electrónicos, así como los sistemas que contengan dicha información, incluyendo las audiencias y diligencias virtuales.

Lo anterior no exime a las partes interesadas y usuarios de sistemas de justicia digital de tomar sus propias medidas y precauciones para mantener la seguridad de la información que se envíe, intercambie y gestione a través de dichos sistemas.

Artículo 970. La autoridad jurisdiccional advertirá a todas las personas que intervengan en un procedimiento en línea, de la naturaleza confidencial o pública de las audiencias y diligencias virtuales.

Artículo 971. Las partes, los auxiliares en la administración de justicia, sus representantes y cualquier otra persona que intervenga en un procedimiento en línea, deberán acatar toda instrucción, orden u obligación en materia de seguridad de la información, privacidad y protección de datos personales, que provenga de la autoridad jurisdiccional, de este Código Nacional, de la legislación federal aplicable o de los Lineamientos que emita el Consejo de la Judicatura respectivo.

Artículo 972. Son acciones básicas que debe adoptar la autoridad jurisdiccional para darle seguridad al expediente electrónico, así como a los procedimientos en línea, y todos los sistemas de justicia digital:

I. Adoptar e implementar políticas, programas o soluciones informáticas que detecten, prevengan, mitiguen y eliminen amenazas, riesgos e incidentes cibernéticos;

II. Verificar la vigencia de los certificados digitales de las firmas electrónicas avanzadas;

III. Verificar el adecuado funcionamiento de los programas o plataformas electrónicas que posibiliten las audiencias virtuales, así como las videoconferencias;

IV. Usar comunicaciones electrónicas protegidas por algún mecanismo de seguridad como el cifrado;

V. Corroborar que los enlaces y documentos electrónicos o mensajes de datos que se adjunten en correos o comunicaciones electrónicas estén libres de virus y código malicioso, y en caso contrario, aplicar los mecanismos necesarios para eliminar o corregir cualquier amenaza cibernética detectada;

VI. Comprobar la integridad, accesibilidad, formato y contenido de los documentos digitalizados, archivos electrónicos o mensajes de datos que formen parte de los expedientes judiciales, las actuaciones, las audiencias y las diligencias virtuales;

VII. Corroborar fehacientemente la identidad de las partes y otras personas intervinientes en un procedimiento en línea;

VIII. Aplicar soluciones o mecanismos tecnológicos que aseguren la conservación, integridad y disponibilidad de todas las resoluciones judiciales e información que contenga el expediente electrónico, y

IX. Mantener respaldos seguros de toda la información que contengan los expedientes electrónicos.

El Consejo de la Judicatura respectivo emitirá Lineamientos de Seguridad de la Información, y todos aquellos que considere pertinentes para dotar de seguridad jurídica y tecnológica a los procedimientos en línea.

Artículo 973. No se deberán usar los documentos, sellos y firmas electrónicas para fines indebidos, por lo que ante ello se dará vista a los interesados para que realicen las gestiones pertinentes ante los órganos administrativos o autoridades correspondientes.

LIBRO NOVENO
DE LA SENTENCIA, VÍA DE APREMIO Y SU EJECUCIÓN

TÍTULO ÚNICO
DE LA EJECUCIÓN DE LA SENTENCIA

CAPÍTULO I
DE LA SENTENCIA EJECUTORIADA Y COSA JUZGADA

Artículo 974. Se considera cosa juzgada la sentencia que ha causado ejecutoria, el convenio emanado de cualquier procedimiento judicial, el celebrado en el procedimiento de mediación en el Centro de Justicia Alternativa correspondiente en las Entidades Federativas, así como el que resulte de la mediación comunitaria, y en los demás casos que la ley prevea.

Artículo 975. Causan ejecutoria por ministerio de Ley:

I. Las sentencias de segunda instancia;

II. Las que resuelvan una queja;

III. Las que resuelven una competencia;

IV. Las demás que se declaran irrevocables por prevención expresa de la Ley;

V. Las que no puedan ser recurridas por ningún medio ordinario, y

VI. Los convenios de mediación, conciliación o transacción emanados de los mecanismos alternativos para la solución de controversias realizados antes del inicio de un procedimiento jurisdiccional o durante el desarrollo de éste, sin necesidad de ser ratificados ante la autoridad jurisdiccional, los que tendrán la categoría de cosa juzgada o en su caso de sentencia ejecutoriada de conformidad con sus propias leyes.

Artículo 976. Las sentencias definitivas o interlocutorias respecto de prestaciones futuras y de los juicios que por su naturaleza así proceda, serán declaradas firmes, en virtud de que sólo tendrán autoridad de cosa juzgada, mientras no se alteren o cambien las circunstancias que afecten el ejercicio de la acción que se dedujo en el juicio principal y sólo podrán ser modificadas mediante juicio posterior.

Artículo 977. Causan ejecutoria por declaración judicial:

I. Las sentencias y resoluciones judiciales consentidas expresamente por las partes o por su persona representante autorizada con poder o cláusula especial;

II. Las sentencias de que hecha notificación en forma, no se interponga recurso en el término señalado por la Ley, y

III. Las sentencias contra las que se interpuso recurso, pero no se continuó en forma y términos legales, operando la caducidad de la segunda instancia; o cuando el recurso se declare improcedente, se deseche o se desista de éste, la parte o su persona representante autorizada con poder o cláusula especial.

Artículo 978. En los casos a que se refiere la fracción I del artículo anterior, la autoridad jurisdiccional de oficio hará la declaración correspondiente.

En el caso de la fracción II, la declaración se hará de oficio o a petición de parte, previa la certificación correspondiente de la persona secretaria judicial.

En los supuestos de la fracción III, la declaración se hará de oficio o a petición de parte, por la autoridad jurisdiccional que corresponda.

Artículo 979. El auto en que se declara que una sentencia o resolución judicial ha causado o no ejecutoria, no admite ningún recurso.

CAPÍTULO II
DE LA VÍA DE APREMIO Y EJECUCIÓN DE SENTENCIA

Artículo 980. En la vía de apremio y los procedimientos de ejecución de sentencia o convenio, además de los principios previstos por este Código Nacional, serán aplicables los siguientes:

I. Cumplimiento voluntario. La autoridad jurisdiccional privilegiará y dará prioridad al cumplimiento voluntario de la sentencia de la resolución a través de los mecanismos autorizados en el presente Código Nacional y los que considere pertinentes, dejando como última alternativa la ejecución forzosa;

II. Ejecución con óptica de derechos humanos. Debe garantizarse la ejecución pronta y expedita de la sentencia definitiva o convenio judicial en estricto respeto a los derechos humanos de la parte ejecutante y ejecutada;

III. Idoneidad, razonabilidad y proporcionalidad. La autoridad jurisdiccional deberá interpretar armónicamente las disposiciones para la ejecución de sentencias en relación con los puntos resolutivos de la sentencia definitiva, procurará tener siempre un enfoque de los derechos humanos de la persona ejecutante y ejecutada;

IV. Celeridad. La ejecución de sentencia o convenio judicial, privilegiará el cumplimiento sobre la formalidad, siempre y cuando se garantice la igualdad, seguridad y la tutela jurisdiccional efectiva de las personas ejecutantes, ejecutadas y terceros relacionados con los últimos, y

V. Buena fe y lealtad procesal. Es responsabilidad de las partes, ejecutante y ejecutada, cumplir y lograr la ejecución de la sentencia o convenio judicial, por lo que su participación debe entenderse en el sentido de cumplir con la vigilancia y postulación del procedimiento, así como garantizar el cumplimiento de la misma con dignidad para todas las personas, sin dilación en la impartición de justicia.

Artículo 981. En el procedimiento de ejecución de sentencia, de las resoluciones judiciales o la tramitación de cualquier incidente relacionado con las mismas, no se requerirá notificación personal, salvo que la ejecución se solicite después de tres meses que la sentencia definitiva o convenio judicial cause ejecutoria o se trate del emplazamiento de una tercería. Lo anterior, salvo la materia familiar, en la que la autoridad jurisdiccional proveerá lo necesario en relación con las notificaciones personales en dichos supuestos.

Las tercerías en etapa de ejecución de sentencia y aquellos que la autoridad jurisdiccional estime necesario, se notificarán personalmente a las partes, a través del correo electrónico que hayan designado en autos, o en su defecto, por cualquier medio de comunicación judicial de los previstos en el presente Código Nacional.

Artículo 982. Procede la vía de apremio a instancia de parte, siempre que se trate de la ejecución de una sentencia o de un convenio celebrado en juicio o en virtud de pacto comisorio expreso que obre en escritura pública, ya sea por las partes o por terceros que hayan venido a juicio.

Esta disposición será aplicable en la ejecución de convenios celebrados ante la Procuraduría Federal del Consumidor, la Procuraduría Social y las Instituciones homólogas de la Entidad Federativa de que se trate con las atribuciones respectivas, así como los laudos emitidos por dichas Instituciones.

La ejecución de convenios emanados del procedimiento de mediación ante los Centros de Justicia Alternativa, de Mediación Comunitaria, Estatales o Municipales, los realizados a través de Mediadores Públicos o Privados certificados, que cumplan previamente con los requisitos previstos en la Ley de cada Entidad Federativa, los celebrados ante los Juzgados Cívicos o sus homólogos tratándose de daños culposos causados con motivo de tránsito de vehículos.

Artículo 983. La ejecución de sentencias definitivas que hayan causado ejecutoria, se hará por la autoridad jurisdiccional que conoció del procedimiento en la primera instancia o por aquella que la Ley Orgánica respectiva determine.

La ejecución de las resoluciones firmes que resuelvan un incidente queda a cargo de la autoridad jurisdiccional que conozca del principal, según corresponda.

La ejecución de los convenios celebrados en juicio se hará por la autoridad jurisdiccional que conozca del asunto en que tuvieron lugar; pero no procede en la vía de apremio, si no consta judicialmente en autos.

Las sentencias pronunciadas sobre derechos reales e inmuebles en una Entidad Federativa serán ejecutadas en las demás y por la Federación por la autoridad jurisdiccional facultada para ello de conformidad con las leyes del lugar de la ejecución.

Artículo 984. Las transacciones o los convenios que se celebren en segunda instancia, serán ejecutados por la autoridad jurisdiccional que resolvió en la primera instancia, debiendo la autoridad jurisdiccional de segunda instancia enviar los autos y copia certificada del convenio respectivo dentro de los tres días siguientes a que se celebró y aprobó.

Artículo 985. La sentencia ejecutoriada que pronuncie la autoridad jurisdiccional de segunda instancia no requerirá notificación personal alguna a las partes.

Artículo 986. La ejecución de las sentencias arbitrales, los laudos, los convenios de mediación o transacción extrajudiciales y los celebrados ante las autoridades administrativas correspondientes, se hará por la autoridad jurisdiccional designada por las partes o, en su defecto, por la del lugar del procedimiento o la de la ubicación de los bienes objeto de ejecución a elección de la parte ejecutante.

Artículo 987. La ejecución de las sentencias y convenios en la vía ejecutiva, se efectuará conforme a las reglas generales del juicio ejecutivo civil oral por la autoridad jurisdiccional que resolvió el asunto.

Artículo 988. Las sentencias definitivas, interlocutorias y los convenios judiciales deberán señalar un plazo razonable para su cumplimiento; en caso de ausencia de dicho plazo, la persona ejecutada contará con el término improrrogable de diez días, una vez que la resolución judicial de que se trate quede firme, mismo que correrá a partir del día siguiente en que surta efectos su notificación.

Artículo 989. Una vez que la sentencia definitiva, sentencia interlocutoria ejecutoriada o convenio judicial, se encuentre firme, y transcurrido el plazo concedido para su cumplimiento voluntario, sin que éste se haya realizado, la parte que pretenda ejecutar, podrá solicitar a la autoridad jurisdiccional, la celebración de la audiencia de cumplimiento. Admitida la solicitud, se señalará fecha y hora para su celebración dentro de los siguientes diez días.

En los demás casos que proceda la vía de apremio será siempre a instancia de parte interesada el inicio del procedimiento. En estos casos deberá notificarse personalmente a las partes involucradas el inicio del procedimiento y los demás casos que la autoridad jurisdiccional lo considere necesario.

Artículo 990. En materia familiar, sólo en aquellos casos que dadas las especiales particularidades de los efectos de la sentencia ejecutoriada y cuando la autoridad jurisdiccional considere viable la celebración de la audiencia de cumplimiento, se ordenará la misma. En los demás casos, transcurrido el plazo para su cumplimiento voluntario, se procederá a su inmediata ejecución forzosa, sin necesidad de notificación personal a las partes, salvo que la autoridad jurisdiccional así lo decrete.

Artículo 991. Tratándose de prestaciones económicas sin cuantificar, en la audiencia de cumplimiento las partes podrán realizar adicionalmente las propuestas para efecto de su liquidación; quienes además podrán acordar el plazo, forma y modo para su cumplimiento.

Cuando las partes no alcancen un acuerdo sobre la forma, plazo, cuantía o modo de cumplimiento de la sentencia ejecutoriada, se dará por concluida la etapa, y, sin mayor trámite, la autoridad jurisdiccional procederá a ordenar la ejecución forzosa de la sentencia de la que se trate, dictando auto de mandamiento en forma.

Artículo 992. La ejecución de una sentencia definitiva, interlocutoria o convenio judicial podrá iniciarse en la misma audiencia de juicio, concluida la explicación del fallo, siempre que haya comparecido la parte que resultó vencida y se conforme con la misma. La persona ejecutada en ese mismo acto podrá proponer un acuerdo de cumplimiento a la persona que venció, sin que este acuerdo, pueda alterar, modificar o novar el fondo de los puntos resolutivos de la sentencia, salvo en los asuntos del orden familiar y la autoridad jurisdiccional así lo apruebe.

Artículo 993. Cuando se pida la ejecución de una sentencia ejecutoriada, la autoridad jurisdiccional señalará fecha única e indiferible en el plazo de diez días para la celebración de la audiencia de cumplimiento que contará con las siguientes etapas:

I. La etapa de cumplimiento voluntario, y

II. La etapa de ejecución forzosa.

La audiencia se desarrollará de acuerdo a las siguientes reglas:

I. Declarada la apertura de la audiencia de cumplimiento de sentencia ejecutoriada, se iniciará con los acuerdos sobre el cumplimiento voluntario de la sentencia. El funcionario judicial que asista a la autoridad jurisdiccional, identificará a las partes y les tomará la protesta de ley. Seguidamente dará lectura a los puntos resolutivos de la sentencia ejecutoriada de que se trate. En caso de hacerse constar la incomparecencia de la parte demandada desde el inicio de la audiencia, se decretará precluidos sus derechos y se iniciará de inmediato la ejecución forzosa de la sentencia;

II. Agotada la lectura a que se refiere la fracción anterior, la persona ejecutada propondrá a la persona ejecutante una propuesta de cumplimiento voluntario de la sentencia. Enseguida, la persona ejecutante manifestará su conformidad, o bien, propondrá a la persona ejecutada una nueva contra propuesta, quien manifestará la conformidad o no con la misma. Las partes podrán hacer cuantas propuestas y contra propuestas que consideren oportunas con el objeto de llegar a un acuerdo de cumplimiento y siempre que no entrañen dilaciones procesales a consideración de cualquiera de las partes o de la autoridad jurisdiccional;

III. De llegar a un acuerdo sobre el cumplimiento voluntario, la autoridad jurisdiccional, verificará que sea conforme a derecho, respetando los derechos humanos de todos los participantes y que el mismo no provoque o modifique de manera sustancial el fallo que se ejecuta, salvo en materia familiar;

IV. De no llegarse a un acuerdo entre las partes en esta audiencia, se declarará cerrada la etapa de cumplimiento voluntario y, sin mayor trámite se procederá a la apertura de la etapa de ejecución forzosa de la sentencia, procediendo el órgano jurisdiccional a pronunciar auto de mandamiento en forma en contra del ejecutado;

V. Asimismo, en el caso de que existan prestaciones económicas por cuantificar o liquidar o alguna otra condición que no haya hecho exigible la prestación condenada desde la sentencia, las partes podrán llevar sus propuestas de cuantificación para que consensen acuerdo al respecto.

Cuando no se logre ningún acuerdo, en esta etapa, se dará por concluida la etapa de cumplimiento voluntario y se iniciará la ejecución forzosa de la sentencia ejecutoriada, procediendo el órgano jurisdiccional a pronunciar auto de mandamiento en forma en contra del ejecutado por las prestaciones liquidas y se dejarán a salvo los derechos de las partes para que en la vía y forma cuantifiquen las prestaciones pendientes;

VI. En la etapa de ejecución forzada de la sentencia, las partes podrán igualmente intentar llegar a acuerdos sobre la forma de fijar el valor de los bienes en caso de remate, designación de perito único, forma de desocupación, compensaciones y el perdón o quita de algunas prestaciones económicas condenadas, para facilitar la pronta ejecución, los que en su caso serán aprobados por la autoridad jurisdiccional.

De encontrarse el ejecutado o no llegar a algún acuerdo las partes, se emitirá únicamente auto de mandamiento en forma en contra del ejecutado;

VII. Abierta la etapa de ejecución forzada de la sentencia, las partes podrán hacer valer en forma oral, el incidente de liquidación de aquellas prestaciones que la sentencia no tenga cuantificadas de conformidad con las reglas previstas en este Código Nacional.

De no estar presente alguna de las partes, el incidente de liquidación siempre se deberá presentar por escrito, observando las disposiciones aplicables en materia de incidentes previstas en el presente Código Nacional, y

VIII. En la audiencia de cumplimiento no serán admisibles promociones o peticiones por escrito, y las resoluciones judiciales no serán impugnables, salvo que el presente Código Nacional disponga lo contrario.

Artículo 994. Transcurrido el plazo para el cumplimiento voluntario y dictado el auto de mandamiento en forma, si la sentencia condenare al pago de cantidad líquida, se procederá siempre, y sin necesidad de previo requerimiento personal a la persona condenada, se procederá al embargo de bienes en los términos previstos en el presente Código Nacional.

El embargo de bienes, en ejecución de sentencia, sólo puede tener lugar para garantizar el pago de las prestaciones condenadas, así como el pago de daños y perjuicios.

En el caso de procedimientos emplazados por edictos y el ejecutado se encuentre en rebeldía, el embargo se trabará en la sede del órgano jurisdiccional que resultó competente para el trámite y resolución del asunto, debiendo notificarse dicho acto procesal mediante edictos, que se publicarán por una única ocasión en el medio que determine la autoridad jurisdiccional, con los apercibimientos respectivos.

Iniciada la ejecución forzosa de la sentencia ejecutoriada, los actos que requieran notificación personal del ejecutado, se efectuarán en el correo electrónico designado para tal efecto, a falta de correo electrónico o domicilio para oír y recibir notificaciones, le surtirán efectos las mismas, mediante su publicación en el medio de comunicación judicial que ordene la autoridad jurisdiccional.

Artículo 995. Transcurrido el plazo otorgado en el acuerdo respectivo para el cumplimiento de la sentencia, sin haberse cumplido, se procederá al embargo de cantidad cierta y determinada.

En todo caso en que, para despachar ejecución, sea necesario practicar previamente una liquidación de la sentencia, se efectuará ésta por el procedimiento incidental.

Artículo 996. Si los bienes embargados fueren dinero, sueldos, pensiones o créditos realizables en el acto, como efectos de comercio o acciones de compañías que se coticen en la Bolsa Mexicana de Valores, se hará el pago a la persona acreedora inmediatamente después del embargo. Los efectos de comercio y acciones, bonos o títulos de pronta realización, se mandarán vender por conducto de Corredor Público o por la Institución autorizada, a costa de la persona obligada.

Cuando la persona deudora consignare la cantidad reclamada, se suspenderá el embargo y la cantidad se consignará mediante billete de depósito. Si la cantidad consignada no fuere suficiente para cubrir la deuda principal y demás condenas accesorias, se practicará el embargo por lo que falte.

Artículo 997. Si los bienes embargados precautoriamente no estuvieren valuados anteriormente o no se define en audiencia de cumplimiento su valor por acuerdo de ambas partes, se ordenará el avalúo y en su caso, la venta en almoneda pública, en los términos previstos por este Código Nacional.

Sin perjuicio por lo dispuesto en las normas fiscales, no se requiere avalúo cuando el precio conste en instrumento público o se haya fijado por consentimiento de las personas interesadas o se determine por otros medios el precio de los bienes, según las estipulaciones del contrato base de la controversia, a menos que en el curso del tiempo o por mejoras, hubiere variado el precio; el que se fijará sobre el valor objetivo y razonable del mismo, por la autoridad jurisdiccional a través de un único perito valuador.

Cuando la persona ejecutada no hubiere hecho el nombramiento en ejecución de sentencia de perito valuador, se realizará el mismo a través del perito designado por la autoridad jurisdiccional, dentro de aquellos que se encuentren autorizados por el Poder Judicial que corresponda, a costa de la parte ejecutada.

Artículo 998. Del precio del remate, se pagará a la persona ejecutante el importe de su crédito y se cubrirán los gastos de ejecución que hayan sido probados.

Artículo 999. Si la sentencia contuviere condena al pago de cantidad líquida y de otra ilíquida, podrá hacerse efectiva la primera, sin esperar a que se liquide la segunda.

Artículo 1000. Si la sentencia no contiene cantidad líquida, cualquiera de las partes podrá cuantificarla por escrito o en forma oral al promover su liquidación. Si se promueve fuera de la audiencia, se dará un plazo de tres días para que se conteste el incidente, señalándose fecha para audiencia de cumplimiento en cuanto las pruebas admitidas estén preparadas, misma en la que se resolverá. Esta resolución será apelable en el efecto devolutivo.

En el caso de que para la cuantificación se requiera de alguna pericial se ofrecerá en el momento de que se promueva o conteste, la que seguirá el trámite de ofrecimiento, preparación y desahogo en los términos previstos en el presente Código Nacional.

Artículo 1001. Cuando la sentencia hubiere condenado al pago de daños y perjuicios sin fijar su importe en cantidad líquida, habiéndose establecido o no en aquélla las bases para la liquidación, la persona que haya obtenido a su favor el fallo, presentará con la solicitud oral o escrita, en relación de los daños y perjuicios y de su importe, observándose lo dispuesto en este Código Nacional.

Lo mismo se practicará cuando la cantidad ilíquida proceda de frutos, rentas o productos de cualquier clase.

Artículo 1002. Si la sentencia condena a la ejecución de un hecho o prestación de algún bien, la autoridad jurisdiccional señalará al que fue condenado a un plazo prudente para el cumplimiento. Si pasado el plazo el obligado no cumpliere, se observarán las reglas siguientes, dentro o fuera de audiencia de cumplimiento en ejecución de sentencia:

I. Si el hecho fuere personal del obligado y no pudiere prestarse por otro, el ejecutante podrá reclamar el pago de daños y perjuicios a juicio de peritos, salvo que se hubiera condenado al pago de alguna pena, caso en el cuál por ésta, se despachará ejecución;

II. Si el hecho pudiere prestarse por otro, la autoridad jurisdiccional nombrará a la persona o personas que lo ejecuten a costa del obligado en el término que le fije. La persona nombrada podrá solicitar, antes de realizar los trabajos, se le asegure el importe fijado por acuerdo entre ellos, o en su defecto, a juicio de perito oficial, pidiendo de ser necesario se despache auto de ejecución para tal efecto, y

III. Si el hecho consiste en el otorgamiento de algún instrumento o la celebración de un acto jurídico, la autoridad jurisdiccional lo ejecutará por el obligado, expresándose en el documento que se otorgó en rebeldía.

En el caso de que el documento consista en una escritura pública, se pondrán los autos a disposición de la Notaria o el Notario Público que designe la parte en cuyo favor se dictó la sentencia y mediante notificación que surta sus efectos a través de la publicación en el medio de comunicación judicial oficial, se hará del conocimiento de la parte condenada, su deber de comparecer ante la Notaría, a cumplir con su obligación de firmar la escritura que se elabore en estricto cumplimiento a la sentencia condenatoria, lo que deberá hacer dentro del término de cinco días a partir de que la Notaria o el Notario Público le informe que está listo el proyecto respectivo, apercibido que de no hacerlo lo hará la autoridad jurisdiccional en su rebeldía.

Artículo 1003. En el instrumento público, que se otorgue conforme a lo señalado en el artículo anterior, se hará constar que se otorga en ejecución de la sentencia emitida en juicio.

Las actuaciones judiciales que deberán relacionarse, insertarse o agregarse en copias certificadas, al apéndice en la escritura serán, al menos las siguientes:

I. Las cláusulas del contrato que se formaliza o acto jurídico del que emana dicha obligación;

II. La demanda, el emplazamiento y su contestación o la declaración de rebeldía;

III. La sentencia que haya resuelto el fondo del asunto y, en su caso, del auto que la declara firme o del convenio judicial y el auto de aprobación que lo eleve a categoría de sentencia ejecutoriada;

IV. El proveído que ordene poner a disposición de la Notaria o Notario Público los autos para el otorgamiento de escritura respectiva en el cual consta, además, la notificación a las partes de dicho hecho, y

V. El auto de la autoridad jurisdiccional por el que, al no haber comparecido a la firma correspondiente, se otorga la escritura sin su comparecencia.

La Notaria o el Notario Público, una vez que se haya otorgado el instrumento deberá informar a la autoridad jurisdiccional, el número, libro y fecha que corresponda al mismo y, en su caso, devolverá el expediente puesto a su disposición. En caso de requerimiento, la Notaria o el Notario Público, informará de la situación que guarda el expediente que le haya sido turnado.

La autoridad jurisdiccional contará con un plazo máximo de diez días hábiles para emitir mediante proveído las observaciones que estime pertinentes. En caso de requerimiento, la Notaria o el Notario Público, contará con el mismo plazo para su atención.

De no existir observaciones o una vez realizadas las indicadas, la autoridad jurisdiccional firmará la escritura en rebeldía de la parte condenada.

Las resoluciones judiciales que se emitan con relación a las actuaciones que se deben insertar en la escritura y sus aclaraciones, serán irrecurribles.

Artículo 1004. Si la parte ejecutante optare, en cualquiera de los casos enumerados en el artículo anterior, por el resarcimiento de daños y perjuicios, se procederá a embargar bienes de la persona deudora por la cantidad que aquella señale y que la autoridad jurisdiccional podrá moderar prudentemente, sin perjuicio de que la persona deudora reclame sobre el monto.

Esta reclamación se substanciará como el incidente de liquidación de sentencia, misma que será susceptible de apelación.

Artículo 1005. Cuando se trate de sentencia que condene a no hacer, su ejecución consistirá en notificar, al sentenciado, que a partir del cumplimiento del término que en ella misma se señale, o del que, en su defecto, le fije la autoridad jurisdiccional prudentemente, se abstenga de hacer lo que se le prohíba. Lo mismo se observará cuando la obligación de no hacer constare en cualquier otro título que motive ejecución.

Artículo 1006. Tratándose de arrendamiento, en caso de que el arrendatario, en la contestación de la demanda, confiese o se allane a la misma, siempre y cuando esté y se mantenga al corriente en el pago de las rentas, la autoridad jurisdiccional concederá un plazo de tres meses, fijado prudentemente, para la desocupación del inmueble. Cuando la demanda se funde exclusivamente en el pago de rentas este beneficio será de tres meses, siempre y cuando exhiba las rentas adeudadas y se mantenga al corriente en el pago de las mismas. Estos plazos podrán modificarse por acuerdo de ambas partes en la audiencia de cumplimiento.

Artículo 1007. En cualquier otro caso en que se despache ejecución, mandará la autoridad jurisdiccional que se requiera a la persona deudora, para que, en el acto de la diligencia, cubra las prestaciones reclamadas y que, en caso de no hacerlo, si no hubiere bienes embargados afectos al cumplimiento de la obligación, o los que hubiere no fuesen suficientes, se le embarguen los que basten para satisfacer la reclamación.

En el mismo auto a que se refiere el párrafo anterior, se mandará prevenir a las partes que, dentro de tres días, nombre cada una un perito valuador o en su caso, un perito único designado por la autoridad jurisdiccional.

Artículo 1008. Cuando la ejecución tenga por objeto bienes determinados, y, al tratar de llevarse a efecto, resultare que ya no existe, que el deudor la ha ocultado o simplemente no aparece, el ejecutante puede reclamar su valor, intereses y daños y perjuicios, por las cantidades que específicamente fije, y por ellas se despachará ejecución, substanciándose la oposición, en su caso, por el procedimiento incidental, cuya resolución será apelable en el efecto devolutivo.

Artículo 1009. Si el o los bienes se hallan en poder de un tercero, la ejecución no podrá despacharse en su contra, sino en los casos siguientes:

I. Cuando la ejecución se funde en acción real, y

II. Cuando judicialmente se haya declarado nula la enajenación por la que adquirió el tercero.

Artículo 1010. Cuando, en una ejecución, se afecten intereses de terceros que no tengan, con el ejecutante o el ejecutado, alguna controversia que pueda influir sobre los intereses de éstos y en virtud de los cuales se ha ordenado la ejecución, tanto el ejecutante como el ejecutado son solidariamente responsables de los daños y perjuicios que con ella se causen al tercero, y la oposición de éste se resolverá por el procedimiento incidental.

Cuando se demuestre que sólo una de las partes ha sido responsable de la ejecución en bienes del tercero, cesa la solidaridad, condenando sólo al responsable.

Artículo 1011. Cuando la sentencia condene a rendir cuentas, la autoridad jurisdiccional señalará un término de cinco días a la persona obligada, para que se rindan, e indicará también a quién se deban de rendir.

Artículo 1012. La persona obligada, en el término que se le fije, y que no se prorrogará sino por una sola vez y por causa grave, rendirá su cuenta presentando los documentos que tenga en su poder y que la persona acreedora tenga en el suyo y que debe presentar poniéndolos a la disposición de la persona deudora en la secretaría de la autoridad jurisdiccional de que se trate.

Las cuentas deben de contener un preámbulo que contenga la exposición sucinta de los hechos que dieron lugar a la gestión y la resolución judicial que ordena la rendición de cuentas, la indicación de las sumas recibidas y gastadas y el balance de las entradas y salidas, acompañándose de los documentos justificativos, como recibos, comprobantes de gastos y demás.

Artículo 1013. Si la persona deudora presenta sus cuentas en el término señalado, quedarán éstas por tres días a la vista de las partes en el órgano jurisdiccional, y dentro del mismo tiempo presentarán sus objeciones, determinando las partidas no consentidas.

El incidente de impugnación de algunas partidas no impide que se despache ejecución a solicitud de parte, respecto de aquellas cantidades que confiese tener en su poder la persona deudora, sin perjuicio de que se substancien las oposiciones a las partidas objetadas.

Artículo 1014. Si la persona obligada no rindiere cuentas en el plazo que se le señaló, puede la persona acreedora pedir que se despache ejecución contra la persona deudora, si durante el juicio comprobó que ésta tuviera ingresos por la cantidad que estos importaron. La persona obligada puede contradecir el monto de la ejecución, substanciándose el incidente en la misma forma a que se refiere el artículo anterior.

En el mismo caso podrá la persona acreedora pedir a la autoridad jurisdiccional que, en lugar de ejecutar a la persona obligada, preste el hecho un tercero que la propia autoridad jurisdiccional nombre al efecto con cargo al deudor.

Artículo 1015. Cuando la sentencia condene a dividir un bien común y no presente las bases para ello, en la audiencia de cumplimiento se convocará al ejecutante y al ejecutado, para que en presencia judicial determinen las bases de la partición y si no se pusieren de acuerdo, la autoridad jurisdiccional designará a un perito en la materia y señalará a éste el término prudente para que presente el proyecto partitorio.

Presentado el plan de partición, quedará en la secretaría a la vista de los interesados por tres días hábiles para que formulen las objeciones dentro de ese mismo tiempo y de las que se correrá traslado al partidor, y se substanciarán en la misma forma de los incidentes de liquidación de sentencia. La autoridad jurisdiccional, al resolver oralmente, mandará hacer las adjudicaciones.

Artículo 1016. Si la sentencia condena a no hacer, su infracción se resolverá en el pago de daños y perjuicios a la persona actora, quien tendrá el derecho de señalarlos para que por ello se despache ejecución, sin perjuicio de la pena que señale en la sentencia o convenio judicial.

Artículo 1017. Cuando en virtud de la sentencia o de la determinación de la autoridad jurisdiccional deba entregarse algún bien mueble o inmueble, se procederá inmediatamente a poner en posesión de éste a la parte ejecutante o a la persona en quien se fincó el remate aprobado, practicando para este fin todas las diligencias conducentes que solicite la persona interesada.

Si el bien fuere mueble y pudiere ser habido, se le mandará entregar a la persona ejecutante o interesada, que indique la resolución. Si la persona obligada se resistiere, lo hará el actuario, notificador, ejecutor o su homólogo, quien podrá mandar romper las cerraduras y en los casos que se requiera emplear el uso de la fuerza pública.

En caso de no poderse entregar los bienes muebles señalados en la sentencia, se despachará la ejecución por la cantidad que señale la parte interesada y sin perjuicio de que se oponga la persona deudora en la vía incidental al monto señalado.

Igualmente, en los casos que la autoridad jurisdiccional ordene la legal intervención de instituciones de gobierno, éstas deberán brindar el auxilio necesario y sin dilaciones a los efectos de la realización del desalojo.

En la resolución judicial respectiva, se deberá ordenar que, en caso de uso de la fuerza pública, éste será el necesario, razonable y proporcional en la diligencia de desalojo. En la solicitud para la práctica de dicha diligencia, el ejecutante deberá solicitar la autorización judicial de aquellas personas que intervendrán en el desalojo, debiendo identificarlas de forma individual y quienes solo facilitarán el traslado de bienes muebles del interior al exterior del inmueble o mudanza respectiva.

El ejecutante y el ejecutado, serán responsables de los daños y perjuicios ocasionados con motivo de actos realizados por ellos u otras personas que intervengan en el desalojo legal, por actos de exceso y oposición al mismo.

La autoridad jurisdiccional desde que reciba la demanda e identifique la posibilidad de un desalojo legal, garantizará la igualdad de las partes y ordenará las medidas de protección, ajustes razonables, sistemas de apoyo, y demás determinaciones para el debido cumplimiento de la sentencia o convenio sin menoscabo de los derechos humanos de las partes.

La diligencia podrá ser videograbada por servidor público judicial que intervenga.

Artículo 1018. Cuando la sentencia ejecutoriada ordene la entrega de personas, la autoridad jurisdiccional dictará de inmediato los decretos para su debido cumplimiento, contra dicha resolución no procede recurso ordinario alguno.

Además de las medidas de apremio previstas en este Código Nacional, la autoridad jurisdiccional podrá dictar las siguientes:

I. Orden de búsqueda dentro del domicilio en el que se presuma se encuentra la persona que se pretenda restituir, que precise en su caso el rompimiento de cerraduras y el auxilio de la fuerza pública en estricto apego a los requisitos y formalidades previstas en la Constitución Política de los Estados Unidos Mexicanos y los tratados internacionales en la materia;

II. Retención de pasaporte de la persona que se busca, y

III. Solicitud de activación del Protocolo Nacional Alerta AMBER México, en su caso.

Artículo 1019. Todos los gastos y costas que se originen en la ejecución de una sentencia serán a cargo de la persona que fue condenada en ella.

Artículo 1020. La petición para exigir la ejecución de una sentencia, transacción o convenio judiciales podrá ser ejercitada dentro de los siguientes plazos:

I. Tres años en juicios ejecutivos orales, diversos especiales en materia civil y derivados de convenios de mediación y extrajudiciales referidos en este Código Nacional, salvo que la ley especial de donde surja el convenio prevea un plazo diverso;

II. Cinco años para los juicios ordinarios orales civiles;

III. Diez años para el resto de las sentencias dictadas en diversos juicios, incluida la materia familiar, y

IV. En los demás casos, en los plazos que el presente Código Nacional establezca.

Artículo 1021. Los términos fijados en el artículo anterior, se contarán desde la fecha de la sentencia o convenio, a no ser que en ellos se fije el plazo para el cumplimiento de la obligación, en cuyo caso el término se contará desde el día en que se venció el plazo o desde que pudo exigirse la última prestación vencida si se tratare de prestaciones periódicas.

Sólo la última resolución dictada en ejecución forzosa de una sentencia admitirá el recurso de apelación en el efecto devolutivo.

Artículo 1022. Contra la ejecución de las sentencias, convenios judiciales, extrajudiciales y de mediación que alcancen categoría de cosa juzgada, no se admitirá más excepción que la de pago, transacción, compensación, compromiso en árbitros, novación, la espera, la quita, y cualquier otro arreglo que modifique la obligación.

Todas estas excepciones, sin comprender la de falsedad, deberán ser posteriores a la sentencia, convenio o juicio, y constar por instrumento público o por documento privado judicialmente reconocido, o por confesión judicial en la audiencia de cumplimiento.

Estas excepciones se substanciarán en la audiencia de cumplimiento de sentencia, con suspensión de la ejecución únicamente cuando se sustente en la prueba documental antes señalada.

Artículo 1023. Todo lo que en este Capítulo se dispone respecto de la sentencia, comprende el pacto comisorio expreso, transacciones, convenios, laudos y aquellos que ponen fin a los juicios arbitrales, convenios judiciales y aquellos a que se refiere el artículo 471 de este Código Nacional.

CAPÍTULO III
DEL EMBARGO

Artículo 1024. En los casos que así proceda, en la audiencia de cumplimiento la autoridad jurisdiccional decretará oralmente o por escrito el auto de ejecución, el cual tendrá fuerza de mandamiento en forma, para el efecto de que se requiera a la persona deudora el cumplimiento de la obligación respectiva y no verificándolo en el acto, se proceda a embargar bienes suficientes a garantizar el importe de lo que se reclama.

Cuando la parte ejecutada no acuda a la audiencia de cumplimiento, el ejecutor judicial, en compañía del ejecutante, requerirá en el domicilio de la persona deudora el cumplimiento de la obligación y no verificándolo éste en el acto, se procederá a embargar bienes suficientes para cubrir las prestaciones condenadas en la sentencia ejecutoriada, o bien, las demandadas, si se tratare de juicio ejecutivo.

Si el demandado, en el acto del requerimiento, cumple la obligación, ya no se efectuará el embargo.

Artículo 1025. No es necesario el requerimiento de pago en la ejecución del embargo precautorio, ni en la ejecución de sentencias cuando no fuere hallado el ejecutado.

Cuando el embargo recaiga sobre bienes muebles, se podrá efectuar sobre aquellos que el ejecutor judicial tenga a la vista y sean susceptibles de plena identificación, especificando en el acta respectiva las características específicas de los mismos.

Para el caso de no tener a la vista los bienes, a petición del interesado, la autoridad jurisdiccional prestará auxilio para el perfeccionamiento del embargo.

Artículo 1026. Decretado el embargo, si la persona deudora no fuere encontrada en su domicilio, para hacerle el requerimiento de pago, se le dejará citatorio para que espere a hora fija del día siguiente hábil y si no espera, se practicará la diligencia con la persona que se encuentre en el mismo, o a falta de ésta, con el vecino inmediato.

Cuando se encontrare cerrado el domicilio, o se impidiere el acceso al mismo, el ejecutor judicial requerirá el auxilio de la fuerza pública, para hacer respetar la determinación judicial, y hará que, en su caso, sean rotas las cerraduras, para poder practicar el embargo de bienes que se hallen dentro de dicho domicilio.

No verificado el pago, sea que la diligencia se haya o no entendido con el ejecutado, se procederá al embargo de bienes, en el mismo domicilio del demandado o en el lugar en que se encuentren los bienes que han de embargarse.

Artículo 1027. Tratándose de juicio ejecutivo, si la persona deudora, no fuere encontrada en su domicilio por una vez, se le dejará citatorio para hora fija dentro de las veinticuatro horas siguientes y si no espera, se practicará la diligencia con cualquier persona que se encuentre en el domicilio.

Si no se supiere el paradero de la persona deudora, ni tuviere domicilio en el lugar, se hará el requerimiento por tres días consecutivos en el medio de comunicación judicial, se fijará la cédula en los lugares públicos de costumbre y surtirá sus efectos dentro de tres días, salvo el derecho de la persona actora para pedir providencia precautoria.

Verificado de cualquiera de los modos indicados el requerimiento, se procederá en seguida al embargo.

Artículo 1028. Para el caso que no se conociere el paradero de la persona deudora, una vez que se hayan llevado a cabo las diligencias a que se refiere el artículo 199 del presente Código Nacional, se hará la citación a través de la publicación en el medio de comunicación judicial por tres días consecutivos, el cual surtirá sus efectos dentro de tres días. Transcurridos los tres días el embargo se ejecutará, según el caso, en una audiencia especial ante la autoridad jurisdiccional respectiva.

En el caso que la persona ejecutada se encuentre en la audiencia de cumplimiento y la autoridad jurisdiccional ordene auto de mandamiento, en el acto se procederá al requerimiento del pago y en caso de negativa, se procederá al embargo de bienes que resulte procedente conforme a las reglas previstas en el presente Capítulo.

Artículo 1029. El derecho de designar los bienes que han de embargarse corresponde a la persona deudora; y sólo que ésta se rehúse a hacerlo o que esté ausente o desaparecido, deberá ejercerlo la persona actora o su representante legal con facultad expresa para ello, o bien manifestar que se reserva el derecho para hacerlo con posterioridad. El orden que debe guardarse para los embargos es el siguiente:

I. Los bienes consignados como garantía de la obligación que se reclama;

II. Dinero;

III. Créditos realizables en el acto;

IV. Alhajas;

V. Frutos y rentas de toda especie;

VI. Bienes muebles no comprendidos en las fracciones anteriores;

VII. Bienes inmuebles;

VIII. Créditos, y

IX. Sueldos o comisiones.

Artículo 1030. La designación de embargo sobre créditos o cuentas bancarias de la persona deudora sólo procede respecto de las que existen al momento de la ejecución, y bastará que se haga en forma genérica, para que se trabe el embargo y se perfeccione posteriormente por la parte a cuyo favor se haga la ejecución, con el auxilio judicial acerca de informes que rindan terceros, quienes estarán en todo caso obligados a proporcionar los números de cuenta o crédito que permitan su identificación.

En el caso de que el ejecutante se reserve el derecho a señalar bienes, no será motivo para dar nueva oportunidad al ejecutado de señalar.

Cualquier dificultad suscitada en la diligencia no impedirá el embargo; el ejecutor judicial la allanará prudentemente, a reserva de lo que determine la autoridad jurisdiccional.

En caso de que se pretenda ejecutar deudas de carácter alimentario, la prelación establecida en el artículo 819 del presente Código Nacional no será necesaria.

Artículo 1031. La persona ejecutante puede señalar los bienes que han de ser objeto de embargo, sin sujetarse al orden establecido por el artículo anterior:

I. Si para hacerlo estuviere autorizado por la persona obligada en virtud de convenio expreso;

II. Si los bienes que señala la persona demandada no fueron bastantes o si no se sujeta al orden establecido, o

III. Si los bienes estuvieren en diversos lugares. Pudiendo señalar los que se hallen en el lugar del juicio.

Artículo 1032. El embargo sólo procede y subsiste en cuanto a los bienes que fueron objeto de él, basten para cubrir lo condenado en la resolución judicial de que se trate la suerte principal, intereses, costas, gastos y daños y perjuicios, en su caso, incluyéndose los nuevos vencimientos y réditos hasta la conclusión del procedimiento.

Artículo 1033. Cuando practicado el remate de los bienes consignados en garantía, no alcanzare su producto para cubrir la reclamación, la persona acreedora puede pedir el embargo de otros bienes.

Artículo 1034. Podrá pedirse la ampliación de embargo:

I. En cualquier caso, en que, a juicio de la autoridad jurisdiccional, no basten los bienes embargados para cubrir lo condenado en la resolución judicial de que se trate;

II. Si el bien mueble embargado que se sacó a remate dejare de cubrir el importe de lo reclamado a consecuencia de las retasas que sufriere o si transcurrido (sic) seis meses de la remisión, no se hubiere obtenido su venta;

III. Cuando no se embarguen bienes suficientes por no tenerlos la persona deudora y después aparezcan o los adquiera;

IV. En los casos que se promueva una tercería, conforme a lo dispuesto en este Código Nacional, y

V. En los casos en los que después de emplazarse a todas las personas demandadas, transcurran seis meses sin que haya resuelto en definitiva el juicio debido a medios de defensa promovidos por el presunto ejecutado.

Artículo 1035. La ampliación del embargo se seguirá sin suspensión de la sección de ejecución.

Artículo 1036. De todo embargo se tendrá como persona depositaria o interventor, según la naturaleza de los bienes que sean objeto de éste, a la persona o institución, que bajo su responsabilidad nombre la persona acreedora, pudiendo ser ella misma o la persona deudora, mediante formal inventario.

En dichos casos la persona deberá identificarse, señalar domicilio para la guarda y custodia de los bienes dentro de la competencia territorial de la autoridad jurisdiccional, así como protestar y aceptar el cargo en la diligencia respectiva; requisitos sin los cuales no se le tendrá por designado.

El depositario o interventor recibirán los bienes bajo inventario formal, previa aceptación y protesta de desempeñar el cargo. De igual manera, responderán de los daños y perjuicios que pudieran causarse por su negligencia o mala fe, con motivo del depósito o por el incumplimiento de cualquier mandato que determine sobre el destino de los bienes secuestrados.

Se exceptúan de lo dispuesto en este precepto:

I. El embargo de dinero o de créditos fácilmente realizables que se efectúa en virtud de sentencia, porque entonces se hace entrega inmediata a la persona actora en pago; en cualquier otro caso, el depósito se hará en billete o certificado respectivo que se conservará en el seguro del juzgado;

II. El embargo de bienes que han sido objeto de embargo judicial anterior, en cuyo caso este depositario lo será respecto de todos los embargos subsecuentes mientras subsista el primero, a no ser que el reembargo sea por virtud de juicio hipotecario, derecho de prenda u otro privilegio real; porque entonces éste prevalecerá si el crédito de que procede es de fecha anterior al primer embargo, y

III. El embargo de alhajas, obras de arte y demás bienes muebles o inmuebles preciosos que se hará depositándolos en el Monte de Piedad o Institución designada para ello, a costa de la persona deudora.

Artículo 1037. Cuando se justifique que los bienes que se trate de embargar están sujetos a depósito o intervención con motivo de embargo judicial anterior, en caso de reembargo no se nombrará nuevo depositario o interventor, sino que el nombrado con anterioridad lo será para todos los reembargos subsecuentes, mientras subsista el primer embargo, y se pondrá en conocimiento de las autoridades jurisdiccionales que ordenaron los anteriores aseguramientos.

Cuando se remueva al depositario, se comunicará el nuevo nombramiento a las autoridades jurisdiccionales que practicaron los ulteriores embargos, para que procedan conforme a derecho.

Artículo 1038. Cuando por cualquier motivo, quede insubsistente el primer embargo, la autoridad jurisdiccional que lo haya dictado lo comunicará así al que le siga en orden, para que, ante él, se haga el nombramiento de nuevo depositario; pero la autoridad jurisdiccional que dictó dicho primer embargo no cancelará, por esta razón, las garantías otorgadas, hasta que apruebe la gestión del depositario que nombró, y lo declare libre de toda responsabilidad, y hasta que el que le siga en orden le comunique que ante él se otorgaron las que exige la ley. Además, deberá estar concluida toda cuestión relativa a la entrega de los bienes al nuevo depositario.

La autoridad jurisdiccional cuyo embargo quede en primer término, lo comunicará, así a los ulteriores, con expresión de todos los requisitos que, ante ésta, llenó el nuevo depositario.

Artículo 1039. No son susceptibles de embargo:

I. Los bienes que constituyan el patrimonio de familia desde su inscripción en el Registro Público de la Propiedad, Oficina Registral o cualquier otra Institución Registral análoga según la Entidad Federativa de la que se trate, en los términos establecidos por el Código Civil;

II. El lecho cotidiano, los vestidos y los muebles de uso ordinario de la persona deudora, su cónyuge o sus hijos, siempre que no se trate de artículos de lujo;

III. Los instrumentos, aparatos y útiles necesarios para el arte u oficio a que la persona deudora esté dedicada;

IV. La maquinaria, instrumentos y animales propios para el cultivo agrícola, en cuanto fueren necesarios para el servicio de la finca a que estén destinados a juicio de la autoridad jurisdiccional, a cuyo efecto oirá el informe de un perito nombrado por ella a costa de la persona deudora;

V. Los libros, aparatos, instrumentos y útiles de las personas que ejerzan o se dediquen al estudio de profesiones liberales;

VI. Las armas que los militares en servicio activo usen, indispensables para éste, conforme a las Leyes relativas;

VII. Los efectos, maquinaria e instrumentos propios para el fomento y giro de las negociaciones mercantiles e industriales, en cuanto fueren necesarios para su servicio y movimiento, a juicio de la autoridad jurisdiccional, a cuyo efecto oirá el dictamen de un perito nombrado por ella, cuyos honorarios correrán a costa de la persona deudora, pero podrán ser intervenidos juntamente con la negociación a que estén destinados;

VIII. Las mieses, antes de ser cosechadas, pero no los derechos sobre las siembras;

IX. El derecho de usufructo, pero no los frutos de éste;

X. Los derechos de uso y habitación;

XI. Las servidumbres, a no ser que se embargue el fundo a cuyo favor están constituidas, excepto la de aguas, que es embargable independientemente;

XII. La renta vitalicia, en los términos establecidos en los artículos relativos del Código Civil;

XIII. Los sueldos y el salario de las personas trabajadoras, en los términos que establece la Ley; siempre que no se trate de deudas alimenticias o responsabilidad proveniente de delito;

XIV. Las asignaciones de las personas pensionistas del erario;

XV. Los ejidos de los pueblos y la parcela individual que en su fraccionamiento haya correspondido a cada persona ejidataria, y

XVI. Los demás bienes exceptuados por disposición de las leyes.

Artículo 1040. La persona deudora sujeta a patria potestad o tutela, la que estuviere físicamente impedida para trabajar y la que sin culpa carezca de diversos bienes o de profesión u oficio, tendrán alimentos que la autoridad jurisdiccional fijará, sólo cuando existan bienes que produzcan frutos, de entre los que se encuentran garantizando la obligación y hasta en tanto salgan del patrimonio del titular, momento en que cesarán los alimentos, siempre atendiendo a la importancia de la demanda y de los bienes y las circunstancias de la persona demandada.

Artículo 1041. Todo embargo de bienes inmuebles o derechos reales sobre bienes inmuebles, se inscribirá en el Registro Público de la Propiedad, Oficina Registral o cualquier otra Institución Registral análoga de la Entidad Federativa de la que se trate, expidiéndose para tal efecto por duplicado, copia certificada de la diligencia o del acta mínima de la audiencia, y cuando se trate de juicios ejecutivos; de la diligencia de embargo, uno de los ejemplares, después del registro, se agregará a los autos y el otro quedará en la oficina de registro.

El embargo de títulos valor se puede realizar aun cuando no se tengan a la vista, y se tomará nota de él en el registro que corresponda, conforme al procedimiento establecido en el párrafo anterior.

Artículo 1042. Una vez trabado el embargo no puede el ejecutado alterar en forma alguna el bien embargado, ni contratar el uso del mismo, si no es con autorización judicial, que se otorgará oyendo al ejecutante. Registrado que sea el embargo, toda transmisión de derechos respecto de los bienes sobre los que se haya trabado, no altera de manera alguna la situación jurídica de los mismos en relación con el derecho del embargante de obtener el pago de su crédito con el producto del remate de esos bienes, derecho que se surtirá en contra de tercero con la misma amplitud y en los mismos términos que se surtiría en contra del embargado, si no se hubiese operado la transmisión.

Artículo 1043. Cuando se aseguren créditos, el embargo se reducirá a notificar a la persona deudora o a quien deba pagarlos, que no verifique el pago, sino que retenga la cantidad o cantidades correspondientes a disposición del juzgado, apercibida de doble pago en caso de desobediencia; y a la persona acreedora contra quien se haya dictado el embargo, que no disponga de esos créditos, bajo las penas que señala el Código Penal aplicable.

Si llegare a asegurarse el título mismo del crédito, se nombrará una persona depositaria que lo conserve en guarda, quien tendrá obligación de hacer todo lo necesario para que no se altere ni menoscabe el derecho que el título represente, y de intentar todas las acciones y recursos que la ley conceda para hacer efectivo el crédito, quedando sujeto, además a las obligaciones que impone el Código Civil.

Si se tratare de títulos a la orden o al portador, el embargo sólo podrá practicarse mediante la aprehensión de los mismos.

Si el crédito fuere pagado en su totalidad, se depositará su importe en la institución de crédito respectiva y el billete de depósito se guardará en la caja del juzgado que se trate y, desde ese momento, cesará en sus funciones el depositario nombrado.

Artículo 1044. Si los créditos a que se refiere el artículo anterior fueren derechos litigiosos, la providencia de embargo se notificará a la autoridad jurisdiccional de los autos respectivos, dándole a conocer a la persona depositaria nombrada a fin de que ésta pueda sin obstáculo alguno desempeñar las obligaciones que corresponda.

Artículo 1045. Cuando el embargo recaiga sobre el dinero efectivo o alhajas, el depósito se hará en una institución de crédito, y, donde no haya esta institución, en casa comercial de crédito reconocida. En este caso, el billete de depósito se guardará en la caja del juzgado que se trate, y no se recogerá lo depositado sino en virtud de orden escrita de la autoridad jurisdiccional de los autos.

Artículo 1046. Una vez recaído el embargo sobre bienes muebles que no sean dinero, alhajas, ni créditos, la persona depositaria que se nombre sólo tendrá el carácter de simple custodia de los objetos puestos a su cuidado, los que conservará a disposición de la autoridad jurisdiccional respectiva. Si los muebles fueren fructíferos, rendirá cuentas en los términos de este Código Nacional.

Artículo 1047. La persona depositaria, en el caso del artículo anterior, pondrá en conocimiento de la autoridad jurisdiccional el lugar en que quede constituido el depósito y recabará de ésta la autorización para hacer, en caso necesario, los gastos razonables de almacenaje y conservación. Los gastos de almacenaje serán a cargo de la persona deudora.

Si no pudiere, la persona depositaria, hacer los gastos que demande el depósito, pondrá esta circunstancia en conocimiento de la autoridad jurisdiccional, para que ésta, oyendo a las partes en una audiencia, que se efectuará dentro de tres días siguientes, decrete el modo de hacer los gastos, según en la audiencia se acordare o, en caso de no haber acuerdo, imponiendo esa obligación al que obtuvo la providencia del embargo.

Artículo 1048. Si los muebles depositados fueren bienes fungibles, la persona depositaria tendrá, además, la obligación de imponerse del precio observado en el comercio de los efectos confiados a su guarda, a fin de que, si encuentra ocasión favorable para la venta, lo ponga desde luego, en conocimiento de la autoridad jurisdiccional, con objeto que ésta determine lo que fuere conveniente, en una audiencia en que oirá al depositario y a las partes, si asistieren, y que se efectuará, a más tardar, dentro de los tres días siguientes.

Los bienes podrán depositarse en un almacén general de depósito cuyo costo será a cargo de la persona deudora.

Artículo 1049. Cuando hubiere inminente peligro de que los bienes fungibles se pierdan o inutilicen, entre tanto que se cita y efectúa la audiencia a que se refiere el artículo anterior, el depositario está obligado a venderlas al mejor precio observado en el comercio, rindiendo, a la autoridad jurisdiccional, cuenta con pago.

Artículo 1050. Si los muebles depositados fueren bienes fáciles de deteriorarse o demeritarse, la persona depositaria deberá examinar frecuentemente su estado y poner en conocimiento de la autoridad jurisdiccional el deterioro o demérito que en ellos observe o tema fundadamente que sobrevenga, a fin de que ésta dicte las medidas conducentes para evitar el daño, o acuerde su venta con las mejores condiciones, en vista de los precios observados en el comercio y del demérito que hayan sufrido o estén expuestos a sufrir los objetos secuestrados.

Artículo 1051. Si el embargo recayere en finca urbana y sus rentas o sobre éstas solamente, la persona depositaria tendrá el carácter de administradora, con las facultades y deberes siguientes:

I. Podrá contratar los arrendamientos fijando una renta a precio de mercado, procurando que las rentas no sean menores a las que estuvieron vigentes al tiempo de verificarse el embargo. Exigirá para asegurar el arrendamiento las garantías de estilo, bajo su responsabilidad, si no quiere aceptar ésta, recabará la autorización judicial;

II. Recaudará las pensiones que por arrendamiento rinda la finca, en sus términos y plazos; procediendo, en su caso, contra las personas inquilinas morosas, con arreglo a la ley;

III. Efectuará, sin previa autorización los gastos ordinarios de la finca, como el pago de contribuciones y los de mera conservación, servicio y aseo, no siendo excesivo su monto, cuyos gastos incluirá en la cuenta mensual que presentará a la autoridad jurisdiccional y serán a cargo de la persona deudora;

IV. Pagará los impuestos que corresponda por el arrendamiento en forma oportuna, y de no hacerlo así, serán de su responsabilidad los daños y perjuicios que su omisión origine;

V. Para hacer los gastos de reparación o de construcción ocurrirá a la autoridad jurisdiccional solicitando la autorización para ello, y acompañando, al efecto, los presupuestos respectivos, y

VI. Pagará, previa autorización judicial, los réditos de gravámenes reconocidos sobre la finca.

Artículo 1052. Para el efecto que se refiere en la fracción I del artículo anterior del presente Código Nacional, si ignorare la persona depositaria cuál era el importe de la renta al tiempo de practicarse el embargo, recabará dictamen pericial y solicitará la correspondiente autorización judicial para tal efecto.

Pedida la autorización a que se refiere la fracción V del mismo artículo 1051 del presente Código Nacional, la autoridad jurisdiccional citará a una audiencia que se verificará dentro de tres días siguientes para que las partes, en vista de los documentos que se acompañan, resuelvan de común acuerdo, si se autoriza o no el gasto. Si no se logra el acuerdo, y la persona depositaria o alguna de las partes insiste en la necesidad de la reparación, conservación o construcción, la autoridad jurisdiccional resolverá, autorizando o no el gasto, como lo estime conveniente. Contra dicha resolución no procede recurso alguno.

Artículo 1053. Cuando se embarguen bienes que estuvieren arrendados o alquilados, se notificará, a los arrendatarios, que, en lo sucesivo, deben pagar las rentas o alquileres a la persona depositaria nombrada, apercibidos de doble pago, si no lo hicieren así.

Al hacerse la notificación, se dejará, en poder del inquilino, cédula en que se insertará el auto respectivo. Si, en el acto de la diligencia o dentro del día siguiente de causar estado la notificación, el inquilino o arrendatario manifestare haber hecho algún anticipo de rentas o alquileres, deberá acreditarlo al hacer su manifestación, con los recibos del arrendador. De lo contrario, no se tomará en cuenta, y quedará obligado en los términos anteriores.

Artículo 1054. Si el embargo se efectúa en una finca rústica o en una negociación mercantil o industrial, la persona depositaria será interventora con cargo a la caja, vigilando la contabilidad y todas las operaciones que se efectúen, pudiendo oponerse incidentalmente a la realización de cualquier acto que perjudique a los intereses de la persona ejecutante y tendrá las siguientes atribuciones:

I. Dentro de los diez días siguientes a la fecha en que haya tomado posesión de su cargo, realizara una descripción de todos los bienes muebles e inmuebles, títulos valor, géneros de comercio y derechos de cualquier otra especie, conforme al valor que la propia contabilidad de la negociación les fije, elaborando, asimismo, un balance que muestre la situación financiera de la negociación a fin de que produzcan el mejor rendimiento posible, con los cuales dará cuenta a la autoridad jurisdiccional y vigilará:

a) En las fincas rústicas, la recolección de los frutos y su venta;

b) Las compras y ventas de las negociaciones mercantiles, recogiendo, bajo su responsabilidad el numerario y efectos de comercio para hacerlos efectivos en su vencimiento;

c) La compra de materia prima, su elaboración y la venta de los productos, en las negociaciones industriales, recogiendo el numerario y efectos de comercio para hacerlos efectivos en su vencimiento;

II. Ministrará los fondos para los gastos de la negociación o finca rústica y cuidará que la inversión de esos fondos se haga convenientemente;

III. Depositará mediante billete de depósito el dinero que resultare sobrante, después de cubiertos los gastos necesarios y ordinarios a disposición del juzgado;

IV. Las medidas necesarias para evitar abusos y malos manejos de las personas administradoras, dando cuenta a la autoridad jurisdiccional para su ratificación y para que determine lo conducente para remediar en su caso, la mala administración, y

V. La persona administradora designada deberá acreditar, conjuntamente al aceptar y protestar el cargo, tener conocimiento y experiencia para ejercer el cargo, así como acreditar contar con bienes inmuebles suficientes o exhibir una garantía o fianza que cubra los daños y perjuicios, para así asegurar el debido ejercicio del cargo. Sin ese requisito no se le tendrá por designado y no se le pondrá en posesión del cargo.

Artículo 1055. Si en el cumplimiento de los deberes que el artículo anterior impone a la persona interventora, ésta encontrare que la administración no se hace convenientemente, o puede perjudicar los derechos de la persona que pidió y obtuvo el embargo, lo pondrá en conocimiento de la autoridad jurisdiccional, para que, oyendo a las partes y a la persona interventora, determine lo conveniente. Contra dicha resolución no procede recurso alguno.

Artículo 1056. Si la persona interventora al efectuar la valoración de los bienes muebles e inmuebles, incluyendo los efectos, maquinaria e instrumentos propios para el fomento y giro de las negociaciones mercantiles o industriales, así como de los títulos valor, géneros de comercio y derechos de cualquier otra especie, encuentra que alguno o algunos de ellos son suficientes para cubrir el adeudo, lo hará del conocimiento de la autoridad jurisdiccional, para que ésta autorice su venta, a valor de mercado, debiendo tomar nota del valor de venta en la contabilidad de la negociación y el que arroje el juicio de perito único adscrito y designado por la autoridad jurisdiccional, siempre y cuando los bienes de que se trate no fueren necesarios para el servicio y movimiento de aquellas, a juicio de la autoridad jurisdiccional.

En caso de que el producto de la venta cubra el monto total de la condena y los gastos que correspondan, terminará la designación del interventor con cargo a la caja.

Artículo 1057. Las personas que tengan administración o intervención presentarán a la autoridad jurisdiccional cada mes, una cuenta de los esquilmos y demás frutos de la finca, y de los gastos erogados, con todos los comprobantes respectivos, en cuyo caso las partes tendrán derecho de controvertir en la vía incidental.

Artículo 1058. La autoridad jurisdiccional en la vía incidental aprobará o no, la cuenta mensual y determinará los fondos que deban quedar para los gastos necesarios, mandando depositar el sobrante líquido. Los incidentes relativos al depósito y a las cuentas, se seguirán de conformidad con las disposiciones previstas en el presente Código Nacional.

Artículo 1059. Será removida la persona depositaria en los siguientes casos:

I. Si dejare de rendir cuenta mensual o la presentada no fuere aprobada;

II. Cuando no haya manifestado su domicilio o el cambio de ésta;

III. Cuando tratándose de bienes muebles, no pusiere en conocimiento de la autoridad jurisdiccional, dentro de los tres días que sigan a la entrega, el lugar en donde quede constituido el depósito, y

IV. Cuando actúe con dolo, negligencia o mala fe con motivo del depósito o por el incumplimiento de cualquier mandato que determine sobre el destino de los bienes secuestrados.

Si la persona removida fuere la persona deudora, la persona ejecutante nombrará nuevo depositario. Si lo fuere la persona acreedora o la persona por él nombrada, la nueva elección se hará por la autoridad jurisdiccional, de conformidad con las disposiciones previstas en el presente Capítulo. Contra dicha resolución no procede recurso alguno.

La persona depositaria responderá de los daños y perjuicios causados en caso de negligencia o mala fe.

Artículo 1060. La persona depositaria y la persona actora, cuando ésta la hubiere nombrado, serán responsables solidariamente de los bienes.

Artículo 1061. Cuando hubiere cambio de la persona depositaria, se prevendrá, a quien tuviere los bienes, que haga entrega de ellos, dentro de los tres días siguientes al que fuere nombrado, con el apercibimiento de que, de no hacerlo, se hará uso inmediato de la fuerza pública. Si el plazo indicado no bastare para concluir la entrega, la autoridad jurisdiccional podrá ampliarlo.

Artículo 1062. Las personas depositarias e interventoras percibirán por honorarios los que señale el arancel autorizado por la Ley Orgánica o legislación correspondiente de cada Entidad Federativa.

Artículo 1063. Los incidentes de liquidación de sentencia, rendición de cuentas y determinación de daños y perjuicios, así como cualquier audiencia, solicitud o trámite para la ejecución de la sentencia, se harán de la manera más sencilla y accesible, sin mayor formalidad que las dispuestas en este Código Nacional. Lo anterior resulta aplicable tratándose de la fijación de acuerdos siempre que no vulneren disposiciones de orden público y social, o derechos de terceros.

En todos los casos se procurará dar trámite y resolver dentro del sistema de audiencias, conforme a los principios del juicio oral.

Artículo 1064. Las disposiciones de este Capítulo resultan aplicables a todos los casos de embargo judicial, salvo aquéllos en que este Código Nacional disponga expresamente otra cosa.

CAPÍTULO IV
DEL REMATE EN SUBASTA PÚBLICA

Artículo 1065. Toda venta que legalmente deba practicarse en subasta o almoneda pública, se sujetará a las disposiciones contenidas en este Capítulo, salvo en los casos en que el presente Código Nacional disponga expresamente lo contrario.

Artículo 1066. Todo remate de bienes inmuebles o muebles será público y deberá celebrarse en la sede de la autoridad jurisdiccional que fuere competente para la ejecución.

Las reglas contenidas en este Capítulo serán aplicables para los semovientes y créditos en lo que resulte aplicable.

Artículo 1067. Una vez inscrito el embargo sobre el bien inmueble de que se trate, exhibido el certificado de gravamen y notificados los acreedores o terceros que del mismo se desprendan, dentro del término común de diez días que establezca la autoridad jurisdiccional, la parte ejecutora, parte ejecutada, personas acreedoras y terceros tendrán derecho de exhibir avalúo de los bienes inmuebles, mismo que deberá ser realizado por corredor público, institución de crédito o perito valuador autorizado por el Consejo de la Judicatura, los cuales en ningún caso podrán tener el carácter de parte o de persona interesada en el juicio.

Artículo 1068. En el caso de bienes inmuebles el valuador deberá considerar en su dictamen las características físicas, económicas, plusvalía, contexto y zona sociodemográfica en la que se encuentra el inmueble, el precio del mercado inmobiliario y todo aquel otro elemento que sirva para determinar el valor comercial del mismo.

Cuando la parte ejecutada no hubiere designado perito valuador en el plazo legal o el juicio se siga en su rebeldía, la autoridad jurisdiccional lo designará en su rebeldía, nombrado de la lista de peritos autorizados por el Consejo de la Judicatura respectivo, cuyos honorarios serán cubiertos por la parte ejecutada.

Artículo 1069. En el supuesto de que ninguna de las partes exhiba el avalúo dentro del plazo señalado, cualquiera de ellas podrá presentarlo posteriormente. A partir de que se presente el primero, las demás partes tendrán un término común de diez días para exhibir el suyo.

Artículo 1070. Si todas las partes exhibieren los avalúos y el valor referido en ellos no coincide, se tomará como base para el remate el promedio de entre el más alto y más bajo, siempre que no exista un veinte por ciento de diferencia entre ellos. En caso de que la diferencia supere ese porcentaje, la autoridad jurisdiccional ordenará se practique un nuevo avalúo para determinar el valor, nombrando perito valuador de la lista autorizada por el Consejo de la Judicatura respectivo, cuyos honorarios serán cubiertos por ambas partes.

Artículo 1071. El avalúo practicado tendrá vigencia de un año. Durante la primera subasta deberá estar vigente el avalúo practicado. Si entre ésta y las subsecuentes mediará un término mayor de seis meses, se deberán actualizar los valores.

Artículo 1072. Tratándose de remate de bienes inmuebles, se deberá exhibir certificado que consigne la existencia de gravámenes, emitido no mayor a seis meses por autoridad registral competente.

Artículo 1073. Si del certificado aparecieren gravámenes, se procederá a notificar de forma personal el estado de ejecución a las personas acreedoras o quienes a su favor existan derechos para que intervengan en el avalúo y subasta de los bienes, si así lo deciden.

Artículo 1074. Las personas acreedoras o aquellas cuyo gravamen este a su favor, tendrán las siguientes facultades:

I. Intervenir en el acto del remate y hacer las observaciones a la autoridad jurisdiccional que estimen pertinentes para garantizar sus derechos. Lo anterior no implicará que se suspenda el procedimiento de remate;

II. En su caso, apelar el auto de aprobación del remate, y

III. Una vez notificado, nombrar a su costa perito valuador que podrá con los nombrados por las partes, practicar el correspondiente avalúo. No podrá ejercer este derecho después de transcurrido el término común y practicado el avalúo por los peritos de las partes o el tercero en discordia o el designado por la autoridad jurisdiccional, ni cuando la valorización se haga por otros medios.

Artículo 1075. Cuando el monto líquido total de la condena sea igual o superior al valor de los bienes valuados y del certificado en el que se hagan constar los gravámenes, no aparecieren otras personas acreedoras, la parte ejecutante podrá optar por la adjudicación directa de los bienes. Contra la resolución que adjudica de forma directa al ejecutante, procede el recurso de apelación en ambos efectos.

La persona acreedora o alguna otra tercera a quien se adjudique el bien, de forma directa o en subasta pública, reconocerá, a las personas acreedoras hipotecarias anteriores, sus créditos, hasta donde baste a cubrir el precio de adjudicación, para pagárselos al vencimiento de sus escrituras.

Artículo 1076. Una vez determinado el valor de los bienes inmuebles, la autoridad jurisdiccional deberá cerciorarse que los datos de identificación de los mismos asentados en el acta de embargo coincidan con aquellos contenidos en el certificado en el que se hace constar los gravámenes, así como con los datos de identificación en el avalúo. Tratándose de juicios que en autos conste los títulos de propiedad de los bienes, la autoridad jurisdiccional deberá hacer la misma identificación señalada en el párrafo anterior. Una vez realizada la identificación, se podrá ordenar la publicación de edictos para anunciar la subasta pública.

Artículo 1077. De existir diferencias en los datos de identificación de los inmuebles a rematar, la autoridad jurisdiccional lo hará del conocimiento a las partes, a efecto de que éstas aporten los elementos necesarios para subsanar cualquier diferencia previa a la subasta pública.

Artículo 1078. El remate deberá realizarse dentro de los veinte días siguientes a la fecha de publicación del anuncio de su celebración; pero en ningún caso mediarán menos de cinco días entre la publicación del último edicto y la subasta.

La subasta pública deberá anunciarse por edicto una sola ocasión en el medio de comunicación procesal oficial y a través de los medios electrónicos del Poder Judicial respectivo, así como en los de la Tesorería de cada Entidad Federativa, debiendo mediar entre la publicación y la fecha de remate cuando menos cinco días hábiles.

Tratándose de remates del interés de la Federación, deberá anunciarse la subasta pública ante el Instituto de la Administración y Avalúos de Bienes Nacionales.

Si los bienes estuvieren ubicados en diversas jurisdicciones, en todas ellas se publicarán los edictos privilegiando los medios electrónicos correspondientes, o aquellos que considere a juicio de la autoridad jurisdiccional.

Artículo 1079. Antes de aprobarse la subasta, podrá la persona deudora librar sus bienes pagando lo condenado a través de la exhibición de certificado de depósito por la cantidad que prudentemente califique la autoridad jurisdiccional, para garantizar el pago de las costas, si hubiere condena a ello. Después de aprobada la subasta, no podrá ser revocada por la propia autoridad jurisdiccional. La resolución que apruebe o desapruebe un remate podrá ser apelable en el efecto devolutivo.

Artículo 1080. Si los bienes inmuebles estuvieren situados en otra Entidad Federativa distinta al del lugar de la ejecución, en todos ellos se publicarán los edictos en los sitios de costumbre y en las puertas de los tribunales respectivos.

En tales casos, se ampliará el plazo para la celebración de la subasta, concediéndose un día más por cada doscientos kilómetros o por una fracción que exceda de la mitad, y se calculará para designar el día de la subasta, la distancia mayor a que se hallen los bienes. La autoridad jurisdiccional además de los medios de publicidad mencionados, podrá utilizar algún otro para convocar postores.

Artículo 1081. Postura legal es la que cubre las dos terceras partes del valor determinado para los bienes en subasta, con el objeto de que la cantidad de la parte de contado, sea suficiente para pagar el monto del crédito o créditos de lo sentenciado.

Cuando por el importe del valor fijado a los bienes, no sea suficiente la parte de contado para cubrir lo sentenciado, será postura legal las dos terceras partes del avalúo, dadas al contado.

Artículo 1082. Las posturas se formularán por escrito, salvo que los Consejos de la Judicatura establezcan otros mecanismos para ello expresando, la misma parte postora o su representante con facultades para ello, lo siguiente:

I. El nombre, capacidad legal y domicilio de la parte postora;

II. La cantidad que se ofrezca por los bienes;

III. La cantidad que se otorgue de contado, y los términos en que se haya de pagar el resto;

IV. El interés que deba causar la suma que se quede reconociendo, el que no puede ser menor del nueve por ciento anual;

V. La exhibición del billete de depósito que consigne el diez por ciento del valor de los bienes sujetos a la subasta, y

VI. La sumisión expresa a la autoridad jurisdiccional que conozca del negocio, para que haga cumplir el contrato.

En caso de que una postura no cumpla con los anteriores requisitos, la autoridad jurisdiccional le requerirá al postor que satisfaga los omitidos, que deberán ser subsanados dentro del día siguiente, y en caso de que ese día se celebre la subasta, deberá realizarse antes de su inicio, caso contrario, se tendrá por no hecha la postura.

Artículo 1083. Las posturas que ofrezcan de contado solo una parte del precio, deberán exhibir en el remate el diez por ciento en numerario o billete de depósito a favor de la autoridad jurisdiccional ante la cual se lleva la subasta, y la cantidad que adeude será garantizada con primera hipoteca o prenda, expresando, al formular su postura, los bienes que quedarán sujetos al gravamen respectivo.

Al concluir la subasta, la autoridad jurisdiccional ordenará al postor en quien se finque el remate, la exhibición del diez por ciento que quedará como garantía del cumplimiento de su obligación, misma que se mandará depositar en términos del presente Código Nacional. Las exhibiciones de las personas postoras que no se les fincaron los bienes, les serán devueltas en ese acto.

Artículo 1084. Cuando el importe de las posturas y mejoras en el precio de subasta se ofrezcan de contado, debe exhibirse en numerario o billete de depósito a favor de la autoridad jurisdiccional que realiza la subasta; y, fincado el bien en favor del postor que hubiere hecho la exhibición, se procederá en los términos de la parte final del artículo anterior.

Artículo 1085. La parte ejecutante podrá formar parte en la subasta y mejorar las posturas de las pujas que se hicieren, sin necesidad de consignar el depósito prevenido en el artículo anterior.

Cuando la parte ejecutante haga postura, la garantía o la exhibición de contado, en su caso, se limitará al exceso de la postura, sobre el importe de lo sentenciado.

Artículo 1086. La persona postora no puede rematar para un tercero, sino con poder y cláusula especial, quedando prohibido hacer postura, reservándose la facultad de declarar después, el nombre de la persona para quien se hizo.

Artículo 1087. Desde que se anuncie el remate y durante éste, se pondrán de manifiesto los planos que hubiere y estarán a la vista los avalúos.

Artículo 1088. La autoridad jurisdiccional revisará minuciosamente el expediente antes de iniciar la subasta, y decidirá de plano cualquier cuestión que se suscite durante la misma. Las resoluciones que dicte durante la subasta serán irrecurribles.

Artículo 1089. En la hora prevista el día de la subasta, la autoridad jurisdiccional, de forma personal, pasará lista de las partes postoras presentadas, y concederá diez minutos para admitir a las nuevas personas postoras que se presenten. Concluido el plazo, la autoridad jurisdiccional declarará que procederá a subastar los bienes y no podrá admitir nuevos participantes. Enseguida revisará las propuestas presentadas, desechando, desde luego, las que no tengan postura legal y las que no estuvieren acompañadas del billete de depósito a que se refiere el presente Capítulo del Código Nacional.

Artículo 1090. Calificadas de buenas las posturas, la autoridad jurisdiccional las leerá en voz alta por sí misma, para que las partes postoras presentes puedan mejorarlas. Si hay varias posturas legales, la autoridad jurisdiccional decidirá cuál es la preferente.

Hecha la declaración de la postura considerada preferente, la autoridad jurisdiccional preguntará si alguno de los licitadores la mejora inmediatamente, contando del uno al tres en un término no mayor a los treinta segundos, sin necesidad de certificación. En caso de que alguna persona mejore la postura antes de llegar al conteo señalado, interrogará de nuevo si algún postor puja la mejora, realizando un nuevo conteo en igual tiempo y forma y, así, sucesivamente, con respecto a las pujas que se hagan y mejoren el precio del remate. En cualquier momento en que, transcurrido el término antes señalado, después de hacer la pregunta correspondiente, no se mejorare la última postura o puja, declarará la autoridad jurisdiccional fincado el remate en favor del postor que hubiere hecho aquélla y lo aprobará en su caso.

En caso de que la autoridad jurisdiccional lo considere necesario podrá decretar un receso razonable que no excederá de treinta minutos para analizar las pujas, previo a la aprobación y fincar el remate.

La resolución que apruebe o desapruebe el remate será apelable en el efecto devolutivo, sin que proceda recurso alguno en contra de las resoluciones que se dicten durante el procedimiento de remate.

Artículo 1091. Una vez ejecutada la subasta, si restan cantidades exigibles por cuantificar que sean pendientes de cumplimiento en la resolución judicial que se ejecuta, cualquiera de las partes podrá promover incidente de liquidación.

Antes de fincado el remate, puede el deudor librar sus bienes si paga en el acto lo sentenciado y garantiza el pago de las costas que estén por liquidar.

Artículo 1092. Al declarar aprobada la subasta, mandará la autoridad jurisdiccional, dentro de los tres días siguientes se otorgue a favor de la persona adjudicataria la escritura de adjudicación correspondiente, en los términos de su postura y que se le entreguen los bienes subastados. Para ello corresponderá a la autoridad jurisdiccional la firma de la escritura, sin necesidad de requerir al ejecutado.

La suscripción de la escritura de adjudicación observará el procedimiento prescrito en este Código Nacional. Independientemente de ello, a petición de parte se ordenará la entrega de los bienes rematados.

Artículo 1093. Si el postor no cumpliere sus obligaciones, ya porque se negare a otorgar la garantía ofrecida, ya porque, extendida la escritura correspondiente, en su caso, se negare a firmarla en el término legal, la autoridad jurisdiccional, cerciorándose de estas circunstancias declarará sin efecto el remate, para citar, nuevamente, a la misma almoneda, y el postor perderá el diez por ciento exhibido, el que se aplicará, por vía de indemnización, al ejecutado, manteniéndose en depósito para los efectos del pago al ejecutante, hasta concluir los procedimientos de ejecución.

Artículo 1094. No habiendo parte postora, quedará al arbitrio de la parte ejecutante pedir en el momento de la subasta que se le adjudiquen los bienes por el precio del avalúo que sirvió de base para el remate o que se saquen de nuevo a subasta pública sin rebaja en el precio.

Esta segunda subasta se anunciará y celebrará en igual forma que la anterior.

En caso de liquidación de sociedad conyugal o herencias, no operará la rebaja en el precio fijado a los bienes, al no constituir un crédito pendiente de pago.

Artículo 1095. Si en la segunda subasta tampoco hubiere personas licitadoras, la persona actora podrá pedir o la adjudicación por el precio que sirvió de base para la segunda subasta o, que se le entreguen en administración los bienes para aplicar sus productos al pago del capital, los intereses y de las costas.

Artículo 1096. Si la parte ejecutante no está de acuerdo con ninguno de los dos medios expresados en el artículo que precede, podrá pedir que se celebre una tercera subasta, con rebaja del diez por ciento de la tasación.

En este caso, si hubiere parte postora que ofrezca las dos terceras partes del precio con rebaja para la subasta que sirvió de base y que acepte las condiciones de ésta, se fincará el remate, sin más trámites.

Si no llegase a dichas dos terceras partes, con suspensión del fincamiento del remate, se hará saber el precio ofrecido a la parte deudora, para que, en una continuación de la audiencia a celebrarse en los siguientes diez días hábiles, para que haga el pago a la parte acreedora librando los bienes, o presentar persona que mejore la postura, dentro de la referida continuación de audiencia de ejecución.

Si la parte deudora no hizo el pago o no lleva un mejor postor, se aprobará el remate mandando llevar a efecto la venta.

Las personas postoras a que se refiere este artículo cumplirán con el requisito previo del depósito a que se refiere este Código Nacional.

Artículo 1097. Cuando se mejore la postura, la autoridad jurisdiccional, mandará abrir nueva subasta dentro de los siguientes cinco días hábiles, la que se celebrará únicamente entre las dos personas postores, realizándose las pujas respectivas inmediatamente, conforme a las disposiciones del presente

Capítulo y, en su caso, se adjudicará la finca al que hiciere la proposición más ventajosa.

Si la primera persona postora, en vista de la mejora hecha por la segunda, manifestare que renuncia a sus derechos, o no se presentare a la subasta, se fincará en favor de la segunda. Lo mismo se hará con la primera, si la segunda no se presenta a la subasta.

Artículo 1098. Si en la tercera subasta se hiciere postura admisible en cuanto al precio, pero ofreciendo pagar a plazos o alterando alguna otra condición, se hará saber a la persona acreedora, la cual podrá pedir en los cinco días siguientes, la adjudicación de los bienes en las dos tercias partes del precio de la segunda subasta; y si no hace uso de este derecho, se aprobará el remate en los términos ofrecidos por el postor.

Para el caso de que la parte acreedora, el precio desee adjudicarse el bien de que se trate y su crédito condenado no alcance las dos tercias partes del precio del avalúo, podrá formar parte de la subasta y exhibir la diferencia en numerario o billete de depósito con las formalidades exigidas en el presente Capítulo.

Artículo 1099. Cualquier subasta que tenga que hacerse de los gravámenes que afecten a los inmuebles vendidos, gastos de la ejecución y demás, se regulará por la autoridad jurisdiccional en forma incidental.

Artículo 1100. Aprobada la subasta se prevendrá a la persona compradora que consigne ante la propia autoridad jurisdiccional, el precio del remate.

Si la persona compradora no consignare el precio en el plazo que la autoridad jurisdiccional señale, o por su culpa dejare de tener efecto la venta, se procederá a nueva subasta como si no se hubiera celebrado, perdiendo la persona postora el depósito respectivo, que se aplicará por vía de indemnización, por partes iguales, a las partes ejecutante y ejecutada.

Artículo 1101. Consignado el precio y aprobado en definitiva el remate o la adjudicación, se suscribirá la escritura a la persona adquirente ante la Notaria o Notario Público que éste designe, apremiando, en su caso, a la persona deudora para que los entregue, y se pondrán los bienes a disposición del mismo comprador, dándose para ello las órdenes necesarias, aun las de desocupación de fincas habitadas por la persona deudora o terceros que no tuvieren contrato para acreditar el uso, en los términos que fija el Código Civil respectivo de cada Entidad Federativa. Se le dará a conocer como dueño a las personas que él mismo designe.

En todos los casos el ejecutado, es responsable de la evicción.

Artículo 1102. Con el precio se pagará a la persona acreedora hasta donde alcance, y si hubiere costas pendientes que liquidar, se mantendrá en depósito la cantidad que se estime bastante para cubrirlas, hasta que sean aprobadas las que faltaren de pagarse; pero si la persona ejecutante no formula su liquidación dentro de los cinco días de hecho el depósito perderá el derecho de reclamarlas.

El reembargo produce su efecto en lo que resulte líquido del precio del remate, después de pagarse el primer embargante, salvo el caso de preferencia de derechos. La persona reembargante para obtener el remate en caso de que éste no se haya verificado, puede obligar a la primera ejecutante a que continúe su acción.

En la liquidación deberán comprobarse todos los gastos y costas posteriores a la sentencia de remate.

Artículo 1103. Si la parte que se diera de contado o billete de depósito excediere del monto de lo sentenciado, formada y aprobada la liquidación, se entregará la parte restante al ejecutado, si no se hallare retenida a instancia de otro acreedor, observándose, en su caso, las disposiciones del Código Civil respectivo sobre graduación de crédito.

Artículo 1104. Si la ejecución se hubiere despachado a instancia de una segunda persona acreedora hipotecario o de otra persona hipotecaria de ulterior grado, el importe de los créditos hipotecarios preferentes de que responda la finca rematada, se consignará ante el juzgado correspondiente y el resto se entregará sin dilación a la persona ejecutante, si notoriamente fuera inferior a su crédito o lo cubriere.

Si excediere, se le entregarán capital e intereses y las costas líquidas. El remanente quedará a disposición de la persona deudora a no ser que se hubiere retenido judicialmente para el pago de otras deudas.

Artículo 1105. La persona acreedora que se adjudique la cosa soportará los créditos hipotecarios que existan para pagarlos al vencimiento de su escrituración, y entregará a la persona deudora al contado, lo que resulte libre del precio, después de hecho el pago.

Artículo 1106. Cuando se hubiere seguido la vía de apremio en virtud de títulos a la persona portadora con hipoteca inscrita sobre la finca vendida, si existieren otros títulos con igual derecho, se prorrateará entre todo el valor líquido de la venta, entregando a la persona ejecutante lo que le corresponda y depositándose la parte correspondiente a los demás títulos hasta su cancelación.

Artículo 1107. En los casos a que se refieren los artículos 1102 y 1104 de este Código Nacional se cancelarán las inscripciones de las hipotecas a que estuviere afecta la finca vendida, expidiéndose para ello mandamiento, en el que se exprese que el importe de la venta no fue suficiente para cubrir el crédito de la persona ejecutante y, en su caso, haberse consignado el importe del crédito acreedor preferente o el sobrante, si los hubiere, a disposición de las personas interesadas.

En el caso del artículo 1105 de este ordenamiento, si el precio de la venta fuere insuficiente para pagar las hipotecas anteriores y las posteriores, sólo se cancelarán éstas, conforme a lo prevenido en la primera parte de este artículo.

Artículo 1108. Cuando conforme a lo previsto en este Código Nacional, la persona acreedora hubiere optado por la administración de las fincas embargadas, se observará lo siguiente:

I. La autoridad jurisdiccional mandará que se le haga entrega de ellas bajo el correspondiente inventario, y que se le dé a reconocer a las personas que el mismo acreedor designe;

II. La persona acreedora y la persona deudora podrán establecer por acuerdos particulares las condiciones y término de la administración, forma y época de rendir las cuentas. Si así no lo hicieren se entenderá que las fincas han de ser administradas según la costumbre del lugar, debiendo el acreedor rendir cuentas cada seis meses;

III. Si las fincas fueren rústicas podrá la persona deudora intervenir las operaciones de la recolección;

IV. La rendición de cuentas y las diferencias que de ellas surgieren se substanciarán sumariamente;

V. Cuando la persona ejecutante haya hecho pago de su crédito, intereses y costas con el producto de las fincas, volverán éstas a poder de la persona ejecutada, y

VI. La persona acreedora podrá cesar en la administración de la finca cuando lo crea conveniente y pedir se saque de nuevo a pública subasta por el precio que salió a segunda almoneda, y si no hubiere persona postora, que se le adjudique por dos terceras partes de ese valor, en lo que sea necesario para completar el pago, deduciendo lo que hubiere percibido a cuenta.

Artículo 1109. Si en el contrato se ha fijado el precio en que una finca hipotecada haya de ser adjudicada a la persona acreedora sin haberse renunciado la subasta, el remate se hará teniéndose como postura legal la que exceda del precio señalado para la adjudicación, y cubra con el contado lo sentenciado. Si no hubiere postura legal, se llevará a efecto desde luego la adjudicación en el precio convenido, debiéndose observar al efecto lo dispuesto en este Código Nacional.

Artículo 1110. Cuando los bienes, cuyo remate se haya decretado, fueran muebles, se observará lo siguiente:

I. Se efectuará su venta siempre de contado, por medio de corredor o casa de comercio que expenda objetos o mercancías similares, o cualquier otro medio que la autoridad jurisdiccional considere, haciéndole saber, para la busca de personas compradoras el precio fijado por peritos o por convenio de las partes;

II. Si pasados diez días de puestos a la venta no se hubiere logrado ésta, la autoridad jurisdiccional ordenará una rebaja del diez por ciento del valor fijado primitivamente, y, conforme a ella comunicará al corredor o casa de comercio el nuevo precio de venta, y así sucesivamente, cada diez días, hasta obtener la realización;

III. Efectuada la venta, el corredor, casa de comercio o el establecimiento correspondiente, entregará los bienes a la persona compradora, otorgándosele la factura correspondiente, que firmará la persona ejecutada o la autoridad jurisdiccional en su rebeldía;

IV. Después de ordenada la venta, puede la parte ejecutante pedir la adjudicación de los bienes por el precio que tuvieren señalado al tiempo de su petición; eligiendo los que basten para cubrir su crédito, según lo sentenciado;

V. Los gastos de corretaje o comisión serán a cargo de la persona deudora y se deducirán preferentemente del precio de venta que se obtenga, y

VI. En todo lo demás, se estará a las disposiciones de este Capítulo.

CAPÍTULO V
DE LA EJECUCIÓN DE LA SENTENCIA Y DEMÁS RESOLUCIONES DE LAS AUTORIDADES JURISDICCIONALES DE LAS ENTIDADES FEDERATIVAS

Artículo 1111. La autoridad jurisdiccional ejecutora que reciba exhorto con las inserciones necesarias, conforme a derecho para la ejecución de una sentencia u otra resolución judicial, cumplirá con lo que disponga la autoridad jurisdiccional requirente, siempre que lo que haya de ejecutarse no fuere contrario a las Leyes de cada Entidad Federativa.

Artículo 1112. La autoridad jurisdiccional ejecutora no podrá oír ni conocer de excepciones, cuando fueren opuestas por alguna de las partes que litigan ante la autoridad jurisdiccional requirente, salvo el caso de competencia legalmente interpuesta por alguna de las personas interesadas.

Artículo 1113. Si al ejecutar los autos insertos en las requisitorias, se opusiere tercera persona, el órgano jurisdiccional oirá incidentalmente y calificará las excepciones opuestas, conforme a lo siguiente:

I. Cuando la tercera persona que no hubiere sido oído por la autoridad jurisdiccional requirente y poseyere en nombre propio la cosa en que debe ejecutarse la sentencia, no se llevará adelante la ejecución, devolviéndose el exhorto con inserción del auto en que se dictare esa resolución y de las constancias en que se haya fundado, y

II. Si la tercera opositora que se presente ante la autoridad jurisdiccional requerida, no probare que posee con cualquier título traslativo de dominio la cosa sobre que verse la ejecución del auto inserto en la requisitoria, será condenada a satisfacer las costas, daños y perjuicios a quien se los hubiere ocasionado. Contra esta resolución no se dará recurso alguno.

Artículo 1114. Las autoridades jurisdiccionales requeridas deberán ejecutar las sentencias, de conformidad con lo siguiente:

I. Que versen sobre cantidad líquida o cosa determinada individualmente;

II. Que se trataren de derechos reales sobre inmuebles o de bienes muebles ubicados en la Entidad Federativa correspondiente y conforme a las Leyes del lugar;

III. Si tratándose de derechos personales o del estado civil, la persona condenada se sometió expresamente o por razón de domicilio a la justicia que la pronunció, y

IV. Siempre que la parte condenada haya sido emplazada personalmente para ocurrir al juicio.

Artículo 1115. La autoridad jurisdiccional que reciba despacho u orden de su superior para ejecutar cualquier diligencia es mero ejecutor y, en consecuencia, no dará curso a ninguna excepción que opongan los interesados, y se tomará simplemente razón de sus respuestas en el expediente, antes de devolverlo.

LIBRO DÉCIMO
DE LOS PROCESOS DE CARÁCTER INTERNACIONAL

CAPÍTULO I
DE LA COMPETENCIA

Artículo 1116. Los procesos de carácter internacional se regirán por las disposiciones de este Código Nacional y demás leyes aplicables, salvo lo dispuesto en los tratados y convenciones de los que México sea parte.

Artículo 1117. Es autoridad jurisdiccional competente para conocer de los siguientes casos:

I. La del domicilio del demandado;

II. En caso de declaración de ausencia o declaración especial de ausencia por desaparición, la del domicilio del último lugar de residencia habitual del ausente o desaparecido;

III. En caso de restitución de niñas, niños y adolescentes, la del lugar donde se encuentren;

IV. En asuntos de relaciones de filiación, curatela y tutela, la de la residencia habitual de los hijos o pupilos o adolescentes; si el actor es alguno de éstos o su representante, éste también podrá elegir el foro del domicilio del padre, madre o persona tutora;

V. En acciones reales sobre inmuebles o muebles, será la del lugar de la ubicación de los bienes;

VI. La autoridad jurisdiccional mexicana competente para ejecutar una sentencia, laudo o resolución jurisdiccional proveniente del extranjero, será el del domicilio del ejecutado o el del lugar donde se encuentran los bienes sobre los que podrá ejecutarse la sentencia;

VII. Para el discernimiento de personas que pertenezcan a grupos sociales en situación de vulnerabilidad que les impida la emisión clara de su voluntad, es competente la autoridad jurisdiccional del foro de la residencia de éstos y si este no se conociere, el del lugar donde se encuentren;

VIII. Cuando de acuerdo con las reglas del litisconsorcio pasivo necesario debiera ser llamada a juicio una autoridad extranjera ante la cual se celebró el acto materia de la litis, la autoridad jurisdiccional competente será la del lugar donde se encuentra el funcionario o la autoridad demandada;

IX. Para conocer de acciones relativas a obligaciones derivadas del hecho ilícito, la autoridad jurisdiccional competente será la del foro en que se produzca el daño o el acontecimiento del que deriva la acción; salvo que se trate de demandas por responsabilidad por el producto, en cuyo caso, el foro competente será el del domicilio del productor o el lugar de producción del bien, y

X. Para el caso de acciones contra personas jurídicas o sin personalidad jurídica, pero con un patrimonio de afectación identificable, con residencia o ubicación en el extranjero, será competente la autoridad jurisdiccional mexicana si la demandada cuenta con alguna sede o sucursal en territorio mexicano.

Artículo 1118. Son reglas especiales de competencia tratándose de sucesiones en el ámbito internacional, las siguientes:

I. Es competente para conocer de una sucesión, incluida su liquidación y tutela testamentaria, la autoridad jurisdiccional de la última residencia del causante de la misma al momento de su fallecimiento, ausencia o desaparición. Si no hubiera tenido domicilio o se desconociera, lo será la del lugar de la ubicación de los bienes inmuebles, en su defecto, la del lugar del fallecimiento, y

II. Si la persona hubiese tenido domicilio en el territorio nacional y falleció en el extranjero y no se hubiese iniciado en el extranjero la sucesión dentro de los siguientes tres meses a partir de la fecha de su fallecimiento, será competente la autoridad jurisdiccional nacional.

Artículo 1119. Tratándose de sucesiones de personas extranjeras, las autoridades jurisdiccionales y notariales nacionales deberán avisar a la Secretaría de Relaciones Exteriores para todos los efectos legales y consulares a que haya lugar.

Artículo 1120. En el caso de adopción internacional de niñas, niños o adolescentes, la competencia de las autoridades jurisdiccionales se regirá conforme a lo siguiente:

I. Para el otorgamiento de la adopción, la del lugar de la residencia habitual del adoptado;

II. Sobre la nulidad de la adopción, será la del lugar de la residencia habitual del adoptado al momento de la adopción, y

III. Para decidir sobre la conversión de la adopción simple en adopción plena, legitimación adoptiva o figuras afines, a elección del actor, la del lugar de la residencia habitual del adoptado o adoptantes, al momento de la adopción.

Artículo 1121. La competencia de las autoridades nacionales para conocer de asuntos sobre alimentos se regirá por las siguientes disposiciones:

I. A elección del acreedor alimentario, la de su residencia o la del deudor alimentista, o la ubicación de los bienes del deudor alimentista, y

II. Para las acciones de cese o modificación de la pensión alimenticia la que haya conocido de la fijación de ésta, o los de la residencia del acreedor.

Artículo 1122. Para conocer de los efectos del matrimonio o figuras similares, es competente la autoridad jurisdiccional de la residencia o domicilio común; la de la residencia de la persona demandada o la del lugar en que se encuentre, a elección del actor.

En caso de divorcio o semejante, será competente la autoridad jurisdiccional que elijan en común acuerdo las partes y, a falta de acuerdo, el foro del último domicilio común de la pareja o el del actor, cuando éste ya hubiese cumplido en ese lugar seis meses de residencia.

Artículo 1123. Tratándose de foros renunciables es competente el elegido por las partes, siempre y cuando dicha elección se hubiese hecho expresamente y por escrito.

Para efectos de la competencia, un acuerdo exclusivo de elección de competencia que forme parte de un convenio o contrato, deberá ser considerado un acuerdo independiente de las demás cláusulas del mismo, y no podrá ser impugnada por la sola razón de que el resto del convenio o contrato no es válido.

No procede la elección o renuncia previa de la competencia suscrita en los Estados Unidos Mexicanos tratándose de cuestiones alimenticias, capacidad de las personas físicas, responsabilidad extracontractual, derechos reales sobre bienes ubicados en el territorio de los Estados Unidos Mexicanos, validez de las inscripciones en los registros públicos, y demás establecidos en las leyes nacionales.

Artículo 1124. Cualquier autoridad jurisdiccional mexicana suspenderá el procedimiento iniciado y, en su caso, rechazará la demanda que se le hubiese presentado, cuando ante éste se demuestre que el litigio hubiese sido sometido a un acuerdo exclusivo de elección de foro, salvo que concurra alguna de las siguientes circunstancias:

a) El acuerdo de exclusividad sea nulo o no aceptable, en virtud de la ley del lugar donde se encuentra el tribunal elegido.

b) Una de las partes careciera de capacidad para celebrar el acuerdo de elección de foro en virtud de la ley del tribunal al que se ha acudido.

c) Que de dar efecto al acuerdo conduciría a una manifiesta denegación de justicia o violación del equilibrio procesal o sería manifiestamente contrario a principios o instituciones fundamentales del orden público mexicano, en términos del Artículo 15, fracción II del Código Civil Federal.

d) Cuando por causas excepcionales, fuera del control de las partes, el acuerdo no pudiera ser razonablemente ejecutado.

e) Que el tribunal elegido haya resuelto no conocer del litigio.

Artículo 1125. Las autoridades jurisdiccionales nacionales asumirán competencia para resolver un asunto, cuando, al haberse presentado un conflicto competencial internacional negativo de no aceptarla, conduzca a una denegación de justicia.

Artículo 1126. En los casos que una persona goce de inmunidad de jurisdicción e inicie una acción judicial no podrá alegar dicha inmunidad en relación con una demanda reconvencional que esté directamente ligada a la demanda principal.

Artículo 1127. En el caso de reconvención, se considerará satisfecho el requisito de la competencia en la esfera internacional cuando la demanda principal hubiera cumplido con las disposiciones previstas en este Código Nacional, y la reconvención se fundamente en el acto o hecho en que se basó la demanda principal.

Artículo 1128. En ningún caso la competencia de las autoridades jurisdiccionales nacionales se suspenderá por el hecho de que se invoque litispendencia apoyada en la existencia de un proceso ante la autoridad jurisdiccional extranjera. Solo podrá suspenderse el proceso iniciado en los Estados Unidos Mexicanos cuando éste se hubiese iniciado con posterioridad al iniciado en el extranjero, y que el demandado en el proceso extranjero hubiese sido notificado de la demanda en el proceso extranjero antes de que se hubiese iniciado el proceso mexicano.

CAPÍTULO II
DE LA COOPERACIÓN PROCESAL INTERNACIONAL

Artículo 1129. Salvo lo prescrito en los tratados internacionales de que México sea parte, no procede la acumulación de procesos que también se estén tramitando en el extranjero, ni la escisión de procesos que produzcan la remisión de un proceso al extranjero.

Artículo 1130. Salvo disposición derivada de este Código y de tratados y convenciones internacionales de que México sea parte, el derecho procesal aplicable al proceso es el mexicano, siguiendo, al efecto, las siguientes reglas:

I. El orden jurídico de los Estados Unidos Mexicanos determinará las condiciones, procedimiento y efectos de las inscripciones registrales en los registros públicos mexicanos, y

II. Solo los hechos estarán sujetos a prueba; el derecho lo estará únicamente cuando se funde en usos, costumbres, tradiciones o valores culturales.

SECCIÓN PRIMERA
DE LAS NOTIFICACIONES, EMPLAZAMIENTOS Y MEDIDAS CAUTELARES

Artículo 1131. Las notificaciones y emplazamientos provenientes del extranjero, para la Federación y sus dependencias, las Entidades Federativas y los Municipios, se harán por conducto de las autoridades Federales que resulten competentes por razón del domicilio o residencia de aquéllas.

Artículo 1132. Toda notificación a una persona que se encuentre fuera de los Estados Unidos Mexicanos, para surtir efectos en territorio nacional, deberá hacérsele en forma personal y deberá informársele por los medios que prescriba el orden jurídico del lugar en donde se encuentre.

Las notificaciones que se hagan en los Estados Unidos Mexicanos por medio de edictos a personas que residan en el extranjero serán nulas.

Artículo 1133. Cuando alguna persona extranjera de naturaleza privada actúe por medio de algún representante, se considerará que tal representante, o quien lo sustituya, está autorizado para responder a las reclamaciones y demandas que se intenten en contra de dicha persona con motivo de los actos en cuestión, de conformidad con lo dispuesto en este Código Nacional.

Artículo 1134. Todas las notificaciones y emplazamientos provenientes del extranjero en territorio nacional se harán conformidad con lo dispuesto en este Código Nacional.

Artículo 1135. El plazo concedido a una persona domiciliada en el extranjero para contestar una demanda seguida ante tribunales de los Estados Unidos Mexicanos, nunca podrá ser menor de veinte días hábiles.

Cuando un tribunal extranjero conceda un plazo a una persona residente en México para que conteste una demanda seguida en el extranjero, si fue notificada en territorio mexicano, ese plazo deberá ser similar o mayor, al que se refiere el párrafo anterior.

Artículo 1136. El trato procesal dispensado a mexicanos y extranjeros será igual de conformidad con lo dispuesto por las leyes de los Estados Unidos Mexicanos. Toda persona gozará de los derechos a los mismos procedimientos y medios impugnativos sin necesidad de otorgar garantías especiales, así como del derecho de asistencia judicial y representación jurídica que otorgue el orden jurídico mexicano. No obstante, ningún extranjero podrá recurrir a la protección diplomática de su Estado hasta en tanto hubiese agotado los medios impugnativos que ofrece el orden jurídico mexicano.

El hecho de que una persona carezca de condición o calidad migratoria, que permita su estancia en México, no suspenderá sus derechos y garantías de participación en un proceso.

Artículo 1137. Las autoridades jurisdiccionales nacionales podrán ejecutar las medidas cautelares dictadas por una autoridad jurisdiccional extranjera, cuando el objeto de la medida consista en garantizar la seguridad de personas y bienes.

En su ejecución se observarán las siguientes disposiciones:

I. El cumplimiento de medidas cautelares por una autoridad jurisdiccional nacional no implicará el compromiso de reconocer y ejecutar la sentencia extranjera que se pudiere dictar.

II. La modificación de una medida cautelar, así como las sanciones por peticiones maliciosas o desproporcionadas, se regirán por este Código Nacional y demás leyes nacionales aplicables.

III. En caso de que el afectado justifique la improcedencia de la medida, la autoridad jurisdiccional nacional podrá levantar o disminuir dicha medida de acuerdo con el derecho mexicano.

IV. Si se opusiese una tercería excluyente de dominio o de derechos reales sobre el bien embargado o su posesión de éste último, se resolverá por la autoridad jurisdiccional nacional, de acuerdo con el orden jurídico del lugar de la ubicación de dicho bien.

V. Tratándose de alimentos, se ejecutarán las medidas cautelares solicitadas cuando exista resolución judicial, lo establezca un instrumento internacional o exista prueba incontrovertible a juicio de la autoridad jurisdiccional nacional, de que el ejecutado es deudor alimentista.

Artículo 1138. La autoridad jurisdiccional nacional dictará las medidas necesarias, a petición de cualquier persona o del Ministerio Público, cuando una persona que se presuma extranjera, haya desaparecido o se ignore el lugar donde se encuentre o quien la represente, nombrando un depositario de sus bienes, además informará de inmediato a la representación consular de su nacionalidad y se ordenará la búsqueda correspondiente.

En caso de que, un nacional se extravíe en el extranjero, se enviará al cónsul mexicano en el lugar en que se presume el extravío, la solicitud de búsqueda, incluido el edicto que se publique en los Estados Unidos Mexicanos.

SECCIÓN SEGUNDA
DE LAS PRUEBAS

Artículo 1139. Las disposiciones relativas a la presentación de documentos y desahogo de pruebas en procedimientos internacionales se regirán por lo previsto en instrumentos internacionales y en su defecto, por lo dispuesto en esta Sección.

Artículo 1140. La obligación de exhibir documentos y bienes en procedimientos que se sigan en el extranjero, no comprenderá la de exhibir documentos o copias de documentos identificados por características genéricas.

En ningún caso, podrá una autoridad jurisdiccional nacional ordenar ni llevar a cabo la inspección general de archivos que no sean de acceso al público, salvo en los casos permitidos por las leyes nacionales.

Artículo 1141. Las dependencias y organismos públicos de la Federación, Entidades Federativas y municipales, así como sus servidores públicos, estarán impedidos de llevar a cabo la exhibición de documentos o copias de documentos existentes en archivos oficiales bajo su control y desahogar prueba testimonial con respecto a sus actuaciones en su calidad de tales; se exceptúa de lo anterior los casos que, tratándose de asuntos particulares, deban exhibir documentos o archivos personales según lo permita la Ley.

Artículo 1142. En un proceso extranjero en que se precise la prueba testimonial o declaración de parte requerida, los declarantes podrán ser examinados en términos del derecho procesal extranjero, sin perjuicio de que la autoridad mexicana solicite la aplicación de disposiciones de este Código Nacional cuando se estime que, de aplicarse las extranjeras se vulnerarían derechos humanos.

Se deberá acreditar ante la autoridad jurisdiccional nacional, que los hechos materia del interrogatorio están relacionados con el proceso pendiente y que medie solicitud de parte o de la autoridad extranjera requirente.

Artículo 1143. El estado civil o análogo se acreditará mediante documento salvo que, dejaren de existir los registros o constancias, se admitirá cualquier medio de prueba que acredite dicho estado.

Artículo 1144. Los documentos públicos extranjeros serán reconocidos por las autoridades mexicanas cuando se presenten debidamente apostillados o legalizados en términos de la legislación aplicable o conforme a las salvedades que dispongan los instrumentos internacionales o las leyes nacionales en la materia.

En caso de imposibilidad para obtener la legalización, ésta se substituirá por cualquier prueba adecuada para garantizar su autenticidad.

Artículo 1145. Los procedimientos en el ámbito de cooperación internacional observarán el principio de publicidad de conformidad con lo establecido en los tratados internacionales, las leyes nacionales en materia de transparencia, acceso a la información pública, con excepción de los procedimientos donde se ventilen secretos profesionales, comerciales, industriales o personales y protección de datos personales.

En ningún caso podrán ser públicos los procedimientos donde se encuentren involucrados derechos de niñas, niños y adolescentes.

Artículo 1146. Cuando las personas no hablen o no entiendan el idioma español, deberá proveérseles intérprete y traductor, sin perjuicio que puedan nombrar ellas mismas intérprete y traductor de su confianza. Además, podrán producir documentos en su propia lengua y grabar sus declaraciones, mismos que luego deberán traducirse al idioma español. Lo anterior también resulta aplicable para las personas que tengan algún impedimento en comunicarse.

Artículo 1147. Las autoridades jurisdiccionales nacionales podrán encomendar la práctica de diligencias en territorio extranjero a los miembros del Servicio Exterior Mexicano, las cuales producirán sus efectos jurídicos en los procedimientos ante ellas tramitados, en términos de este Código Nacional y la normatividad aplicable, dentro de los límites que conceda el derecho internacional.

Artículo 1148. Un proceso que tenga lugar en el extranjero podrá prepararse solicitando la declaración de testigos, peritos u otras declaraciones para ser practicadas en territorio nacional. La parte interesada al solicitar la diligencia citará los hechos sobre los cuales se hará el examen.

La parte legítima podrá solicitar a la autoridad jurisdiccional nacional actos de emplazamiento, notificación o de recepción de pruebas, para ser utilizados en procesos en el extranjero sin que se requiera exhorto para su trámite, a través de los procedimientos de jurisdicción voluntaria y medios preparatorios a juicio previstos en este Código Nacional, según corresponda.

La diligenciación de cualquiera de estos actos, no implicará el reconocimiento de la competencia asumida por la autoridad jurisdiccional extranjera, ni el compromiso de ejecutar la sentencia que a futuro se dictare en el proceso correspondiente.

Artículo 1149. Las autoridades jurisdiccionales nacionales y los fedatarios públicos nacionales, podrán solicitar el auxilio y cooperación del Servicio Exterior Mexicano para ejecutar actos relacionados con un asunto o proceso que ante ellos se tramite, en los términos previstos por los instrumentos internacionales, este Código Nacional o cualquier disposición legal nacional.

SECCIÓN TERCERA
DE LA COOPERACIÓN, CUANDO INTERVENGAN NIÑAS, NIÑOS Y ADOLESCENTES

Artículo 1150. El ejercicio del derecho de visita y custodia de niñas, niños o adolescentes cuyos padres radiquen en países diferentes de manera habitual, se regirá conforme a los instrumentos internacionales y se observarán las siguientes reglas:

I. Las autoridades nacionales ejecutarán las medidas necesarias a fin de lograr la plena convivencia de las niñas, niños o adolescentes con sus padres, incluyendo la utilización de medios telemáticos;

II. El derecho de visita de una niña, niño o adolescente a otro país diferente al del lugar de su residencia, implicará que el progenitor que lo reciba en visita en el Extranjero o en los Estados Unidos Mexicanos, asegure la restitución de la niña, niño o adolescente, y

III. La autoridad jurisdiccional fijará a cargo de qué persona correrán los gastos de desplazamiento, si es que no hubiese acuerdo entre los interesados.

Artículo 1151. Las solicitudes de restitución internacional de niñas, niños o adolescentes se regirán de acuerdo con los tratados internacionales y en su defecto, por las siguientes disposiciones:

I. La autoridad jurisdiccional tendrá la facultad de ordenar las medidas precautorias y de aseguramiento, con el fin de asegurar el bienestar de las niñas, niños y adolescentes y prevenir que sean nuevamente trasladados indebidamente o retenidos.

II. Los procedimientos de restitución no podrán pronunciarse y decidir sobre el fondo de la guarda y custodia.

III. En los casos de retención o traslado ilícito de una niña, niño o adolescente, deberá procederse de inmediato y sin dilaciones a la restitución del mismo.

IV. Cuando la niña, niño o adolescente reclamado, no se encuentre en territorio mexicano, el órgano competente autorizado responderá a la solicitud informando el resultado de la búsqueda.

Ninguna autoridad jurisdiccional de lugar diferente al de la residencia habitual de la niña, niño o adolescente, podrá declarar a favor de la persona que retiene o efectúe el traslado, algún derecho de custodia, salvo que el derecho convencional internacional lo permita. Si se encuentran en trámite procedimientos jurisdiccionales que resuelvan la custodia, éstos deberán suspenderse.

Artículo 1152. La autoridad jurisdiccional nacional podrá rechazar una solicitud de restitución de una niña, niño o adolescente, cuando la persona que se oponga a la restitución compruebe que:

I. La persona, institución u organismo titulares de la solicitud de restitución, no ejercía de modo efectivo el derecho de custodia en el momento en que fue trasladado o retenido, o había consentido o posteriormente aceptado, dicho traslado o retención.

II. Existe un riesgo grave de que la restitución del menor lo exponga a un peligro físico o psicológico, o que de cualquier otra manera ponga al menor en una situación intolerable.

III. La niña, niño o adolescente, se oponga a la restitución, si ya alcanzó una edad y un grado de madurez suficiente en que resulte apropiado tener en cuenta su opinión.

IV. La restitución podría violentar los derechos humanos reconocidos en los Estados Unidos Mexicanos y las garantías que para ellos se otorguen.

V. Cuando la solicitud de restitución se hubiere presentado un año después de ocurrido el traslado o la retención y se comprueba que la niña, niño o adolescente, ha quedado integrado a su nuevo medio ambiente.

Artículo 1153. Los procedimientos de restitución deberán ser iniciados dentro del plazo máximo de un año contado a partir de la fecha en que la niña, niño o adolescente hubiere sido trasladado o retenido ilícitamente, por lo que corresponderá a la autoridad competente ordenar la restitución inmediata del menor.

Respecto de menores cuyo paradero se desconozca, el plazo se computará a partir del momento en que fueren precisa y efectivamente localizados.

Artículo 1154. Toda solicitud de restitución de una niña, niño o adolescente, proveniente del extranjero, se presentará, por conducto de la Secretaría de Relaciones Exteriores, la cual lo remitirá a la o las autoridades jurisdiccionales competentes.

Si en los Estados Unidos Mexicanos se encuentra la niña, niño o el adolescente, deberán adoptarse todas las medidas adecuadas tendientes a obtener la restitución voluntaria de la niña, niño o adolescente.

Las autoridades nacionales podrán propiciar una solución amigable, a través de la mediación. De no lograrse ésta en una única sesión, deberán iniciar procedimiento jurisdiccional o administrativo con el objeto de conseguir la restitución, o en su caso, permitir la regulación o ejercicio efectivo del derecho de visita.

Artículo 1155. La solicitud de restitución deberá contener al menos lo siguiente:

I. Nombre y datos generales de la niña, niño o adolescente;

II. Nombre y datos del solicitante y el carácter con el que promueve respecto a la niña, niño o adolescente;

III. Antecedentes y los hechos relativos al traslado o sustracción;

IV. El nombre de la persona que se presume retuvo o traslado ilícitamente y el domicilio o ubicación donde se presume que se encuentra la niña, niño o adolescente, y

V. Cualquier información que sea necesaria o pertinente para su localización.

Artículo 1156. La solicitud de restitución deberá estar acompañada de:

I. Copia (sic) documento que acredite la custodia de la niña, niño o adolescente solicitado;

II. Constancia de la residencia habitual de la niña, niño o adolescente solicitado;

III. Cualquier otro documento con el que se pueda probar el medio en el que se desarrolla habitualmente la niña, niño o adolescente;

IV. Fotografías y demás datos o elementos precisos de identificación de la niña, niño o adolescente en su caso, y

V. La traducción de los documentos que se presenten en un idioma distinto al del país al que se solicite la restitución.

La autoridad competente podrá prescindir de algunos de estos requisitos si a su juicio se justifica la restitución.

Artículo 1157. Toda petición de restitución será preferente y, salvo consideración especial de la autoridad jurisdiccional, deberá concluir dentro del plazo de seis semanas a partir de su presentación.

Artículo 1158. Ningún procedimiento de custodia tramitado en los Estados Unidos Mexicanos suspenderá la restitución ordenada.

Artículo 1159. Presentada la solicitud de restitución, la autoridad jurisdiccional dispondrá de un plazo de veinticuatro horas para pronunciarse sobre su admisión.

En caso de ser admitida, ordenará correr traslado a la parte de la que se presume ha retenido o trasladado ilícitamente a la niña, niño o adolescente para que, con los apercibimientos legales correspondientes, acuda ante la autoridad jurisdiccional dentro del término de tres días hábiles siguientes en compañía de la niña, niño o adolescente, así como todas las pruebas que considere necesarias para apoyar su objeción a la restitución, si fuera el caso.

El auto que admita la solicitud deberá disponer las medidas cautelares necesarias, y en su caso, ordenará la entrevista con la niña, niño o adolescente solicitado, en términos de este Código Nacional.

Artículo 1160. En la audiencia única la autoridad jurisdiccional intentará conciliar a las partes para su restitución voluntaria y la parte requerida deberá manifestar si acepta restituir voluntariamente a la niña, niño o adolescente; en caso de que así sea, se levantará el acta correspondiente con las condiciones que las partes concedan, debiendo ser dicho acuerdo sancionado por la autoridad jurisdiccional. En caso de que haya objeción en la restitución, quien se oponga deberá hacer valer las excepciones aplicables y ofrecer las pruebas correspondientes que las acrediten.

En esa audiencia, la autoridad jurisdiccional realizará la entrevista a la niña, niño o adolescente. Hecho lo anterior, admitirá o no las pruebas ofrecidas y enseguida procederá a su desahogo, en términos de este Código Nacional.

Artículo 1161. Concluido el desahogo, la autoridad jurisdiccional deberá resolver sobre la restitución, dentro de la misma audiencia.

En caso de que se otorgue la restitución, la autoridad jurisdiccional dictará las medidas adecuadas y eficaces para garantizar el retorno seguro de la niña, niño o adolescente.

La autoridad jurisdiccional deberá informar de dicha decisión a la Secretaría de Relaciones Exteriores.

SECCIÓN CUARTA
DE LOS EXHORTOS INTERNACIONALES Y CARTAS ROGATORIAS

Artículo 1162. Los exhortos o cartas rogatorias que se remitan al extranjero serán comunicaciones oficiales escritas, que contendrán la petición de ejecutar las actuaciones necesarias para el proceso en que se expidan. Dichas comunicaciones contendrán los datos informativos necesarios y las copias certificadas, cédulas, copias de traslado y demás anexos procedentes, con su respectiva traducción, según sea el caso.

Artículo 1163. Los exhortos extranjeros o cartas rogatorias que se reciban serán diligenciados conforme a la legislación mexicana, salvo en lo prescrito en los instrumentos internacionales y en este Código Nacional. Sólo requerirán homologación cuando requieran ejecución forzosa sobre personas, bienes o derechos. En este caso, se aplicará lo dispuesto por el apartado relativo a la ejecución de sentencias extranjeras.

Artículo 1164. Los exhortos o cartas rogatorias relativas a notificaciones, recepción de pruebas y a otros asuntos de sólo trámite, se diligenciarán sin necesidad de homologación o reconocimiento, de acuerdo con las siguientes disposiciones:

I. La solicitud deberá contener la descripción de las formalidades necesarias para la diligenciación del exhorto o carta rogatoria;

II. La autoridad jurisdiccional nacional requerida podrá conceder la simplificación de formalidades o la observancia de formalidades diversas a las nacionales, salvo que concurra una excepción al reconocimiento o aplicación del derecho extranjero o vulnere los derechos humanos;

III. La autoridad jurisdiccional prevendrá al solicitante en caso de que se omitiere acompañar los documentos correspondientes, para que dentro del plazo de cuarenta y cinco días naturales presente la documentación faltante, caso contrario, se desechará la solicitud;

IV. Las autoridades jurisdiccionales nacionales formarán expediente de todas las actuaciones que realicen en todos los procedimientos de cooperación internacional en las que intervengan y enviarán copia de las actuaciones que correspondan a la autoridad jurisdiccional requirente;

V. En el caso de que no se pudiere ejecutar la totalidad de lo solicitado a la autoridad jurisdiccional nacional, deberá retransmitir la autoridad jurisdiccional competente el resto para su ejecución. Las autoridades jurisdiccionales que conozcan deberán informar al requirente, y

VI. No se exigirán requisitos de forma adicionales respecto de los exhortos o cartas rogatorias que provengan del extranjero.

Las autoridades jurisdiccionales nacionales que sean competentes para realizar las diligencias, deberán cooperar y colaborar entre ellas.

Artículo 1165. Los exhortos o cartas rogatorias podrán ser presentadas a la autoridad jurisdiccional competente por las propias partes interesadas, vía judicial, vía consular, agentes diplomáticos o por la autoridad competente del Estado requirente, salvo que los instrumentos internacionales prescriban otra cosa.

Se privilegiará la presentación y transmisión por vías oficiales, que no implique la participación de las partes interesadas.

Los exhortos o cartas rogatorias provenientes del extranjero que sean presentadas por conductos oficiales no requerirán legalización o apostillamiento, tampoco la requerirán los que se remitan al extranjero, salvo que el otro Estado lo exija.

La participación de particulares en cualquier acto de traslado o presentación de exhortos o cartas rogatorias sin participación de los conductos oficiales, requerirán la legalización o apostillamiento, según corresponda.

Artículo 1166. Todo exhorto o carta rogatoria, así como los anexos que se reciban del extranjero, en idioma distinto del español, deberán acompañarse de su debida traducción.

Artículo 1167. Las autoridades nacionales jurisdiccionales de ciudades fronterizas que requieran enviar o recibir cartas rogatorias, podrán diligenciarlas a través de sus servidores públicos adscritos, en caso de que el Estado requerido lo tenga previsto en su legislación.

Lo anterior no requerirá de legalización ni apostillamiento, únicamente deberá obrar constancia del nombre y cargo del personal que obre la diligencia.

La autoridad nacional fronteriza deberá cerciorarse de la autenticidad del exhorto o carta rogatoria, por el medio de comunicación que estime más idóneo.

Artículo 1168. La entrega de resultados o devolución de un exhorto o carta rogatoria, se hará por la misma vía en que se recibió, o por la vía en que lo solicite la autoridad jurisdiccional internacional requirente.

SECCIÓN QUINTA
DE LA UTILIZACIÓN DE VIDEOCONFERENCIAS EN PROCESOS INTERNACIONALES

Artículo 1169. De acuerdo al uso de tecnologías en la cooperación internacional, requirente y requerido, podrán utilizar videoconferencias para la ejecución de actos procesales y empleo de medios electrónicos de comunicación oficiales.

Artículo 1170. Procederá el empleo de videoconferencia cuando medie solicitud del Estado requirente y sea técnicamente realizable. La preparación de la videoconferencia podrá iniciarse por medio de correo electrónico o cualquier otra tecnología que permita la transmisión de la solicitud, siempre que se remita de un sistema de información que esté bajo el control del iniciador o de la parte que la envíe en nombre de éste. Se establecerá día, hora y lugar de la misma.

Artículo 1171. La solicitud para el empleo de videoconferencia deberá señalar:

I. Las formas y medios técnicos que permitan lograr la comunicación entre el requirente y el requerido.

II. La naturaleza del caso, nombres y domicilios de las personas a ser interrogadas, el objetivo que se persigue con la diligencia y los impedimentos previstos por orden jurídico del requirente para que una persona declare.

Artículo 1172. Durante una videoconferencia solo podrán permanecer en la sala de audiencia los interesados y deberá privilegiarse la privacidad y deberá grabarse la videoconferencia desde su inicio hasta su conclusión. Para su ejecución se tomarán en cuenta las siguientes reglas:

a) Cuando los técnicos informen que se ha logrado la comunicación, la autoridad requirente comenzará notificando lugar, fecha, nombres de las personas que intervendrán en la videoconferencia como autoridad jurisdiccional, persona secretaria judicial, nombre de los declarantes y abogados presentes. Lo mismo hará la autoridad requerida;

b) La autoridad requerida identificará a cada testigo o perito a ser interrogados. Deberá aludir a los medios como se ha realizado la identificación, debiendo obtener copia de los documentos identificatorios. En caso necesario, deberá estar presente la persona que hubiese de realizar la traducción, que también deberá ser identificada;

c) La autoridad requirente tomará la protesta o juramento de que el declarante se conducirá con verdad, incluida (sic) el apercibimiento en la (sic) que se le haga saber al declarante la sanción por conducirse con falsedad;

d) Durante la audiencia podrán presentarse aquellos documentos que se pongan a la vista del declarante para su reconocimiento. Podrá recurrirse a cualquier tipo de tecnología que permita la transmisión de cualquier tipo de datos, y

e) El examen lo hará la autoridad requirente o los abogados reconocidos ante ésta. Las preguntas podrán ser objetadas por el requirente o el requerido, cuando no sean admisibles acorde al orden jurídico mexicano.

SECCIÓN SEXTA
DE LA INFORMACIÓN DEL DERECHO EXTRANJERO

Artículo 1173. El conocimiento, texto, alcance, sentido y vigencia del derecho extranjero, escrito o no escrito, deberá realizarse en forma oficiosa por la autoridad jurisdiccional nacional, pudiendo los interesados allegarle a la autoridad jurisdiccional datos o elementos para su conocimiento.

Para informarse del texto, vigencia, sentido y alcance legal del derecho extranjero, el que, de resultar aplicable se considerará derecho y no hecho; las autoridades jurisdiccionales mexicanas podrán valerse de informes oficiales al respecto, pudiendo solicitarlos al Servicio Exterior Mexicano, o bien, las autoridades jurisdiccionales podrán ordenar o admitir las diligencias que consideren necesarias o que ofrezcan las partes.

Artículo 1174. Por sentido y alcance legal del derecho extranjero se entenderá el resultado de la interpretación del derecho y normas extranjeras y de su aplicabilidad al caso concreto. El sentido implica la calificación del supuesto, así como el significado de lo contenido en la disposición extranjera, mientras que el alcance comprende los datos o campos sobre los que aplica o se abstiene de su aplicación. Se hará el mismo análisis tratándose de usos, costumbres, tradiciones o valores culturales extranjeros, sin embargo, estos sí se considerarán hechos sujetos a prueba.

Artículo 1175. La solicitud de informe sobre derecho extranjero se tramitará acorde a lo establecido en los instrumentos internacionales. En su defecto, se observará lo siguiente:

a) Preferentemente, se dirigirá a la autoridad central extranjera solicitándole le informe sobre el texto, vigencia, sentido y alcance legal del derecho extranjero, en el apartado que desea conocer. A su solicitud, deberá agregar una síntesis de los hechos a partir de los cuales se formula la solicitud;

b) De no ser posible lo anterior, la autoridad jurisdiccional podrá ordenar y admitir las diligencias que considere necesarias o que le ofrezcan las partes en la audiencia preliminar, y

c) Asimismo, podrá ordenar el desahogo de dictámenes o pruebas periciales a cargo de expertos mexicanos o extranjeros, solicitar el auxilio del servicio consular mexicano en el extranjero e incluso, podrá emplear medios electrónicos que le den rapidez a la comunicación e informe de ese derecho extranjero.

Artículo 1176. Cuando un Estado extranjero solicite informes sobre el derecho nacional, así como de usos y costumbres, se tramitará acorde a lo establecido en los instrumentos internacionales. En su defecto, se observará lo siguiente:

I. La autoridad jurisdiccional extranjera podrá solicitar a la Secretaría de Relaciones Exteriores un informe sobre el texto, vigencia, sentido y alcance legal del derecho mexicano que desea conocer. A su solicitud, deberá agregar una síntesis de los hechos a partir de los cuales se formula la solicitud.

II. La Autoridad Central nacional podrá acceder directamente a la solicitud o, en su caso, asistirse de personas expertas y conocedoras del apartado del derecho solicitado. En la información que pudiera proporcionar, dará a conocer los textos prescritos del orden jurídico mexicano que contengan la respuesta, su interpretación, según los precedentes de las autoridades jurisdiccionales y doctrinarios que obtuviese, y una opinión sobre cómo una autoridad jurisdiccional nacional calificaría e interpretaría el derecho para el caso concreto solicitado, así como los usos y costumbres.

La respuesta que proporcione el Estado mexicano no implicará que la sentencia que se pudiera dictar en el extranjero tenga que ejecutarse en los Estados Unidos Mexicanos, ni que con ello reconozca la competencia asumida por la autoridad jurisdiccional extranjera.

Artículo 1177. Cuando se admita una demanda y contestación que impliquen la aplicación del derecho extranjero o que tenga aspectos de derecho internacional privado, la autoridad jurisdiccional nacional deberá citar a la audiencia preliminar en términos de este Código Nacional.

Artículo 1178. En la audiencia preliminar la autoridad jurisdiccional deberá precisar la procedencia de su competencia judicial internacional y en su caso, definir el derecho sustantivo aplicable, nacional o extranjero. Las partes podrán manifestar sus argumentos jurídicos sobre la competencia y el derecho sustantivo aplicable, que consideran deben ser tomados en cuenta por la autoridad jurisdiccional para emitir su declaración.

Las partes podrán convenir en una solución a su conflicto, decidir sobre la autoridad jurisdiccional competente y definir el derecho sustantivo aplicable en aquellos casos que así sea permitido.

Artículo 1179. Depurado el procedimiento y hecha la declaración de competencia de la autoridad jurisdiccional nacional y definido el derecho sustantivo aplicable, tanto la audiencia preliminar como el procedimiento continuará en los términos previstos por este Código Nacional y resolverá aplicando los diversos derechos de manera armónica, procurando realizar las finalidades perseguidas por cada uno de tales derechos. Las dificultades causadas por la aplicación simultánea de tales derechos se resolverán tomando en cuenta las exigencias de la equidad en el caso concreto.

Artículo 1180. La autoridad jurisdiccional nacional para mejor proveer podrá admitir o allegarse de informes técnicos de personas, instituciones y organismos ajenos al litigio y que ostenten reconocida competencia sobre la cuestión planteada por las partes; éstas tendrán el carácter de Amigos del Tribunal y su informe no implicará el pago de costas u honorarios.

CAPÍTULO III
DE LA EJECUCIÓN DE SENTENCIAS, LAUDOS Y RESOLUCIONES DICTADAS EN EL EXTRANJERO

Artículo 1181. El procedimiento de reconocimiento de sentencias, laudos arbitrales y demás resoluciones extranjeras, así como su ejecución se regirán conforme a las disposiciones previstas en los instrumentos internacionales aplicables y las contenidas en este Código Nacional, en particular, las disposiciones especiales de este Capítulo.

Los efectos que las sentencias, laudos arbitrales y demás resoluciones extranjeras produzcan en los Estados Unidos Mexicanos se regirán por lo dictado en la sentencia, fallo o laudo arbitral.

La forma y el fondo de la sentencia extranjera, así como los procedimientos seguidos para dictarla, estarán regulados por el orden jurídico del lugar de la autoridad jurisdiccional que la emitió, incluidas sus normas de conflicto.

Artículo 1182. La autoridad jurisdiccional competente mexicana para ejecutar una sentencia, laudo o resolución jurisdiccional proveniente del extranjero, será el del domicilio del ejecutado o el del lugar donde se encuentran los bienes sobre los que deba ejecutarse la sentencia. En el caso de un laudo arbitral, también será competente la autoridad jurisdiccional mexicana cuando la sede del arbitraje haya sido en los Estados Unidos Mexicanos.

Artículo 1183. Las sentencias extranjeras que no requieran el procedimiento de reconocimiento u homologación para su ejecución, así como demás documentos públicos extranjeros, deberán ser reconocidas de acuerdo con los tratados internacionales y al derecho mexicano.

Artículo 1184. Tratándose de sentencias, laudos arbitrales o resoluciones jurisdiccionales que únicamente vayan a utilizarse como prueba, será suficiente que las mismas llenen los requisitos necesarios para ser consideradas como documentos auténticos.

Artículo 1185. Los acuerdos o transacciones judiciales entre las partes, sancionados por una autoridad jurisdiccional extranjera, podrán reconocerse como sentencias firmes cuando se acredite que en el país de origen se le otorgue dicho carácter. Para esto, deberá presentarse una certificación de la autoridad jurisdiccional del Estado de origen, haciendo constar que la transacción judicial o una parte de ella es ejecutoria como lo es una resolución judicial en el Estado de origen.

Artículo 1186. Las sentencias, laudos arbitrales privados de carácter no comercial y resoluciones jurisdiccionales dictados en el extranjero, tendrán carácter de cosa juzgada para ser ejecutadas en los Estados Unidos Mexicanos, si cumplen con los siguientes requisitos:

I. Que se hayan satisfecho las formalidades previstas en este Código en materia de exhortos o cartas rogatorias provenientes del extranjero y llenen los requisitos para ser considerados como auténticos;

II. Que no hayan sido dictados como consecuencia del ejercicio de una acción real inmobiliaria;

III. Que la autoridad jurisdiccional que dictó la sentencia haya tenido competencia para conocer y juzgar el asunto de acuerdo con las reglas reconocidas en la esfera internacional, que sean análogas y compatibles con las adoptadas por el orden jurídico mexicano;

IV. No se reconocerá la competencia de la autoridad jurisdiccional extranjera cuando el acuerdo de elección del foro sea estimado como nulo si alguna de las partes carecía de la capacidad para celebrar el acuerdo;

V. Que el demandado haya sido notificado o emplazado en forma personal a efecto de asegurarle la garantía de audiencia y el efectivo ejercicio de sus defensas y derechos procesales;

VI. Que tengan el carácter de cosa juzgada en el país en que fueron dictados, o que no exista recurso ordinario en su contra;

VII. Que la acción que les dio origen no sea materia de juicio que esté pendiente entre las mismas partes ante autoridades jurisdiccionales nacionales y en el cual hubiere prevenido la autoridad jurisdiccional nacional o cuando menos que el exhorto o carta rogatoria para emplazar hubieren sido tramitados y entregados a la Secretaría de Relaciones Exteriores o a las autoridades del Estado donde deba practicarse el emplazamiento, y

VIII. Que la ejecución de la resolución no vaya en contra de instituciones o principios fundamentales del orden público mexicano, que implique la evasión fraudulenta del derecho aplicable.

No obstante, lo anterior la autoridad jurisdiccional podrá negar la ejecución si se probara que en el país de origen no se ejecutan sentencias o laudos extranjeros en casos análogos.

Cuando la sentencia no evidencie los requisitos anteriores, la autoridad jurisdiccional requerida podrá solicitar otros medios de prueba para constatar que se cumplen tales.

Artículo 1187. En la resolución de reconocimiento u homologación, la autoridad jurisdiccional deberá especificar, si fuere el caso, qué parte del procedimiento de ejecución podrá ejecutarse siguiendo formas especiales o distintas a las mexicanas. La autoridad jurisdiccional también especificará las formas procesales que podrán adicionarse o suprimirse. Lo anterior procederá siempre y cuando no resulte lesivo a principios e instituciones fundamentales del orden público y especialmente a los Derechos Humanos contemplados en la Constitución. La petición extranjera o la parte interesada deberá integrar la descripción de las formalidades cuya aplicación se solicite para la diligenciación del exhorto internacional o carta rogatoria.

Artículo 1188. El exhorto de la autoridad jurisdiccional requirente deberá acompañarse de la siguiente documentación:

I. Copia auténtica de la sentencia, laudo o resolución jurisdiccional;

II. Copia auténtica de las constancias que acrediten que se cumplieron los requisitos previstos en las fracciones IV y V del artículo 1186;

III. Las traducciones al idioma español que sean necesarias al efecto, y

IV. Que el ejecutante haya señalado domicilio para oír notificaciones en el lugar de la autoridad jurisdiccional del reconocimiento u homologación.

Artículo 1189. Ninguna sentencia o resolución extranjera será reconocida en el ámbito nacional cuando:

I. Al momento de la solicitud de reconocimiento no posea el carácter de cosa juzgada.

II. La sentencia carezca totalmente de efectos jurídicos en todo el territorio del Estado donde fue emitida.

III. La sentencia resulta contraria a los principios o instituciones fundamentales del orden público nacional o fue emitida en fraude a la ley.

IV. El procedimiento concreto que condujo a la resolución fue incompatible con los principios fundamentales de equidad procesal establecidos en el derecho nacional.

SECCIÓN ÚNICA
DE LA EJECUCIÓN FORZOSA

Artículo 1190. El reconocimiento y ejecución de sentencias, fallos y laudos extranjeros que impliquen coacción en su ejecución, requerirá procedimiento de homologación y se sujetará a las siguientes disposiciones, en el entendido de que no podrá controvertirse el fondo de la resolución:

I. Se citará personalmente tanto a la persona ejecutante como a la ejecutada y se les concederá el término de nueve días para que manifiesten lo que a su derecho conviniere. Se les admitirán los medios de prueba que ofrezcan si fueren pertinentes y se señalará fecha y hora de audiencia para su desahogo. La preparación de la prueba correrá a cargo del oferente, salvo razón fundada.

II. Las personas autorizadas o reconocidas como apoderados por la autoridad jurisdiccional extranjera podrán actuar como tal conforme a las facultades que la autoridad requirente señale.

III. En todo momento la autoridad jurisdiccional ejecutante velará por el interés superior de las niñas, niños y adolescentes y gozará de plenitud de jurisdicción para garantizar sus derechos.

IV. Los gastos de ejecución correrán a cargo de parte interesada, sin perjuicio que en su momento deban ser cubiertos por la parte ejecutada.

V. La resolución que determine la ejecución forzosa deberá pronunciarse dentro del plazo de tres días, una vez que se haya desahogado la última prueba. Dicha resolución es apelable en ambos efectos.

VI. Las cuestiones sobre el depósito, avalúo, subasta y demás sobre la ejecución de la sentencia se regirán conforme a este Código Nacional.

VII. La autoridad jurisdiccional de ejecución, y en su caso, la de segunda instancia, se abstendrá de pronunciarse sobre el fondo del fallo ni sobre los fundamentos del hecho o derecho en que se apoye, ni exigir equivalencia de resultados del fallo extranjero con respecto al propio, únicamente examinarán la autenticidad de la misma y sobre la forma de su ejecución en términos de este Código Nacional.

VIII. La sentencia reconocida podrá tener cumplimientos parciales cuando no sea posible cumplimentarse en su integridad.

IX. La autoridad jurisdiccional que se declare incompetente para ejecutar la sentencia deberá remitir oficiosamente los autos a la autoridad jurisdiccional que considere competente.

X. La resolución que reconozca la sentencia extranjera precisará en su caso, qué parte del procedimiento de ejecución observará disposiciones especiales o extranjeras, observando la autoridad jurisdiccional requerida que no se violenten derechos humanos.

XI. El exhorto internacional de requerimiento o solicitud deberá especificar las formalidades de su diligenciación.

Durante la tramitación del procedimiento de reconocimiento no procederá recurso alguno, ni medio que lo suspenda.

Artículo 1191. La resolución reconocida será cumplimentada conforme al derecho mexicano, excepto en los casos en que se autoricen disposiciones distintas.

En el caso de subasta pública, los fondos resultantes quedarán a disposición de la autoridad jurisdiccional extranjera hasta por la cantidad definida en la resolución. El resto será distribuido por la autoridad jurisdiccional ejecutante conforme al derecho nacional.

ARTÍCULOS TRANSITORIOS

Artículo Primero. El presente Decreto entrará en vigor al día siguiente de su publicación en el Diario Oficial de la Federación.

Artículo Segundo. La aplicación de lo dispuesto en el Código Nacional de Procedimientos Civiles y Familiares previsto en el presente Decreto, entrará en vigor gradualmente, como sigue: en el Orden Federal, de conformidad con la Declaratoria que indistinta y sucesivamente realicen las Cámaras de Diputados y Senadores que integran el Congreso de la Unión, previa solicitud del Poder Judicial de la Federación, sin que la misma pueda exceder del 1o. de abril de 2027.

En el caso de las Entidades Federativas, el presente Código Nacional, entrará en vigor en cada una de éstas de conformidad con la Declaratoria que al efecto emita el Congreso Local, previa solicitud del Poder Judicial del Estado correspondiente, sin que la misma pueda exceder del 1o. de abril de 2027.

La Declaratoria que al efecto se expida, deberá señalar expresamente la fecha en la que entrará en vigor el Código Nacional de Procedimientos Civiles y Familiares, y será publicada en el Diario Oficial de la Federación y en los Periódicos o Gacetas Oficiales del Estado, según corresponda.

Entre la Declaratoria a que se hace referencia en los párrafos anteriores, y la entrada en vigor del presente Código Nacional de Procedimientos Civiles y Familiares, deberán mediar máximo 120 días naturales. En todos los casos, vencido el plazo, sin que se hubiera emitido la Declaratoria respectiva, la entrada en vigor será automática en todo el territorio nacional sin que la misma pueda exceder el día 1o. de abril de 2027.

Artículo Tercero. De conformidad con el Artículo Segundo de las Disposiciones Transitorias de este Decreto, se abrogan el Código Federal de Procedimientos Civiles, así como la legislación procesal civil y familiar de las Entidades Federativas.

Artículo Cuarto. Los procedimientos civiles y familiares que a la entrada en vigor del Código Nacional de Procedimientos Civiles y Familiares se encuentren en trámite, continuarán su sustanciación de conformidad con la legislación aplicable en el momento del inicio de los mismos, salvo que las partes conjuntamente opten por la regulación del Código Nacional.

No procederá la acumulación de procesos civiles y familiares cuando alguno de ellos se esté tramitando conforme al presente Código Nacional, y el otro proceso conforme a un Código abrogado.

Artículo Quinto. Cuando por razón de competencia, sea por fuero o territorio, se realicen actuaciones conforme a un fuero o sistema procesal distinto al que se remiten, podrá la autoridad jurisdiccional receptora convalidarlas, siempre que, de manera, fundada y motivada, se concluya que se respetaron las garantías esenciales del debido proceso en el procedimiento de origen.

Asimismo, podrá regularizarse aquellas actuaciones que, también de manera fundada y motivada, la autoridad jurisdiccional que las recibe determine que las mismas deban ajustarse a las formalidades del sistema civil o familiar al cual se incorporarán tomando en cuenta su marco sustantivo interno.

Artículo Sexto. En el caso de la Federación, la Cámara de Diputados, tomando en cuenta la estimación de ingresos aprobados para cada ejercicio fiscal, y con base en los principios de austeridad, eficiencia, eficacia y economía, contemplará en los ejercicios fiscales posteriores a la publicación del presente Decreto, una asignación de recursos presupuestarios para el cumplimiento del presente Decreto.

Para efectos de lo anterior, el Poder Judicial de la Federación, al elaborar su proyecto de presupuesto de egresos anual, deberá observar los criterios generales de política económica, en los términos de la Ley Federal de Presupuesto y Responsabilidad Hacendaria y demás disposiciones aplicables.

Los Congresos Locales, en el ámbito de sus atribuciones, aprobarán los recursos presupuestarios correspondientes para los Poderes Judiciales de las Entidades Federativas, para el cumplimiento del presente Decreto.

En todo caso y siempre que proceda, las adecuaciones a las estructuras orgánicas, ocupacionales y salariales que se deriven de la ejecución del presente

Decreto, deberán realizarse mediante movimientos compensados y no deberán incrementar el presupuesto regularizable de servicios personales.

Artículo Séptimo. La Secretaría de Gobernación, sesenta días hábiles posteriores a la publicación de este Decreto, instalará y presidirá una Comisión para la Coordinación del Sistema de Justicia previsto en el presente Decreto, con la participación de la Presidencia de la Comisión Nacional de Tribunales Superiores de Justicia de los Estados Unidos Mexicanos; la Presidencia del Tribunal Superior de Justicia del Estado, así como la Presidencia de la Comisión de Justicia del Congreso Local que corresponda, quienes concurrirán a convocatoria o solicitud ante la Presidencia de la Comisión, con el fin de configurar la asistencia técnica a los Poderes Judiciales, Federal y Locales, en la instrumentación del Código Nacional de Procedimientos Civiles y Familiares con base en el desarrollo de habilidades, destrezas y sanas prácticas procesales, y la definición de estándares uniformes de operación del sistema; así como la correcta aplicación de los recursos públicos asignados; asimismo la Comisión contará con la representación de la Presidencia de la Comisión de Justicia tanto de la Cámara de Diputados como del Senado de la República; y la Presidencia del Consejo de la Judicatura Federal y Locales, en caso de ausencia de las personas designadas, concurrirán quienes ostenten su representación legal. En todos los casos las participaciones de quienes integran esta Comisión, serán honoríficos.

La Comisión tendrá por objeto analizar y acordar las políticas de coordinación necesarias para la instrumentación del Código Nacional de Procedimientos Civiles y Familiares, así como la armonización legislativa que apareja, en todo el territorio nacional. Para dichos efectos podrá convocar a los diversos grupos de la sociedad y la academia, de conformidad con las Bases de Operación que para dichos efectos expida la propia Comisión, en cumplimiento a su Acuerdo de instalación. La Comisión deberá remitir un Informe de Actividades a las Cámaras del Congreso General de los Estados Unidos Mexicanos.

Artículo Octavo. La Comisión, atendiendo a lo previsto en el Artículo Sexto transitorio, contará con una Secretaría Técnica, encargada de ejecutar los Acuerdos y determinaciones de la Comisión, así como coadyuvar, coordinar y brindar apoyo a las autoridades Locales y Federales en la instrumentación del Código Nacional de Procedimientos Civiles y Familiares.

Artículo Noveno. Los Poderes Judiciales de la Federación y de las Entidades Federativas, en el ámbito de sus respectivas competencias, establecerán las etapas y calendarios para llevar a cabo las acciones y medidas necesarias para la instrumentación del Código Nacional de Procedimientos Civiles y Familiares, de conformidad con las asignaciones presupuestales aprobadas para ese fin en sus respectivos presupuestos de egresos del ejercicio fiscal que corresponda.

La Comisión prevista en el Artículo Séptimo de estas Disposiciones Transitorias, dará seguimiento a la implementación conforme a lo establecido o dispuesto en el párrafo anterior.

Artículo Décimo. El Congreso General de los Estados Unidos Mexicanos, así como las Legislaturas de las Entidades Federativas, contarán con un plazo máximo de 180 días naturales posteriores a la publicación del presente Decreto, para expedir las actualizaciones normativas correspondientes para su debido cumplimiento.

Artículo Décimo Primero. Los Poderes Judiciales Federal y de las Entidades Federativas, deberán hacer los ajustes reglamentarios para la adopción de las mejoras en sus estructuras e infraestructura física y tecnológica y de capacitación en el plazo máximo de a la entrada en vigor del presente Código Nacional.

Artículo Décimo Segundo. Para la instrumentación de lo dispuesto en este Decreto, tanto en el ámbito Federal como Local, las autoridades podrán establecer Convenios de Colaboración.

Artículo Décimo Tercero. Toda referencia a la legislación procesal civil y familiar Federal y de las Entidades Federativas, en ordenamientos diversos, se entenderá a partir de la vigencia en las mismas, al Código Nacional de Procedimientos Civiles y Familiares.

Artículo Décimo Cuarto. El Consejo de la Judicatura Federal coordinará, con los Consejos de la Judicatura de las Entidades Federativas, la armonización regulatoria y operativa respecto de la información judicial a su cargo para la instrumentación de una plataforma digital bajo la denominación de Sistema Nacional de Información Jurisdiccional, para acceso y consulta pública, la cual deberá contener al menos el nombre de la persona actora, demandada, autoridad jurisdiccional que conoce del juicio o de la apelación, tipo de juicio, así como las resoluciones de primera y segunda instancia y en su caso si se promovió juicio de amparo.

En esta plataforma se agregará un apartado, en el que se contengan las direcciones de correo electrónico de las autoridades, peritos y auxiliares oficiales.

Dicha plataforma digital será administrada por el Consejo de la Judicatura Federal, quien tendrá control y resguardo absoluto de las bases de datos, bajo lineamientos que al efecto expida para el manejo y recopilación de la información, observando en todo momento el marco regulatorio en materia de transparencia.

Artículo Décimo Quinto. En materia de digitalización de documentos en expedientes judiciales, mientras el Consejo de la Judicatura respectivo no establezca sus propios lineamientos, deberá cumplirse lo que para tal efecto establece la Norma Oficial Mexicana que señala los requisitos que deben observarse para la conservación de mensajes de datos y digitalización de documentos.

Artículo Décimo Sexto. Para efecto de que todas las comunicaciones y notificaciones electrónicas, se les realicen a todas las autoridades, peritos y demás auxiliares oficiales a través de su dirección de correo electrónico oficial, deberán señalar dicha dirección en su página de internet oficial, de contar con ella, y en todo caso deberán hacerlo de conocimiento de los poderes judiciales dentro de los 90 días siguientes a la entrada en vigor del presente Decreto. Los poderes judiciales deberán registrar y almacenar dicha información, para remitirla al Sistema Nacional de Información Jurisdiccional a fin de que sea de acceso público.

Artículo Décimo Séptimo. Los Consejos de la Judicatura Federal y de las Entidades Federativas, contarán con un plazo máximo de 180 días naturales a partir de la publicación de este Decreto, para emitir el formato único concursal; así como el diseño e instrumentación del Boletín Concursal Nacional Digital en la Plataforma del Sistema Nacional de Información Jurisdiccional, en el que se registre el número de expediente de cada proceso judicial de insolvencia que se admita, la fecha de admisión, el juzgado de radicación y el nombre de la persona deudora. Dicho registro será público, y tendrá por objeto servir de medio de notificación de los procedimientos de insolvencia a todos los acreedores que puedan ser afectados; así como a las autoridades jurisdiccionales que conozcan de algún proceso a favor o en contra de la persona deudora.

Artículo Décimo Octavo. Las sociedades de información crediticia contarán con un plazo máximo de 180 días naturales a partir de la entrada gradual en vigor del presente Decreto según corresponda, para incorporar en sus reportes de crédito una clasificación especial que identifique a las personas deudoras que celebraron un convenio, plan de pagos, o sentencia, que deriven del concurso civil que prevé el presente Código Nacional.

Artículo Décimo Noveno. Se derogan todas aquellas disposiciones que establezcan procedimientos de interdicción, cuyo efecto sea restringir la capacidad jurídica de las personas mayores de 18 años, de conformidad con lo previsto por las Disposiciones Transitorias del presente Decreto.

Artículo Vigésimo. Para el caso que, en la fecha de publicación en el Diario Oficial de la Federación este Código Nacional, en la legislación vigente de las entidades federativas no exista regulación relacionada con el procedimiento especial de declaración de ausencia por desaparición, a partir del día siguiente de dicha publicación, se aplicarán supletoriamente las disposiciones del presente Código Nacional.

Ciudad de México, a 24 de abril de 2023.- Sen. Alejandro Armenta Mier, Presidente.- Dip. Santiago Creel Miranda, Presidente.- Sen. Verónica Noemí Camino Farjat, Secretaria.- Dip. Sarai Núñez Cerón, Secretaria.- Rúbricas.

En cumplimiento de lo dispuesto por la fracción I del Artículo 89 de la Constitución Política de los Estados Unidos Mexicanos, y para su debida publicación y observancia, expido el presente Decreto en la Residencia del Poder Ejecutivo Federal, en la Ciudad de México, a 6 de junio de 2023.- Andrés Manuel López Obrador.- Rúbrica.- El Secretario de Gobernación, Lic. Adán Augusto López Hernández.- Rúbrica.